Informatik-Fachberichte

Herausgegeben von W. Brauer
im Auftrag der Gesellschaft für Informatik (GI)

60

Kommunikation in Verteilten Systemen – Anwendungen und Betrieb

GI/NTG-Fachtagung, Berlin, 19-21 Januar, 1983

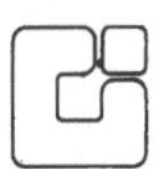

Herausgegeben von
Sigram Schindler und Otto Spaniol

Springer-Verlag
Berlin Heidelberg New York 1983

Herausgeber

Sigram Schindler
FB Informatik (20) der TU Berlin
Franklinstr. 28/29, Sekr. 6-3, 1000 Berlin 10

Otto Spaniol
FB 20 (Informatik) Universität Frankfurt
Senckenberganlage 31, 6000 Frankfurt

CR Subject Classifications (1982): C. 2, B. 4, H. 4, K. 6, C. 3

ISBN-13:978-3-540-11982-1   e-ISBN-13:978-3-642-68829-4
DOI: 10.1007/978-3-642-68829-4

2145/3140 – 5 4 3 2 1 0

Vorwort der Herausgeber

Der vorliegende Tagungsband enthält die Referate der Fachtagung
"Kommunikation in Verteilten Systemen - Anwendungen und Betrieb", die
vom 19. bis 21. Januar 1983 in Berlin stattfand.

Es war die erste größere Veranstaltung der GI/NTG-Fachgruppe "Rechnernetze" nach ihrer offiziellen Gründung durch den GI-Fachausschuß 3/4
(Rechnerorganisation/Betriebssysteme) und die NTG-Fachausschüsse 6
(Technische Informatik), 9 (Vermittlungstechnik) und 12 (Datennetze
und Datenendgeräte).

Programm und Untertitel der Konferenz zeigen, daß — im Gegensatz zu den
stärker technologisch orientierten Vorgängerveranstaltungen — nun Betriebserfahrungen, Anwenderaspekte und neue Dienste im Vordergrund des
Interesses stehen. Für diese Entwicklung gibt es zwei Gründe:

1. Der Kenntnisstand bezüglich der unteren Ebenen des ISO-Referenz-
    modells hat sich in den letzten Jahren gefestigt, obwohl auch hier
    noch äußerst wichtige Fragen, z.B. auf dem Gebiet der Lokalen Net-
    ze, gelöst werden müssen. Unzweifelhaft sind aber die Standardi-
    sierungsbestrebungen hier wesentlich weiter vorangeschritten als
    dies bei den oberen Ebenen des Referenzmodells der Fall ist.

2. Die Akzeptanz der neuen Kommunikationsmedien muß durch die Ent-
    wicklung von neuen und für den Benutzer attraktiven Diensten unter-
    stützt werden. Die Gestaltung dieser neuen Dienste und die Fort-
    schritte bei der Standardisierung höherer Ebenen stehen zur Zeit
    im Mittelpunkt der wissenschaftlichen Diskussion, und dies schlägt
    sich auch in Zahl und Qualität der diesbezüglichen Vortragsmeldungen
    nieder.

Die Titel der einzelnen Sitzungen sind ein Abbild der aktuellen Inter-
essenschwerpunkte auf dem Gebiet der Datenkommunikation:

- Höhere Dienste und Protokolle
- Strukturierung höherer Schichten
- Dienstintegrierte Netze
- Bürokommunikation
- Bildschirmtext
- Netzmanagement und Diagnose
- Gateways
- Lokale Netze

- Realzeitsysteme
- Anwendungen von Verteilten Systemen.

Der Programmausschuß hat sich bemüht, zu all diesen Themen aus den Vortragsmeldungen die qualifiziertesten Referate auszuwählen.

Aufgrund des aktuellen Kenntnisstandes in den angesprochenen Bereichen und der Qualität von Forschung, Entwicklung und Anwendung der Kommunikationstechnologien in der Bundesrepublik Deutschland wurde auf (teure) nichteuropäische Spezialisten verzichtet. Wir haben auch keine "eingeladenen" Beiträge vorgesehen, sondern einige namhafte Referenten aus Deutschland und den umliegenden europäischen Ländern wurden um einen Referatsentwurf zu einem vorgegebenen Themenkreis gebeten - anschließend wurden diese Beiträge dem gleichen Begutachtungsprozeß unterzogen, wie die anderen eingereichten Arbeiten. Wir sind überzeugt, gerade durch diese Vorgehensweise ein ausgewogenes, aktuelles, attraktives und wissenschaftlich hochqualifiziertes Programm zusammengestellt zu haben.

Die Herausgeber des vorliegenden Tagungsbandes möchten allen denjenigen danken, die am erfolgreichen Zustandekommen der Tagung mitgewirkt haben:

- Den Referenten für die rechtzeitige Erstellung ihrer Beiträge in veröffentlichungsreifer Form,
- den Mitgliedern des Programmausschusses für die Begutachtung der eingegangenen Beiträge, die Erstellung des Programms und die Bereitschaft zur Leitung von Sitzungen und Diskussionsveranstaltungen,
- den in der Organisation tätigen Mitarbeitern,
- dem Springer-Verlag für die Bemühungen um diesen Tagungsband.

Unser ganz besonderer Dank gilt Frau Mahler und Herrn Reible für die vielfältigen Hilfen bei der Vorbereitung der Tagung.

Berlin, Januar 1983   Sigram Schindler
                                             Otto Spaniol

Inhaltsverzeichnis

KOMMUNIKATION IN DIENSTE-INTEGRIERENDEN FERNMELDENETZEN

K.-L. Plank
Telefonbau und Normalzeit
D-6000 Frankfurt

1. EINLEITUNG

Die europäischen Fernmeldenetze wurden im Vergleich zu Amerika relativ früh
- nämlich seit Mitte der fünziger Jahre - durch ein damals hochmodernes
Konzept vollautomatisiert. Lediglich Frankreich hat diesen Schritt erst im
Verlauf der späten sechziger und der siebziger Jahre gleichzeitig mit einer
verfrühten Digitalisierung vollzogen. Spitzenreiter bei dieser Entwicklung war
die Deutsche Bundespost. Erst danach folgte ein Ausbau in der Telefondichte, der
sich jetzt allmählich der Sättigungsgrenze nähert und anderen Industrienationen
vergleichbar wird. Auch im Bereich der Telexnetze hat sich eine ähnliche
Entwicklung ergeben. Hier hat die Deutsche Bundespost mit dem "integrierten
Datennetz" sehr früh den Schritt in die fernmeldetechnische Zukunft gewagt, es
entstand ein zweites Fernmeldenetz, das aber seiner Struktur nach ohne große
Zusatzinvestitionen nicht wesentlich in seiner Kapazität über das vorgesehene
Maß hinaus erweiterbar ist.

Es ergibt sich mithin für Europa und ganz besonders für Deutschland die
Situation, daß aus wirtschaftlicher Sicht das Ende einer fernmeldetechnischen
Entwicklungsphase absehbar ist. Zugleich zeigt sich aber auch, daß die
technischen Mittel gegeben sind, den Bau eines Fernmeldenetzes einzuleiten, das
zukunftsweisend erweiterbar ist und das Bedürfnisse erfüllt, die latent vorhanden
sind und mit den vorhandenen Fernmeldenetzen auch bei sehr geschickten
Methoden des value-adding nicht befriedigend gelöst werden können. Die
Realisierung der sog. NEUEN FERNMELDEDIENSTE, also

- des Fernkopierens (Telefax)
- des Bürofernschreibens (Teletex)
- des Bildschirmtextes
- des Datenverkehrs

weist diese Grenzen sehr deutlich auf, sei es im Hinblick auf die Über-
tragungsdauer, auf die Bedienroutinen, die Wiedergabequalität oder den Preis der
Geräte für diese Dienste.

Mit der Technik der digitalen Nutzsignalcodierung werden einige physikalische

Grenzen aufgebrochen. So erlaubt diese Technik die stabile Nutzung des Frequenzbereichs oberhalb 10 GHz, der vor allem in Verbindung mit Fernmeldesatelliten sinnvoll genutzt werden kann. Diese - mit dem Schlagwort "Digitalisierung" etwas oberflächlich gekennzeichnete - Technik ermöglicht darüber hinaus den Einsatz von Glasfasern in terrestrischen Liniennetzen und damit auch die wirtschaftliche Integration breitbandiger Fernmeldedienste in ein zukünftiges Fernmeldenetz. Der wichtigste Vorteil der Digtalisierung kommt allerdings nur zum Tragen, wenn die Technik der digitalen Nachrichtenübermittlung mit neuartigen Verfahren des Verbindungsaufbaus und der Netzsteuerung kombiniert wird. Dies führt aber zwangsläufig zum ISDN-Konzept.

2. DIENSTE-INTEGRIERENDE FERNMELDENETZE

Der Vorteil der digitalen Nutzsignalübermittlung besteht darin, daß digitale Signale auf den Übertragungswegen gegenüber den Leitungseigenschaften und den von außen in sie induzierten Störungen wesentlich unempfindlicher sind als analoge Nutzsignale.

Vielfach wird auch argumentiert, daß Nachrichten häufiger in digitaler als in analoger Ursprungsform vorlägen. Eine etwas detailliertere Analyse (Bild 1) weist aber aus, daß auch in zukünftigen Kommunikationssystemen die analoge "Quellenform" zumindest mengenmäßig überwiegt.

Die Konzipierung eines dienste-integrierenden - von den bestehenden Netzen planungstechnisch losgelöst zu betrachtenden - Fernmeldenetzes muß an den zukünftigen Bedürfnissen orientiert werden. Es kann unabhängig von existierenden Fernmeldenetzen und Fernmeldediensten geplant werden, solange nur sichergestellt ist, daß über spezielle Übergabeeinrichtungen Nachrichtenverkehr mit den bestehenden Netzen im Rahmen ihrer klassischen Leistungsfähigkeit gegeben bleibt. Die Gestaltung dieser Übergabeeinrichtungen ist vom Prinzip her durch die Technik der sog. Kopfämter bekannt, die in klassischen Netzen die Kompatibilität zwischen zwei Fernmeldenetzen im internationalen grenzüberschreitenden Verkehr herstellen. Die dabei in Jahrzehnten gesammelten Erfahrungen kommen den Übergabeeinrichtungen zwischen dienste-integrierendem Fernmeldenetz zu klassischen dienstspezifischen Fernmeldenetzen zugute.

Ein solches dienste-integrierendes Fernmeldenetz sollte derart gestaltet sein, daß eine klare Trennung von Transportfunktion und Endgerätefunktion von Anfang an gegeben ist. Innerhalb des Transportsystems muß darüber hinaus die

Zeichengabe von den Nutzsignalen getrennt sein. Durch die letztgenannte Trennung entsteht ein Fernmeldenetz, das in zwei Teilnetze, nämlich

- das Transportnetz für Nutzsignale

und

- das Zeichengabenetz für die Verbindungssteuerung

aufgeteilt ist.

Auf diese Weise kann beispielsweise dieses Netz zu einem späteren Zeitpunkt auf breitbandige Nachrichtenübermittlung einfach dadurch erweitert werden, daß das Transportnetz für Nutzsignale durch Glasfasertechnik und breitbandige Koppler erweitert wird, ohne daß das Zeichengabesystem ausgetauscht werden muß. Grundsätzlich bleibt das gesamte Transportsystem für vielfältige Modifikationen in der Zukunft offen. Die Zeichengabetechnik muß die Zeit für einen Verbindungsaufbau gegenüber klassischen Fernmeldenetzen drastisch verkürzen.

Während also die Tranportfunktion durch die Aufteilung in ein Transportsystem für Nutzsignale und ein - von der Zeichengabe beherrschtes - Zeichengabenetz für die Einstellung der Nutzsignalkoppler in den Netzknoten zukunftssicher gestaltbar und an die jeweiligen Bedürfnisse leicht anpaßbar ist, bestimmt die Trennung zwischen Transportsystem und Endstelleneinrichtungen - so die postalisch korrekte Bezeichnung für Endgeräte - die Flexibilität des Gesamtsystems für unterschiedliche Dienste.

Das Transportsystem wird durch diese Trennung zu einem Netzwerk mit zahlreichen Maschen (dem Liniennetz) und Knoten (den Vermittlungen), das im Unterschied zu klassischen Fernmeldenetzen lediglich Nutzsignale transportiert. Diese Nutzsignale haben ein einheitliches Format ohne Rücksicht darauf, welche Nachrichtenform - z.B. Sprache oder Text - sie repräsentieren. Durch internationale Abmachungen ist festgelegt, daß die Grundform des Nutzsignals je Sekunde aus 8000 Worten von je 8 bit Wortlänge gebildet wird. Hieraus resultiert die Nutzbitrate von 64 kbit/s. Reicht die Kanalkapazität eines Grundkanals der Kapazität von 64 kbit/s für die beabsichtigte Nachrichtenübermittlung nicht aus, so können n Grundkanäle gekoppelt werden, wobei n vorzugsweise die Faktoren 2, 4, 32, 128, 512 und 2048 haben sollte. Während bestehende Fernmeldenetze eine relativ starre Kanalkapazität haben, werden ISDN-Tranportsysteme in der Zukunft eine bedarfsgerechte Bereitstellung von Kanalkapazitäten erlauben.

3. FERNMELDEDIENSTE FÜR DIE INDIVIDUALKOMMUNIKATION

Unter Diensten sollen im fernmeldetechnischen Sinne Verfahren der Nachrichtenübermittlung verstanden werden, bei denen Nachrichten in einer bestimmten Form - z.B. Sprache, Text, Bild, Graphik, Daten etc. - zur Übermittlung in ein Fernmeldesystem eingegeben, immateriell übermittelt und am Empfangsort in gleicher Form wieder ausgegeben werden. Ein Dienst verändert demgemäß eine Nachricht weder ihrem Inhalt noch ihrer Erscheinungsform nach. Dies impliziert, daß Dienste im Fernmeldenetz weder einem Datenverarbeitungs- noch einem irreversiblen Umwandlungsprozeß unterliegen dürfen. Um ein zukunftsicheres, ganz besonders aber benutzerfreundliches Dienstekonzept zu erhalten, ist es notwendig, die - reversible - Umwandlung der Nachricht in Nutzsignale im Prinzip nur Endstelleneinrichtungen zuzuordnen.

In den klassischen dienstspezifischen - sogenannten dedicated - Fernmeldenetzen sind Umwandlungsfunktionen bzw. sie beeinflussende physikalische Größen, teilweise über den gesamten Ortsnetzbereich (Bezugsdämpfungssystem) erstreckt gewesen. Da gerade durch diese Umstände sehr häufig das Einführen neuer Dienste oder die freizügige Gestaltung des Teilnehmerbereichs sehr nachhaltig durch physikalische Grenzen eingeschränkt wurde, ist es wichtig, derartige Mängel bei der Neugestaltung eines dienste-integrierenden Netzes zu vermeiden. Dabei ist in Kauf zu nehmen, daß eine Kostenverschiebung zwischen der Teilnehmerschaltung in der Vermittlung, an die der Teilnehmer angeschaltet ist und dem Endgerät, das der Teilnehmer benutzt, eintritt. Das Endgerät wird nämlich teurer, die Teilnehmerschaltung allerdings etwa im gleichen Maße billiger als in klassischen Netzen. Diese Kostenverschiebung (keine Kostenerhöhung) bietet nun aber dem Teilnehmer die Möglichkeit, über einen Hauptanschluß nach seiner freien Entscheidung durch Installation von Endgeräten für verschiedene Nachrichtenformen über einen einzigen Hauptanschluß an mehreren Diensten teilzunehmen.

Bei der klassischen Art, Dienste zu definieren, bestimmen die Leistungsmerkmale der vorhandenen Fernmeldenetze sowohl Wiedergabequalität, Übertragungsgeschwindigkeit und Höhe der Gebühren als auch Grenzen der Automatisierung bei der Bedienung. Um für jeden Dienst einzeln ein Optimum zu erhalten, ist es notwendig, daß auch bei den sogenannten NEUEN DIENSTEN für jede Form der Nachrichtenübermittlung ein spezielles Endgerät zugeschaltet werden muß. Die Standards für die Übermittlung sind nicht aufeinander abgestimmt (Bild 2). Endgeräte, deren Dienste über ein gemeinsames Netz abgewickelt werden, benötigen bisher für automatischen Betrieb einen eigenen Hauptanschluß oder sie müssen - bei manuellem Betrieb - z.B. nach telefonischer Vereinbarung angeschaltet werden. Die gilt beispielsweise für den Fernkopierdienst im Fernsprechnetz. Die enge Zuordnung von Dienst und Endgerät hat in der Standardisierungspraxis der Vergangenheit dazu geführt, daß wesentliche Gestaltungselemente des Endgeräts in die Normung übernommen wurden und damit die technische Gestaltungsfreiheit nachhaltig eingeschränkt wurde. So muß zum Beispiel ein Teletex-Hauptanschluß einen Drucker enthalten, auch wenn nur Lesbarkeit auf dem Bildschirm gewünscht wird.

Dienste-integrierende Digitalnetze haben - zumindest in der Anfangsphase ihres Ausbaus - ebenfalls deutlich einschränkende Übertragungseigenschaften. Die Übertragungskapazität des sogenannten "Schmalband-ISDN" erlaubt aber eine erhebliche Verbesserung von Übertragungsgeschwindigkeit und Wiedergabequalität. Darüber hinaus kann wegen der Trennung von Zeichengabe- und Nutzsignalübermittlung auch bei bestehender Verbindung eine Steuerinformation zwischen Hauptanschlüssen ausgetauscht werden, die beispielsweise die Einschaltung des richtigen Geräts beim empfangenden Teilnehmer bewirkt.

Die erhöhte Leistungsfähigkeit des ISDN wirft daher auch die Frage nach der Kompatibilität zwischen den NEUEN DIENSTEN in bestehenden Fernmeldenetzen und den - noch zu standardisierenden - HÖEREN DIENSTEN für zukünftige Netze auf. Bedenkt man den Geräteaufwand, der entsteht, wenn ein Teilnehmer an vielen NEUEN DIENSTEN teilhaben will, so kann eine Kompatibilität zwischen NEUEN und HÖHEREN DIENSTEN nicht uneingeschränkt bejaht werden. Es ist sicher wünschenswert, einmal für NEUE DIENSTE getätigte Investitionen weiter verwenden zu können. Dies hat auch den Vorteil, daß man mit Ländern kommunikationsfähig bleibt, die mit der Einführung eines ISDN noch nicht begonnen haben oder noch nicht weit genug fortgeschritten sind. Eine Anschaltemöglichkeit für solche Geräte ist auch technisch darstellbar, sie muß im ISDN vorgesehen werden. Diese Geräte werden aber nicht zu optimalen Übermittlungsgebühren betrieben werden können und auch nicht Leistungsfähigkeit und Leistungsumfang ISDN-fähiger Geräte haben. Vielmehr werden hierfür die vorhandenen bzw. gerade entstehenden Standards für NEUE DIENSTE zu übernehmen sein.

Für HÖHERE DIENSTE sollte daneben eine harmonisierte Folge von Standards für visuelle Dienste (Bild 3) geschaffen werden. Dieses Konzept für Standards muß sich vornehmlich daran orientieren, daß auf einem einzigen Bildschirm alle Nachrichtenformen, die über das Auge an den Menschen gelangen, abgewickelt werden können. Dies bedeutet, daß die Folge der Standards vom Bildfernsprechen über Standbildübertragung, Graphikübertragung (Bildschirmtext) bis zur Text- und Datenübermittlung alle Formen berücksichtigen muß.

Die Anpassung an Übertragungszeit oder andere Netzeigenschaften sollte demgegenüber zweitrangig, die Kompatibilität dieser HÖHEREN DIENSTE mit den NEUEN DIENSTEN drittrangig priorisiert sein. Daß Standards, die diesen Vorstellungen entsprechen, realisierbar sind und sogar daraus abwicklungstechnische Vorteile resultieren, zeigt ein Beispiel, das auf dem europäischen CCIR-Standard für das Fernsehen aufbaut (Bild 3). Bei der Gestaltung der ISDN-Dienstenorm ist weiterhin zu beachten, daß nur Parameter fixiert werden, die aus betrieblichen Gründen des Fernmeldenetzes resultieren und die die übrige Gestaltung der Endgeräte nur im unumgänglich notwendigem Maße beeinflussen.

Zusammenfassend seien einige Thesen genannt, die für die Gestaltung eines neuen zukunftsweisenden Fernmeldenetzes wichtig sind (Bild 4)

1.   Das Fernmeldenetz darf nicht für einen spezifischen Fernmeldedienst ausgelegt sein, soll aber Übergangsmöglichkeiten in die bestehenden Netze bieten (Bild 5).

2.   Die Umwandlung einer in einer bestimmten Form vorliegenden Nachricht in übermittelbare Nutzsignale muß in der Endstelleneinrichtung erfolgen, die Übermittlung von Nachrichten wird als Fernmeldedienst bezeichnet.

3.   Die Zeichengabe muß von der Nutzsignalübermittlung vom Anfang bis zum Ende der Verbindung unabhängig und jederzeit möglich sein, über sie wird auch während der Verbindung die Umschaltung zwischen verschiedenen Fernmeldediensten bewirkt.

4.   Das Fernmeldenetz muß in vollem Umfange dialogfähig sein, dies zwingt zu einer "vierdrähtigen Führung" der Verbindung bis hin zur Endstelleneinrichtung.

5.   Da häufig Nachrichten aus unterschiedlichen Quellen für eine sinnvolle Kommunikation erforderlich sind, müssen mindestens zwei Verbindungen zu einer Endstelleneinrichtung gleichzeitig schaltbar sein.

6.   Insbesondere im Anschlußbereich darf die Leitungsdämpfung die Wiedergabequalität nicht beeinflussen.

7. Die Abwicklung von schmalbandigen und breitbandigen Fernmeldediensten soll bei entsprechender Ausgestaltung der Liniennetze gleichermaßen möglich sein.

8. Zwischen dem resultierenden Transportsystem und den Endstelleneinrichtungen ist eine eindeutige Schnittstelle zu definieren, wobei die Prüfbedürfnisse des Betreibers des Transportsystems beachtet werden müssen.

9. Im Fernmeldenetz müssen wichtige Nachrichtenformen als sog. Teilnehmerdienste standardisiert werden, daneben sollten aber auch Nachrichtenformen abwickelbar sein, die nur zwischen einem eingeschränkten Teilnehmerkreis abgesprochen werden (Transportdienste).

10. Die Gebühren für die Benutzung des Transportsystems sollten von dem in der Einzelverbindung abgewickelten Dienst unabhängig und nur von der Benutzungszeit und ev. der überbrückten Entfernung bestimmt sein.

11. Die visuellen Teilnehmer-Dienstformen sind so zu standardisieren, daß eine Endstelleneinrichtung geschaffen werden kann, die die Teilnahme an allen höheren Fernmeldediensten ermöglicht.

12. Die Kosten für die Bereitstellung von Endstelleneinrichtungen sind als benutzungszeitunabhängige Grundgebühren dem Teilnehmer in Rechnung zu stellen, wobei ihm der käufliche Erwerb überlassen bleibt.

Dies ist eine beachtliche Fülle von technischen Anforderungen, die nach dem ersten Augenschein dadurch nicht erleichtert wird, daß das so entstehende Fernmeldenetz auch noch letztendlich in den Bereichen seine Dienste zu vergleichbaren Kosten erfüllen muß, in denen weitverzweigte dedicated networks - beispielsweise beim Fernsprechen - bereits bestehen. Darüber hinaus muß das so heranwachsende Fernmeldenetz auch noch mit den vorhandenen Fernmeldenetzen verträglich gestaltet sein, denn selbstverständlich will sein Benutzer auch Zugriff zu den Teilnehmern haben, die noch an eines der vorhandenen Fernmeldenetze angeschaltet sind.

4. VORSCHLÄGE FÜR DEN AUSBAU DER KOMMUNIKATIONSSYSTEME

Abschließend seien resultierende Maßnahmen zusammengestellt, die sich aus diesen Überlegungen ergeben. Die nachfolgenden Vorschläge für Maßnahmen berücksichtigen aus einer Fülle des technisch Machbarem nur Ansätze, die auch wirtschaftlich in einer Zeit geringeren Wachstums darstellbar sind, und die darüber hinaus allen Zweigen der deutschen Wirtschaft, die sich mit dem Gebiet der Informationstechnik befassen eine Chance bieten, durch Realisierung und Demonstration in der Bundesrepublik Deutschland auch im Export einen zusätzlichen Umsatz zu erzielen und damit mittelbar die Beschäftigungslage der deutschen Industrie in einem gewissen Umfange zu verbessern.

1. Zügige Einführung der NEUEN FERNMELDEDIENSTE Teletex und Bildschirmtext spätestens bis Mitte 1983 mit dem Ziel, noch vor der Einführung der dienste-integrierenden Fernmeldenetze betriebliche Erfahrungen zu sammeln und in die Gestaltungsregeln für HÖHERE DIENSTE einzubringen.

2. Aufbau eines ISDN-Fernmeldenetzes - zunächst als Overlay Struktur (Bild 6) - für die Grundbitrate 64 kbit/s, jedoch dergestalt, daß durch Trennen der Zeichengabe von den Pfaden für Nutzsignale eine spätere Erweiterung auf ein "Breitband-ISDN" vorbereitet ist und Bereitstellen des zugehörigen bundesweiten Transportsystems bis etwa 1986/87. Um dieses ISDN nicht von Anfang an durch einen Nachfrageboom zu belasten, sollten durch entsprechende Tarifierung und anfänglich auf kommerzielle Institutionen begrenzten Zugang administrative Einschränkungen vorgesehen werden, die in den nachfolgenden Jahren mit erweitertem Ausbau des ISDN reduziert werden müssen. Im ISDN müssen auch die NEUEN DIENSTE abgewickelt werden können; das ISDN muß über Übergabestellen Verbindungsmöglichkeiten zu den klassischen Fernmeldenetzen für Individualdienste haben.

3. Im Zeitraum 1984/85 sollen HÖHERE DIENSTE nach den Harmonisierungsgedanken für visuelle Kommunikationsformen - zunächst für Schmalband-ISDN -definiert werden. Außerdem ist der Freiraum für Transportdienste zu definieren. Bei der Definition ist als Richtschnur bei Teilnehmerdiensten zu beachten, daß nur die für den Netzbetrieb und die Kompatibilität zwischen Sende- und Empfangspunkt unabdingbaren Parameter festgelegt werden; die Einbettung der Dienste in branchenspezifische, organisationsbedingte Abläufe muß durch angemessene Gestaltungsfreiräume möglich sein. (Anwendungs-Software).

4. Der Aufbau eines Breitband-ISDN für Individual- und Verteildienste sollte durch Installation eines Glasfaser-Liniennetzes ab 1986/87 bis in den Teilnehmerbereich hinein vorbereitet werden. Im Fern- und Ortsverbindungs-

bereich sollten diese Linien auch schon für Schmalband-Transport betrieben werden. Ab 1988 sollte mit echten Systemversuchen die Verträglichkeit eines Breitband-ISDN mit dem dann vorhandenen Schmalband-ISDN demonstriert werden, wobei diese Versuche auf den Erfahrungen von BIGFON (und BIGFERN) aufbauen können. Die dabei sinnvollen Nutzsignalraten zeigt (Bild 7). Für die Übergangsphase können regional Koaxial-Kabelnetze für Verteildienste installiert werden.

5.   Ab 1990 sollten Breitband-ISDN-Teilnehmer an das vorbereitete Breitband-ISDN angeschaltet werden.

6.   Fernseh- und Hörfunkverteildienste im Breitband-ISDN sind so zu definieren, daß eine merklich bessere Übermittlungsqualität im Vergleich zu drahtlosem Rundfunk- und Kabelfernsehen resultiert.

7.   Nationale Fernmelde- und Rundfunksatelliten sollten im nationalen Verkehr vornehmlich zur Unterstützung der terrestrischen Rundfunk- und Fernmeldeversorgung, nicht aber als Alternative eingesetzt werden. Vor dem Hintergrund des Frequenzbedarfs an mobilen Funkdiensten, des Richtfunks und der drahtlosen Rundfunkversorung muß der Aspekt der ökonomischen Nutzung der physikalisch begrenzten Frequenzbänder Vorrang haben.

8.   Da der Ausbau eines zukunftsweisenden Kommunikationssystems die derzeit letzte Chance bietet, daß sich die Industrie der Informationstechnik in der Bundesrepublik Deutschland einen Platz unter den technologisch hochentwickelten Nationen sichern kann, sollte die politische Führung durch klare Richtlinien Anreize geben, die eine gedeihliche Entwicklung sowohl der technologischen Voraussetzungen (Halbleiter-, Software-, Glasfaser-, Anthropo- und Systemtechnik) als auch der tatsächlichen landesweiten Realisierung sichern.

Erläuterungen sollen diese Vorschläge ergänzen:

<u>zu 1:</u>
Den NEUEN DIENSTEN wird mit diesem Vorschlag eine Doppelfunktion zugewiesen. Sie sollen zum einen, wie formuliert, Erfahrungsgrundlagen für mögliche technische Verbesserungen liefern, zum anderen aber auch fallweise dringliche Forderungen nach Ergänzungen im Diensteangebot für heute noch nicht oder erst kurzfristig eingeführte Formen der Nachrichtenübermittlung befriedigen. Benutzer und Betreiber sollten aber durch realistische Information

vor unüberlegten Investitionen bewahrt bleiben. Es muß aber den Kunden klar sein, daß Endgeräte für Dienste, die nach dem value-adding-Prinzip definiert sind, nicht die Leistungsfähigkeit zukünftiger HÖHERER DIENSTE haben, sondern sich etwa wie Telex im Vergleich zu Teletex verhalten.

zu 2:

Dies ist die wichtigste Entscheidung dieses Jahrzehnts für das gesamte Gebiet der Nachrichtenübermittlung. Da der Netzbetreiber Schwierigkeiten hat, dieses Vorhaben mit seinen gegenwärtigen organisatorischen Strukturen mit - weitgehend eigenständigen - Planungstellen für Liniennetze, Vermittlungen, Übertragungstechnik, für Fernsprechen und Telegraphie eine solche Aufgabe zu managen, ist ihm aufzugeben - sei es über die Regierung, sei es über den Postverwaltungsrat - innere organisatorische Reibungen und Vorwände der Sachbearbeiter zu überwinden. Nach überschlägigen Berechnungen kann die Startphase mit einem Aufwand von DM 2 Mrd. bewältigt werden, die vollständige Umstellung kostet den Netzbetreiber bis zu DM 40 Mrd. Hinzu kommen Belastungen für die Benutzer von etwa DM 500 Mio. für die Startphase und von DM 10 Mrd. bei vollständiger Umstellung des Fernsprech- und IDN-Netzes auf ISDN. Für die Startphase ist damit etwa ein Fünftel des Fernmelde-Investitionsvolumens eines Jahres erforderlich. Dem Argument, daß bei Einführung des ISDN ein "Zwei-Klassen-Fernmelderecht" geschaffen werde, kann durch tarifpolitische Maßnahmen begegnet werden.

zu 3:

Die - nur nach außen scheinbar bestehende Wettbewerbssitutation in der Datenverarbeitung hat dazu geführt, daß infolge fehlender Normen eine Verträglichkeit der Geräte unterschiedlicher Hersteller nicht gegeben ist. Ein Benutzer, der einmal mit einem Hersteller begonnen hat, seine EDV zu organisieren, kann sich wegen der fehlenden Hard- und Software-Kompatibilität nur unter erheblichen, z.T. existenzgefährdenden wirtschaftlichen Opfern wieder von ihm lösen. Dies darf im Fernmeldewesen nicht wiederholt werden! Unter den genannten Prämissen kann - durch die vorgeschlagene, auf das Notwendige beschränkte Standardisierung- neben den Freiräumen für die Gestaltung eine Wettbewerbssituation erreicht werden, die der der Rundfunkindustrie vergleichbar ist.

zu 4 und 5:

Geht man davon aus, daß das installierte Kupfer-Liniennetz in Deutschland einen Neu-Installationswert von DM 75 Mrd. repräsentiert, so dürfte die Annahme näherungsweise gerechtfertigt sein, daß eine Glasfaser-Vollverkabelung der

Bundesrepublik Deutschland trotz Mitbenutzung vorhandener Kabelkanäle nochmals die gleiche Summe erfordert. Dies ist die größte Einzelinvestition, die im Zuge der zukunftsweisenden Modernisierung erkennbar ist. Bedenkt man aber, daß ein vergleichbar umfassendes -technisch schon beinahe überholtes - Kabelfernsehen ebenfalls mit DM 50 bis 60 Mrd. zu veranschlagen ist, aber für HDTV- oder RGB-Fernsehen und Bildfernsprechen kaum geeignet ist, so erscheint die allmähliche schrittweise und über etwa zwei Jahrzehnte zu erstreckende Installation eines Glasfaser-Liniennetzes gerechtfertigt, das später auch bis dahin entstandenen regionalen Koaxialnetze substituiert.

<u>zu 6:</u>

Obwohl die drahtlos übermittelten Rundfunk-Verteildienste in der Bundesrepublik Deutschland bereits einen beachtlichen Qualitätsstandard haben, wird die Leistungsfähigkeit der Wiedergabe-Einrichtungen durch die nötige Bandbreitenökonomie stark begrenzt. So ist - bedingt durch Frequenzökonomie - der Farbträger beim Farbfernsehen etwa dem Anstreicherpinsel vergleichbar, mit dem die Radierung eines Künstlers coloriert wird. Es gibt technisch sinnvolle Verfahren - und einige Länder beginnen sie bei leitungsgebundener Übermittlung zu nutzen - die hier mit der wünschenswerten Differenzierung arbeiten. Die klarste und sauberste Lösung sind das RGB- und YUV-Verfahren, das auch dem - vornehmlich von der japanischen Fernsehgeräteindustrie propagierten - HDTV-Verfahren mit Farbdifferenzmodulation (wegen der Frequenzökonomie) vorzuziehen ist.

<u>zu 7:</u>

Es wird - ohne die Problematik bis zum Ende durchzudenken - häufig suggeriert, daß der Rundfunk- und der Fernmeldesatellit die Lösung aller drahtlosen Übermittlungsprobleme bringe. Bei allem Vertrauen in technologische Fortschritte muß festgestellt werden, daß keine Technologie physikalische Grenzen und Gesetze brechen kann. Vielmehr kann der durch diese Grenzen und Gesetze vorgegebene Betätigungsraum durch die Anwendung der zur Verfügung stehenden Technologien besser genutzt werden. Dies gilt auch für Nachrichtensatelliten jeder Art. Das bedeutet, daß auch der Einsatz von Satelliten nicht davon entbindet, die physikalisch begrenzten Frequenzbänder ökonomisch zu nutzen und die nichtmobilen Senken und Quellen von Nachrichten durch drahtgebundene Übermittlungsverfahren miteinander zu verbinden.

<u>zu 8:</u>

Die Informationstechnik und die Technologien, die zu ihrer Realisierung benötigt werden, sind in der Bundesrepublik Deutschland weniger entwickelt als in USA und Japan. Für ein Land, das den Anspruch erhebt, zu den höchstentwickelten Industriestaaten der Welt zu zählen und dessen Lebensstandard nicht durch den Reichtum der geographischen Region in dem es leben muß, sondern allein durch seinen technischen Besitzstand bestimmt wird, ist es eine soziale Notwenigkeit, in mehreren entscheidenden Technologiesektoren eine Führungsrolle zu haben. Bedenkt man, daß diese Führungsposition auch auf den Sektoren

> Verkehr   (Luftfahrt und Automobilbau)
>
> Energiewandlung (Atomkraft und Verbrennungskraft)
>
> Chemie   (Kunststoffe, Pharmazeutika)

gefährdet oder bereits endgültig verloren ist, so kommt der Erhaltung der Sektoren, die noch zu retten sind, eine staats- (nicht regierungs-) tragende Bedeutung zu. Auf dem Teilsektor "Nachrichtenübermittlung" des Technologiesektors "Informationstechnik" ist in der Bundesrepublik Deutschland eine noch immer mit positivem Ergebnis tätige Industrie vorhanden, die aber schon heute technologisch weitgehend von ausländischen (z.B. Halbleiter) Zulieferern abhängig wird.

Durch einen - mit kalkulierbarem Risiko machbaren - zukunftsweisenden Schritt im Bereich der Nachrichtenübermittlung mit Zielsetzungen, die derzeit aus volkswirtschaftlichen Zwängen in USA und Japan nicht gleichermaßen angestrebt werden können, besteht die gute Chance, nicht nur in der Nachrichtenübermittlung eine zeichensetzende Rolle zu übernehmen, sondern anschließend - wegen sich zwangsläufig ergebender Rückwirkungen - auch auf anderen Gebieten der Informationstechnik vor allem in der Bürotechnik nahezu verlorene Positionen zurückzugewinnen.

TELEFONBAU UND NORMALZEIT

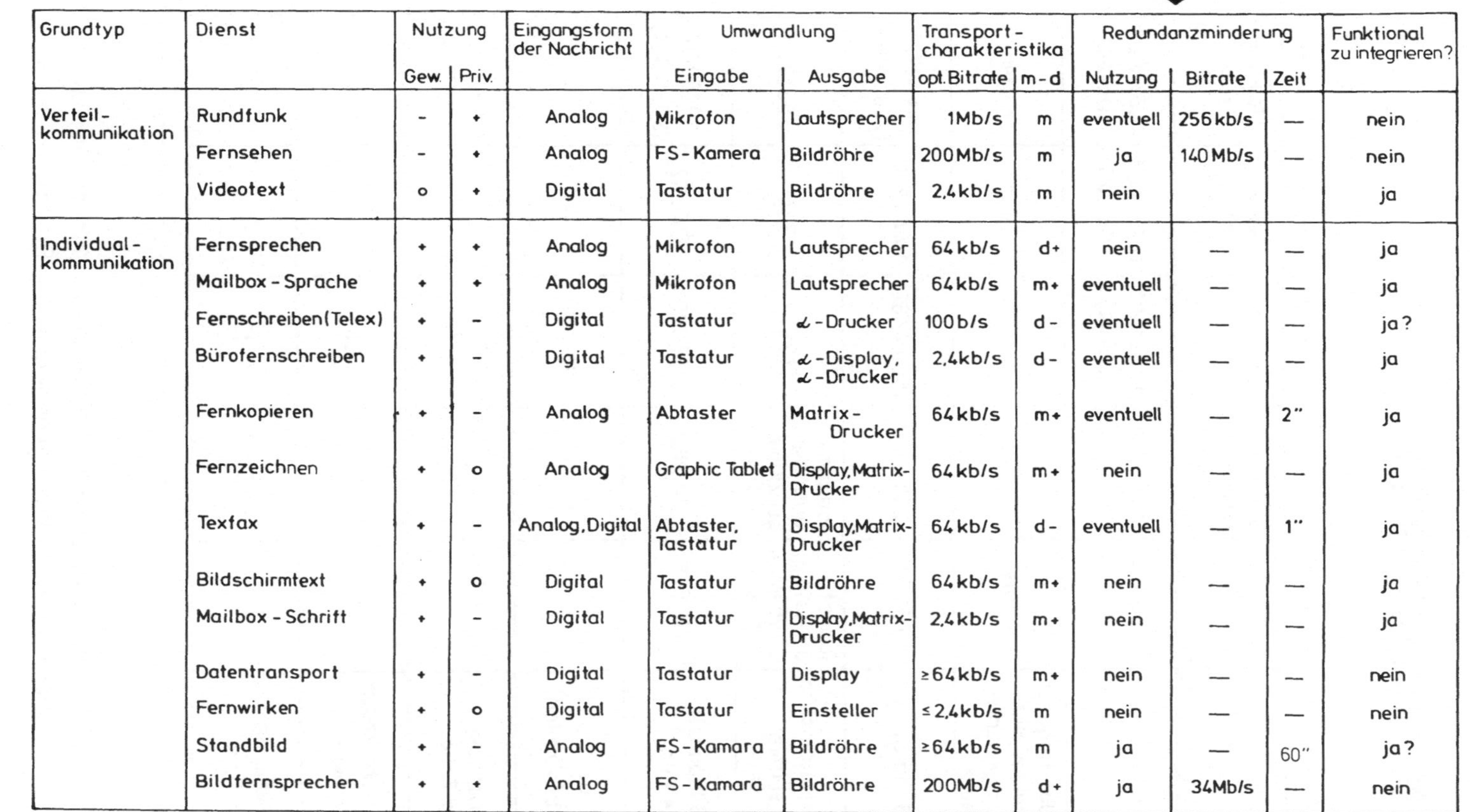

Grundtyp	Dienst	Nutzung		Eingangsform der Nachricht	Umwandlung		Transport-charakteristika		Redundanzminderung			Funktional zu integrieren?
		Gew.	Priv.		Eingabe	Ausgabe	opt. Bitrate	m-d	Nutzung	Bitrate	Zeit	
Verteil-kommunikation	Rundfunk	–	+	Analog	Mikrofon	Lautsprecher	1 Mb/s	m	eventuell	256 kb/s	—	nein
	Fernsehen	–	+	Analog	FS-Kamera	Bildröhre	200 Mb/s	m	ja	140 Mb/s	—	nein
	Videotext	o	+	Digital	Tastatur	Bildröhre	2,4 kb/s	m	nein			ja
Individual-kommunikation	Fernsprechen	+	+	Analog	Mikrofon	Lautsprecher	64 kb/s	d+	nein	—	—	ja
	Mailbox – Sprache	+	+	Analog	Mikrofon	Lautsprecher	64 kb/s	m+	eventuell	—	—	ja
	Fernschreiben (Telex)	+	–	Digital	Tastatur	α-Drucker	100 b/s	d–	eventuell	—	—	ja?
	Bürofernschreiben	+	–	Digital	Tastatur	α-Display, α-Drucker	2,4 kb/s	d–	eventuell	—	—	ja
	Fernkopieren	+	–	Analog	Abtaster	Matrix-Drucker	64 kb/s	m+	eventuell	—	2″	ja
	Fernzeichnen	+	o	Analog	Graphic Tablet	Display, Matrix-Drucker	64 kb/s	m+	nein	—	—	ja
	Texfax	+	–	Analog, Digital	Abtaster, Tastatur	Display, Matrix-Drucker	64 kb/s	d–	eventuell	—	1″	ja
	Bildschirmtext	+	o	Digital	Tastatur	Bildröhre	64 kb/s	m+	nein	—	—	ja
	Mailbox – Schrift	+	–	Digital	Tastatur	Display, Matrix-Drucker	2,4 kb/s	m+	nein	—	—	ja
	Datentransport	+	–	Digital	Tastatur	Display	≥64 kb/s	m+	nein	—	—	nein
	Fernwirken	+	o	Digital	Tastatur	Einsteller	≤2,4 kb/s	m	nein	—	—	nein
	Standbild	+	–	Analog	FS-Kamara	Bildröhre	≥64 kb/s	m	ja	—	60″	ja?
	Bildfernsprechen	+	+	Analog	FS-Kamara	Bildröhre	200 Mb/s	d+	ja	34 Mb/s	—	nein

Bild 1 Klassifizierung von Kommunikationsdiensten

2.9.003

TELEFONBAU UND NORMALZEIT

	Fernsehen n. CCIR	Bildschirm- u. Videotext	Teletex	Telefax Kl.2	Telefax Kl.3
Vorlagen – format	$H:B = 3:4$	$H:B = 3:4$	$H:B=\sqrt{2}:1$ (Din A4)	$H:B=\sqrt{2}:1$ (Din A4)	$H:B=\sqrt{2}:1$ (Din A4)
Übertragungs- zeit je Bild im geplanten Netz	40 ms	≥ 13 s	ca. 10 s	3 min	≥ 1 min
Bildmatrix	575 × 575	288 × 560	(560 × 462)	1144 × 808	1144 × 1728 (2288×1728)
Bildauflösung pel /mm	format- abhängig bei 260mm: 2,73	format- abhängig bei 210mm: 2,73	(2,36)	3,85	3,85 (7,7)
Bildpunkte je Bild	330.625	161.280	(258.720)	924.352	1.976.832 (3.953.664)
Typenmatrix (BP× Zeilen)	—	10 × 12	(6 × 10)	—	—
Symbole je Zeile	—	40	77	—	—
Symbolzeilen je Seite	—	24	56	—	—
Symbole je Seite	—	960	4312	—	—

Bild 2 Präsentationsdaten von bestehenden visuellen Diensten für analoge Netze nach gegenwärtigem Stand.

TELEFONBAU UND NORMALZEIT

	dig.Ferns. u. BIF (analog zu CCIR)	Standbild Digital	Telefax Digital	Teletex Digital	Bildschirm-text Digital
Vorlagen-format	H:B=3:4	H:B=3:4	H:B=4:3	H:B=4:3	H:B=4:3
Übertragungs-zeit je Bild bei Bitrate	40 ms 37,768 Mbit/s	53,1995 s 64 kbit/s	12,288 s 64 kbit/s	0,648 s 64 kbit/s	1,472 s 64 kbit/s
Bildmatrix, voll pel/Zeile×Zeilen (netto Inform.)	768 × 576 736 × 575	768 × 576 (736 × 575)	768 × 1024 (736 × 1023)	768 × 1024 (736 × 1023)	768 × 1024 (736 × 1023)
Bildauflösung pel/mm b. 210mm Breite	3,505	3,505	3,505	3,505	3,505
Bildpunkte je Seite	423.200	423.200	752.928	752.928	752.928
Typenmatrix pel/Zeile×Zeile	—	—	—	$(8+1) \times (14+2)$	8 × 8
Symbole je Symbolzeile	—	—	—	81	92
Symbolzeilen je Seite	—	—	—	64	128
Symbole je Seite	—	—	—	5184	11.776

Bild 3   Harmonisierungsvorschlag für die Standardisierung visueller Dienste in digitalen Netzen.

TELEFONBAU UND NORMALZEIT

1. DIENSTUNABHÄNGIGKEIT

2. SIGNALWANDLUNG IN DER ENDSTELLENEINRICHTUNG

3. ZEICHENGABE UNABHÄNGIG VOM NUTZPFAD

4. DIALOGFÄHIGKEIT

5. ZWEI NUTZPFADE JE ENDSTELLENEINRICHTUNG

6. DÄMPFUNGSUNABHÄNGIGES TRANSPORTVERFAHREN

7. NUTZPFADE UNTERSCHIEDLICHER KANALKAPAZITÄT

8. DEFINIERTE SCHNITTSTELLEN

9. TEILNEHMER- UND TRANSPORTDIENSTE

10. NUTZUNGSZEITABHÄNGIGE TRANSPORTGEBÜHREN

11. HARMONISIERUNG DER VISUELLEN DIENSTE

12. KAUF ODER MIETE VON ENDSTELLENEINRICHTUNGEN

Bild 4   Anforderungen an ein neues Fernmeldenetz

TELEFONBAU UND NORMALZEIT

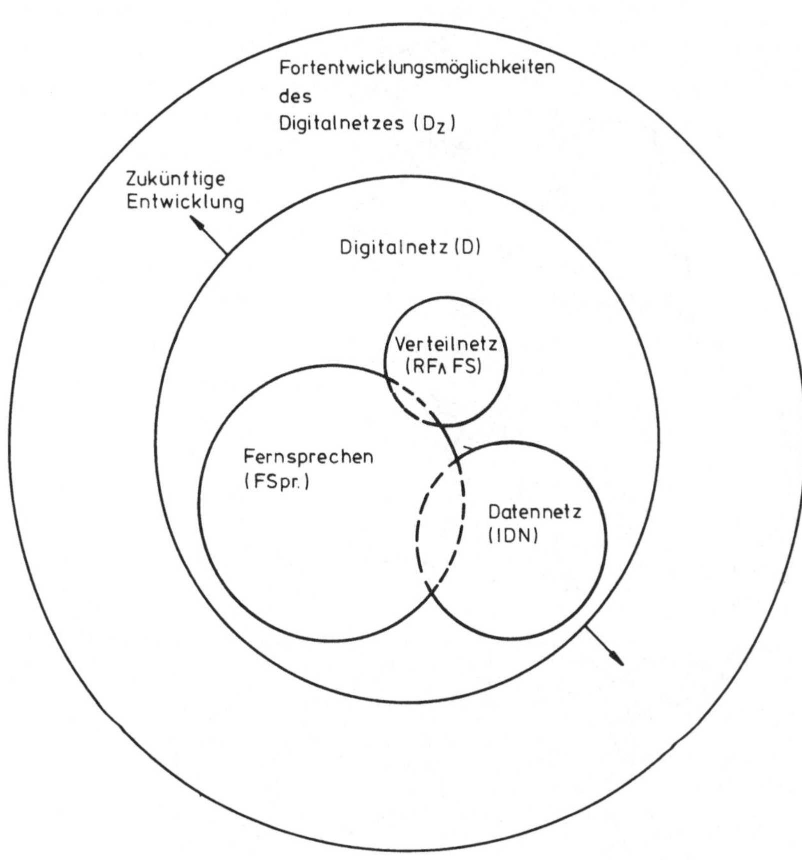

Bild 5 Mengenbild der Anforderungen an ein Digitalnetz

TELEFONBAU UND NORMALZEIT

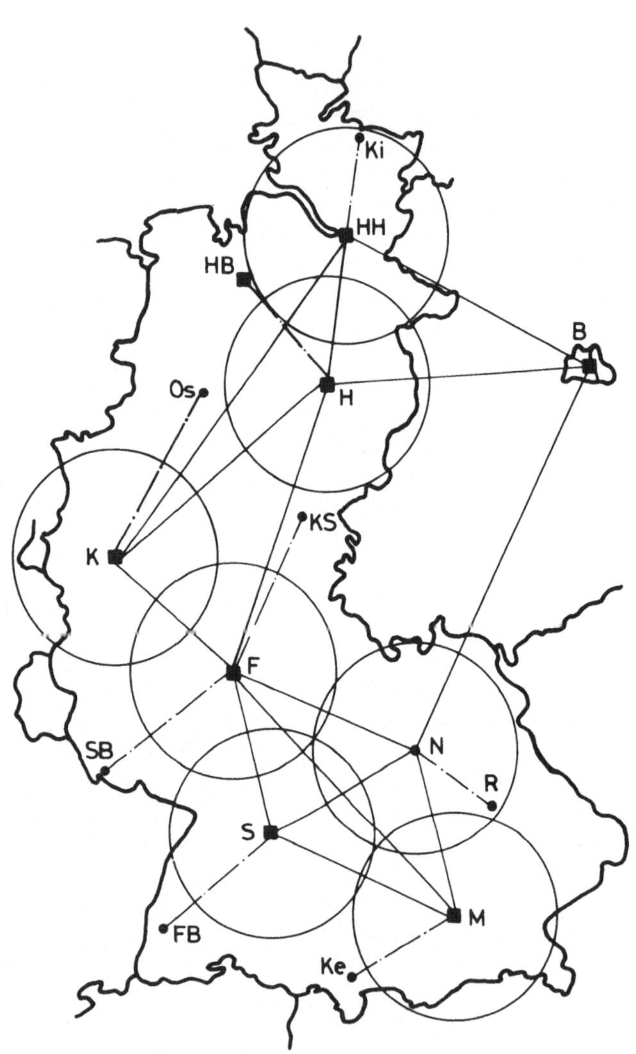

Bild 6   Erste und zweite Ausbaustufe eines ISDN in der Bundesrepublik

TELEFONBAU UND NORMALZEIT

Nutzsignal-rate k bit /s	Äquivalente Grund-kanäle	Anwendung
64	1	Fernsprechen, (Bild), Graphik, Schrift, Daten
2.048	32	Hörfunk, Farbbild, schnelle Daten
32.768	512	Bildfernsprechen, Rechner - Rechner - Datenaustausch
131.072	2048	CCIR - Fernsehen
524.288	8192	Hochauflösendes Fernsehen

Bild 7   Sinnvolle Nutzsignalraten im Breitband - ISDN

DIE ANWENDUNGSBEREICHE DER NEUEN ISO-STANDARDS

DER KOMMUNIKATIONSTECHNIK UND BÜROAUTOMATION

- ZEITPLÄNE, WECHSELWIRKUNGEN, PERSPEKTIVEN -

S. Schindler, TU Berlin *)

Kurzfassung

Die Arbeit weist auf die Serie von internationalen Standards der Informationstechnologie hin, die in Kürze in die Verabschiedungsphase gehen sollen, konkretisiert die dazugehörigen Zeitvorstellungen und erklärt die organisatorische Ursache für diese rege Standardisierungsaktivität. Sie beschränkt sich dabei auf die beiden derzeit wohl virulentesten Bereiche, die neuen Kommunikationstechnologien und die neuen Texttechnologien. In ihrem Schlußteil erläutert sie zunächst die Wechselwirkungen zwischen den Standardisierungsaktivitäten in beiden Bereichen und weist auf einige ökonomische und technische Merkmale dieser schnellen Entwicklung hin; besonderes Gewicht legt sie schließlich auf die Klärung der grundsätzlichen Perspektiven dieser Entwicklung.

1. EINLEITUNG

Die Entwicklung eines internationalen Standards war schon immer ein langwieriger Prozeß, der sechs, acht oder noch mehr Jahre andauerte, bevor irgend ein technisch stabiles Ergebnis erzielt werden konnte. Dies ist

---

*) Die Arbeit entstand im Rahmen der beiden folgenden, vom BMFT geförderten Projekte: TK 050207: "Standardisiertes Systemmanagement in Offenen Kommunikationssystemen" und FKZ 0830235: "RSPL-Projekt".

vielleicht in denjenigen Bereichen annehmbar, deren technologische Grundlagen sich langsam fortentwickeln, z.B. in einigen Bereichen der Chemie oder der Verpackungsindustrie. In Bereichen mit hohem Entwicklungstempo ihrer Grundlagentechnologien aber müssen Standards sehr zügig entwickelt werden: anderenfalls kommen sie zu spät um noch aus ihrer Nutzung technische Vereinfachung und/oder ökonomische Vorteile ableiten zu können, Standardisierung reduziert sich dann zu einer Kulthandlung fragwürdiger Bedeutung.

Es ist bekannt, daß der Bereich der Informationstechnologien gerade abrupte Veränderungen erfährt, die sich aus den enormen, unerwartet schnellen und weitreichenden Fortschritten in den Prozessor-, Übermittlungs-, Speicher- und Endgeräte-Technologien ergeben. Innerhalb der "International Standards Organization (ISO)" ist das "Technical Committee (TC) 97" - sein Name: "Information Processing Systems" - für die Entwicklung internationaler Standards dieses Bereiches zuständig. Um die Standardisierungsaktivitäten in diesem Bereich zu beschleunigen, hat die "Beratergruppe des TC97" während ihrer letzten Sitzung, /1/, eine Reihe Verfahrensregeln verabschiedet.

In dieser Arbeit wollen wir von den beiden wichtigsten dieser Verfahrensregeln und ihren absehbaren Konsequenzen ausgehen, nämlich von den Empfehlungen 7 und 8. Damit ergibt sich recht zwangsläufig die Gliederung dieser Arbeit: Zunächst werden für die beiden Bereiche Kommunikationstechnik und Büroautomation die wichtigsten (Kontext-) Informationen zusammengestellt, ohne deren Kenntnis das Verständnis ihrer gegenwärtigen Entwicklungen schwerfallen muß, anschließend werden die positiven und negativen Wechselwirkungen zwischen diesen beiden kurzfristigen Entwicklungsvorhaben von Werken internationaler Standards erörtert. Eine kurze Diskussion der grundsätzlichen weiteren Entwicklung dieser Technologiebereiche schließt diese Arbeit ab.

Entsprechend diesen beiden Empfehlungen soll jedes "Subcommittee (SC)" des TC97 ein Arbeitsprogramm für alle ihm anvertrauten Arbeitseinheiten ("work items") definieren und fortschreiben. Dieses Arbeitsprogramm soll insbesondere einen Zeitplan enthalten, der angibt, wann in die formale Phase eingetreten werden soll, in der die Abstimmung über die Umwandlung eines Arbeitsdokuments einer Arbeitseinheit in einen Standard erfolgt.

Um den Grad der Eindringlichkeit dieser neuen Verfahrensvorschriften zu verdeutlichen, wird ihre (recht) wörtliche - jedenfalls sinngemäß korrekte - Übersetzung angefügt:

7. Einrichtung von Prioritäten und Zielzeitpunkten

Von jedem SC wird gefordert, daß es für alle ihm anvertrauten Arbeitseinheiten Prioritäten festlegt und, aufbauend auf diesen Prioritäten, Zeitpläne für ihre Bearbeitung definiert. Folgende Entwicklungsstufen sind im Arbeitsprogramm für eine Arbeitseinheit stets zu erfassen und mit Zielzeitpunkten zu versehen:

a) erste Registrierung als "Draft Proposal (DP) of an International Standard", sowie die Zeitdauer nachfolgender Iterationsschritte,

b) Verabschiedung des Textes als "Draft International Standard (DIS)".

8. Fortschreibung und Überprüfung

Jedes SC soll seine Fortschritte gegenüber diesem Arbeitsprogramm in regelmäßigen Abständen überprüfen und notfalls die Zielvorstellungen ergänzen. Solche Ergänzungen der Zielvorstellungen für eine Arbeitseinheit bedürfen der Rechtfertigung. Dem TC97 ist ein geeigneter Vorschlag zur Aufgabe oder Neudefinition der Arbeitseinheit vorzulegen, falls die damit verbundenen Zielvorstellungen wiederholt verfehlt wurden. (An anderer Stelle wird festgelegt, daß diese Neubefassung mit einer Arbeitseinheit in jedem Fall spätestens nach 5 Jahren Arbeit an ihr erfolgt, falls bis dahin kein DP für sie erzielt wurde).

Die Bedeutung dieser beiden und der begleitenden Verfahrensregeln kann man gar nicht überschätzen. Ihre in der Praxis sichtbare Konsequenz wird sein, daß wir im Bereich der Informationstechnologien in den nächsten zwei bis fünf Jahren eine ganze Fülle von neuen ISO-Standards erhalten werden. Dies dürfte die gesamte Entwicklung in diesem Bereich deutlich beeinflussen - in technologischer, ökonomischer und sozialer Hinsicht.

Im Zuständigkeitsbereich des TC97 gibt es insbesondere zwei Unterbereiche, deren Grundlagen gegenwärtig von einer totalen Veränderung erfaßt werden: Kommunikationstechnologien und Büroautomation. Innerhalb des TC97 sind vier SC's mit der Bearbeitung dieser zwei speziellen Unterbereiche betraut, nämlich SC6 ("Telecommunications"), SC16 ("Open Systems Interconnections"), SC18 ("Text Preparation and Interchange") und SC19 ("Office Equipment and Supplies").

Diese Arbeit konzentriert sich auf das SC16 und SC18. Einerseits soll so ihr Umfang beschränkt werden. Andererseits haftet den Arbeiten dieser beiden SC's ein besonderes wissenschaftliches Interesse an, das in einigen Worten erläutert werden soll. Diese beiden SC's müssen viel Konzept- und Struktur-orientierter arbeiten als das SC6 und SC19, die andererseits eine Fülle technologiebedingter und gerätespezifischer Einzelheiten festlegen müssen (etwa Toleranzen für Werte technischer Parameter, z.B. für Übermittlungs- oder Wiedergabegeräte). Für die vorliegende Arbeit bedeutet dies, daß sie sich auf diejenigen ISO-Standards (die gegenwärtig für die Kommunikations- und Büroautomationsbereiche in der Entwicklung sind) konzentriert, die mehr oder weniger unabhängig sind sowohl von den speziellen neuen Technologien in diesen beiden Bereichen (wie z.B. Glasfaser-, Satelliten- oder PCM-Techniken bei der Kommunikation, und bei der Büroautomation spezielle Videotex-, Rasterdisplay- oder Lasergeräte) als auch von den alten Technologien (z.B. Telex und Schreibmaschine in diesen beiden Bereichen) - die also schlichtweg "ziemlich Technologie-unabhängig" sind.

Um diese Arbeit nicht mißzuverstehen, sei gleich hier betont, daß - wenn über Zeitplanung bei der Entwicklung von Standards gesprochen wird - für jede Arbeitseinheit in diesen beiden SC's lediglich die Zeitdauer angegeben wird, die zunächst einmal angesetzt wurde, um für sie einen DP vorlegen zu können. Dies setzt voraus, daß der Leser sowohl die enorme Eigendynamik und Faktizität eines DP-Dokumentes einschätzen kann, als auch Verfahrensschritte kennt, die ausgeführt werden müssen, bevor aus einem DP schließlich ein "International Standard (IS)" wird, /5/. Im SC16 wird angenommen, daß - als allgemeine Regel für das Durchlaufen dieser Entwicklungsstufen - etwa folgendes gilt: Nachdem das Arbeitsdokument einer Arbeitseinheit den DP-Status erhalten hat, dauert es ungefähr noch 10 Monate, um daraus einen DIS zu machen, und weitere 12 Monate, um einen IS zu erhalten, /7/. Das SC18 ist so jung, daß es noch keine vergleichbaren Erfahrungen aufweisen kann - man darf jedoch erwarten, daß auch hier ähnlich kurze Bearbeitungszeiträume entstehen werden.

2. DIE OSI-STANDARDS

Das SC16 arbeitet nun seit mehr als fünf Jahren. Das "OSI Referenzmodell" strukturiert seinen Arbeitsbereich klar in eine Hierarchie von Dienst-/Protokollschichten. Diese Kommunikationsarchitektur und die Funktionalität ihrer Schichten wurden wiederholt beschrieben und werden in dieser Arbeit als bekannt vorausgesetzt, /2-6/.

Darauf aufbauend wollen wir in diesem Kapitel das Arbeitsprogramm und den Zeitplan darstellen, die vom Plenum des SC16 in Tokio (31. Mai - 11. Juni 1982) verabschiedet wurden, /7/. Obwohl diese Plenarsitzung sehr stark besucht war, wurden alle ihre Entscheidungen einstimmig getroffen. Dies unterstreicht die starke Zuversicht aller Delegationen in die Angemessenheit dieser Entscheidungen und das große Ausmaß an Konsens über die bisher erzielten Ergebnisse und über den Weg, der in den nächsten Jahren zu beschreiten ist.

Zu diesem Zweck gliedern wir dieses Kapitel in sechs kurze Abschnitte, die sich mit dem OSI-Architektur-Standard, und den Standards der Transportschicht, der Sitzungssteuerungsschicht, der Darstellungsschicht, der Anwendungsschicht, und schließlich der "verbindungsfreien" Kommunikation befassen. Man beachte, daß es keine Abschnitte mit Zielvorstellungen zur Standardisierungsarbeit auf den Schichten 1, 2 und 3 der OSI-Kommunikationsarchitektur gibt. Dies ist auf den Umstand zurückzuführen, daß die entsprechenden Standards vom SC6 zu entwickeln sind (auf Grund organisatorischer Übereinkünfte mit dem SC16), die Plenarsitzung dieses SC's erst kürzlich stattfand und somit ihre Ergebnisse nicht mehr in diese Darstellung eingearbeitet werden konnten.

2.1. Der OSI-Architekturstandard

Das Architekturdokument, das "OSI-Referenzmodell", hat gegenwärtig den Status eines DIS, /2/. Ende '82 wurde darüber abgestimmt, ob es ein IS werden sollte; dieser Vorgang war zum Zeitpunkt der Fertigstellung dieses Berichtes noch nicht abgeschlossen. Unabhängig vom Ausgang dieser Abstimmung ist zu erwarten, daß einige Neuformulierungen und Klarstellungen seines technischen Inhalts noch kurzfristig in Angriff genommen werden. Einige Mißverständnisse bezüglich der Funktionalität seiner unteren Schichten, die man zeitweise - und auch heute noch

- im Bereich der Technologie der Lokalen Netze beobachten konnte, wurden mittlerweile bereits identifiziert und beseitigt, /6,35/.

2.2. Die Standards der Transportschicht

Die Spezifikationen des Transportdienstes und der Transportprotokolle wurden anläßlich der Plenarsitzung in Tokio als DP's verabschiedet. Das Dienstdokument, /8/, spezifiziert lediglich einen einzigen Transportdienst (der aber unterschiedliche, definierte Qualitäten haben kann). Das Protokolldokument, /9/, spezifiziert dagegen fünf verschiedene Protokolle, die "Klasse 0"- bis "Klasse 4"-Protokolle heißen. Die Klasse 0 wurde vom CCITT gefordert, die Klassen 1 und 2 beruhen auf Konsens mit CCITT und ECMA, während die beiden verbleibenden Klassen auf Forderungen von ECMA beruhen. Beide Dokumente bedürfen noch weitergehender technischer Abklärung, wie es für Dokumente dieser Entwicklungsstufe üblich ist. Aber man kann erwarten, daß diese Überarbeitungen die technische Substanz dieser Spezifikationen nicht wesentlich verändern werden.

2.3. Die Standards der Sitzungssteuerungsschicht

Die Spezifikation des Sitzungssteuerungsdienstes wird nunmehr allgemein als "stabil" betrachtet, /10/, während an der Spezifikation des Sitzungssteuerungsprotokolls kürzlich größere technische Veränderungen vorgenommen wurden, /11/ *). Während ursprünglich das ECMA-Sitzungssteuerungsprotokoll der bevorzugte Kandidat für das zukünftige ISO-Sitzungssteuerungsprotokoll zu sein schien, brachte die Tokio-Sitzung die Entscheidung, eine Symbiose zwischen dem ECMA-Protokollvorschlag, /44/, und dem CCITT-Teletex-Protokoll (d.h. den

---

*) Hier und in der Folge bedeutet der Ausdruck "stabil" - es ist ein informeller Ausdruck aus dem Sprachrepertoire ʹder SC's - daß ein Dokument einen Zustand erreicht hat, in dem man mit Aussicht auf Erfolg darüber abstimmen könnte. Diese Abstimmung über stabile Dienstspezifikationen wird jedoch manchmal verzögert, um Zeit für die Fertigstellung der entsprechenden noch nicht hinreichend weit entwickelten Protokollspezifikation zu gewinnen und dann über beide zusammen abstimmen zu können.

dortigen "session and document protocols", /12/) anzustreben. Ein solcher Zugang, der darin besteht

- die S.62 als Arbeitsgrundlage zu nehmen,

- sie zunächst einmal geringfügig so zu erweitern, daß sie den Großteil des ISO-Sitzungssteuerungsdienstes erbringt und große Teile des ECMA-Protokollvorschlags enthält

- sie schließlich nochmals so zu erweitern, daß sie nun das ECMA-Protokoll vollständig enthält und den ISO-Sitzungssteuerungsdienst vollständig erbringt,

hätte den Vorteil, zusätzlich zur Unterstützung der nationalen Standardisierungs-Körperschaften (und hoffentlich der ECMA) auch noch die äußerst wichtige Unterstützung des CCITT für die zukünftigen ISO-Sitzungssteuerungs-Standards zu sichern.

Die Bedeutung der vollständigen Integration der S.62 kann man gar nicht überschätzen: Sowohl der CCITT mit all seinen Telematikdiensten, als auch der SC18 mit seiner Büroautomation werden bei ihren weiteren Protokollentwicklungen für Sitzungssteuerungszwecke die S.62 zugrundelegen - teilweise in erweiterter Form, wobei auch diese Erweiterung im OSI-Sitzungprotokoll enthalten sein sollte. Aus den oben dargelegten Gründen wurde dieser Zugang unlängst in den zuständigen Arbeitsgremien durchgesetzt, /45/, und in seiner technischen Substanz sorgfältig abgeklärt; das Ergebnis findet man in /36/. Die allgemeine Erwartung innerhalb des SC16 ist, daß im Februar '83 beide Dokumente der Sitzungssteuerungsschicht - sowohl die Dienstspezifikation als auch die neue Protokollspezifikation (d.h. eine erweiterte S.62, /45/) - zur Abstimmung darüber versandt werden, ob sie DP's werden sollen.

2.4. Die Standards der Darstellungsschicht

Der SC16 benötigte eine ganze Weile, bis er sich in der Frage, ob es einen gemeinsamen Darstellungsdienst geben sollte, im positiven Sinn entschließen konnte. Dieser gemeinsame Darstellungsdienst soll in einheitlicher Weise alle

OSI-Applikationen unterstützen. Andernfalls - ohne diesen gemeinsamen Darstellungsdienst - würde jede solche Applikation ihre Informationsdarstellungsprobleme auf ihre eigene Weise lösen müssen. In /13-15/ sind Teile der Diskussion dieses Themenkomplexes innerhalb des SC16 dargelegt und kommentiert.

Die Plenarsitzung in Tokio zeigte, daß es tatsächlich ein sehr starkes Interesse daran gibt, eine einheitlich anwendbare Lösung dieses Informationsdarstellungsproblems, also einen gemeinsamen Darstellungsdienst, zu standardisieren. Gegenwärtig wird im SC16 folglich eine Spezifikation für einen Darstellungsdienst erarbeitet, ein Vorschlag für ein Darstellungsprotokoll (das imstande ist - unter Nutzung der darunterliegenden OSI-Transport- und Sitzungssteuerungsdienste - diesen Dienste zu erbringen) ist mittlerweile ebenfalls verfügbar (nämlich mit /37/) und ist weitgehend auf die Bedürfnisse des CCITT, insbesondere auf die der deutschen und französischen Postgesellschaften abgestimmt, /46,47/. Die Tokioer Plenarsitzung des SC16 stellte klar, daß sie eine stabile Fassung dieser Spezifikation des Darstellungsdienstes für Februar '83 erwartet und daß bis Herbst '83 zwei Dokumente zur Abstimmung für einen DP verteilt werden sollten, eine Spezifikation des Darstellungsdienstes und eine Spezifikation des Darstellungsprotokolls.

Der Lösungsansatz, auf dem der ISO-Darstellungsdienst beruht, macht wesentlich Gebrauch vom Konzept der abstrakten Datentypen (oder abstrakten Objekttypen, wie dieses Konzept neuerdings vorzugsweise genannt wird). Dieser Zugang zur einheitlichen Lösung der Problematik der Informationsdarstellung ist in der Fachwelt der Kommunikationswissenschaftler mittlerweile gut bekannt, /16/. Er stammt aus dem Bereich des Software-Engineering, wo er sich seit vielen Jahren als äußerst behilflich erwiesen hat, Systeme in einer darstellungsunabhängigen Weise zu entwerfen und zu beschreiben. Er wurde deshalb auch in ADA - eine der in Zukunft wohl wichtigsten Programmiersprachen - für diesen Zweck verwandt, /17/, und zwar auf genau die selbe Weise wie es im OSI-Darstellungsdienst vorgesehen ist, /15,38/.

Alle Arbeitsgruppen des SC16, die irgend etwas mit dem Darstellungsdienst zu tun haben (das sind die WG1, die WG4 und die WG5) brachten ihre starke Unterstützung dieses Datentyp-orientierten Darstellungsdienstes zum Ausdruck. Eine grundsätzliche Veränderung des Inhalts der gegenwärtigen Spezifikation des Darstellungsdienstes, /26/, sollte deshalb nicht mehr erwartet werden (Textuell muß das Dokument selbstverständlich weitgehend überarbeitet und vor allem vervollständigt werden). Übrigens gibt es auch gar keine technisch klar verstandene Alternative zur Nutzung des Konzepts der abstrakten Datentypen für diesen Zweck.

Die Entwicklung dieses Darstellungsdienstes hat nicht nur die Unterstützung der in der ISO organisierten nationalen Standardisierungs-Körperschaften - diese Arbeiten erfolgen auch in enger Zusammenarbeit mit Vertretern der ECMA und der Studiengruppe VII des CCITT.

2.5. Die Standards der Anwendungsschicht

Die Struktur verteilter OSI-Applikationen wurde bereits in /4/ ganz kurz umrissen, eine viel ausführlichere Diskussion kann man nunmehr in /18/ finden. Als Problem beim Nachvollziehen dieser Strukturierungsüberlegungen erweist sich, daß wir derzeit nicht imstande sind, OSI-Benutzern einen kleinen Satz einfacher und klarer - möglichst auch noch standardisierter - Hilfsmittel anzubieten, die ihnen ermöglichen, auf bequeme und effiziente Weise von den Diensten Gebrauch zu machen, die ihnen die OSI-Kommunikationstechnologie zur Verfügung stellt.

Dieses Problem ist mittlerweile erkannt, und anläßlich der Tokioer Plenarsitzung wurde ein Verfahren eingeleitet, das bis Februar '83 klären soll, ob im SC16 eine neue Arbeitseinheit zu definieren ist. Ihre Aufgabe wäre: diese fehlenden Hilfsmittel in Form von Standardvorschlägen zu erarbeiten. Der vorläufige Arbeitsname dieses potentiellen Standardisierungsbereiches ist "Allgemeine Anwendungsdienste (Common Application Services)", und der gegenwärtige Stand der Überlegungen im SC16 wird in /19/ wiedergegeben. Jedoch ist zu beachten, daß diese Problematik der Allgemeinen Anwendungsdienste - und allgemeiner: der Struktur verteilter OSI-Applikationen - naheliegenderweise zunächst in der WG5 der SC16 eine unabweisbare Dringlichkeit entwickelte, es dabei aber weitgehend um Fragen architektureller Natur geht, die in den Zuständigkeitsbereich von SC16/WG1 gehören.

Im Rest dieses Berichts über die Zielvorstellungen der Standardisierungsarbeit in der OSI-Anwendungsschicht begnügen wir uns damit, die bisher für diese Schicht eingerichteten Arbeitseinheiten im SC16 aufzuzählen und ihren

Entwicklungsstatus stichwortartig zu charakterisieren. Der nachfolgende Bericht in diesem Tagungsband geht dann ausführlich auf diese Arbeitseinheiten ein.

Die Namen dieser Arbeitseinheiten sind "Virtual Terminal", "Virtual File", "Job Transfer and Manipulation", und "Management". Die Management-Problematik ist derartig umfangreich, daß man für sie alleine eine eigene Working Group (nämlich SC16/WG4) eingerichtet hat, während die ersteren drei Bereiche in speziellen Ad-hoc-Gruppen innerhalb der WG5 abgehandelt werden.

Trotz der großen quantitativen Unterschiede zwischen diesen vier Arbeitseinheiten (wie sie kurz umrissen wurden) und trotz grundsätzlicher qualitativer Unterschiedlichkeiten zwischen ihnen (JTM beschäftigt sich mit vollständigen verteilten OSI-Applikationen, während VT/VF/Management häufig lediglich mit Komponenten verteilter Applikationen befaßt sind) befinden sich doch alle vier derzeit in einem ganz ähnlichen Entwicklungsstadium. Einen überzeugenderen Hinweis auf die Wirksamkeit der eingangs zitierten Verfahrensvorschriften der Beratungsgruppe des TC97 kann man sich kaum vorstellen.

Das VF-Projekt (sein korrekter Name ist FTAM und steht für den einschränkenderen Titel "File Transfer, Access and Management") ist etwas weiter fortgeschritten als die anderen drei Projekte: Es soll zu einer stabilen Dienstspezifikation im Februar '83 führen und die Arbeitsdokumente sollen dann im Herbst '83 zur Abstimmung als DPs an die nationalen Standardisierungs-Körperschaften versandt werden. Die anderen drei Projekte folgen mit einer Verzögerung von ungefähr einem halben Jahr, Teile der WG4 sind vielleicht auch etwas schneller, /39/. Man darf jedenfalls erwarten, daß alle diese Projekte ihre gegenwärtigen, Dienstspezifikationen vorbereitende Dokumente zum Herbst '83 stabil machen können und daß im Frühjahr '84 diese Dokumente soweit entwickelt sein werden, daß die Abstimmungsprozedur zum DP-Status für sie initiiert werden kann.

2.6. Standards für verbindungsfreie Kommunikation

Gleich vom Beginn der Arbeit im SC16 an gab es eine größere Streitfrage: ob nämlich das OSI-Referenzmodell "verbindungsorientiert" oder "verbindungsfrei" sein sollte. Unglücklicherweise wurde in allen diesen Jahren die Bedeutung dieser zwei Schlagworte (ihre Bedeutung ist auf alle Fälle konzeptioneller Natur, wie es auch bei allen anderen Fachworten der OSI-Technologie der Fall ist) nicht allgemein befriedigend abgeklärt - es gab zu viele andere offene Fragen, die zunächst einmal geregelt werden mußten. Stattdessen entschloß sich der SC16, mit einem "verbindungsorientierten" Referenzmodell, /2/, seine Arbeit in der Anfangsphase zu strukturieren - ungeklärt blieb, welche Bedeutung man diesem Ausdruck nun eigentlich gab. Als Folge dieser Entscheidung bildete sich eine nennenswerte Gruppe von Mitgliedern im SC16, die darauf beharrt, dieses gegenwärtige OSI-Referenzmodell und geeignete schichtenspezifische Standards um Standards für "verbindungsfreie" Kommunikation zu erweitern - unklar bleibt wiederum, welche Bedeutung man diesem Ausdruck nun eigentlich gibt.

Es sieht so aus, als ob heute der Zeitpunkt bereits verstrichen wäre, bis zu dem es möglich gewesen wäre, sich über die Einsicht zu verständigen, daß jedenfalls eine "konzeptionelle Verbindung" zwischen Instanzen bestehen muß, um es ihnen zu ermöglichen, miteinander zu kommunizieren. Als Folgerung dieser Einsicht würde sich dann ergeben, daß die Ausdrücke "verbindungsorientiert" und "verbindungsfrei" in ihrem umstrittenen Gebrauch auf die gedankliche Ebene von Implementierungseinzelheiten gehören - also in OSI-Diskussionen überhaupt nicht zum Tragen kommen können.

Um diesen unergiebigen Disput friedlich zu beenden hat man mittlerweile einen Versuch gestartet, im SC16 eine möglichst breite Zustimmung dazu zu finden, daß man nun doch noch "verbindungsfreie" Standards definieren sollte. Zu diesem Ziel werden gegenwärtig zwei Dokumente, die demnächst DP's werden sollen, vorbereitet: eine Erweiterung des OSI-Referenzmodells und eine Erweiterung des oben genannten Satzes von Standards für die Transportschicht /2,8,9/. Diese Dokumente sollen für Februar und Herbst '83 zur Abstimmung als DP's vorliegen. Zum gegenwärtigen Zeitpunkt ist es noch nicht klar, ob auch noch für die Schichten oberhalb der Transportschicht weitere Standards für verbindungsfreie Kommunikation gefordert werden. Mit technischer Rationalität hat dies alles sicherlich nichts zu tun - sehr wohl aber mit "standardisierungs-politischen Notwendigkeiten".

3. DIE TPI STANDARDS

Das SC18 wurde im TC97 im Herbst '81 eingerichtet. Die Ursache dafür waren erhebliche organisatorische Veränderungen beim TC95 (das früher für diese Art von Bürostandards zuständig war, /5,6/). Der Arbeitsbereich des SC18 wird durch die Ausdrücke "Text", "Preparation" (Vorbereitung) und "Interchange" (Austausch) umrissen, wobei das TC97 die Bedeutung dieser drei Worte in ihrem breitesten Sinn versteht. So schließt z.B. die Definition des Ausdrucks "Text" Faksimile und Videotex ebenso ein wie Graphik und Schriftsatz. In (recht) wortgetreuer Übersetzung lautet die Definition von "Text" folgendermaßen:

"Information zum menschlichen Verständnis, die deshalb für eine dazu geeignete Darstellungsform vorgesehen ist, z.B. auf Papier gedruckt oder auf einen Bildschirm projiziert zu werden. Text besteht aus Symbolen, Worten und Sätzen in natürlichen oder künstlichen Sprachen und kann Bilder und numerische oder andere Tabellen enthalten".

(Anmerkung des Verfassers: Man kann erwarten, daß diese Definition bei der nächsten Plenarsitzung des SC18 erweitert wird, so daß sie "digitized audio" ebenfalls umfaßt, wie es gegenwärtig von einigen WGs des SC18 vorgeschlagen wird.)

Es gibt noch keine ebenso akzeptierten und offiziellen Definitionen der Ausdrücke "Vorbereitung" und "Austausch" wie die obige Definition des Ausdrucks "Text". Aber im SC18 assoziiert man mit diesen Ausdrücken eine sehr allgemeine Bedeutung, die insbesondere folgendes umfaßt:

- bezüglich Textvorbereitung: alle Arten von Aktivitäten der Texthandhabung, wie z.B. editieren, formatieren, sichtbar machen, kopieren, lesen, reorganisieren, qualifizieren, einordnen, wiederfinden und zwar mittels jeglicher Art von Darstellungsgeräten, wie z.B. zeichenorientierte Geräte, Drucker, Teletex/Telefax Terminals, Videotex Terminals, graphische Terminals, OCR-Geräte, Abtaster (wobei unterschiedliche "Qualitäten" zur Auswahl stehen sollen, gegebenenfalls bis hinauf zur Typesetting Qualität).

- bezüglich Textaustausch: alle Arten von Unterstützung, die man zum Verteilen von Dokumenten braucht, wie z.B. adressieren, identifizieren, authentifizieren, Mehrfachzustellung, Überwachung und/oder Abfragen der Zustellung, Abrechung, Ver-/Entschlüsselung, Verdichten/Expandieren von Dokumenten.

Dieses weiträumige Verständnis der Worte "Textvorbereitung/-austausch" bewirkt, daß der Zuständigkeitsbereich des SC18 vollständig abdeckt

- den großen Bereich der "Textsysteme", wie sie gegenwärtig auf dem Markt von vielen Herstellern von Büro-, CAD/CAM- oder Anzeigen-/Informations-Geräten vertrieben werden (diese sind mit dem Vorbereitungsaspekt befaßt), und

- den großen Bereich der "rechnergestützten Nachrichtenverwaltungssysteme", d.h. der "computer based message systems (CBMS's)" (diese sind mit dem Austauschaspekt befaßt).

Man kann übrigens die Betrachtungsweise des letzten Absatzes "auf den Kopf stellen" und sagen, daß CBMS's - in ihrem weitesten Sinn verstanden - nichts weiter sind als Systeme, die die in den (zukünftigen) TPI-Standards spezifizierten Dienste zur Verfügung stellen, /25/.

Die internationale Standardisierung in diesen Bereichen der Büroautomation ist keineswegs neu. Es gibt bereits seit längerer Zeit einige Standardisierungsprojekte beschränkten Umfangs, die mit Büroautomation implizit durchaus zu tun haben und die von verschiedene SC's der ISO und Studiengruppen (SG's) des CCITT getragen werden. Man könnte hier etwa die Entwicklung der VT-Standards im SC16 des ISO/TC97 nennen (siehe das vorige Kapitel dazu), oder die Teletex-Empfehlungen der SGVIII des CCITT. Es gibt auch zwei große und für das SC18 wichtige Projekte, die derzeit in der ISO und dem CCITT verfolgt werden. Diese beiden grösseren Projekte überlappen sehr weitgehend den TPI-Bereich, wie er oben umrissen wurde. Es handelt sich dabei um

- das Projekt "Computer Language for the Processing of Text (CLPT)", /20/, das von einer Expertengruppe in ISO/TC97/SC5 betrieben wird und das man dem TPI-Unterbereich der Textvorbereitung zuordnen kann, und

- das Projekt "Message Handling Systems", /21/, das innerhalb der SGVII des CCITT betrieben wird und das man dem TPI-Unterbereich des Textaustauschs zuordnen kann.

Der Hauptunterschied zwischen diesen bereits früher initiierten Aktivitäten und der gegenwärtigen Arbeit im SC18 ist, daß erstere isolierte Bestrebungen waren, die sich vollständig gegenseitig ignorierten, während der SC18 ein Gesamtkonzept anstrebt. Er versucht, eine Struktur für diesen gesamten großen Bereich zu entwickeln und darin Komponenten so zu identifizieren, daß auf übersichtliche Weise miteinander verknüpfte Arbeitseinheiten für die Standardisierungsarbeit entstehen, d.h. später ein Satz klar geordneter Standards für diesen Bereich.

Der Rest dieses Kapitels ist ein kurzer Bericht darüber, wieweit dieses Bemühen um koordiniertes Vorgehen bisher gediehen ist und wie der Arbeits-Zeitplan für die Entwicklung von TPI-Standards gegenwärtig aussieht. Aber bevor dieser ebenso knappe wie technische Bericht über die bisher entwickelten Arbeitsansätze des SC18 die aktuelle Situation umreißt, wollen wir noch einmal die grundsätzlichen Erwartungen betonen, die mit seiner Arbeit verbunden wurden und die dem Stand der technisch/ökonomischen Möglichkeiten dieser Technologiebereiche entsprechen. Diese - für einen Außenstehenden vielleicht etwas sehr belehrend wirkende - Klarstellung der zu leistenden Arbeit soll helfen zwei Probleme anzugehen, die wir hier kurz aufweisen und im nächsten Kapitel weiterverfolgen wollen. Dies ist

- zum einen das Problem, daß ein beachtlicher Teil der in diesem Bereich arbeitenden Techniker und Hersteller sich noch immer dagegen sträubt, diese Erwartungen als realisierbar und technisch/ökonomisch attraktiv zu betrachten, und

- zum anderen das Problem, daß diese kurzfristigen Erwartungen ein sehr junges Gremium (wie es das SC18 gegenwärtig nun einmal ist) vielleicht tatsächlich überfordern.

Für den Bereich Text-Vorbereitung und -Austausch (alle drei Ausdrücke in ihrer allgemeinsten Bedeutung genommen) sollte das SC18 sowohl einen (Gesamt-) Struktur-Standard entwickeln als auch eine Serie von klar aufeinander abgestimmten Einzelstandards, die auf dieser Struktur beruhen (also konsistent zueinander sind) und den TPI Bereich lückenlos überdecken. Alle diese Standards sollten rein "funktional" sein, /18/, weil es erst ein hinreichend hoher Abstraktionsgrad (also die Abstraktion von speziellen Werten technischer Parameter, die die verschiedenen Geräte und/oder Applikationen kennzeichnen) gestattet, allgemeine und einheitliche Anwendbarkeit dieser Standards zu erzielen. Dieser Satz von funktionalen Standards sollte insbesondere auch in all jenen Bereichen anwendbar sein, für die bisher isolierte (und stets weit weniger abstrakte) Standards aufgrund voneinander unabhängiger Bemühungen schon entwickelt worden sind, wie z.B. für Teletex, Telefax, Videotex oder für "Hardcopy-" oder "Softcopygeräte". Unter Ausnutzung dieses hohen Abstraktionsgrades sollte insbesondere eine sehr weitreichende Konsistenz dieser neuen funktionalen TPI-Standards mit den verschiedenen bereits existierenden und Spezialfall-orientierten Standards/Empfehlungen erzielt werden *).

Nach dieser Festlegung der Anforderungen an die zukünftigen TPI-Standards - wie man sie jedenfalls aus wissenschaftlich/technisch/ökonomischer/Benutzer-Sicht vornehmen würde - wollen wir uns nun dem angekündigten Bericht über die aktuelle Situation im SC18 zuwenden.

Das SC18 konnte ein Architekturdokument für seinen Bereich - vergleichbar dem OSI-Referenzmodell im SC16 - noch nicht erstellen. Wir haben es also auch nicht zur Strukturierung dieses Berichtes zur Verfügung. In Ermangelung einer solchen Struktur wollen wir die bisherigen Arbeiten im SC18 und seine aktuelle Planung darstellen, in dem wir arbeitsgruppenweise in den nachfolgenden fünf Abschnitten die wichtigsten ihnen zugewiesenen Arbeitseinheiten und die zugehörigen zeitlichen Zielvorstellungen erläutern. Dieses Arbeitsprogramm hat das SC18 während seiner letzten Plenarsitzung in London festgelegt (19.-23. April 1982 /22/). Zwischenzeitlich haben seine Arbeitsgruppen 1, 3, 4 und 5 getagt - teilweise bereits mehrfach - dabei ihre Arbeitseinheiten wesentlich weiterentwickelt und dieses Arbeitsprogramm bestätigt.

---

*) Unter Konsistenz soll dabei nicht nur "funktionale Widerspruchsfreiheit" verstanden werden, sondern weitergehend "funktionale Kompatibilität", /24,40/.

3.1. <u>TPI - Referenzmodell und Benutzeranforderungen an die TPI-Funktionalität</u>

Die Verantwortlichkeit für die Ausgestaltung dieser beiden Arbeitseinheiten liegt derzeit bei der WG1 des SC18. Der SC18 hat die WG1 angewiesen, /22/, die Arbeit an diesen Arbeitseinheiten so zu organisieren, daß eine klare WG1-Position bis Herbst '82 erarbeitet ist und im Frühjahr '83 dazu stabilisierbare Entwürfe vorliegen. Der aktuelle Stand der Diskussion dieser zwei Arbeitseinheiten wurde auf der Grundlage von /23/ erarbeitet und ist in /41/ zu erkennen.

3.2. <u>Symbole und Terminologie</u>

An sich ist die Terminologiefrage von größter Bedeutung für die Effizienz und Konsistenz der Arbeit aller WGs des SC18 - trotzdem ist ein kurzfristiger Zeitplan für die Bearbeitung dieser Frage noch nicht erstellt worden. Die Standardisierung von Symbolen für TPI-Funktionen erscheint - dem Verfasser jedenfalls - von vornherein die Frage aufzuwerfen, ob jedes SC seine eigene Symbolik entwickeln sollte oder ob dies besser an zentraler Stelle im TC97 geleistet werden sollte. Auch der aktuelle Fortschritt der Arbeit an diesen zwei Arbeitseinheiten scheint nicht ohne weiteres erkennbar zu sein.

Man muß also hoffen, daß die nächste Plenarsitzung des SC18 im Frühjahr '83 in dieses Dunkel einige Klarheit bringt. Die primäre Verantwortlichkeit für diese beiden Arbeitseinheiten liegt gegenwärtig bei der WG2.

3.3. <u>ODA und Textformate</u>

ODA steht für "Office Document Architecture" (Architektur von Bürodokumenten), und das Textformat eines Bürodokuments besagt, in welchem Bearbeitungszustand es sich befindet. Beide Arbeitseinheiten sind der WG3 zugewiesen.

Während das TPI-Referenzmodell, wie es die WG1 entwickeln sollte, eine Struktur für den gesamten Zuständigkeitsbereich des SC18 liefern sollte, soll die ODA nur definieren, welche Struktur Texteinheiten aufweisen müssen, damit wir sie

"Bürodokumente" nennen dürfen. Diese abstrakte Struktur von (Büro-) Dokumenten sollte aus den Benutzeranforderungen an TPI-Funktionalität ableitbar sein; genauer: sie sollte so festgelegt werden, daß diese geforderte TPI-Funktionalität auf Bürodokumenten in möglichst einfacher Weise spezifiziert werden kann. Jedes Bürodokument ist dann also eine konkrete Texteinheit mit dem ODA-Strukturmerkmal. Natürlich muß die ODA einen breiten Variationsbereich bzgl. jeder beabsichtigten und möglichen zukünftigen TPI-Funktionalität gestatten.

Den Bearbeitungszustand eines konkreten Bürodokuments nennen wir dessen (Text-) Format. Spezielle Formate sind "text image format" und "text processable format", TIF/TPF (zu deutsch etwa "Textbild-/Textbearbeitungs-Format"). Ein Dokument im TIF kann unmittelbar auf ein geeignetes (standardisiertes) Gerät abgebildet werden, es braucht dazu vorher nicht weiter bearbeitet zu werden; logische, das Layout des Dokuments verändernde, Manipulationen sind auf diesem Dokument nicht ausführbar, nur noch gerätespezifische Manipulationen. Ist ein Dokument im TPF, so sind weitere layoutdefinierende und layoutverändernde logische Manipulationen auf diesem Dokument möglich - und auch notwendig, um es auf dieses Gerät abbilden zu können. Mischformen zwischen beiden Formaten sind möglich, wie aus Abbildung 1 und ihrer ausführlichen Erläuterung ersichtlich ist.

Bisher hat sich die Arbeit der WG3 in beiden Arbeitseinheiten sehr konstruktiv gestaltet und verläuft in enger Kooperation mit der ECMA. Stabile Dokumente sollen, /22/ - und dürften tatsächlich auch - im Sommer '83 vorliegen. Der gegenwärtige Stand der Diskussion ist teilweise aus /42/ ersichtlich, er wurde auf der Grundlage der Dokumente /27-29/ erarbeitet.

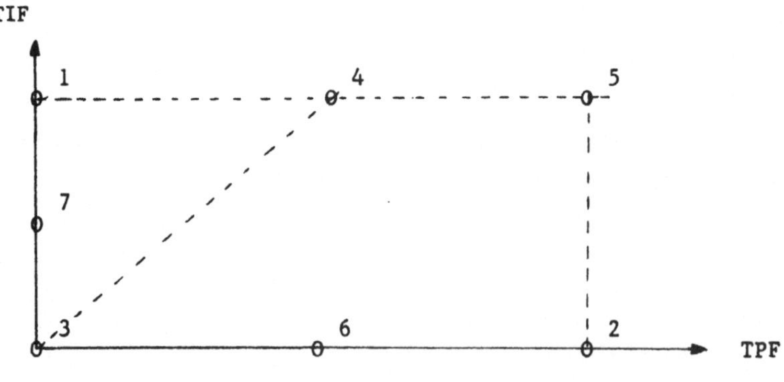

Abbildung 1

Erläuterung zur Abbildung 1:

Wir wollen mittels dieser Graphik veranschaulichen, was wir unter dem TIF bzw. TPF (einer Repräsentation) eines Dokuments verstehen. Zunächst sei darauf hingewiesen, daß man von einem TIF/TPF (einer vorgegebenen Repräsentation) eines Dokuments nur bzgl. eines vorgegebenen Darstellungsgerätes und eines vorgegebenen Textprozessors sprechen kann. Außerdem wollen wir voraussetzen, daß das Dokument überhaupt auf diesem Darstellungsgerät "verbildlicht" und von dem Textprozessor bearbeitet werden kann. Die Abbildung zeigt sieben verschiedene Repräsentationen (d.h. TIF/TPF's) dieses Dokuments (bzgl. dieses vorgegebenen Darstellungsgerätes und vorgegebenen Textprozessors). Die Bedeutung der Lage solcher Punkte wollen wir in dieser Arbeit (nicht vollständig sondern) nur soweit definieren, daß der Leser einige Vorstellungen von der hier angesprochenen Problematik gewinnt und sich selbst damit auseinander setzen kann. Es bleibt dann auch dem Leser überlassen, nach Durchsicht der nachfolgenden Erklärungen zu den Punkten 1), 7), 3) und 4) analoge Erläuterungen zu den Punkten 6), 2) und 5) zu entwerfen und analoge Graphiken für das gleiche Dokument zu zeichnen, wobei jedoch die Leistungsfähigkeiten des Darstellungsgerätes und/oder die des Textprozessors (gegenüber denjenigen in obiger Graphik) gesteigert bzw. gemindert sein sollen.

Punkt 1) zeigt das Dokument in einer gerätespezifisch idealen Repräsentation: das Dokument kann ohne jede weitere Bearbeitung vom Darstellungsgerät auf sein Darstellungsmedium abgebildet werden. Punkte, die höher als 1) liegen kann es also gar nicht geben. Der Textprozessor kann mit dem Dokument in diesem Format in keinerlei Hinsicht arbeiten (TIF=ideal, TPF=nil).

Punkt 7) zeigt das Dokument in einer anderen Codierung als der in 1), die aber der Textprozessor wiederum nicht versteht. In diesem Format bedarf das Dokument also noch einiger Bearbeitung (genauer: es muß nach 1) "übersetzt" werden) bevor es abgebildet werden kann (TIF=mittelmäßig, TPF=nil).

Punkt 3) verletzt die obige Voraussetzung, daß das Dokument auf dem Darstellungsgerät verbildlicht werden kann: Es liegt soweit unter Punkt 1), d.h. das Format ist so sehr verschieden von dem in 1), daß seine Übersetzung nach 1) nicht mehr möglich ist. Für einen Punkt auf der TIF-Achse oberhalb von 3) oder mit positivem TPF-Anteil braucht diese Aussage nicht zu gelten; er würde für ein Format stehen, dessen Übersetzung nach 1) besonders aufwendig ist (TIF=sehr ungünstig, TPF=nil) oder (TIF=nil, TPF=mehr oder weniger gut). Letzteres gilt für die Punkte 2) und 6).

Die Interpretation von TPF=nil ist offensichtlich: der Textprozessor arbeitet mit Begriffen (etwa: Buchstabe, Wort, Satz, Paragraph, ...) die in den Formaten 1), 3), 7) nicht vorkommen (diese beruhen etwa auf Begriffen wie: Bitkette, Bildschirmzeile, Bildschirmspalte, Cursor-Position, ...) und es gibt keine Abbildung der gerätespezifischen Begriffe (also eines TIF's) auf die Begriffe des Textprozessors (d.h. auf ein TPF). Übrigens ist der Begriffevorrat in 1) u.U. eine Untermenge des Begriffevorrats des Darstellungsgeräts.

Punkt 4) zeigt das Dokument in einer Repräsentation, die nicht nur das Abbildungsgerät unmittelbar versteht, sondern auch der Textprozessor vollständig versteht – um dies zu erzielen mußte u.U. auf Teile der "logischen" Beschreibung des Dokuments (nämlich auf die nicht auf das Gerät unmittelbar abbildbaren Teile) verzichtet werden. Die Punkte 2) und 5) zeigen, daß das Dokument in diesen Formaten solche Teile enthält. Die Punkte 4) und 5) zeigen, daß in diesen Formaten das Dokument mehr Information enthält als in Punkt 1), nämlich zusätzliche "logische" Information über das Dokument, die mittels des Textprozessors benutzt werden kann, etwa um das Layout des Dokuments zu verändern.

3.4. <u>Nachrichtenverwaltungssysteme</u>

Die WG4 ist zuständig für die Bearbeitung aller Aspekte, die mit dem Austausch von Dokumenten (=Textaustausch) zu tun haben, also mit der "globalen" Funktionalität des TPI-Bereichs. Im Gegensatz dazu beschäftigen sich die WG3 und die WG5 mit "lokaler" Funktionalität des TPI-Bereiches, also mit allen Aspekten der Textvorbereitung.

Man sieht an dieser Stelle ganz deutlich, daß weder die amerikanische noch die deutsche Terminologie sehr glücklich gewählt wurde. Der Ausdruck "Text Interchange"/"Textaustausch" bringt die Absicht gut zum Ausdruck, hier auch Standards zu schaffen, die die Verteilung von Text durch Datenträgeraustausch erleichtern - diese Form der Textverteilung steht aber gar nicht im Vodergrund der gegenwärtigen Überlegungen im SC18. Im Vordergrund stehen vielmehr auf moderner Kommunikationstechnologie beruhende Textverteilungssysteme - was durch den Terminus "Text Interchange"/"Textaustausch" nicht zum Ausdruck gebracht wird (auch wenn dies dem CCITT Jargon entspricht). Der Terminus "Text Preparation"/"Textvorbereitung" hat eine ganz ähnliche Schwäche: Während er nahelegt, daß damit Vorbereitungsarbeiten im eigentlichen Sinn gemeint sein könnten, meint er tatsächlich jede Form von Arbeiten auf Text (ob sie nun vorbereitender, zubereitender, oder nachbereitender Natur sind, was immer diese drei Worte auch bedeuten mögen).

Nach dieser Erläuterung der Bedeutung des Ausdrucks "Text Interchange"/"Textaustausch" und dem von der WG4 davon bevorzugt behandelten Aspekt, sind die Inhalte ihrer derzeitigen Arbeitseinheiten und die Oberbegriffe dafür *) - sie ranken sich um CBMS's - in ihren Grundzügen verständlich. Auf diesen Inhalt wollen wir an dieser Stelle nicht weiter eingehen, da andernorts im Tagungsband noch eine ganze Reihe spezifischer Beiträge zu CBMS's zu finden sind.

---

*) "Computer Based Message Systems"/"Message Handling Systems"/"Nachrichtenverwaltungssysteme"/"Meldungssyteme" - eine "Message"/"Nachricht"/"Meldung" ist offensichtlich eine auszutauschende bzw. ausgetauschte Texteinheit, hier also ein solches Bürodokument.

Um ihre (zukünftigen) Standards möglichst universell einsetzbar zu gestalten, sollte die WG4 die Kommunikations-/Management-Vorgänge darin mittels der Kommunikations- und Managementdienste realisieren, die ihr die OSI-Standards zur Verfügung stellen, d.h. auf den Allgemeinen Anwendungsdiensten der OSI-Architektur (den OSI Common Application Services) aufbauen. Dazu müßten diese OSI-Dienste jedoch bereits verfügbar sein - wir werden im nächsten Kapitel auf das hier angesprochene Problem zurückkommen.

Wie in allen anderen Kommunikationsbereichen, so auch hier, hat der CCITT die Formulierung erster Vereinbarungen in Angriff genommen, bevor die entsprechende internationale Standardisierung hat anlaufen können. Die Gesamtfunktionalität, die CBMS's - nach heutigem Diskussionstand - ihren Benutzern zur Verfügung stellen, findet man deshalb auch am umfassendsten in CCITT-Dokumenten beschrieben, /21/. Um diesen großen Arbeitsbereich, in kleinere und handhabbare Einheiten zu zerlegen, reorganisierte die WG4 dieses Material (ohne inhaltliche Änderungen vorzunehmen) in drei getrennte Dokumente. Der gegenwärtige Stand der Arbeit ist in /30/ zu finden.

Die ersten stabilen Dienstspezifikationen werden für den Herbst '83 erwartet, die dazugehörigen Protokollspezifikationen für Herbst '84. Eine wesentliche Einschränkung dieser ersten Standards wird darin bestehen, daß sie Fern-Textvorbereitung/- austausch nicht unterstützen werden. D.h., wenn eine Kopie eines Bürodokuments erst einmal von einem Benutzer abgeschickt wurde, sind Textvorbereitungs- oder Textaustausch- Funktionen von diesem Benuzter auf diesem Dokument nicht mehr ausführbar (es sei denn, es wird ihm wieder zurückgeschickt). Die Aufhebung dieser Beschränkung, d.h. die Unterstützung der Fern-Anwendbarkeit aller auf Dokumenten definierten Funktionen - unabhängig davon, wo die referenzierten Dokumente aktuell gerade liegen - soll in späteren Schritten in Angriff genommen werden. Zeitvorstellungen dafür gibt es noch nicht.

3.5. Texpositionierung und Texterscheinung

Die WG1 sollte (wir haben es in 3.1 bereits angesprochen) die TPI-Funktionalität zur Darstellung von Bürodokumenten auf realen Geräten spezifizieren. Diese Spezifikationen sollten auf einer geeigneten Abstraktion dieser realen Geräte beruhen. Nur eine hinreichende hohe Abstraktionsebene der Beschreibung ermöglicht nämlich die Einbeziehung eines sehr großen Teils der realen Geräte in den Anwendbarkeitsbereich der TPI Standards. Aber eine zu hohe Abstraktionsebene geht einher mit der Gefahr,

- von den zukünftigen Anwendern dieser Standards nicht verstanden zu werden, und noch schlimmer,

- wichtige technische Eigenschaften der Geräte "wegabstrahiert" zu haben – darauf aufbauende Standards könnten dann auch keinen Bezug zu diesen wichtigen technischen Eigenschaften herstellen, wären also technisch inadäquat.

Diese geeignete funktionale Beschreibung realer Geräte zu standardisieren, ist die Aufgabe der WG5. Zwei Standards werden hier mit Vorrang vorbereitet: Ein Textpositionierungsstandard und ein Texterscheinungsstandard. Nachfolgend wird der Inhalt dieser beiden Arbeitseinheiten in wenigen Worten erläutert.

Der Standard zur Textpositionierung /31,33,43/, lieferte eine einheitliche Systematik von Koordinaten- und Maßsystemen. Eine solche Systematik benötigt man, um auf einfache Weise Positionierungsattribute formulieren und ihre Werte verändern zu können. Positionierungsattribute und ihre Werte beschreiben die Lage, die Textobjekte auf Darstellungsgeräten einnehmen können bzw. müssen. Die Spezifikation der Funktionalität sowohl zur Formulierung von Positionierungsattributen und ihrer möglichen Werte als auch zu ihrer (bzw. ihrer Werte) Veränderung – solche Spezifikationen sollten durch die einheitliche Systematik des Textpositionierungsstandards vereinfacht werden – ist dann Aufgabe der WG1.

Der Standard zur Texterscheinung /32,34,43/, stellt eine einheitliche und allgemein anwendbare Systematik von elementaren Erscheinungsattributen dar. Eine solche Systematik benötigt man, um auf einfache Weise komplexere Erscheinungsattribute formulieren und ihre Werte verändern zu können. Erscheinungsattribute und ihre Werte beschreiben die Erscheinungsbilder (Farbe, Helligkeit, Blinken, Tonhöhe, ...), die Textobjekte auf Darstellungsgeräten annehmen können bzw. müssen. Die Nutzung dieser Systematik zur Spezifikation von Erscheinungsmanipulationsfunktionalität, d.h. von Funktionalität zur Formulierung sowohl von Erscheinungsattributen und ihrer möglichen Werte als auch zu ihrer (bzw. ihrer Werte) Veränderung liegt – ebenso wie im Fall der Positionierungsfunktionalität – bei der WG1.

Beide Dokumente sollten – der Planung nach, /22/ – im Februar '83 in die Abstimmungsphase für den DP-Status eintreten. Sie könnten also die ersten TPI-Standards sein, die der SC18 vorlegen kann.

4. GEMEINSAMKEITEN, WECHSELWIRKUNGEN, PERSPEKTIVEN

Wir beginnen dieses Kapitel, indem wir im nächsten Abschnitt zunächst einmal klarstellen, auf welchen gemeinsamen Vorstellungen die OSI-Standards und die TPI-Standards idealerweise beruhen sollten, d.h. insbesondere, wie sie idealerweise miteinander verknüpft sein sollten. Abschnitt 4.2 erläutert dann die Abhängigkeiten und Wechselwirkungen zwischen den Arbeiten an diesen Standardisierungsvorhaben in der ISO und den Bemühungen um analoge Empfehlungen des CCITT. Der abschließende Abschnitt nimmt schließlich eine Wertung des technischen Inhalts dieser zukünftigen Standards und Empfehlungen "der ersten Generation" vor und skizziert die absehbaren Notwendigkeiten der weiteren Entwicklung.

4.1. <u>Das Gesamtbild</u>

Die OSI-Architektur- und Kommunikations-Standards spezifizieren <u>für jede Art</u> von Inter-System-Aktivitäten die natürliche semantische Struktur und die Funktionalität ihrer Komponenten, allerdings nur für die applikationsunabhängige Semantik dieser Aktivitäten, /1-4/. Zusätzliche OSI-Standards, nämlich die Standards für die Allgemeinen Anwendungsdienste (wie sie kurz in Abschnitt 2.5 dieser Arbeit dargestellt wurden) sollen ermöglichen, verteilte OSI-Anwendungen auf strukturierte Weise aus jeder Art von Anwendungsdienstelementen (d.h. OSI-Anwendungsdienstelementen, anderweitig standardisierten Anwendungsdienstelementen oder benutzerdefinierten Anwendungsdienstelementen) aufzubauen. Diesem Ziel entsprechend spezifizieren diese Standards für die dazu benötigten <u>Inner-System-Aktivitäten</u> eine geeignete semantische Struktur und Funktionalität ihrer Komponenten.

Die (zukünftigen) TPI Architektur- und Kommunikations-Standards spezifizieren für ihre <u>Inter-System-Aktivitäten</u> die natürliche semantische Struktur und die Funktionalität ihrer Komponenten, allerdings nur für die applikationsabhängige Semantik (also die TPI-Semantik) dieser Aktivitäten. Andere TPI-Standards spezifizieren für die Inner-System-Aktivitäten, die benötigt werden um diese applikationsabhängige (TPI-) Semantik zu realisieren, die natürliche semantische Struktur und die Funktionalität ihrer Komponenten.

Wir wollen nun das Zusammenwirken dieser beiden Sätze von Standards, der OSI-Standards und der TPI-Standards, klären. Wie es bei jedem zukünftigen Standard-Werk für einen großen Anwendungsbereich der Fall sein dürfte, so spezifizieren auch die TPI-Standards sowohl verteilte als auch nichtverteilte Funktionalität, /18/. Nichtverteilte Funktionalität wird, per definitionem, durch Inner-System-Aktivitäten realisiert. Verteilte Funktionalität wird verfügbar – in einer strukturierten Verteilten Applikation jedenfalls – durch die Kooperation von nichtverteilter oder verteilter Funktionalität mit nichtverteilter oder verteilter Funktionalität. Diese Kooperation sollte – soweit sie nicht durch spezielle Anwendungssemantik gekennzeichnet ist – mittels der OSI Allgemeinen Anwendungsdienste organisiert werden, falls sie Anwendungssemantik trägt bedarf sie der Festlegung von anwendungsspezifischen Protokollen.

Man sieht also, daß die Mengen von Spezifikationen für eine strukturierte verteilte Applikation (wie z.B. die Menge von TPI-Standards, auf denen ein CBMS beruht) im allgemeinen aus zwei Arten von Standards bestehen wird: Standards, die lokale Funktionalität (die durch Inner-System-Aktivitäten realisiert wird) spezifizieren, und Standards, die verteilte Funktionalität spezifizieren und besagen, wie sie (durch Inter-System-Aktivitäten) protokollmäßig zu realisieren ist.

Es ist diese letztere Art von TPI-Standards, die den Bereich gemeinsamen Interesses zwischen SC18 und SC16 ausmacht, und zwar aus zwei Gründen:

- Diese Standards sollten unter Ausnutzung der OSI-Kommunikationsdienste festgelegt werden; diese Festlegungen wären dann sehr viel einfacher, als wenn in diesen Standards alle Kommunikationsprobleme im Ad-hoc-Stil anwendungsspezifisch gelöst würden.

- Diese Standards sollten die Einheiten verteilter Funktionalität (d.h. "Kooperationseinheiten") so festlegen, daß unter Ausnutzung der OSI-Allgemeinen Anwendungsdienste daraus die gewünschten verteilten Applikationen auf strukturierte und effiziente Weise aufgebaut werden können; diese Festlegungen wären dann sehr viel einfacher, als wenn in diesen Standards alle Strukturierungsprobleme im Ad-hoc-Stil anwendungsspezifisch gelöst würden.

4.2. Abhängigkeiten und Wechselwirkungen

Kehren wir nun zurück zu den Arbeits-Zeitplänen, wie sie in den beiden vorigen Kapiteln erläutert wurden. Es sei zunächst erst einmal erläutert, warum ein Aufweichen dieser Zeitpläne unweigerlich die gegenwärtig ausgezeichnete Kooperation zwischen ISO und CCITT beeinträchtigen muß.

Die gegenwärtige Studienperiode des CCITT endet im Sommer '84, ihre Empfehlungen werden also zu diesem Zeitpunkt verabschiedet und veröffentlicht, und dies erfordert CCITT-interne (aber stabile) Arbeitsversionen am Ende des Jahres '83. Diese Empfehlungen können deshalb nur dann mit den zukünftigen ISO-Standards (aus den Bereichen Kommunikationstechnik und Büroautomation) in inhaltlicher Übereinstimmung gehalten werden, falls die ISO ihre Ergebnisse dem obigen Zeitplan entsprechend auch tatsächlich erzielt.

Will man also Inkonsistenzen zwischen den zukünftigen ISO-Standards und zukünftigen CCITT-Empfehlungen zu diesen neuen Technologien vermeiden, so ist es absolut unerläßlich, im SC16 bis Frühjahr '83 klare Vorstellungen für zumindest diejenigen Teile der OSI-Allgemeinen Anwendungsdiensten zu entwickeln, die der SC18 spätestens im Frühjahr '83 für seine (im vorigen Kapitel skizzierte) Arbeit benötigt. Wenn der SC16 diese Zeitvorgaben nicht einhalten sollte (d.h. wenn er es nicht schafft, seine Spezifikationen für die Schichten 5, 6 und 7 innerhalb dieses knappen Zeitraums zu stabilisieren), hätte der SC18 keine andere Wahl als zu versuchen, die Synchronisations-, Darstellungs-, Management- und Struk'tu'rierungs'probleme, denen er gerade begegnet, auf seine eigene Weise zu lösen, wobei er von nichts weiter Gebrauch machen würde als (bestenfalls) vom OSI-Transportdienst, /8/. Und weitergehend: Wenn der SC18 nicht bis Ende '83 klare Vorstellungen zu den Teilen des TPI-Bereichs entwickelt, für den auch der CCITT gerade an Empfehlungen arbeitet, muß auch der CCITT selbstständig handeln. Und schließlich darf auch der CCITT seine Zeitplanung nicht verfehlen: Wenn er seine Empfehlungen zu den Telematikdiensten und zu den CBMS's nicht Mitte '84 verabschiedet *), bliebe sämtlichen großen Organisationen (z.B. UNO, EG, Banken, ...) garnichts weiter übrig als ihr Warten auf die internationalen Empfehlungen von '84 aufzugeben und den Anschluß an diese neuen Technologien mittels der derzeitig bereits vorhandenen Systeme einiger marktführender Firmen zu realisieren (und sich damit auch für die Zukunft auf diese Firmen festzulegen).

Ein solcher Verzicht auf weiteres gemeinsames Vorgehen dürfte massive Frustrationen beim SC18, beim SC16, beim CCITT und in der großen Gemeinde derjenigen, die zukünftig von der Arbeit dieser Gremien Gebrauch machen wollen, bewirken. Der SC18 würde dann bald entdecken, daß er sich einem äußerst schwierigen Problembereich gegenübersieht - seine Bemühungen, diese Probleme selbstständig und kurzfristig zu lösen, müßten unvermeidlicherweise in einer system- und konzeptlosen Ansammlung von ad-hoc-Mechanismen enden. Der SC16 müßte dann erfahren, daß seine Standards in dem Bereich, für den sie in erster Linie entwickelt wurden, weitgehend ignoriert werden. Der CCITT, der als Dachorganisation von Postgesellschaften für internationale Standardisierungsarbeiten eigentlich gar nicht zuständig ist, /5/, würde sich höchst unerwünschten legalistischen Diskussionen gegenüber sehen, sobald die seinen Empfehlungen zugrundeliegenden technischen Vorstellungen in Konkurrenz oder Widerspruch geraten zu ISO Standards - insbesondere, falls seine Empfehlungen den Zeitdruck wiederspiegeln, unter dem sie entstanden sind. Und den CBMS-Entwicklern/Implementierern/Betreibern - also dem riesigen Bereich der Büroautomation - bliebe dann nichts weiter übrig als sich mit dieser Vielzahl von zueinander inkonsistenten Ad-hoc-Mechanismen auseinandersetzen - falls sie den Versuch, multifunktionale Bürogeräte und CBMS's zu entwickeln/implementieren/betreiben nicht gänzlich aufgeben wollen.

---

*) Der CCITT könnte damit bis zum Ende der nächsten Studienperiode warten, das wäre Mitte '88 und die nächste Gelegenheit derartige Empfehlungen seinen allgemeinen Regeln folgend zustande zu bringen.

Die Ernsthaftigkeit dieses Problems ist aber in allen beteiligten Gremien klar erkannt. Der Autor ist deshalb gegenwärtig davon überzeugt, daß der SC16 und der SC18 ihre Zeitvorgaben einhalten werden, der SC18 von der OSI-Kommunikationstechnologie in der vorgesehenen Weise Gebrauch machen wird, und die CCITT Empfehlungen weitestgehend auf ISO Standards beruhen werden.

4.3. Wertungen und Perspektiven

Mittelt man über alle im zweiten und dritten Kapitel diskutierten Arbeitseinheiten, so kann man den gegenwärtigen Verlauf der Standardisierungsarbeit der ISO und des CCITT für die Kommunikations- und Büroautomationsbereiche in vielerlei Hinsicht als bestens bezeichnen. Auf Grund der Offensichtlichkeit der engen Beziehungen zwischen diesen Arbeiten der ISO und des CCITT, auf Grund des seit jeher zügigen "Verabschiedungsstils" beim CCITT, und schließlich auf Grund der (eingangs der Arbeit erläuterten) Maßnahmen der TC97-Beratergruppe, ist es mittlerweile sehr wahrscheinlich, daß die nahe Zukunft in beiden Bereichen aufeinander abgestimmte Standardwerke hervorbringen wird. Damit wäre dann die Grundlage geschaffen um diese beiden neuen Informationstechnologien an sehr große neue Benutzergruppen heranzutragen: Die bisherige Barriere gegen ein innovatives Eindringen von Nachrichtenverwaltungssystemen in die unterschiedlichsten Büro- und Administrations-Bereiche wäre dann weitgehend beseitigt - nämlich die verwirrende, unnütze und teure Vielfalt von Philosophien für Kommunikations- und Textsysteme, insbesondere ihrer Mensch-/Maschine-Schnittstellen, und der vollständige Mangel von Konzepten und Hilfsmitteln für die Strukturierung, Realisierung und den Betrieb von Verteilten Applikationen. Diese zukünftigen CBMS's, die auf den neuen TPI- und OSI-Standards beruhen werden, sollte man deshalb naheliegenderweise "Offene" Nachrichtenverwaltungssysteme, also OCBMS's, nennen.

Dieser insgesamt sehr positiven Wertung der gegenwärtigen Entwicklung, wie sie im letzten Absatz abgegeben wurde, muß man jedoch unbedingt auch einige Vorbehalte und Klarstellungen hinzufügen. Da gibt es a) die Probleme, die in den Gremien selbst entstanden sind, und b) die Probleme, die den Gremien u.a. durch den knappen Zeitplan auferlegt wurden.

Zu a): Hier handelt es sich um Probleme, die durch organisatorische Maßnahmen bei den Plenarsitzungen des SC16 und SC18 in diesem Jahr wohl beseitigt werden können. Als Beispiel kann man nehmen, daß (wie im Kapitel 3 bereits angedeutet) der Fortschritt der Entwicklung einzelner Arbeitseinheiten nicht gesichert ist.

Zu b): Auch diese Probleme treten in erster Linie in den neueren Bereichen - d.h. bei der Büroautomation - auf. Aufgrund der kurzen Anlaufzeit von bisher zwei Jahren und des Zwangs, im Laufe des Jahres '83 konkrete Ergebnisse (d.h. Standardvorschläge) vorzulegen, konnte der Gesamtbereich des TPI garnicht zur Grundlage der tatsächlichen Arbeit genommen werden. Während also die definierten Arbeitseinheiten sehr wohl den gesamten TPI-Bereich überdecken, wird sich das, was an Standards demnächst zu erwarten ist, nur auf Bruchstücke dieser Arbeitseinheiten beschränken.

Man kann derzeit noch nicht sagen, wie groß (oder besser: klein) diese Bruchstücke in den verschiedenen Arbeitseinheiten sein werden. Klar ist jedoch, daß man sie als Standards/Empfehlungen "der ersten Stunde" bewerten muß, deren Aufgabe in erster Linie darin besteht, ein Auseinanderlaufen der Entwicklungen in ISO und CCITT zu verhindern und für zukünftige weitergehende kooperative Arbeiten geeignete Ansatzpunkte zu schaffen.

Was in dieser ersten Runde in den mit TPI-Standards befaßten Gremien nicht geleistet werden kann - aber unerläßlich ist, um trotz aller Komplexität und Weite der Materie die dafür benötigten Standardwerke konsistent zu gestalten - das ist eine angemessene Konzeptbildung um sie ihrer Arbeit zugrundezulegen. Wie auch in anderen Bereichen der Informationswissenschaften, hat es auch im TPI-Bereich bisher an praktischen Fragen orientierte Forschung kaum gegeben - auch unsere Arbeiten dazu /etwa: 18,25,29,33,34,38/ sind in einem sehr frühen Stadium. Da sie jedoch schlechthin die einzigen wissenschaftlichen Arbeiten sind, die die konkreten internationalen Standardisierungsbedürfnisse und -bemühungen zur Grundlage machen und die Alternativen für das mögliche weitere Vorgehen aus technischer Sicht untersuchen, erwarten wir von ihnen einen gewissen Schrittmachereffekt für den TPI-Bereich, wie wir ihn auf gleiche Weise gelegentlich im OSI-Bereich erzielen konnten. Diese Problematik zusammenfassend kann man sagen, daß es derzeit im TPI-Bereich notwendigerweise - aus wissenschaftlicher Sicht: "etwas zu" - pragmatisch zugeht, daß sich hier aber in der nächsten Runde (d.h.: ab '84) mit Sicherheit dasselbe Bedürfnis nach wissenschaftlich gesicherten Grundlagen ausbreiten wird, wie dies im OSI-Bereich auf der vergleichbaren Entwicklungsstufe geschah. Für diese zweite Runde ist dann also die Erweiterung der Standards der ersten Runde auf einen sehr viel grösseren Anwendungs- und Anwenderbereich, als es der gegenwärtige Bereich der konventionellen Büroautomation ist, abzusehen.

Diese etwas zurückhaltende Wertung der Arbeit der Standardisierungsgremien in den obigen Punkten a) und b) führt auf die Frage, ob denn qualitativ höherwertige Produkte des TPI-Bereichs firmenseitig bereits verfügbar wären. Nach bestem Wissen des Verfassers ist diese Frage mit einem ganz klaren NEIN zu beantworten - die Fachliteratur, die graue Literatur, die Firmenliteratur, Ausstellungen, Messen und unzählige Fachgespräche scheinen diese Auffassung zu rechtfertigen. Natürlich hat jeder Hersteller zu den hier diskutierten neuen Technologiebereichen irgendwelche Produkte - über ein allgemein verwendbares Konzept zur Integration von neuen Kommunikations- und Texttechnologien im weitesten Sinne verfügt jedoch keiner von ihnen, derzeit und in Kürze jedenfalls nicht. Trotzdem verbleibt diesen Spezialprodukten für eine gewisse Zeit eine gesicherte Zukunft:

- jeder potentielle Anwender dieser Technologien, der heute bereits davon Gebrauch machen will, muß auf diese Spezialprodukte zurückgreifen, und

- selbst im Falle des kurzfristigen Zustandekommens von allgemeinen internationalen Standards (wie im Kapitel 2 und 3 skizziert) werden die darauf beruhenden Produkte nicht vor '85/'86 auf dem Markt (abgesehen von Produkten aus besonderen Pilotprojekten) verfügbar sein.

Nach dieser etwas technischen Sicht der weiteren Entwicklung der Kommunikationstechnologien und Büroautomation soll nun - diese Arbeit abschließend - auf die Merkmale grundsätzlicher Bedeutung an dieser zukünftigen Entwicklung hingewiesen werden.

Diese grundsätzliche, beiden Technologiebereichen gemeinsame, Perspektive läßt sich in drei Aussagen zusammenfassen:

1) In beiden Bereichen muß das große Umdenken einsetzen, weil

2) der größte Teil der Entfaltung beider Bereiche in einer unauflöslichen Symbiose vorsichgehen wird, die

3) Benutzerbedürfnissen viel weitergehend entsprechen wird, als es in beiden Bereichen bisher üblich war.

Diese Aussagen sollen einzeln kurz erläutert werden.

Zu 1): Das gegenwärtige Verständnis beider Bereiche zergliedert sie in eine Vielzahl von Unterdisziplinen. So gibt es in der Kommunikationstechnologie Spezialisten für die Schichten 0 und 1 des OSI-Referenzmodells ohne weitere Kenntnis der höheren Schichten. Andere verstehen etwas von den Schichten 2 und 3 und nur wenig von den darunterliegenden und nichts von den darüberliegenden Schichten, wiederum andere haben sich auf ein oder zwei höhere Schichten spezialisiert. In der Büroautomation gibt es Spezialisten für Teletex, solche für Telefax, solche für Videotex, solche für Textformatierer, solche für Bürotext, Büroformulare, Bürographik, ... Kurz und überspitzt formuliert heißt das: in der Kommunikationstechnologie "andere Schicht anderer Spezialist" und in der Büroautomation "anderer Dienst anderer Spezialist".

Ist man erst einmal vertraut mit den Referenzmodellen für OSI und TPI – und dies könnte Teil einer ganz normalen universitären Informatikausbildung sein – sieht man die Sinnlosigkeit dieses Spezialistentums: Ein für Benutzer sinnvolles System hat man erst, wenn ihnen darin aus allen (in den beiden Referenzmodellen) angesprochenen Teilbereichen sinnvoll ausgewählte und aufeinander abgestimmte Dienste gebrauchsfertig angeboten werden. Die oben genannten Spezialisten können den Benutzern also garnicht helfen. Solche Spezialisten können allenfalls Systeme bauen, mit denen sie zwar selbst auskommen und die sicherlich die Wissenschaft vorantreiben, aber nicht Systeme mit einer einheitlichen Philosophie, wie sie durch internationale Standards für den gesamten Bereich derzeit erarbeitet und in Zukunft vorgegeben sein wird. Die Attraktivität solcher Systeme hält sich deshalb – zumindest für nicht an der Systementwicklung Beteiligte – stets in deutlichen Grenzen.

Zu 2): Die volle Entfaltung der Kommunikationstechnologie und Büroautomation wird mittels enorm leistungsfähiger Mikroprozessortechnologie geschehen, zu Kosten, die im Bereich der heutigen Schreibmaschinen und Haushaltsfernseher liegen, also auf sehr großen Stückzahlen von Komponenten für multifunktionale Endgeräte beruhen. Dieser Bereich wird insbesondere den Löwenanteil zukünftiger "Datenkommunikation" ausmachen; die heute übliche "Kopplung von Rechenanlagen" wird es natürlich weiterhin geben, jedoch wird sie eher als Spezialfall begriffen werden. Aufgrund des günstigen Preis-/Leistungs-Verhältnisses der beteiligten Bausteine, Prozessoren und Speicher werden diese vielen Endgeräte alle von vornherein "voll OSI-fähig" und "voll TPI-fähig" sein, also "multifunktionale" Endgeräte, konzeptionell jedenfalls. Dabei werden unnötige Kosten durch eingeschränkten Ausbau eingespart - natürlich mit der Auswirkung, daß diese reduzierten Geräte nicht die volle OSI/TPI-Funktionalität realisieren können. Wichtig ist jedoch festzuhalten, daß die allermeisten Entwürfe von vornherein OSI/TPI-Gesamtsysteme antizipieren werden - auch hier also eine grundsätzliche Änderung der Gesamtsituation im Datenkommunikationsbereich. Übrigens wollen wir diese Systeme im Rest der Arbeit als OMFBS's (="Offene Multifunktionale Büro Systeme" oder "open multifunctional business systems") bezeichnen. Ein OCBMS (=Offenes Nachrichtenverwaltungssystem) beruht dann auf einem Netz von OMFBS's *).

Zu 3): Es wird zwei Veränderungen geben, durch die vor allem bedingt wird, daß in diesen zukünftigen OCBMS's Benutzerinteressen eine weit wichtigere Rolle spielen als es in heutigen "Rechnernetzen" der Fall ist. Zum Verständnis der nachfolgenden Begründung für diese Prognose muß man vor Augen behalten, daß - auf der Grundlage der Standarddienste - in verschiedenen OCBMS's unterschiedliche zusätzliche Anwenderdienste verfügbar sein werden. OCBMS's vereinheitlichen also nicht etwa die zukünftigen Dienstleistungsangebote - sie stellen für eine reiche Vielfalt solcher Angebote nichts weiter als den notwendigen einheitlichen "Träger" zur Verfügung.

---

*) Konsequenterweise müßte der mittlerweise gebräuchliche Name OCBMS durch den Namen OMFMS (=OMF message system) abgelöst werden.

- Zum einen wird ein Benutzer nicht mehr über ein Rechenzentrum gehen -
wie es heute üblicherweise noch der Fall ist -, um mit beliebigen
anderen Benutzern zu kommunizieren. Er hat also dabei nicht die technische Unterstützung versierten Personals aus dem Rechenzentrum, das
ihm notfalls oder im Pannenfall helfen kann. Vielmehr muß sein OMFBS
so robust und einfach sein, daß diese unabhängigen
Kommunikationsaktivitäten stets und problemlos möglich sind - man ver-
gleiche hierzu die Entwicklung in der Telephonie. Er hat aber auch
nicht die technische Bevormundung durch das - stets auf ein bestimmtes
Leistungsangebot eingestimmte - Personal des Rechenzentrums, das ihn
unerbetenerweise ebenfalls auf dieses Leistungsangebot fixieren
möchte. Vielmehr kann er nun sein OMFBS je nach Gutdünken und Bedarf
gleichzeitig in mehreren OCBMS's anmelden - damit entsteht eine viel
bessere Wettbewerbssituation zwischen konkurrierenden
Dienstleistungs-Anbietern auf OMFBS-Basis, als sie derzeit praktikabel
ist.

- Zum anderen werden Benutzer mit ihren OMFBS's nicht derartig
ausschließlich innerbetriebliche Aufgaben erfüllen wie bisher. Vielmehr wird der Anzahl der OMFBS's, die in großen Unternehmungen und
ausschließlich innerbetrieblich eingesetzt werden, eine stetig
wachsende Anzahl von OMFBS's gegenüberstehen, die zu gar keiner großen
Unternehmung gehören. Es ist klar, daß eine große Zahl derartig
"freier" OMFBS's aus ökonomischen Gründen zur Erstellung konkur-
rierender OCBMS's und zusätzlicher Dienstleistungen darauf anregt
(während in der Anfangsphase OMFBS's aufgrund kleiner Stückzahlen noch
relativ teuer und inflexibel und deshalb vorzugsweise in großen Unternehmungen und im innerbetrieblichen Einsatz zu finden sein werden).

Heute und morgen ist das sicherlich alles noch nicht so wie in diesen letzten
Absätzen beschrieben. Man beachte aber, daß wir '85/'86 mit Sicherheit die
ersten OMFBS's und OCBMS's auf dem Markt haben werden, und daß diese Systeme -
ganz allgemein gesprochen - zur tatsächlichen Problemlösung benutzt werden
können (also nicht nur neue Technologien verkörpern, die hoffentlich später
irgendwann einmal zur Problemlösung behilflich sein werden). Die breite und
zügige Akzeptanz solcher "praktischer Technologien", sozusagen die "Massenbasis"
dafür, ist bisher nie ausgeblieben!

Gesellschaftliche Destabilisierungen und Umstrukturierungen sind dabei sicherlich nicht zu vermeiden und in großen Bereichen - insbesondere in Verwaltungen - auch durchaus erwünscht. Es liegt ganz klar in der Verantwortung der Politik rechtzeitig darauf hinzuwirken, daß diese Umstrukturierungen nicht auf Kosten vieler und zugunsten einiger weniger verlaufen, sondern daß dieser enorme Technologiefortschritt von einem breiten Konsensus getragen realisiert wird. Dazu bedarf es erheblicher und rechtzeitiger Anstrengungen im Ausbildungsbereich - einschließlich der Erwachsenenausbildung.

Literatur

/1/ ISO/TC97 N1089: Recommendations of the ISO/TC97 Advisory Group Meeting, Geneva, March 30 - April 1, 1982.

/2/ ISO/DIS7498: Data Processing - Open Systems Interconnections - Basic Reference Model, January '82.

/3/ Schindler, S.: Open Systems - Today and Tomorrow, Computer Networks, Vol. 5 (1981).

/4/ Burkhardt, H. and Schindler, S.: Structuring Principles of the Communications Architecture of Open Systems - a Systematic Approach, Computer Networks, Vol. 5 (1981).

/5/ Sunshine, C. and Schindler, S.: Standards for Communication Services and Protocols, Comput. Standards, October 1982.

/6/ Schindler, S.: Kommunikationstechnologie und Büroautomation - Ein Beitrag zur Begriffsentwirrung, Handbuch der Modernen Datenverarbeitung, Oktober 1982.

/7/ ISO/TC97/SC16 N1225: Recommendations of the SC16 Tokyo Planning Group, Tokyo, June '82.

/8/ ISO/TC97/SC16 N1162: Information Processing - Open Systems Interconnections - Transport Service Definition, Tokyo, June '82.

/9/ ISO/TC97/SC16 N1169: Information Processing Systems - Open Systems Interconnections - Transport Protocol Specification, Tokyo, June '82.

/10/ ISO/TC97/SC16 N1166: Draft Basic Connection Oriented Session Service Definition, Tokyo, June '82.

/11/ ISO/TC97/SC16 N1167: Current Status of Basic Connection Oriented Session

Protocol Specification, Tokyo, June '82.

/12/ CCITT/SG VII: Recommendation S.62: Control Procedures for the Teletex Service.

/13/ Schindler, S., Flasche, U. and Bormann, C.: Open Systems Interconnections - The Presentation Service Model, Computer Communications, Vol. 4 No. 5 (October 1981).

/14/ Schindler, S., Flasche, U., Borman, C. and Wilke, H.: Open Systems Interconnections - The Presentation Service, Computer Communications, Vol. 5 No. 2, April '82.

/15/ Schindler, S., Bormann, C., Wilke, H.: Open System Interconnections - Torwards a Presentation Service Standard, Proceedings of the "ICCC '82", London, September 7-10, 1982.

/16/ Mimica, O. and Marsden, B.: A Datagram Based Network Architecture for Microcomputers, Computer Communications, Vol. 5 No. 3, June '82.

/17/ Ledgard, H.: An ADA Introduction, Springer Verlag.

/18/ Schindler, S. and Burkhard, H.: Basic Concepts of Structured Distributed Applications, later in this volume.

/19/ ISO/TC97/SC16/WG5: Outcome of the Raleigh meeting, October '82.

/20/ ISO/TC97/SC5 and ISO/TC97/SC18/WG3 N5: Computer Language for the Processing of Text, Ottawa, June '82.

/21/ CCITT/SG VII: Message Handling Systems, Interrelationships and Control Procedures.

/22/ ISO/TC97/SC18 N100: Priorities and Target Dates for Projects Entrusted to ISO/TC97/SC18, London, April '82.

/23/ ISO/TC97/SC18 N86: WG1 Convenor's Report to SC18, London, April '82.

/24/ Schindler, S. et al: Functional Specification and the Standard Compliance Problem, submitted for publication.

/25/ Schindler, S. and Oranen, J.: An Overview about CBMS's, in preparation.

/26/ ISO/TC97/SC16 N1161: Draft Connection Oriented Presentation Service Definition, Tokyo, June '82.

/27/ ISO/TC97/SC18/WG3 N69: Office Document Architecture Principles, Ottawa, June '82.

/28/ ISO/TC97/SC18/WG3 N70: Draft Outline of TPF/TIF Standard, Ottawa, June '82.

/29/ Schindler, S. and Flasche, U.: Proposed Working Document for a Text Imaging Standard, Ottawa, June '82.

/30/ ISO/TC97/SC18/WG4 N35: Draft Report of the Third Meeting of WG4,

Kopenhagen, November '83.

/31/ ISO/TC97/SC18/WG5 N44: Text Preparation and Interchange - Reference System for Text Positioning on Hardcopy Devices, Ottawa, June '82.

/32/ ISO/TC97/SC18/WG5 N45: Draft Standard on Text Imaging Capabilities, Ottawa, June '82.

/33/ Schindler, S. and Flasche, U.: Basic Concepts of Text Positioning, available through the authors.

/34/ Schindler, S. and Flasche, U.: Basic Concepts of Text Imaging, available through the authors.

/35/ Schindler, S., Luckenbach, T. and Steinacker, M.: The Universal Digital Service Access Interface, Computer Communications, October 1982.

/36/ Schindler, S., Flasche, U., Oranen, J., Widlewski, H.: Open Systems Interconnections - A Teletex-based OSI-Session Layer Protocol, Computer Communications, January 1983.

/37/ Schindler, S., Flasche, U., Bormann, C.: A First Proposal for a General Purpose OSI-Presentation Layer Protocol, submitted for publication.

/38/ Flasche, U., Schindler, S. et al: A Tutorial on the Mechanisms of an OSI-Presentation Service Based on Strong Data Typing, in preperation.

/39/ ISO/TC97/SC16/WG4 Outcome of the Raleigh meeting, October '82.

/40/ Schindler, S.: Handbook of Structured Distributed Systems and Office Automation - Concepts, Implements, International Standards, Springer Verlag, to appear early in '83.

/41/ ISO/TC97/SC18/WG1: Outcome of the Florence meeting, August '83.

/42/ ISO/TC97/SC18/WG3: Outcome of the Manchester meeting, November '83.

/43/ ISO/TC97/SC18/WG5: Outcome of the London meeting, November '83.

/44/ ECMA/TC23: Standard ECMA-75, Session Protocol.

/45/ ISO/TC97/SC16/WG6: Outcome of the Newport meeting, December '82.

/46/ Deutsche Bundespost: General Purpose Basic Presentation Protocol for Use in the German Videotex Computer Network, August '82.

/47/ CNET, Groupe de travail "Presentation" Architel: Protocole ARCHITEL de terminal virtuel Videotex, August '82.

Danksagung

Die Erstellung dieser Arbeit gestaltete sich äußerst anstrengend für einige meiner Mitarbeiter. Vor allem R. Damaschke und V. Reible bin ich für ihre unersetzliche Hilfe sehr dankbar.

<u>Upper Layer Standardisation Projects</u>
- Status and Perspectives -

Rolf Speth
Universität Düsseldorf

<u>Abstract</u>

This paper tries to give an overview about developments
and the status of upper layer standardisation projects.
For file, job and terminal applications the work in the
single projects is reviewed under the following aspects:
how the work has progressed during the pasttime, what is
the actual status, what are the main difficulties still
to be resolved and when stable specifications can be expected. For the work on presentation layer specifications
also a short summary is given.
By this paper it is intended to draw attention to the fact
that the standardisation of OSI applications is really pro-
gressing so that stable specifications are to be expected
within the next one or two years. Planning activities for
open networks should therefore seriously take into account
these developments.

Content

1. Introduction
2. Development of specifications
3. Description of the status

   3.1 File transfer, access and management

   3.2 Job transfer and manipulation

   3.3 Virtual terminal
4. Presentation Layer
5. Outlook
6. References

1.Introduction

Since 1978/1979 within ISO/TC97, Subcommittee 16, a larger
number of experts work on the standardisation of an architecture and of a set of suitable services and protocols to
allow the interconnection of computers from different kind
and make for certain important applications. Computer systems
equipped with such standard protocols are termed open systems
and the whole activity therefore got the name OSI – Open
Systems Interconnection.
Although the topics under consideration are very complex
and although the actual approaches to the standardisation
of open sytem components may not necessarily be welcomed
enthousiastically by any manifacturer, there has been achieved
until now a remarkable progress:

- an architectural model for OSI, the famous 7 layer model,
  has been brought to the status of a draft international
  standard (DIS):

- transport layer specifications have reached the status
  of a draft proposal

- the working draft for session layer specification seems
  to have reached such a stability that its progression
  to a draft proposal can be expected within early 1983.

So together with CCITT-X.25 which can be regarded as a
de-facto standard we have already a solid basis for open
systems interconnection containing the lower 5 layers of
the model. It may be mentioned here that the availability
of CCITT Teletex recommendations S.70 ad S.62 had a large
impact onto the velocity of agreements for layers 4 and 5.

For the upper two layers the various standardisation projects
show a different status of completeness. There are projects
having produced papers of great detail and internal consis-
tence while in other projects there is still fighting for
common understanding of the problems.
This article intends to give an overview about standardisation in the upper layers. Especially the status of the projects
(in brackets the ISO standardisation project number is given)

> - File Transfer, Access and Management (97.16.5)
> - Job Transfer and Manipulation (97.16.6)
> - Virtual Terminal Services and Protocols (97.16.4)

are explained. For the

> - Presentation Layer

only a short summary is given. For the project on OSI Management
protocol issues (97.16.7) the reader is referred to the relevant
papers (/12/,/13/). Here a lot of work has to be done including
the definition of the scope of technical specifications.

2. The development of specifications

During the pasttime the progress of the work had developped
differently in the projects for files, jobs and terminals.
The work in the file group had steadily progressed from
the beginning in 1978. There was no doubt from the beginning that the definition of a standard filestore (the "virtual"
filestore) was one central task and there was no doubt about
the usefulness and applicability of such a concept for later
specifications of file services and protocols.

The definition of the virtual filestore was in principle
a straight-forward task where major difficulties have been
due to suitable limitations of the virtual filestore capabilities and to a suitable representation of file structures.
When first protocol and service definitions overloaded the
paper during the course of the work it was decided to divide
the file specifications into 4 seperate papers, an overview,
a filestore, a file service and a file protocol paper (/1/
to /4/). While the filestore paper has been nearly unchanged
during the last meetings which had reflections to some const-
ancy of the service paper, most changes and discussions
have been made to the protocol paper. Generally the development of the content of file specifications may be visualized
as:

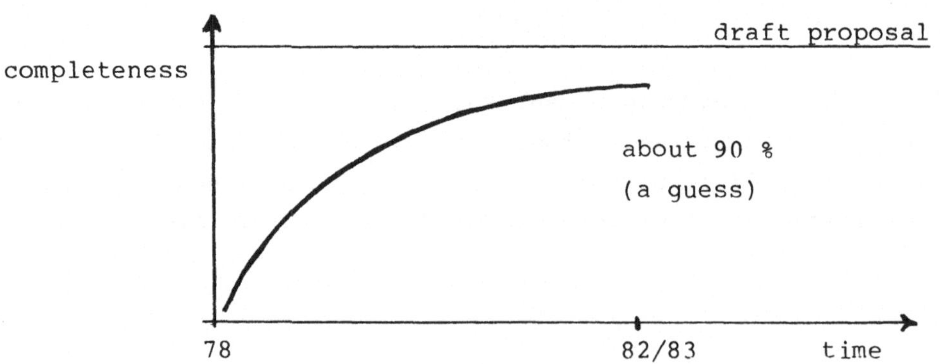

Figure 1

In the <u>job</u> group the work started approximately one year
after the file (and terminal) work in 1979. In the beginning there was no generally accepted description concept
(as the filestore in the other project) and so a relatively
long period of work was necessary to constitute a common
understanding between the group members. So one essential
agreement was that no job control language standardisation
(or parts of it) should be undertaken. With this prerequisite
in first papers a broad functional description was given
for job processing in an open environment, covering not
only the movement of jobs and job outputs between open systems but also related report and manipulation information.

An essential step forward in the work was the introduction of some kind of a model representing a more abstract
view of job-related activities. With this basis the work
progressed fastly. At present there are two seperate papers,
a concept and service paper /5/ and a protocol paper /6/.
While the concepts have been pretty fixed in the course
of last meetings larger changes have appeared in the service
and protocol description. Again the progress and the level
of completeness may be visualized as:

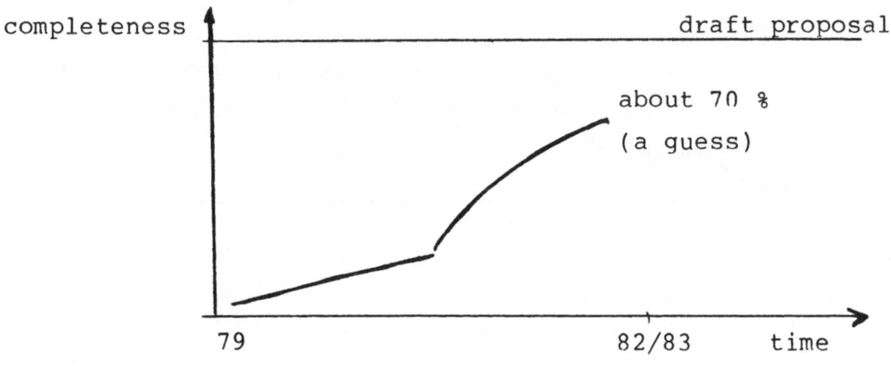

Figure 2

In the <u>terminal</u> group discussion have been controversial
over a long period. Concepts and descriptions which seemed
to be accepted in one version of the paper had disappeared
in the next one. This may have been partially due to the
fact that a model could not completely be fixed and that
usage of model elements could not yield consistent service
descriptions. In addition it seems that the target the group
wanted to achieve in the beginnings, namely to set up descriptions for all classes of terminals, was too ambitious.

Therefore things improved when work was concentrated on
basic class definitions (character, line, page mode). Two
papers are actually under development, a generic description
of a virtual terminal service /7/ and a basic class definition
of a virtual terminal service /8/. While in the basic class
paper reasonable progress can be seen there seem to be further
controversial views related the generic description paper.
Again the development in the terminal area may be visualized
as:

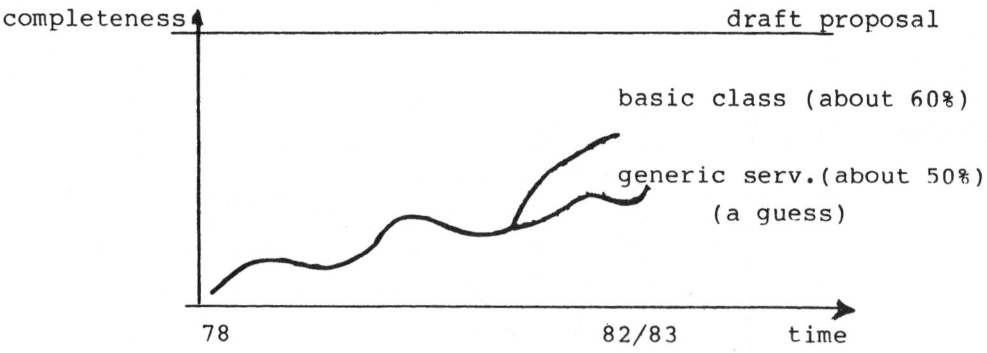

Figure 3

3. Description of the status

3.1 File transfer, access and management

Basic features of the OSI file work are summarized in /1/.
A central concept is the virtual filestore /2/. The virtual
filestore, an organized collection of files including their
attributes and names, represents the OSI-view of a filestore,
i.e. the standard filestore. Services and protocols for
file access, transfer and management are based upon these
definitions. In using OSI file services the elements of
the virtual filestore (about which the two application entities communicate) have to be related in an implementation
to the local storage system available. This mapping process
relates elements and actions of the virtual filestore to
appropriate elements, actions and resources in a local system.

The definition of the virtual filestore is nearly complete.
It comprises definition of file attributes and file structures
and of actions which manipulate them including effects of
the manipulation. Actions are evoked by file service primitives which constitutes direct interrelations (see /3/).

It should be noted that there are still unresolved problems
about file structures. Three kinds of file structures are
mentioned: the identification structure which describes
relations beween names identifying different selections
of the file content, the operation structure which is a
subdivision of a file for reading and writing and the presentation structure which represents a logical structure
of file data for presentation and interpretation purposes.
These items are under discussion.
In annex A the filestore definitions are summarized (for
detail see /3/).

The file service is connection-oriented. It is provided
by application layer entities running the file protocol.
It describes a single activity between an initiating and

a responding entity. Its operation constists of a number
of nested stages depicted in figure 4 (a regime represents
a period during which some collection of contextual information is valid):

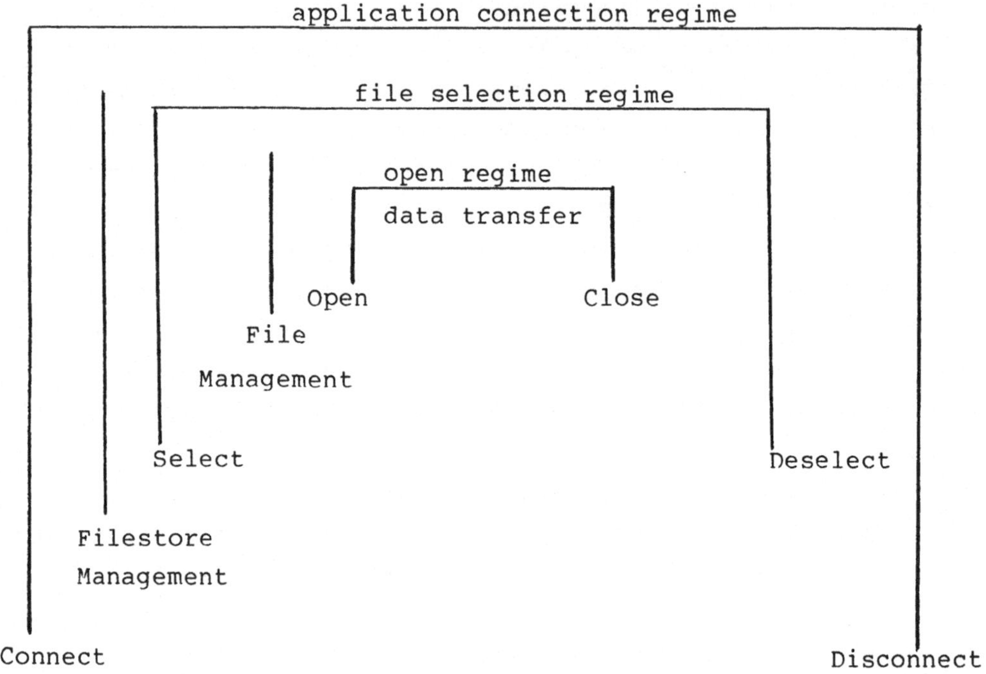

Figure 4

Establishing and releasing of regimes has to follow the
nesting structure.
A basic feature of the file service supporting communication
between an initiator and a responder is its subdivision
into two sublevels, yielding two distinct services:

- a basic file service where error control and transfer
  management services are visible for the service user,
    i.e., the user is responsible for the appropriate usage

of these services.
- a <u>reliable</u> file service where these services are not visible
  for the service user but their provision has been absorbed
  into the responsibility of the service provider; the user
  only states the degree of quality of his service requirement.
  Transfer of file data can so be seen as an atomic operation.
  This sublayering is depicted in figure 5.

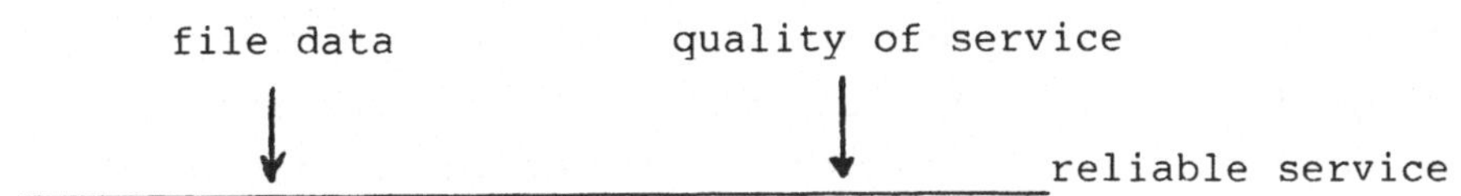

specification of error control procedure

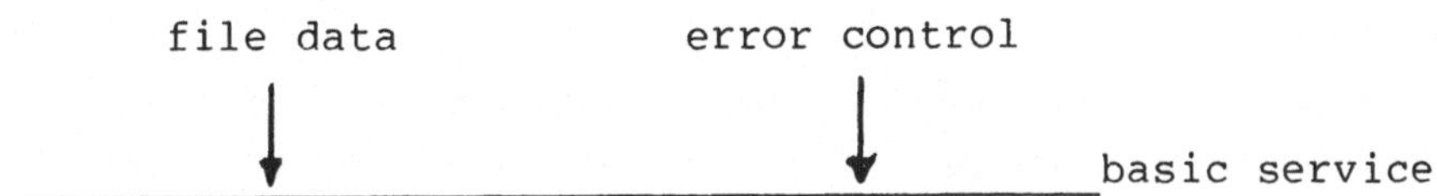

basic service provider

<u>Figure 5</u>

Therefore data transfer control service primitives (setting,
acknowledging and marking of checkpoints, restart, cancel,
etc.) are available to control the progress of the data
transfer. These data transfer control primitives which are
only visible in the basic service may be issued while a
data transfer activity is in progress, i.e. within a sequence
of file service data primitives.
From the whole set of services (see annex A) a kernel service
subset is defined to support limited implementations.

In correspondance to the subdivision of the file service
there are two different file protocols providing these two
kinds of services: the basic protocol and the error control
protocol /4/. The basic protocol therefore forwards representations of the basic file service primitives (or concatena-
tions of them) as data items to the presentation service.
The second protocol provides the reliable file service (in
using the basic file service) by management of error control
informations during normal operations of the file service
and by recovery procedures in the case of errors.
Both protocols contain descriptions of the cooperation of
the entities (the initiating and responding entity or the
sending and receiving entity), i.e. which actions each entity
has to perform on receipt of specific service primitives
(from the file service user or from presentation layer)
and on the appearance of certain parameter values in the
primitives. Also timer control is described for each primitive.

However there is one major issue related to the provision
of the reliable service which has not been resolved completely. Although there is no doubt that the management
of data control information (issuing and storing chekpoints,
initiating and performing recovery actions, etc.) is in
the responsibility of the application layer entities, it
is not clear at present whether the data control service
primitives are provided by means of file entity cooperation
or whether related service primitives from the presentation
layer (passed through from the session layer) should be
used. For the first method file protocol data units are
to be defined as done in the present paper (F-CHECK,F-RESTART,
F-CANCEL) while for the second view they are not needed
because the synchronisation and recovery primitives (SYNC-
MINOR/MAYOR, RESYNC) from the ISO session layer definitions
are used. Larger parts in the present protocol paper depend
on this choice.

3.2 <u>Job transfer and manipulation</u>

The specifications in the job area provide for movement
of job-related data (input and output) between open systems
and for the movement of data concerned with monitoring the
progress of job-related activity, and controlling and
manipulating its development.

To derive services and protocols for the cooperation of
job transfer and manipulation(JTM) application layer entities a generic model was set up containing all the elements
to be present in a JTM application activity (for details
see /5/). During the last 2 or 3 meetings this model has
been refined and can now be regarded to be nearly stable
and consistent.

Basic elements in the model are work specifications, profor-
mas (with spawning), documents and sink, source and execution
agencies. All job-related work which is supported in a network of interconnected open systems is represented by work
specifications. JTM entities communicate with each other
by transfer of work specifications (which can be regarded
as a conceptual data structure) which define all actions
the receiving JTM entity has to perform.
There is a part in a work specification transparent for
JTM entities, the document(s). Documents are moved therefore
between entities and the local system environment and may
represent a job, an output, a report, etc. The facility
of the local system environment to consume or to produce
documents can be described in replacing the local system
environment by the model elements sink agency, source agency
and execution agency.
Another essential element in a work specification is a
proforma. This is a collection of data to be processed by
the receiving JTM entity to create (to spawn) a new work

specification after the termination of the preceeding one possibly with inclusion of documents from agencies. By this concept a chain of processing steps on open systems can be evoked which is regarded to represent an OSI job. So an OSI job is a bracket for all activities derived from the initial submission of a work specification. However control infor- mation for all JTM-related activities within such an OSI job have to be provided within the submission step for the first work specification. An OSI job is a col- lection of OSI subjobs which represent JTM activities on a single open system.

These model elements have to be applied in describing the services taking into account the functionality of the whole JTM system which may be decomposed into an OSI job submission system, one or more subjob processing systems, an OSI job monitor system (to which JTM entities have to send reports about the progress of an OSI job) and a manipulation sub- mission system (at which manipulation activities on existing OSI jobs can be submitted).
The actual set of JTM services reflect the model and the functionality of JTM activities. Some examples may illustrate this (for detailed description of the services and their parameters, see /5/).

J-SUBMIT service: to define to the JTM service provider the complete OSI job

J-GIVE service: to get a document from a source agency

J-DISPOSE service: to send a document to a sink or execution agency

J-SPAWN service: to ask a JTM entity by an execution agency to spawn a new work specification

<u>J-TASKEND service</u>: to signal the availability of documents
for spawning

<u>J-STATUS service</u>: to ask a sink or execution agency by a
JTM entitiy about the availability of documents

<u>J-KILL servic</u>: to ask a JTM entity to kill a certain JTM
activity (e.g. the transfer of a work specification)

<u>J-HOLD service</u>: to ask for holding a certain JTM activity

It should be noted here that the list of service primitives
and related parameters is at present not agreed but under
discussion in the job group. This is especially true for
the concept of commitment which has large impact onto the
description of the services.
It may also be noted that a class concept is still under
discussion in order to facilitate implementations of JTM
systems or to make JTM specifications be applicable to small
machines (stations). There is first text in the paper to
specify two classes for JTM services and protocols: a basic
class with very limited functionality and a full class (for
details see /5/).

The structure and contents of a work specification is an
essential part of the JTM protocol specification. It contains
all the information a JTM entity on an open system needs
to perform all subjob-related activities. A work specification consists of a control part which is processed by a JTM
entity and of document(s).
The control part is further subdivided (command part, parts
containing attributes for controlling and identification,
parts for proforma information, etc.). The description is
nearly complete (see /6/).

3.3 <u>Virtual terminal</u>

The situation in the virtual terminal area is still complex.
For the first years a central item of discussions was a
virtual terminal model. Although the basic elements of the
model - as there are conceptual data store, data structure
description for objects in the data store, access control
for and signal and status exchange via the data store, virtual devices (in/out, signal, status/monitor), etc. - seem
to be still applicable there is no consistent text related
to the model in the actual virtual terminal working draft /7/.

Another obvious fact was that all the time larger inconsis-
tencies between the description of the model with its elements
and functional behavior and the description of the virtual
terminal services could be observed. On the other hand
the set of generic virtual terminal service facilities and
related single services (i.e. the set of services related
to all classes of virtual terminals) seem to be approximately
constant during the last meetings. This is somehow surprising
because on the one hand such services should in principle
be deduced from some model and on the other hand - as stated
above - the model discussion is still controversial.

Here is a summary for the generic service facilities:

<u>connect</u> to establish a peer-to-peer connection between
virtual terminal users
<u>negotiation</u> to agree on a certain set of virtual terminal
parameter values
<u>data transfer</u> to enter data into the common data store
and for manipulation of the data
<u>phase change</u> to allow movement between negotiation and
data transfer phases
<u>token management</u> to manage access to the data store shared
by the virtual terminal service users

<u>delivery control</u> to enable the virtual terminal users
to initiate immediate use of data received by the peer entity
<u>context switch</u> to change the virtual terminal context
<u>termination</u> to release the peer-to-peer-connection

Further details and a description of the related services
can be found in /7/.

An important decision in the ISO virtual terminal group
- mainly due to the difficulties with the generic service
and the model discussion - was to concentrate onto the specification of a basic class virtual terminal and protocol
although the work on the generic services is to be continued.
The work on the basic class started in late 1981 yielding
reasonable progress (see /8/). However it should be noted
that although the definitions as actually present show internal consistency there are still larger parts of specifications to be worked out. According to the definition of the
basic class alphanumeric terminals with character-, line-,
page-, or book-structures are supported.

Basic class virtual terminals support process-to-terminal
and terminal-to-terminal communication. Communication is
in terms of abstract data objects. These are 1 to 3 dimen-
sional arrays where the array elements are encoded characters
and associated attributes. Operations on the abstract data
objects manipulate this information and so provide respective
services.
A basic class virtual terminal consists of up to two virtual
devices where each virtual device is associated with only
one display-object and one or more control-objects. Display-
objects have an object-access-type, a cursor and a display-
data-array (characters and their attributes) while control-
objects have an object-access-type and a control-data-string.
Access-type specifies a source, a sink, or a source/sink
behavior of the object in order to define the direction

of data flow. Character attributes can be negotiated. A
cursor is a pointer to an array element.

Operations on the objects are under discussion. An example
is the access operation for making information visible to
the peer partner (DISPLAY information,SET CURSOR).

However from the actual basic class paper still it is not
evident how the generic facilities and services can be inter-
related/mapped onto these basic class definitions.

4. Presentation layer

So far there has been no ISO standardisation project for
this item. However in summer 1982 a proposal for such a
project has been forwarded to ISO/TC97 from SC16 and it
can be expected that such a project will be started in
early 1983. Work on this item has been done so far mainly
in SC16/WG5 which prepared a working paper on a presentation
layer service /9/. This paper has been revised at several
meetings and meanwhile has some stability however in its
present form it can only give the scope for future work.

Apart from facilities passed through from session layer
services the central task of the presentation layer is information structuring with respect to the transfers, i.e. specification of transfer syntaxes. This will be based onto the
concept of abstract data types but in the actual paper there
is given only a first outline of its application.

Generally such an approach seems promising for the definition
of presentation layer services (for an actually existing
example see e.g. /10/) especially in reducing first solutions
to e.g. predefined syntaxes. Note that at this conference
a report about usage of abstract data types for OSI specifications is given /11/.

5. <u>Outlook</u>

The standardisation of the upper layers of the reference
model really progresses. Whether the following time scale
for the production of draft proposals as given by SC16/WG5
can exactly be met is not obvious at present:

- Virtual terminal   : June 1984
- File transfer, access and management : October 1983
- Job transfer and manipulation   : April 1984
- Presentation layer   : ?

However at least at about this time specifications in all
areas should have been progressed to a very high degree
of stability and completeness so that together with the
stable lower 5 layers they could (and should !) be used
for planning and implementing open systems interconnection.

6. <u>References</u>

/ 1/ ISO/TC97/SC16/N1190 : File Transfer, Access and Manage-
     ment - General Description; working draft, June 1982

/ 2/ ISO/TC97/SC16/N1222 : File Transfer, Access and Manage-
     ment - The Virtual Filestore; working draft, June 1982

/ 3/ ISO/TC97/SC16/N1223 : File Transfer, Access and Manage-
     ment - The File Service Definition; working draft,
     June 1982

/ 4/ ISO/TC97/SC16/N1224 : File Transfer, Access and Manage-
     ment - The File Protocol Specification; working draft,
     June 1982

/ 5/ ISO/TC97/SC16/N1247 : Job Transfer and Manipulation
     Concepts and Servives; working draft, August 1982

/ 6/ ISO/TC97/SC16/N1248 : Job Transfer and Manipulation
     Protocol; working draft, August 1982

/ 7/ Virtual Terminal Service - Generic Description
/ 8/ Virtual Terminal Service - Basic Class Definitions
     Provisional outcome of the ISO/TC97/SC16/WG5 Tokyo
     meeting in June 1982   (DIN-NI-16.2/80-82)

/ 9/ ISO/TC97/SC16/N1161 : Connection Oriented Presentation
     Service Definition; working draft, June 1982

/10/ GILT - Interconnection of Computerbased Message Systems;
     Presentation Layer Description;
     Universität Düsseldorf, Rechenzentrum, July 1982

/11/ L.Wosnitza : Abstrakte Datentypen als Grundlage für
     OSI Spezifikationen ; Tagungsband

/12/ ISO/TC97/SC16/N1214 : Accounting, Error Reporting and
     Capability Management; working draft, June 1982

/13/ ISO/TC97/SC16/N1216 : Control of Groups of Applications;
     working draft, June 1982

Annex A

action defined in the virtual filestore	service primitives	comment
	F-CONNECT	
	F-DISCONNECT	
create file	F-CREATE	
delete file	F-DELETE	
select file	F-SELECT	
deselect file	F-DESELECT	
change attribute	F-CHANGE-ATTR	
read attribute	F-READ-ATTR	
open file	F-OPEN	
close file	F-CLOSE	
	F-REOPEN	
	F-DATA	
	F-DATA-END	end of data transfer
locate		locate for access
read	F-READ	
write	F-WRITE	
replace		
append		
	F-TYPE-DEFINE	data type definition
	F-TYPE-WITHDRAW	
	F-CHECK	checkpointing
	F-RESTART	
	F-CANCEL	

ON THE USAGE OF TELETEX PROTOCOLS AS GENERAL PURPOSE PROTOCOLS FOR OPEN SYSTEMS INTERCONNECTION

Karlo Németh
Siemens AG, München

<u>Abstract</u>

The general structure of the Teletex protocols, which complies with
the ISO OSI reference model and covers the functional range of layers
1 to 6, allows a wide variety of applications in the field of non-
voice communication and obviates the need for substantial extensions
and in some cases makes all extensions unnecessary. The aim of this
paper is to show that the Teletex protocols are a suitable <u>basis</u> for
general-purpose protocols for Open Systems Interconnection.

1   Introduction

The Teletex service was developed in response to the need for advanced
text communication which has been recognized by several administrations
over the past few years. However, the Teletex concept does not merely
involve faster transmission (2,400 bit/s) of more characters (the full
character repertoire of the office typewriter) than the Telex service,
but also includes the integration of text communication and local text
processing. The introduction of the Teletex service thus represents
a real advance towards the office of the future, the distinguishing
feature of which is the combining of processing and communication.
Local operations must on no account be interfered with by the communication processes, so communication must take place automatically between the transmit and receive storages of the terminals. This is comparable to data exchange between cooperating computers. With a view

to establishing control procedures for open text communication, the
CCITT drew up the necessary protocols, passing these in 1980 as Recommendations S.70 and S.62 /1,2/. Furthermore, Recommendation S.61 deals
with the Teletex character repertoire, Recommendation S.60 with Teletex
terminals, and Recommendation F.200 with the Teletex service /3,4,5/.
At the same time the ISO, supported by CCITT experts, worked on the
seven-layer OSI basic reference model, which provides a basic framework for the development of protocols and which was published as a
draft international standard /6/. The ISO is currently involved in
identifying and determining the services that the individual layers
will offer and in drawing up the related protocols. The ECMA, in its
capacity as the third international committee, is dealing with OSI
standards and has drawn up protocols including those for the transport
and session layers /7,8/.

The Teletex Transport Protocol is identical to the Class 0 ECMA Transport Protocol. The ECMA and Teletex Session Protocols are at variance
and, in keeping with the spirit of the OSI, ought therefore to be harm-
onized to form a single, coherent international standard. On no account
should two protocols be designed for the same purpose and with more or
less the same provisions be both passed as standards. This would seem
incomprehensible to the users and would mean additional and superfluous
development costs for the manufacturers.

This paper presents the basic features of Teletex Protocols S.70 and
S.62 and the possibilities for extending their scope, and also discus-
ses their suitability as a basis for OSI general-purpose protocols.
For the sake of clarity and in compliance with the ISO Basic Reference
Model, this paper is divided into separate sections for transport-orien-
ted and user-oriented protocols.

2 Transport-oriented protocols

The transport-oriented layers should by definition be mainly concerned
with the transparent, network-independent and reliable transfer of data
between the communicating systems. Network-independence means firstly
that the user-oriented layers should not need to adapt to the requirements of the network being employed, and secondly that the systems
should have access to transport networks of various types. Furthermore,
systems connected to networks of different types should also be capable

of intercommunicating. The structure of the "Network-Independent Basic Transport Service for Teletex" S.70, which fulfils these requirements, is shown in Fig. 1.

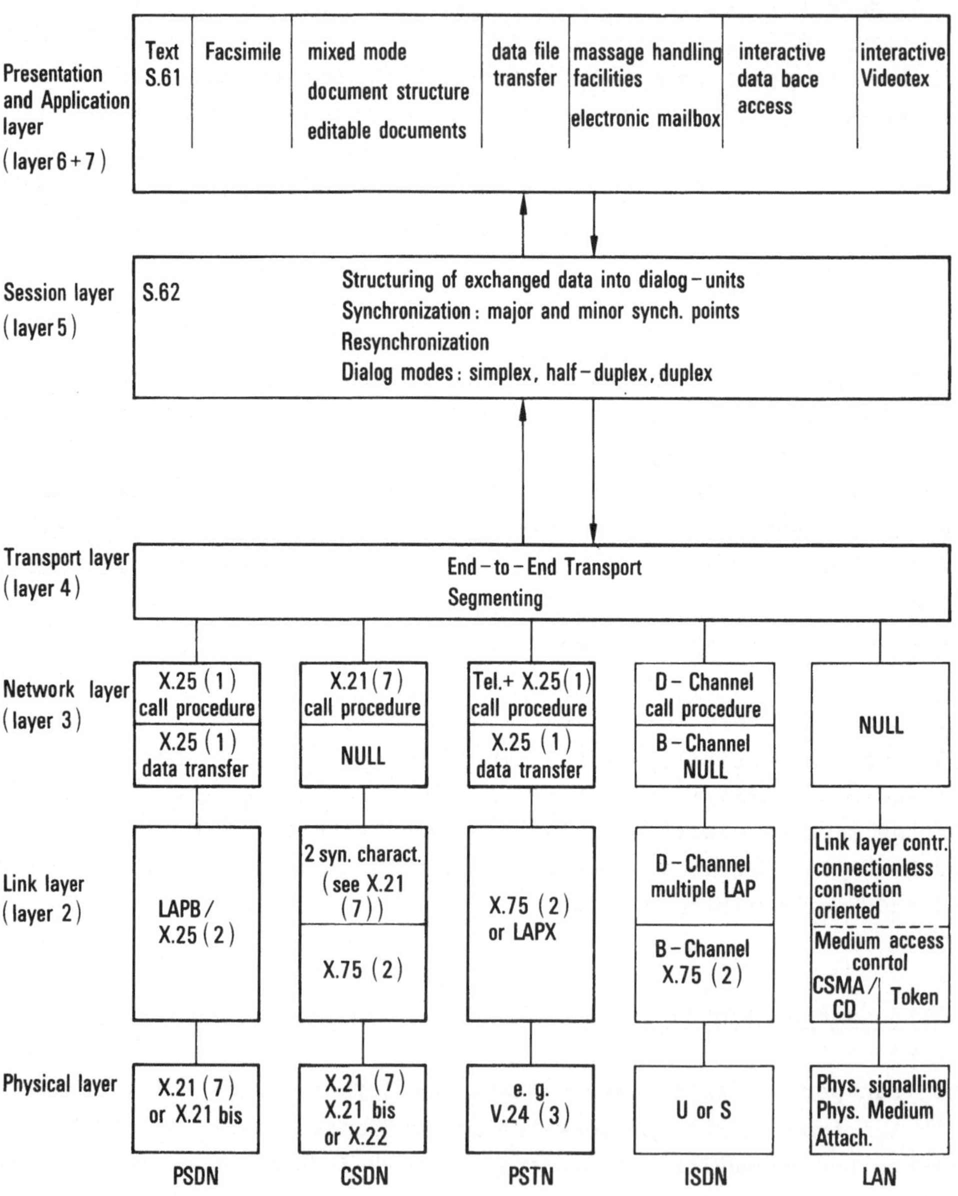

Fig. 1. The structure of the Teletex-Protocols

Recommendation S.70, in its present form, provides for access to circuit-
and packet-switched data networks (CSDN and PSDN) as well as to public
switched analog telephone networks (PSTN). Accordingly, the recommended
physical interfaces are X.21 or X.21bis for data networks and e.g. V.24
for analog telephone networks.

The protocols on the data link layers for single connection are based
on the bit-transparent High-Level Data Link Control (HDLC) procedure
specified by the ISO /9/. The duplex balanced-mode version of HDLC was
selected and is described in the second section of Recommendations X.25
and X.75 /10,11/. Certain maximum values for the parameters of the HDLC
procedure were recommended for Teletex purposes, e.g. maximum number
of outstanding information frames k=7, or maximum number of bits in an
information frame N1=16,512 bits. It will be up to the administrations
or users to decide what the final parameter values will be.

The virtual call mode of the procedure as per CCITT Recommendation X.25
is used in the call control and data transfer phases as the network
layer protocol for packet-switched and telephone networks. The X.25
fast select facility will not be used. During the call control phase
in the PSTN the normal telephone procedure for call establishment precedes the X.25 procedure. In CSDN the call control phase conforms to
the procedure laid down by CCITT Recommendation X.21. Of course, during
the data transfer phase in CSDN only a minimum protocol is required,
and this is accommodated through the use of a two-octet block header.

Network-independent transparent transfer of data between systems is
the objective of the transport layer. The end-to-end transport protocol
developed for the basic Teletex service permits the establishment of
the transport connection, transparent data transfer (irrespective of
content, format and code of the information transmitted), identification
of the transport connection, duplex capability and optional extended
addressing. The transport connection will be established by using the
protocol elements "Transport Connection Request" (TCR) on the calling
side and "Transport Connection Accept" (TCA) on the called side. During
the establishment phase transport services classes and/or optional
transport connection functions may be negotiated by appropriate parameters of TCR. If the called party is not willing to accept a transport
connection it responds to TCR with "Transport Connection Clear" (TCC).
In the data transfer phase the session layer passes on logically contig-
uous data blocks of unspecified length to the transport layer. The trans-

port layer divides these into blocks of predetermined length suitable
for transmission while preserving the original logical contiguity
(segmentation). Protocol errors are indicated by means of the protocol
element "Transport Block Reject" (TBR).

The protocol summarized here offers a limited but adequate set of
transport functions. This suffices as a basis, and, if absolutely
necessary, more sophisticated functions such as multiplexing, flow
control, error detection and error recovery can be introduced step by
step, grouping them into a hierarchical, downward-compatible system
of classes.

The existing range of applications of the overall Teletex transport
service can be expanded by means of additional protocols and interfaces
permitting access to ISDN and LAN, as shown in Fig. 1.

The distinguishing feature of ISDN is that two circuit-switched channels
for network data (B channels) with 64 kbit/s and an outslot signalling
channel (D channel) with 16 kbit/s are simultaneously available. Call
establishment and clearing are conducted in the D channel, data transfer
in one of the B channels. In the data transfer phase the existing
protocols for CSDN can, to a large extent, still be employed. The time-
related parameters must in this case be adapted to the 64 kbit/s transmission rate. The protocols for call control and the physical interfaces (single and multiple connections) are currently being drawn up
by CCITT and should be established by 1984. In the case of the network
layer protocol for call control it should be especially noted that
several equipments with different service features are connected to
an ISDN connection. The data link protocol in the D channel will probably
be based on the multiple LAP B procedure.

LAN technology requires special physical interfaces and, to a certain
extent, new types of protocol for layers 1 and 2. The data link layer
is divided into the logical link control (LLC) and media access control
(MAC) sublayers /12/. The MAC sublayer performs access control functions either to LANs with a carrier sense multiple access with collision
detection (CSMA/CD) or to LANs with tokens. The LLC sublayer provides
connections or the connection-oriented mode of operation. In the connection-oriented mode of operation there is flow control and error recovery, unlike in the connectionless mode. For reasons of reliability
and the well-defined exchange of user data, preference should be given

to the connection-oriented mode for both communications within homogeneous LANs and within combined networks consisting of LANs and wide-are networks. Furthermore, this mode permits the Teletex transport protocol to be employed, with a minimum protocol sufficing for the network layer, as is the case with CSDN. The problem of internetworking via gateways and the related problems of addressing, the handling of errors, flow control and possibly routing are yet to be solved. The aim should be to deal with these problems on the LAN side up to and including the data link layer. At all events, priority must be given to finding a solution, considering that the success of LANs is highly dependent on internetworking with public networks.

The Teletex Transport Protocol, together with the data link protocols for CSDN, PSDN and PSTN, and later supported by the network and data link protocols for ISDN and LAN, represents a general, reliable, network-independent transport service for wide-ranging applications in the overall field of public and intracompany non-voice communications.

3 User-oriented layers

Whilst all activities involving data transfer between the communicating systems are dealt with by the transport-oriented layers, the user-oriented layers provide organized and meaningful cooperation between the cooperating systems.

3.1 Session Layer

According to the ISO definition, the session layer provides the means for ensuring organized and synchronized data exchange. The general applicability and means for the expansion of functions and of the protocol elements of the "Control Procedures for the Teletex Service" S.62 are explained below. For these purposes both parts of this procedure, the "session" part and the "document" part, have been assigned to the Session Layer and will be treated as an integral Session Layer protocol. The Teletex protocol elements "Commands" and "Responses" should be understood as mappings of the service primitives "Request" and "Response". At this juncture let it be said that the variety of terminology used by the CCITT and the ISO has often led to misunderstandings and not entirely correct interpretations of the Teletex protocols.

The protocol elements "Command Session Start" (CSS) and "Response Session Start Positive" (RSSP) provide session establishment. Negotiations of parameters concerning the Session layer (e.g. session profile, the window size for checkpoints) but also some aspects of the Presentation Layer (e.g. whether Teletex, facsimile, mixed-mode or interactive Videotex will be run) are performed using the parameter field of CSS and RSSP. There is no reason why information on presentation or even application layers should not be exchanged right at the beginning of the session, so that the common capabilities of both parties´ resources are known from the outset. The exchange of information following the opening of the session will be introduced by the protocol element "Command Session User Information" (CSUI).

Orderly session release may be initiated by exchanging "Command Session End" (CSE) and "Response Session End Positive" (RSEP), or abnormally by "Command Session Abort" (CSA). In S.62 only the system that initiated the session has the right to initiate orderly session release. This rule does not impose any great limitations and can generally be adhered to. This restriction could, of course, be removed so that either party can initiate orderly release.

One of the main tasks of the Session Layer is to allow the users to structure the exchange of data into a series of dialog units, which should be completely isolated from each other by means of major synchronization points. The sequence of the protocol elements "Command Document End" (CDE), "Response Document End Positive" (RDEP) and "Command Document Start" (CDS), which defines the end and the start of a Teletex document, features all the characteristics of a major synchronization point. The Teletex document can therefore be generally interpreted as a dialog unit.

Further synchronization marks can be inserted within a dialog unit to indicate the status of the data exchange and to provide a resumption point from which users may agree to continue a broken dialog unit. These marks, which are termed minor synchronization points, do not completely separate all events before and after them. The indication of the end of a page "Command Document Page Boundary" (CDPB) corresponds to minor synchronization points. Every CDPB must be confirmed by the opposite side by means of an RDPBP or rejected by means of an RDPBN. During confirmation a certain drift is, however, permitted up to an agreed window size. Window size 3 has been laid down for Teletex.

The window size mechanism simplifies the administration of the minor
synchronization points for both sides. Each side knows that a correct
exchange of data has taken place up to the minor synchronization points
that lie further back than the window size. Generally speaking, CDPB
will delimit some unit of information determined by a particular application, e.g. facsimile or file transfer. On the subject of synchronization points, it should be mentioned that the S.62 option also enables
non-confirmed or potential minor synchronization points to be set
with the protocol element "Command Document Recovery Point" (CDRP).
The information sink only reacts if resynchronization is desired using
"Response Document Recovery Point Negative" (RDRPN), and indicates
the recovery point reference number as a parameter to be used for
restart. Fig. 2 shows the typical sequence of a session in the simplex
dialog mode. For the sake of simplicity, window size 1 has been chosen
for this figure.

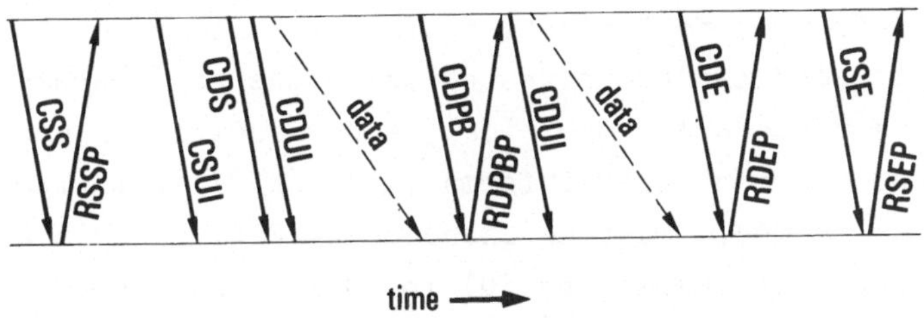

Fig. 2 A typical sequence of the Teletex session

The Session Layer will also provide the mechanisms required for a reset in a defined state or a restart at a specific synchronization
point. This is conducted by means of the protocol elements "Command
Document Discard" (CDD) and "Command Document Resynchronization" (CDR)
respectively. Synchronization point serial numbers are required in
order to identify the synchronization points from which a broken dialog
unit will be continued. In S.62 the sequential numbering of pages
within a document (parameter of CDPB), and the numbering of documents,
i.e. of dialog units (parameter of CDS), provide the minor and major
synchronization point serial numbers.

One of the key functions of the session layer is the interaction or
token management, which allows the users to decide who has the right
to invoke certain functions. The essential token is the send data

token, which determines whose turn it is to send data. In S.62 simplex
and half-duplex dialog modes are available, with duplex mode as an option. In the case of simplex dialog mode the send data token is firmly
assigned to the initiator of CSS.

With half-duplex dialog mode a send turn is obtained by means of the
protocol element "Command Session Change Control" (CSCC), which should
only be invoked outside the dialog unit boundaries. This implies that
only the user possessing the send data token is entitled to set major
and minor synchronization points. The CSCC protocol element thus effects
more than a simple change of the send data token.

In order to ensure a rapid and effective interactive exchange of data,
it is appropriate even within a dialog unit for the send direction
to be reversed following both giving and/or requesting send data tokens.
This requires a slight expansion of S.62. A parameter is entered in the
parameter field of the protocol element "Command Document User Information" (CDUI) and is used to indicate handover of the right to send
/13/. The right to send can be requested using the same parameter. In
order to make this procedure symmetrical, a new additional protocol
element, "Response Document User Information" (RDUI) with the same
parameter field as in CDUI, must be introduced. Fig. 3 shows a typical interactive sequence. Parameter (0) in CDUI or RDUI means: Data
to follow; parameter (1) will hand over or request the right to send.
Attention should be paid to the sequence of the protocol elements
CDE, RDEP, CSE and RSEP at the end of the dialog, as these ensure
termination of the session and reliable transfer of all data. This
"foursome" tells the two sides that the entire procedure has been
conducted absolutely correctly right to the end.

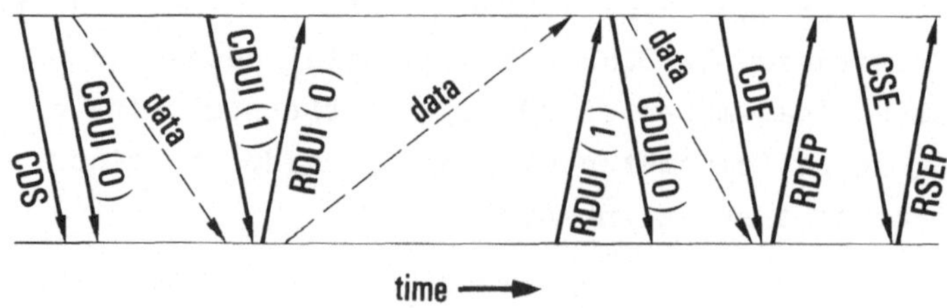

Fig. 3 An interactive action within a dialog unit

A simple, non-synchronized interactive dialog mode is also possible
with S.62. In this case the synchronization mechanism is left out
and the dialog is begun with the protocol element sequence CSUI CDUI.
Relinquishment and request for the right to send are conducted as for
the synchronized interactive dialog which has just been described.
In this case the interactive session protocol is very simple and does
not offer the reliability of synchronized mode. On termination of the
session by means of CSE and RSEP not every of the two cooperating par-
ties can be certain that the data exchange has been conducted correctly
right to the end.

The practical application is the criterion for deciding which of the
two interactive modes is chosen. The temptation of opting automatically
for the simpler non-synchronized mode to save on a few protocol elements should be avoided. Even for wide-ranging applications, e.g. interactive Videotex, for which low terminal costs are particularly important,
careful consideration must be given to whether reliabilty can be sacri-
ficed for the sake of economy. It should be remembered that the interactive Videotex service may be used for ordering goods and conducting
financial transactions, involving commercial and legal commitments
for the user. It would therefore seem more appropriate to opt for the
synchronized interactive dialog mode. This mode is also suitable for
the initial data file transfer phase, during which exchanges take place
relating to the properties of the files which are to be transmitted.

The duplex dialog mode is contained in S.62 as an option and is initiated by means of the protocol element "Command Session Two-Way Simultaneous" (CSTWS). It is accepted by the opposite partner with "Response Session TWS Positive" (RSTWSP) or rejected with "Response Session
TWS Negative" (RSTWSN).

Besides the many mechanisms of token management that have just been
described, S.62 also possesses mechanisms for assigning major and
minor synchronization point tokens, as was already mentioned in conjunc-
tion with CSCC. These tokens are assigned indirectly, and the assignment
is related to that of the CSCC send data token. General, free assignment of tokens independently of one another is not desirable as this
can easily lead to ambiguities and therefore problems during implementation. Further tokens can be requested via the parameters of protocol
elements RSSP and RSUI. The structure of S.62 enables additional protocol elements for the explicit assignment and request of tokens to be

introduced easily. However, the present scope of token management would appear to be adequate.

There is no quarantining and no expedited data exchange with S.62. These functions are not always required, but can be introduced by means of new protocol elements.

To summarize, Teletex procedure S.62 comprises the following main session functions: establishment and release, transfer of dialog units with major and minor synchronization points, and token management.

3.2 Presentation layer

The function of the presentation layer is to take care of problems associated with the representation of information which users wish or exchange or manipulate. The Teletex service arose from the requirement for the reproduction of transmitted text information which faithfully retains content, layout and format, the fulfilment of which is directly connected with the presentation layer. With this purpose in mind CCITT Recommendation S.61, "Character Repertoire and Coded Character Sets for the International Teletex Service", laid down a repertoire consisting of graphic characters and control functions. The basic repertoire of graphic characters comprises <u>all</u> letters, symbols and figures (309 characters in all) which occur in those languages using the Latin alphabet. The 8-bit coding of the basic repertoire of graphic characters contains the primary set of graphic characters (GO-set) and the supplementary set (G2- set). The primary set corresponds largely to International Alphabet No.5 (IA 5). Non-Latin alphabets (e.g. Arabic) are optionally available as additional character sets (G1-sets). The control functions have been selected in such a manner that layouts produced on office typewriters can be transmitted and reproduced identically.

The code tables of the Teletex graphic character set have been designed so that in relation to the corresponding tables for interactive Videotex there is a one-to-one correspondence with respect to the code position of the alphanumeric characters.

The presentation capabilities will be extended to encompass coding techniques such as facsimile (black/white and gray scale), vector graphics, alpha-mosaic graphics as well as methods of mixing these codes and methods of restructuring mixed-mode documents. Facilities

enabling further document processing by the receiving partner are
to be offered in addition to the capability of transmitting faithful
reproductions of documents, as mentioned above.

As an aid to the creation, processing and transfer of mixed-mode documents, new elements for layout structuring such as containers, blocks
and sub-blocks have been brought in. While the page, being the basic
element of layout structuring, has set dimensions, blocks have variable
dimensions and can be composed of several sub-blocks each containing
one type of information with homogeneous coding. Furthermore, blocks
may be transparent or non-transparent, fixed, movable or expandable.
The limits of block movability or expandability are determined by the
container field. In a further step toward highly sophisticated document
handling, elements for logical structuring such as document headers
(author, date, address), chapters, footnotes, and references or list-
ings of contents are to be introduced.

4 Conclusion

Although the Teletex protocols were originally intended for the exchange
of character-coded documents between the storages of communicating
word processors, their applications are not restricted to this field.
In fact Teletex protocols as they stand already cover a range of functions which includes a series of batch-oriented applications such as
facsimile, mixed-text facsimile and data file transfer. Interactive-
oriented applications such as interactive Videotex or interactive data
base access can also be covered if slight extension are carried out.

The general structure of these protocols, which fully complies with
the ISO Basic Reference Model for Open Systems Interconnection, permits
the successive development of compatible protocol classes which are
flexible enough to be adaptable to all requirements of non-voice communications. The Teletex protocols therefore represent a suitable
and real basis for the general purpose protocols for telematic services, for open data communications and private intracompany non-voice
communications.

5 <u>Acknowledgement</u>

The author wishes to express his thanks to Dr. Raubold and Dr. Ehmke, GMD, Darmstadt and also Mr. Berning and Mr. Jendra, FTZ, Darmstadt, for many helpful discussions.

References:

/1/ Network Oriented Basic Transport Service for Teletex.
    CCITT-Recommendation S.70, Yellow-Book, Vol. VII (11/1980).

/2/ Control Procedure for the Teletex Service. CCITT-Recom-
    mendation S.62, Yellow-Book, Vol. VII (11/1982).

/3/ Character Repertoire and Coded Character Sets for the
    International Teletex Service. CCITT-Recommendation S.61,
    Yellow-Book, Vol. VII (11/1980).

/4/ Terminal Equipment for Use in the Teletex Service. CCITT-
    Recommendation S.60, Yellow-Book, Vol. VII (11/1980).

/5/ The Teletex Service. CCITT-Recommendation F.200,
    Yellow-Book (11/1980).

/6/ Basic Reference Model for Open Systems Interconnection.
    ISO-DIS 7498 (1982).

/7/ Standard ECMA-72: Transport Protocols. (1982).

/8/ Standard ECMA-75: Session Protocol. (2/1982).

/9/ Data Communications - HDLC Balanced Class of Procedures -
    ISO 6256.

/10/ Interface between DTE and DCE for Terminals Operating in
     Packet Mode on Public Data Network. CCITT-Recommendation X.25,
     Yellow-Book, Vol. VIII (11/1980).

/11/ Terminal and Transit Call Control Procedures and Data
     Transfer System on International Circuits between Packet-
     Switched Data Networks. CCITT-Recommendation X.75,
     Yellow-Book, Vol. VIII (11/1980).

/12/ IEEE Project 802: Local Network Standards. Draft C (5/1982).

/13/ GILT-Session Description. Rechenzentrum der Universität
     Düsseldorf (3/1982).

LOGICAL ARCHITECTURE FOR D-DBMS IN THE ISO/OSI FRAMEWORK

R. Popescu-Zeletin,   H. Weber
Hahn-Meitner Institut   Universität Bremen
Proj. HMINET II
1000 Berlin 39
Glienickerstr. 100

This work was partially supported by the COST-11bis: Project: V.F.S.

Abstract

During the last years several national and international standardization
bodies (ISO, ANSI, etc.) have been engaged in the development of abstract
models for the design of computer networks and databases. First we investigate the compatibility of these two models and identify a number
of draw-backs of these frameworks. Then we present a logical architecture for the design of distributed database systems in the open system
environment.

1. INTRODUCTION

Computer networks have been designed and are getting operational now at
an accelerated rate. They increasingly offer more application oriented
services, and thus free the user from concerns about system's architecture and its internal workings. Early systems were meant to be dedicated to a certain type of application and were meant to connect a fixed
number of computer systems of only one type or of a usually small number of different types.

Based on the work of a number of national and international standardization bodies this concept has been extended into a so-called "Open Systems Interconnection" reference model for connection of a great number
of different types of computers into a network in an open-ended fashion.

The open systems concept relies on the existence of accepted standards for the interconnection between different computer systems and their applications.

A number of countries have adopted those standards proposals and now provide public networks usually operated by the national PTTs.

It is obvious now that one of the most important applications of public networks, the access of remotely stored data in distributed databases, will become one of the main application fields for geographically distributed information systems.

Activities of similar intensity have been witnessed in the area of database management proposing frameworks to model data and its access.

Further only few researchers have examined the effects of the extentions of the proposed database frameworks for a distributed environment. The only collective effort for distributed database systems is the work of the CODASYL Systems Committee /CODA78/, but the latter work does not take into consideration the ANSI/X3/SPARC work or the ISO/OSI reference model.

The motivation of this work stems from the rapid emergence of public and associated standardization activities. Coupled with this is the adoption of databases approach by more and more organizations which are geographically distributed. The accomodation of the needs of the latter organizations in the public networking environment requires a careful and immediate study of the requirements of distributed databases from the ISO/OSI proposed standards for open systems.

First we investigate the compatibility of the two models (ANSI/X3/SPARC and ISO/OSI) and identify a number of draw-backs of these models.

Based on these draw-backs we outline a gross logical architecture for distributed database systems in a public network. Furtheron, we will focus on the communication aspects of distributed database systems in order to ensure data consistency and integrity. We develop then an adaptive synchronization mechanism based on transaction design analysis. The proposed mechanism is integrated in the actual ISO/OSI standardization efforts for data access services and protocols as a new class of services for the virtual file system.

2. <u>DISTRIBUTED DATABASES AND THE ANSI/X3/SPARC MODEL</u>

2.1 Motivation

Following the work in /Levi74/ we define a distributed database to be a physical partitioning of a global database over possibly different computing facilities while providing an integrated access to the data.

The motivation for distributed database stems from:

- The need of integration of disjoint existent and controlled applications in a global system,

- the fact that a distributed database system models in a better and more natural way an information system of distributed applications.

Most of the existent databases are centralized on a large computer and consolidate all files and management functions into a single node and generally assume a single model of data and query language.

The existence of public networks allows the design of distributed database systems offering a number of potential advantages:

- <u>better reliability</u> since a node crash has not the same desastrous consequences and effects as in a centralized system;

- <u>better performance</u> since a network ensures an inherent parallelity;

- <u>control and quality of data</u> since the data is distributed among the users, they will have direct control of their own data while still being able to share it with other users. The data is more actual since data is stored and updated where it is produced;

- <u>economy</u> since the database users are geographically distributed, and their interactions exhibit a strong "locality" then it might be less expensive to do processing locally. That is, the tele-communication costs can be higher than the teleprocessing costs /Garc79/;

- <u>modularity</u> since the distributed database has an inherent modularity and component autonomy and therefore easier to expand. A larger database can be handled without degrading performance by adding new nodes.

The disadvantages of a distributed database system are:

- <u>the complexity</u>. In addition to the common issues related to the centralized databases there is an entire set of questions related to the distribution;

- <u>lack of experience</u>. There are currently only few experimental and limited distributed database systems being designed. So there is none of the security implied by tested and widely used ideas.

2.2 The ANSI/X3/SPARC Model

As mentioned above one of the main short-comings of a D-DBMS is its complexity. The complexity encompasses two main aspects: one which is database specific and an additional introduced by the distribution of the database components. Complexity implies usually a high degree of vulnerability of the systems towards changes. To overcome this problem which is typical for each database system the ANSI/X3/SPARC study group on a database management system has described in /ANSI77/ a general framework for database management systems which emphasizes the data independence.

This property is based on the observation that data in a database environment has to conform to the following requirements:

- the data has to be presented to the users in an adequate and suitable form for user's specific applications;

- the data meaning, that means its relation to the environmental realities has to be precise and unambiguous;

- the data has to be stored in a way which optimizes its access.

In order to satisfy these requirements the ANSI/X3/SPARC model advocates the description of data at three independent levels - external, conceptual, and internal - using different external schemas to cope with the

requirements of different applications, a conceptual schema describing
the objects of the reality in the conceptual view, and many internal
schemas which are oriented towards the most efficient use of the computing facility.

The separation in different data views ensures data independence which
"is the property of a database management system that provides alternative views of the same stored data and preserves them during the evolution of the database environment. Data independence insulates a user from
the adverse effects of the evolution of the database environment. Some
of the factors that tend to interfere include a change to the representation, formatting, organization, data model or location of the stored
data, other users expressing requirements upon the same data that may
not be congruent, other users sharing the same stored data concurrently, or other users accidentally or intentionally damaging the database."
ANSI77/.

The elements of the framework describe the whole environment of the database and identify schema processors and schema transformer (fig.1). For
a detailed description of the model the reader is encouraged to refer to
/ANSI77/.

The framework was defined for a centralized database management system,
but since the same problems have to be considered in a distributed environment it is only natural to use this framework as a starting point
for the design of a D-DBMS.

In order to be able to develop an architecture for a distributed database based on the ANSI/SPARC Model some design steps have to be performed:

a) define groups of functional entities of the ANSI/SPARC framework to
   model autonomous subsystems which can be distributed;

b) identify additional functional entities for each subsystem to support
   the distributed database system;

c) identify classes of services and protocols to support the inter-sub-
   system communication;

d) identify the necessary draw-backs for the services and protocols offered by the OSI model.

2.3 Existing Approaches

The ANSI approach has been steadily gaining popularity within the database community /Moha79,NaLe79/VLDB78/. A few researchers have come up with some extensions to the ANSI/SPARC architecture to make it applicable to the distributed database environment /Aeta78,Leta80,MoYe79, Schr77/. The general idea of these works has been to propose global and local versions of the three schema types of /ANSI77/. While the introduction of a multitude of schemata is conceptually appealing, one has to recognize the complexity implications of such architectural extensions. An increase in the number of schema layers leads to corresponding increase in the number of required mappings, which in turn implies increased intercomponent communication. Also, one has to worry about the increased number of combinations in which the mapping components and related information should be distributed over the networks nodes. At this point we should remind that neither the ANSI framework nor the above mentioned contributions deal with communication, concurrency and reliability issues in the database concentrating only on data independence.

The only work we are aware of and which tries to combine the results of the ANSI/X3/SPARC and ISO/OSI efforts is in /Gard79/. The paper proposes a certain way of distributing schemas and schemas processors of the ANSI framework; the main feature of this proposal is that the physical distribution of objects on the network sites is performed at a conceptual level, i.e. the external to conceptual mapping is required to be aware of the physical distribution of data. This is because the conceptual schema at each site is required to describe the data in the internal schema at that site. There is tight coupling between the conceptual and internal schema at every node. This is a major shortcoming of this proposal since it defeats the main purpose of the three level schemata. Location independence is tightly related with the data independence property by the ANSI framework.

3. <u>THE ISO/OSI REFERENCE MODEL</u>

The following is a short description of the open system interconnection
model and its main idea. For details the reader is encouraged to refer
to /ISO82/.

The basic objective of the OSI model is to provide a common basis for
coordination of the development of standards in the field of Open System Interconnection.

Such standards will precisely define rules of interactions between interconnected systems.

It is also the aim of the OSI model to identify areas for developing or
improving standards and to provide a common reference for maintaining
consistency of all related standards for communication.

To accomplish the above tasks a hierarchically layered model was adopted at international level /ISO-DIS7498/.

There are three basic ideas in this model:

1. The purpose of the model is to enhance the development of standards
   that define the capabilities of interconnected open systems to communicate and co-operate to achieve a common (distributed) task without enforcing or implying any form of system implementation, technology, or means of interconnection.

2. The adopted structuring technique in terms of layers provides means
   for each layer to add qualitative and quantitative capabilities which
   enrich the capabilities offered by the lower layer.

3. Each layer in the model permits to wrap the lower layers and isolate
   them from the higher ones. This allows independent design and devel-
   lopment of concepts and components within the layered structure.
   /LPZV81/.

The method used by ISO/SC16 consists in describing a model of a network
of Open Systems (necessary for OSI standards designers) as a network of
models of Open Systems (necessary for implementators of individual open
systems) /N577/. There are two major issues related to each layer in the
hierarchical model: the notions of service and protocols.

- SERVICE

  which is the set of capabilities offered at the boundary of a layer
  to a user in the next higher layer. In order to provide its service,
  a layer builds its functions on the service which it requires from
  the next lower layer.
  Note that the service constitutes an <u>abstraction</u> by which the capabilities offered by a layer (in using all lower layers) are <u>specified</u>
  and that the service is independent of any particular implementation.
  The service specification of a layer does not define how this behaviour is realized and how these functions are distributed among layers
  and systems /N577/.

- PROTOCOL

  which are the rules of interaction between separated entities, which
  are located in the same layer but pertain to different open systems.
  The entities and their interactions are not visible to the user of
  a layer.
  Note that a protocol is not abstract and that it defines the set of
  common messages and their sequence in time which are exchanged by the
  entities in order to provide the service of a layer.

References to a stable (N)-service ensures independency between protocols
in adjacent layers. Protocols may evolve independently of each other as
long as the service at their boundary remains the same /N577/.

It is obvious that by the definition of the services offered by a layer
and the services offered by the lower layer the functionality of a layer
is completely specified.

Note also that different protocols may carry out this functionality
/LPZV81/. Consequently there are two distinct items to be defined in order to allow communication in an open system environment: the service
and the protocol(s) of a specific layer.

Seven layers were identified in the ISO/OSI architecture (fig. 2).

The output of the different working groups involved in the design and
definition of standards for the OSI model constitutes a stable basis for
the design of complex software systems like distributed databases.

For the upper layers three major <u>standard</u> applications have been identified and developed: virtual terminal, remote job entry, and file ac-

cess and management.

Embedding a distributed database system in the OSI architecture means
the definition of the requirements and the boundary to the model.

Following we will propose a logical architecture for distributed database systems based on the ANSI/X3/SPARC and ISO/OSI frameworks and we
will focus on enhancements of the file access and management services
in order to satisfy the distributed database requirements.

4. LOGICAL GROSS ARCHITECTURE OF A D-DBS

In the proposed architecture we distinguish (logically only) three subsystem types: external, conceptual, and internal subsystems each of them
supporting one of the ANSI schemata. A given host needs not to be of only
one of the above types; it could be any combination of the above types.
The conceptual schema may be also distributed in disjoint fragments in
different conceptual subsystems.

Fig. 3 depicts the general distributed database system architecture. One
may identify two classes of communication:

- internal communication between components of a certain subsystem
  type identified by interfaces in ANSI terminology;

- external communication between components located at different subsystems which has to conform the ISO/OSI model. We use in this context the term protocol to refer to the set of agreements on the format and relative time ordering of messages to be exchanged between
  components spread over different logical subsystems in order to provide a certain functionality. We denote it by the symbol: (fig. 3).

4.1 The external subsystem

The environment of the external subsystem (fig. 5) is managed by the application administer (persons or roles are denoted in the ANSI/X3/SPARC

model by ⬯). He is responsible for the definition of the external data
structures and operations in order to satisfy the users' requirements
and views.

The external schemata are stored in the DD/D (data dictionary/directory)
component and can be updated or maintained interactiv through interface
3 or the interfaces 4 and 5 using a database systemprogram (external database schema processor). Interface 3 in the ANSI model may be used to
determine the availability of conceptual data and its characteristics.
In a distributed environment this information may be retrieved using the
communication facility between data dictionary/directory components (protocol 43).

The DD/D component in the external subsystem is a meta database containing information about relations, locality, statistics, and mappings between the external data structures and the distributed conceptual schema.

The programmer (application programmer) will provide programs (external
database application program) in terms of the external data manipulation
language (interface 7). At run time the operations on external data structures will be lead through the interface 12 to the conceptual/external
database transformer which will mapp them in operations on conceptual
data structures which are identified and localized with the help of the
DD/D meta database (interface 38). The transformer passes these operations to the conceptual subsystem using protocol 31.

Through the interface 37 the user authorizations rights are verified.

Programms which are running in different subsystems may exchange information (program status, synchronization messages) using the protocol 44.

The SC (statistic collection) component is informed on the activities
in the conceptual/external database transformer and will store statistics in the DD/D component through interface 45.

4.2 The conceptual subsystem

The operations on conceptual data structures input the conceptual subsystem via the communication kernel using protocol 47 in the concurren-

cy control and recovery component which ensures a correct execution of parallel running operations (fig. 5).

The operations on conceptual data structures are then mapped by the internal/conceptual database transformer in operations on internal data structures identified and localized with the help of the DD/D component (interface 36).

The conceptual data structures include the limited model of the real world maintained for all applications. The purpose of the conceptual realm is to provide a description of the information of interest to each enterprise, to permit additional external schemas to be defined or existing ones to be modified without impact on internal level and vice-versa. It provides also a mechanism to control over the contents and use of the database.

The use of the subsystem is recorded by the SC component through the interface 46.

The control of the subsystem is delegated to the enterprise administrator which through the interfaces 1, 2, and the protocol 43 may control the integrety and consistency of the distributed conceptual schema.

The operations on internal data structures are passed to the internal subsystem using the protocol 31.

4.3 The internal subsystem

The internal realm contains the internal view of the database and is oriented towards the most efficient use of the computing facility, consistent with the processing requirements (fig. 6).

In the distributed environment where heterogeneous computing facilities are involved the internal subsystem has to homogenize the view of data towards the conceptual subsystem. The homogenized data structure has to serve as a valid abstraction between many local models and the conceptual realm.

The operation on the internal data structure input the internal subsystem using protocol 47 and are controlled by the concurrency control and recovery component. They are transformed in local operations by the internal storage/internal database transformer on local data objects using the local data management system interface (interface 21). The local data is identified and localized using the DD/D component.

The internal subsystem is managed and controlled by the database administrator through the interfaces 3, 13, and 14. He is responsible for the precise definition of the internal data, how it is represented, organized and stored. He manipulates, reorganizes and retunes the internal view of the database to achieve optimum performance under current priorities and demands /ANSI77/.

4.4   Summary

The proposed distribution in subsystems models the three types of realms of interest within a database:

- an external including a simplified model of the real world as seen by one or more user applications;

- a conceptual including a limited model of the real world maintained for all applications of the enterprise;

- an internal including a model of the data maintained for the representation of this limited model of the real world.

The correspondence between the objects in the different realms are established through mappings and transforms.

The proposed architecture describes in general the environment and the **dynamic** of a distributed database system. This step is necessary to identify and analyse the interdependence between the two models and the necessary enhancements.

The definition of a communication kernel as the common interface to the subsystems allows a flexible configuration of the distributed database.

Above the presentation layer distributed activities will be described

in terms of operations on typed objects. The presentation service faci-
litates this by providing type definition services (in database terminology: data descriptive language) and object manipulation (in database
terminology: data manipulation language) /Setal82/.

The configuration can be modelled depending on the typical characteristics of a certain enterprise.

We may identify from the proposed architecture two main aspects as requirements to the communication kernel:

- to support data access functions and
- to support management functions in the distributed environment.

The proposed enhancements for the ANSI/X3/SPARC model are:

- the concurrency control and recovery components for remote data
  access,
- the statistics and reallocation component for management purposes,
- the interfaces 3, 45, and 30,
- the distribution of the DD/D (data directory and dictionary) component and the management protocol 43,
- a user message exchange facility using the protocol 44.

A detailed description of the proposed architecture may be found in
/MoPZ82/.

These items have to be considered as a minimum to accomodate the requirements of the distributed database system.

A detailed discussion on management aspects in the ISO/OSI model can be
found in /Seta81/.

In the following chapters we will focus on the necessary enhancements
and the requirements at the ISO/OSI output for data access in order to
support a distributed database.

5. <u>INTEGRITY AND CONSISTENCY ASPECTS IN A DISTRIBUTED DATABASE</u>

Associated with the database there are a collection of consistency constraints or assertions /Eswa76/. These constraints are predicates defined on the database which describes the relationships that must hold among the items.

If all consistency constraints are satisfied by a database D then the database is said to be in a consistent state C(D).

Due to updating activities, the consistency constraints are temporarily violated.

$$\forall \ T : \text{a transaction} : (\forall \ D : D \text{ a database state} :$$
$$((\ C(D) \text{ and } T(D) = D') \ ---\blacktriangleright C(D') \ )))$$

A transaction executed all by itself preserves the database consistency. However, if several transactions are executed in parallel there is a possibility that consistency will be violated. This is a synchronization problem which appears in database systems, operating systems, and in any systems with parallel programs and is conceptually the same.

In practice the required concurrency control mechanisms for distributed database systems are designed differently as a result of the fact that data is distributed and not under the control of a single computer or node.

The inherent parallelity in computer networks and the distributed control makes necessary to consider new aspects for the data access and transfer components to satisfy these additional requirements.

We are interested in synchronization techniques which will enable non-conflicting steps to be interleaved so that transactions may proceed with maximal concurrency.

This can be achieved by a precise definition of the term transaction and its atomic operations and by an analysis of the conflict cases in a parallel execution.

From this analysis we may then conclude the enhancements necessary for the services provided by the file access and transfer component in the ISO/OSI environment.

5.1 Models for transaction design

One of the most fundamental aspects associated with the use of transactions in a distributed environment is how to provide access to remotely stored data. There are two ways:

- program migration, move program to data,
- data migration, move data to the program.

The first approach stemming on conventional database is used as an extention in the distributed database literature. There are some shortcomings of this approach:

- the data set on which the transaction operates may be situated at different sites and/or redundantly stored. That means that in the first approach a transaction has to be subdivided in subtransactions per nodes;

- a lot of communication through the network is necessary to ensure the synchronization (two phase commit protocols, two phase locking etc.);

- the first approach is difficult to integrate in the ISO/OSI standard data access and transfer component.

In the SDD-1 /BeSh79/ was adopted the second view of the operational scenario of a transaction.

Internally the distributed database consists of two types of modules called transaction modules (TM) and data modules (DM). The DMs store physical data and behave like conventional data management systems (fig. 7).

The TMs are responsible for supervising the execution of transactions, mapping the nondistributed view of data to the realities of its distribution and redundancy.

From the operational point of view we may define a transaction as an operation on conceptual data:

$$T = (operation, conceptual\ data)$$

In order to perform a transaction a certain computation function is invoked. The computation function (C) mapps the conceptual data into its realities of its interpretation, distribution, and redundancy and processes the operation on it. A transaction is visible as an input for the transaction manager module, which identifies with the help of the DD/D component the data set distribution from the nondistributed transaction data set. In order to provide access to the identified remote data the TM module issues atomic read and write operations to the DM modules where these data reside.

Hence, internally the transaction may be decomposed into read operations set R, referring to a read data set r, its computation function C, and its write operations set W, referring to write data set w:

$$T = (R,r,C,W,w)$$

Note that R or W may be empty and the distribution of read and write data sets determine generally the number of read and write operations in R and W.

Each DM behaves as if read and write operations are processed atomically and it is not necessary that a DM has the global view of the transaction, nevertheless the DM module has to preserve local consistency towards conflicting read and write operations issued at different TMs. Generally, we may assume that two transactions conflict if the read set or the write set of one transaction intersects with the write set of the other. An interleaved execution of a set of transactions is serialisable if it produces the same output as if the transaction runs alone to completion before the next one begins. In order to achieve serial execution of transactions which conflict locking mechanism on transaction data sets have been developed.

An other mechanism to solve conflicts is the use of an explicit time ordering criterion or time stamp based mechanism and is based on the assumption of a global clock at each TM.

In /Lam78/ was shown that events in a distributed system should be considered to be _partially_ ordered rather than totally ordered, in other words the _absolute_ value of a time stamp is not interesting; only the _relative_ values of those of ordered events need concern in order to support the notion of causality /HaSh79/.

Note that the time stamp associated with a transaction influence at atomic level the ordering of read and write operations at the DMs. That means that seen from the DMs between read and write operations of the same transaction no time elapses and an implicit transaction time ordering may be achieved by an ordering of atomical reads and writes belonging to different transactions.

To solve conflicts different algorithms were proposed /BeGo79,Kohl81/ most of them starting from an ideal point of view. This starting point is a global approach trying to reach access synchronization on data for all cases and types of transactions.

Preventing all conflicts is more than is required to guarantee the serialization of the execution of transactions. The price for it is an overhead in communication which makes these mechanisms impracticable.

The proposed approach is more pragmatic and consists as SDD-1 in a preanalysis of the finite set of transactions when the distributed database is defined and based on conflict analysis to derive the necessary synchronization mechanism.

Note that since we refer to synchronization between read and write operations such a mechanism may be standardized in terms of services and protocols for the data access and transfer component. The necessary synchronization may be triggered by the DMs depending on predifined conflict cases between transactions and read and write sets.

In the proposed architecture we assign a transaction manager (TM) per transaction type (a transaction type is defined by its read and write data sets). The TM will perform the serialization of transactions belonging to the same type, since they always conflict. Note that different transactions can be assigned to the same TM since they may differ by their computation function C.

The utility of the TM modules lies in the property that two transactions that run at different TM modules conflict only if the TMs data sets conflict. Conflicts between transactions can be predetermined by an analysis of the conflicts between TM modules at the database design time and is sufficient to determine conflicts between transactions at run time /BeSh80/.

A static analysis at the design time will allow to determine the conflict cases at each DM and to associate them to the TMs from where potential conflicts may occur.

Note that a conflict list describes potential conflicts (worst case) and note that these are conflicts at the atomic level (read, write data sets).

When the distributed database operates the number of conflicts may be reduced by the actual communication pattern. The _intention_ to communicate may be used to adjust the necessary synchronization amount in a flexible way.

The ISO/OSI data transfer and access component (the virtual file system) support so called application connections, before two application entities start to cooperate an application connection has to be established. The establishment of a connection by a TM module indicates the intention to cooperate with a certain DM. Hence in time each DM is aware of the communication pattern and may invoke based on this knowledge the appropriate synchronization.

The communication pattern list defines the number of opened connections associated with each DM. This pattern changes, hence the synchronization amount change too having as upper limit the "worst case" defined by the conflict list.

Such an _adaptive_ synchronization mechanism is described in /PZ82/ and is based on the analysis of conflict cases which may appear by intersecting read and write data sets. It is shown that not each data set intersections require synchronization and only few enhancements are necessary for the ISO/OSI data transfer and access components to support transaction synchronization.

Following we will give a summary of the architecture and of the enhancements at service level of the ISO/OSI approach.

5.1 The virtual file system

One of the aspects inherent in an open system architecture is the re-

quirement for a standard mechanism for manipulating and accessing data
held by heterogeneous hosts.

The main aim of the virtual file concept is to define a new standard logical file structure in each host involved in the OSI.

This definition homogenizes the data structure in the heterogeneous environment and provide a common set of operations on this structure. A
detailed outline of the services and the resulting protocols is given
in /N1002,Petal80/.

Important points for a distributed database are:

- the data presentation and its access is homogenized by introducing
  a standard in the network,
- the data units are identifiable,
- the operations on these data units are read and write operations,
- data is accessed using a point-to-point relationship between the
  data requestor and data manager,
- no provisions are specified at service and protocol level for synchronization between applications with a many to many behaviour.

The architectural view of the virtual file system may be depicted as
shown in Fig. 8.

Taking into account the above considerations above the distributed database requirements one may view the composition of the two models as
shown in Fig. 9.

Each TM consists of a conglomerate of virtual file application entities
(RAR). The number of RAR entities depends on the data set distribution
of the transaction type. The RAR entities encompass layer 6 and 7 of the
ISO/OSI architecture. Similarly each DM includes virtual file application entities per TM involved in the communication with a certain DM.

A transaction arriving at a certain TM will be decomposed in atomic read
and write operations which will be send to the DMs where the data sets
of the atomic operations are stored. At the DM the operations will be
first checked if they conflict with other operations from other TMs with
the help of the conflict list (CL). If so the synchronization phase will
be initiated but only for the TMs which have already established an application connection (communication pattern list).

The proposed enhancements at the virtual file service level are the time stamps in the read/write service primitives, some additional synchronization service primitives, which may constitute a class of services in the virtual file specification /PZ82/.

6. <u>CONCLUSIONS</u>

The paper outlines a gross architecture for distributed database systems in the framework of the ISO/OSI reference model and the ANSI/X3/SPARC model. The proposed architecture is thought for public networks but may be used as reference for other environments where the OSI model is supported. The analysis of the two models gives rise of a certain number of necessary improvements and developments for both frameworks. The use of standardized services and protocols for distributed system design is appealing since it ensures a clean separation between communication aspects and application design aspects. The paper addresses only some aspects of the requirements of distributed database from communication system. It proposes extentions of the OSI virtual file system to meet the requirements of a D-DBS. The observations made in the previous section are substantiated in /PZ82/ where an adaptive synchronization mechanism is presented.

We have presented only some key features which, we hope, will influence the developments in the standardization bodies in both domains of interest. A close colaboration between the specialists in the two areas: network development and databases will be beneficial to everyone concerned.

LITERATURE

/Aeta78/   Adiba,M. et al. "Issues in Distributed Data Base Management
            Systems: A Technical Overview", Proc. VLDB 1978.

/ANSI77/   ANSI/SPARC "The ANSI/X3/SPARC Framework - Report of the Study
            Group on Database Management Systems", AFIPS Press.

/BeGo79/   Bernstein,P., Goodman,N. "Approaches to Concurrency Control
            in Distributed Database Systems", Proc. NCC 1979.

/BeSh79/   Bernstein,P., Shipman,D., Rothnie,J. "Concurrency Control in
            SDD-1", Technical Report CCA-03-79.

/CODA78/   CODASYL SYSTEM COMMITTEE "Distributed Database Technology. An
            Interim Report", Proc. NCC 1978

/Eswa76/   Eswaran,K.P., Gray,J.N., Lorie,R.A., Traiger,I.L. "On the No-
            tions of Consistency and Predicate Locking in a Data Base Sys-
            tem", CACM Nov. vol. 19, no. 11.

/Garc79/   Garcia-Molina,H. "Performance of Update Algorithms for Repli-
            cated Data in a Distributed Database", Ph.D. Thesis Stanford
            University 1979.

/Gard79/   Gardarin,G. "A Unified Architecture for Data and Message Ma-
            nagement", Proc. NCC 1979.

/HaSh79/   Hammer,M., Shipman,D. "Reliability Mechanisms for SDD-1", Tech-
            nical Report CCA-79-05.

/ISO82/   ISO/TC97/SC16 DIS "The ISO Open System Model for System Inter-
            connection", 1981

/Kohl81/   Kohler,H.W. "Survey of Techniques for Synchronization and Re-
            covery", ACM computing surveys, vol. 13, no. 2, 1981.

/Lamp78/   Lamport,L. "Time Clocks and Ordering of Events in a Distribu-
            ted System", Proc. COMPCON IEEE, Sept. 1978.

/Leta80/   Le Bihan et al. "SIRIUS: A French Nationwide Project on Dis-
            tributed Databases", Proc. VLDB 80 IEEE.

/Levi74/   Levin,K.D. "Organizing Distributed Databases in Computer Net-
            works", Ph.D. Thesis Univ. of Pennsylvania 1974.

/LPZV81/   Lenzini,L., Popescu-Zeletin,R., Vissers,C. "State of the Art
            Study on the Level 4 of the ISO/TC97/SC16 Reference Model for
            Systems Interconnection", Report for the Commission of the Eu-
            ropean Communities 1981.

/Moha79/   Mohan,C. "Some Notes on Multi-Level Database Design", Rep. TR-
            128 Dept. of Computer Science, Univ. of Texas at Austin, 1979.

/MoPZ82/   Mohan,C., Popescu-Zeletin,R. "Impact of Distributed Data Base
            Management on the ISO-OSI and ANSI/X3/SPARC Frameworks", Proc.
            Hawaii International Conference on Computer Systems 1982.

/MoYe79/   Mohan,C., Yeh,R. "Distributed Database Systems - a Framework
            for Database Design", INFOTECH 79.

/NaLe79/   Navathe,S., Lemke,J. "On the Implementation of a Conceptual
           Schema Model within a Three-Level DBMS Architecture", Proc.
           NCC 1979.

/N577/   ISO/TC97/SC16 working document N577.

/N1002/   ISO/TC97/SC16 working document N1002.

/Petal80/ Popescu-Zeletin,R. et al. "The Virtual File System", HMI-Tech-
           nical Report HMI-B-333-80.

/PZ79/   Popescu-Zeletin,R. "Data Access and Transfer Systems in Hetero-
           geneous Computer Systems", Proc. 6th. Data Communication Sym-
           posium Pacific Grove California 1979.

/PZ82/   Popescu-Zeletin,R. "Logical Architecture of D-DBS in Public
           Networks", HMI-Technical Report to be published.

/Schr77/   Schreiber,F. "A Framework for Distributed Database Systems",
           Proc. Int. Computing Symposium 1977.

/Setal81/ Schindler,S. et al. "Open System Management - the Philosophy
           of the ISO Approach", Rep. TU Berlin 1981.

/Setal82/ Schindler,S. et al. "Towards a Presentation Service Standard",
           Rep. TU Berlin 1982.

/VLDB78/   "Position Papers for Panel Session 10.2 - Implementing a Three
           Schema DBMS Framework", VLDB78.

Enterprise administrator
3
1
3
Database administrator
Conceptual database schema processor
Application system administrator
13
2
4
Internal database schema processor
14
5
External database schema processor
34
35
36
37
33
Internal storage/internal database transform.
Internal database/conceptual transform.
Conceptual, external database transform.
21
30
31
18
12
15
6
Internal database application program
External database application program
16
7
Application/System programmer
Application programmer

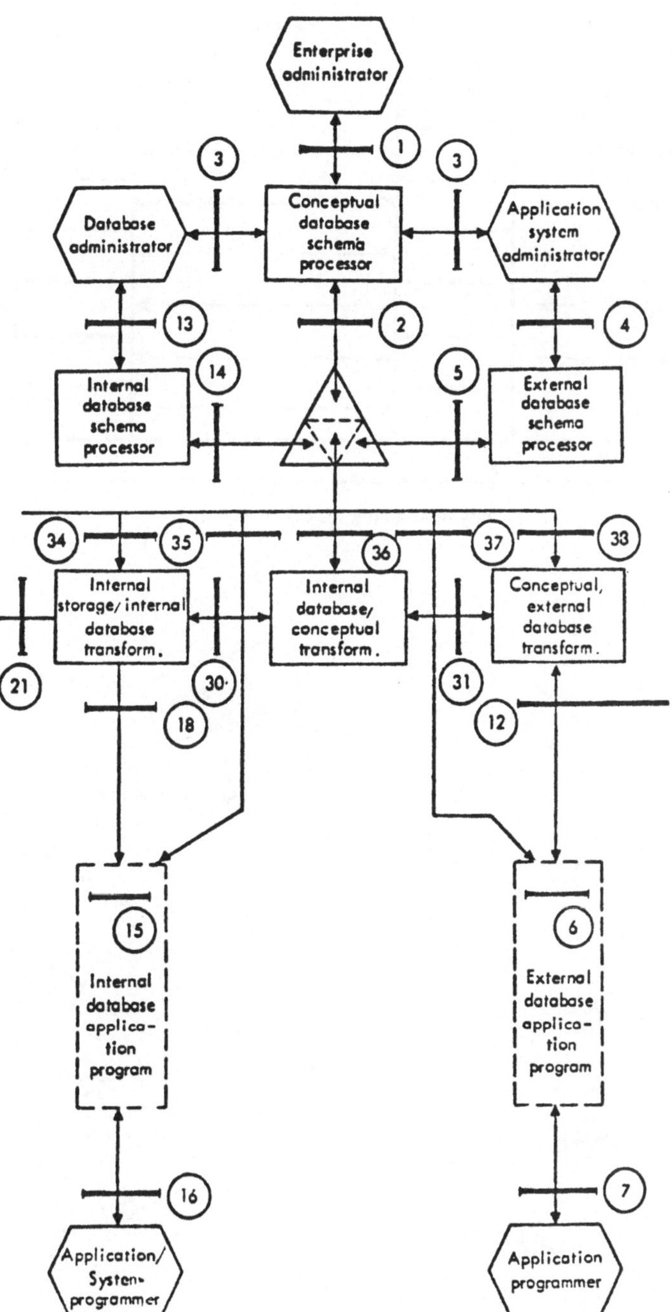

Fig. 1

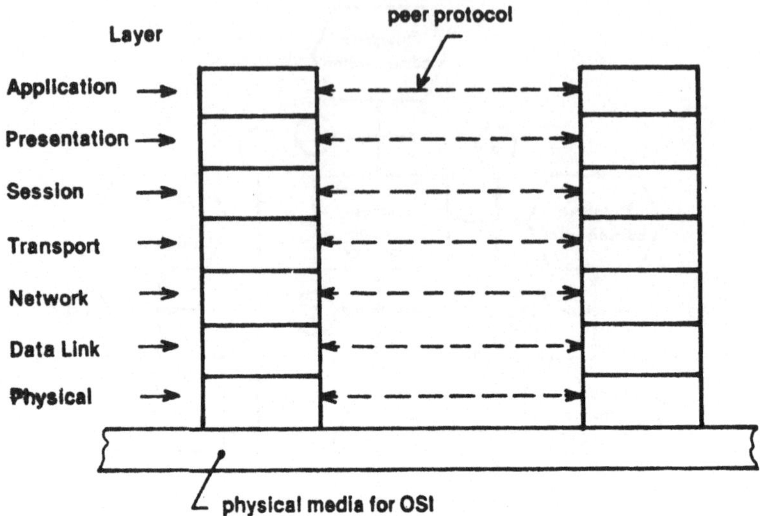

Fig. 2

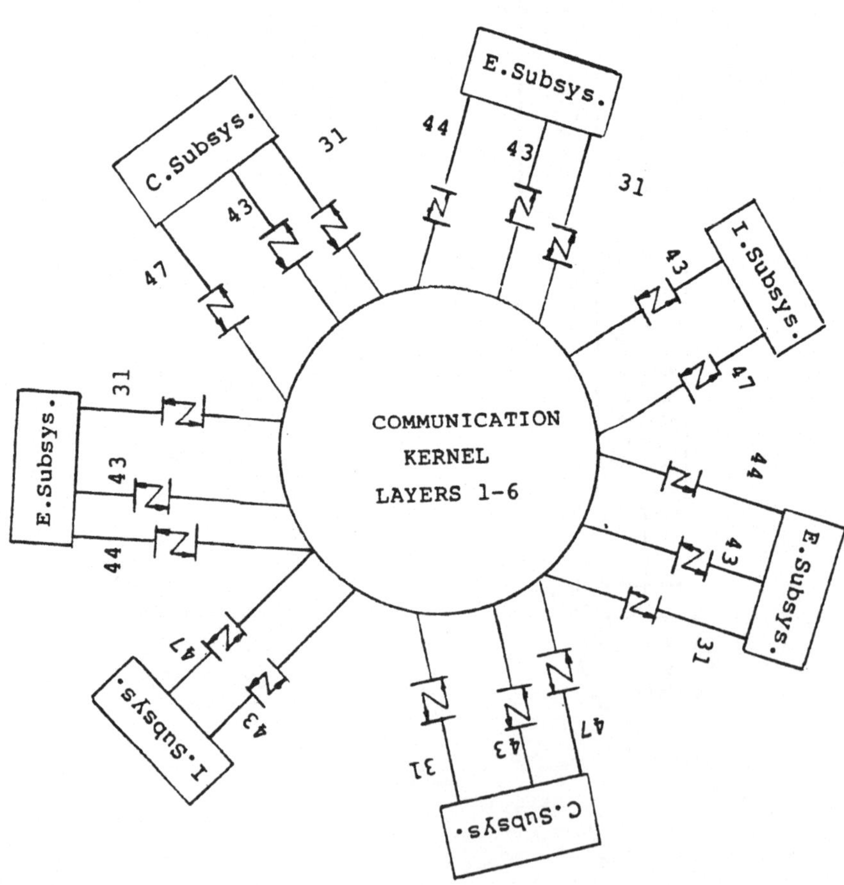

peer protocol
Layer
Application
Presentation
Session
Transport
Network
Data Link
Physical
physical media for OSI

E.Subsys.
C.Subsys.
I.Subsys.
E.Subsys.
E.Subsys.
I.Subsys.
C.Subsys.
COMMUNICATION
KERNEL
LAYERS 1-6
31
44
43
31
43
47
31
43
44
47
43
47
44
43
31
31
43
47

Fig. 3

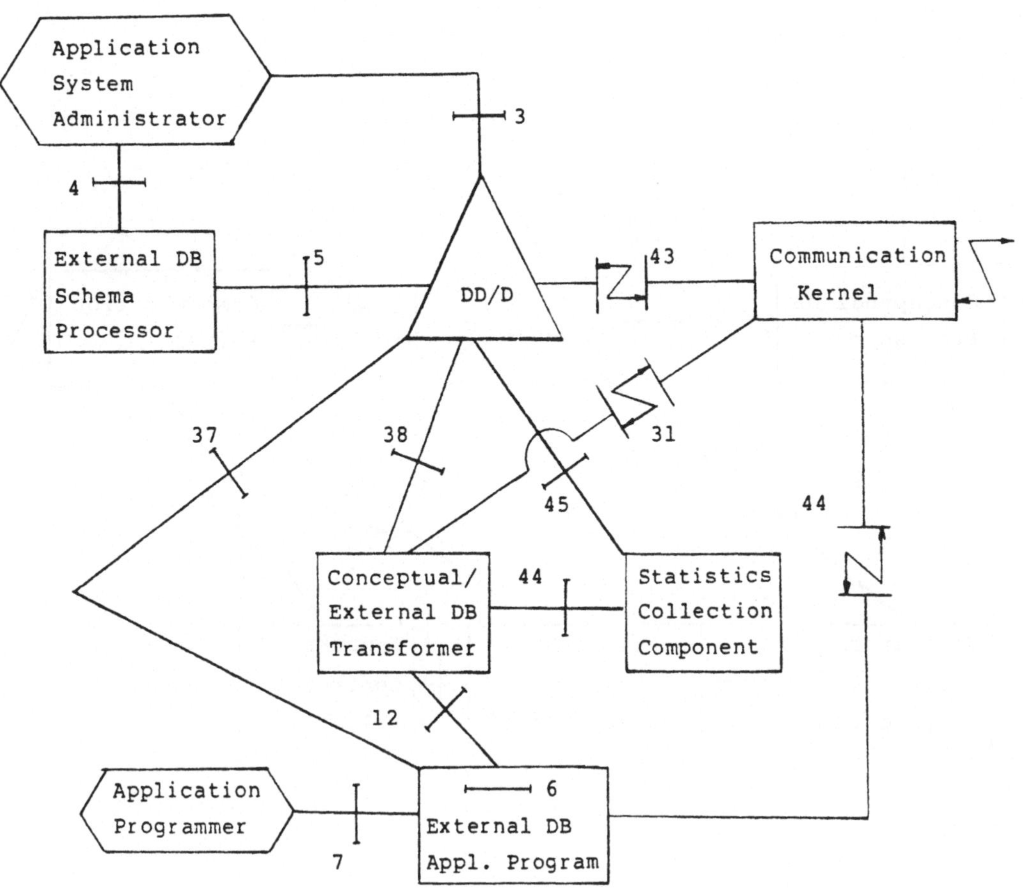

Fig. 4

Enterprise
Administrator
1
Conceptual DB
Processor
2
DD/D
43
Communication
Kernel
45
36
31
47
46
Statistics
Collection
Component
Internal DB
/
Concept.Transf.
30
Concurrency
Control &
Reliability

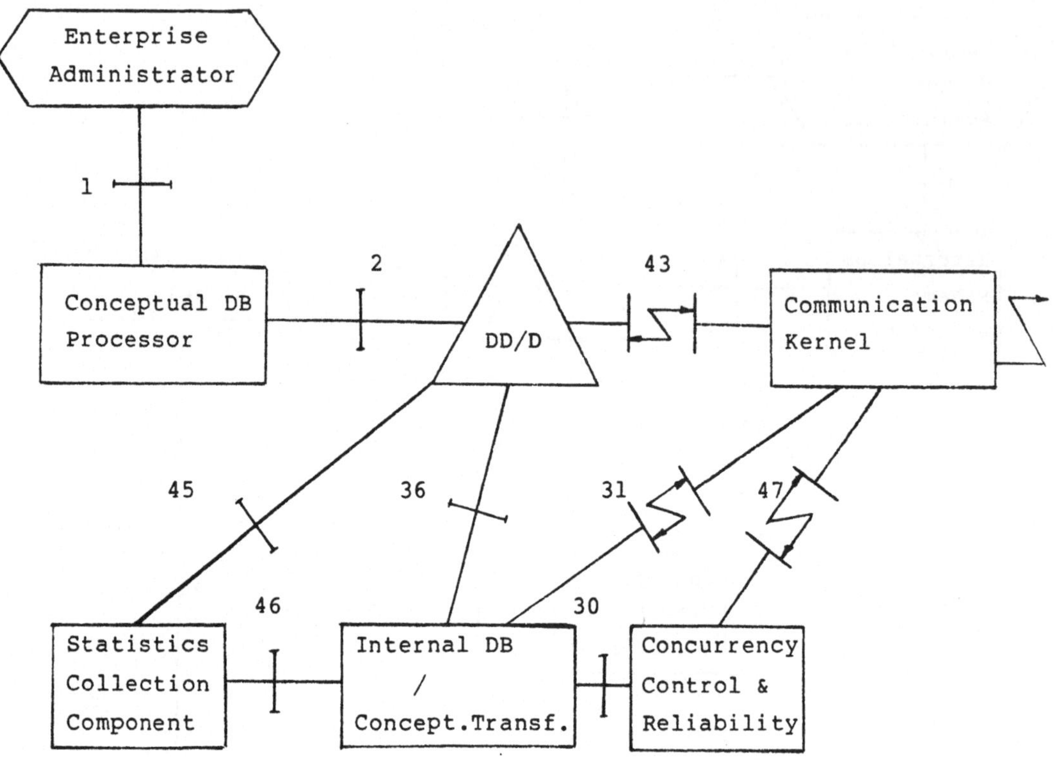

Fig. 5

Database
Administrator
13
3
Internal DB
Schema
Processor
14
DD/D
43
Communication
Kernel
34
47
21
Internal Storage/
Internal DB
Transformer
30
Concurrency
Control &
Reliability

Fig. 6

transaction
transaction
transaction
transaction
transaction
transaction
TM
TM
TM
DM
DM
DM
DATA
DATA
DATA

Fig. 7

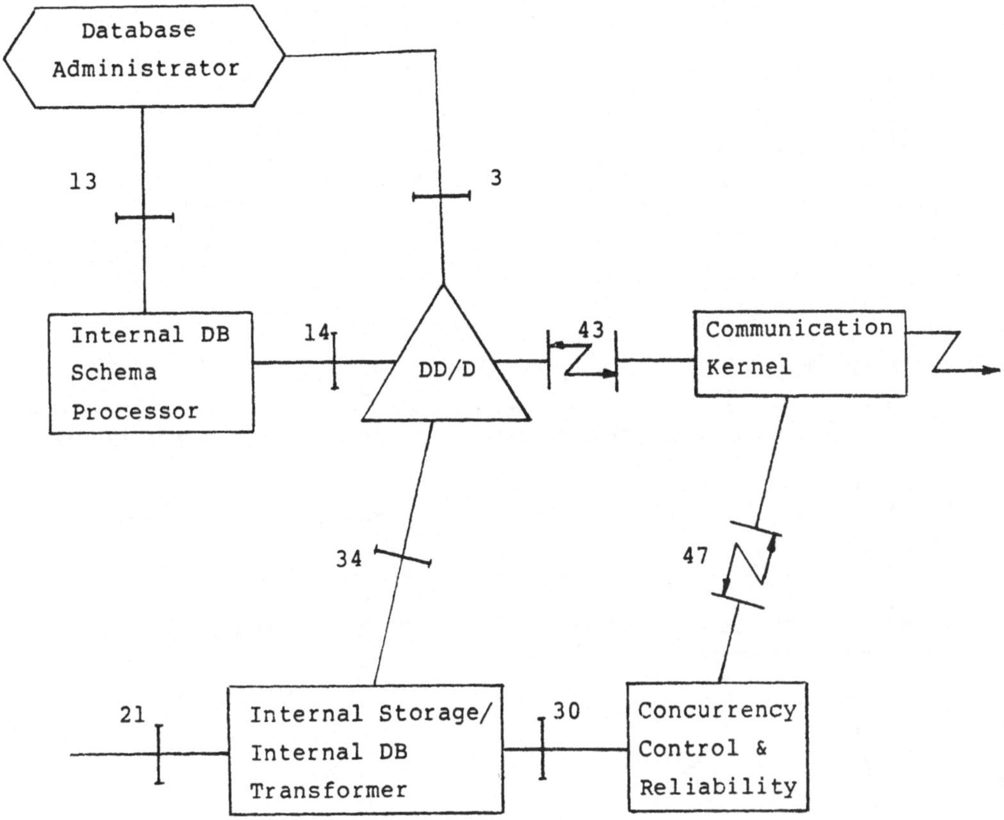

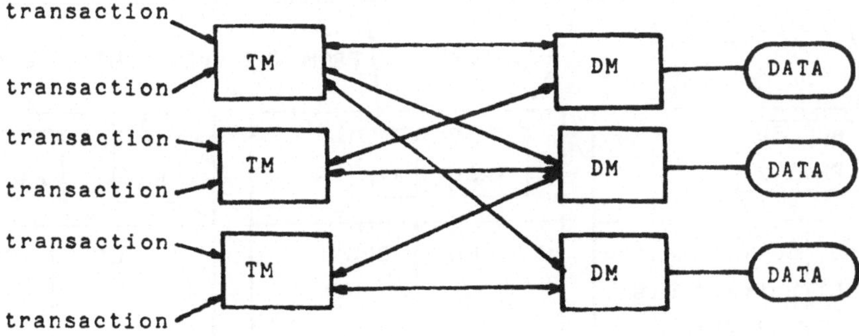

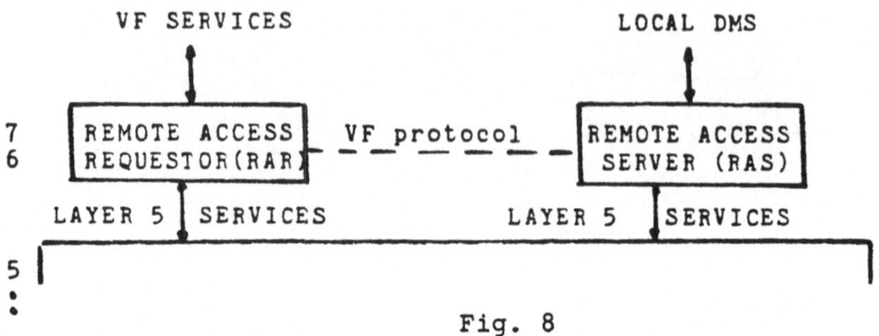

VF SERVICES
LOCAL DMS
7
6
REMOTE ACCESS
REQUESTOR (RAR)
VF protocol
REMOTE ACCESS
SERVER (RAS)
LAYER 5   SERVICES
LAYER 5   SERVICES
5

TRANSACTION (T_1 Type)
TRANSACTION (T_2 Type)
DECOMPOSITION AND COMPUTATION
DECOMPOSITION AND COMPUT.
REMOTE ACCESS
REQUESTOR (RAR)
RAR
RAR
RAR
RAR
TO DM^1
TO DM^2
TO DM^3
TO DM^2
TO DM^3
5
4
3
2
1
1
2
3
4
5
NETWORK
FROM
TM1
FROM TM1
FROM TM2
FROM TM1
FROM TM2
REMOTE ACCESS
SERVER ENTITY   ...
RAS
RAS
RAS
RAS   ...
Conflict
List (CL)
Communication
Pattern List
(CPL)
CL
CPL
CL
CPL
CONCURENCY CONTROL
CONC. CONTRL.
CONC. CONTRL.
MAPPING
MAPPING
MAPPING

Fig. 8

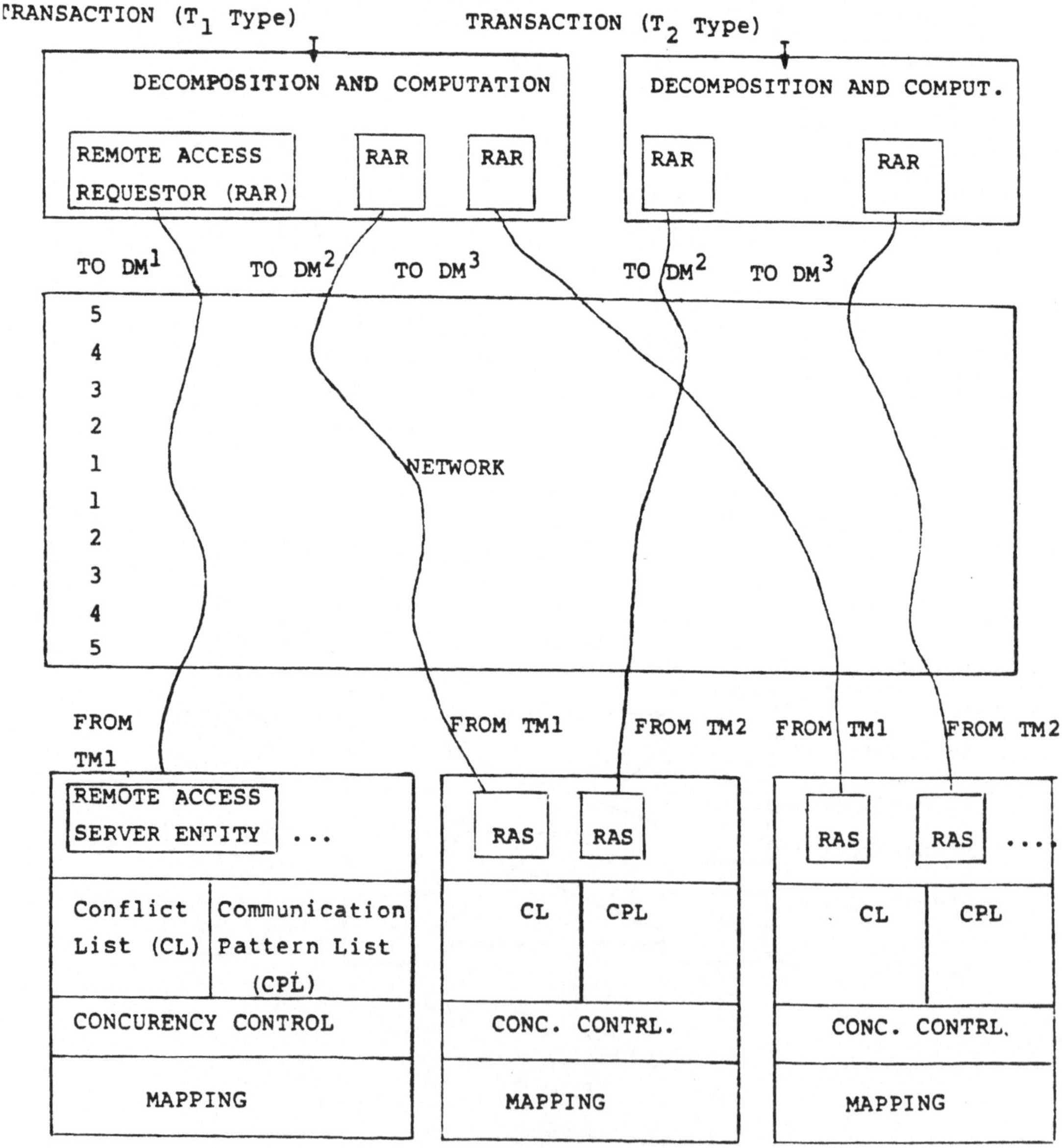

Fig. 9

DAS VIRTUAL-FILE-SYSTEM: REALISIERUNG FÜR CDC-ANLAGEN
UNTER NOS/BE 1 UND SIEMENS-ANLAGEN UNTER BS 2000

Gisela Maiß
Joachim Steffens

Projekt BERNET
Wissenschaftliches Rechenzentrum Berlin (WRB)
Hahn-Meitner-Institut für Kernforschung GmbH (HMI)

0 Zusammenfassung

Ein wesentliches Problem im Rahmen eines Rechnerverbundprojektes
stellt der Zugriff auf Dateien an einer anderen als der gerade benutzten Datenverarbeitungsanlage (Host) dar, insbesondere, wenn es sich
um Dateien auf einem anderen Anlagetyp bzw. unter einem anderen Betriebssystem handelt.

Im Projekt BERNET wird u.a. für SIEMENS-Rechenanlagen unter dem
Betriebssystem BS 2000 und für CDC-Rechner unter NOS/BE 1 mit dem
Virtual File System (VF-System) eine File-Transfer-Komponente implementiert, welche es ermöglicht, Dateien zwischen verschiedenen Hosts
zu übertragen, Anfragen über Dateien an einem anderen Host zu stellen
und Dateien auf einem anderen Host zu löschen. Das VF-System stellt
somit ein netzweites Datenverwaltungssystem dar, dessen Grundlage
auf den verschiedenen Anlagetypen ausschließlich Dateien sind, die
eine vom Betriebssystem unabhängige spezielle Struktur aufweisen und
als Virtual Files (VF) bezeichnet werden.

Im folgenden wird nach einer kurzen Einführung in die Definition
von Virtual Files und in das Virtual-File-Protokoll im wesentlichen
auf Fragen der Architektur des Virtual-File-Systems und der Realisierung von Virtual Files auf CDC- und SIEMENS-Anlagen und die dort angebotenen Benutzerschnittstellen eingegangen. Abschließend wird der
Stand der Realisierung referiert.

1 Architektur des VF-Systems

1.1 Grundstruktur

Das VF-System ist ein Datenverwaltungssystem, das netzweit organisiert ist. Für die Übertragung von Virtual Files von einem Source-Host an einen Destination-Host muß eine Verbindung zwischen zwei Partnerprozessen über das Transportsystem des Netzes /5,14/ aufgebaut werden. Zwischen diesen beiden Prozessen werden Protokollelemente des VF-Übertragungsprotokolls /3/ ausgetauscht, wobei ein Prozeß der aktive Teil ist (Master), der die Verbindung und den Transfer initiiert und der andere passive Prozeß (Slave) auf Anforderungen reagiert.

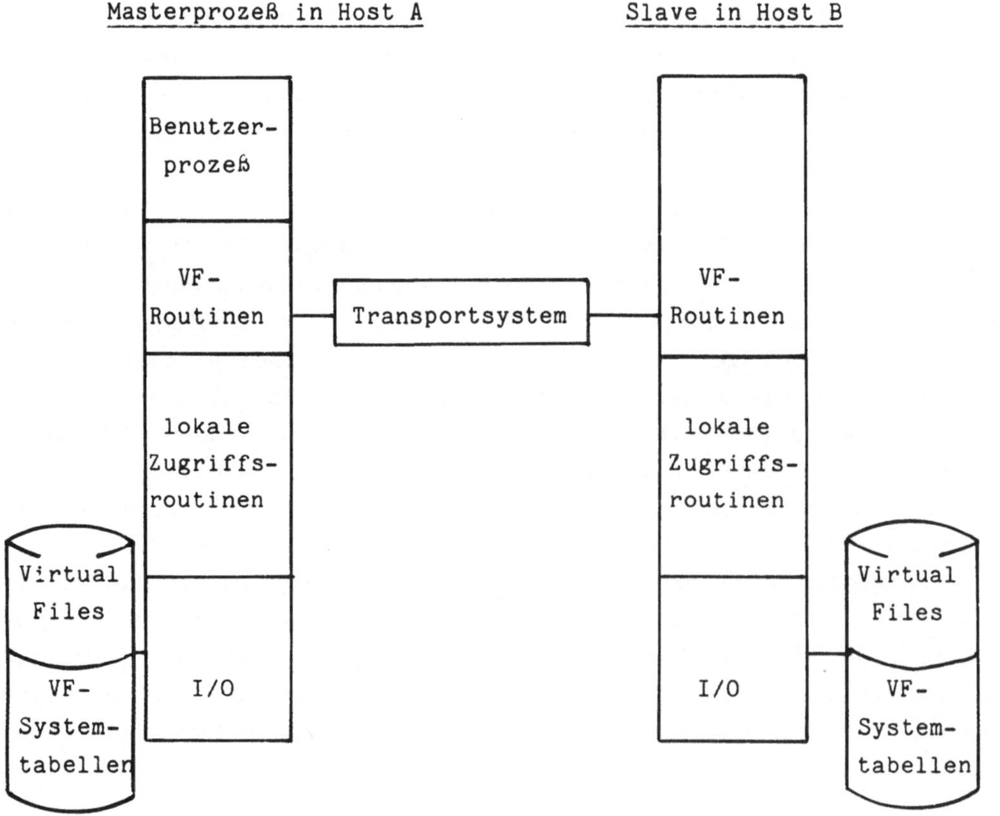

Abb. 1: Die Kommunikation im VF-System

Die zu übertragenden Virtual Files müssen dem VF-System bekannt sein, d.h. sie müssen in einer der VF-Systemtabellen des entsprechenden Hosts, die über lokale Zugriffsroutinen angesprochen werden, eingetragen sein.

Der Zugang zum VF-System ist nur möglich über eine zugleich als LOGIN-String fungierende VF-Benutzerkennung (USERID). Über eine VF-Systemtabelle erfolgt die Überprüfung der USERID auf jedem Host und ihre Abbildung in die lokale Benutzerkennung (Abb. 1).

1.2 Das VF-Protokoll

Das VF-Protokoll ist einzuordnen in die Schichten 5 - 7 des ISO-Referenz-Modells. Als Virtual-File-Dienst im Application Layer (ISO-Schicht 7) wird dem Benutzer der Zugriff auf Virtual Files über eine Menge von netzweiten Primitiven ermöglicht. Im Presentation Layer (ISO-Schicht 6) erfolgt die Transformation der Daten in die VF-Datenformate und -Codierungen, im Session Layer (ISO-Schicht 5) wird der Austausch von Nachrichten und Daten synchronisiert (Abb. 2).

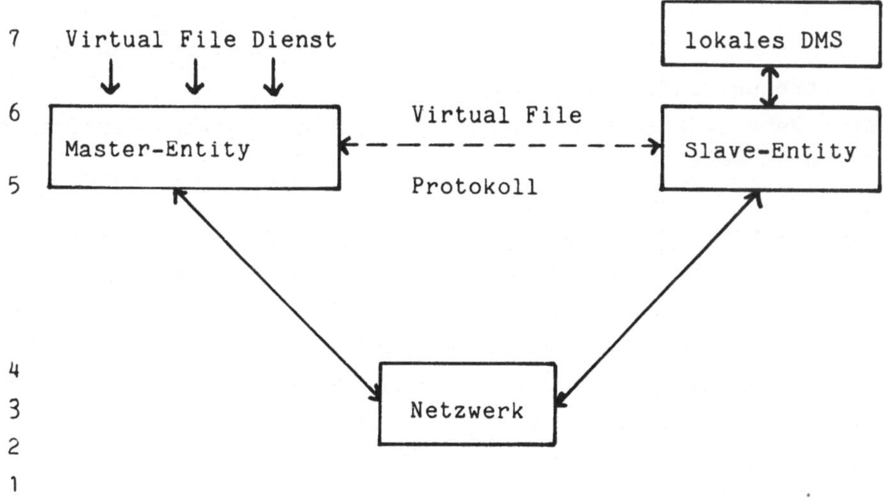

<u>Abb. 2</u>: Einordnung des VF-Systems in das ISO Reference Model

Folgende Primitiven werden dem Benutzer zur Verfügung gestellt:

Primitive   Bedeutung/Aufgabe

- RINIT-RDISC   : Aufbau bzw. Abbau einer Verbindung zwischen
                   zwei kommunizierenden Entities
- ROPEN-RCLOSE   : Einrichten bzw. Beenden einer logischen Ver-
                   bindung zwischen Benutzer und Virtual File
                   auf Applikationsebene (kurz: Eröffnen bzw.
                   Schließen eines Virtual Files)
- RPUT-RGET   : Lesen bzw. Schreiben eines Virtual Files
                   oder eines Datenelements im Virtual File
- RPOS   : Positionieren eines Zugriffspointers auf
                   ein bestimmtes Datenelement im Virtual File
- RFSTAT   : Statusabfrage bezüglich eines Virtual Files
- RCAT   : Änderung eines VF-Katalog-Eintrags
- RDEL   : Löschen eines Virtual Files

Die zeitliche Reihenfolge des Austauschs von Protokollnachrichten zwischen den korrespondierenden Prozessen gliedert sich in zwei Phasen:

- Die Remote-Connection-Phase. Während dieser Phase wird eine Verbindung zwischen den kommunizierenden Entities eröffnet und die Identifikation des Benutzers überprüft; die benötigten Ressourcen werden reserviert und es wird eine maximale Größe für den Übertragungspuffer vereinbart.
  Mehrere Remote-Connection-Phasen können unabhängig voneinander zur gleichen Zeit bestehen.

- Die Data-Access-und-Transfer-Phase. In dieser werden ein Virtual File eröffnet und geschlossen und die Überprüfung der Zugriffsrechte des Benutzers auf das File und der Zugriff auf das Virtual File bzw. auf einzelne Datenelemente vorgenommen.
  Die gleichzeitige Existenz mehrerer voneinander unabhängiger Data-Access-und-Transfer-Phasen ist möglich.

Die beim Aufruf der Primitiven anzugebenden Parameter beinhalten die Namen (Identifikationen) der beteiligten Hosts und Virtual Files, Passwords sowie File-Charakteristika.

Die Übertragungsmechanismen des Session-Layers für das VF-Protokoll gliedern sich in zwei Sublayer (Abb. 3):

- Der Status-Exchange-Sublayer (SEX). Er gewährleistet einen si-
  cheren Nachrichtenaustausch zwischen den kommunizierenden Entities. Mit Hilfe dieses Dienstes werden die Protocol Data Units
  von RINIT, RDISC, ROPEN, RCLOSE, RDEL, RFSTAT und RPOS übertragen.
- Der Synchronisations-Sublayer (SYNC). Über ihn erfolgt ein syn-
  chronisierter Austausch von transparenten Benutzerdaten. Es
  wird ein Checkpoint/Restart Mechanismus, der auf der Numerierung von Nachrichten beruht, zur Verfügung gestellt.

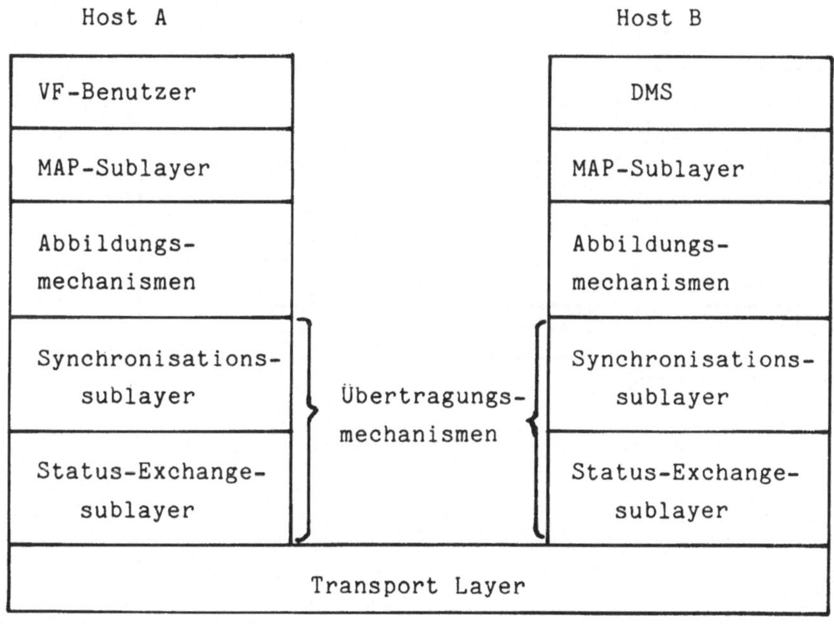

<u>Abb. 3</u>: VF-Sublayer

Die Aufbereitung und Überwachung der Datenelemente erfolgt durch
den (lokalen) MAP-Sublayer. Durch das Netz transferiert werden die
Datenelemente in einer Common-Transfer-Data-Unit (CTDU), deren Länge
zu Beginn der Remote-Connection-Phase zwischen den beiden kommunizierenden Entities ausgehandelt wird.

1.3 Die VF-Struktur

Die Virtual-File-Struktur ist eine spezielle Datenstruktur. Ihr liegt als Strukturierungselement ein Baum mit n Ebenen (Levels) zugrunde (Abb. 4).

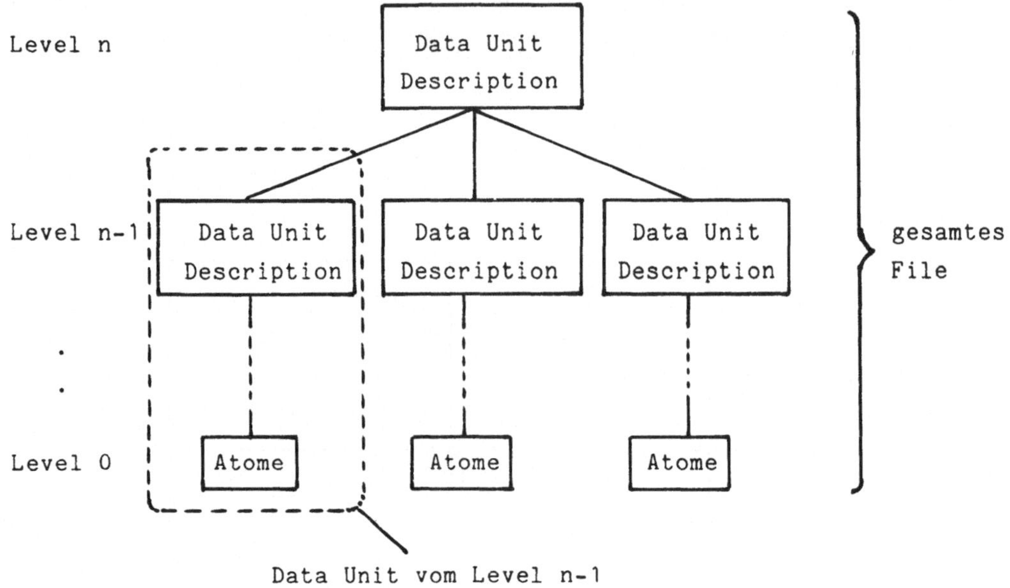

Abb. 4: Virtual-File-Architektur

Jeder Level "i" setzt sich zusammen aus einer Menge von Data Units. Eine Data Unit auf einem bestimmten Level "i" besteht aus einem Data Unit Descriptor und einer Menge von Data Units auf dem darunterliegenden Level "i-1". Die Wurzel des Baums (Data Unit vom Level n) wird als gesamtes File verstanden. Der unterste Level, der sogenannte Atom-Level, enthält die eigentlichen Daten mit einer dazugehörigen Data Description. Der erste adressierbare Level (im Sinne eines Datenzugriffs) ist der Level "1".

Durch die Zusammenfassung der File-Strukturbeschreibung, der Datenbeschreibung und der eigentlichen Daten in einem Virtual File wird es möglich, "Mixed Data Files" sowie Files mit einer speziellen vom Benutzer definierten logischen Datenstruktur aufzubauen und auf diese Files zuzugreifen.

Innerhalb der VF-Struktur gibt die Menge aller Data-Unit-Descriptoren die Struktur des Files an. Die Descriptoren enthalten Angaben

über die Levelnummer, die Länge der Data Unit und den Identifier zur
Identifizierung einer bestimmten Data Unit, der pro Level nur einmal
vorhanden sein darf.

Der gleiche Aufbau der Descriptoren auf allen Levels ermöglicht
es, auf jeden adressierbaren Level im File in derselben Weise zuzugreifen.

Die Atome bestehen wiederum aus Descriptoren, welche die eigentlichen Daten beschreiben und aus den Daten selbst. Die Atom-Descrip-
toren geben die Kodierung des Datentyps an und enthalten einen Wieder-
holungsfaktor, wenn mehr als ein Datenwert von demselben Typ folgt.
Datenwerte können vom Typ INTEGER, REAL, COMPLEX, CHARACTER (ASCII)
oder LOGICAL sein /3/.

Beim Zugriff auf eine bestimmte Data Unit sind vom Benutzer des
VF-Systems die Levelnummer und der Identifier in diesem Level oder,
soweit bekannt, der Adressierungspfad durch den Baum anzugeben. Das
wird in dem folgenden Beispiel (Abb. 5) illustriert:

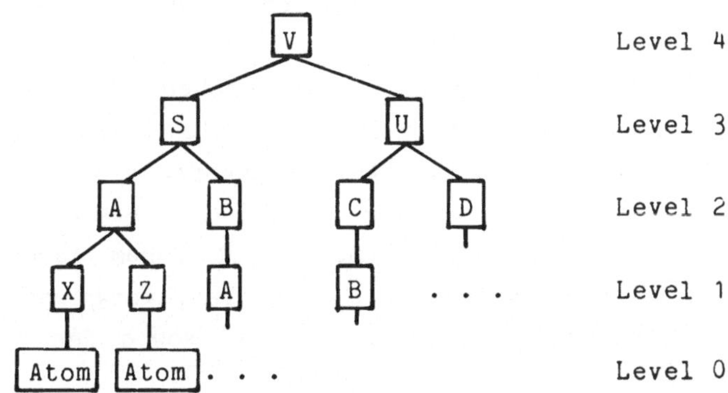

Abb. 5:   Zugriff in einem Virtual File

Um beispielsweise die Data Unit mit dem Identifier A in Level 1
zu adressieren, gibt es verschiedene syntaktische Möglichkeiten:

    Identifier = V.S.B.A oder   . . . A oder V. . .A

Die Punkte kennzeichnen den Level, beginnend mit der Wurzel des
Baumes. Fehlende Angaben einzelner auf dem Adressierungspfad liegender
Identifier werden beim Zugriff entsprechend ergänzt und dem Benutzer
mitgeteilt.

2 Implementierung des VF-Systems

2.1 Realisierung des VF-Systems für CDC-Anlagen

Aus allgemeinen nicht im Zusammenhang mit dem VF-System stehenden Überlegungen wird die Verbindung der CDC zum Rechnernetz über einen Frontend-Rechner vom Typ MODCOMP CLASSIC 7830 (mit dem Betriebssystem MAXCOM) hergestellt.

Für VF-Transfer über das Netz werden die zu übermittelnden VF-Daten auf der CDC-Anlage im Protokollformat /3/ bereitgestellt. Umgekehrt empfängt die CDC-Anlage VF-Daten von einem Remote-Rechner ebenfalls im Protokollformat, so daß Erzeugung und Interpretation der Struktur eines Virtual Files und die Bearbeitung der VF-Primitiven vollständig auf der Seite der CDC-Anlage liegen.

Die Funktion des Frontend-Rechners beschränkt sich im wesentlichen auf das "Durchreichen" der Daten unter Abwicklung des SYNC- und des SEX-Protokolls /3/. Lokale VF-Aktivitäten können ohne Beteiligung des Frontend-Rechners durchgeführt werden.

Die Übertragung von VF-Informationen zwischen CDC und CLASSIC erfolgt mit Hilfe des Host-Access-Protokolls, die Übertragung von Virtual Files im Netz mit Hilfe des VF-Übertragungsprotokolls.

Sowohl der Master- als auch der Slave-Teil der VF-Task kommunizieren bei einer nicht-lokalen Verbindung mit ihrem jeweiligen Partnerprozeß über die vom Transportsystem zur Verfügung gestellten Primitiven, die den Verbindungsaufbau und -abbau sowie den Datentransfer realisieren (Abb. 6).

Für die Anwendung des VF-Systems durch den CDC-Benutzer (VF-Master) gibt es folgende zwei Möglichkeiten (s. Abschnitt 3):

- Aufruf eines VF-Kommandos
- Starten eines Benutzerprogramms, das Aufrufe von
  VF-Routinen enthält.

Sofern es sich nicht um ein lokal auszuführendes VF-Kommando handelt, muß der Benutzerprozeß sowohl mit der VF-Task auf der CDC-Anlage (u. a. zur Überprüfung der Teilnahmeberechtigung des Benutzers am VF-System) als auch mit dem Netz (via Host Access Task) zur Übermittlung der Anforderung an den Remote-Rechner kommunizieren.

Die VF-Task auf der CDC-Anlage dient ferner zur Bearbeitung von Anforderungen, die von einem Remote-Rechner über das Netz kommend gestellt werden (VF-Slave).

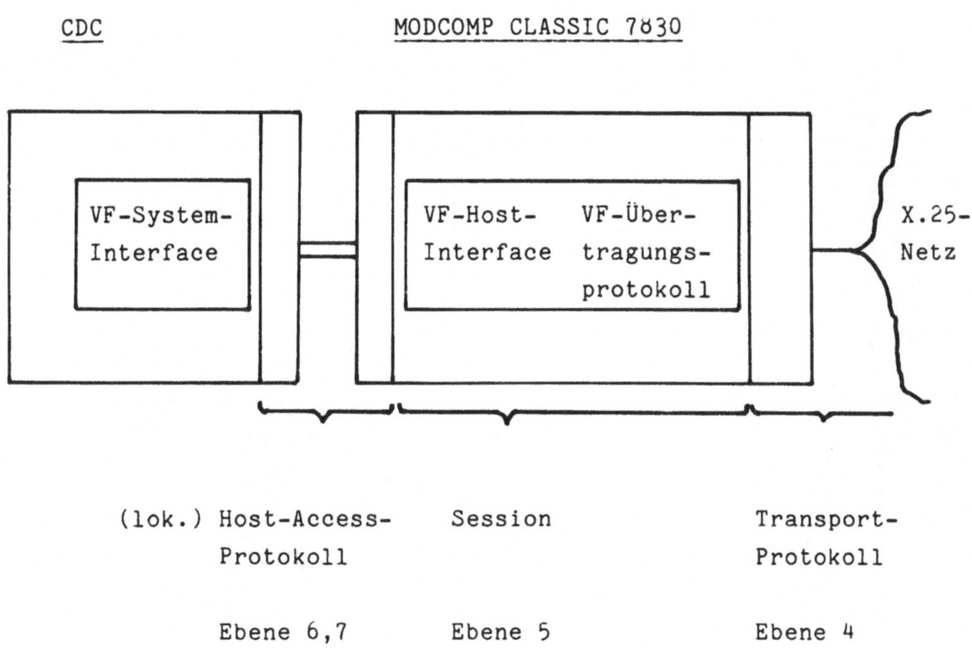

Abb. 6: Protokollarchitektur des CDC-Anschlusses an das VF-System

Sie wird daher als permanentes Programm auf einem eigenen Kontrollpunkt eingerichtet, der sowohl vom Benutzerprozeß als auch vom Netz aus erreichbar ist. Die Informationsübermittlung zwischen Benutzerprozeß bzw. Netz und VF-Task auf der CDC-Anlage wird mittels eines Programms, das Steuerungsfunktionen auch für die anderen Netzdienste durchführt (BERNET Task), über einen weiteren Kontrollpunkt abgewikkelt. Dieser Kontrollpunkt ist im Unterschied zu denjenigen, auf denen der Benutzerprozeß bzw. die VF-Task residieren, als Systemkontrollpunkt ausgelegt (Abb. 7).

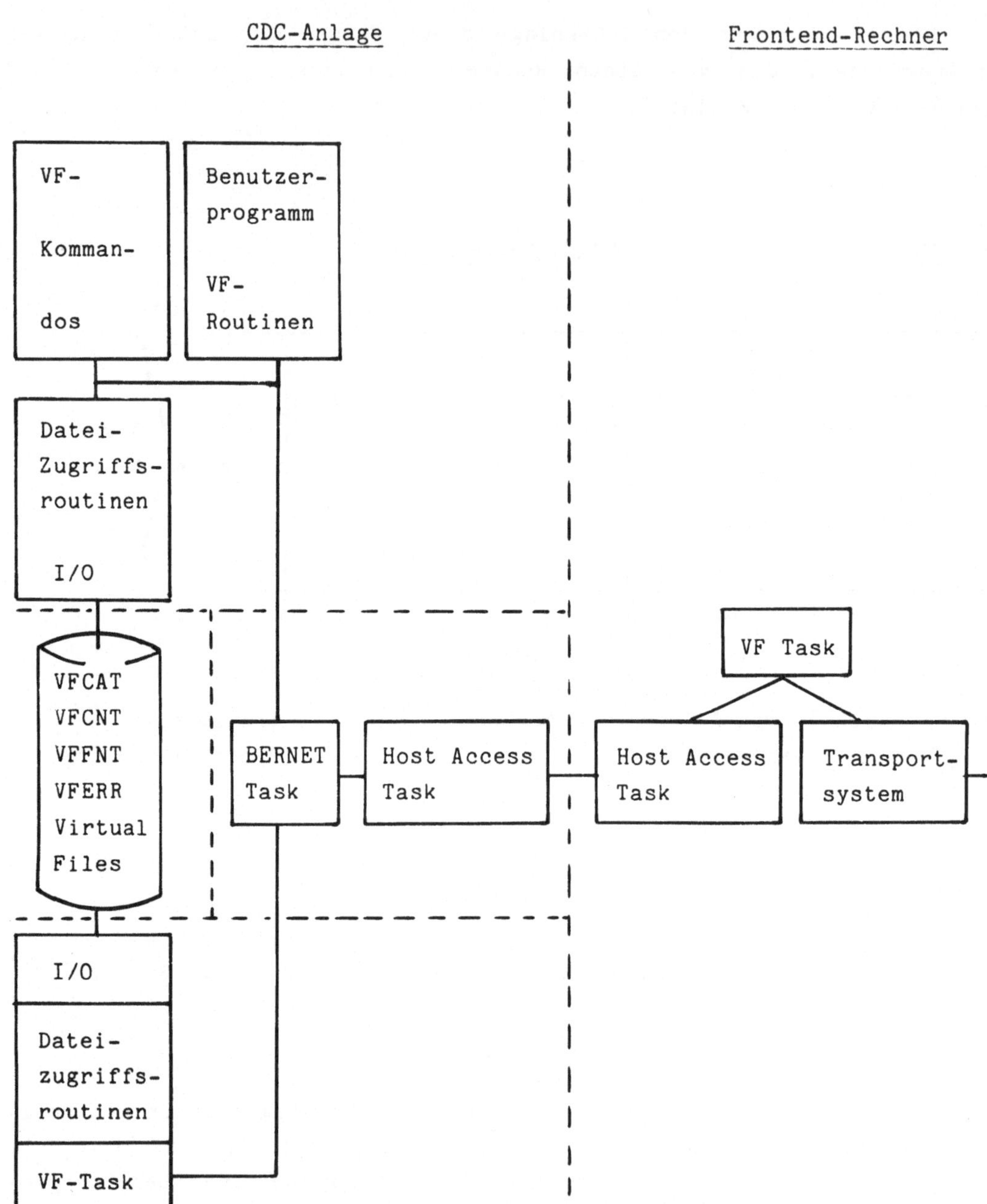

Abb. 7: Architektur des CDC-Anschlusses (Master-Seite)

Das VF-System auf der CDC-Anlage verwendet eine Reihe von Tabellen, die Informationen über

- die zum VF-System auf der CDC-Anlage zugelassenen Benutzer und die dort als Virtual Files geführten Dateien (VFCAT)
- die aktuellen Verbindungen im VF-System (VFCNT)
- die aktuell für die Bearbeitung durch einen Benutzerprozeß eröffneten Virtual Files (VFFNT; existiert je einmal für den VF-Slave und für jeden VF-Master) sowie
- die Fehlermeldungen des VF-Systems (VFERR) enthalten.

Es ist im wesentlichen in Form von Pascal-6000-Programmen und -prozeduren mit Schnittstellen zum CDC-Permfilesystem und zur Host Access Task implementiert.

2.2 Realisierung des VF-Systems für SIEMENS-Anlagen

Dem Benutzer des VF-Systems auf SIEMENS-Anlagen werden auf der Master-Seite ein Satz von VF-Routinen sowie interaktive Kommandoprozeduren zur Verfügung gestellt.

Gestartet wird der Master-Prozeß vom Benutzer jeweils bei Bedarf. Der Slave-Prozeß ist ein permanentes Programm unter der Systemkennung $TSOS, welches bei Systemstart gestartet wird und nach der Anmeldung beim Transportsystem auf einem Wartepunkt (Central Wait Point) steht. Beide Prozesse sind (im Gegensatz zur CDC-Implementierung) im Host realisiert und verwenden über das Transportsystem die Dienste sowohl der Network-Ebene, die im Vorrechner DUET 9687 implementiert sind, als auch der TRANSDATA-Ebene DCAM im Host.

Alle auf einem Host vorhandenen Virtual Files werden in einem VF-Katalog (VFKAT) verwaltet. Die Einträge für ein Virtual File werden bei seiner Erstellung vorgenommen, bei der Bearbeitung überprüft, ggf. modifiziert und beim Löschen eines Files entfernt. Für die physikalische Abspeicherung des Kataloges wird die PAM-Methode (Primary Access Method) verwendet, wobei jeweils 256 Bytes pro Fileeintrag reserviert werden, d.h. 8 Files pro PAM Page eingetragen werden können. Zusätzlich wird eine USERID-Table (VFUSER) geführt, in welche die netzeinheitlichen VF-Benutzerkennungen eingetragen werden. Über die USERID-Table erfolgen die Prüfung der Benutzerberechtigung sowie die Umsetzung der VF-USERID in die lokale BS 2000-Benutzerkennung (Abb. 8). VFKAT und VFUSER entsprechen, zusammengenommen, in ihrer Funktion dem integrierten VF-Katalog des CDC-Anschlusses.

Während VFKAT und VFUSER permanente Dateien sind, werden weitere VF-Parameterblöcke dynamisch während der Bearbeitung einer VF-Anforderung erstellt. Pro Verbindung und pro bearbeitetem Virtual File existiert ein solcher Parameterblock. Er enthält Angaben über die Verbindung, Parameter des Virtual Files, Zustandsparameter des VF-Protokolls und Fehlercodes. Die Menge der VF-Parameterblöcke hat, wenn auch nur in beschränktem Umfang, gewisse funktionale Entsprechungen in den temporären CDC-Dateien VFCNT und VFFNT.

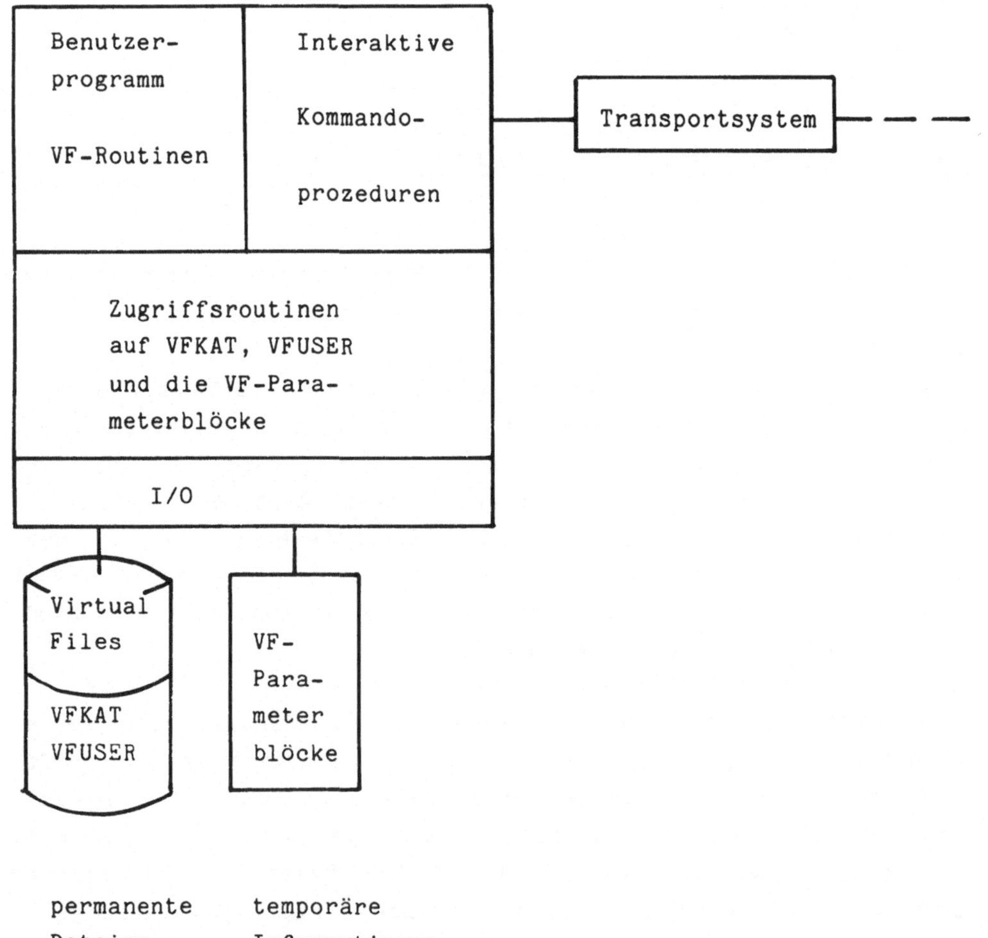

Abb. 8: Architektur des SIEMENS-Anschlusses (Master-Seite)

2.3 Realisierung von Virtual Files auf auf CDC- und SIEMENS-Anlagen

Virtual Files werden auf CDC-Anlagen unter NOS/BE 1 durch RMS-Files repräsentiert, auf die sowohl sequentiell als auch direkt zugegriffen werden kann, sofern die relativen Nummern derjenigen Physical Record Units (PRU) im File, die übertragen werden sollen, bekannt sind.

Auf SIEMENS-Anlagen unter BS 2000 werden Virtual Files als PAM-Dateien (PAM = Primary Access Method) realisiert. Die ISAM-Methode (Indexed Sequential Access Method) kam hier nicht in Frage, da das Einfügen neuer Data Units mit Identifiern, denen ein anderes Ordnungskriterium zugrunde liegt als den ISAM-Keys, problematisch wäre.

Die VF-Struktur (Data Units und Atome) wird auf beiden Anlagetypen durch eine interne Verzeigerung des Files in der Weise realisiert, daß der Descriptor jeder Data Unit um einen Block von vier Pointern erweitert wird, die auf die Positionen der "benachbarten" Data Units und Atome (im Sinne der Baumstruktur des Virtual Files) zeigen (Abb. 9).

Die Data-Unit-Positionen werden durch die Nummer der PRU (CDC)/ PAM-Seite (SIEMENS), in der die Data Unit beginnt, und ihre relative Anfangsadresse in der PRU/PAM-Seite bezeichnet. Eine beliebige Data Unit kann so durch eine Folge von Random-Zugriffen auf spezifische, aus der Verzeigerung zu erkennende PRUs/PAM-Seiten erreicht werden.

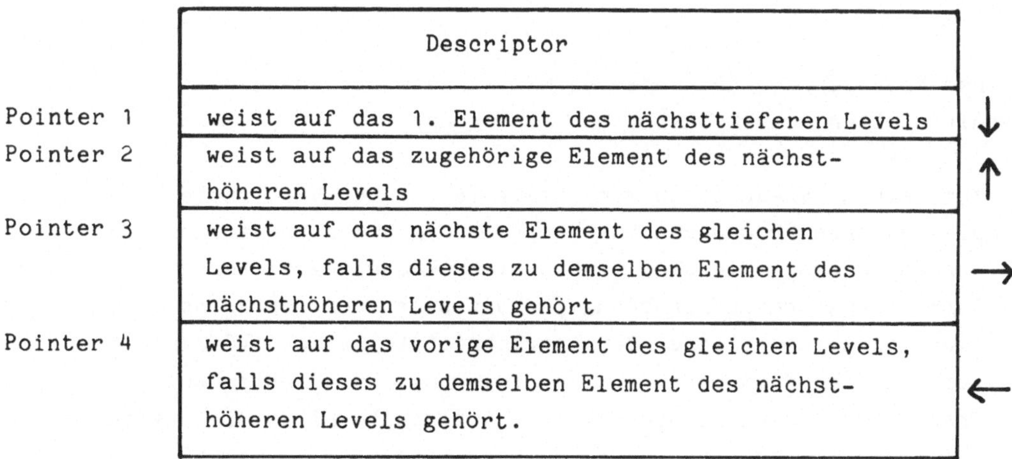

Abb. 9: Aufbau der Pointer-Blöcke

Das gesamte Virtual File wird sequentiell als ein einziger Record abgespeichert. Das erste Element ist dabei ein Zeiger, der auf das physikalische Ende des Files verweist (Free-Pointer). Bei der Erstellung des Files bilden alle Data Units (DUs) zusammenhängende Teile des Records.

Neu einzufügende Data Units werden an das Ende des Files (EOF), auf das der Free-Pointer verweist, angehängt. Das Löschen von Data Units geschieht durch Umsetzen der auf sie verweisenden Pointer und Änderung der Längeneinträge in den Descriptorblöcken der übergeordneten Data Units, da es sich hierbei um Maßzahlen der logischen Länge handelt.

Durch Einfüge- oder Löschoperationen geht der oben beschriebene physikalische Zusammenhang der Data Units verloren. Bei Löschoperationen entstehen physikalisch Lücken im File, während seine physikalische Länge konstant bleibt.

Um diese Lücken zu schließen und den ursprünglichen Zusammenhang des Files (für sequentielles Lesen und aus Speicherplatzgründen) wiederherzustellen, kann das File mittels einer speziellen Utility reorganisiert werden.

3 Benutzerschnittstellen auf CDC- und SIEMENS-Anlagen

3.1 Allgemeines

Dem Benutzer der CDC- oder SIEMENS-Anlage stehen jeweils zwei Schnittstellen zum VF-System zur Verfügung:

- zum einen VF-Routinen zur Realisierung der VF-Dienste, die als externe Prozeduren von Benutzerprogrammen aus aufgerufen werden können. Sie sind in Funktionsumfang, Parameterset und Aufrufformat rechnerunabhängig konzipiert und repräsentieren eine netzeinheitliche Benutzerschnittstelle des VF-Systems.
- zum anderen Kommandos zur Realisierung von VF-Diensten und Transformationen lokaler Files in Virtual Files vice versa (Virtual-File-Mapping) auf Steuerkartenebene. Syntax und Funktionsumfang der VF-Kommandos auf der CDC-Anlage orientieren sich, soweit eine funktionale Analogie möglich ist,

an den Kommandos des CDC-Permfile-Systems /6/ und vermitteln insofern eine CDC-spezifische Sicht- und Behandlungsweise des VF-Systems. Die VF-Kommandoprozeduren des SIEMENS-Anschlusses stellen eine Dialogschnittstelle zum VF-System mit eigener Eingabesyntax dar.

3.2 Maschinenunabhängige Schnittstelle

Die maschinenunabhängige Schnittstelle erlaubt die Anwendung des VF-Systems in netzeinheitlicher Weise im Rahmen eines beliebigen Benutzerprogramms.

Die Kommunikation des Benutzerprogramms mit der Virtual-File-Ebene erfolgt über Aufrufe von VF-Routinen. Diese sind in einer Systembibliothek zusammengefaßte Unterprogramme, die als externe Routinen in das Anwendungsprogramm eingebunden werden.

In der folgenden Übersicht werden zunächst die Parameter beschrieben, die für die einzelnen VF-Routinen benötigt werden.

Parameter	Bedeutung

HOSTID   : Identifikation des Remote Host.
USERID   : Die Useridentifikation USERID ist die VF-Benutzer-
             kennung, die in dem jeweiligen Host auf die lokale
             Benutzerkennung abgebildet wird. Virtual Files kön-
             nen nur über diese VF-Benutzerkennung angesprochen
             werden.
RSRC   : Anzahl der Resourcen. RSRC gibt die maximale Anzahl
             von gleichzeitig zu bearbeitenden Files an.
CID   : Eindeutige vom Transportsystem vergebene Identifi-
             kation einer Transportverbindung zu einem Remote
             Host. Da jeweils einer Verbindung im VF-System ge-
             nau eine Transportverbindung zugeordnet ist, kann
             dieser Parameter im VF-System als Connection Iden-
             tifier verwendet werden.
VFNAME   : Name des Virtual Files.
PASSWORD : Durch die Vergabe von Passwords für Virtual Files

besteht die Möglichkeit, nur bestimmten Benutzern
den Zugriff auf diese Files zu erlauben.

SHARE   : Zugriffsberechtigung für das File.

ACCESS   : Zugriffsrechte für das File (Read/Write).

LEVEL   : Anzahl der Level im Virtual File.

IDLNG   : Länge eines einzelnen Identifiers innerhalb eines
            bestimmten Levels.

OPEN   : Der OPEN-Parameter beschreibt die aktuelle Zu-
            griffsmöglichkeit auf das VF beim Eröffnen (Eröff-
            nungstyp), wie sie für die spezielle Transfersitua-
            tion gelten soll.

IDENT   : Identifier zur Adressierung der Data Unit im VF,
            auf die lesend oder schreibend zugegriffen bzw. auf
            die der VF-Pointer positioniert werden soll.

POS   : Parameter beim Schreiben von Daten (RPUT), welcher
            angibt, wohin die Daten geschrieben werden sollen.

SPACE   : Größe des Virtual File im Protokollformat /3/.

VFID   : Eindeutige Identifizierung eines eröffneten Virtual
            File, bestehend aus den Komponenten (CID,RFID).

RCODE   : Returncode.

Diese Parameter versorgen die im folgenden dargestellten VF-Routinen mit den nötigen Informationen.

Die RINIT-Routine ermöglicht den Zugang zum Virtual-File-System
und baut mit Hilfe der vom Transportsystem zur Verfügung gestellten
Kommunikationsprimitiven eine Verbindung zu einem Remote-Host auf.
Die Zugriffsrechte des Benutzers am VF-System sowie die Ressourcen-
anforderungen werden überprüft.

Die RDISC-Routine baut die Verbindung zum Remote Host ab. Alle
noch aktiven Datentransferphasen werden beendet und die noch offenen
Virtual Files geschlossen. Die verwendeten Ressourcen werden freigegeben und die Verbindung zum Transportsystem beendet.

Mit dem Aufruf von ROPEN wird ein ein Virtual File auf dem Remote
Host für nachfolgende Datenoperationen (RPUT, RGET, RPOS) eröffnet.
Gelingt die Ausführung der Routine, so wird eine Nummer (VFID)
zur eindeutigen Identifikation des VF auf dem Remote-Host vergeben,
die sich aus der CID und einer Remote-File-Identifikation (RFID) zusam-

mensetzt. Diese ist bei jeder weiteren Adressierung des Files
anzugeben.

Mit Aufruf von RCLOSE wird ein Virtual File abgeschlossen. Die
belegte Ressource wird freigegeben.

Durch RPUT wird ein gesamtes Virtual File, das auf dem lokalen
Rechner unter dem Namen VFNAME katalogisiert ist, übertragen und
auf dem Remote-Rechner, je nach dem Wert von POS, vor, hinter oder
durch Überschreiben der durch IDENT angegebenen Data Unit in dem in
der ROPEN-Routine angegebenen File abgelegt. Mit PASSWORD wird ein
eventuell vorhandenes Password der Datei VFNAME angegeben.

Bei Aufruf von RGET werden aus dem in der ROPEN-Routine angegebenen File die unter dem Identifier IDENT gespeicherten Daten geholt
und als Virtuelle Datei unter dem Namen VFNAME auf dem lokalen Rechner abgelegt. VFNAME kann durch die Angabe PASSWORD mit einem Password versehen werden.

Durch RPOS wird der Virtual-File-Pointer auf den Teil des Files
gesetzt, der mit dem Identifier IDENT adressiert wird. Das File ist
hierbei das in der ROPEN-Routine angegebene Virtual File auf dem
Remote-Host.

Die RCAT-Routine ändert Einträge im VF-Katalog zu einem gegebenen
Virtual File. Das File muß abgeschlossen sein. Mit VFN wird der neue
Katalogname des VF, mit NPASSWORD das neue Password, mit SHARE die
neue Zugriffsberechtigung und mit ACCESS die neuen Zugriffsrechte
angegeben.

Die RDEL-Routine löscht ein Virtual File auf dem Remote-Host.

Mittels RFSTAT werden Informationen über die Existenz und Katalogeinträge des Virtual File ausgegeben.

```
RINIT  (HOSTID, USERID, RSRC, VAR CID, VAR RCODE)
RDISC  (CID, VAR RCODE)
ROPEN  (CID, VFNAME, PASSWORD, SHARE, ACCESS, VAR LEVEL,
        VAR IDLNG, OPEN, VAR VFID, VAR RCODE)
RCLOSE (VFID, VAR RCODE)
RPUT   (VFID, VFNAME, PASSWORD, VAR IDENT, POS, VAR RCODE)
RGET   (VFID, VAR IDENT, VFNAME, PASSWORD, VAR RCODE)
RPOS   (VFID, VAR IDENT, VAR RCODE)
RCAT   (CID, VFNAME, PASSWORD, VFN, NPASSWORD, SHARE, ACCESS,
        VAR RCODE)
RDEL   (CID, VFNAME, PASSWORD, VAR RCODE)
RFSTAT (CID, VFNAME, PASSWORD, VAR SHARE, VAR ACCESS,
        VAR LEVEL, VAR IDLNG, VAR SPACE, VAR RCODE)
```

Abb. 10: Aufrufformate der VF-Routinen

3.3 VF-Kommandos auf der CDC-Anlage

Für die Benutzung der VF-Komponente auf der CDC-Anlage werden
neben der maschinenunabhängigen Programmschnittstelle VF-Kommandos
zur Verfügung gestellt. Alle Kommandos können sowohl interaktiv unter
INTERCOM als auch als Batch-Steuerkarten aufgerufen werden. Dabei
ist es für den Benutzer syntaktisch ohne Bedeutung, ob eine VF-Opera-
tion auf dem lokalen oder einem Remote-Rechner ausgeführt wird.

Die Parameterwerte hostid, userid, password, share, access, level,
idlng und pos entsprechen funktional den gleichnamigen Parametern
der VF-Routinen. lvfn, svfn und dvfn bezeichnen temporäre Virtual-
File-Namen (entsprechend den lokalen Filenamen für CDC-Files), die
bei dieser Schnittstelle an die Stelle der RFID treten. Das Tupel
(userid,vfn) entspricht dem Wert von FILENAME. Einige weitere Parameter einzelner Kommandos werden im Rahmen der Kommandobeschreibungen
erklärt.

Virtual-File-Dienste

ATTVF prüft die Zugriffsberechtigung eines Benutzers auf ein Virtual File, eröffnet eine Verbindung und ein Virtual File, kopiert dieses File auf den lokalen Rechner und ordnet ihm einen vom Benutzer angegebenen lokalen Filenamen zu, unter dem das Virtual File bis zur Freigabe durch ein RTVF-Kommando angesprochen werden kann.

MR=mr ist ein Multiread-Parameter analog demjenigen des CDC-Permfile-Kommandos ATTACH.

CATVF dient zum Transfer eines Virtual Files auf einen Remote-Rechner und zum Eintragen in den dortigen Virtual-File-Katalog.

COPYVF kopiert ein Virtual File (Source File svfn) teilweise oder vollständig (Source Data Unit SDU=sdu) in ein anderes Virtual File (Destination File dvfn; Destination Data Unit DDU=ddu). Dabei kann entweder ein existierendes VF als Destination File verwendet oder ein neues Destination File erzeugt werden (Keyword NEW).

Mittels DELVF kann eine Data Unit (du) in einem Virtual File gelöscht werden.

PURVF dient zum Löschen eines Virtual File. Gleichzeitig werden auch alle Katalogeinträge über das File entfernt.

RENVF ändert die Katalogeinträge eines Virtual File.

Durch RTVF werden ein Virtual File und sein lokaler Filename freigegeben und die zugehörige Verbindung abgebaut.

Mit Hilfe des Kommandos STATVF können die Existenz eines Virtual File auf einem bestimmten Host und/oder Katalogeinträge zu dem File abgefragt werden.

Virtual-File-Mapping

GETVF veranlaßt die Transformation einer Data Unit (DU=du) eines Virtual Files oder eines gesamten Virtual Files in ein lokales sequentielles CD-File (lfn). Das als Source File verwendete Virtual File

bleibt bei Anwendung von GETVF erhalten. Es muß unter dem Namen lvfn
vom lokalen Rechner aus verfügbar sein.

PUTVF bewirkt die Transformation eines CD-Files in eine Data Unit
eines Virtual File oder ein vollständiges Virtual File. Das als Destination File verwendete Virtual File lvfn kann entweder durch PUTVF
neu angelegt werden (Keyword NEW) oder bereits existieren.

In der Ausführung des PUTVF-Kommandos wird zunächst das CD-File
lfn den Spezifikationen zur Transformation gemäß in eine VF-Data-Unit
(DU=du) umgesetzt. In einem zweiten Schritt wird dann diese Data Unit
unter Verwendung des Identifiers IDENT=ident in das angegebene
Destination File lvfn eingebettet.

```
ATTVF,lvfn,vfn,ID=userid,ST=hostid,PW=password,MR=mr.
CATVF,lvfn,vfn,ID=userid,ST=hostid,PW=password,SH=share,
     ACC=access.
COPYVF,svfn,dvfn,NEW,SDU=sdu,LEV=level,DDU=ddu,POS=pos.
DELVF,lvfn,du.
PURVF,lvfn,vfn,ID=userid,ST=hostid,PW=password.
RENVF,lvfn,vfn,ID=userid,PW=npassword,SH=share,ACC=access.
RTVF,lvfn.
STATVF,lvfn,vfn,ID=userid,ST=hostid,PW=password.


GETVF,lfn,lvfn,DU=du,LEV=level.
PUTVF,lfn,lvfn,ML,IDENT=ident,DU=du,NEW,POS=pos.
```

Abb. 11: Aufrufformate der VF-Kommandos auf der CDC-Anlage

3.4 VF-Kommandos auf der SIEMENS-Anlage

Neben der maschinenunabhängigen Programmschnittstelle existieren
auf der SIEMENS-Anlage interaktive Kommandoprozeduren, mit deren Hilfe
die Umwandlung lokaler DMS-Files (SAM-, ISAM- oder PAM-Files) in
Virtual Files vice versa, der Transfer von Virtual Files zwischen
zwei am Netz angeschlossenen Hosts sowie die DELETE- und FSTAT-Opera-
tionen ermöglicht werden.

Virtual-File-Dienste

Die Prozedur <u>VFTRANS</u> ermöglicht folgende 3 VF-Dienste:

- Transfer von Virtual Files von einem Host des Rechnernetzes
  zu einem anderen (TRANSFER)
- Abfrage von Kataloginformationen über ein Virtual File bzw.
  Überprüfung, ob ein bestimmtes Virtual File auf einem Host
  existiert (FSTAT)
- Löschen eines Virtual Files auf einem bestimmten Host (DELETE).

Jeweils nach Ausgabe des Strings "VF " können folgende Kommandos eingegeben werden:

- TRANS(FER)
  (hostid),(userid),fileid,(password)   Inputfile-Parameter
  (hostid),(userid),fileid,(password),
                    (share),(access)   Outputfile-Parameter

  Entweder bei den Input- oder bei den Outputfileparametern muß
  der Wert hostid angegeben werden; fehlen share oder access,
  werden Standardwerte angenommen.

- FSTAT (hostid),(userid),fileid,(password)

  Sofern das File existiert, werden die Werte der Parameter
  SHARE, ACCESS, LEVEL, IDLNG und SPACE ausgegeben.

- DEL(ETE) (hostid),(userid),fileid,(password)

Virtual-File-Mapping

Aufgrund der in der ersten Implementierungsstufe vorgesehenen Einschränkungen, die vorsehen, daß als Datentypen in einem Virtual File
nur LOGICAL*1 (8 bit)-Daten für transparente Übertragung und IA5-Zei-
chen in ASCII-Code für Textdateien zugelassen werden und die Anzahl
der adressierbaren Level auf 2 beschränkt ist, werden durch die Ab-
bildungsprozeduren der Benutzerschnittstelle folgende Dateitypen
unterstützt:

- <u>Textdateien (SAM/ISAM)</u>

  Jeweils eine Textzeile wird in eine Data Unit von Level 1 umgesetzt.
  Die einzelnen Textzeichen der Zeile bilden die Atome dieser Data
  Unit.

- <u>Binäre Dateien (PAM)</u>

  Die binären Daten werden zu einer einzigen Data Unit zusammengefaßt.

  Mit der Prozedur <u>VFCREATE</u> kann aus einem lokalen File ein Virtual
File erstellt werden. Einzugeben sind die Parameter

        datentyp:lfname(,lpassw)=userid,vfname(,password)

Bedeutung der Parameter:

datentyp = 'TXT' für Textdateien oder 'BIN' für binäre Dateien
lvfname = Name der Datei in der lokalen Filestruktur
lpassw   = Password des lokalen Files
userid   = VF-Benutzerkennung
vfname   = Name des Virtual Files
password = Password des Virtual Files

  Die Prozedur <u>VFLOCAL</u> wandelt durch Entfernen der Descriptoren ein
Virtual File in ein lokales (SAM- oder PAM-)File um. Als Parameter
sind einzugeben

        datentyp:userid,vfname(,password)=lfname(,lpassw)


```
EXEC VFTRANS
EXEC VFCREATE
EXEC VFLOCAL
```

<u>Abb. 12:</u> Aufrufformate der VF-Kommandos auf der Siemens-Anlage

4 Stand der Realisierung

Zur Zeit wird auf beiden Anlagetypen eine erste Ausbaustufe des VF-Systems implementiert, die gegenüber der allgemeinen VF-Struktur folgende Einschränkunge aufweist:

- Die Anzahl der adressierbaren VF-Level ist auf 2 begrenzt.

- Als Datentypen werden nur LOGICAL*1 (8 bit)-Daten für transparente Übertragung und IA5-Zeichen in ASCII-Code für Textdateien zugelassen.

- Es besteht für den Benutzer nicht die Möglichkeit, die Länge der Übertragungseinheiten (CTDUs) frei zu wählen. Übertragen wird in einer zwischen den beiden Kommunikationsrechnern vereinbarten Länge.

- Die RCAT-Routine der maschinenunabhängigen Schnittstelle, die ein Verändern von Parametern in den Katalogeinträgen ermöglicht, ist nicht implementiert.

- Das CDC-VF-Kommando DELVF wird nicht angeboten. RENVF kann vorerst nur lokal auf der CDC-Anlage angewandt werden. COPYVF und PUTVF werden mit einem eingeschränkten Parameterset implementiert, der das Einfügen von Data Units in bereits bestehende Virtual Files ausschließt.

Remote Data Access (Zugriff auf einzelne Datenelemente im Virtual File) ist in dieser Implementierungsstufe noch nicht vorgesehen.
Der Transfer von Virtual Files zwischen den beschriebenen Anlagetypen sowie SIEMENS-Anlagen unter BS 3000, für die ebenfalls eine entsprechende Schnittstelle zum VF-System implementiert wird, ist ab Herbst 1982 möglich.

5 Literatur

BERNET

/1/   Ullmann, K., Wilhelm, M.:
       BERNET. Zusammenfassende Beschreibung. Stand Dez. 1981.
       Unveröffentlichtes Manuskript (1981).

Virtual Files, VF-Protokoll

/2/   ISO
       Draft Proposal ISO IDP 7498
       Information Processing Systems - Open Systems
       Intercommunication
       - Basic Reference Model -
       ISO/TC97/SC16/N890 - Febr.1982.
/3/   Popescu-Zeletin, R. et. al.:
       The Virtual File System.
       HMI-Bericht B-333. Berlin, 1980.

CDC-Anschluß

/4/   Börger,J. et. al.:
       Anschluß von CDC-Anlagen an BERNET:
       Interface Application Task - Host Access Task.
       Unveröffentlichtes Manuskript (1980).
/5/   Börger,J.:
       Anschluß von CDC-Anlagen an BERNET:
       Message Link - User Interface.
       Unveröffentlichtes Manuskript (1980).
/6/   Control Data Corporation (Hrsg.):
       NOS/BE Version 1 Reference Manual. Revision G.
       CD-Publ. No. 60493800. Sunnyvale,CA,1979.
/7/   Steffens, J.:
       Anschluß von CDC-Anlage an BERNET:
       Aufbau und Abspeicherung von Virtual Files unter dem
       Betriebssystem NOS/BE 1.
       Unveröffentlichtes Manuskript (1982).

/8/   ders.:
        Anschluß von CDC-Anlagen an BERNET:
        Virtual-File-System - Architektur.
        Unveröffentlichtes Manuskript (1982).
/9/   ders.:
        Anschluß von CDC-Anlagen an BERNET:
        Virtual-File-System - Benutzerschnittstelle.
        Unveröffentlichtes Manuskript (1982).

SIEMENS-Anschluß

/10/   Jakobsen, K., Maiß, G.:
        Anschluß von BS2000-Rechnern an BERNET:
        Aufbau und Abspeicherung von Virtual Files unter dem
        Betriebssystem BS 2000.
        Unveröffentlichtes Manuskript (1981).
/11/   dies.:
        Anschluß von BS2000-Rechnern an BERNET:
        Virtual File Katalog.
        Unveröffentlichtes Manuskript (1981).
/12/   dies.:
        Anschluß von BS2000-Rechnern an BERNET:
        Virtual File System - Architektur.
        Unveröffentlichtes Manuskript (1981).
/13/   dies.:
        Anschluß von BS2000-Rechnern an BERNET:
        Virtual File System - Benutzerschnittstelle.
        Unveröffentlichtes Manuskript (1981).
/14/   Scheller, N. et. al.:
        Anschluß von BS2000-Rechnern an BERNET:
        Message Link - Benutzerschnittstelle.
        Unveröffentlichtes Manuskript (1980).
/15/   SIEMENS A.G. (Hrsg.):
        SIEMENS Betriebssystem BS 2000. Datenverwaltungssystem.
        Version 7. Beschreibung.
        München, 1981.

$$\underline{\text{A CONNECTIVITY AND INTEGRITY PROTOCOL}}$$

$$\underline{\text{FOR A DISTRIBUTED INFORMATION BANK}}$$

Giuseppe A. Gori

Canada Systems Group

Mississauga, Ontario L5K 1B1

ABSTRACT

The architecture of an information storage and interchange system and the overall system assumptions are presented.

An "Information Bank" is defined; its constraints, its distributed hierarchical structure and its internal design are then presented.

Within this environment, the protocol to maintain connectivity and integrity of the Information Bank is explained.

INTRODUCTION

The problems of maintaining network connectivity and maintaining the integrity of the information being processed are solved, in existing network architectures, by means of communication protocols. Detection of malfunctions, and possible recovery, are usually performed by the two partners complying with the protocol at the same layer [1]. For example detection and recovery from transmission errors are both carried out by the X.25 "link level", but in the X.25 "packet level" malfunctions are only reported to higher layers [2]. Detection, recovery and dynamic routing of messages, whenever an alternative path is possible, are performed within the "Communication functions layer" of RPCNET [3], [4].

In this paper a protocol is presented which regulates the communication between two components, one of which, the Information Bank, is composed of multiple physically distributed systems.

Before even starting our discussion, let us agree on the following terms:

- Maintaining connectivity: bringing up and maintaining the system resources in

active state; detecting and recovering from hardware faults.
- Maintaining integrity: preventing the system from malfunction; detecting and discarding old, duplicate or incorrect messages.
- Information storage and interchange system: a distributed complex of processing systems which is able to provide services to a large and diversified community of users.

The information storage and interchange system includes:

- A User Community: a very large number of users, application programs or systems which can communicate with and use the resources of the whole system.
- An Integrated Distribution System (IDS):   the various distribution centers and all the functions required to interact in both directions and intelligently with the user equipment [5].
- A Logical Information Bank (LIB):   the union of a nested hierarchy of Information Banks (IBs) which may be implemented in different physical processors.

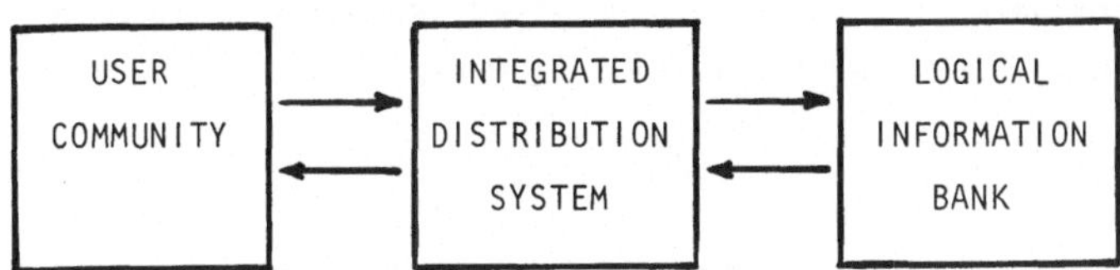

Figure 1: Information Storage and Interchange System

The Distribution Centers (components of the Integrated Distribution System) offer communication and query management services, while the Logical Information Bank is invoked by the Integrated Distribution System for all those functions requiring a higher level of data base and information exchange services.

The communication between IDS and LIB is regulated by the LIB Access Protocol, which is described in a following paragraph.

Because of the division of functions between the IDS and the LIB, and because of their clearly defined interface, independent structures and addressing schemes may be used for each of them.

In this paper we are going to address the subset of the LIB Access Protocol which is used to guarantee the connectivity and integrity of the Information Banks composing the LIB, assuming that the IDS is conforming to a defined interface.

THE "LOGICAL INFORMATION BANK"

The LIB provides a single view to the IDS of separate Information Banks connected according to a common access protocol. The IDS is not aware of this information distribution: It still views all the information as if it were homogeneously organized. The LIB is organized in a hierarchical structure of Information Banks. A "level" is associated with each "Information Bank".

Each Information Bank, on each level, is a closed system which accepts Requests and, according to its state, produces Responses. It can be described by a "finite state machine". Each Information Bank, on each level, uses the services of a Data Base Management System to keep a subset of information, and may include a lower level Information Bank to keep another subset of information. Information Banks composing the LIB are defined both within the LIB and the IDS. An IB is considered to be "on-line" from the moment of its definition until it is varied "off-line" either by an operator command, or by an OFF-LINE message, or by a specific negative Response to a Request addressed to it.

Each Information Bank includes the necessary components to interface the communication software and to switch received Requests to a Data Base Management System or to a possible lower level Information Bank.

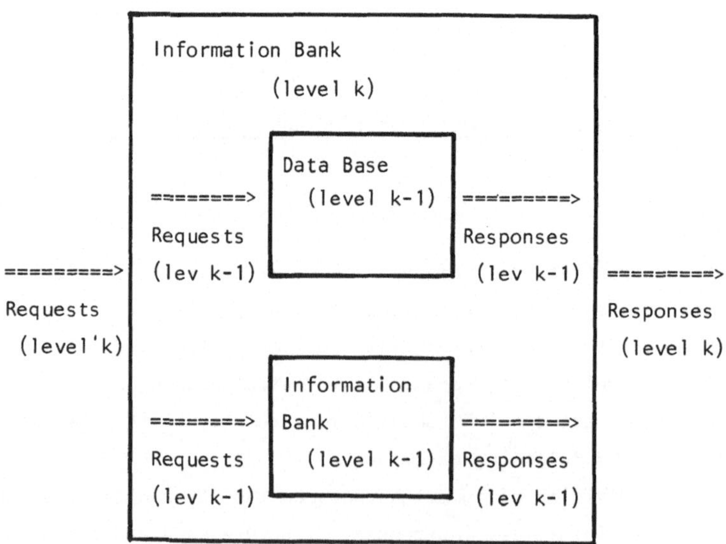

Figure 2: Information Bank hierarchical structure

We will not detail how the information is organized within each Data Base. In fact the internal Data Base organization could be independent from the Information Bank organization.

Each Information Bank has the following responsibilities:

- maintaining the hierarchical structure of the lower level Information Banks;
- switching Requests to the addressed node in the hierarchical structure;
- providing Responses to the Requests coming from the Distribution System or from a
  higher level Information Bank according to the LIB Access Protocol;

The consistency and addressability of the information, and the authorization control functions are assured by each Data Base Management System.

An example of the physical structure of an LIB distributed system is shown in figure 3.

In this diagram each lower level is indicated by another digit in the IB or DB logical addresses.   Note that while the DB(lev k-1) resides in the same system as IB(lev k), the IB(lev k-1) resides in a separate physical system.

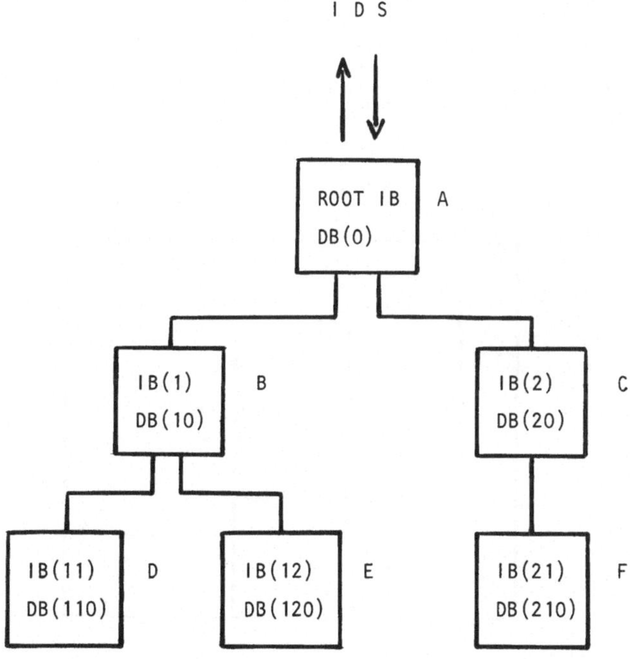

Figure 3: LIB example

Components of an Information Bank

The following components of an Information Bank are of interest to this discussion:

1. - Communication Interfaces (CI), which include the software modules supporting the protocols required to communicate with the connected systems through private or public lines or networks. One of the Communication Interfaces is towards the higher level Information Bank in the logical hierarchy and it is called "Upwards Communication Interface" (UCI). The communication software and protocols themselves are not considered part of the Information Bank.

2. - Logical Path Control (LPC), which is in charge of routing Requests received from a higher level of the logical hierarchy according to the logical address contained in the Request. Requests are received from the Upwards Communication interface and are routed to either the Data Base Interface or to a specific Communication Interface.

3. - Data Base Interface (DBI), which is in charge of converting the Request received from the Logical Path Control into the appropriate commands for the Data Base Management System controlling the addressed Data Base at this logical level in the hierarchy. The DBI is also in charge of preparing a Response for the higher level Information Bank, which is passed to the Upwards Communication Interface.

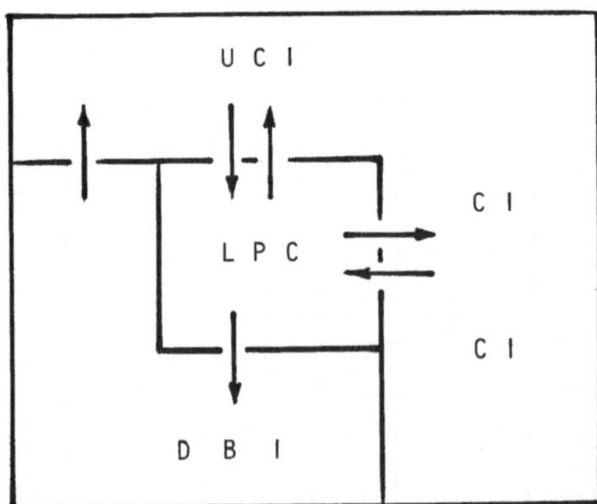

Figure 4: Information Bank main software components

THE LOGICAL INFORMATION BANK ACCESS PROTOCOL

The LIB Access Protocol handles the "logical communication" between the Integrated Distribution System and the Logical Information Bank. Because of the hierarchical architecture presented earlier, the same protocol is also used for the communication between any IB(lev k) and each of its first level descendants IB(lev k-1). Only a general idea of the LIB Access Protocol is presented here.

The LIB Access Protocol is implemented on top of the protocols corresponding to the first three layers of the OSI architecture [1]. Protocol layers 1 and 2 ensure direct communication between two computer systems. Layer 3 is only necessary when the two systems communicate through a network. The Communication Interface layers of the Information Bank are in charge of interfacing the lower level communication software components. The LIB Access Protocol handles two sets of messages:

- Request/Response messages: those messages which carry Requests downwards in the hierarchical structure for information creation, retrieval, update, deletion, and the corresponding Responses flowing upwards.
- Status messages: those messages necessary to maintain connectivity and integrity of the LIB.

The Request/Response messages are not specifically addressed in this document. Requests are eventually serviced by the Data Base Management System and Responses are processed by the IDS. It is sufficient to know that:

- Each Request is independent from previous ones: A transaction begins with a Request and terminates with the corresponding Response.
- Each Request message carries (among other information) a data element logical address. Some of the Requests carry a Request sequence number.
- Each Distribution Center is able to associate a Response to the corresponding Request by means of a User Reference Number. In addition some information fields, which are returned unmodified in the Response message, help to speed up the routing of Responses to Users.

The LIB Access Protocol does not require acknowledgement messages for individual, or groups of, Request/Response messages. This allows for a better line and processor utilization during normal operation periods, unlike other communication protocols which add a continuous overhead for ACK or RR messages even during normal operation. The recovery procedure is initiated only after a malfunction. Thus in the LIB Access Protocol "no news is good news", because there is no way that a malfunction can occur in the LIB without the IDS being notified.

<u>Status messages</u>

Status messages are used at start-up time and in anomalous or recovery situations. Upwards Status messages are prepared and sent by any Information Bank and are directed to a higher level Information Bank or to the Integrated Distribution System. They contain the IB address of the originating Information Bank.

Downwards Status messages are prepared and sent by the Integrated Distribution System or by a high level Information Bank and are directed to a specific Information Bank, whose address is contained within the Status message. The following Status messages are defined:

1. "HOLD" is used to temporarily stop the Integrated Distribution System from issuing more Requests towards the Information Bank or the Data Base currently experiencing problems. It is sent as soon as possible by any Information Bank detecting a failure of a lower level component.

2. "RESTART" is a HOLD Status message returned unmodified by the Integrated Distribution System as soon as it is received. It is then propagated by the addressed IB(lev k) towards lower level Information Banks to initiate the recovery procedure. A RESTART may also be used by the Integrated Distribution System, at any time, to "chase" all pending Requests within an Information Bank.

3. "IB ACTIVE" is used to notify higher level Information Banks or the Integrated Distribution System that the service of the specified Information Bank is back to normal. The "clean-up" procedure is ended and no Requests are now pending within the specified Information Bank.

The RESTART-IB ACTIVE exchange is necessary to avoid ambiguous situations which would result when the service could be started, after a failure, even before the HOLD message is received by the Integrated Distribution System.

4. "REJECT" is used to notify the Integrated Distribution System that an invalid or unrecognizable message has been received. This Status message contains some diagnostic information which further specifies the reason why the message has been rejected.

5. "SET" is used to set the sequence numbers stored for each Data Base(lev k) indicating the last successfully completed operation. In the following, the use of this message will be explained in more detail.

6. "OFF-LINE" is used by non leaf Information Banks to indicate that a lower level IB has been unreachable and it is no more part of the LIB. The purpose of this message is to allow normal operation to continue for the rest of the LIB when an IB is not operational for a long period of time.

Each Information Bank is an independent system whose states are specified by a State Machine (described in Appendix A). Each IB(lev k), using this State Machine, is able to communicate with its partners, (its father IB(lev k+1) and its descendants IB(lev k-1)), to set-up and maintain the structure of the Logical Information Bank.

Start-up and Recovery procedures

The Information Bank State Machine (described in Appendix A) prescribes the procedure which is followed both during start-up, when the Logical Information Bank is first started, or during recovery, after one or more systems crashed or remained isolated because of a malfunction.

The start-up procedure itself can be considered as a particular case of the recovery procedure, when a catastrophic Logical Information Bank malfunction caused all the systems to crash. For this reason the start-up procedure has been designed to meet the following objectives:

- no specific sequence has to be followed when various Information Banks are started and the communication links between them are established.
- There is no need of a central operator to control the Logical Information Bank.
- The same State Machine is used both independently from the physical configuration and for any logical (hierarchical) configuration.
- If, during start-up, certain IBs are defined, but not operational, the rest of the Logical Information Bank can nevertheless be established.

The same State Machine is used during recovery from a malfunction. The following assumptions have been made:

1. Messages may be lost at the lower level communication protocols because of hardware or software problems.
2. Messages may be lost any time a system including an Information Bank crashes.
3. Messages do not overtake each other during transmission or within an IB. They are also processed in the same order as they are received.

For efficiency reasons the following exceptions to the third rule can be implemented:

- HOLD Status messages can overtake Response messages. This is because Responses are still processed by the IDS after a HOLD Status has been received.
- When a RESTART IB'(lev k-1) Status message is received by an IB(lev k), any Request directed to IB'(lev k-1) can be discarded. In fact these Requests cause a delay in the routing of the RESTART Status and eventually would be discarded.

148

The following objectives are met during the recovery procedure:

- Situations in which a system or a link repeatedly crashes are recovered without requiring any specific "relaxation time".
- No operator intervention is required.
- Situations in which more systems or links crash simultaneously are recovered.
- Pending Requests directed to an IB which has experienced a malfunction are discarded and will eventually be reissued by the IDS.   The IDS is notified as soon as possible to stop directing Requests to that specific IB.
- The only notifications required from lower level protocols are signals indicating whether a communication between partner systems has been established or lost.
- When an IB(lev k) remains isolated, it continues serving pending Requests and holds Responses until these can eventually be delivered.

The connectivity problem

As per our definition of connectivity, our problem is to set up the LIB in active state and, during operation, to detect and recover from any of the following possible malfunctions:

1. Communication problems between an IB(lev k) and an IB(lev k-1);
2. processor problems on a system implementing an IB(lev k-1);
3. unrecoverable Data Base problems detected by the Data Base Interface component of an IB(lev k);
4. recoverable Data Base problems (when no message has been lost) detected by the Data Base Interface component of an IB(lev k);
5. invalid or unrecognizable messages received by an IB(lev k).

In the first three cases a HOLD Status message is prepared and sent upwards by the IB(lev k); it contains the address of the IB(lev k-1) or the DB(lev k-1) which is experiencing a malfunction.

In the fourth case, when recoverable Data Base problems are detected by an Information Bank, Requests received by this Information Bank are queued. Normal flow control mechanisms are used to prevent an unlimited number of Requests from being received. When the problem has been solved, the IB restarts normal service without any notification to higher levels.

In the fifth case the REJECT Status message is used by the IB(lev k) to notify the higher level Information Bank or the Integrated Distribution System.

In the following we try to give a general idea of the implemented procedures. We assume that:

- Each Data Base is able to guarantee its internal consistency, that is if an operation is in course of execution during a system crash, the DB is left in a previous consistent state.
- This protocol cannot rely on higher level software layers for detection of duplicates or missing messages.
- Requests directed to the Data Base can be either:

  o repeatable: those which do not modify any information (for example Read operations); their Request messages do not carry a sequence number; their Response messages may carry a large amount of data.
  o unrepeatable: those which, if successful, cause the modification of some data or of the structure of the information; their Request messages carry a sequence number; their Response messages contain a response code, but no user information.

- The Data Base is able to maintain an indicator in synchronism with the last operation completely and successfully processed. This indicator is kept in non-volatile storage and is equal to the Request sequence number included in the Request message for the corresponding operation.
- No more than $2^{15}-1$ Requests can be pending in an IB at the same time.

This protocol detects and causes the reissue of those Requests lost during a system crash. For any Request which is unrepeatable and was successful, and whose Response was lost, it causes the reissue of the appropriate positive Response.

The loss of Status messages themselves is not critical: If any Status message is lost, a new HOLD Status message will be generated by the higher level IB detecting the problem. In this case a new recovery procedure is initiated which invalidates the lower level one.

Because the protocol is not between two partners, but between the IDS on one side and more than one IB on the other, particular attention has to be given to the way Request/Response messages are numbered. The sequence numbers, in any practical system, have to be cyclic (in our case 2^{16}), but here we have no guarantee that Requests will reach different IBs in an evenly distributed manner. In fact the "Last Successful Operation" (LSO) number kept by an IB could be several cycles old, at the moment of a crash, and no longer have a useful meaning. To avoid this problem, the SET Status message is used to broadcast to all the IBs a "half cycle old" sequence number. This number replaces, when necessary, old LSO indicators kept by the Data Bases. The algorithm used for this purpose does not require any synchronization or delay of the trafic, and its overhead is only of the order of $1/10^5$.

<u>AN EXAMPLE</u>

We believe the easiest way to explain the protocol is by showing an example of system malfunction.

In the configuration presented in figure 3, let us suppose that system B crashed in the middle of operation. This implies that some Requests already in the system, but not yet processed or forwarded, can be lost. In the same way some Responses, just processed or in transit, may also be lost.

The root IB (being in our example the father of IB(1)) will detect the loss of communication with IB(1) and will send a HOLD(1) to the IDS. Then it discards any following Request in transit for IB(1). Once the IDS received the HOLD(1) Status message, it stops sending new Requests towards IB(1). It then issues a RESTART(1) which the root IB will queue for transmission to IB(1).

At the same time, IB(11) and IB(12), having lost contact upwards, will continue queueing possible Responses upwards waiting for reconnection to IB(1).

The system remains in this state as long as IB(1) is unoperational, but systems A, C and F can continue normal operation.

Let us suppose that Request numbered 1010 directed to IB(11) and Request 1011 directed to IB(1) were lost. The Response message to Request 1008 in transit from IB(12) was also lost. The Response message to Request 1009 was instead still queued for transmission in IB(12).

The "Last Successful Operation" indicators, when system B is about to restart normal operation, are indicated between squared parentheses in figure 5.

As soon as system B and its communication links are up again, the root IB will forward the RESTART(1) message which was queued for transmission to IB(1). In the mean time the Response message to Request 1009 is sent from IB(12) and it is eventually received by the IDS; the transaction opened with Request 1009 is now ended.

When IB(1) receives the RESTART(1) message, it sends a RESTART(11) and a RESTART(12) to its active descendants. After all queued Response messages have been forwarded, IB(11) and IB(12) issue IB ACTIVE(11) and IB ACTIVE(12) Status messages. Only then IB(1) will issue an IB ACTIVE(1) Status message to answer the original RESTART(1) Status.

The initiative is now left to the IDS. It knows that IB(1) and its descendants are now operational and no more old Responses can be received. It now examines its records: It never received a Response to Requests 1008, 1010 and 1011 directed to IB(1) and descendants. Thus it reissues them with the old Request sequence numbers. Note that in the mean time communication is continuing with IB(2) on an unrelated request number range.

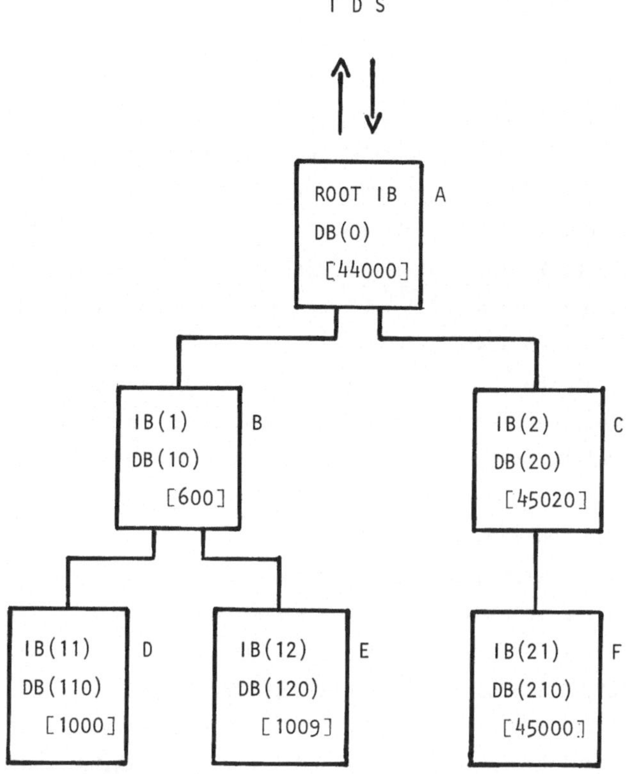

Figure 5: LSO indicators before restart of system B

When Requests 1010 and 1011 directed to IB(11) and IB(1) are received, they are processed normally and responded to, because their Request number is "in window" (half the cycle) with respect to the stored "Last Successful Operation" indicator. But when Request 1008 is received by IB(12), its request sequence number is found "out of window" (see Appendix B point 5 for details); this means that the requested operation had already been completed correctly. The Request is one of the "unrepeatable" set (it contained a request number), thus a "positive response" is prepared and sent upwards.

Eventually the IDS receives all the pending Responses it is waiting for. The IDS now issues a SET Status message to update the "Last Successful Operation" indicators of IB(1) and descendants to a value consistent with the rest of the LIB (see Appendix B point 6 for details). The recovery procedure is now ended and processing can continue in a normal way for all of the IBs.

APPENDIX-A: The IB(lev k) State Machine

A "Finite State Machine" is a system which can assume a finite number of predefined states. The system changes from an old state to a new state because of an external "cause". An "action" is also performed before the new state is entered.

The following IB(lev k) State Machine does not describe all the possible states of an Information Bank, but only those states which are relevant to determine whether an IB(lev k) is able to normally forward Request/Response messages from and to the Integrated Distribution System.

The "state" of the IB(lev k) system is changed when specific Status messages are received from a partner system. The Status messages which cause the IB(lev k) state to be changed are: RESTART and IB ACTIVE. The following adbreviations are used:

IB(k)	Information Bank(level k)
DB(k-1)	Data Base within the IB(k) system
IB(k-1)	A generic IB of level k-1 descendant of IB(k)
IB'(k-1)	A specific IB(k-1) descendant of IB(k)
IBA(k)	IB ACTIVE Status sent by IB(k) upwards
IBA'(k-1)	IB ACTIVE Status received by IB(k) from a descendant IB'(k-1)
RST(k)	A RESTART Status received by IB(k) from the father IB(k+1)
RST'(k-1)	A RESTART Status message addressed to IB'(k-1)
SET(k)	A SET Status received by IB(k) from the father IB(k+1)
SET(k-1)	A SET Status addressed to DB(k-1) or any IB(k-1)
H'(k-1)	A HOLD Status message prepared by IB(k) on behalf of IB'(k-1)
OFF'(k-1)	An OFF-LINE Status message sent by IB(k) on behalf of IB'(k-1)

Two states of an on-line IB(lev k) are defined: "A" or Active and "R" or Restarting. The following statements are true for each state:

"A" state: - Any Status message, whose IB Address is not IB(k) itself, is forwarded to a next level partner (upwards or downwards);
- Request messages are served or forwarded.

"R" state: - This IB(k) is waiting for all on-line descendants to become active: an RST'(k-1) has been previously sent to all on-line descendants IB(k-1);
- This IB(k) has at least one on-line descendant IB(k-1);
- Request messages cannot be received.

any state: - Response messages are queued for transmission to the father IB(k+1);
- If communication towards an on-line descendant IB'(k-1) was lost, then an H'(k-1) has been sent upwards and an RST'(k-1) is eventually queued towards IB'(k-1).

<u>State "A" is entered:</u>
- At start-up time by any IB.
  ACTION: None.

from "R" - After all on-line descendants IB(k-1) are active and no more Requests are
  pending (have not yet been answered) for DB(k-1).
  ACTION: An IBA(k) is sent to the father IB(k+1).. All "Descendant Active" (DA)
          flags are reset.

<u>State "A" is maintained:</u>
- When an RST(k) is received from the father IB(k+1) and this IB has no on-line
  descendants.
  ACTION: An IBA(k) is sent upwards when all pending Requests have been completed
          for DB(k-1).
- If this IB(k) lost communication with the father IB(k+1).
  ACTION: None.
- If this IB(k) could not establish or lost communication with a descendant
  IB'(k-1), or the DB(k-1) is experiencing a malfunction.
  ACTION: An H'(k-1) Status is sent upwards. Flag "DH" is set for this descendant.
- When Request/Response messages are received or when Status messages whose IB
  Address is not the address of this IB are received.
  ACTION: The message is queued to the proper Communication Interface.
- When a SET(k) Status is received from the father IB(k+1).
  ACTION: A SET(k-1) Status is sent to DB(k-1) and all on-line descendants IB(k-1).

<u>State "R" is entered:</u>
from "A" - When this IB(k) has on-line descendants and an RST(k) is received.
  ACTION: An RST'(k-1) is sent to all on-line descendants IB(k-1).

<u>State "R" is maintained:</u>
- When an RST(k) is received from the father IB(k+1).
  ACTION: None.
- When the communication with the father IB(k+1) is lost.
  ACTION: None.
- If this IB(k) could not establish or lost communication with a descendant
  IB'(k-1), or the DB(k-1) is experiencing a malfunction.
  ACTION: An H'(k-1) Status is sent upwards. Flag "DH" is set for this descendant.
- When a Response message is received.
  ACTION: The Response is queued for transmission to the father IB(k+1).
- When an IBA'(k-1) is received from a descendant IB'(k-1), but not all on-line
  descendants IB(k-1) are active.
  ACTION: The corresponding "DA" flag is set to indicate that IB'(k-1) is active.

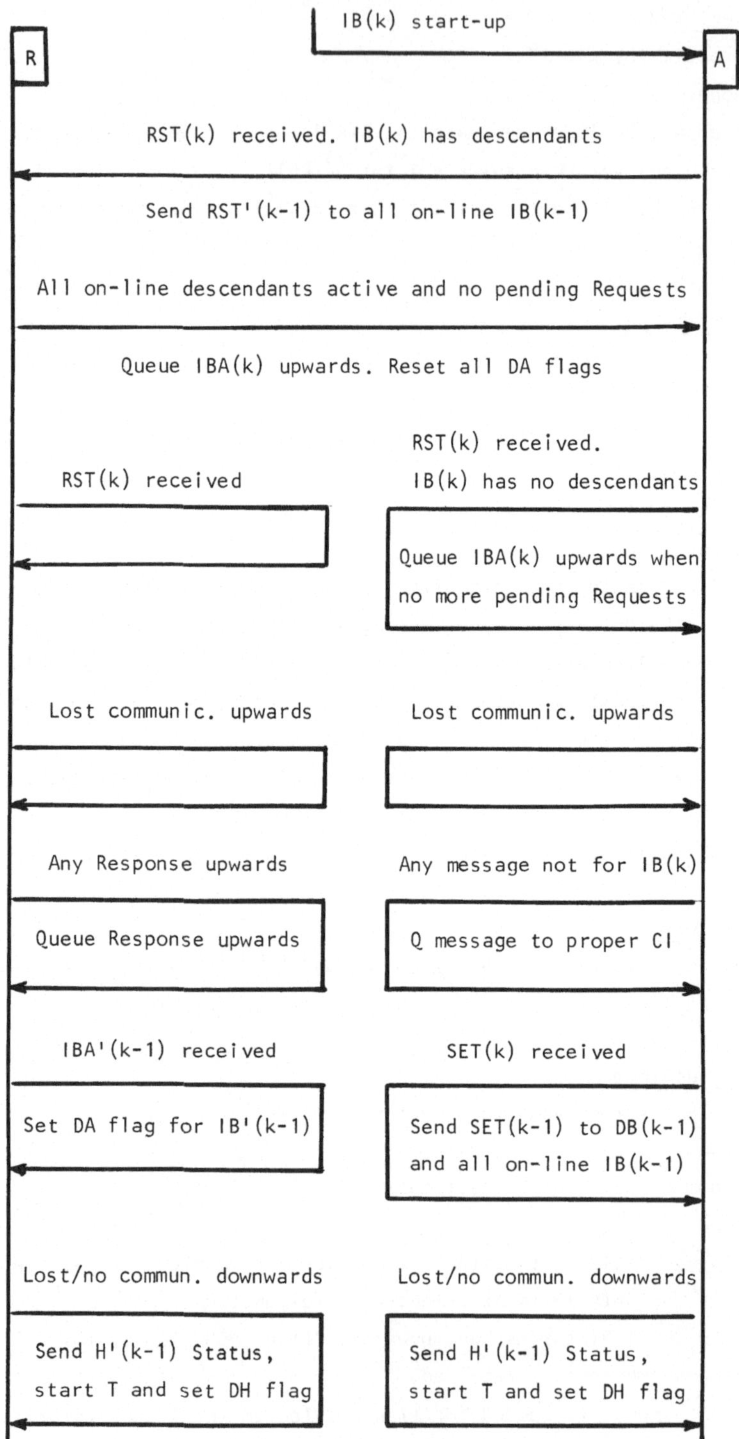

Figure 6: IB(lev k) State Diagram

Figure 6 graphically represents the previous description of an on-line IB(level k) State Machine.
The following symbolism is used:

- States are represented by vertical lines;
- changes of state are represented by arrows from the old state to the new state;
- the event which caused the change is indicated over the arrow line;
- the action taken is indicated underneath the arrow line.

If an Information Bank has no descendant IB(lev k-1), then it is called "Leaf Information Bank". In this case, including when the Logical Information Bank is composed by a single IB, only state "A" is entered and maintained. The State Diagram is simplified to the following:

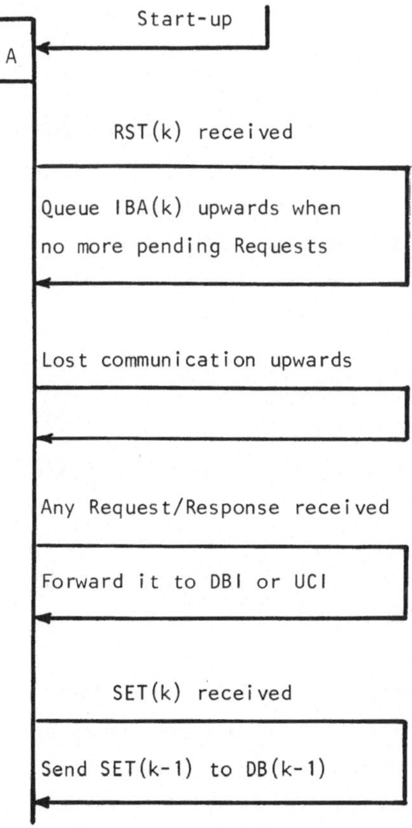

Figure 7: Single IB or Leaf IB State Diagram

Additional Flags and Timer variable

If $IB(k)$ has descendant IBs, then two flags are defined within $IB(k)$ for each of its descendants:

- "DA" or "Descendant Active"
- "DH" or "Descendant Holding"

Flag "DA": Descendant $IB'(k-1)$ is in state "A".

set: - When $IB(k)$ is in state "R" and an $IBA'(k-1)$ is received from $IB'(k-1)$. It is set to indicate that $IB'(k-1)$ is now active.

tested: - When $IB(k)$ is in state "R", after an $IBA'(k-1)$ is received or a descendant $IB(k-1)$ is varied off-line. It is tested to determine whether all on-line descendants $IB(k-1)$ are active.

reset: - When $IB(k)$ goes from state "R" to state "A".

Flag "DH": $IB(k)$ is waiting for an $IBA'(k-1)$ from $IB'(k-1)$.

set: - When an $IB(k)$ with descendants IBs cannot establish or loses communication with a descendant $IB'(k-1)$. It is set to indicate that Requests directed to $IB'(k-1)$ received from now on have to be discarded, until an $IBA'(k-1)$ is received. These Requests will eventually be reissued by the IDS together with those which were lost.

tested: - Whenever a Request is received for $IB'(k-1)$. It is tested to determine whether the Request has to be routed or discarded.

reset: - When an $IBA'(k-1)$ is received.

For every IB(level k) a time-out variable "T" is defined for each of its descendants:

$$T = \text{Maximum time allowed while waiting to establish communication with a descendant } IB'(k-1).$$

started: - After the first indication, from lower level protocols, that communication with $IB'(k-1)$ cannot be established (at start-up time) or was lost (because of a temporary problem).

reset: - When communication with $IB'(k-1)$ is established.

at expiration: - An $OFF'(k-1)$ Status message is sent upwards. Then, if the IB state is "R", all remaining DA flags are tested to determine whether state "A" should be entered. Following Requests received for this $IB'(k-1)$ are answered with a special "off-line" Response code.

The following explains in more detail how flag "DH" works and its implications: An IB(k) with defined descendants IB(k-1), when it loses communication with an IB'(k-1), whether in state A or in state R, will:

- Test and set flag "DH".
- If it was already set, then

  no action: the link went up and down again

    before an IBA'(k-1) is received.

 else

  1. An H'(k-1) is sent upwards on behalf of IB'(k-1).

  2. All Requests pending towards IB'(k-1) are dequeued and discarded.

  3. The timer T is started.

- From now on discard all Requests for IB'(k-1), even if communication towards it is re-established, <u>until</u> IBA'(k-1) is received from IB'(k-1).

APPENDIX-B: Recovery from malfunctions

1. A "Request Number" is included within unrepeatable Request messages, which are called "numbered Requests". This number assumes the values from "1" to hex'7FFF' and from hex'8001' to hex'FFFF'. It is incremented by 1 by the Integrated Distribution System, for each numbered Request forwarded to the Logical Information Bank.

2. The Data Base Interface component of each Data Base(lev k) saves on mass storage the Request Sequence Number of the last operation which was successfully completed (had a positive Response) for this Data Base(lev k). As an assumption, no more than $2^{15}-1$ operations may be pending in the same DB(lev k) at the same time. The "Last Successful Operation" Request Number is saved on mass storage <u>at the same time</u> as the corresponding operation is confirmed to the DBMS subsystem. This number is updated at least once every $2^{15}-1$ numbered Requests received by the LIB either because one or more operations have been performed on DB(k-1) or because a SET Status has been forwarded to it.

3. The Integrated Distribution System may issue at any time a SET Status message addressed to an IB(lev k). This Status is propagated to all defined Data Base Interfaces descendants of the addressed IB(lev k). When a Data Base Interface receives a SET Status, this logic is followed:

- If it is a "SET 1" (last bit of Status Code = 1)
  and the LSO is < hex'8000' (first bit = 0) then
    - Set LSO to hex'8000';
- else if "SET 0" and the LSO is ≥ hex'8000' then
    - Set LSO to 0;

4. After each numbered Request being sent, the IDS increments its current Request number by 1 (modulo 2^{16}). If now it becomes either hex'8000' or 0, the Intejrated Distribution System will:

- Prepare a SET Status message setting the last bit of the Status Code to the opposite value of the first bit of the current Request Number.
- Send the SET Status message to the LIB and then increment again its current Request Number (to either hex'8001' or hex'0001').
- At this point new Requests may be issued.

This procedure occurs once every 2^{15}-1 numbered Requests sent to the LIB, while normal service continues.

5. When a numbered Request is processed by the Data Base Interface component of an Information Bank, the following "window" variables are set:

- The LSO, stored by the DB(k-1), is used as the "window left edge".
- The "window right edge" is set to the same four hexadecimal digits with the first bit inverted.
- If the first bit of the left edge is "1", then the two window edges and the number to be checked are "normalized" by inverting their first bit.

Using this definition:
  'A number is "in window" only when it is greater than the window left edge and less or equal than the window right edge',
the following check is performed:

- If the received Request Number is "in window", then one of the following is true:
  a. This Request is a new one never issued before.
  b. This Request has been reissued either because the original Request was lost or because it was discarded after a connectivity loss.
  c. This Request has been reissued because the original Response was a negative Response and was lost: No data had been modified.
  In all cases the Request is to be processed normally.

- If the received Request Number is "out of window", then the new Request is a duplicate which was reissued after a failure because the previous positive Response message was lost. In this case a positive Response message (Return Code = hex'00') is returned immediately.

Only Responses to unnumbered Requests may contain data. Unnumbered Requests are repeatable and they are always processed normally when received by an IB.

6. When the communication towards an IB'(lev k) is re-established, an RST(k) Status is received by IB'(lev k) and, as prescribed by the IB(lev k) State Machine, an IBA(k) Status will eventually be sent upwards. When the IDS receives this Status, it reissues unanswered Requests towards IB'(lev k), retaining the old Request Numbers. When this recovery procedure, addressed specifically to this IB'(lev k), is terminated, the Integrated Distribution System will send a SET'(k) Status to that IB'(lev k). The last bit of the SET Status Code is set to the opposite value of the first bit of the current Request Number. At this point new Requests, with current Request Numbers, can be issued towards IB'(lev k).

REFERENCES

[1] International Organization for Standardization & American National Standards Institute: "Open System Interconnection - Basic Reference Model". October, 1981 - New York, NY.

[2] International Telegraph and Telephone Consultative Committee (CCITT), Study Group VII - Recommendation X.25. Geneva, 1980.

[3] L. Lenzini and G. Sommi: "Architecture and implementation of RPCNET", Proceedings of the Third International Conference on Computer Communication - Pages 605-611. August 3-6, 1976 - Toronto, Ontario.

[4] G.A. Gori and M. Maier: "Design and Implementation of Software for a Distributed Control Computer Network", Proceedings of the International Symposium on Technology for Selective Dissemination of Information - Pages 89-93. September 8-10, 1976 - Repubblica di San Marino, RSM.

[5] A.S. Ball, G.V. Bochmann and J. Gecsei: "Videotex Networks", Computer, Vol.13, No.12, Pages 8-14. December 1980.

<u>DER ANSCHLUSS VON RECHENANLAGEN</u>
<u>AN EIN OFFENES NETZ:</u>

Eine vergleichende Betrachtung.

Martin Wilhelm

Projekt BERNET
Wissenschaftliches Rechenzentrum Berlin (WRB)

0. Einführung

Aufgrund der engen Zusammenarbeit zwischen den Rechenzentren der beiden
Berliner Universitäten, dem Regionalrechenzentrum des Landes Berlin und
dem Rechenzentrum des Hahn-Meitner-Institutes Berlin bestand schon früh
der Bedarf nach intensiver Kommunikation. Es wurde daher der gemein-
schaftliche Versuch unternommen, ein offenes, herstellerunabhängiges
Kommunikationssystem der wissenschaftlichen Datenverarbeitung in Berlin
zur Verfügung zu stellen.
Das vom Bundesminister für Forschung und Technologie geförderte Projekt
BERNET basiert auf einer Kooperationsvereinbarung zwischen dem Land
Berlin, der Freien Universität Berlin und der Technischen Universität
Berlin als Träger des Wissenschaftlichen Rechenzentrums Berlin (WRB)
und der Hahn-Meitner-Institut für Kernforschung Berlin GmbH (HMI). Im
Rahmen des Projektes werden folgende Möglichkeiten des Datentransfers
angeboten:

- Der Transfer von Programmen (Jobs) und die Rückführung der Ergebnisse (Output) zwischen Rechenanlagen und Datenstationen durch
  den Remote Job Entry Dienst (RJE).

- Der Transfer von Informationen von einem Rechner zu einem anderen
  durch den File Transfer Dienst.

- Der Zugang zu der Dialogkomponente eines Rechners von einer Dia-
logstation aus durch den Dialog Dienst.

Zur Beschreibung der Realisierung der einzelnen Dienste sei das Archi-
tekturmodell der ISO herangezogen /1/, das eine Unterteilung in sieben
funktionell unterschiedliche Schichten vorsieht (Bild 1).

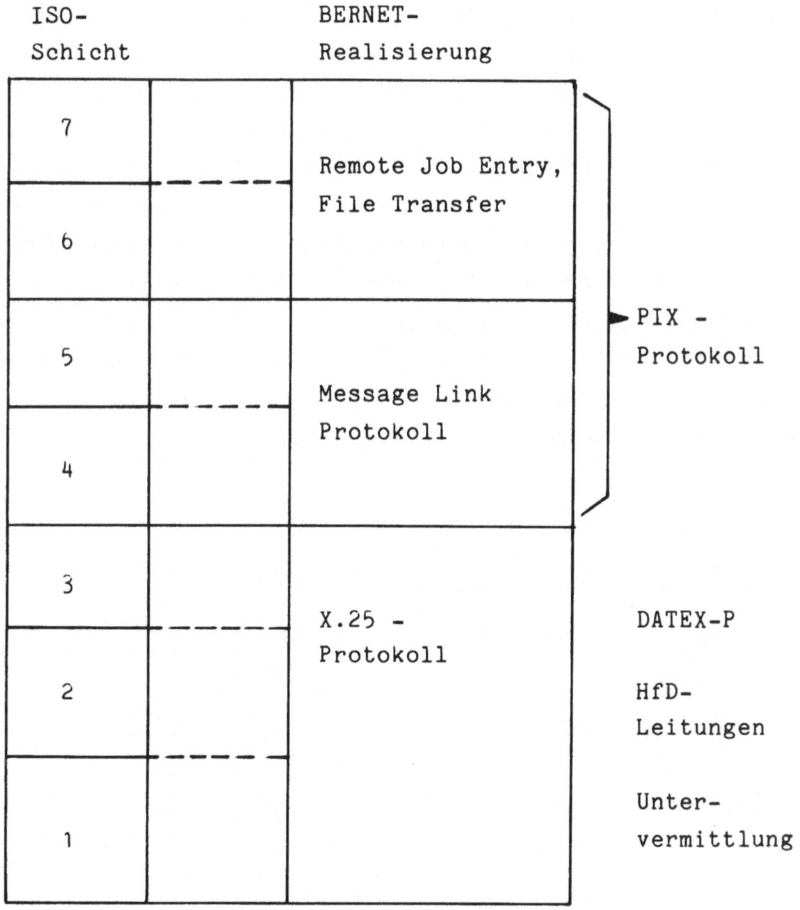

Bild 1

In den Ebenen eins bis drei wird die unter der Bezeichnung X.25 vom CCITT definierte Normempfehlung eingesetzt. Dadurch sind die durch BERNET angebotenen Dienste prinzipiell über das öffentliche Paketvermittlungsnetz der Deutschen Bundespost (DATEX - P) zugänglich /2/. Die in den Ebenen vier bis sieben eingesetzten Protokolle wurden in den Jahren 1977 bis 1979 von einem Arbeitskreis "Pilotkomplex technisch wissenschaftlicher Anwender (PIX)" definiert, in dem Rechenzentren von Hochschulen und Großforschungseinrichtungen mitgewirkt haben /3/. Die dort spezifizierten Protokolle sind - ebenso wie die Übertragungsverfahren für die Ebenen 1 bis 3 - herstellerunabhängig. Für die im Partnerprojekt HMINET II realisierten Rechneranschlüsse kommen identische Kommunikationsprotokolle zum Einsatz. Bild 2 stellt eine Übersicht über die Netzkonfiguration dar. Sie enthält die Rechenanlagen der an der Entwicklung von BERNET beteiligten Institutionen.

Die Zusammenfassung größerer Benutzergruppen über lokale Untervermittlungen erfolgte u. a. auch aus Kostengründen. Dabei ist unter einer solchen Untervermittlung ein System zu verstehen, welches die Funktionen des DATEX-P-Netzes übernimmt. Am ehesten ist hier der Vergleich mit einer privaten Nebenstellenanlage im Telefonnetz zutreffend. Die lokale Kommunikation erfolgt ausschließlich innerhalb der Untervermittlung. Für Verkehrsbeziehungen "nach außen" wird das DATEX-P-Netz benutzt, zu dem jede Untervermittlung einen Zugang hat.

TU-ZRZ
SIEMENS
BS 2000

TU-FB7
SIEMENS
BS 2000

TU-PRZ
HP 1000

UNTERVERM.
TU-BERLIN
TE KA DE

UNTERVERM.
HMINET II
SIEMENS

TU-ZRZ
CDC
NOS/BE

DATEX-P

HMI
SIEMENS
BS 3000

UNTERVERM.
WRB/GRZ
TE KA DE

UNTERVERM.
FU-BERLIN
TE KA DE

WRB
CDC
NOS/BE

ZEDAT
SIEMENS
BS 2000

GRZ
SIEMENS
BS 2000

ZEDAT
CDC
NOS/BE

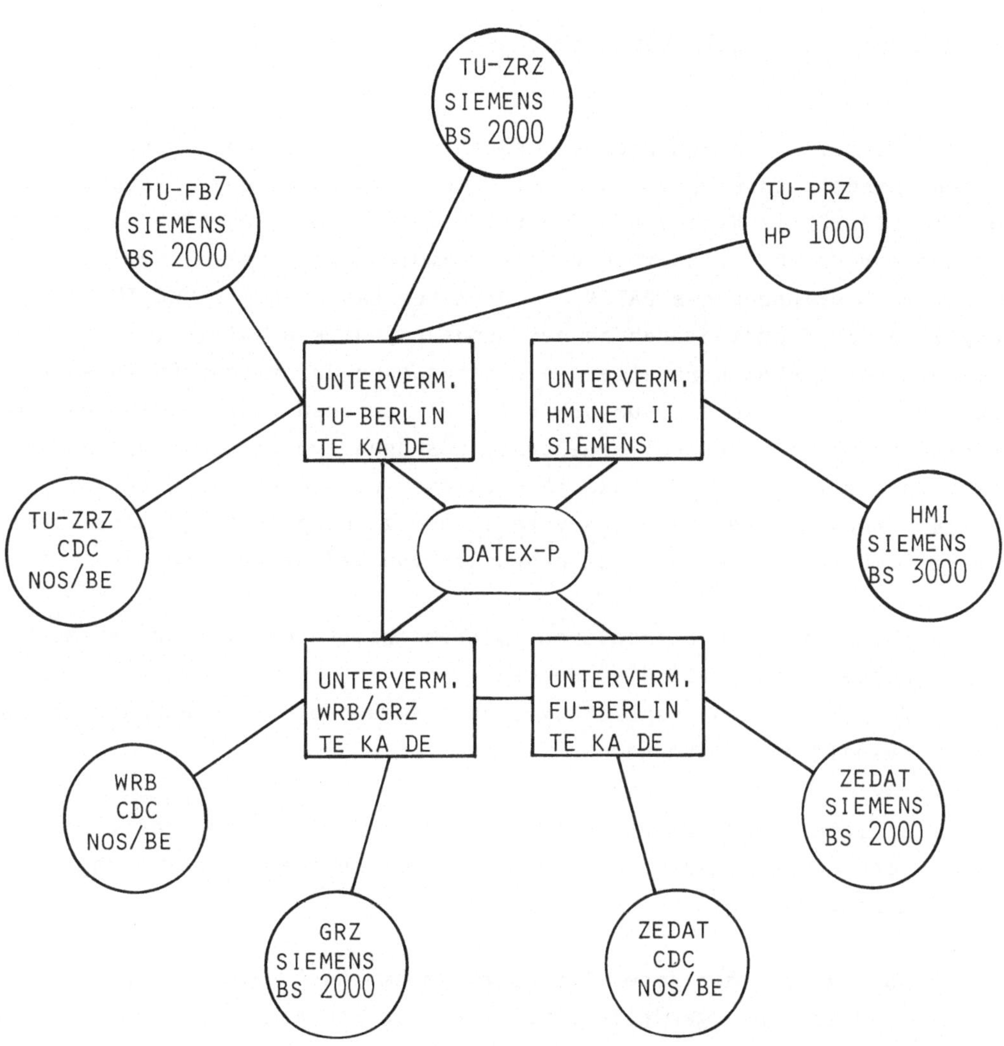

BILD 2

1. Allgemeine Gesichtspunkte eines Netzanschlusses.

Bei den derzeit von den Rechnerherstellern vertriebenen Netzwerk Produkten handelt es sich im wesentlichen um geschlossene Systeme (SNA von IBM, TRANSDATA-Netz von Siemens), bei denen der Anschluß von Fremdgeräten nur durch relativ aufwendige Emulationslösungen möglich ist. Durch die Einführung des DATEX-P - Dienstes hat sich die CCITT-Empfehlung X.25 als Standard auch in der Bundesrepublik etabliert, so daß inzwischen von vielen Herstellern ein Netzzugang auf dieser Basis angeboten wird. Dadurch werden zumindest für die unteren drei Ebenen des ISO-Architekturmodells herstellerneutrale Lösungen ermöglicht. Die auf der Ebene drei aufbauenden Protokollschichten sind demnach in eine vom Hersteller vorgegebene Betriebssystemumgebung einzubetten, wobei unter anderem die nachstehenden Gesichtspunkte von Bedeutung sind:

- Stabilität der angebotenen Systemschnittstelle. Hier ist zu beachten, inwieweit die Kontinuität der Schnittstelle über neue Versionen des Betriebssystems gewahrt bleibt. Anpassungen an ständig sich ändernde Schnittstellen sind teuer!

- Effizienz der Übertragung. Die durch das Kommunikationssystem verursachte zusätzliche Belastung des Rechners sollte möglichst gering gehalten werden.

- Zugang zu den vom Transportsystem zur Verfügung gestellten Diensten. Die gewählte Einbettung sollte einen möglichst direkten Zugang zu allen vom Transportsystem angebotenen Diensten ermöglichen.

- Wartungsaspekte. Zur Minimierung des Eigenaufwandes für die Pflege der Kommunikationssoftware ist anzustreben, daß möglichst viele Softwarekomponenten des Herstellers in das Gesamtsystem einbezogen werden. Weiterhin sind die Wahl der Programmiersprache und die Systemdokumentation angemessen zu berücksichtigen.

Im Folgenden soll anhand zweier im Rahmen des Projektes BERNET realisierter Rechneranschlüsse dargelegt werden, wie die vorstehenden Gesichtspunkte im Rahmen einer vorgegebenen Systemumgebung berücksich-

tigt werden konnten und welche Auswirkungen sich daraus für das Gesamtsystem ergeben haben.

2. Anschlußarchitektur I: Siemensanlagen unter BS2000

Der Zugang zu einem auf der CCITT-Empfehlung X.25 basierendem Netz wird
im BS2000 durch einen vom Hersteller zur Verfügung gestellten Software-
Modul "X.25 - Port" im Vorrechner realisiert /4/. Der Anwender erhält
über die sogenannte DCAM - Schnittstelle Zugang zu den Leistungen des
X.25 - Port. Da diese Schnittstelle im Hauptrechner angesiedelt ist,
müssen auch die auf Ebene drei aufsetzenden Protokollschichten im
Hauptrechner installiert werden.

DCAM ist eine für die Kommunikation im TRANSDATA - System entwickelte
Schnittstelle, deren wichtigste Dienste

- Aufbau und Abbau von Kommunikationsbeziehungen
- Warten auf Ereignisse
- Senden und Empfangen von Informationsblöcken
- Senden und Empfangen von Expressnachrichten

sind.
Verbindungsaufbau und -abbau ist einem sogenannten Primärprozeß vorbehalten. Dagegen können Nachrichten über eine von einem Primärprozeß
aufgebaute Verbindung auch von anderen Prozessen - den Sekundärprozessen - übertragen werden.

Eine im Rahmen dieser Vorgaben augenfällige Strukturierung wäre es, die
Aufgaben der Message Link Schicht einem Primärprozeß zuzuordnen, während die Anwendungen Remote Job Entry oder File Transfer jeweils in
eigenständigen Sekundärprozessen zu realisieren wären. Die Kommunikation zwischen dem Primärprozeß und den Sekundärprozessen könnte dann
in Form von DCAM - Nachrichten abgehandelt werden. Das Strukturierungs-
prinzip des Schichtenmodells spiegelte sich dann auch in der Prozeß-
struktur wieder.
Einer solchen Lösung standen jedoch Effizienzbetrachtungen entgegen.
Aus verschiedenen Quellen war bekannt, daß die Benutzung von DCAM eine
durch Komfort und Allgemeinheit der Schnittstelle bedingte hohe CPU-

Belastung bedeutet. Eine von der GMD – Bonn in Auftrag des Projektes
BERNET durchgeführte Studie bestätigte diese Annahme /5/.

Es wurde daher nach Lösungen gesucht, durch die die Anzahl der DCAM-
Aufrufe auf ein Mindestmaß beschränkt werden konnte. Die Überlegungen
führten zu der in Bild 3 dargestellten Struktur.

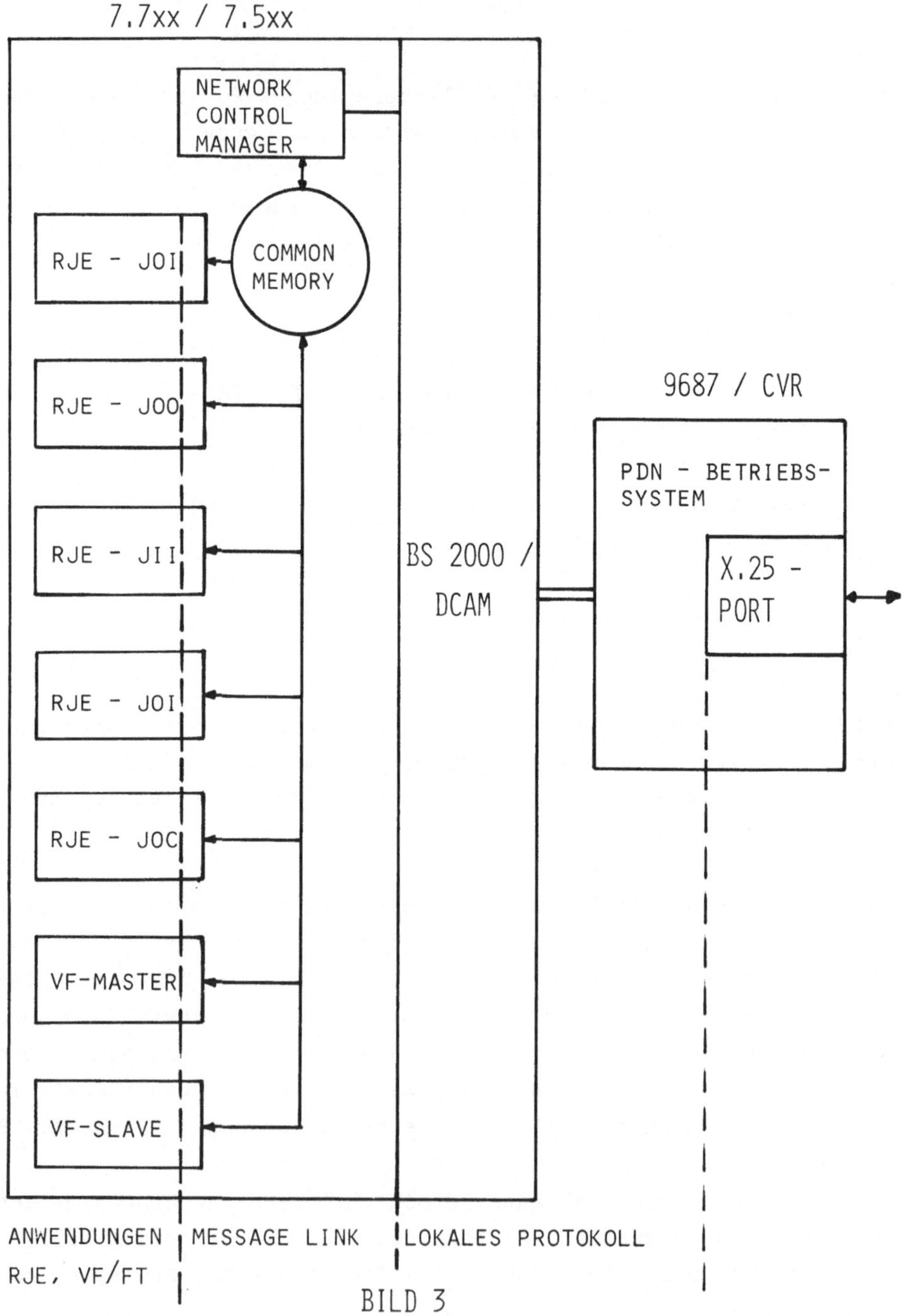

BILD 3

Die Grundfunktionen des Message Link Protokolls (Aufbau einer Transportverbindung, Senden und Empfangen von Nachrichten, Abbau einer Transportverbindung) werden dem Anwendungsprozeß in Form von Unterprogrammen aus einer zentralen Bibliothek zur Verfügung gestellt. Dadurch wird die zusätzliche Kommunikation zwischen einem Message Link Prozeß und dem Anwendungsprozeß vermieden. Diese ist nunmehr nur noch in der Verbindungsaufbau und -abbauphase mit dem Network Control Manager-Prozeß (NCM) erforderlich. Nur der NCM ist als Primärprozeß in der Lage, Netzwerkverbindungen auf- und abzubauen.

Ein gemeinsamer Speicherbereich (COMMON MEMORY) dient nicht nur zur Übergabe von Daten zwischen dem Network Control Manager und den Anwendungsprozessen, sondern repräsentiert auch den aktuellen Zustand der Transportschicht. Neben den Resource-Tabellen sind auch alle DCAM-Steuer- und Parameterblöcke in diesem Bereich abgelegt. Diese Lösung bietet über entsprechende Dienstprogramme einem Operateur die Möglichkeit, steuernd einzugreifen.
Die Synchronisation mit den externen Ereignissen (z.B. Verbindungsaufbauwunsch vom Netz) wird durch sogenannte Contingency - Routinen realisiert /6/, die vom Betriebssystem beim Auftreten vorher definierter Ereignisse aktiviert werden. Um Deadlock - Situationen zu vermeiden, darf jeder Anwendungsprozeß zu keiner Zeit auf ein bestimmtes Ereignis warten. Die ebenfalls in einer zentralen Bibliothek zur Verfügung gestellten Contingency-Routinen stellen dazu Hilfsmittel bereit.

3. Anschlußarchitektur II : CDC unter NOS/BE

Während für den Anschluß von SIEMENS - Anlagen zumindest für die Ebenen 1 bis 3 des ISO-Modells auf ein Produkt des Herstellers zurückgegriffen werden konnte, war es von der Control Data Corporation (CDC) nicht geplant, X.25 als Standardprodukt unter dem Betriebssystem NOS/BE anzubieten. Ein Wechsel zum Betriebssystem NOS war für die beteiligten Institutionen wegen des hohen Umstellungsaufwandes nicht diskutabel. Für den Netzanschluß wurde daher ein gesonderter Vorrechner eingesetzt. Dadurch ergab sich für das Design der Anschlußarchitektur im Vergleich zum SIEMENS-Netzanschluß ein wesentlich größerer Spielraum.
Da zwischen den CDC-Anlagen der Universitätsrechenzentren und des Wissenschaftlichen Rechenzentrums Berlin bereits seit 1977 eine Remote Job

Entry Kopplung in Betrieb ist, bestanden bezüglich Durchsatz und Effizienz bereits sehr genaue Vorstellungen und Anforderungen. Diese Erfahrungen haben die Architekturüberlegungen beim CDC - Anschluß in starkem Maße beeinflußt. Es wurde eine Lösung gewählt, bei der die Abhandlung aller Protokollschichten im Vorrechner erfolgt (Bild 4).

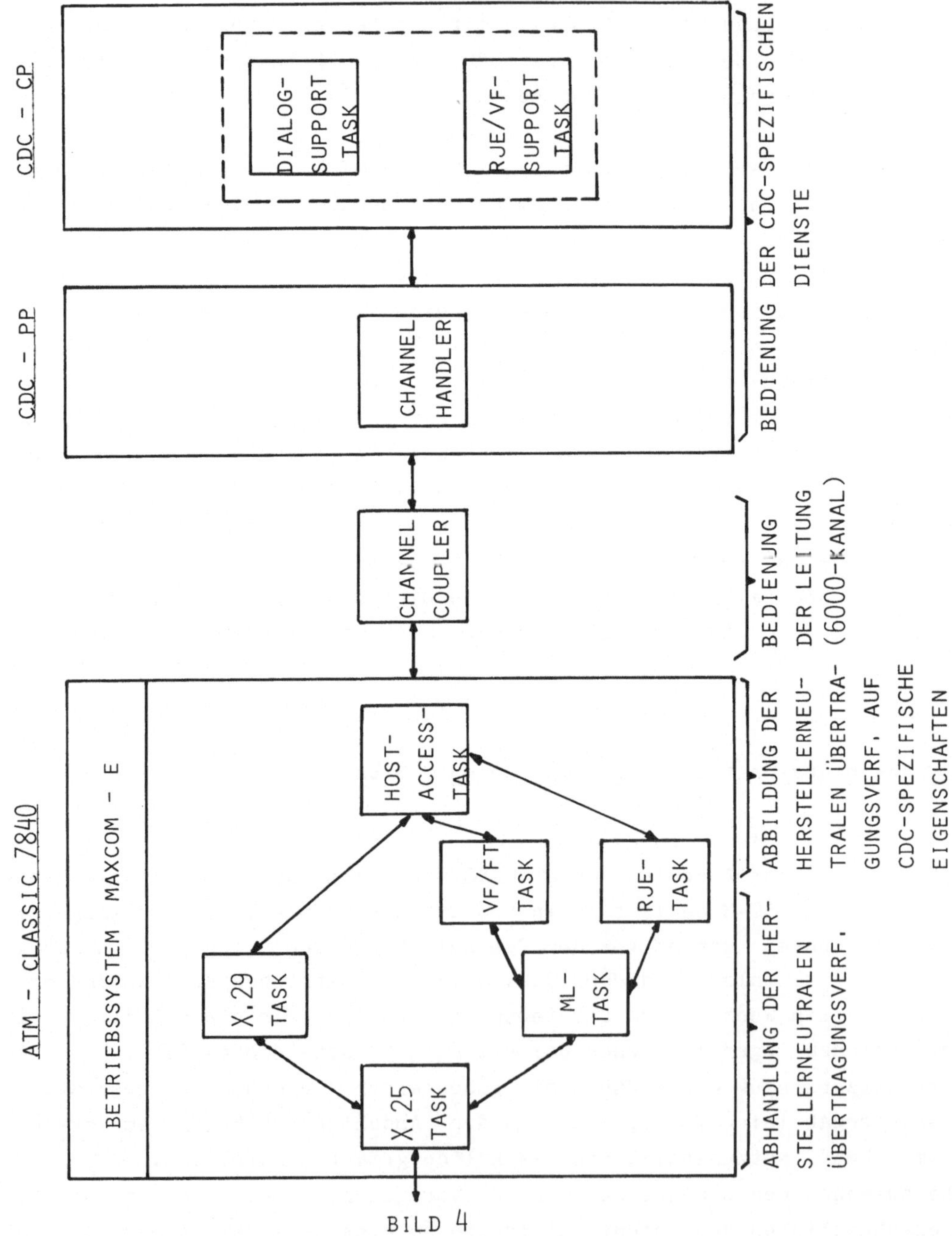

BILD 4

Die Abhandlung der herstellerneutralen Übertragungsverfahren erfolgt ausschließlich im Vorrechner. Für die einzelnen Protokollschichten sind Tasks zuständig, die über eine vom Betriebssystem zur Verfügung gestellte IntertaskKommunikation Informationen austauschen. Im Gegensatz zu DCAM ist die hier verwendete Intertask-Kommunikation sehr effizient und bewirkt nur eine geringe zusätzliche Belastung.
Die vom Netz eintreffenden Informationen werden in Abhängigkeit von der Anwendung im Vorrechner in CDC-spezifische Formate umgesetzt. Ziel dieses Vorgehens ist es, die durch die Kommunikation verursachte zusätzliche Belastung des Hauptrechners so gering wie möglich zu halten.

Die jeweilige Umsetzung der herstellerneutralen Anwendungsprotokoll-Elemente (Remote Job Entry, File Transfer, Dialog) in die Aufrufe der entsprechenden Dienstleistungen der Support - Tasks im Hauptrechner erfolgt in den Applikations-Tasks (FT-Task, RJE-Task, X.29-Dialog Task). Die erforderlichen Datenwandlungen und Umcodierungen erfolgen für Remote Job Entry und Dialog ebenfalls im Vorrechner. Der Zugang zum Hauptrechner erfolgt über einen Kanalkoppler direkt an den 6000 - Kanal der CDC. Ein spezielles Treiberprogramm in einem peripheren Prozessor (PP) der CDC stellt die Kanalübertragung sicher.

Die von den Support-Tasks zur Verfügung gestellten Dienste sind u.a.:

- Zugang zum Dialogsystem INTERCOM
- Einrichten und Löschen von Files
- Eröffnen und Schließen von Files
- Lesen und Schreiben (blockweise)
- Durchsuchen der Input- bzw. Outputqueue nach Files, die für den Transfer über das Netz bestimmt sind
- Einbringen von Files in die Input- bzw. Outputqueue.

Die gewählte Lösung ist ohne Zweifel recht aufwendig. So mußte z.B. für die in Eigenimplementierung erstellte X.25 - Software die Zulassung zum DATEX-P-Netz bei der Deutschen Bundespost erwirkt werden. Ein weiterer, wesentlicher Gesichtspunkt ist der für die Pflege der Software erforderliche Aufwand. Die strikte Trennung in einen herstellerunabhängigen Teil und einen systemspezifischen Teil soll auch den erforderlichen Wartungsaufwand verringern. Diesen Nachteilen steht der Vorteil der hohen Effizienz (= hoher Durchsatz) und der geringen zusätzlichen Belastung des Hauptrechners gegenüber.

4. Vergleichende Betrachtungen

Die Tatsache, daß im Falle des Netzanschlusses von Siemensanlagen unter
BS 2000 ein Produkt des Herstellers mit eingesetzt werden konnte, während beim Anschluß von CDC-Anlagen unter NOS/BE eine Eigenimplementierung für das gesamte Kommunikations - Subsystem erfolgte, hat weit über
die Software-Architektur hinausgehende Folgen. Da das Design, die Programmierung und der Test beider Komponenten in etwa zeitlich parallel
ablief, traten die Auswirkungen der unterschiedlichen Lösungsansätze
besonders deutlich hervor. Die folgenden Betrachtungen zu den einzelnen
Projektphasen erheben keinerlei Anspruch auf Vollständigkeit. Es wurden
vielmehr die Arbeitspunkte ausgewählt, bei denen sich nach Auffassung
des Autors der Unterschied des Ansatzes besonders augenfällig auswirkt.

4.1 Strukturierung der Kommunikationssoftware

Im Falle des BS 2000 war die Entscheidung, welche Teile der Kommunikationssoftware wo ablaufen sollen, durch die Entscheidung für den Einsatz des X.25-Port des Herstellers bereits vorweggenommen. Überlegungen, die die Benutzung einer internen Schnittstelle (BCAM) zum Inhalt
hatten, wurden bald verworfen, da die Stabilität dieser Schnittstelle
vom Hersteller nicht längerfristig garantiert wurde. Die Entscheidung
für DCAM warf ein nicht unerhebliches Effizienzproblem auf. Die letztlich gewählte Lösung - sie wurde vorstehend bereits beschrieben - ist
der Versuch, die zusätzliche CPU - Belastung durch die Kommunikationssoftware möglichst gering zu halten. Wie sich in späteren Phasen zeigte, mußte der vermeintliche Effizienzgewinn durch einige Probleme während der Tests der Software erkauft werden.
Bei der Strukturierung der Software für den CDC - Anschluß waren Fragen
der Effizienz von besonderer Bedeutung. Dies ist im Zusammenhang mit
der besonderen Rolle der CDC CYBER 175 des Wissenschaftlichen Rechenzentrums zu sehen. Diese Anlage hat die Aufgabe eines leistungsfähigen
Hintergrund - Batchsystems, das die anderen Rechner im Verbund von
rechenintensiven Aufträgen entlasten soll. Der Netzanschluß dieses

Rechners muß daher besonders leistungsfähig sein und hohen Datendurchsatz ermöglichen. Die Überlegungen hierzu konzentrierten sich daher auf das Problem, welche Teile der Kommunikationssoftware wo ablaufen sollte, - eine Frage, die sich beim Siemensanschluß gar nicht stellte. Letztlich gab auch hier der Gesichtspunkt, den Hauptrechner zusätzlich so wenig wie möglich zu belasten, den Ausschlag. Es wurde eine Lösung gewählt, bei der in der CDC Datenwandlungen, Protokollabwicklungen usw. im wesentlichen nicht stattfinden.

Der Anschluß fremder Hardware an ein Rechnersystem wirft naturgemäß insbesondere die Frage der Wartung der Anschluß-Software auf. Dieses Problem stellte sich im Falle des NOS/BE erfreulicherweise nicht in voller Schärfe. Da gerätespezifische Eigenschaften hauptsächlich durch ein Treiberprogramm in einem der peripheren Prozessoren berücksichtigt werden, ist bei Beachtung einiger systeminterner "Spielregeln" der Aufwand beim Übergang auf eine neue Version des Betriebssystems eingrenzbar. Die Zentraleinrichtung Rechenzentrum (ZRZ) der TU Berlin betreibt auf sehr ähnlicher Basis seit geraumer Zeit einen Frontend - Prozessor, so daß hier Erfahrungswerte herangezogen werden konnten.

4.2 Programmiersprache

Die jeweiligen Randbedingungen ließen für beide Implementierungen kaum einen Entscheidungsspielraum für die Wahl der Programmiersprache. Kauf, Miete oder Eigenentwicklung von Übersetzern war aus finanziellen und zeitlichen Gründen nicht möglich. Für die Siemens - Kommunikationssoftware fiel die Wahl auf SPL (System Programming Language), die vom Hersteller hausintern für etliche Softwareprodukte eingesetzt wird. SPL ist eine höhere Programmiersprache, die eine gewisse Ähnlichkeit mit PASCAL aufweist. Die direkte Zugriffsmöglichkeit auf die DCAM-Schnittstelle machte sie im Hinblick auf den geplanten Einsatz zusätzlich attraktiv. Einige Eigenheiten der Sprache führten in der Anfangsphase zu Verständnisschwierigkeiten. Rückblickend ist jedoch festzustellen, daß sich der Einsatz von SPL insgesamt bewährt hat.

Der Entscheidungsspielraum bei der Wahl einer Programmiersprache für den Vorrechner der CDC war womöglich noch enger. Da der CLASSIC-Vorrechner keine Peripherie besitzt, mußte die Programmierung über Cross-

Software vom CDC-System her erfolgen. Die ZRZ hatte zur Programmierung ihres Frontend - Systems einen Cross-Assembler erstellt. Dieser konnte nach einigen Modifikationen für den Einsatz bei BERNET herangezogen werden.
Über die Vor- und Nachteile der Software-Erstellung in Assemblersprache braucht hier nicht eingegangen zu werden - sie sind bekannt. Es wurde versucht, durch detaillierte Dokumentation und eine disziplinierte Programmierung die Wartungsproblematik zu entschärfen.

4.3 Test

Die Tatsache, daß die von BERNET erstellte Kommunikationssoftware für den BS2000 - Anschluß komplett im Hauptrechner angesiedelt ist, machte sich bei den Tests der implementierten Software positiv bemerkbar. Durch die Verwendung der DCAM - Schnittstelle war es sehr einfach möglich, z.B. einen Jobtransfer auf einem Rechner zu simulieren, ohne das DATEX-P-Netz einzubeziehen. Dies wurde - vereinfacht ausgedrückt - dadurch erreicht, daß man beim Verbindungsaufbau in dem entsprechenden DCAM-Makroaufruf statt der X.25 - Portadresse die Prozeßidentifikation des gewünschten Zielprozesses einsetzte. Auf diese Weise ließen sich wesentliche Teile der Kommunikations - Software ohne die üblicherweise beim Test verteilter Systeme auftretenden Probleme testen. Da die Kommunikationssoftware darüberhinaus voll im Anwendermodus ablauffähig ist, ließen sich die im BS 2000 standardmäßig vorhandenen Testhilfen ebenfalls vorteilhaft einsetzen. Dementsprechend verlief auch der Übergang auf den X.25-Port von dieser Seite her problemlos.

Erheblich schwieriger war es dagegen, das Zusammenspiel zwischen der BERNET-Kommunikationssoftware und DCAM/X.25-Port in den Griff zu bekommen. Die zunächst zum Einsatz gekommene Pilotversion des X.25 - Ports wies einige Mängel auf. Es stellte sich als außerordentlich schwierig heraus, die Ursache für aufgetretene Fehler zu lokalisieren, da sich die Software des Herstellers ab der DCAM-Schnittstelle für den Anwender als "black box" darstellte. Die Eingrenzung von Fehlerquellen innerhalb des Kommunikations - Subsystems wurde zusätzlich dadurch erschwert, daß die Funktionen der Message Link-Schicht nicht durch einen eigenständigen Prozeß, sondern in Form von Unterprogramm - Aufrufen verwirklicht wurden. Diese aus Effizienzgründen gewählte Struktur machte sich bei der Zuordnung von Fehlern zu einer Protokollschicht nachteilig bemerkbar.

Die Softwarearbeiten für den CDC-Anschluß wurden dadurch erschwert, daß zunächst die Arbeitshilfsmittel für Software-Erstellung und -Test entwickelt werden mussten. Zunächst stand lediglich das Betriebssystem für den Vorrechner zur Verfügung - eher stromlinienförmig auf die Bedürfnisse von Kommunikationssoftware zugeschnitten als auf die Unterstützung von Software-Entwicklungen ausgerichtet. Die Entwicklung von Testhilfen wie Traces, Haltepunkte, Dumps etc. nahm daher zunächst etliche Zeit in Anspruch. Besonders problematisch waren Entwicklung und Test der Kanalverbindung zwischen der CDC und dem Vorrechner. Die sehr systemnahe Treibersoftware konnte nur in Blockzeiten außerhalb des normalen Betriebes getestet werden.

Zeitlich parallel dazu verlief die Codierung der spezifizierten Kommunikationssoftware. Dadurch, daß die Testmöglichkeit auf der Maschine zunächst noch nicht gegeben war, bestand der Zwang zum "Schreibtischtest" der Software. Es zeigte sich ein weiteres Mal, daß diese Arbeitsweise dem "eben rasch an der Maschine ausprobieren" weit überlegen ist. Die gewählte Softwarestruktur gestattete es, die einzelnen Komponenten zunächst weitgehend unabhängig voneinander zu testen. Bei den während der Tests entdeckten Fehlern handelte es sich zu einem nicht unerheblichen Teil um solche, die typisch für die Programmierung in Assemblersprache sind:

- falsche Annahmen über den vermeintlichen Inhalt von Registern

- Tippfehler, die syntaktisch korrekte Befehle ergaben

- versehentlich weggelassene Befehle.

Trotzdem war die für Implementierung und Test benötigte Zeit teilweise recht gering. So wurden für Implementierung und Test der X.25 - Task ca. 3 Mannmonate benötigt. Dies ist hauptsächlich auf eine sorgfältige Spezifikation und - last not least - auf erfahrenes Personal zurückzuführen.

Insbesondere bei der Entwicklung der Software für die X.25 - Task war der Einsatz eines X.25 - Monitors/- Simulators unumgänglich. Desweiteren war dieses Gerät bei den Kompatibilitätstests zwischen der BS 2000 - Implementierung und der CDC - Implementierung des Remote Job Entry Protokolls eine besonders wertvolle Hilfe. Nur durch den Einsatz eines

Monitors war es möglich festzustellen, welche Seite sich bei auftretenden Fehlern protokollwidrig verhielt.

Beide Implementierungen wurden zunächst gegen sich selbst getestet.
Dies erfolgte in der Endphase dadurch, daß als Adresse des Kommunikationspartners die eigene DTE - Adressse eingesetzt wurde. Das DATEX-P-
Netz wirkte in diesem Fall als "Spiegel-Funktion". Abschließend erfolgte der Test der Kommunikation zwischen einer SIEMENS - Anlage und einer
CDC-Anlage über das DATEX-P-Netz. Dabei machte sich die Tatsache, daß
die Spezifikationen in enger Zusammenarbeit der Spezifikationsgruppen
entstanden waren, positiv bemerkbar. Die in dieser Testphase entdeckten
Fehler waren in nur zwei Fällen auf Mißverständis bzw. unterschiedlicher Interpretation des Kommunikationsprotokolls zurückzuführen.

Konkrete Erfahrungen aus einem "eingeschwungenen" Benutzerbetrieb lagen
zum Zeitpunkt der Abfassung des Vortragsmanuskriptes (Juni 82) noch
nicht vor.

5. Schlußbetrachtung

Die beiden vorgestellten Lösungsmöglichkeiten für das Problem

"Rechneranschluß an ein offenes Netz"

repräsentieren gewissermaßen zwei Extremfälle. Zwischen diesen ist eine Anzahl von Varianten denkbar, bei denen ein mehr oder weniger großer Anteil der Kommunikationsaufgaben durch den Hauptrechner oder den Vorrechner bearbeitet wird. Die Randbedingungen für den Netzanschluß eines bestimmten Rechnersystems werden weitgehend festgelegt durch

- Betriebssystem-Schnittstellen
- Durchsatzanforderungen
- personelle / finanzielle Kapazität für die Entwicklung
- Wartungsaspekte.

Die in Kapitel 4 geschilderten Varianten eines Anschlusses an ein offenes Netz lassen die folgenden Rückschlüsse zu:

a) Werden vom Hersteller für ein bestimmtes Betriebssystem Komponenten für den Anschluss an ein offenes Netz zur Verfügung gestellt, so engt dies den Entscheidungsspielraum beim Entwurf des Gesamtsystems ein. Insgesamt gesehen überwiegen jedoch die Vorteile des Einsatzes von Herstellersoftware.

b) Die Verwendung einer höheren Programmiersprache war auch bei dieser Anwendung von Vorteil. Effizienzprobleme sind durch die Neucodierung von häufig durchlaufenen Programmteilen in den Griff zu bekommen.

c) Die Zusammenfassung aller Kommunikationskomponenten im Vorechner kann einen entscheidenen Effizienzgewinn bedeuten. Leider steht dies im Widerspruch zu der unter a) gemachten Aussage.

Eine kostengünstige Lösung ist daher langfristig nur durch den weitgehenden Einsatz von internationalen Standards erreichbar. Die Berechtigung von Projekten wie BERNET liegt im Sammeln von Erfahrungen bei Implementierung und Betrieb von offenen Netzen, um aus der Praxis heraus Anregungen bei der Gestaltung der Standards geben zu können.

6. Literatur

/1/ Draft Proposal ISO/DP 7498
     Information Processing Systems - Open Systems
     Interconnection
     - Basic Model -
     ISO TC97/SC16/N890 - February 1982

/2/ DATEX - P - Handbuch der Deutschen Bundespost

/3/ PIX - Protokollhandbuch
     GMD-IFV Darmstadt (Selbstverlag)
     1977

/4/ Softwareprodukt X.25 PORT (PDN) Version 1
     Paketvermittlungsschnittstelle
     Produktblatt, Ausgabe 3/80
     SIEMENS AG, Bereich Datenverarbeitung
     Bestell-Nr. D17/7296-01

/5/ Bericht: Performanceanalyse für den Anschluß von
     BS2000 Anlagen an das BERNET
     Dr. H. Mühlenbein
     F. A. Jirka
     GMD-Birlinghoven
     Mai 1980

/6/ BS2000 - Makroaufrufe an den Ablaufteil
     SIEMENS Benutzerhandbuch

/7/ Anschluß von BS2000 Rechnern an BERNET:
     Anschlußarchitektur
     N. Scheller
     Juli 1980

/8/ Anschluß von BS2000 Rechnern an BERNET:
     Message Link - Designspezifikation
     N. Scheller et al.
     Januar 1981

/9/ Anschluß von BS2000 Rechnern an BERNET:
     Remote Job Entry - Architektur
     K. Jacobsen, W. Stech
     November 1980

/10/ Anschluß von BS2000 Rechnern an BERNET:
     Virtual File System - Architektur
     K. Jacobsen, G. Maiß
     Februar 1981

/11/ Anschluß von CDC - Anlagen an BERNET:
     Anschlußarchitektur (in Englisch)
     J. Börger et al.
     Dezember 1980

/12/ Anschluß von CDC - Anlagen an BERNET:
     Specification of the Message Link Task
     (in English)
     J. Börger, M. Helbig
     Januar 1981

/13/ Anschluß von CDC - Anlagen an BERNET:
     RJE Task Spezifikation
     W. Heinze
     Februar 1982

/14/ Das Virtual-File-System: Realisierung für
     CDC-Anlagen unter NOS/BE 1 und SIEMENS-Anlagen
     unter BS2000
     Vortragsmanuskript eingereicht für die Tagung
     "Kommunikation in Verteilten Systemen - Anwendung
      und Betrieb"
     in der Technischen Universität Berlin
     17. - 21. Januar 1983
     G. Maiß, J. Steffens

/15/ Anschluß von CDC - Anlagen an BERNET:
     Specification of the X.29 Task (in English)
     J. Börger
     Februar 1982

SNATCH - REALISIERUNG EINER KOPPLUNG VON SNA- UND TRANSDATA- NETZEN

Franz Graml
Deutsche Forschungs- und Versuchsanstalt
für Luft- und Raumfahrt e.V. (DFVLR)
Rechenzentrum
8031 Oberpfaffenhofen

Abstract

Im Projekt SNATCH (SNA and TRANSDATA Coupling of Hosts) der DFVLR sollte der Nachweis erbracht werden, daß die Öffnung von geschlossenen Herstellernetzarchitekturen durch Verbindung der unveränderten Herstellernetze über einen Gateway erreicht werden kann.

Durch Implementation von Abbildungssoftware in einem TRANSDATA-Rechner wurde die Kopplung zweier wichtiger Herstellernetzwerke, nämlich SNA von IBM und TRANSDATA von Siemens, exemplarisch durchgeführt. Der Einsatz der SNATCH-Software bei verschiedenen Anwendern zeigt neben der grundsätzlichen Realisierbarkeit auch die Praktikabilität dieser Gateway-Lösung.

Inhalt

1. Einleitung

Hersteller von Datenverarbeitungssystemen bieten heute im allgemeinen auch Hard- und Sofwareprodukte an, die es gestatten, diese Systeme zu homogenen, d.h. herstellerspezifischen Netzen zusammenzuschließen. Für die Bildung von heterogenen Netzen, bei denen Systeme verschiedener Hersteller beteiligt sind, gibt es jedoch bis heute keine Standardlösung. Die Schwierigkeit liegt in der Inkompatibilität der einzelnen Netzarchitekturen zueinander begründet, die infolge fehlender internationaler Normen jeweils auf herstellerspezifischen de-facto Normen aufbauend entstanden sind.

In den letzten Jahren führten verstärkte Vereinheitlichungsbemühungen zur Definition des sogenannten ISO-Referenzmodells für offene Systeme (/ISO81/), welches mit seinen sieben Schichten einen Rahmen für die Entwicklung von Diensten und Protokollen für offene Systeme vorgibt. Es ist jedoch noch nicht abzusehen, welchen Zeitraum die noch ausstehende Normung der ISO-Schichten 4 bis 7 beanspruchen wird, und vor allem nicht, wann die Hersteller die entsprechenden Protokolle dann so implementiert haben werden, daß die gewünschte freizügige Kommunikation auch tatsächlich problemlos möglich ist.

Aufgrund der Tatsache, daß gegenwärtig bereits eine große Zahl von herstellerspezifischen und im ISO-Sinne geschlossenen Netzen betrieben wird, ist ein rascher und vor allem einigermaßen gleichzeitiger Ersatz der bisherigen geschlossenen Architekturen durch offene, d.h. ISO-konforme Implementierungen äußerst unwahrscheinlich. Es wird nicht nur für eine beträchtliche Zeit weiterhin ein Nebeneinander von zueinander unverträglichen Herstellerarchitekturen geben, sondern unter Umständen auch eines Tages eine Koexistenz dieser alten geschlossenen Versionen mit neuen ISO-gerechten Implementierungen - und dies möglicherweise sogar innerhalb des Produktangebots eines einziges Herstellers. Die Erarbeitung von Lösungen, die einen Übergang im Sinne eines Funktionsverbundes zwischen Systemen ermöglichen, die in unterschiedliche Netzarchitekturen eingebunden sind, wird deshalb nach wie vor ein vordringliches Anliegen von Anwendern und Herstellern bleiben.

Die DFVLR hat in einem vom BMFT geförderten Projekt die Möglichkeit untersucht, Übergänge zwischen geschlossenen Herstellernetzen durch die Gateway-Technik, d.h. ohne Änderung der beteiligten Herstellerarchitekturen selbst, zu schaffen und diese Netze dadurch zu öffnen. Diese Aufgabe wurde am Beispiel zweier wichtiger Hersteller-Netzarchitekturen durchgeführt, nämlich für 'Systems Network Architecture' (SNA) von IBM und für 'TRANSDATA' von Siemens. Im folgenden wird von den Ergebnissen dieses Projekts berichtet.

2. Projektrahmen

Ausgehend von den Gegebenheiten bei der DFVLR, die in ihren 5 Rechenzentren sowohl
IBM- bzw. IBM-kompatible Rechner unter den Betriebssystemen MVS und VM als auch Sie-
mens-Rechner unter BS2000 betreibt, wurden in den Jahren 1978/79 Vorstudien zur
Schaffung eines heterogenen IBM/Siemens-Rechnerverbunds durchgeführt. Die Ergebnisse
dieser Studie führten im Förderungszeitraum des BMFT vom Januar 1980 bis Dezember
1982 zur Realisierung eines Gateways für SNA- und TRANSDATA-Netze. Der Projektname
war demgemäß SNATCH für SNA and TRANSDATA Coupling of Hosts.

Die Arbeiten wurden im Rahmen einer Kooperation mit der Siemens AG von einem gemeinsamen Projektteam durchgeführt. 1981 bzw. 1982 folgte für die Realisierung ergän-
zender Teilfunktionen zusätzliche Zusammenarbeit mit der Universität Mannheim und
dem Bundeskriminalamt Wiesbaden.

3. Benutzergesteuerter Funktionsverbund

Homogene SNA- und TRANSDATA-Netzwerke erlauben einen benutzergesteuerten Funktionsverbund von Verarbeitungsrechnern (Hosts), Vorrechnern und Benutzerstationen (Terminals) im folgenden Sinn:

- Wahlweiser Zugriff auf die Host-Systeme im Dialogbetrieb (Dialogverbund)
- Wahlweiser Zugriff auf die Host-Systeme im Stapelbetrieb (RJE-Verbund)
- Kommunikation zwischen Anwenderprogrammen in den Host-Systemen (Programmverbund)

Die Aufgabenstellung im Projekt SNATCH war es, ein Kopplungssystem zu realisieren,
das diesen Funktionsverbund der homogenen Netze auf ein heterogenes IBM/Siemens-
Netz erweitert.

4. Entwurfskriterien für das Kopplungssystem

4.1 Handhabbarkeit

Eine grundlegende Randbedingung für die Realisierung eines heterogenen Funktionsverbundes ist die Handhabbarkeit des Kopplungssystems. Dabei ist sowohl der Entwicklungs- als auch der Betriebsaspekt zu beachten. Für beide ist es vorteilhaft, wenn bestehende Herstellerprodukte unverändert eingesetzt werden können. Deshalb sollen weder Eingriffe in die Betriebssysteme der Hosts, noch in die der Kommunikationsrechner erfolgen. Insbesondere sollen die Zugriffsmethoden der Hersteller für Datenfernübertragung unangetastet bleiben. Vor allem aus Gründen der Installierbarkeit, Bedienbarkeit und Sicherheit ist es außerdem von Vorteil, wenn die Kopplungssoftware an einem oder zumindest wenigen Punkten des heterogenen Netzes konzentriert ist. Diese Überlegungen führten unmittelbar zu dem gewählten Lösungsansatz, die Herstellernetzwerke über einem Kopplungsrechner (Gateway) zu verbinden (Abb.1). Die Software im Gateway allein hat dabei Kenntnis davon, daß unterschiedliche Netzarchitekturen beteiligt sind. Bei Bedarf sind auch mehrere Gateways parallel einsetzbar (Abb.2).

4.2 Symmetrie

Eine weitere Grundforderung ist die Symmetrie des Verbundes. Es sollen ohne Einschränkung der beteiligten Netzarchitekturen Rechner (Hosts), Benutzerstationen (Terminals) und Anwendungen (Applications, Subsysteme) gleichberechtigt am Verbund teilnehmen können. Das heißt, es soll eine Kopplung von vollständigen Netzen und nicht nur eine Substitution einer Untermenge von Netzresourcen (z.B. Terminals oder einzelner Systeme) erreicht werden.

Dazu muß das Kopplungssystem aus Sicht der beteiligten Herstellernetze jeweils an Netzschnittstellen aufsetzen, die mächtig genug sind, um eine symmetrische Kopplung zu ermöglichen. Dies sind innerhalb der Herstellernetzarchitekturen im allgemeinen Netzschnittstellen für Host-Host-Kommunikation (vgl.: SNATCH . . . . . Coupling of Hosts).

Aus SNA-Sicht kommt aufgrund des Host-orientierten Netzverwaltungsprinzips von "Domains" nur eine "Cross-Domain"-Schnittstelle in Betracht (Abb.3). Sie ist voll symmetrisch und erlaubt den Zusammenschluß unabhängig voneinander verwalteter Netze. Die vielfach angewandte Methode der Simulation von Geräte-Schnittstellen ist zur Erreichung einer symmetrischen Kopplung nicht ausreichend.

Aus TRANSDATA-Sicht muß eine Schnittstelle zwischen zwei Prozessoren im Netz bedient werden (Abb.4).

4.3 Übertragbarkeit

Vernünftigerweise ist zu fordern, daß das Kopplungssystem keine Insellösung derart darstellt, daß DFVLR-Spezifika in die Konzeption mit eingehen. Vielmehr sollen verschiedene Anwender alleine durch geeignete Konfigurierungs- und Generierungsmaßnahmen das System ohne Einschränkung ihrer vorhandenen Netze einsetzen können. Die Kopplungssoftware im Gateway muß demnach Produktcharakter haben.

4.4 Erweiterbarkeit

Nicht zuletzt ist die Erweiterbarkeit des Kopplungssystems zu fordern. Damit ist einerseits der Anschluß weiterer Hersteller und andererseits die Integration neuer Anwendungen gemeint. Dies ist durch geeignete Modularisierung der Software und Einführung interner Schnittstellen zu erreichen.

5. Aufgaben der Kopplungssoftware

Bei Berücksichtigung vorgenannter Kriterien muß die Kopplungssoftware im SNA/TRANSDATA-Gateway sich so verhalten, daß jedes am heterogenen Verbund beteiligte Herstellerteilnetz das jeweils andere Netz als homogene Fortsetzung von sich selbst auffaßt. Dazu muß die Gateway-Software folgende grundsätzliche Aufgaben erfüllen:

- Abbildung von unterschiedlichen Netztopologieeigenschaften aufeinander.

  Darunter ist zum einen die Art der Resourcen-Verwaltung zu verstehen. Der Gateway muß aus Sicht des realen SNA-Netzes für jeden BS2000-Host, der am heterogenen Verbund teilnehmen soll, einen Cross Domain Resource Manager simulieren. Außerdem müssen Domains definiert werden, die je einen BS2000-Host und einen oder mehrere TRANSDATA-Kommunikationsrechner enthalten. Umgekehrt muß aus Sicht des realen TRANSDATA-Netzes für jeden IBM-Prozessor (Host oder Kommunikationsrechner) eine Verbindungssteuerung simuliert werden.

Zum anderen sind die Unterschiede in der Adressierung auszugleichen. So müssen SNA element addresses (8-15 bits) auf TRANSDATA-Stationsnummern (11 bits) und SNA subarea addresses (1-8 bits) auf TRANSDATA-Prozessornummern (5 bits) umgesetzt werden. Für die optionalen TRANSDATA-Regionsnummern (8 bits), für die es kein Äquivalent in SNA gibt, ist ebenfalls eine Zuordnung zu SNA-Prozessoren zu treffen.

- Abbildung von äquivalenten Kommunikationspartnern aufeinander

Dies bedeutet, daß für jeden TRANSDATA-Verbindungspartner jeweils eine Primary oder Secondary Logical Unit nach SNA-Konventionen zu simulieren ist.

- Abbildung der unterschiedlichen Kommunikationsprotokolle aufeinander

Bei der Protokollabbildung sind sowohl die Protokolle der Transportsysteme (gemäß ISO-Referenzmodell bis einschließlich Level 4) und darauf aufbauend die Protokolle der höheren, verarbeitungsorientierten Schichten (gemäß ISO-Referenzmodell Level 5 bis 7), die von den Geräten und Software-Subsystemen benutzt werden, aufeinander umzusetzen.

Eine ausführliche Diskussion der bei diesen Abbildungsaufgaben entstehenden Problematiken wird im Beitrag "Möglichkeiten und Grenzen der Gateway-Lösung zur Öffnung geschlossener Netze" /EINE83/ durchgeführt.

6. Realisierung des SNA/TRANSDATA-Gateways

6.1 Implementierungsstufen

Im Projekt SNATCH wurde die Abbildungssoftware zur Kopplung von SNA- und TRANSDATA-Netzen in einem Datenübertragungsvorrechner TRANSDATA 9687 implementiert.

Die Netzabbildung im Gateway basiert auf den Herstellerprodukten ACF-Release 1
(SNA 3) und ACF-Release 2 (SNA 4.1) von IBM sowie PDN und BS2000 Versionen 6 und 7
von Siemens.

Um die Risiken bei der Implementierung überschaubar zu halten, wurde schrittweise
vorgegangen: In einer ersten Version erfolgt die Umsetzung der Herstellerarchitekturen SNA und TRANSDATA direkt (Abb.5). Dabei läßt sich die Abbildungssoftware un-
terteilen in einen TRANSDATA-spezifischen Teil, einen Umsetzungsteil und einen SNA-
spezifischen Teil. Aufgabe der herstellerspezifischen Teile ist jeweils die Simulation der Herstellerarchitektureigenschaften und die Realisierung der Protokollautomaten für die herstellerspezifischen Protokolle. Aufgabe des Umsetzungsteiles ist
die eigentliche Protokollabbildung und zu diesem Zweck die Steuerung der Protokollabläufe auch der herstellerspezifischen Teile.

In einer zweiten Version existieren zwei Abbildungssysteme (TAS für TRANSDATA-An-
passungs-Subsystem und SAS für SNA-Anpassungs-Subsystem), welche jeweils die herstellerspezifischen Protokolle auf zwischengeschaltete neutrale Protokolle abbilden
(Abb.6) . Als herstellerneutrale Protokolle wurden gemäß BMFT-Empfehlung die PIX-
Protokolle verwendet, die in den Jahren 1976 bis 1980 mit Förderung des BMFT von
deutschen Universitäten und Forschungseinrichtungen entwickelt wurden und weitgehend
den Vorgaben des ISO-Referenzmodells für offene Systeme entsprechen. PIX steht für
"Pilotkomplex wissenschaftlich technischer Rechnerverbundvorhaben" /HERT78, ECKE79,
PIX79/.

Beide Versionen sind in einem Prozessor TRANSDATA 9687 implementiert. Während die
erste Version geeignet ist für Anwender, die ausschließlich an einer Kopplung von
SNA- und TRANSDATA-Netzen interessiert sind, bietet die zweite die Voraussetzungen
für eine systematische Erweiterung in zweifachem Sinne (Abb.7): zum einen können die
Anpassungssubsysteme SAS und TAS auf zwei Prozessoren aufgeteilt werden. Da das PIX-
Modell in den unteren drei ISO-Schichten auf X.25 basiert, kann dabei ein Paketvermittlungsnetz zum Einsatz kommen. Zum anderen ist damit die grundsätzliche Möglichkeit gegeben, weitere Hersteller anzuschließen. Um einen weiteren Hersteller X in
das heterogene Netz einzubinden, muß ein entsprechendes Anpassungssubsystem XAS
implementiert werden, welches die Protokolle des Herstellers X auf die neutralen
Protokolle abbildet, ohne daß die beiden bereits vorhandenen Abbildungssubsysteme
SAS und TAS davon berührt werden.

6.2 Einbettung im PDN

In Abb.8 ist die Einbettung der Abbildungssoftware im Betriebssystem PDN des TRANS-
DATA-Vorrechners als System von APS-Anwendungsprogrammen gezeigt. Das SNA-Netz wird
über den im PDN standardmäßig unterstützten SDLC-Port angeschlossen. Die APS-Anwen-
dungen SAS und TAS tauschen Nachrichten mit dem SNA- und TRANSDATA-Netz und untereinander über die Transportsteuerung des PDN aus.

Der Baustein INIT dient dazu, die aktuelle Netzkonfiguration für SNATCH zu initialisieren. Geladen werden diese generierungsabhängigen Definitionen von einem Nahperi-
pheriegerät. Angefordert wird die Initialisierung von einem Operateur während des
laufenden Betriebes oder bei jedem Neuladen des Gateway-Rechners.

PACE ist ein vom gesamten Netz aus anstoßbares Administrationsprogramm.

7. Leistungen des SNATCH-Verbundes

Wie in /EINE83/ eingehend erläutert wird, besteht eine spezielle Problematik für
Gateway-Systeme, die höhere Protokolle umsetzen müssen, darin, daß End-to-End-Protokolle aufgebrochen werden müssen. Dies hat die Konsequenz, daß der Gateway, soweit
notwendig, die Rolle von Endbenutzern mit übernehmen und damit das Kommunikations-
verhalten der Endpartner kennen muß. Aus Implementierungsgründen muß deshalb eine
Auswahl aus allen denkbaren Kommunikationspartnern der beteiligten Herstellernetze
getroffen werden. Diese kann jedoch i.a. so getroffen werden, daß alle wesentlichen
Funktionen für einen symmetrischen Funktionsverbund unterstützt werden. Im vorliegenden Fall sind dies:

1. Programmverbund oder Host/Host-Kommunikation

   Kommunikation von VTAM-Anwendungsprogrammen in IBM-Hosts mit DCAM-Anwendungspro-
   grammen in Siemens-Hosts (Abb.9).

2. Dialogverbund

   a) Zugriff von Siemens-Datensichtstationen TRANSDATA 8160/61 und 9750 auf die

IBM-Subsysteme TSO und IMS oder benutzergeschriebene VTAM-Anwendungen
(Abb.10).
b) Zugriff von IBM-Terminals 3276/78 auf die Siemens-Subsysteme TIAM und UTM oder
benutzergeschriebene DCAM-Anwendungen (Abb.11).

3. <u>RJE-Verbund</u>

Job-Transfer (auf der Basis des Programmverbundes) zwischen dem IBM-Subsystem
JES2/NJE und dem als DCAM-Anwendung simulierten NJE-Knoten im BS2000-Host
(Abb.12).
(Anm.: Die DCAM-Anwendung im BS2000 wurde von der Universität Mannheim ent-
wickelt; vgl. /ZEIL82/).

Damit ist implizit möglich:
a) RJE-Betrieb von Siemens-Stapelstationen 8418 mit dem IBM-Subsystem JES2
   (Abb.13).
b) RJE-Betrieb von IBM-Stapelstationen MLU 3777 mit dem Siemens-Subsystem RBAM
   (Abb.14).
c) Filetransfer

4. <u>Druckausgabeverbund</u>

a) Druckausgabe von IBM-Subsystemen TSO und IMS oder benutzergeschriebenen VTAM-
   Anwendungen auf Siemens-Druckerstationen 8121/9002/9003.
b) Druckausgabe von Siemens-Subsystemen TIAM und UTM oder benutzergeschriebenen
   DCAM-Anwendungen auf die IBM-Druckerstation 3287.
   (Anm.: Die Druckerunterstützung wurde in Zusammenarbeit mit dem Bundeskrimi-
   nalamt implementiert).

8. <u>Ergebnisse</u>

Nach erfolgreicher Implementation einer Abbildungssoftware für SNA- und TRANSDATA-
Netze in einem als Gateway fungierenden Rechner und praktischer Erprobung ist die
prinzipielle Machbarkeit und die Praktikabilität der Gateway-Lösung zur Öffnung von
geschlossenen Herstellernetzen durch das Projekt SNATCH nachgewiesen worden.

Darüberhinaus ist für den vorliegenden Fall der Umsetzung von SNA und TRANSDATA in einem Siemens-Vorrechner konkreter Anwendungsbedarf vorhanden. Neben der DFVLR werden die Universitäten Mannheim/Heidelberg und das Bundeskriminalamt zusammen mit den Landeskriminalämtern den SNATCH-Gateway einsetzen. Aufrund des regen Interesses von weiteren potentiellen Anwendern, die einen symmetrischen Verbund zwischen Siemens/BS2000 und IBM/MVS oder Siemens/BS3000 benötigen, hat die Siemens AG die SNATCH-Software in ihr Produktspektrum aufgenommen.

<u>Literatur:</u>

/CYPS78/   Cypser, R.J.: "Communications Architecture for Distributed Systems", The Systems Programming Library, Addison-Wesley-Publishing Company, Reading Massachusetts 1978

/ECKE79/   Eckert, H.: "Benutzerschnittstelle des PIX End-to-End Protokolls", Informatik Fachberichte 22, Kommunikation in verteilten Systemen, Berlin 1979

/EINE81a/   Einert, D., Glas, G.: "SNATCH Opens Manufacturers' Networks through Gateways", IEEE Seventh Data Communications Symposium, Mexico 1981

/EINE81b/   Einert, D., Glas, G.: "SNATCH Opens IBM's Systems Network Architecture", SEAS Anniversary Meeting, Nizza 1981

/EINE83/   Einert, D., Mayerhofer, L.: "Möglichkeiten und Grenzen der Gateway-Lösung zur Öffnung geschlossener Netze", eingereicht zur GI-Fachtagung 'Kommunikation in verteilten Systemen - Anwendungen und Betrieb -' Berlin 1983

/GLAS79a/   Glas, G.: "Siemens-TRANSDATA und IBM-SNA, Gemeinsamkeiten und Unterschiede", 7. WASCO-Tagung, München 1979

/GLAS82/   Glas, G.: "Offene Systeme und Herstellerarchitekturen, am Beispiel von SNA und TRANSDATA", 2. Internationale Siemens-DV-Benutzerkonferenz, Stresa 1982 (Tagungsband noch nicht erschienen)

/HERT78/   Hertweck, F., Raubold, E., and Vogt, F.: "X.25 Based Process/Process Communication", Computer Protocols, Liege 1978

/ISO81/   ISO/TC97/SC16: "Open Systems Interconnection-Basic Reference Model" (ISO Draft Proposal 7498), ACM Comp. Rev. 11, April 1981

/PIX79/   PIX/HLP/TAG/79/05: "Specification of a Transport and Session Layer Protocol based on the Message Link Protocol, Version 1.0", F. Vogt, E. Dregger, H. Eckert, B. Lausch, 1979

/ZEIL82/   Zeilfelder, R.: "MACH 2 - Öffnung von SNA und TRANSDATA bezüglich Network-Job-Entry", 13. WASCO-Tagung, Budapest 1982

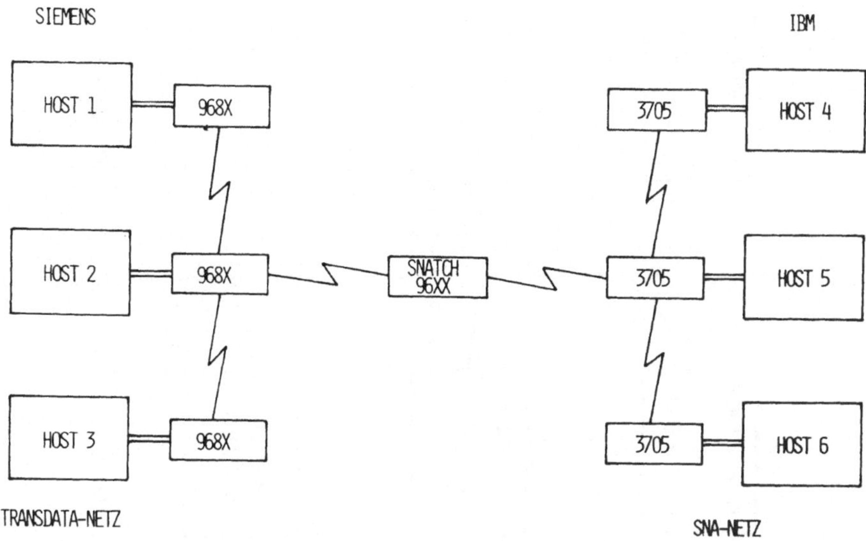

Abb.1 Kopplung von SNA- und TRANSDATA-Netzen ueber SNATCH: Beispiel einer Konfiguration mit 1 Gateway

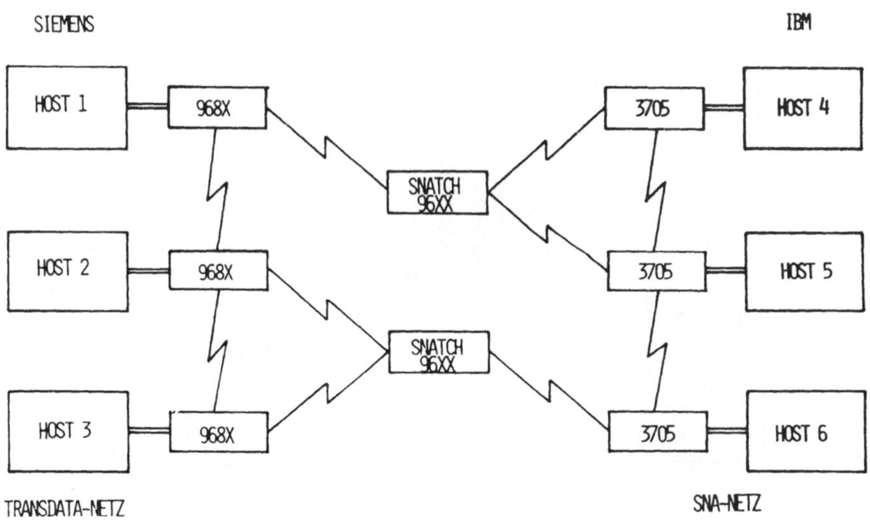

Abb.2 Kopplung von SNA- und TRANSDATA-Netzen ueber SNATCH: Beispiel einer Konfiguration mit mehreren Gateways

SNA Network Topology

Concept of Domains

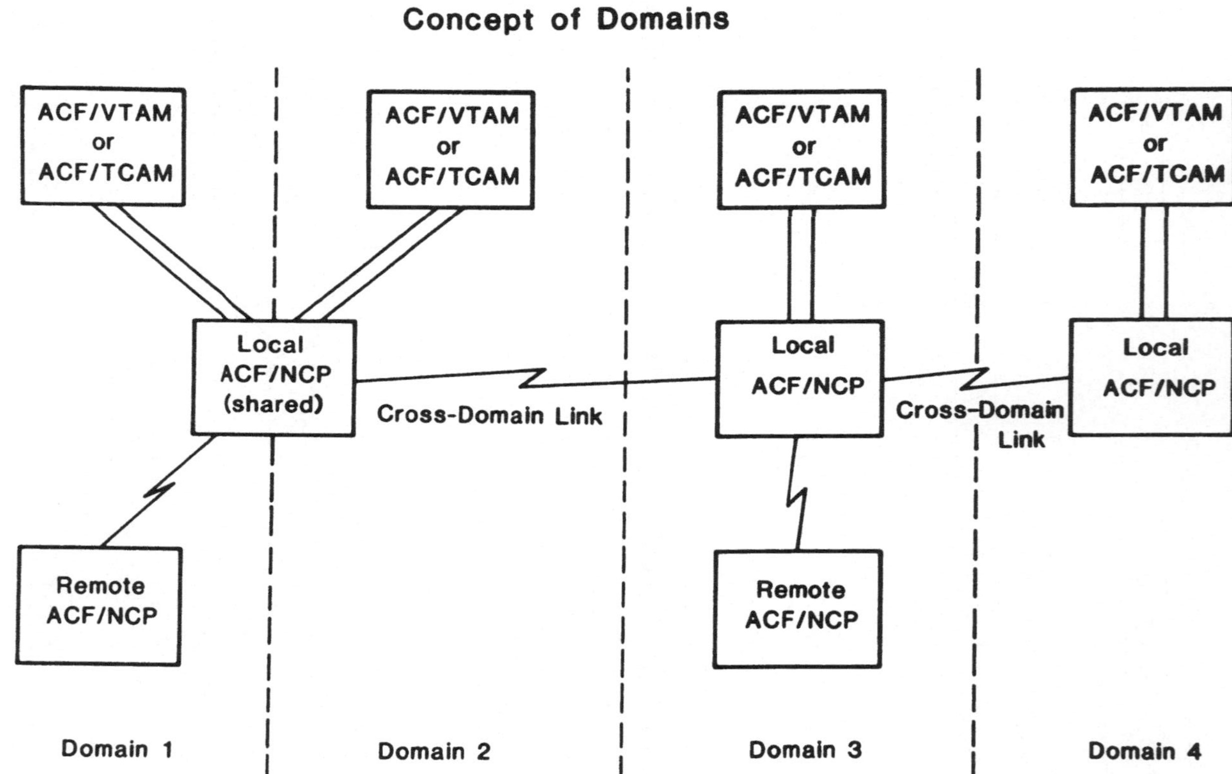

Abb.3 Zum Konzept der Domains im SNA-Netzwerk

Typical TRANSDATA Network

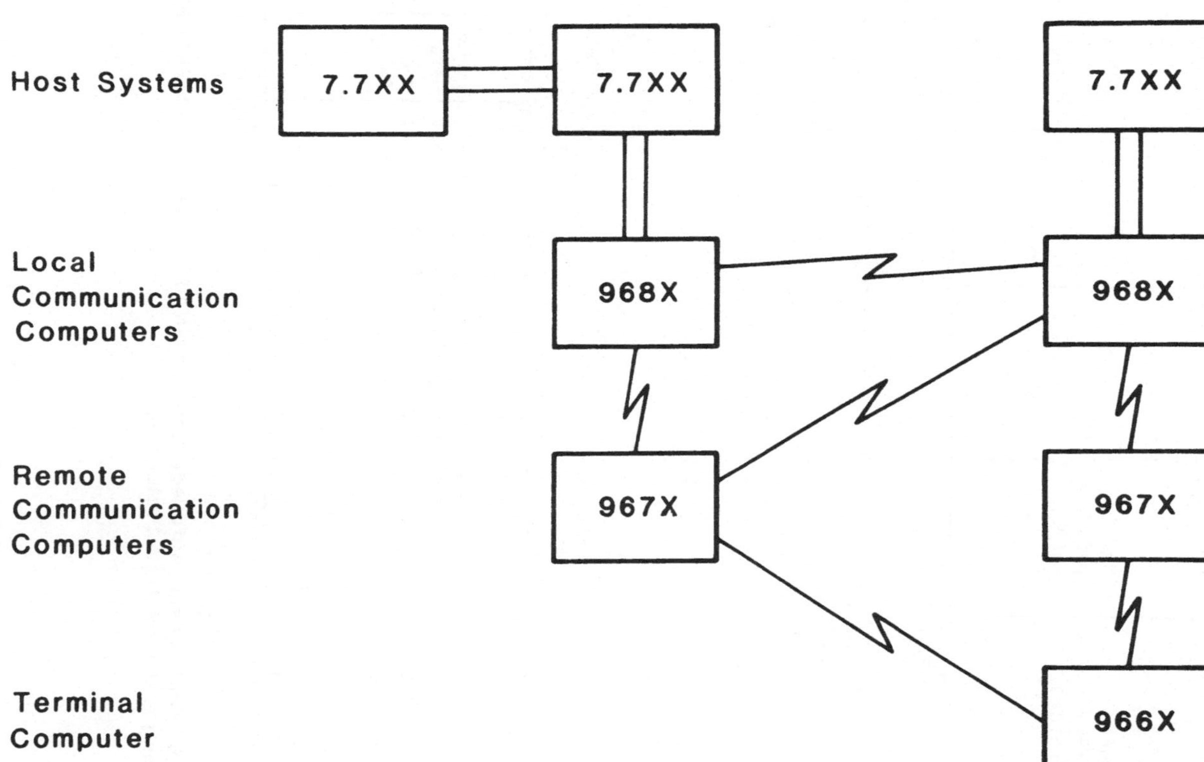

Abb.4 Typisiertes TRANSDATA-Netzwerk

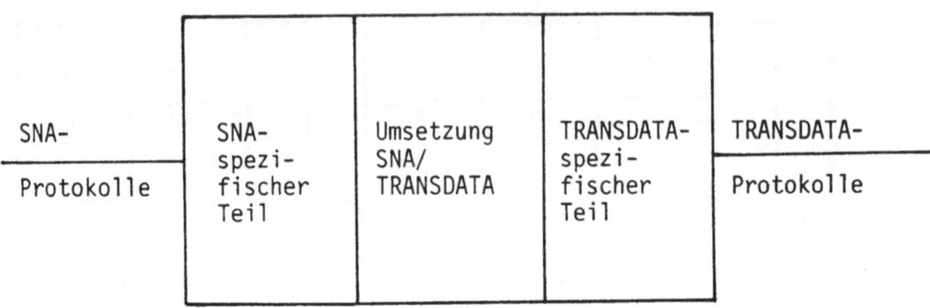

Abb.5 Funktionelle Aufgliederung der SNATCH-Software in Version 1 (direkte Umsetzung)

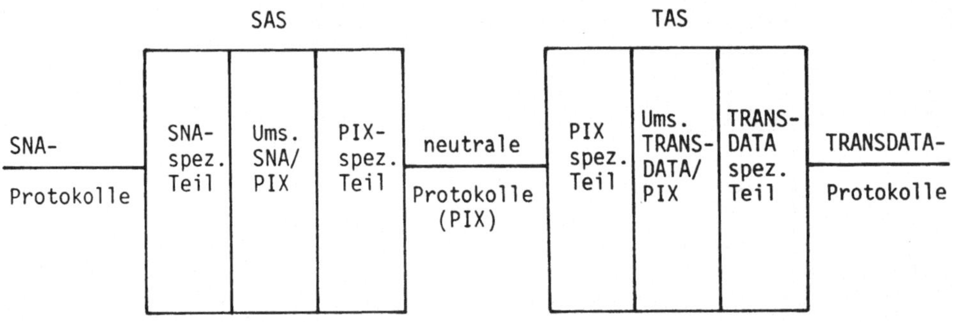

Abb.6 Funktionelle Aufgliederung der SNATCH-Software in Version 2 (Umsetzung ueber neutrale Protokolle)

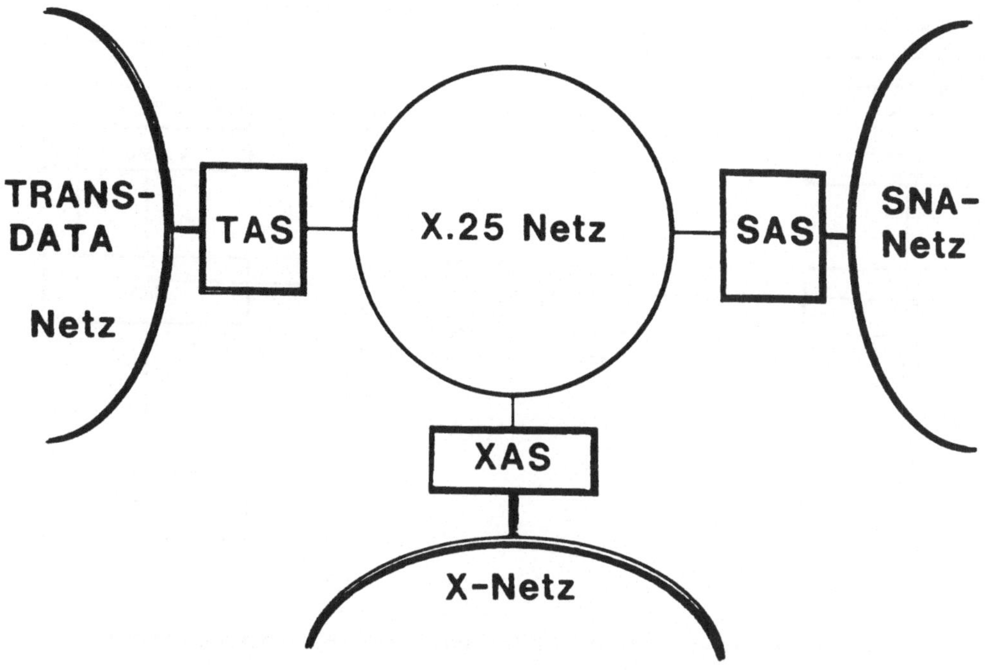

Abb.7 Erweiterungsmoeglichkeit der SNATCH-Gateway-Rechnerkopplung

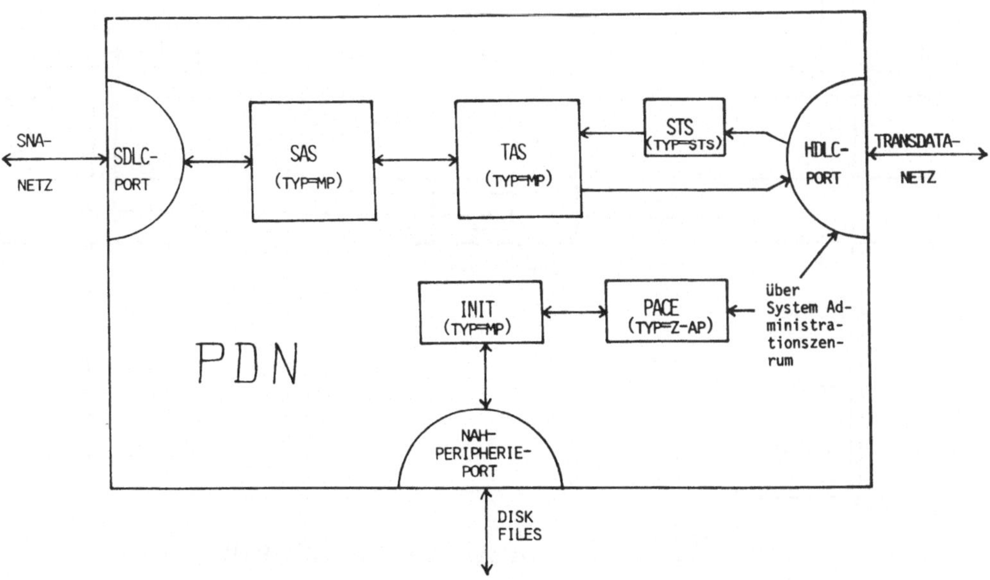

Abb.8 Einbettung von SNATCH in das PDN

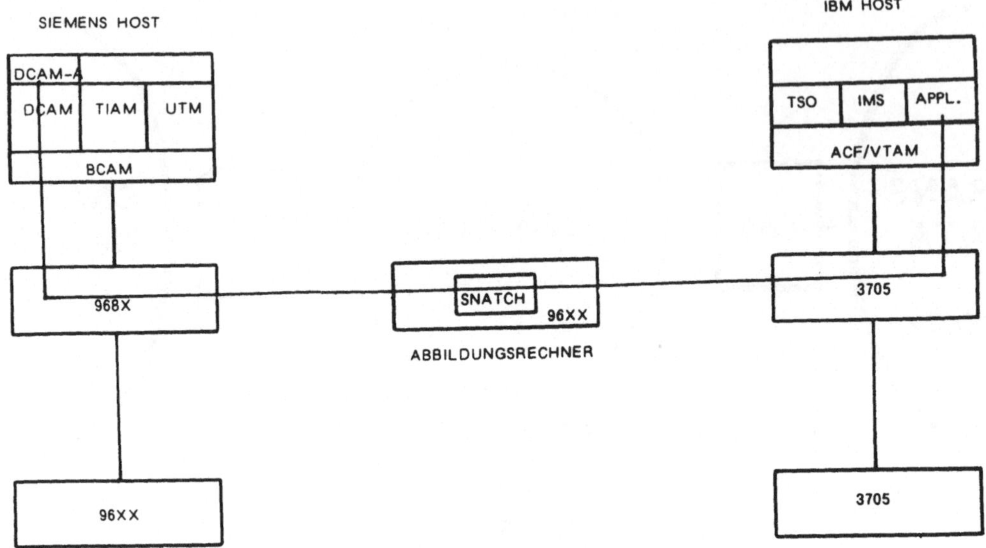

Abb.9 Programmverbund ueber die DCAM- und VTAM-Benutzerschnittstellen

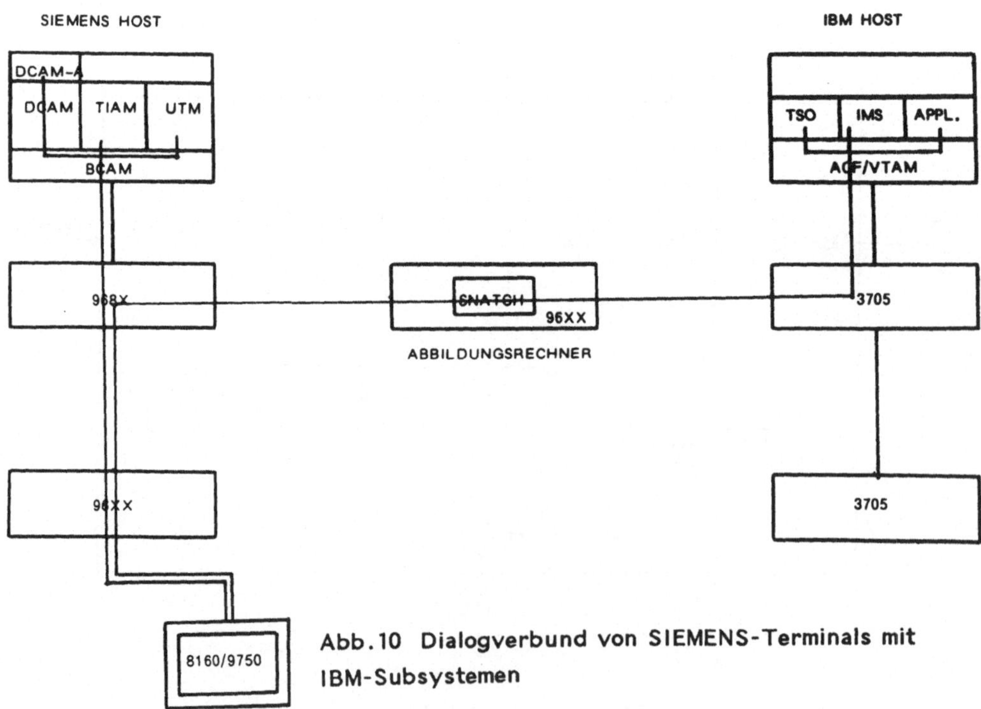

Abb.10 Dialogverbund von SIEMENS-Terminals mit IBM-Subsystemen

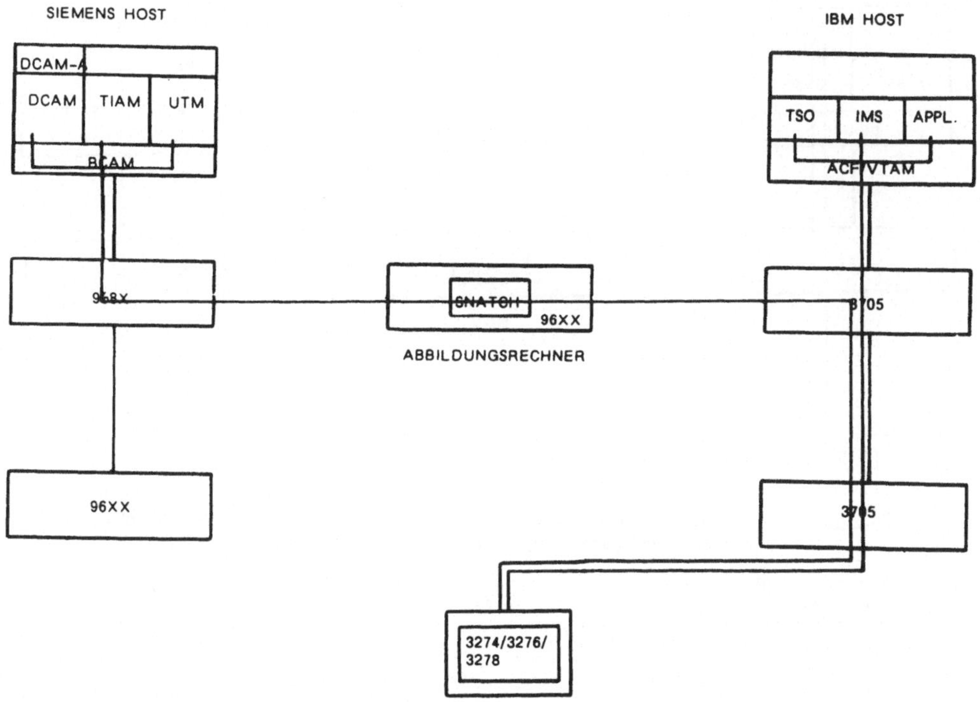

Abb.11 Dialogverbund von IBM-Terminals mit SIEMENS-Subsystemen

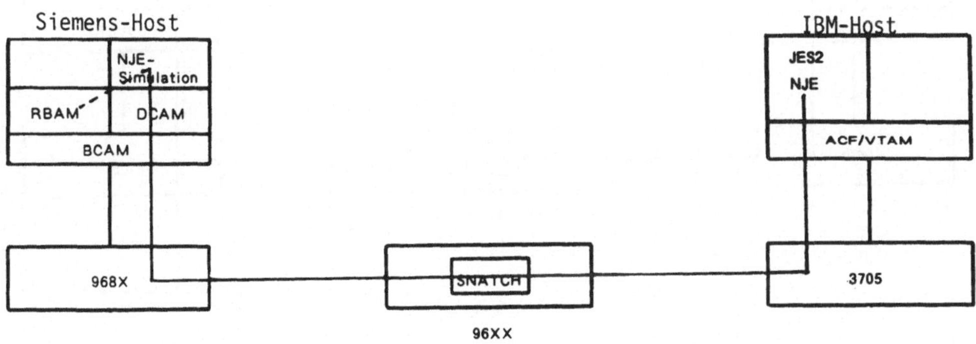

**Abb.12 Network Job Entry fuer die symmetrische Kopplung
SIEMENS/BS2000-IBM/JES2-NJE** (Universitaet Mannheim)

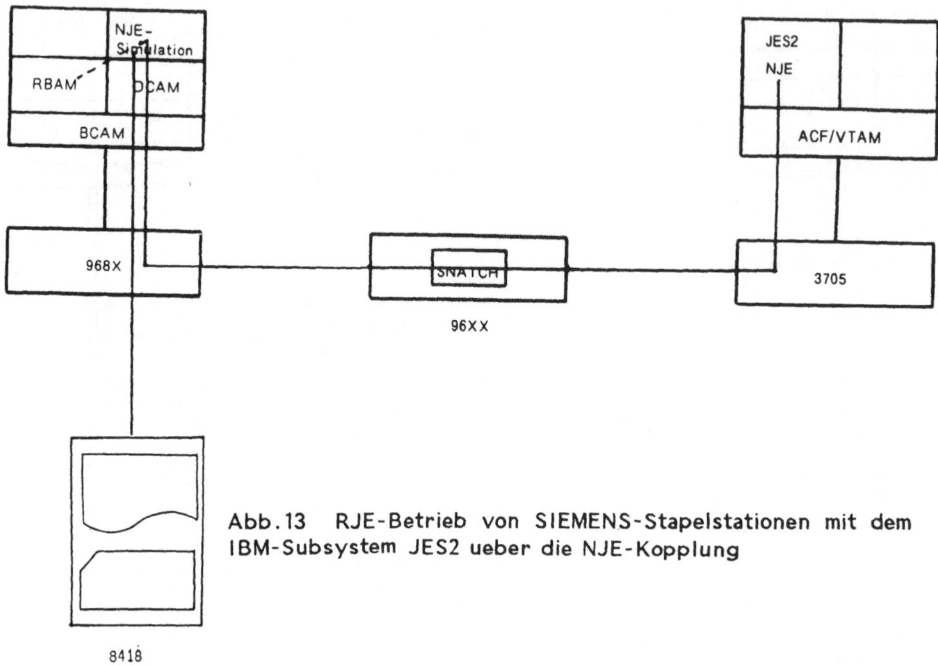

Abb.13 RJE-Betrieb von SIEMENS-Stapelstationen mit dem IBM-Subsystem JES2 ueber die NJE-Kopplung

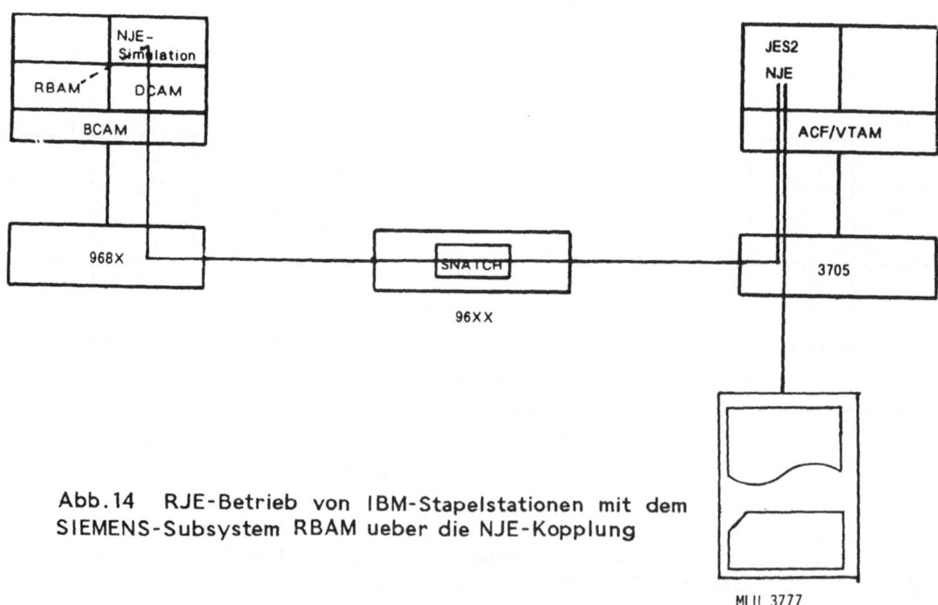

Abb.14 RJE-Betrieb von IBM-Stapelstationen mit dem SIEMENS-Subsystem RBAM ueber die NJE-Kopplung

MÖGLICHKEITEN UND GRENZEN DER GATEWAY-LÖSUNG

ZUR ÖFFNUNG GESCHLOSSENER NETZE

Dagmar Einert
Deutsche Forschungs- und Versuchsanstalt
für Luft- und Raumfahrt e.V. (DFVLR)
Rechenzentrum
8031 Oberpfaffenhofen

Ludwig Mayerhofer
Informatik-Forum
Paul-Gerhard-Allee 50
8000 München 60

Abstract

Ausgehend von der ISO-Definition für offene Systeme wird untersucht, wie hersteller-spezifische, geschlossene Netze mit Hilfe von Gateways geöffnet werden können. Die Gateway-Lösung impliziert, daß Architektureigenschaften und höhere, d.h. End-to-End-Protokolle aufeinander abgebildet werden müssen. Ein solcher Gateway wurde im Rahmen des Projekts SNATCH (SNA and TRANSDATA Coupling of Hosts) der DFVLR erstmals entwickelt und zwar zur Öffnung der Herstellerarchitekturen SNA von IBM und TRANSDATA von Siemens. Die bei der Protokollumsetzung auftretenden typischen Probleme werden anhand eines konkreten Beispiels, nämlich des Verbindungsaufbaus einschließlich der Anfangssynchronisation, erläutert. Es werden die grundsätzlich möglichen Wege zur Lösung dieser Probleme aufgezeigt sowie die Möglichkeiten und Grenzen der Gateway-Lösung diskutiert. Ferner werden die Auswirkungen auf die vom ISO-Modell vorgegebenen Schnittstellen (Services und Protokolle) bei der Realisierung eines solchen Gateway-Systems behandelt.

Inhalt

1. Einleitung

Nach /ISO81/ besteht ein System aus einem oder mehreren Rechnern, zugehöriger Software, Peripherie, Terminals, Betriebspersonal etc. und bildet ein autonomes Ganzes mit der Fähigkeit zur Informationsverarbeitung. Systeme heißen offen, wenn sie nach Verfahren miteinander kommunizieren können, die von der ISO festgeschrieben, d.h. genormt sind. Da das derzeit vorliegende ISO-Referenzmodell jedoch nur einen Rahmen für die Entwicklung von Diensten und Protokollen zur offenen Kommunikation beschreibt, der Normungsprozeß selbst aber noch keineswegs abgeschlossen ist, kann von keinem der zur Zeit existierenden Herstellernetze gesagt werden, es sei offen. Auch ist eine Öffnung geschlossener Herstellernetze im strengen Sinn eigentlich erst möglich, wenn entsprechende ISO-Normen vorliegen. Dennoch kann man grundsätzlich überlegen, wie man die Kommunikation zwischen geschlossenen Herstellernetzen ermöglichen kann. Läuft diese Kommunikation über ein zwischengeschaltetes neutrales, d.h. herstellerunabhängiges Netz, so ist damit ein erster wesentlicher Schritt zur Öffnung geschlossener Herstellernetze getan. Denn die dabei gewonnenen Erkenntnisse, wie man zwei geschlossene Herstellernetze über eine beliebige neutrale Architektur koppelt, lassen sich insbesondere dann anwenden, wenn man eines Tages eine Kopplung über eine genormte Open Systems Architecture durchführen kann.

2. Das Gateway-Prinzip

2.1 Direkte Kopplung geschlossener Netze über einen Gateway

Eine echte Öffnung verlangt die Symmetrie des entstehenden Rechnerverbundes, d.h. alle Hosts, Terminals und Subsysteme sollen grundsätzlich ohne Einschränkung der jeweiligen Herstellernetzwerkarchitektur gleichberechtigt am Verbund teilnehmen können. Aus der Sicht des Anwenders dürfen bei einer Öffnung außerdem die Herstellernetzwerkarchitekturen nicht angetastet und die Soft- und Hardwareprodukte der Hersteller nicht verändert werden. Nur so kann der Anwender das Maintenance-Problem langfristig lösen. Bei der Implementierung durch den Hersteller selbst gelten sicherlich andere Maßstäbe.

Eine Lösung, die den genannten Anforderungen gerecht wird, stellt die Kopplung zweier verschiedener Herstellernetze A und B über einen Gateway dar (vgl. Bild 1). Das Gateway-Prinzip besteht darin, die Systeme der Hersteller jeweils zu einem homogenen herstellerspezifischen Teilnetz zusammenzuschließen und die so erhaltenen Teilnetze über ein Abbildungssystem A/B (Gateway) miteinander zu verbinden. Der Gateway erlaubt es beiden Teilnetzen, das jeweils fremde Teilnetz und den Gateway selbst als Fortsetzung des eigenen homogenen Herstellernetzes anzusehen. Dazu simuliert er gegenüber jedem der beiden Teilnetze Strukturelemente der jeweils eigenen Netzwerkarchitektur für entsprechende Elemente der fremden Architektur. Nur der Gateway hat Kenntnis davon, daß auf beiden Seiten unterschiedliche Herstellernetze angeschlossen sind. Dementsprechend kommuniziert auch jedes Teilnetz mit dem Gateway-System gemäß den eigenen herstellerspezifischen Protokollen. Das Abbildungssystem muß in beiden Richtungen die Protokolle des einen Herstellers in die Protokolle des anderen Herstellers umsetzen.

2.2 Struktur des Gateway-Systems

Im wesentlichen besteht das Abbildungssystem aus 3 Bausteinen (vgl. Bild 2):

(1) Herstellerspezifischer Teil A
(2) Herstellerspezifischer Teil B
(3) Umsetzung Herstellernetzwerkarchitektur A/Herstellernetzwerkarchitektur B

Aufgabe der herstellerspezifischen Teile ist es, gegenüber den Herstellernetzen die jeweils erwarteten Kommunikationspartner zu simulieren. Bei der Kommunikation zwischen einem Datensichtgerät G(A) der Herstellerarchitektur A mit einem Anwendungsprogramm P(B) der Herstellerarchitektur B z.B. muß der herstellerspezifische Teil A gegenüber dem realen Sichtgerät G(A) ein Anwendungsprogramm P(A) der Herstellerarchitektur A simulieren. Dieses simulierte Anwendungsprogramm P(A) substituiert gleichzeitig das reale Anwendungsprogramm P(B). Entsprechend gilt, daß der herstellerspezifische Teil B gegenüber dem realen Anwendungsprogramm P(B) ein Datensichtgerät G(B) der Herstellerarchitektur B simulieren muß. Dieses ersetzt wiederum das reale Datensichtgerät G(A).

Im allgemeinen genügt es jedoch nicht, nur die miteinander kommunizierenden Endbenutzer im Gateway zu simulieren. Die Herstellernetzwerkarchitekturen sehen nämlich in der Regel Verwaltungsinstanzen vor, die z.B. am Auf- und Abbau von Verbindungen zwischen zwei Endbenutzern beteiligt sind. Deshalb müssen auch solche Verwaltungsinstanzen von den herstellerspezifischen Teilen im Gateway nachgebildet werden. Ferner müssen die herstellerspezifischen Teile jeweils die herstellerspezifischen Protokolle abhandeln, d.h. sie müssen die herstellerspezifischen Protokollautomaten rea-

lisieren. Allerdings können die von den Herstellern definierten Protokollautomaten
nicht unverändert in den herstellerspezifischen Teilen des Gateways implementiert
werden, wie unter 5 erläutert wird.

Kernstück des Abbildungssystems ist die Umsetzung Herstellerarchitektur A/Herstel-
lerarchitektur B. Die Umsetzung bildet die Protokolle der Herstellerarchitekturen
ineinander ab und steuert dazu die Protokollabläufe in den herstellerspezifischen
Teilen. Außerdem bildet sie Architektureigenschaften, z.B. Netztopologieeigenschaften, aufeinander ab.

Die Umsetzung ermöglicht es damit, daß Endbenutzer in den verschiedenen Herstellernetzen allein unter Kenntnis der eigenen Herstellerprotokolle mit Partnern im jeweils fremden Herstellernetz kommunizieren können. Im vorherigen Beispiel bedeutet
das, daß das Datensichtgerät G(A) über die Protokolle der Herstellerarchitektur A
(A-Protokolle) mit einem vermeintlichen Anwendungsprogramm der Architektur A, nämlich P(A), kommuniziert. Entsprechendes gilt für das Anwendungsprogramm P(B) auf
seiten des Herstellers B. Eine Nachricht vom Sichtgerät G(A) bildet die Umsetzung
auf eine für das Anwendungsprogramm P(B) verständliche Nachricht ab. Entsprechendes
gilt in umgekehrter Richtung. Die Umsetzung verbirgt also gegenüber den herstellerspezifischen Teilen und damit gegenüber den dahinterliegenden Herstellernetzen den
Anschluß eines jeweils fremden Herstellernetzes.

2.3 Öffnung geschlossener Netze über Gateways

Soweit das Verfahren bisher geschildert wurde, dient es lediglich zur wechselseiti-
gen Kommunikation zwischen zwei geschlossenen Herstellernetzen, ist aber so noch
nicht für den Anschluß eines dritten Herstellers geeignet. Dazu benötigt man eine
herstellerneutrale Architektur. Zwei Herstellerarchitekturen A und B werden dann
nicht direkt über ein Abbildungssystem A/B aufeinander umgesetzt, sondern jeweils
auf die herstellerneutrale Architektur X abgebildet. Die Kommunikation zwischen den
Herstellersystemen A und B läuft dann über die hintereinandergeschalteten Abbildungssysteme A/X (Abbildung der Herstellernetzwerkarchitektur A auf die neutrale
Architektur X) und B/X (Abbildung der Herstellernetzwerkarchitektur B auf die neutrale Architektur X) ab (vgl. Bild 3).

Nach wie vor sieht jedes herstellerspezifische Teilnetz den übrigen Teil des Netzes
(d.h. die Abbildungssysteme sowie das fremde Herstellerteilnetz) als Fortsetzung des
eigenen homogenen Netzes an. Die Abbildungssysteme bezüglich der neutralen Archi-

tektur haben im Prinzip dieselben Funktionen wie das vorher beschriebene Abbildungssystem zwischen zwei Herstellernetzwerkarchitekturen. Einer der herstellerspezifischen Teile muß lediglich durch einen neutralen Teil ersetzt werden. Die Aufgabe des neutralen Teils besteht entsprechend der Aufgabe eines herstellerspezifischen Teils in der Simulation von Kommunikationspartnern und Verwaltungsinstanzen der neutralen Architektur und in der Abhandlung der neutralen Protokolle. Die Umsetzung muß in diesem Fall zwischen herstellerspezifischen und neutralen Protokollen und Architektureigenschaften abbilden. Eigenschaften der neutralen Architektur macht die Umsetzung gegenüber dem herstellerspezifischen Teil unsichtbar, so daß auf seiten des Herstellernetzes der Anschluß des neutralen Netzes völlig verdeckt ist. Entsprechendes gilt in bezug auf das neutrale Netz. Die Umsetzung verbirgt gegenüber dem neutralen Teil und damit auch gegenüber dem dahinterliegenden neutralen Netz den Anschluß eines Herstellernetzes.

Ein weiterer Hersteller C kann durch Realisierung eines zusätzlichen Abbildungssystems C/X angeschlossen werden, ohne daß die beiden bereits vorhandenen Abbildungssysteme A/X und B/X davon berührt werden (vgl. Bild 4).

Es ist offensichtlich, wie sich nach diesem Verfahren n Herstellernetze zu einem Verbund zusammenschließen lassen. Für jedes der Herstellernetze benötigt man ein Abbildungssystem der beschriebenen Art bezüglich einer fest gewählten neutralen Architektur. Im Prinzip (d.h. abgesehen vom verwendeten Rechner und von der verwendeten Programmiersprache) ist dabei der neutrale Teil in allen Abbildungssystemen identisch. Das gleiche gilt für die Schnittstelle zwischen dem neutralen Teil und der Umsetzung in allen Abbildungssystemen. Grundsätzlich verschieden sind jeweils die herstellerspezifischen Teile, die Umsetzungsbausteine Herstellerarchitektur/Neutrale Architektur sowie die Schnittstellen zwischen den herstellerspezifischen Teilen und den Umsetzungsbausteinen. Wählt man als neutrale Architektur die Open Systems Architecture (sobald sie genormt sein wird), so zeigt das beschriebene Verfahren einen Weg auf, wie man mittels der Gateway-Technik geschlossene Netze öffnen kann.

3. Realisierung des Gateway-Prinzips im Projekt SNATCH

3.1 Generelle Probleme bei der Realisierung eines Gateway-Systems

Während zuvor die prinzipielle Möglichkeit der Öffnung geschlossener Netze nach dem

Gateway-Prinzip erörtert wurde, sollen im folgenden Probleme aufgezeigt werden, die bei der Realisierung eines Gateway-Systems auftreten. Im Projekt SNATCH der DFVLR (vgl. /EINE81a/, /EINE81b/, /GLAS79a/, /GRAM83/) wird das beschriebene Gateway-Konzept zum Aufbau eines heterogenen Rechnerverbunds verwendet. Dabei werden die Herstellernetzwerkarchitekturen SNA von IBM und TRANSDATA von Siemens über das PIX-Modell (vgl. /PIX79/) als neutrale Architektur verbunden. Wie vorher erläutert, werden dazu zwei Abbildungssysteme benötigt: ein SNA/PIX-Abbildungssystem, auch SNA-Anpassungssubsystem (SAS) genannt, und ein TRANSDATA/PIX-Abbildungssystem, auch TRANSDATA-Anpassungssubsystem (TAS) genannt. Beide Abbildungssysteme werden gemeinsam auf einem TRANSDATA-Rechner 9687 implementiert. Die Verteilung der beiden Abbildungssysteme auf zwei Prozessoren ist jedoch möglich.

Nach den Ausführungen unter 2 müssen die Abbildungssysteme SAS und TAS sämtliche für die Kommunikation zwischen SNA- und TRANSDATA-Endbenutzern relevanten Unterschiede in den Herstellerarchitekturen ausgleichen. Ferner müssen sie für die Kommunikation der Endbenutzer die herstellerspezifischen Protokolle umsetzen. Wie die Erfahrungen im Projekt SNATCH bisher gezeigt haben, lassen sich in zahlreichen Fällen keine zueinander äquivalenten Sprachmittel in den abzubildenden Architekturen finden. Die Umsetzung wird vielmehr erschwert durch Unterschiede (vgl. /GLAS79b/, /GLAS82/)
- in der Schichtenstruktur der Hersteller
- im angebotenen Funktionsumfang
- hinsichtlich netz- und verbindungsspezifisch realisierter Funktionen
- in den Mechanismen zur Netzwerkkontrolle,
        Flußkontrolle,
        Error Recovery,
        Synchronisation,
        Negotiation,
        End-to-End-Kontrolle
- in der Strukturierung der Nachrichten und des Nachrichtenflusses.
Vergleicht man das PIX-Modell mit den Herstellernetzwerkarchitekturen SNA und TRANSdata, so deckt sich dieses in vielen der genannten Kriterien wiederum nicht mit den Vorstellungen der Hersteller.

Die genannten Unterschiede charakterisieren deutlich die grundsätzliche Problematik, der man bei der Kopplung von Netzen mit teilweise grundlegend verschiedenen Netzkonzepten gegenübersteht. Welche Methoden verwendet werden können, um trotz derartiger Schwierigkeiten die Kommunikation in einem heterogenen Netz zu ermöglichen, soll im folgenden anhand eines ausgewählten Beispiels aus dem Projekt SNATCH, nämlich dem Verbindungsaufbau einschließlich der Anfangssynchronisation, erläutert werden.

3.2. Umsetzung des Verbindungsaufbaus

3.2.1 Grundsätzliche Umsetzungsstrategien

Endbenutzer werden im SNA-Netz durch die Logical Units (LU), im TRANSDATA-Netz durch
die Verbindungspartner (VP) und im PIX-Netz durch die lokalen Prozesse (LP) repräsentiert. Initiiert eine SNA-Logical Unit eine Verbindung zu einem TRANSDATA-Verbindungspartner, so laufen folgende Protokolle ab:

- das SNA-Sessionaufbau-Protokoll (vgl. /CYPS78/, /SNA80/) zwischen der Logical Unit
  im SNA-Netz und der für den TRANSDATA-Verbindungspartner simulierten Logical Unit
  im SAS
- das PIX-Protokoll (vgl. /ECKE79/, /PIX79/) zum Aufbau einer Transportverbindung
  und zum Aufbau einer Session zwischen den lokalen Prozessen, die die SNA-Logical
  Unit und den TRANSDATA-Verbindungspartner substituieren
- das TRANSDATA-Verbindungsaufbauprotokoll (/SIEM78/) zwischen dem Verbindungspartner im TRANSDATA-Netz und dem für die SNA-Logical Unit simulierten Verbindungspartner im TAS.

Bei der Umsetzung der Aufbauprotokolle bieten sich grundsätzlich folgende Möglichkeiten an:

(1) Lediglich der Anstoß zum Aufbau wird umgesetzt, die Aufbauprotokolle laufen an-
    schließend in den drei Netzen unabhängig voneinander ab.
(2) Einander entsprechende Protokollereignisse in den drei Protokollabläufen werden
    aufeinander umgesetzt, d.h. die Aufbauprotokolle laufen dadurch über die drei
    Netze hinweg synchronisiert ab.

Ein gravierender Nachteil der ersten Methode besteht darin, daß sie keine Negotiation der Verbindungsparameter zwischen den Kommunikationspartnern erlaubt. Im Projekt SNATCH wurde daher das zweite Verfahren der Umsetzung der Protokollabläufe
beim Verbindungsaufbau zugrunde gelegt.

3.2.2 Umsetzung des Transportverbindungsaufbaus

Initiiert eine SNA-Logical Unit eine Verbindung zu einem TRANSDATA-Verbindungspartner, so teilt der zugehörige Cross-Domain Resource Manager (CDRM) dem entsprechenden simulierten Cross-Domain Resource Manager im Gateway den Aufbauwunsch durch einen CDINIT Request mit (vgl. Bilder 5 und 6). Gemäß SNA kann eine positive Response auf CDINIT erst dann geschickt werden, wenn sichergestellt ist, daß die als Kommunikationspartner gewünschte Logical Unit verfügbar ist. Das bedeutet im vorliegenden Fall aber, daß der TRANSDATA-Verbindungspartner verfügbar sein muß. Die einzige Möglichkeit, dies festzustellen, liegt darin, ein REQCON ins TRANSDATA-Netz zu senden. Da die Umsetzung zwischen SNA und TRANSDATA nicht direkt, sondern unter Zwischenschaltung neutraler Protokolle realisiert wird, folgt daraus, daß zunächst der die SNA-Logical Unit substituierende lokale Prozeß über ein PIX-CONNECT dem den TRANSDATA-Verbindungspartner substituierenden lokalen Prozeß den Verbindungsaufbauwunsch mitteilen muß. Daraus ergibt sich die Abbildung:

CDINIT $\longrightarrow$ CONNECT $\longrightarrow$ REQCON.

Akzeptiert die Verbindungssteuerung (VS) des TRANSDATA-Verbindungspartners den Aufbauwunsch, so quittiert sie ihn mit einem ACCON. Der den TRANSDATA-Verbindungspartner substituierende lokale Prozeß muß die entsprechende Information an den die Logical Unit substituierenden lokalen Prozeß übermitteln. Das geschieht über eine positive CONNECT Response. Die adäquate Information ins SNA-Netz wird über die positive Response auf CDINIT ausgedrückt. Man erhält also die Abbildung:

ACCON $\longrightarrow$ CONNECT+ $\longrightarrow$ CDINIT+.

In umgekehrter Richtung, d.h. wenn der TRANSDATA-Verbindungspartner den Verbindungsaufbau mit REQCON anstößt, bietet sich die Umkehrabbildung an (vgl. Bilder 7 und 8). Gemäß dem TRANSDATA-Konzept kann mit einem ACCON erst dann auf das REQCON geantwortet werden, wenn die Verbindungssteuerung des gewünschten Verbindungspartners dem Aufbau der Verbindung zustimmt. Um eine entsprechende Reaktion aus dem SNA-Netz hervorzurufen, muß die Abbildung folgendermaßen aussehen:

REQCON $\longrightarrow$ CONNECT $\longrightarrow$ CDINIT .

Wird der CDINIT Request positiv beantwortet, ergibt sich die Abbildung in folgender Weise:

CDINIT+ $\longrightarrow$ CONNECT+ $\longrightarrow$ ACCON.

Untersucht man entsprechend den Fall, daß der Verbindungswunsch im SNA- bzw. im TRANSDATA-Netz abgelehnt wird, so ergibt sich insgesamt folgendes Abbildungsschema:

CDINIT $\longleftrightarrow$ CONNECT $\longleftrightarrow$ REQCON,

CDINIT+ $\longleftrightarrow$ CONNECT+ $\longleftrightarrow$ ACCON,

CDINIT- $\longleftrightarrow$ CONNECT- $\longleftrightarrow$ REJCON.

Dem Aufbau der Transportverbindung bei TRANSDATA entspricht also der Aufbau der Transportverbindung bei PIX und umgekehrt. Unterschiedlich ist, daß das Protokoll sich bei PIX direkt zwischen den an der Verbindung beteiligten lokalen Prozessen abspielt, während es bei TRANSDATA über Verwaltungsinstanzen der beteiligten Verbindungspartner abläuft. SNA kennt den Begriff der separat aufgebauten Transportverbindung zwar nicht, doch ist nach dem Ablauf des CDINIT (einschließlich der Response) eine für die Kommunikation zwischen zwei Logical Units notwendige Voraussetzung geschaffen: Die Network Addresses der Logical Units, d.h. die Transportadressen der Session Entities im ISO-Sinn, sind bekannt. Die SNA-Ereignisse in der CDINIT-Phase werden eindeutig auf die PIX-Protokollereignisse in der Aufbauphase der Transportverbindung abgebildet und umgekehrt.

3.2.3 Umsetzung des Sessionaufbaus

Das TRANSDATA-Konzept sieht nur den Aufbau einer Transportverbindung (gemäß TRANSDATA einer logischen Verbindung), nicht aber den Aufbau einer Session zwischen zwei Verbindungspartnern vor. Nach dem PIX-Modell kann wahlweise oberhalb der Transportverbindung eine Session aufgebaut werden. Ferner können gemäß SNA zwei Logical Units erst dann miteinander kommunizieren, wenn sie über eine Session verbunden sind.

Eine Umsetzung des Sessionaufbaus ist also nur noch zwischen SNA- und PIX-Protokollereignissen möglich. Die Umsetzung wurde in SNATCH so gewählt, daß die SNA- und PIX-Protokollereignisse einander eindeutig entsprechen. Die Abbildung sieht folgendermaßen aus:

BIND $\longleftrightarrow$ OPEN, BIND+ $\longleftrightarrow$ OPEN+, BIND- $\longleftrightarrow$ OPEN- .

Dabei wirkt sich die durch die Primary-/Secondarybeziehung bedingte Asymmetrie des SNA-Protokolls so auf das PIX-Protokoll aus, daß das OPEN nur von dem lokalen Prozeß erzeugt wird, der aus der Sicht des SNA-Netzes in der Rolle der Primary Logical Unit (PLU) agiert. D.h. OPEN wird nicht symmetrisch verwendet und damit kann zwischen dem Initiator eines OPEN und dem Reagierenden auf OPEN unterschieden werden. Dementsprechend sind hier OPEN+ und OPEN- als Reaktionen auf OPEN zu verstehen. OPEN+ zeigt an, daß die Session erfolgreich aufgebaut wird. OPEN- bedeutet, daß die Session nicht zustande kommt.

Ist die SNA-Logical Unit Secondary (SLU), so muß das BIND im Gateway angestoßen werden. Bei der gewählten Abbildung bedeutet das, daß im TAS zuvor ein OPEN Request erzeugt werden muß. Ferner darf nach 2 im TAS kein SNA-spezifisches Wissen über die Kommunikationspartner gespeichert werden. Das Problem wurde über einen zusätzlichen

optionalen Parameter im CONNECT gelöst, mit dessen Hilfe vereinbart wird, ob der
Initiator der Transportverbindung auch der Initiator der Session ist.

3.2.4 Umsetzung der Transport- und Sessionparameter

Das Prinzip des Umsetzungsverfahrens liegt also darin, (n)-Connections der verschiedenen Netzkonzepte aufeinander abzubilden. Das bedeutet insbesondere, daß die jeweils empfangenen (n)-Connection-Parameter soweit wie möglich für die Erzeugung der
(n)-Connection-Parameter einer anderen Netzarchitektur ausgewertet werden. Wo die
Herstellernetzarchitekturen jedoch nicht streng ISO-konform sind, ergeben sich
Schwierigkeiten:

Wie schon unter 3.2.2 erwähnt, kennt SNA z.B. nur den gleichzeitigen Aufbau von
Transportverbindung und Session. Das bedeutet, daß im SNA-BIND sowohl Transportverbindungsparameter als auch Sessionparameter enthalten sind. Ist der Initiator einer
Verbindung zwischen einer SNA-Logical Unit und einem TRANSDATA-Verbindungspartner
die Logical Unit, so wird im SAS aufgrund des empfangenen CDINIT nach dem unter
3.2.2 beschriebenen Verfahren ein CONNECT erzeugt. D.h. der Aufbau der Transportver-
bindung im PIX-Netz wird angestoßen. Zu diesem Zeitpunkt ist im SAS jedoch erst ein
Teil der SNA-Transportverbindungsparameter (nämlich die Network Addresses) bekannt.
Weitere für den Aufbau der Transportverbindung relevante Parameter (z.B. RU-Size,
Pacing Count) werden erst mit dem BIND vereinbart. Ein Teil der CONNECT-Parameter
kann daher nicht durch Umsetzung aus den mit dem CDINIT zur Verfügung gestellten
Parametern ermittelt werden. Parameter dieser Art können in Abhängigkeit von den
Kommunikationspartnertypen z.B. aus vorgenerierten Tabellen bestimmt werden. Im TAS
werden auf dieselbe Weise REQCON-Parameter erzeugt, soweit sie nicht durch Umsetzung
der im CONNECT enthaltenen Parameter hervorgehen. Akzeptiert der TRANSDATA-Verbindungspartner den Wunsch zum Verbindungsaufbau, so kann man bei der Abbildung
ACCON ⟶ CONNECT+ ⟶ CDINIT+ entsprechend verfahren.

Dabei können außerdem Parameter, die mit dem CONNECT+ im SAS empfangen und zum vollständigen Aufbau der Transportverbindung im SNA-Netz benötigt werden, bis zum Absenden des BIND oder der BIND Response in SAS-Kontrollblöcken abgespeichert werden. Im
PIX- und TRANSDATA-Netz sind die Parameter für die Transportverbindung zu diesem
Zeitpunkt fest vereinbart, nicht jedoch im SNA-Netz. Erzeugt die Gateway-Software
das BIND, so kann die empfangende SNA-Logical Unit auch im Fall eines negotiable
BIND die Auswahl der Transportverbindungsparameter nicht mehr beliebig modifizieren,
ohne daß die Verbindung abgebrochen wird. Ist der SNA-Partner der Primary und sendet

das BIND, so kann ihm die Gateway Software im Fall des negotiable BIND über die Response BIND+ modifizierte Transportverbindungsparameter mitteilen. Im Fall des nonnegotiable BIND müssen die im BIND enthaltenen Vereinbarungen für die Transportverbindung verträglich sein mit den Vereinbarungen, die über das PIX- und TRANSDATA-Netz hinweg schon getroffen sind. Falls keine völlige Übereinstimmung in solchen Vereinbarungen erzielt werden kann, muß die Umsetzung zumindest in der Lage sein, die Unterschiede auszugleichen (z.B. bei unterschiedlichen Nachrichtenlängen Segmentierungen durchzuführen). Sonst muß das BIND mit BIND- zurückgewiesen werden.

3.2.5 Negotiation

Im Gegensatz zu SNA kennt das PIX-Modell keine Negotiation der Sessionparameter. Bildet man BIND-Parameter wie z.B. die Festlegungen bezüglich des Function Management Usage auf den PIX-Session-Mode ab, so gibt es nach /PIX79/ keine Möglichkeit, das negotiable SNA-BIND umzusetzen. Eine Veränderung der BIND-Parameter würde eine Veränderung des Mode nach sich ziehen und umgekehrt. Im Fall des nicht geschachtelten OPEN bewirkt dies aber, daß die Session im PIX-Netz nicht zustande kommt. Gegenüber dem SNA-Netz müßte deshalb der Verbindungsabbau eingeleitet werden.

3.2.6 Anfangssynchronisation

Die PIX- und SNA-Protokollereignisse der Anfangssynchronisation sind soweit bedeutungsgleich, daß sie direkt in folgender Form aufeinander umgesetzt werden können:
SDT $\longleftrightarrow$ I-MARK (MARK des OPEN-Initiators),
SDT+ $\longleftrightarrow$ R-MARK (MARK des auf OPEN Reagierenden).

Aufgrund seiner Symmetrieeigenschaften kann das PIX-Sessionaufbauprotokoll problemlos auf das vom Primary gesteuerte SNA-Sessionaufbauprotokoll abgebildet werden und umgekehrt. Der Protokollablauf in der Form
OPEN $\longrightarrow$ OPEN+ $\longrightarrow$ I-MARK $\longrightarrow$ R-MARK
ist ein spezieller Fall des symmetrischen PIX-Protokolls.

Überträgt man in dieser Weise die Asymmetrie des SNA-Protokolls auf das PIX-Protokoll, so entstehen allerdings Probleme bei der Abbildung von PIX- und TRANSDATA-Protokollereignissen der Anfangssynchronisation. Das ACCON-Kommando hat eine zwei-fache Bedeutung: einmal ist es als Antwort auf das REQCON-Kommando zu verstehen, zum anderen hat es die Bedeutung eines Marksignals im Sinn von /BAUW77/. Löst die Gateway-Software das ACCON aus, so ist der reale TRANSDATA-Partner sendeberechtigt, sobald der Empfang des ACCON auf TRANSDATA-Seite mit einem ACCON+ quittiert wird. Die Abbildungssoftware hat auf diesen Zeitpunkt keinen Einfluß mehr, sobald sie das ACCON abgesendet hat. Will man die Zwischenspeicherung eines unbekannten Datenaufkommens im Gateway vermeiden, bedeutet das, daß die Abbildungssoftware nach dem Absenden des ACCON in der Lage sein muß, vom TRANSDATA-Verbindungspartner empfangene Daten weiterzuleiten, d.h. der den TRANSDATA-Verbindungspartner substituierende lokale Prozeß muß sendeberechtigt sein. Vergleicht man z.B. Bild 8, so ist diese Forderung im vorliegenden Fall nur zu erfüllen, wenn das ACCON erst nach dem Empfang des im SAS ausgelösten MARK gesendet würde. Damit ist das Problem aber nicht gelöst, sondern nur verlagert. Bei der Umsetzung SDT+ $\longrightarrow$ MARK $\longrightarrow$ ACCON muß mit Daten gerechnet werden, die die SNA-Logical Unit sendet, und die der sie substituierende lokale Prozeß ins TAS weiterleitet, noch ehe das ACCON+ aus dem TRANSDATA-Netz eingetroffen ist. Die Lösung liegt in einer Entkopplung der Bedeutung des ACCON als Antwort auf REQCON und der Bedeutung des ACCON als Marksignal.

Zur konkreten Lösung des Problems, muß das Verhalten realer Kommunikationspartner betrachtet werden. Bei Programm-Programm-Kommunikation kann man die beschriebene Entkopplung erreichen, indem dem TRANSDATA-Verbindungspartner auf Benutzerebene ein entsprechendes Signal (z.B. ein Telegramm, d.h. eine Nachricht mit hoher Priorität) zugestellt wird, das ihm die Sendeberechtigung verleiht. Im Fall der Kommunikation mit Sichtgeräten stellt die Anfangssynchronisation kein Problem dar, wenn man davon ausgeht, daß der Terminalbediener stets auf die erste Nachricht vom Subsystem oder von der Application wartet. Sobald eine Nachricht beim Terminalbediener eintrifft, ist gewährleistet, daß am Terminal eingegebene Benutzerdaten über den Gateway hinweg dem jeweiligen Partner zugestellt werden. Die Timesharing-Subsysteme TSO von IBM und $DIALOG von Siemens verhalten sich entsprechend, d.h. diese Subsysteme ergreifen die Datenübermittlungsinitiative. Im Fall der Kommunikation mit einer beliebigen VTAM- oder DCAM-Application kann für die Application die entsprechende Vereinbarung getroffen werden.

3.2.7 Protokollereignisse auf der CDRM-CDRM-Session

Zwischen den Cross-Domain Resource Managern, die die Logical Units verwalten, werden beim Aufbau einer LU-LU-Session die Protokollereignisse CDINIT, CDCINIT und CDSESSST abgehandelt. Nach den vorausgehenden Erläuterungen müssen das SNA-CDINIT

und das PIX-CONNECT aufeinander abgebildet werden. Zu CDCINIT und CDSESSST weisen
weder das PIX-Modell noch die TRANSDATA-Netzarchitektur entsprechende Protokollelemente auf. Daher muß die Umsetzung im SAS in Abhängigkeit vom Stand des SNA-Sessionaufbaus und der vorliegenden Situation CDCINIT Requests/Responses und CDSESSST Re-
quests/Responses erzeugen oder verarbeiten. Aus dem SNA-Netz empfangene positive
Responses auf CDCINIT und CDSESSST werden von der Umsetzung lediglich zur Kenntnis
genommen. Negative Responses erfordern eine Reaktion. Trifft z. B. aus dem SNA-Netz
eine negative Response auf CDCINIT ein und befindet sich die Verbindung zwischen den
die Endbenutzer substituierenden lokalen Prozessen im Aufbau, so muß die Umsetzung
in geeigneter Weise den Abbruch der im Aufbau befindlichen PIX-Verbindung einleiten.
Negative Responses auf CDSESSST können zumindest unter Benutzung von ACF/VTAM im
SNA-Netz nicht auftreten.

4. Diskussion der Umsetzungsverfahren bei der Realisierung von Gateways

Das unter 3.2 behandelte Beispiel läßt die wesentlichen Verfahren für die Umsetzung
höherer Protokolle bei der Realisierung eines Gateways erkennen. Im Idealfall weisen
die abzubildenden Architekturen zueinander äquivalente Protokollelemente und -ereig-
nisse auf, so daß sich die gegenseitige Abbildung dieser Elemente und Ereignisse
aufeinander unmittelbar anbietet (vgl. 4.1). Häufig jedoch stellen die abzubildenden
Architekturen keine gleichwertigen Funktionen bereit oder realisieren diese Funktionen so, daß eine Abbildung äquivalenter Protokollelemente und -ereignisse nicht
möglich ist. Z.B. enthält das PIX-Session-Protokoll als wesentlichen Bestandteil
einen allgemeinen Mechanismus zum Schreiben von Checkpoints und zum Rücksetzen auf
Checkpoints, SNA läßt das damit vergleichbare STSN (Set and Test Sequence Numbers)
nicht unter allen Transmission Subsystem Profiles zu, und TRANSDATA kennt überhaupt
kein vergleichbares Sprachmittel. Weiterhin ist z.B. der End-to-End-Kontrollmecha-
nismus über Sequence Numbers bei SNA nicht ohne weiteres auf den End-to-End-Kon-
trollmechanismus über Synchronisierungsoperationen bei PIX abbildbar. In solchen
Fällen muß man abwägen, welche der unter 4.2 - 4.4 beschriebenen Umsetzungsmethoden
anzuwenden ist.

4.1 Abbildung zueinander äquivalenter Protokollelemente

Dieser Fall setzt voraus, daß die abzubildenden Architekturen gleichwertige Funktionen enthalten (z.B. Mechanismen zur Synchronisation, Negotiation, Flußkontrolle etc.) und daß die zugehörigen Protokollelemente und -ereignisse die gleiche Semantik besitzen.

Ein Beispiel dafür ist der bereits beschriebene Sessionaufbau einschließlich der Anfangssynchronisation bei SNA und PIX: Das SNA-BIND und das PIX-OPEN dienen beide zum Aufbau einer Session. Sowohl SNA als auch PIX verwenden zur Anfangssynchronisation einen Two-Way-Handshake-Mechanismus (vgl. /BAUW77/). Ein wesentlicher Unterschied zwischen beiden Protokollen besteht darin, daß das PIX-Protokoll symmetrisch, das SNA-Protokoll aber asymmetrisch ist. Die Asymmetrie des SNA-Protokolls wird durch die Primary-/Secondarybeziehung verursacht. Aufgrund des Primary-/Secondaryverhältnisses zwischen zwei Logical Units wird der Sessionaufbau einschließlich der folgenden Synchronisation in streng alternierender Reihenfolge abgewickelt: Der Primary sendet BIND, das der Secondary im positiven Fall mit BIND+ beantwortet. Daraufhin löst der Primary SDT aus, das der Secondary mit der SDT Response quittiert.

Die Umsetzung des SNA-Protokolls auf das hinsichtlich der Symmetrieeigenschaften mächtigere PIX-Protokoll und umgekehrt stellt kein Problem dar. Es muß jedoch Vorsorge getroffen werden, daß nur der lokale Prozeß eine PIX-Session aufbaut, der der Primary Logical Unit im SNA-Netz entspricht. Unter 3.2.3 wurde beschrieben, wie dies erreicht werden kann. Ferner wird festgelegt, daß der Initiator des OPEN als erster ein MARK sendet. Mit diesen Einschränkungen hinsichtlich seiner Symmetrieeigenschaft kann das PIX-Sessionaufbauprotokoll einschließlich der Anfangssynchronisation eindeutig auf das SNA-Sessionaufbauprotokoll abgebildet werden und umgekehrt. Gemäß den Bildern 5 - 8 werden die Protokollereignisse gleicher Semantik einander zugeordnet. Bei diesem Verfahren wird jedoch die für das SNA-Sessionaufbauprotokoll charakteristische Asymmetrie dem PIX-Sessionaufbauprotokoll aufgeprägt und über das neutrale Netz weitergegeben.

Ein weiteres Beispiel für die Zuordnung von zueinander äquivalenten Protokollelementen und -ereignissen bildet die Umsetzung des Aufbaus der Transportverbindung bei PIX und TRANSDATA, wenn man davon absieht, daß das ACCON-Kommando bei TRANSDATA über seinen Antwortcharakter auf REQCON hinaus auch Synchronisierungsinformation trägt.

4.2 Zuordnung von Protokollelementen durch spezielle Interpretation

Das Verfahren ist in Fällen angezeigt, in denen eine Netzarchitektur Informationen über eine fremde Netzarchitektur benötigt, die ihr nicht statisch zur Verfügung gestellt werden und die ihr dynamisch entweder überhaupt nicht oder nicht zum geeigneten Zeitpunkt über die Abbildung von zueinander äquivalenten Protokollelementen mitgeteilt werden können.

Ein Beispiel stellt die Abbildung von Protokollereignissen der CDINIT-Phase bei SNA auf Protokollereignisse beim Aufbau der Transportverbindung bei PIX dar. Ehe in einem SNA-Netz zwei Logical Units, die Endbenutzer in verschiedenen Domains repräsentieren, miteinander kommunizieren können, müssen sich die zuständigen Cross-Domain Resource Manager über die beabsichtigte Kommunikation (mittels CDINIT und CDCINIT einschließlich der Responses) verständigen. Nach Ablauf der CDINIT-Phase ist sichergestellt, daß die Logical Units verfügbar sind; ihre Network Addresses sind bekannt. Bei PIX liefert der Aufbau der Transportverbindung die entsprechenden Informationen.

Nimmt man bei der Kopplung eines SNA- und eines PIX-Netzes an, daß eine Logical Unit den Aufbau einer Verbindung zu einem lokalen Prozeß initiiert, so ergibt sich zwingend die Abbildung des CDINIT auf das CONNECT sowie die Abbildung der CONNECT Response auf die CDINIT Response. Denn nur so können die Verfügbarkeit und - bei dynamischer Adressenvergabe - die Transportadresse des Kommunikationspartners im PIX-Netz festgestellt werden. Eine Abbildung von BIND auf CONNECT ist nicht möglich. Denn zum Zeitpunkt, wenn das BIND, das u.a. zum Aufbau der Transportverbindung im SNA-Netz dient, abläuft, müssen die Transportadressen gemäß der Semantik des CDINIT den Cross-Domain Resource Managern sowie der Primary Logical Unit schon bekannt sein.

Das Verfahren der Zuordnung von Protokollelementen durch spezielle Interpretation bietet sich auch dann an, wenn die Sematik von Protokollelementen in einer Netzarchitektur nicht festgelegt ist. Da z.B. die Semantik des Mode-Parameters im PIX-OPEN nicht definiert ist, ist es möglich, BIND-Parameter, soweit sie nicht die Transportverbindung, sondern das Function Management Profile oder das Presentation Services Profile betreffen, auf den Mode-Parameter abzubilden (vgl. 3.2.5).

4.3 Vereinbarung zusätzlicher Protokolle auf Benutzerebene und Einschränkung der dem Benutzer zur Verfügung stehenden Sprachmittel

Die Vereinbarung zusätzlicher Protokolle auf Benutzerebene kann ein wirksames Verfahren zur Protokollumsetzung sein, wenn die Protokolle einer Herstellerarchitektur mächtiger sind als die Protokolle einer darauf abzubildenden Herstellerarchitektur.

Dieser Fall tritt auf, wenn eine Herstellerarchitektur Funktionen realisiert, die
die andere Herstellerarchitektur nicht kennt.

Z.B. prüft SNA zur End-to-End-Kontrolle die Sequence Numbers, während TRANSDATA offensichtlich im Vertrauen auf eine stets verlustfreie Datenübertragung und -verar-
beitung auf eine solche Prüfung verzichtet. Will man bei einer Kopplung von SNA- und
TRANSDATA-Netzen die (nach ISO unverzichtbare) End-to-End-Kontrolle dem entstehenden
Gesamtnetz verfügbar machen, so müssen die TRANSDATA-Protokolle entsprechend erweitert werden. Sollen Eingriffe in die Herstellersysteme vermieden werden, so kann
eine solche Protokollerweiterung allerdings nur im Fall der Programm-Programm-Kommunikation durch Vereinbarungen auf Benutzerebene erzielt werden: Der DCAM-Application wird die Auflage gemacht, Sequence Numbers gemäß dem Verfahren bei SNA zu
verwalten. Das Nachrichtenidentifizierungsfeld des TRANSDATA-Transportelements wird
dann mit der Laufnummer belegt. Die DCAM-Application selbst übernimmt beim Empfang
von Nachrichten die Prüfungsaufgaben des SNA-Connection Point Managers und beim Senden die Aufgabe der SNA-Data Flow Control, nämlich die richtigen Sequence Numbers zu
erzeugen.

Die Vereinbarung zusätzlicher Protokolle auf Benutzerebene ist auch dann ein geeignetes Verfahren zur Protokollumsetzung, wenn sich die Herstellerarchitekturen bezüglich netz- und verbindungsspezifisch realisierter Funktionen unterscheiden. Z.B.
gibt es bei TRANSDATA eine netzspezifisch und bei SNA eine verbindungsspezifisch
realisierte Flußkontrolle. Will man bei einer Kopplung von SNA- und TRANSDATA-Netzen
die End-to-End-Datenflußkontrolle von SNA auf das entstehende Gesamtnetz ausdehnen,
muß man durch entsprechende Vereinbarungen auf Benutzerebene das SNA-Pacing-Protokoll auf der TRANSDATA-Seite nachbilden.

Auch wenn die abzubildenden Architekturen gleichwertige Funktionen mit gleichem Wir-
kungsbereich (d.h. netz- oder verbindungsspezifisch) aufweisen, kann es für die Protokollumsetzung erforderlich sein, auf Benutzerebene zusätzliche Protokolle zu ver-
einbaren. Dies soll am Beispiel unterschiedlicher Synchronisierungsverfahren, nämlich dem Two-Way-Handshake und dem Three-Way-Handshake (vgl. /SCHW81/), erläutert
werden.

Es sei angenommen, daß System A einen (symmetrischen) Two-Way-Handshake und System B
einen (asymmetrischen) Three-Way-Handshake zur Synchronisierung verwendet. Die erste
Phase des Two-Way-Handshake bei System A besteht aus dem Austausch zweier Synchroni-
sierungssignale (A-sync) zwischen den miteinander kommunizierenden Partnern, die
zweite Phase aus dem Austausch zweier Marksignale (A-mark). Die erste Phase des
Three-Way-Handshake bei System B umfaßt nur das Senden eines Synchronisierungssignals (B-sync) vom Initiator der Synchronisierungsoperation an den Reagierenden. Die

zweite Phase findet statt, wenn der Reagierende das Synchronisierungssignal des Initiators seinerseits mit einem Synchronisierungssignal beantwortet, das fest mit einem Marksignal (B-mark) gekoppelt ist. Die dritte Phase stellt ein darauf folgendes Marksignal des Initiators an den Reagierenden dar.

Grundsätzlich ist der Two-Way-Handshake-Mechanismus mit dem Three-Way-Handshake-Mechanismus verträglich. Ein Three-Way-Handshake ist nämlich nichts anderes als eine spezielle Form des Two-Way-Handshake, wobei ein Marksignal mit einem Synchronisierungssignal gekoppelt ist. Die Abbildung eines Three-Way-Handshake auf einen Two-Way-Handshake sieht folgendermaßen aus:

1. Fall: Initiator der Synchronisierungsoperation in System A

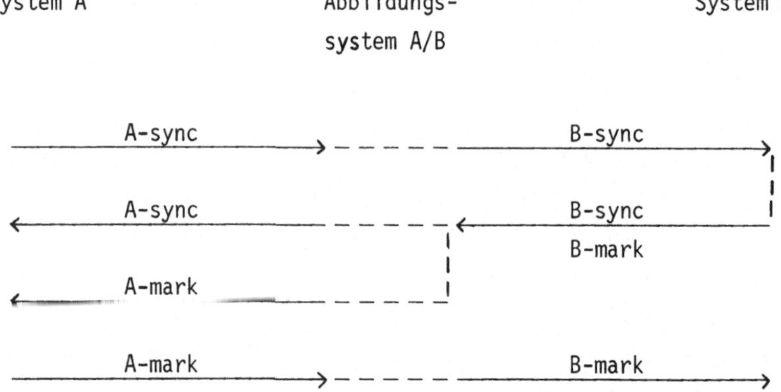

2. Fall: Initiator der Synchronisierungsoperation in System B

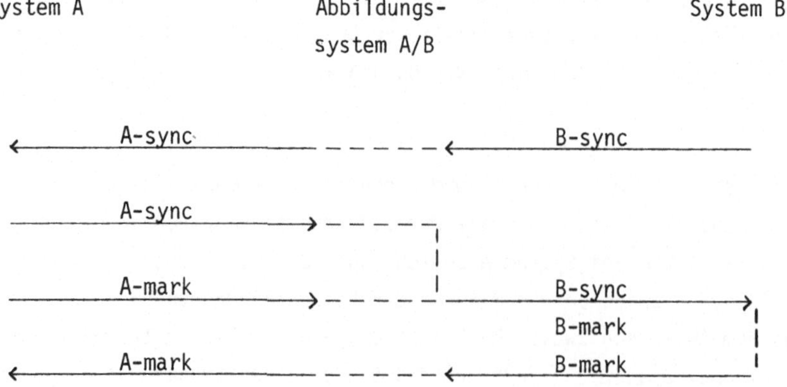

Die Abbildung ist im ersten Fall durch die "Entkopplung" des kombinierten Synchroni-
sierungs- und Marksignals von System B charakterisiert, im zweiten Fall durch die
"Verkopplung" des Synchronisierungssignals mit dem in gleicher Richtung laufenden
Marksignal von System A.

Überschneiden sich die vom System A und vom Abbildungssystem A/B gesendeten A-sync-
Signale, erhält man aufgrund der Symmetrie des Protokolls in System A die gleiche
Abbildung wie im Fall 2, bei dem die Initiative zur Synchronisierung allein von System B ausgeht. Wie das Abbildungssystem ein Überschneiden von B-sync-Signalen behandelt, hängt davon ab, wie das asymmetrische Protokoll in System B solche Über-
schneidungsfälle löst.

Die Abbildung eines Two-Way-Handshake auf einen Three-Way-Handshake und umgekehrt
ist also grundsätzlich möglich. Ist der Two-Way-Handshake jedoch mit einem nicht
symmetrischen Protokoll verbunden, kann die Abbildung auf einen Three-Way-Handshake
zu Problemen führen. Geht man z.B. davon aus, daß das Protokoll in System A streng
alternierend abläuft, weiter, daß die Initiative für die Synchronisierung von System B ausgeht, und fordert, daß die Umsetzung eine Synchronisierung zwischen den
beiden Endsystemen A und B gewährleisten soll, so ergeben sich im wesentlichen die
folgenden beiden Lösungsansätze für die Abbildung:

1. Variante

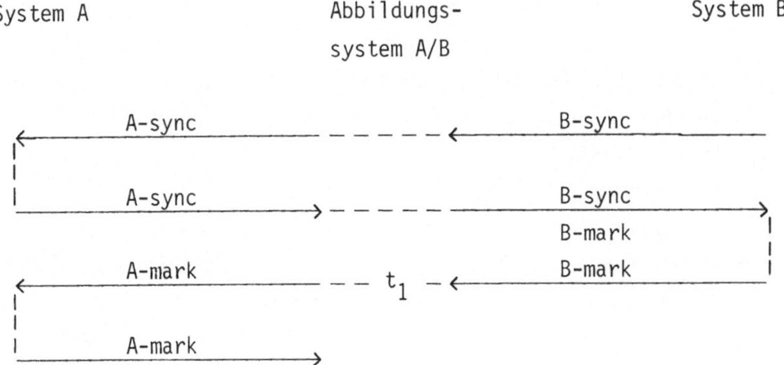

2. Variante

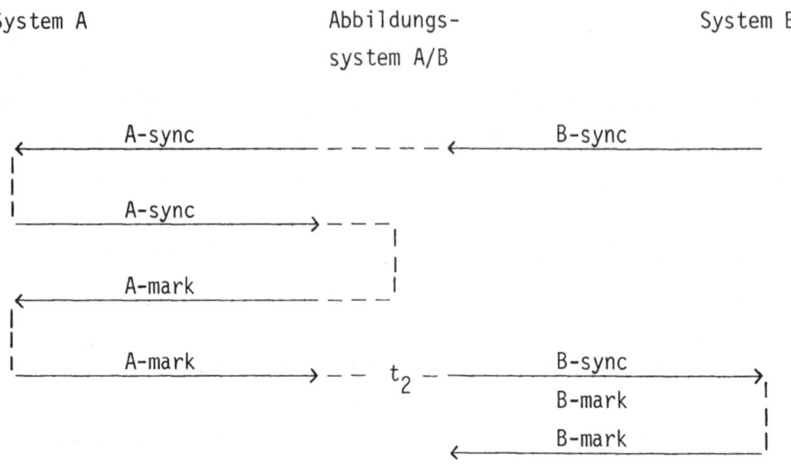

Keiner der beiden Lösungsansätze kann in der vorliegenden Form jedoch die Forderung nach einer End-to-End-Synchronisierung erfüllen. Bei einem Handshake-Mechanismus zur Synchronisation sind die beteiligten Kommunikationspartner im Anschluß an eine Synchronisierungsoperation nämlich wieder sendeberechtigt, wenn sie sowohl ein Marksignal gesendet als auch empfangen haben. Das bedeutet aber, daß das Abbildungssystem zu den Zeitpunkten t_1 bzw. t_2 Daten aus einem der Endsysteme erhalten, diese jedoch u.U. noch nicht an das andere Endsystem weiterleiten kann. Da man i.a. das Datenaufkommen, das hier im Abbildungssystem zwischengespeichert werden müßte, nicht abschätzen kann, muß über zusätzliche Vereinbarungen auf Benutzerebene der Beginn der Datenübertragungsphase zwischen den beteiligten Kommunikationspartnern festgelegt werden, und zwar für einen späteren Zeitpunkt als durch den ursprünglichen Handshake-Mechanismus vorgesehen ist.

Das hier geschilderte Problem tritt bei der Abbildung des PIX-Sessionaufbauprotokolls auf das TRANSDATA-Verbindungsaufbauprotokoll auf, wenn man wie unter 3.2.6 und 4.1 beschrieben dem PIX-Protokoll die Asymmetrie und den streng alternierenden Ablauf des SNA-Sessionaufbauprotokolls aufprägt. Eine Lösung des Problems wurde unter 3.2.6 skizziert: Durch eine fest vereinbarte Nachricht hoher Priorität kann bei Programm-Programm-Kommunikation dem TRANSDATA-Verbindungspartner explizit auf Benutzerebene mitgeteilt werden, wann er sendeberechtigt ist.

Werden Nachrichten hoher Priorität auch in weiteren Fällen benutzt, um Unterschiede in den Netzarchitekturen auszugleichen (z.B. zur Realisierung eines Pacing-Protokolls bei TRANSDATA), so darf der Programmierer einer DCAM-Application Nachrichten hoher Priorität nicht mehr beliebig für Benutzerzwecke verwenden. Die Vereinbarung zusätzlicher Protokolle auf Benutzerebene kann also mit einer Einschränkung der dem Benutzer zur Verfügung stehenden Sprachmittel einhergehen.

4.4 Unterstützung und Abhandlung systemspezifischer Protokolle im Abbildungssystem

Können Protokollereignisse und -elemente eines Systems nicht auf semantisch vergleichbare Protokollereignisse und -elemente eines fremden Systems abgebildet werden und ist auch die Umsetzung über eine Protokollerweiterung nicht möglich, bietet sich das Verfahren an, solche Protokolle im Abbildungssystem abzuhandeln.

Das SNA-Protokoll zum Verbindungsaufbau z.B. spielt sich im Gegensatz zu PIX und TRANSDATA auf zwei verschiedenen Ebenen ab: einmal auf der Ebene der Logical Units und zum anderen auf der Ebene der Cross-Domain Resource Manager, die die Logical Units verwalten. Wie die Bilder 5 - 8 zeigen, werden mit Ausnahme des CDINIT die Protokollereignisse auf der Ebene der Cross-Domain Resource Manager während des SNA-Sessionaufbaus nicht auf PIX- und anschließend auf TRANSDATA-Protokollereignisse abgebildet. Denn weder das PIX- noch das TRANSDATA-Protokoll zum Verbindungsaufbau weisen semantisch vergleichbare Protokollereignisse auf. Eine Protokollerweiterung bei PIX und TRANSDATA ist hier nicht sinnvoll, da sie zu einer Architekturerweiterung bei PIX und TRANSDATA gemäß dem SNA-Domain-Konzept mit den verwaltenden Cross-Domain Resource Managern führen müßte.

Vielmehr fängt die Umsetzung SNA/PIX im SAS (in den Bildern 5 - 8 ist sie aus Gründen der übersichtlicheren Darstellumg im LP gedacht) einerseits die nicht auf PIX-Protokollereignisse abbildbaren Protokollereignisse auf den CDRM-CDRM-Sessions ab und initiiert andererseits aufgrund ihrer Kenntnis der SNA-Verbindungspartner und der Automatenzustände im SNA- und PIX-Netz Aktionen in Richtung SNA-Netz, die gewährleisten, daß sich die der CDRM-CDRM-Session zugehörigen Protokollautomaten jeweils im richtigen Zustand befinden.

Die simulierten Cross-Domain Resource Manager verständigen die Umsetzung SNA/PIX über alle Protokollereignisse auf ihren Sessions mit den realen Cross-Domain Resource Managern, die auf entsprechende Aktionen im realen SNA-Netz zurückzuführen sind. Entsprechend verhalten sich die simulierten Logical Units. Die Umsetzung SNA/ PIX stellt daraufhin fest, ob eine Abbildung auf PIX-Protokollereignisse möglich ist, und veranlaßt gegebenfalls geeignete Aktionen in Richtung PIX-Netz. Ferner entscheidet sie abhängig vom Primary-/Secondaryverhältnis der SNA-Sessionpartner und

und abhängig von den Automatenzuständen im SNA- und PIX-Netz, ob Aktionen in Richtung SNA-Netz auszulösen sind, und veranlaßt gegebenfalls den zuständigen simulierten Cross-Domain Resource Manager oder die entsprechende simulierte Logical Unit zu solchen Aktionen.

In Bild 8 z.B. meldet der simulierte Cross-Domain Resource Manager der Umsetzung SNA/PIX, daß ein CDCINIT Request eingetroffen ist. Da eine Abbildung des CDCINIT auf ein PIX-Protokollelement nicht möglich ist, muß die Umsetzung hier nur das SNA-Protokoll befriedigen. Dazu veranlaßt sie den simulierten Cross-Domain Resource Manager, eine CDCINIT Response ins SNA-Netz zu senden. Empfängt die simulierte Primary Logical Unit zu einem späteren Zeitpunkt eine positive BIND Response, so meldet sie dieses Ereignis an die Umsetzung SNA/PIX weiter. In diesem Fall bildet die Umsetzung einerseits das BIND+ auf ein PIX-Protokollelement ab und veranlaßt den entsprechenden lokalen Prozeß, das OPEN+ ins PIX-Netz zu senden; andererseits weiß die Umsetzung SNA/PIX, daß der reale, der Secondary Logical Unit zugeordnete Cross-Domain Resource Manager im SNA-Netz ein CDSESSST erwartet und veranlaßt den entsprechenden simulierten Cross-Domain Resource Manager, diesen Request zu senden. Das anschließend im SAS eintreffende CDSESSST+ wird von der Umsetzung lediglich zur Kenntnis genommen, da eine Abbildung auf ein PIX-Protokollereignis nicht möglich ist und die das CDCINIT abhandelnden Protokollautomaten auf Primary- und Secondary-Seite jetzt im Aktivzustand sind, d.h. im richtigen Zustand während der Existenz einer LU-LU-Session.

Entsprechend den simulierten Cross-Domain Resource Managern und den Logical Units melden die lokalen Prozesse der Umsetzung SNA/PIX alle im PIX-Netz ausgelösten Protokollereignisse. Führt eine solche Meldung zur Abbildung auf ein SNA-Protokollereignis, so muß die Umsetzung anschließend prüfen, ob dadurch zusätzliche Aktionen auf der zugehörigen CDRM-CDRM-Session auszulösen sind.

In Bild 5 z.B. veranlaßt die Umsetzung SNA/PIX aufgrund des empfangenen CONNECT+ den zuständigen simulierten Cross-Domain Resource Manager, eine positive CDINIT Response ins SNA-Netz zu senden. Ferner muß die Umsetzung berücksichtigen, daß der reale, der Primary Logical Unit zugeordnete Cross-Domain Resource Manager anschließend ein CDCINIT erwartet (es sei angenommen, daß der begonnene Verbindungsaufbau nicht unmittelbar wieder abgebrochen wird und CDINIT nicht in eine Warteschlange eingereiht wird). Also veranlaßt sie den simulierten Cross-Domain Resource Manager, einen CDCINIT Request (mit vorgeneriertem BIND-Image) ins SNA-Netz zu senden. Dieser CDCINIT Request wird nicht unmittelbar infolge des CONNECT+ ausgelöst. Vielmehr resultiert er aus dem Wissen der Umsetzung um den Zustand der SNA-Protokollautomaten und um die Primary-/Secondarybeziehung der am Sessionaufbau beteiligten Logical Units.

Das beschriebene Verfahren versagt in der Regel jedoch, wenn das Abbildungssystem Protokolle mit End-to-End-Bedeutung zwischen den Benutzern abhandeln soll, wie folgendes Beispiel zeigt: Verlangt sei eine direkte Kopplung von SNA- und TRANSDATA-Netzen, wobei das Abbildungssystem SNA/TRANSDATA wie im Projekt SNATCH in das PDN eines TRANSDATA-Kommunikationsrechners eingebettet werde. Ferner soll der Benutzer bei Programm-Programm-Kommunikation keine Einschränkung der ihm zur Verfügung stehenden Sprachmittel hinnehmen müssen. D.h. zum Beispiel, daß im SNA-Netz der Pacing-Flußkontroll-Mechanismus verwendet werden kann. Sollen keine Eingriffe in die Systemsoftware der Hersteller vorgenommen werden, so kann das Abbilddungssystem die auf ISO-Ebene 3 angesiedelte Flußkontrolle bei TRANSDATA nicht beeinflussen. Abgesehen von dem Problem, daß es sich bei SNA um eine verbindungsspezifisch und bei TRANSDATA um eine netzspezifisch realisierte Flußkontrolle handelt, würde also der Versuch, den Pacing-Mechanismus auf den Subport-Mechanismus umzusetzen, nicht zum Ziel führen. Dürfen dem TRANSDATA-Benutzer keine Einschränkungen auferlegt werden, entfällt die Möglichkeit, das SNA-Pacing-Protokoll auf Benutzerebene nachzuspielen. Es bleibt also nur noch die Möglichkeit, das Pacing-Protokoll im Abbildungssystem abzuhandeln. Dabei stellen sich aber z.B. folgende Probleme:

- Nach welchem Kriterium soll die Umsetzung SNA/TRANSDATA beurteilen, wann eine Pacing-Response ins SNA-Netz zu senden ist? Der Umsetzung ist es nicht möglich das Kriterium so zu wählen, daß es der momentanen Geschwindigkeit angepaßt ist, mit der der TRANSDATA-Verbindungspartner Daten aufnehmen kann.
- Wie verhält sich die Umsetzung, wenn die Pacing Response aus dem SNA-Netz ausbleibt, der TRANSDATA-Verbindungspartner aber weiterhin Daten sendet? Die Zwischenspeicherung dieser Daten scheidet aus, wenn man dem Benutzer nicht die dazu notwendigen Einschränkungen (z.B. begrenzte Nachrichtenlänge, Quittungsverlangen modulo eines bestimmten Zählers und Senden weiterer Daten erst nach Quittungsempfang) auferlegen darf.

Diese Probleme können nicht befriedigend gelöst werden, da die Umsetzung SNA/TRANSDATA nur in Abhängigkeit vom Verhalten des TRANSDATA-Verbindungspartners sinnvoll reagieren kann, dieses Verhalten aber unter den gegebenen Bedingungen nicht mitteilbar und daher für die Umsetzung nicht kalkulierbar ist. Im vorliegenden Fall ist also der Weg, das SNA-Pacing-Protokoll im Abbildungssystem abzuhandeln, nicht gangbar. Im vorherigen Beispiel der Abhandlung von Protokollen auf den CDRM-CDRM-Sessions konnte er zum Ziel führen, weil der Umsetzung SNA/PIX dabei alle für die jeweiligen Protokollentscheidungen notwendigen Informationen zur Verfügung standen.

Wie bereits erwähnt, umfassen die der Umsetzung zugänglichen Informationen u.a. die Zustände der simulierten Protokollautomaten sowie die für die Kommunikation relevanten Eigenschaften der Kommunikationspartner in den zu koppelnden Systemen. Darüberhinaus kann die Umsetzung bei Bedarf auf vorgenerierte Sätze von Parametern zugreifen, wie unter 3.2.4 erläutert wurde. Das Anlegen solcher Parametersätze zur Unterstützung der Protokollumsetzung setzt natürlich eine genaue Kenntnis der Eigenschaften und des Verhaltens der Kommunikationspartner voraus, zwischen denen diese Parameterwerte ausgetauscht werden sollen. Wird z.B., wie unter 3.2.4 beschrieben, im CONNECT ein vordefinierter Satz von Parametern verwendet, so muß dieser vom Empfänger des CONNECT akzeptiert werden können, wenn die Verbindung zustande kommen soll. Bei diesem Verfahren muß man sich also auf bestimmte Kommunikationspartnertypen (z.B. bei SNA auf bestimmte LU-Types) festlegen.

5. Auswirkungen des Gateway-Konzepts auf Serviceschnittstellen und Protokollautomaten

Geht man davon aus, daß bei der Kopplung von Netzen die Kontrolle des Kommunikationsablaufs auf End-to-End-Basis eine wesentliche Rolle spielt, so muß gewährleistet sein, daß bei der Protokollabbildung sämtliche dafür erforderlichen Informationen zwischen den kommunizierenden Netzen ausgetauscht werden. Für das Abbildungssystem im Gateway kann das bedeuten, daß die ISO-Schichtenstruktur angetastet werden muß. Schichten müssen aufgebrochen werden, so daß Dienstleistungen, die normalerweise in einer unteren Schicht verborgen sind, für darüberliegende Schichten sichtbar werden. Das heißt aber, daß die im Abbildungssystem zu realisierenden Serviceschnittstellen und Protokollautomaten kein direktes Abbild der netzspezifischen Serviceschnittstellen und Protokollautomaten sein können, sondern den Erfordernissen der Umsetzung angepaßt werden müssen. Anhand von zwei Beispielen soll diese Problematik im folgenden näher erörtert werden.

5.1 Direkter Zugang der Umsetzung zu allen ISO-Schichten

Gegeben seien zwei Systeme A und B, die über einen Gateway direkt gekoppelt werden. Beide Systeme kennen einen Sessionaufbau (über open(A) bzw. open(B)) mit anschließender Synchronisation (über mark(A) bzw. mark (B)) gemäß dem Two-Way-Handshake-Mechanismus. Versucht man in den herstellerspezifischen Teilen des Abbildungssystems die Schichtenstruktur streng durchzuhalten, ergibt sich eine Situation wie in Bild 9 (die Schnittstellenereignisse und protocol data units - p.d.u.s. - sind in PIX-Sprechweise bezeichnet).

Ein Kommunikationspartner in System A initiiert eine Session zu einem Kommunikationspartner in System B, was zunächst zu einem OPEN(A) Request der Ebene 6 an die Ebene 5 im System A führt. Daraufhin wird eine open(A) p.d.u. erzeugt. Der A-spezifische Teil des Abbildungssystems löst bei Empfang dieser p.d.u. eine OPEN(A) Indication an der oberen Schnittstelle zur Ebene 5 aus. Diese Indication wird der Umsetzung mitgeteilt, die das OPEN(A) auf OPEN(B) abbildet und den OPEN(B) Request an die Ebene 5 im B-spezifischen Teil des Abbildungssystems veranlaßt. Hier wird eine open(B) p.d.u. erzeugt, die im System B eine OPEN(B) Indication auslöst. Auf die OPEN(B) Response reagiert die Ebene 5 im System B mit dem Absenden einer open(B) p.d.u.. Trifft die open(B) p.d.u. im B-spezifischen Teil des Abbildungssystems ein, erzeugt die Ebene 5 eine mark(B) p.d.u., wie sie zur Synchronisierung zwischen dem realen Kommunikationspartner im System B und seinem simulierten Gegenstück im Abbildungssystem erforderlich ist. Diese mark(B) p.d.u. löst im System B die OPEN(B) Response Confirmation aus und berechtigt damit den realen Kommunikationspartner im System B, Daten zu senden. Trifft neben der open(B) p.d.u. auch die mark(B) p.d.u. von System B im B-spezifischen Teil des Abbildungssystems ein, erzeugt die Ebene 5 die OPEN(B) Confirmation, die zur Umsetzung OPEN(B) $\longrightarrow$ OPEN(A) führt.

In entsprechender Weise läuft das Protokoll zwischen dem A-spezifischen Teil des Abbildungssystems und dem System A ab. Die mark(A) p.d.u. von System A zur Synchronisierung zwischen dem realen Kommunikationspartner in System A und seinem simulierten Gegenstück im Abbildungssystem kann jedoch so spät eintreffen, daß in der Umsetzung bereits vorher Daten von System B anfallen. Hier liegt wie im Beispiel unter 4.3 das Problem der End-to-End-Synchronisierung vor. Eine Lösung wäre, die mark(B) p.d.u. zum System B erst dann auszulösen, wenn die OPEN(A) Response Confirmation bei der Umsetzung A/B eingetroffen ist. Allerdings muß dazu die Umsetzung in die Schicht 5 eingreifen. Ein solches Vorgehen zeigt Bild 10.

Hier ist das allgemeine Prinzip zugrunde gelegt, daß jede Nachricht, die einer der herstellerspezifischen Teile erhält, an die Umsetzung weitergegeben wird, und andererseits die Umsetzung jede Aktion steuert, die zum Absenden einer Nachricht aus dem herstellerspezifischen Teil in das betreffende Netz führt. Es folgt unmittelbar, daß die Protokollautomaten und die Serviceschnittstellen der Ebene 5 im Abbildungssystem gegenüber den netzspezifischen Protokollautomaten und Serviceschnittstellen entsprechend zu erweitern sind. Die Schicht 5 der herstellerspezifischen Teile wird bei diesem Verfahren voll von der Umsetzung (Schicht 7) gesteuert. In bezug auf die Schichtenstruktur nach ISO ergibt sich das Phänomen, daß die Schichten der beiden Endsysteme nur auf dem Weg über sämtliche Schichten des Abbildungssystems, d.h. bis zur Ebene 7 hinauf, miteinander kommunizieren können (für die Schicht 5 z.B. vgl. Bild 11).

5.2 Durch die Umsetzung bedingte Zustandsänderungen von Protokollautomaten

Wie unter 2.2 erläutert ist es die Aufgabe der herstellerspezifischen Teile des Abbildungssystems, gegenüber den Herstellernetzen Endbenutzerverhalten zu simulieren. Daß es sich dabei um simulierte und nicht um die tatsächlichen Endbenutzer handelt, wirkt sich auf die Zustände der Protokollautomaten in den herstellerspezifischen Softwarebausteinen aus. Abhängig von den jeweiligen Anforderungen kann es unerläßlich sein, die Zustände der Protokollautomaten in den herstellerspezifischen Teilen gegenüber den Zuständen der Protokollautomaten in den Herstellernetzen zu ändern. Man betrachte wiederum zwei, über einen Gateway direkt gekoppelte Systeme A und B. Der Sessionabbau in beiden Systemen soll entsprechend dem Sessionaufbau über den Austausch eines entsprechenden Signals (close(A) bzw. close(B)) und den Austausch von Marks erfolgen. In beiden Systemen wie auch bei der Kopplung der beiden Systeme soll der Sessionabbau nicht destruktiv sein. Sendet also einer der beiden miteinander kommunizierenden Partner Daten, während der andere den Sessionabbau eingeleitet hat, so gehen diese Daten nicht verloren, sondern werden dem Partner noch zugestellt. Wie man Bild 12 entnimmt, muß dazu der entsprechende Protokollautomat der Sessionebene im herstellerspezifischen Teil des Abbildungssystems nach dem Empfang einer close p.d.u. in der Datenübertragungsphase einen Zustand (s) annehmen, in dem er weiterhin sendeberechtigt ist (vgl. A-spezifischer Teil). Im Herstellernetz dagegen geht der Protokollautomat nach dem allgemeinen Konzept der Synchronisation über den Markmechanismus beim Eintreffen einer close p.d.u. während der Datenübertragungsphase in einen Zustand (ns) über, in dem er keine Daten mehr senden kann (vgl. System B). Würde man die Protokollautomaten der Herstellernetze unverändert in die herstellerspezifischen Teile des Abbildungssystems übernehmen, würde das im vorliegenden Beispiel bedeuten, daß Daten im Gateway "steckenbleiben" und somit verloren gehen können, sobald einer der beiden Endbenutzer den Sessionabbau veranlaßt.

Bei der Konzipierung des Abbildungssystems sind also stets zwei Aspekte zu berücksichtigen: Einerseits muß das Abbildungssystem auf die Kommunikation mit den tatsächlichen Endbenutzern zugeschnitten sein. Es darf andererseits nicht lediglich ein Abbild der Funktionsbausteine der Herstellernetze enthalten, sondern muß immer auch die Belange des Gesamtsystems, d.h. des Systems, das durch die Kopplung der Herstellernetze entsteht, berücksichtigen.

6. Zusammenfassung

Das Gateway-Konzept weist einen prinzipiellen Weg zur Öffnung geschlossener Netze.
Wie weit die Öffnung realisiert werden kann, d.h. welches Maß an Kommunikation zwischen den geschlossenen Netzen erreicht werden kann, hängt zum einen von den beteiligten Herstellernetzen, zum anderen aber auch entscheidend von der neutralen Architektur und der Mächtigkeit ihrer Protokolle ab. Abhängig von den beteiligten Architekturen, wird man immer verschiedene Mechanismen für die Umsetzung verwenden müssen. Einige dieser Mechanismen setzen voraus, daß der Gateway Kenntnisse über die
realen Kommunikationspartner haben muß. D.h. der Einsatz von Gateways ist grundsätzlich auf bestimmte Anwendungsfälle beschränkt. Eine allgemeine Lösung des Inkompati-
bilitätssproblems kann mit dem Gateway-Konzept nicht erreicht werden. In der Praxis
wird der Gateway aber trotz aller Einschränkungen seinen Platz überall dort haben,
wo Kommunikationspartner verschiedener Hersteller miteinander kommunizieren sollen
und das Verhalten dieser Kommunikationspartner fest definiert ist. Das ist bei den
meisten Standardanwendungen, wie z.B. Timesharing-Betrieb, der Fall. Die Wirtschaftlichkeit des Gateway-Konzepts ergibt sich insbesondere daraus, daß die Produkte der
Hersteller nicht geändert werden müssen.

Literatur:

/BAUW77/   Bauwens, E.; Magnee, F.: "Remarks on Negotiation Mechanism and
            Attention Handling", Data Communications Networks Conference,
            London 1977

/CYPS78/   Cypser, R.J.: "Communications Architecture for Distributed Sy-
            stems", The Systems Programming Library, Addison-Wesley-
            Publishing Company, Reading Massachusetts 1978

/ECKE79/   Eckert, H.: "Benutzerschnittstelle des PIX End-zu-End-Proto-
            kolls", Informatik Fachberichte 22, Kommunikation in verteilten
            Systemen, Berlin 1979

/EINE81a/   Einert, D.; Glas, G.: "SNATCH Opens Manufacturers' Networks
            through Gateways", IEEE Seventh Data Communications Symposium,
            Mexiko 1981

/EINE81b/   Einert, D.; Glas, G.: "SNATCH Opens IBM's Systems Network
            Architecture", SEAS Anniversary Meeting, Nizza 1981

/GLAS79a/   Glas, G.; Lode, D.: "Öffnung homogener geschlossener Herstel-
            lernetze im Sinne des ISO-Referenzmodells, am Beispiel von
            SNATCH, einem Funktionsverbund zwischen Siemens-TRANSDATA- und
            IBM-SNA-Rechnernetzen", Informatik-Fachberichte 22, Kommunika-
            tion in verteilten Systemen, Berlin 1979

/GLAS79b/   Glas, G.: "Siemens-TRANSDATA und IBM-SNA, Gemeinsamkeiten und Unterschiede", 7. WASCO-Tagung, München 1979

/GLAS82/   GLAS, G.: "Offene Systeme und Herstellerarchitekturen, am Beispiel von SNA und TRANSDATA", 2. Internationale Siemens-DV-Benutzerkonferenz, Stresa 1982 (Tagungsband noch nicht erschienen)

/GRAM83/   Graml, F.: "SNATCH - Realisierung einer Kopplung von SNA- und TRANSDATA-Netzen", GI-Fachtagung Kommunikation in verteilten Systemen - Anwendungen und Betrieb -, Berlin 1983

/ISO81/   ISO/TC97/SC16: "Open Systems Interconnection-Basic Reference Model", (ISO Draft Proposal 7498), ACM Comp. Comm. Rev. 11, April 1981

/PIX79/   PIX/HLP/TAG/79/05: "Specification of a Transport and Session Layer Protocol based on the Message Link Protocol, Version 1.0", F. Vogt, E. Dregger, H. Eckert, B. Lausch, 1979

/SCHW81/   Schwabe, D.: "Formal Specification and Verification of a Connection Establishment Protocol", IEEE Seventh Data Communications Symposium, Mexiko 1981

/SIEM78/   Siemens Norm SN 77302 "Verbindungsprotokoll", Teil 2

/SNA80/   IBM SC30-3112-2, "Systems Network Architecture Format and Protocol Reference Manual: Architecture Logic", 1980

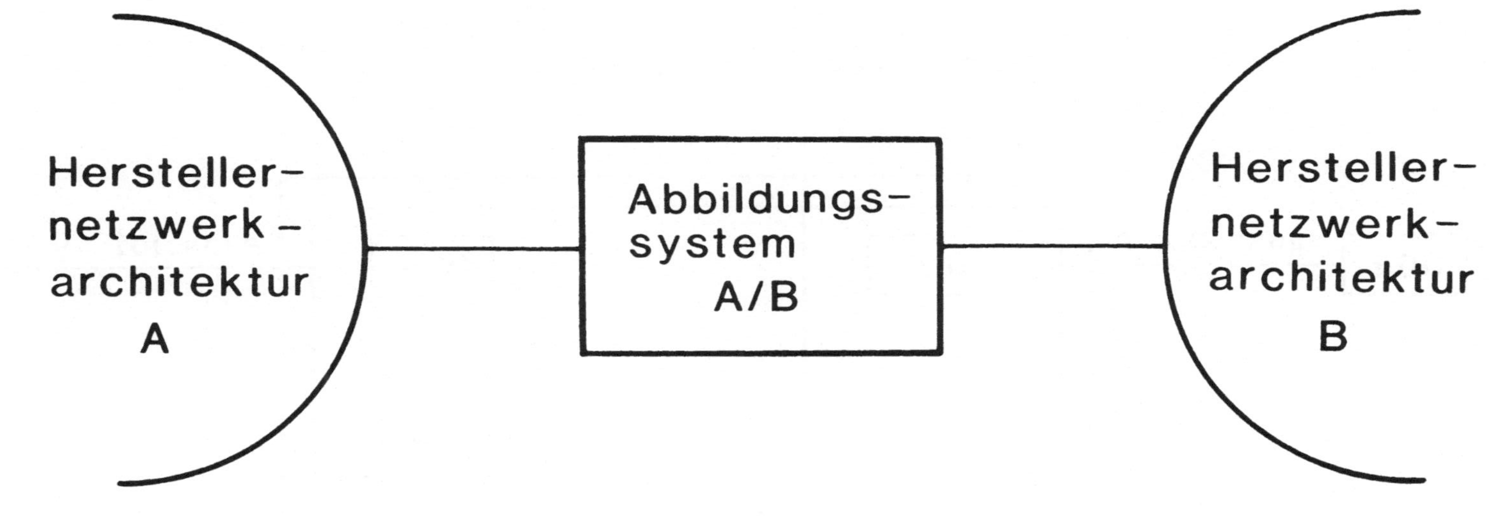

Bild 1: Kopplung von Netzen über einen Gateway

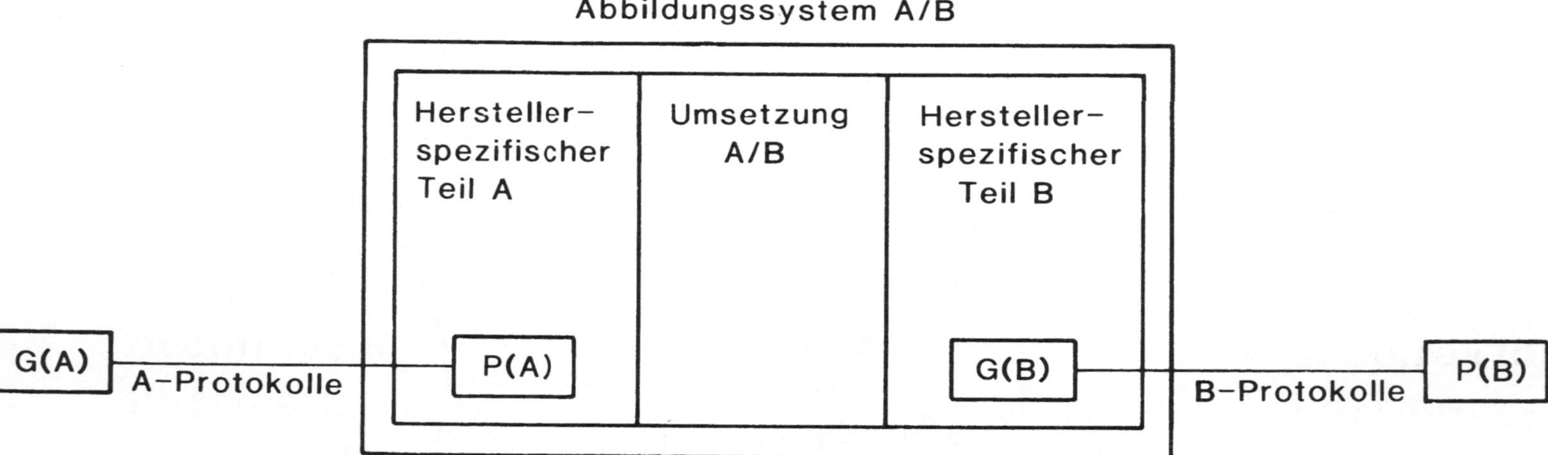

Bild 2: Struktur des Gateway-Systems

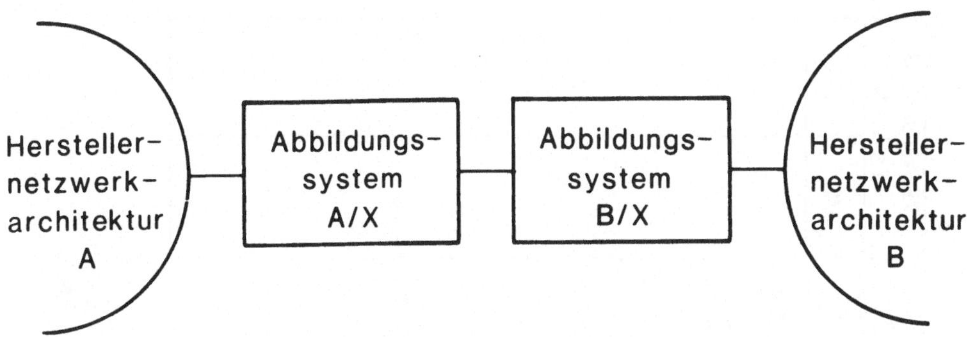

Bild 3: Kopplung von Netzen über eine neutrale Netzwerkarchitektur X

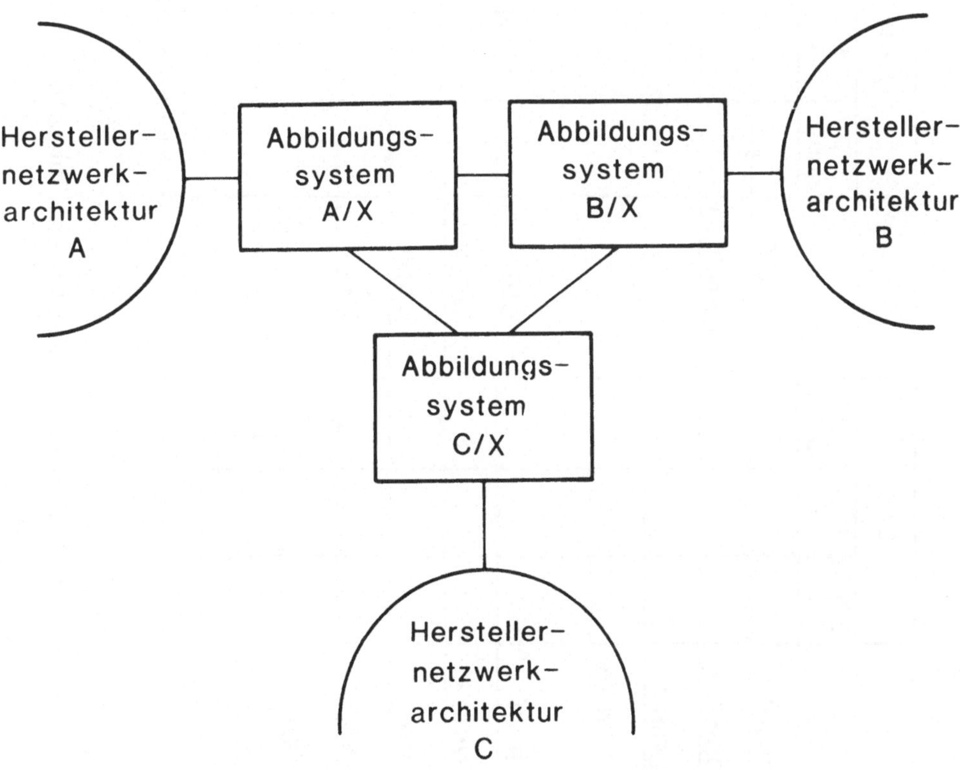

Bild 4: Öffnung geschlossener Netze

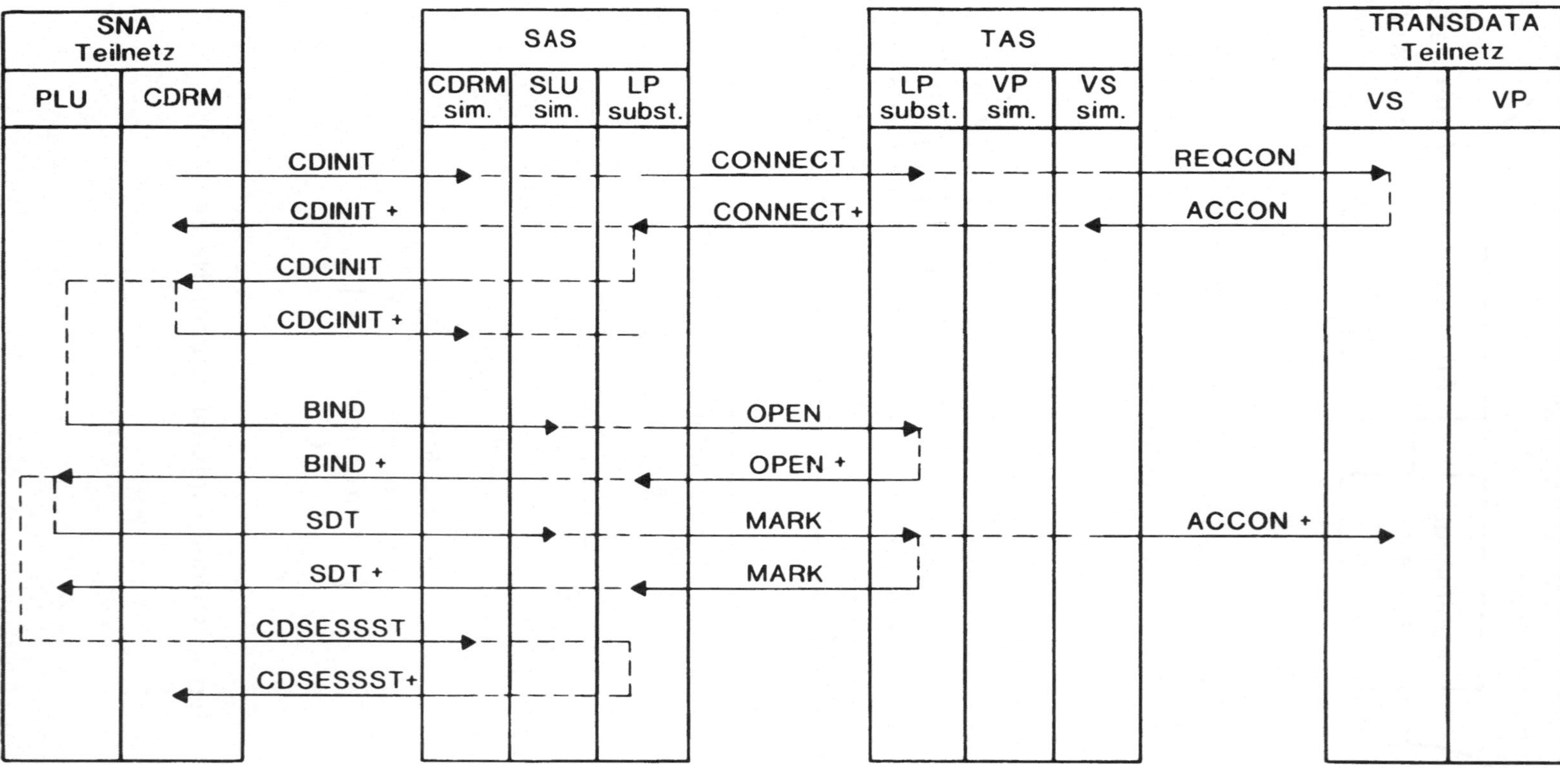

Bild 5: Umsetzung des Verbindungsaufbaus   Initiator: SNA   Primary: SNA

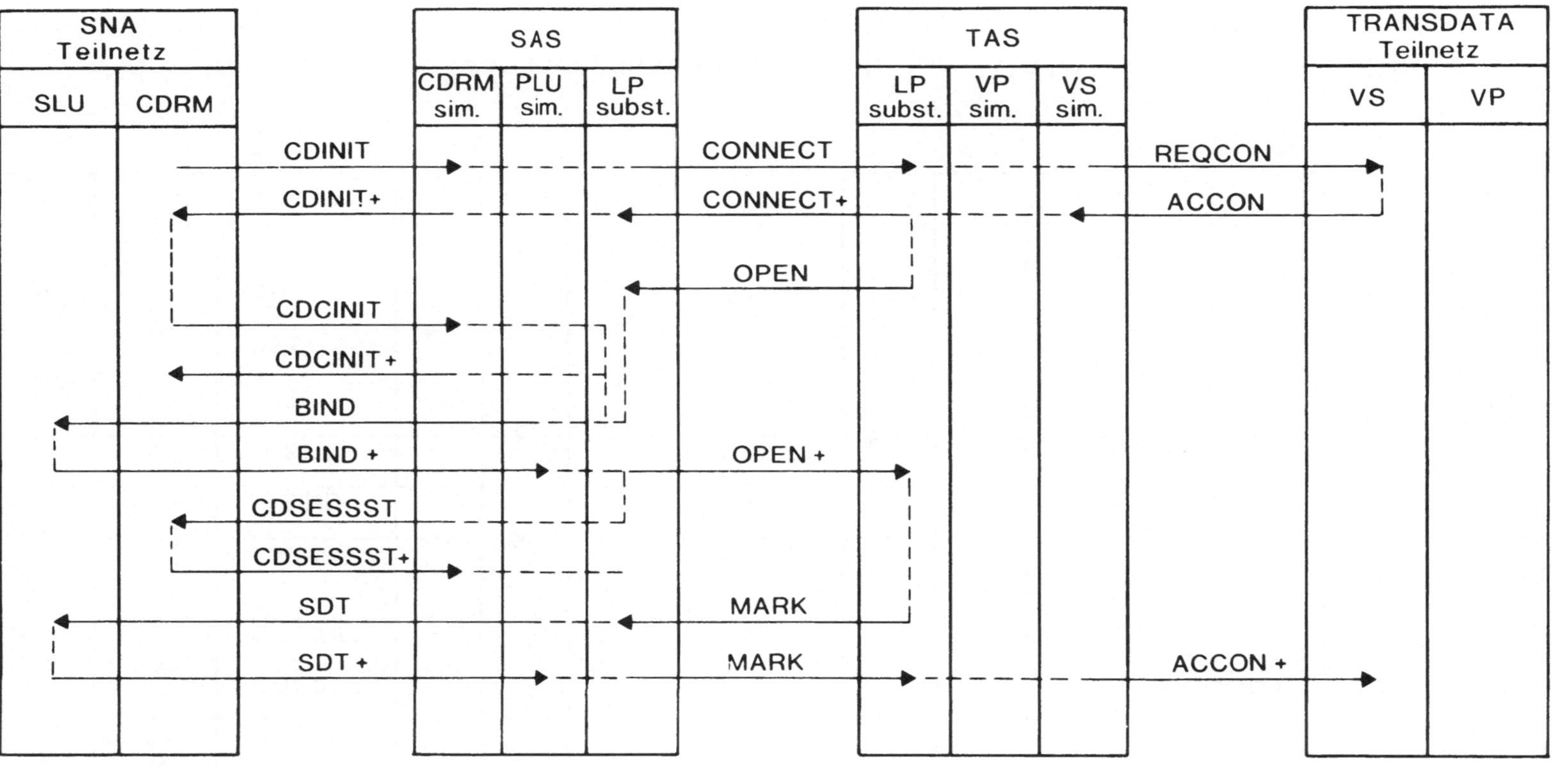

Bild 6: Umsetzung des Verbindungsaufbaus

Initiator: SNA

Primary: TRANSDATA

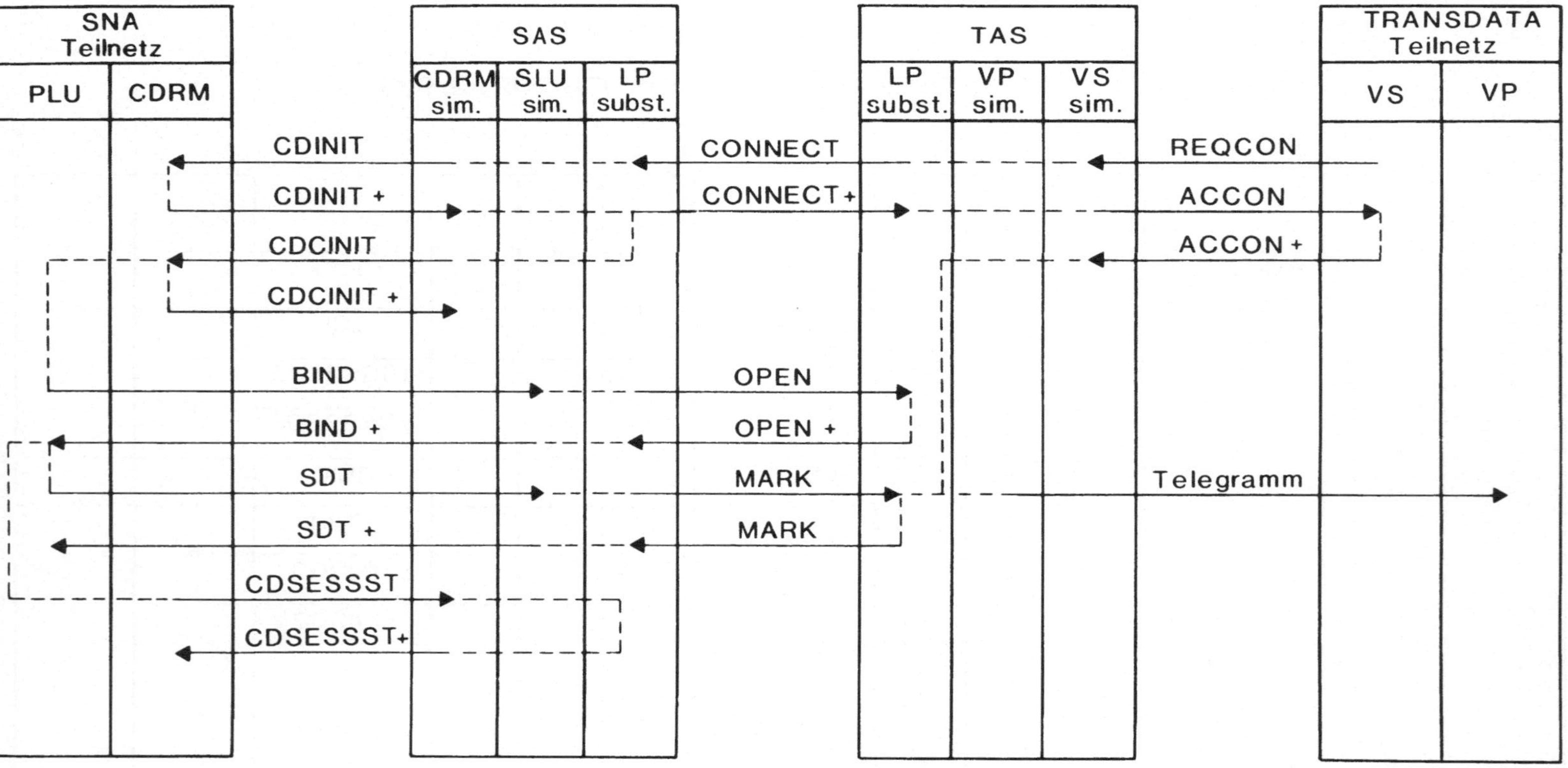

Bild 7: Umsetzung des Verbindungsaufbaus   Initiator: TRANSDATA Primary: SNA

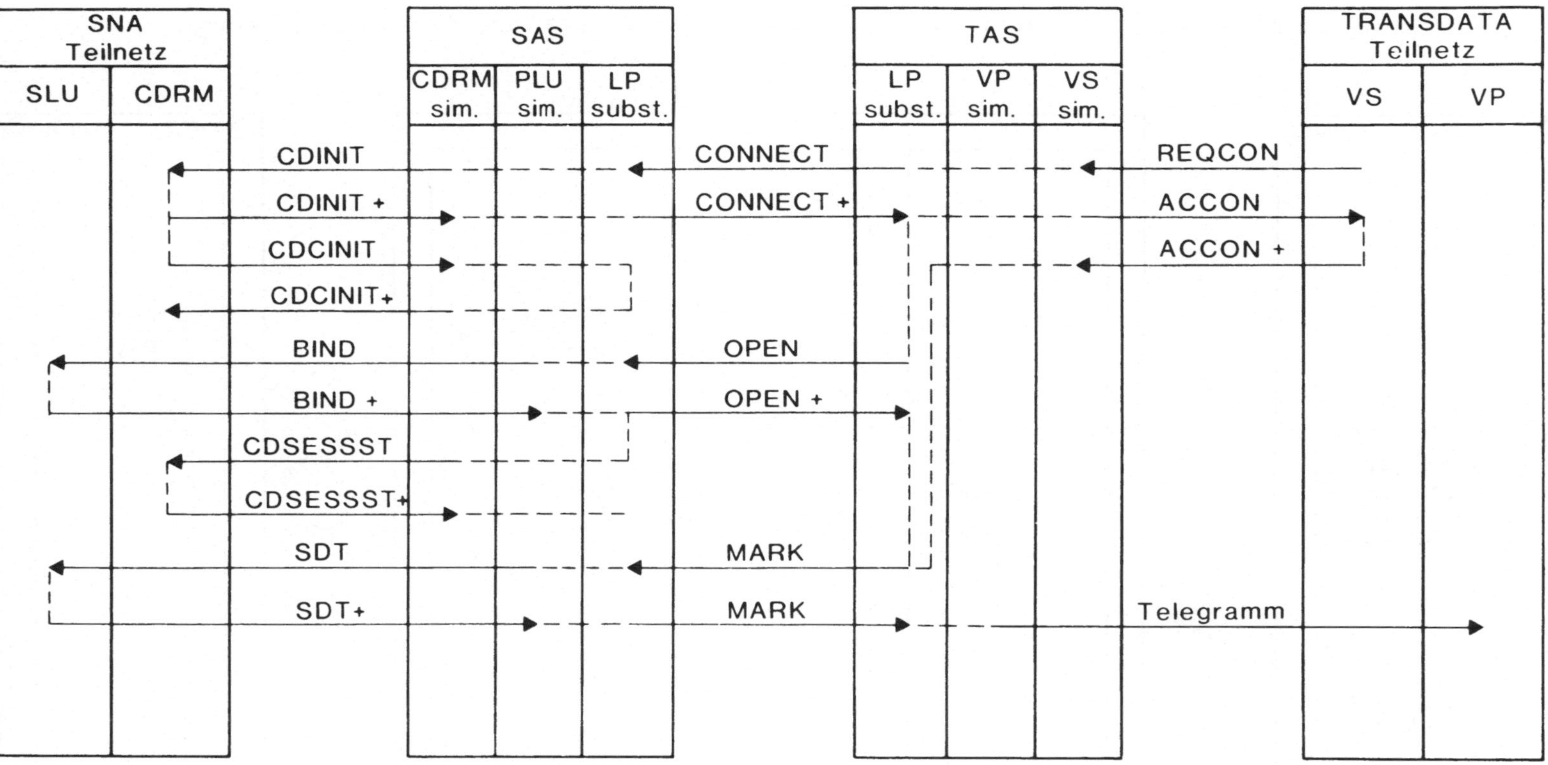

Bild 8: Umsetzung des Verbindungsaufbaus

Initiator: TRANSDATA

Primary: TRANSDATA

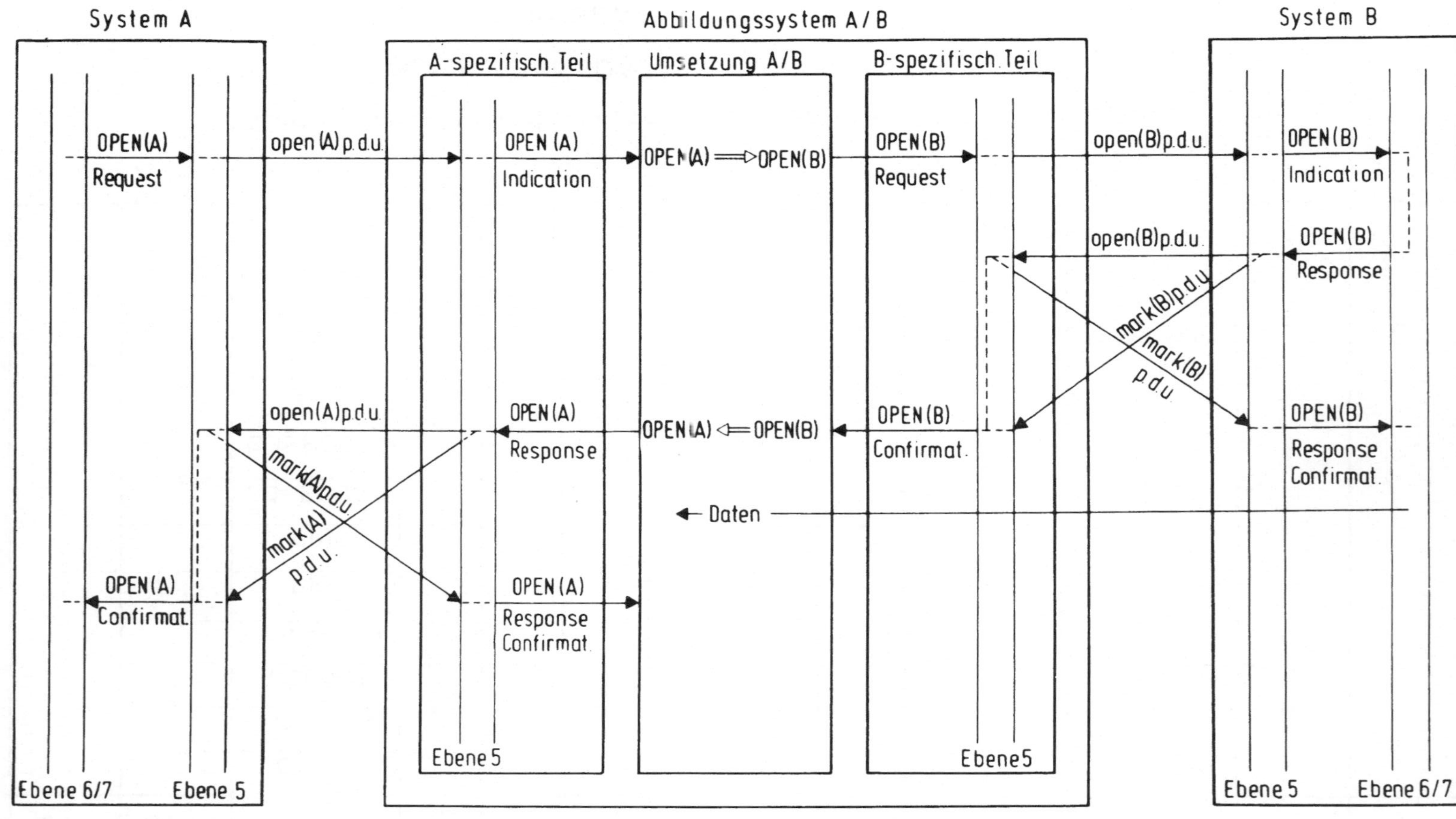

Bild 9: Verwendung herstellerspezifischer Protokollautomaten im Abbildungssystem

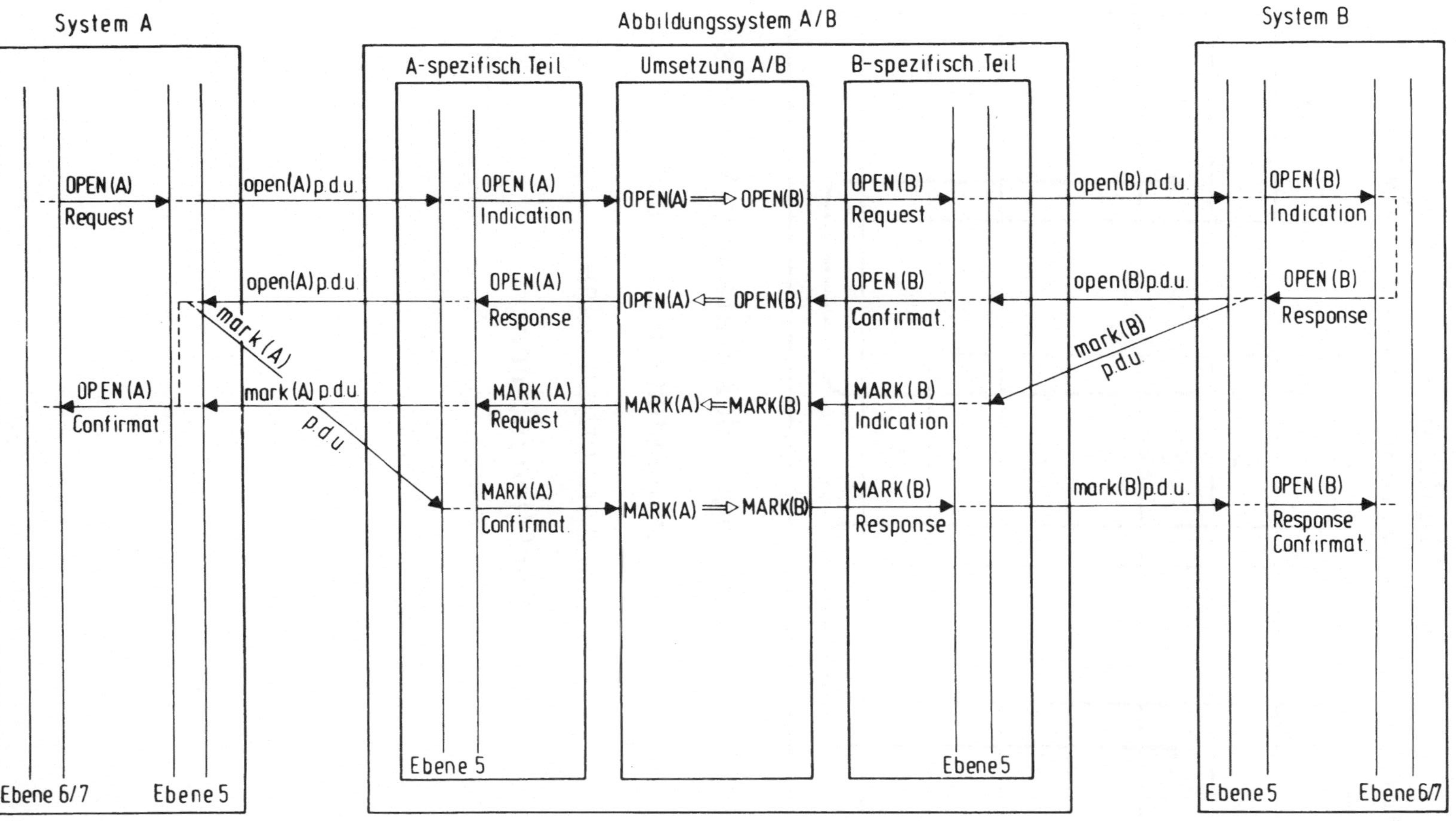

Bild 10: Modifizierung herstellerspezifischer Protokollautomaten im Abbildungssystem

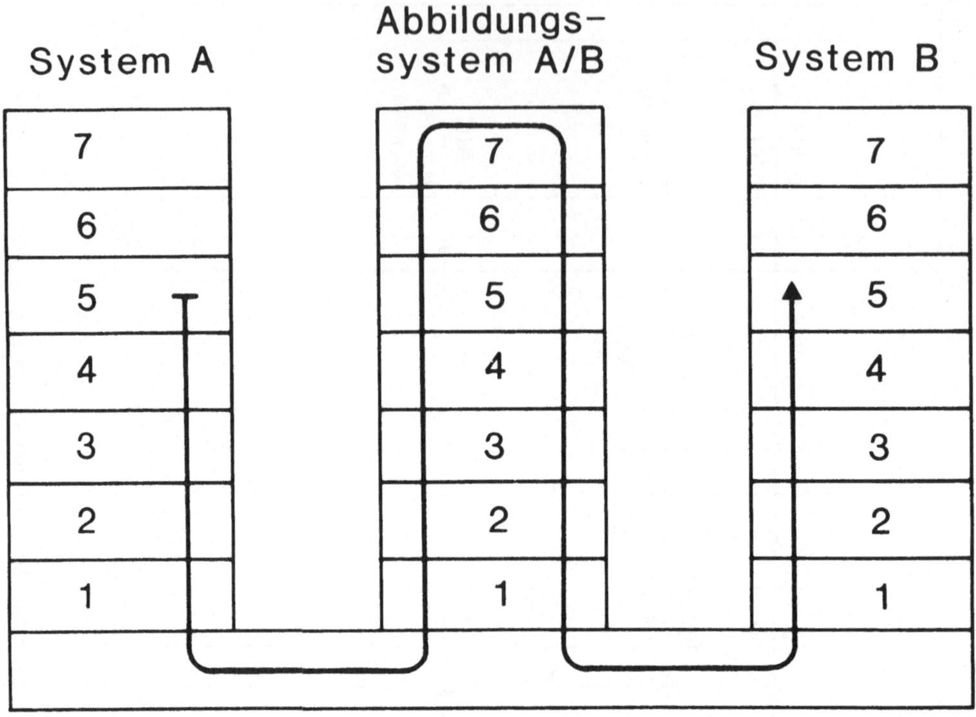

Bild 11: Auswirkungen des Gateway-Prinzips auf die Kommunikation zwischen Systemen innerhalb einer ISO-Funktionsschicht

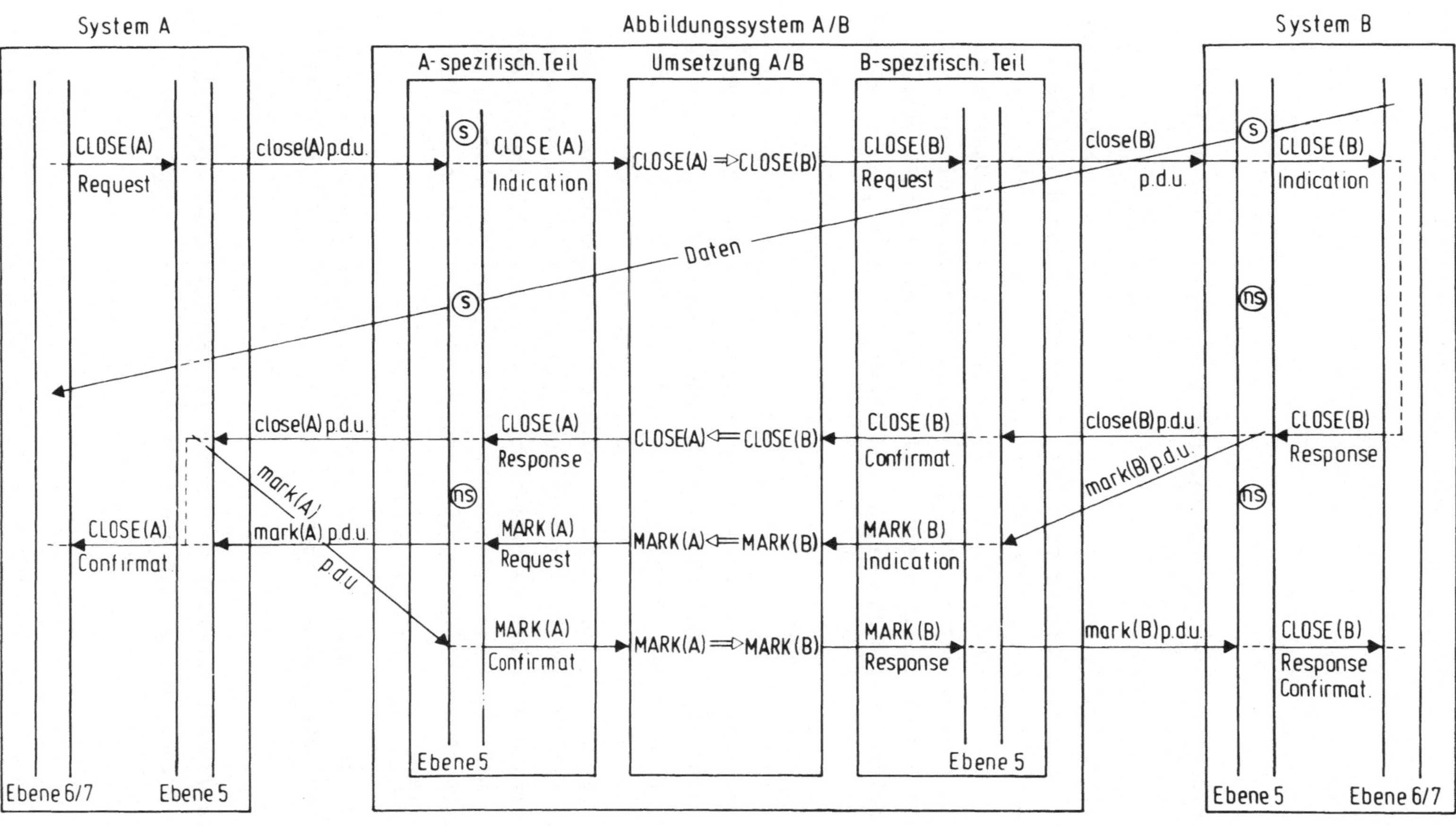

Bild 12 : Modifizierung herstellerspezifischer Protokollautomaten im Abbildungssystem

<u>Btx - RECHNERVERBUND IM NEUEN SYSTEM</u>

M. Hegenbarth
Deutsche Bundespost
FTZ Darmstadt

1. Rechnerverbund, die zukunftsweisende Komponente für Videotex-
   Systeme

Der Bildschirmtext-Rechnerverbund (<u>Btx-RV</u>) hat sich während der vergangenen zwei Jahren als wesentlicher Bestandteil des Btx-Systems erwiesen. Zwar gilt eine solche Aussage nur für den gegenwärtigen Feldversuch für ca. je 3000 Teilnehmer (<u>Tln</u>) in Berlin und Düsseldorf,
jedoch läßt sich leicht aus dem jetzigen Tln-Verhalten die große Akzeptanz von Btx-RV ableiten und somit für das Dienst-Btx-System ab
1983 mit gutem Grund vorhersagen, daß Btx-RV intensiv genutzt werden
wird.

Es besteht inzwischen auch weltweit kein Zweifel mehr daran, daß
Videotex-Systeme sich auf lange Sicht hauptsächlich durch die Möglichkeit einer direkten Kommunikation zwischen Btx-Tln und externen
Rechnern (<u>ER</u>) über den Rechnerverbund und zwischen Btx-Tln'n untereinander (Mitteilungsdienst) behaupten und als vorteilhaft überzeugend darstellen lassen. Darüber hinaus wird schon darüber diskutiert, wie ein Zugang vom Btx-Netz zum Teletex (<u>Ttx</u>)-Netz später einmal aussehen könnte. Die Realisierung einer solchen Verbindung hätte
zur Folge, daß ein Btx-Tln durch das Ttx-Netz hindurch über die Tele-
tex/Telex-Umsetzereinrichtung (<u>TTU</u>) zu jedem Telex-Tln in der Welt
Zugang hätte.

Offensichtlich lassen sich die Möglichkeiten durch die Schaffung von
direkter Kommunikation in Videotex-Systemen in ihrer Vielfalt nur
erahnen.

Jedenfalls wurde diesbezüglich mit dem RV im Btx-System ein richtungs-
weisender Anfang gesetzt und die Deutsche Bundespost (<u>DBP</u>) kann sich

in der glücklichen Lage sehen, die Bedeutung der Hinzunahme der RV-
Kommunikationsfunktionen zum von PRESTEL bezogenen Btx-System frühzeitig erkannt zu haben und somit weltweit der erste Anbieter eines
öffentlichen Videotex-Systems mit RV zu sein. Eine Reihe von
Informationsanbietern griffen diese Gelegenheit auf und sammelten
frühzeitig Erfahrungen mit der Implementierung von RV-Software. Es
sind momentan (November 82) 33 ER an das Btx-System gekoppelt und
weitere ca. 30 ER befinden sich in der Vorbereitungs- bzw. Testphase.

Auch im Ausland wurde der Btx-RV als überzeugend wichtiger Bestandteil
des Btx-Systems erkannt. So schlossen sich der DBP bisher Großbritannien
und die Niederlande an und Österreich sowie Italien stehen kurz vor der
öffentlichen Übergabe.

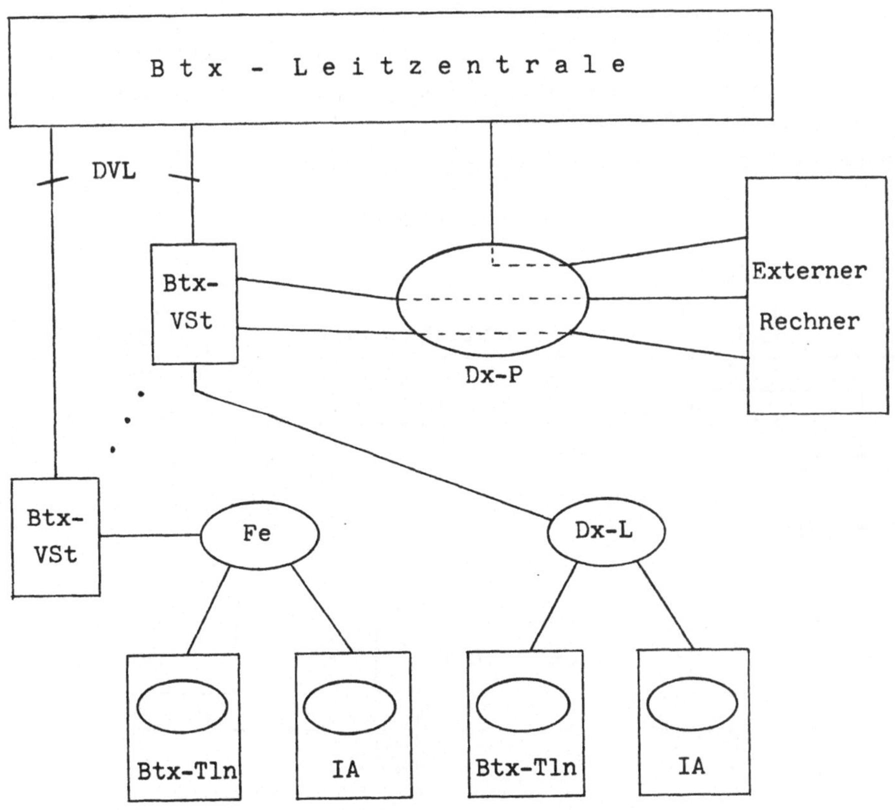

Bild 1: Btx-System-Konfiguration

2. Konfiguration und Bestandteile des Btx-System

Bild 1 gibt die prinzipielle Konfiguration des Btx-Systems wieder.
Die Btx-Tln und Informationsanbieter (IA) werden über das Fernsprechnetz (FE) oder Datex-L-Netz (Dx-L) verbunden. Den Btx-VSt'n übergeordnet
ist die Btx-Leitzentrale (Btx-LZ) mit Aufstellungsort in Ulm, die mit ihr
über Datenverbindungsleitungen (DVL) aneinander gekoppelt sind. Die
ER benutzen ausschließlich das DATEX-P-Netz (Dx-P) für den Zugang zum
Btx-System. Dabei kann ein ER drei Rollen einnehmen:

Er ist Kommunikationspartner für Btx-Tln, wenn er das Btx-RV-
Protokoll (siehe 3.3) beherrscht. Ferner kann dieser Rechner optional
als IA über den Weg zur Btx-LZ seine im Btx- System gespeicherten
Seiten erzeugen, editieren bzw. löschen oder er kann bei der
Verbindung zu seiner ihm zugeordneten Btx-VSt als Btx- Tln auftreten.

Bild 2 zeigt die wesentlichen Bausteine einer Btx-VSt auf: diese
sind bis zu 6 Leitungsrechner (LR), von denen einige als sogenannte
B-Vermittlungsstellen örtlich ausgelagert sein können, sowie dem Datenbankrechner (DBR) und einem Verbundrechner (VR). Alle diese Rechner
sind über eine Ringleitung miteinander verbunden.

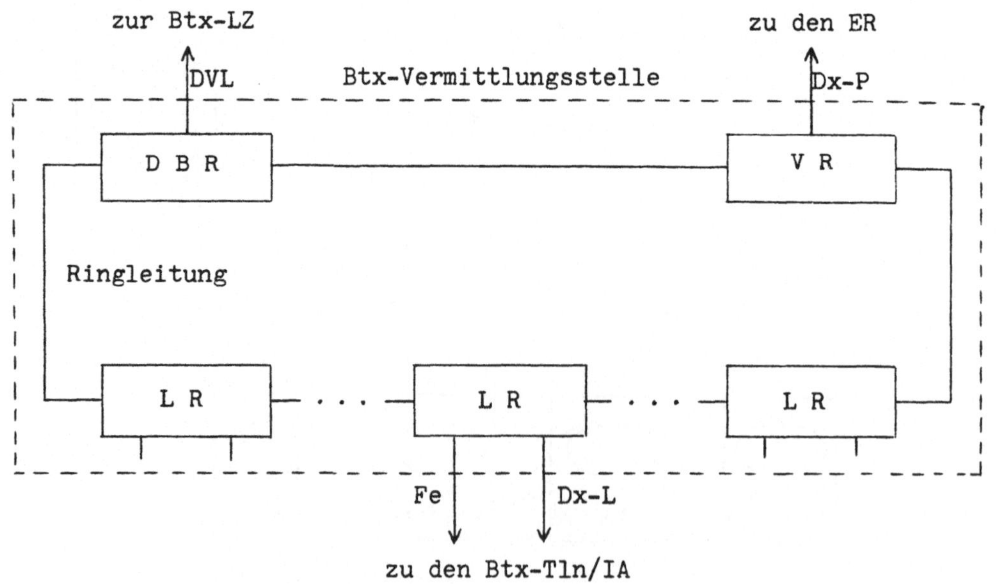

Bild 2: Aufbau und Zugänge einer Btx-VSt

Die Leitungsrechner versorgen mit je ca. 100 Ports die Btx-Tln und
IA über das Fe- bzw. Dx-L-Netz. Deren Datenspeicher sind in der Weise
ausgelegt und gesteuert, daß sie im statistischen Mittel bis zu 95%
aller vom Tln geforderten Seiten selbst vorrätig haben. Tln-Wünsche,
denen dieser Vorrat nicht nachkommen kann, werden weitergeleitet zum
DBR. Dieser vermag von den verbliebenen 5% weitere 3% der
angeforderten Seiten dem LR zur Verfügung zu stellen. Gehen Anforderungen über die bisherigen 98% hinaus, so muß der DBR die nur 2%
restlichen Seiten von der LZ heranholen.

3. Kommunikation mittels Btx-Rechnerverbund

3.1 Kommunikationsbeziehungen innerhalb des Btx-Systems

Im Btx-System gibt es drei Btx-RV relevante Kommunikationsbeziehungen,
und zwar zwischen

    a) Btx-Tln und Btx-Netz
    b) Btx-Netz und ER
    c) Btx-Tln und ER

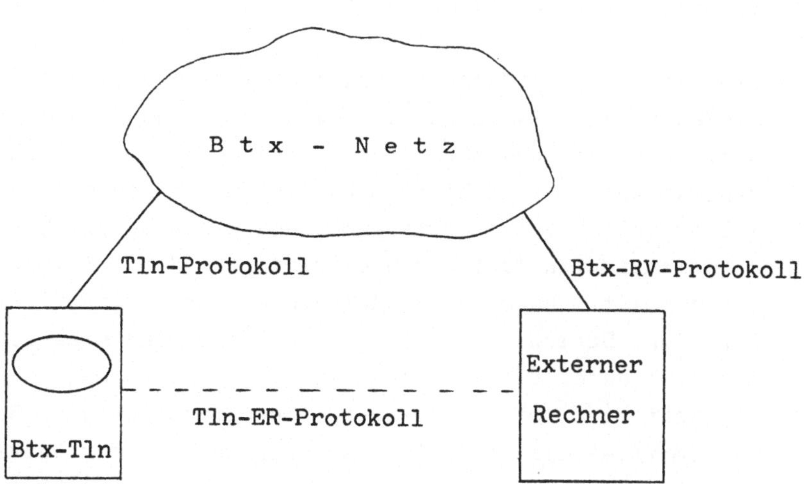

Bild 3: Kommunikationsbeziehungen im Btx-System

wobei hierbei unter Btx-Netz sämtliche von der DBP zur Verfügung
gestellten für Btx notwendigen Einrichtungen zu verstehen sind. In
diesen in Bild 3 verdeutlichten Beziehungen ist bei b) auch die Verbindung zwischen ER und LZ eingeschlossen, welche - wie bereits erwähnt - es dem ER als IA gestattet, im Btx-System gespeicherte Seiten
zu verändern, erzeugen bzw. zu löschen. Das "Bulk-Update"-Protokoll
wird hierbei Anwendung finden. Allerdings wird im weiteren nur noch
vom ER auf die zum Btx-Tln durchgreifende Kommunikationsbeziehung eingegangen.

Während die Beziehungen a) und b) auch physikalisch bestehen, gibt es
bei der Beziehung c) zwischen Btx-Tln und ER eine rein logische Verknüpfung.

3.2 Btx-Protokollarchitekturen
Für die in 3.1 angesprochenen Kommunikationsbeziehungen a), b), c)
werden in den Bildern 4-6 die dazugehörigen Protokollarchitekturen
gezeigt. Hierzu wird die allgemein bekannte 7-Schichten-Darstellungs-
weise gemäß ISO DIS 7498 verwendet.

zu a): die Kommunikation zwischen Btx-Tln und Btx-Netz (Bild 4) wird
       mittels des Tln-Endgerätes und der Btx-VSt über das Fe- bzw.
       Dx-L-Netz durchgeführt. Demnach müssen in Schicht 1 die CCITT-
       Empfehlungen V.24 bzw. X.21 Verwendung finden. Die Schicht 3
       sorgt für Auf- und Abbau der Netzverbindung. Die Datenübertra-
       gungssicherung in Schicht 2 besteht aus einem Kompromiß zwischen
       zeichenorientierter Quittierung und einem an die HDLC angelehnten
       bitorientierten Prüfpolynomalgorithmus. Schicht 4 hat abgesehen
       von der evtl. hier anzusiedelnden Teilnehmeridentifikation keine
       Funktion. Schicht 5 fällt weg, weil die Kommunikationssteuerung
       implizit durch das Tln-Verhalten mittels Schicht 7 geschieht.
       Als Schicht 6 ist das Dokument "Specification of a Basic Video-
       tex Terminal operating to the European Videotex Service" zu
       nennen, welches seine Basis in der Empfehlung CEPT T/CD 6-1 hat.
       Die Schicht 7 wird neben den vom Feldversuch her bekannten Pro-
       tokollelementen weitere enthalten (siehe 3.3.3.1), welche ins-
       gesamt für einen bequem durchführbaren Dialog ausreichen.

7	Anwendungsprotokoll	7
6	CEPT T/CD 6-1	6
5	--------	5
4	Teilnehmeridentifikation	4

	F e -	3	Vermittlung	
2	Übertrag.-	2	sicherung	2
1	V.24/X.21	1	V.24/X.21	1

Btx-Tln   Fe-/Dx-L-   Btx-VSt
                    VSt

Bild 4: Protokollarchitektur zwischen Btx-Tln und Btx-VSt

zu b): Die Kommunikation zwischen Btx-VSt und ER (Bild 5) in den Schichten 1-3 erfolgt mittels Dx-P. Die Schichten 4 und 6 werden durch
die national vereinbarten "Einheitlichen Höheren Kommunikationsprotokolle 4 und 6" (EHKP 4 und EHKP 6) repräsentiert (siehe dazu 3.3.1 und 3.3.2). Die Aufgaben der Kommunikationssteurungs-
schicht werden in die Schicht 7 verlegt, so daß die Schicht 5
leer bleibt. Die Anwendungsschicht besteht aus 8 Protokollelementen auf die in 3.3.3.2 näher eingegangen wird.

7	Anwendungsprotokoll	7
6	EHKP 6	6
5	------	5
4	EHKP 4	4
3	3	3
2	X.25 2 X.25	2
1	1	1

Btx-VSt   Dx-P-VSt   ER

Bild 5: Protokollarchitektur zwischen Btx-VSt und ER

zu c): Der Kommunikationsbeziehung zwischen ER und Btx-Tln hat man
bisher zwar durch Hinweisen auf die damit verbundenen Möglichkeiten häufig Aufmerksamkeit geschenkt, jedoch nicht so sehr
der diesbezüglichen Protokollarchitektur (Bild 6). Interessant
hierbei nämlich ist die Tatsache, daß bei dieser Kommunikation
das Btx-Netz gewissermaßen ein von Schicht 1 bis zu Schicht 7
(und nicht nur, wie bisher gewohnt, zu Schicht 3) reichendes

```
+-------------+                       +-------------+
|     7'      |   Tln-ER-Anwendung    |     7'      |
+-------------+   +---------------+   +-------------+
|             |   |               |   |             |
|  Schichten  |   |     1 - 7     |   |  Schichten  |
|    1 - 7    |   |               |   |    1 - 7    |
+-------------+   +---------------+   +-------------+
    Btx-Tln            Btx-Netz             ER
```

Bild 6: Protokollarchitektur zwischen Btx-Tln und ER

Transitsystem bildet. Setzt man diesen Gedankengang fort, so führt das folgerichtig zur Feststellung, daß es neben den bisher existierenden Schicht 7-Protokollelementen noch weitere gibt, die man einer Schicht 7' zuordnen muß, weil das Referenzmodell (ISO DIS 7498) keine 8. Schicht mehr aufweist. In 3.3.3.3 wird dieser Punkt in seinen praktischen Konsequenzen noch näher erläutert.

3.3 RV-Protokolle

3.3.1 Schicht 4: EHKP 4

Das EHKP 4 stellt bei der Kommunikation zwischen ER und Btx-VSt die "Sprachmittel" der Schicht 4 zur Verfügung. Es ist ein national vereinbartes Protokoll und wird unter der Bezeichnung: EHKP 4, Version 2.0 (April 1981), AG DFV 20.81 vom Bundesministerium des Inneren (BMI) (OI3-195 846/2) federführend betreut.

Für das Btx-System werden daraus folgende Funktionen bereitgestellt:

1. EHKP 4 Basisdienst
   a) Aufbau und Abbau von Transportverbindungen
   b) Senden und Empfangen von Daten mit Sequenzkontrolle
   c) Fragmentieren und Wiederzusammenfügen von Nachrichten
2. Multiplexen
3. Explizite Flußkontrolle
4. Nutzung optionaler Parameter beim Aufbau einer Transportverbindung
5. Ende-zu-Ende-Quittierung

Desweiteren sind spezielle Festlegungen getroffen worden, welche
teils die Verwaltung der Transportverbindungen erleichtern und teils
die Grenzen der Btx-System-Fähigkeiten berücksichtigen:

- Pro multiplexfähigem ER wird im Normalfall höchstens eine gewählte
  Verbindung (<u>SVC</u>) von einer Btx-VSt aufgebaut.

- Auf einen SVC werden höchstens p1 ($1 \leq p1 \leq 50$, von der DBP festlegbar) unterstützt.

- Pro nicht multiplexfähigem ER werden höchstens p2 ($1 \leq p2 \leq 50$, von
  der DBP festlegbar) SVC's aufgebaut.

- EHKP 4 Schlüsselworte "1" oder "2" bzw "S" oder "Q" im "open"-
  Protokollelement werden für alle Btx-VSt auf "BTX4" bzw.
  "BTX5VØØØ" festgesetzt.

- Die Parameter in den S-Records werden im IA5-Code ohne Paritätsbit
  dargestellt. Ein eventuell vorhandenes Paritätsbit ist zulässig,
  wird aber nicht geprüft.

- Der Empfang von "reset i" führt mangels fehlender Schicht-5-Resyn-
  chronisierung zum sofortigen Abbruch der Transportverbindung.

- Die Länge einer Nachricht ist auf maximal 500 Oktetts, also auf
  höchstens 4 Dx-P-Pakete begrenzt.

- Nur die Btx-VSt ist zum Aufbau einer Verbindung berechtigt.

- Endet die letzte Transportverbindung auf einem SVC, wird diese
  sofort abgebaut.

3.3.2 Schicht 6: EHKP 6

Wie EHKP 4 wird das EHKP der Schicht 6 mit der Bezeichnung:
EHKP 6, Version 1.0 (Entwurf), Stand März 1982, AG BFV 8/82 vom BMI
(OI3-195 846/3) federführend betreut.

EHKP 6 hat als Kernpunkt das aus ISO DIS 7498 entnommene Prinzip des
"Presentation Image (PI)". Auf dem Btx-RV übertragen, heißt das, daß
im ER und in der Btx-VSt das Wissen um den gegenwärtigen Kommunika-
tionszustand gleichgehalten wird. Dieser gegenwärtige Stand, das PI
nämlich, beinhaltet dabei nicht nur die auf dem Btx-Tln-Endgerät
abzubildenden Zeichen, sondern alle für die laufende Sitzung
relevanten Informationen (z.B. augenblickliches Kommando der Schicht 7,
MWST-Angabe, Text für die Beantwortung fehlerhafter Eingaben, Datum
der letzten Überarbeitung etc.).

Das PI ist baumartig in hierarchisch angeordnete Strukturelemente
(SE) gegliedert, die alle zwecks Adressierung Indizes aufweisen. Die
Inhalte der SE sind zumeist variabel lang. Außerdem können sie je nach
Seitentyp vorhanden sein oder fehlen. Die Strukturierung erlaubt einer-

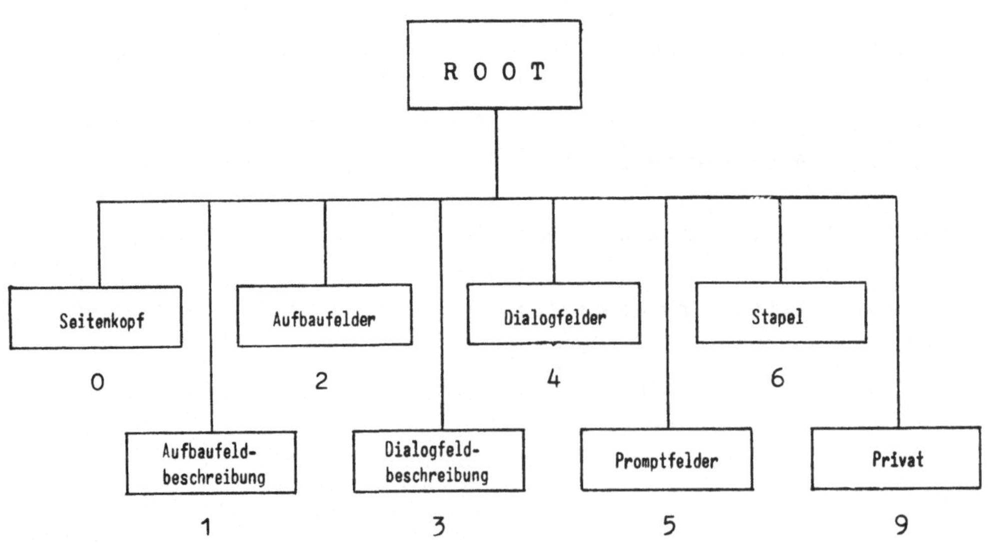

Bild 7: Das Btx-RV-"Presentation-Image" (PI) und deren
Strukturelemente (SE) 1. Hierarchiestufe

seits einen schnellen Zugriff auf ein einzelnes Feld und anderseits
eine dichte Speicherung einer Seite auf externen Speichermedien bzw.
Minimierung der zwischen den Rechnern zu übertragenden Daten:

- der schnelle Zugriff auf ein einzelnes SE wird durch ihre o.a.
  Indizierung erreicht. Jedes Feld ist durch eine eindeutige Nummer
  gekennzeichnet und kann über den Index durch wenige Suchschritte
  gefunden werden,

- die dichte Speicherung wird dadurch erreicht, daß in einer Seite
  nicht benötigte Felder auch nicht gespeichert werden müssen. Es
  müssen z.B. die Texte zur Bedienerführung für eine Informationsseite nicht mitgespeichert werden,

- die Minimierung der Übertragungsleistung wird erreicht, weil nur
  SE-Inhalte, die sich gegenüber dem vorhergehenden Zustand des PI
  geändert haben, übertragen werden müssen. Falls z.B. der Preis für
  alle Seiten eines Anbieters O ist, muß er nicht dauernd als Wert
  Null für jede Seite über die Leitung gesendet werden.

In Bild 7 werden die SE der 1. Hierarchiestufe des für Btx-RV
benutzten PI gezeigt:

In SE O wird mit der Bezeichnung "Seitenkopf" sind Informationen
wie Kommando ER an Btx-VSt bzw. umgekehrt, L 24 (Zeile 24)- Kennzeichnung, Entgeltbetrag etc. in untergeordneten SE abgelegt.
Das SE 1 enthält die genaue Feldfestlegungen für eine Btx-Seite,
deren Inhalte im SE 2 stehen. Die Inhalte können einen Umfang bis
zu 2 K Byte aufweisen.

Die SE 3 und SE 4 dienen der Beschreibung und den bis zu je 1 K
Byte großen Inhalten der Dialogfelder.

Das SE 3 enthält ferner einen Zeiger auf die Eingabe unterstützenden "Prompt"-Texte, welche ihrerseits im SE 5 stehen. Das SE 6 ist
vorerst reserviert und über SE 9 kann vom ER-Betreiber für private
Zwecke frei verfügt werden.

Ähnlich wie beim Btx-RV spezifischen EHKP 4 gibt es auch einige
Limitierungen, die aus speicherorganisatorischen und betrieblichen

Gründen seitens der Btx-VSt notwendig sind:

- das im Btx-RV verwendete PI enthält maximal 512 SE
- es können gleichzeitig höchstens 256 SE existieren
- ein SE kann maximal 128 untergeordnete SE besitzen.

Abschließend werde auf eine effiziente EHKP 6 - Eigenschaft hingewiesen: durch das Protokollelement RESET wird das PI auf einen vordefinierten Zustand gesetzt, was speziell beim Btx-RV die Bezeichnung "Format Service" erhalten hat. Dieser Name liegt darin begründet, daß es sowohl beim Verbindungsaufbau als auch während der Kommunikation dem ER möglich ist, auf die ein PI aufbauende in der Btx-VSt Seite gespeicherte Befehlsfolge bezugzunehmen, sodaß hier ein weiteres Werkzeug für eine Datenübertragunsminimierung geschaffen wurde.

3.3.3 Schicht 7: Btx-Anwendung

3.3.3.1 Anwendungsprotokoll zwischen Btx-Tln und Btx-VSt

Folgende Schicht 7-Kommandos greifen bei einer bestehenden Verbindung mit einem ER zu diesem durch:

<u>Eingabe</u>	<u>Bedeutung</u>
*0#	Auslösung der Verbindung zum ER und Anzeigen der Seite 0 der Btx-VSt
*9#	Aufruf der Abschiedsseite des ER mit Wählmöglichkeit
*n#	Direkte Wahl der Seite n (n ist eine natürliche Zahl bis zu 16 Stellen)
0,...,99,#	Auswahl einer Auswahlseite
*00#	Erneutes Anzeigen der gegenwärtig dargestellten Seite bzw. deren evtl. aktualisierten Version
*#	Wiederanzeigen der vorigen Seite

Nach beendeter Datensammlung:

2	Nicht absenden zum ER 19
19	Absenden zum ER

Folgende Kommandos werden zwar transparent zum ER übermittelt, es wird den ER-Betreibern jedoch nahegelegt, diesen die gleiche Bedeutung wir für die nicht zum ER durchgreifende Kommunikation zu geben:

*1#   "Hilferuf". Dierektsprung auf eine Seite, welche für den Tln hilfreiche Informationen zur Benutzung enthält

*7#   Direktaufruf der Tln-Datensätze

*8#   Direktruf des Mitteilungsdienstes

*90#   wie *9# und zusätzlich Gebühreninformation

*09#   Anzeigen der aktuellen Version der gerade angezeigten Seite

3.3.3.2 Anwendungsprotokoll zwischen Btx-VSt und ER

Während die Schicht 6 noch im "Two Way Simultaneous"-Mode Protokollelemente austauschen kann, ist in der Schicht 7, abgesehen von einer später erläuterten Ausnahme, ein strikter Dialog vorgesehen. Angefangen wird ein solcher Dialog grundsätzlich von der Btx-VSt mit einem

CRQ   Connect Request

welches schon bereits individuelle Btx-Tln-Informationen enthalten kann (im Gegensatz zum Feldversuch)

Der ER schickt als Antwort über

FDB   Frame Data Block

eine Informations- oder Dialogseite, oder verweigert mit

GBY   Good Bye

den Sitzungsaufbau.

Weitere "Sprachmittel" von der Btx-VSt gerichtet an den ER sind

FRQ   Frame Request

womit Seiten angefordert werden,

CDB   Collected Data Block

womit ausgefüllte Dialogseiten gekennzeichnet werden, und

DRQ   Disconnect Request

was den Verbindungs-Abbruch initieren soll.

Der ER vermag im Bedarfsfall mittels

PRQ   Price Request

den Preis der über FRQ geforderten Seite vorauszuschicken, worauf
sich der Tln mit 19 oder 2 (in CDB) für oder gegen deren Empfang
entscheiden kann.

Das Sprachelement:

L 24   Line 24 Message

ist die anfangs erwähnte Ausnahme bezüglich der Forderung nach striktem
Dialog. Hiermit veranlaßt der ER das Anzeigen einer kurzen Nachricht
in Zeile 24 beim Btx-Tln. L 24 als Antwort auf DRQ oder FRQ ist
genauso protokollgerecht wie auch dessen assynchronen Absetzens, um
damit z.B. den Btx-Tln auf das Warten des ER oder auf die eben erfolgte Aktualisierung der angezeigten Seite aufmerksam zu machen.

3.3.3.3 Anwendungsprotokoll zwischen Btx-Tln und ER

In 3.2 wurde schon die besondere Qualität der Kommunikationsbeziehung

Btx-Tln ↔ ER erörtert. Was die bisher getroffenen Festlegungen angeht,
steht für deren "Unterhaltung" eine ausreichende Protokollarchitektur
zur Verfügung. Den Anforderungen seitens der Btx-Tln werden mittels
der in 3.3.3.1 erklärten Sprachmittel in der Btx-Vst auf Btx-RV-spezi-
fische Protokollelemente (3.3.3.2) abgebildet und gelangen so zum ER.
Allerdings werden für einen anspruchsvolleren Schicht 7-Informations-
austausch noch weitere Sprachmittel definiert werden müssen, die
nur für die beiden beteiligten Kommunikationspartner Btx-Tln sowie
ER verständlich sind. Für diese Sprachmittel wäre somit kein
Transformieren sonderen lediglich ein transparentes Durchschleusen
innerhalb der Btx-VSt nötig. Das Btx-System würde sich hierbei gewissermaßen wie ein aus allen 7 Schichten bestehendes Transit-System
verhalten. Nach Festlegung dieser zusätzlichen Protokollelemente,
die zwecks Vereinheitlichung allerdings im Einvernehmen mit der DBP
getroffen werden sollten, werden luxuriöse Anwendungen möglich sein
wie: automatische Eintragung von Dialogseiten (weniger
Telefongebühren und Schaffung eines besseren Auslastungsverhältnis
Btx-Nutzung/Tele- fonieren), Empfang von in Btx-Seiten getarnten
Computer-Programmen, Rechner-Kommunikation zwischen dem Rechner des
Btx-Tln und den ER etc.

Mittels diesem eigentlich wenig aufwendigem Schicht 7-Zusatz schafft
das Btx-RV-Prinzip ein offenes System zwischen Btx-Tln und ER und
erweitert in hohem Maße das Nutzungsspektrum von Btx.

4. Zusammenfassung

Es wurde anfangs darauf eingegangen, wie bedeutsam die Komponente
"Rechnerverbund" in einem Videotex-System, insbesondere im Btx-System
der DBP, sein wird. Die damit verbundene Idee, zu jedem offenen System
den Zugang zu ermöglichen, fiel bereits beim Feldversuch auf frucht-
baren und realistischen Boden. Auf den Trend des seit längerer Zeit
stark anwachsenden Boom in der Computer-Technologie eingehend, leistet
die DBP mit dem Btx-RV nicht nur einen wertvollen Beitrag für den
Fernmeldedienst Btx sondern verschafft damit auch einen preisgünstigen
und relativ einfachen Einzug der Text- und Datenkommunikation in
jeden Haushalt.

Weiterhin wird auf die unterschiedlichen Protokollarchitekturen im Btx-System unter Zuhilfenahme der Darstellungsweise gemäß DIN ISO 7498 eingegangen. Zudem werden noch die Protokolle des Btx-RV im einzelnen näher beschrieben, deren wesentliche Vorteile gegenüber den bestehenden im Feldversuch in der Datenübertragungsminimierung und der Unterstützung des neuen Dekoder-Standards sind.

Bildschirmtext für innerbetriebliche Anwendungen

Dipl.-Betriebswirt Helmut Kalt
Leiter Abteilung Vertrieb
Spezialanwendungen im Unter-
nehmensbereich Datentechnik
Siemens AG, München

Derzeitige Situation bei innerbetrieblichen Anwendungen

Möglichkeiten einer breiteren Informationsbereitstellung durch BTX

Organisatorische Voraussetzung und Auswirkungen

Alternative Suchverfahren

Ablauf eines Logischen-Suchvorganges

Einbettung der Anwenderprogramme in das Bildschirmtextsystem

Bildschirmtext für innerbetriebliche Anwendungen

Derzeitige Situation bei innerbetrieblichen Anwendungen

In Wirtschaft und Verwaltung kommt es zu einem immer komplexeren Informationsangebot und aufgrund der Verflechtung der Arbeitsabläufe zu zunehmend intensiverer Kommunikation.

Die Datenverarbeitung ist zwar von ihrer Veranbeitungsleistung her in der Lage, über das bestehende Maß hinaus Informations- und Kommunikationsabläufe zu unterstützen, aber ihre Nutzung ist nicht in dem erforderlichen Umfang möglich, da nicht alle beteiligten Stellen direkten Zugang zu den DV-Systemen haben.

Das hat nicht nur Auswirkungen auf die Informations- und Kommunikationsmöglichkeiten der einzelnen Betroffenen, sondern wegen der fehlenden Rückkopplung, auch auf die Qualität des Informations- und Kommunikationsangebots.

Zwar hat sich die Datenverarbeitung in den letzten zehn Jahren besonders hinsichtlich der komfortablen Benutzeroberflächen, der einfacheren Handhabung der Systeme und der Möglichkeit, auf verschiedene Systeme gleichzeitig zuzugreifen, weiterentwickelt, stieß jedoch in ihrer Verbreitung auf Grenzen, die durch die relativ teuren Terminals und die aus Kostengründen notwendige hohe Auslastung der Leitungen gesetzt waren. Darüberhinaus war die Bedienung der Systeme nicht einfach genug, um die Datenverarbeitung auch dem ungeübten Benutzer zugänglich zu machen.

Selbst in Organisationen, in denen bisher die Terminalisierung weit fortgeschritten ist, hat nur ein ausgewähltes Team von Sachbearbeitern Zugang zu den eigenen DV-Systemen, aber z.B. ein kostenmäßig vertretbarer Zugang zu den DV-Systemen der Geschäftspartner konnte bisher sogut wie noch nicht realisiert werden. (Bild 1).

Bis heute fehlte eine technische Möglichkeit, um die verschiedenen DV-Leistungen unterschiedlichster Systeme jedem berechtigten Bedarfsträger zugänglich zu machen.

<u>Möglichkeiten einer breiteren Informationsbereitstellung durch BTX</u>

Mit Sicherheit war es nicht die Idee der Begründer von Bildschirmtext eine neue Innovation in die Verbreitung von Datenverarbei-
tungsleistungen zu bringen, es ist vielmehr ein Nebeneffekt, daß
wir mit Hilfe von Bildschirmtext heute in der Lage sind die Datenverarbeitung nicht nur an die Arbeitsplätze, sondern sogar in den
privaten Bereich zu tragen.

Bildschirmtext ermöglicht den Organisationen in Wirtschaft und
Verwaltung erstmals die breite wirtschaftliche Einbeziehung der
Datenverarbeitung in die verschiedensten Organisationsabläufe.

Mit Bildschirmtext können Mitteilungen und Rundschreiben ausgetauscht werden. Auskunfts- und Abwicklungsvorgänge, die bisher
nur manuell oder nur von bestimmten Sachbearbeitern unter Einsatz
der Datenverarbeitung durchgeführt wurden, können zukünftig über
Bildschirmtext von allen hierzu berechtigten Firmenangehörigen in
einfacher Form erledigt werden. (Bild 2) Abfragen von Kunden-
und Geschäftskonten, von Verkaufsstatistiken, Umsatz, Personal-
und Kostenentwicklungen, Bearbeitung von Bestell- und Liefervor-
gängen sowie Führen von Bestands- und Bewegungskonten sind
bei Einsatz von Bildschirmtext nicht mehr nur einem bestimmten
Personenkreis vorbehalten, sondern stehen dem großen Kreis
der zum Umgang mit diesen Daten berechtigten Personen offen.
(Bild 3).

Über Bildschirmtext können die unterschiedlichsten Nutzergruppen
stets aktuelle Informationen abrufen und zur sofortigen Verarbeitung in einem Teilnehmer-Dialog eingeben.

Darüberhinaus ermöglicht Bildschirmtext autorisierten Organisationen und Personen den Zugang zu fremden DV-Systemen, umgekehrt ermöglicht Bildschirmtext autorisierten Mitarbeitern fremder Unternehmen die Eingabe bestimmter Daten in das eigene DV-
System.

<u>Organisatorische Voraussetzung und Auswirkungen</u>

Voraussetzung hierzu ist, daß die verarbeitenden DV-Systeme technisch mit "Externen Rechner-" und "Inhouse-Anschlüssen" ausge-
rüstet sind. (Bild 4).

Bei der Realisierung derartiger Abläufe kommen die Vorteile von
Bildschirmtext beim Dialog mit den unterschiedlichsten DV-System
zum Tragen:

- Ausnutzung der Verbindungen des öffentlichen Bildschirmtext-
  systems, der firmeninternen Fernsprechleitungen (über das haus-
  interne Nebenstellennetz oder installierter privater Kommunikationsnetze).

- Kostengünstige Bildschirmtext-Terminals, die auch bei einer kurzen Nutzungsdauer für die Firma wirtschaftlich sind.

- Einfache und aus den öffentlichen Bildschirmtext-Systemen allgemein bekannte Benutzerführung am Bildschirm.

Wie jeder Einsatz von neuen Organisationsmitteln Auswirkungen auf
die Arbeitsabläufe der jeweiligen Firma hat, bringt auch die Einführung eines Bildschirmtext-Systems Veränderungen mit sich.
Solche Veränderungen betreffen insbesondere den innerbetrieblichen
Informationsfluß sowie die unterschiedlichsten Erfassungs- und Bearbeitungsvorgänge. So kann z.B. durch die Bereitstellung von firmeninternen Informationen am Bildschirm des jeweiligen Arbeitsplatzes auf einen großen Teil der derzeit noch in schriftlicher
Form verteilten Informationen verzichtet werden. Bei Bedarf kann
jedoch jede der verfügbaren Informationen in einen peripheren
Speicher am Arbeitsplatz übertragen, abgelegt und über einen angeschlossenen Drucker ausgedruckt werden.

Darüber hinaus besteht die Möglichkeit, einen Teil der Daten am
Ort ihres Entstehens zu erfassen und Arbeitsvorgänge nicht mehr
ausschließlich von Sachbearbeitern durchführen zu lassen, die für
den Umgang mit Datenverarbeitungssystemen besonders geschult wurden.

<u>Alternative Suchverfahren</u>

Damit die Anwendungen derartiger Systeme einer großen Zahl von
Teilnehmern ohne besondere Schulung zugänglich gemacht werden
können, besteht primär die Notwendigkeit der Verwendung eines
Informationsabfrageverfahrens (Suchbaumverfahren), das den firmeninternen Benutzern ebenfalls aus den öffentlichen Bildschirmtext-Systemen bekannt ist. Dieses Suchverfahren führt auch ungeübte Benutzer auf sicherem Weg zur Zielinformation. Bei einem umfangreichen Informationsangebot, wie es bei firmeninterner Nutzung
zu erwarten ist, ergeben sich mit diesem Verfahren jedoch Suchbäume mit sehr vielen Verzweigungen, die eine entsprechend große Zahl
von Suchschritten der Benutzer erfordern. Mit den vielen dabei
durchzublätternden Suchbaumseiten steigt aber der Zeit und gegebenenfalls auch der Gebührenaufwand.

Für innerbetriebliche Anwendungen besteht deshalb die Notwendigkeit,
den Benutzern ein alternatives Suchverfahren anzubieten. Bei diesem neuen Logischen-Suchverfahren gibt der Benutzer im Dialog
mit dem Bildschirmtext-System einzelne oder gegebenenfalls kombinierte mit "UND", "ODER" sowie "UND NICHT" verknüpfte alphanumerische Stichwörter ein um bestimmte Informationsseiten oder
Anwenderfunktionen auszuwählen.

Diese Art der logischen Informationssuche führt den Benutzer
auf direktem Weg zum gesuchten Ergebnis. Während des gesamten
Suchvorgangs mit dem sogenannten "Logischen-Suchen" wird der
Benutzer ständig über Bedieneranleitungen geführt, die Angaben
über die möglichen Folgeschritte enthalten. (Bild 5).

Ablauf eines Logischen Suchvorganges

Der Zugang zum "Logischen Suchen" erfolgt durch eine Benutzer-
anweisung im Menübaum. Nach dem Verbindungsaufbau und einer
Gatlway-bezogenen Berechtigungsprüfung bekommt der Anwender
eine Eingabeseite angezeigt, auf der das Suchverfahren kurz
erläutert wird.

Der Anwender kann nun seine logisch verknüpften Stichworte eingeben oder bestimmte Hilfsfunktionen in Anspruch nehmen, z.B.:

- Anzeigen aller im System gespeicherten Stichworte
- Anzeigen weiterer Erläuterungen zum Logischen-Suchen.

Führt der Logische-Suchvorgang direkt zu der gewünschten
Informationsseite oder Anwenderfunktion erscheint dieser
als nächster Bildschirminhalt, da der Übergang vom Logischen-
Suchen zur Anwenderfunktion direkt geschieht.

Falls der Logische-Suchvorgang nicht direkt zu der gewünschten
Information führt wird eine Seite mit den alternativen Ergebnissen
ausschließlich der vorher eingegebene Suchbegriffen ausgegeben.
Der Anwender kann nun zwischen den angebotenen alternativen Ergebnissen wählen oder seine Eingabe über weitere logisch verknüpfte
alphanummerische Stichworte komplettieren.

Das Logische-Suchen ist dv-technisch ein Anwenderprogramm. Es
setzt auf den Menübauminformationen auf und sucht mit Hilfe des
Information-Retrieval-Systems "GOLEM" in den Stichwortdateien,
die ebenfalls mit Hilfe der "GOLEM"-Dienstprogramme eingerichtet
werden.

Einbettung der Anwenderprogramme in das Bildschirmtextsystem

Die Bearbeitungsvorgänge in Bildschirmtext-Systemen werden in
Form von Anwenderprogrammen realisiert, die auf einer von Bildschirmtext unabhängigen Anwenderebene ablaufen sollen. Diese Programme enthalten einfache oder beliebig komplexe anwenderspezifi-
sche Funktionen, die je nach bestehender Datenverarbeitungsorgani-
sation zum Teil bereits im Einsatz sind und für Bildschirmtext
eventuell angepaßt werden müssen. Soweit die anwenderspezifischen
Funktionen noch nicht realisiert sind, können sie von Datenverar-
beitungsherstellern als Standardprodukte bezogen oder anwender-
spezifisch neu entwickelt werden. (Bild 6).

Daten und Anwenderprogramme sollten in einem Bildschirmtext-
System so eingebettet sein, daß die bildschirmtextspezifischen
Teile von den eigentlichen Informationen und Anwenderfunktionen
entkoppelt sind. Hierzu ist es unbedingt notwendig, daß Zugangs-
wege, Benutzerdaten und Bildschirmtext-Formate voneinander getrennt im System abgespeichert sind. Die Schnittstellen der Anwenderprogramme müssen Bildschirmtext-unabhängig definiert werden.

Ein derartiges Konzept hat für den Anwender den Vorteil, daß bereits vorhandene Daten und Programme auch innerhalb der neuen
Bildschirmtext-Systeme eingesetzt werden können, umgekehrt laufen
die für Bildschirmtext entwickelten Programme mit den zugehörigen
Daten auch innerhalb der herkömmlichen Datenverarbeitungssysteme
ab.

Bildschirmtext-Systeme ermöglichen den einfachen und wirtschaftlichen Zugriff auf Grund ihrer leichten Bedienbarkeit und der
zu erwartenden hohen Zahl der verfügbaren kostengünstigen Endgeräte. Somit schafft Bildschirmtext die Basis für die volle Integration der Datenverarbeitung in die firmeninternen Organisations-
und Arbeitsabläufe.

SIEMENS

Eigene DV-Systeme
allg.
Dienstleistungen
(Flugreservierungen
etc.)
Terminal
BTX
allg.
Informationen
(Markt, techn.
wissensch., etc.)
Lieferanten
Großkunden
sonst.
Geschäftspartner
z. T. realisiert (jedoch nur für Sachbearbeiter)
wünschenswert

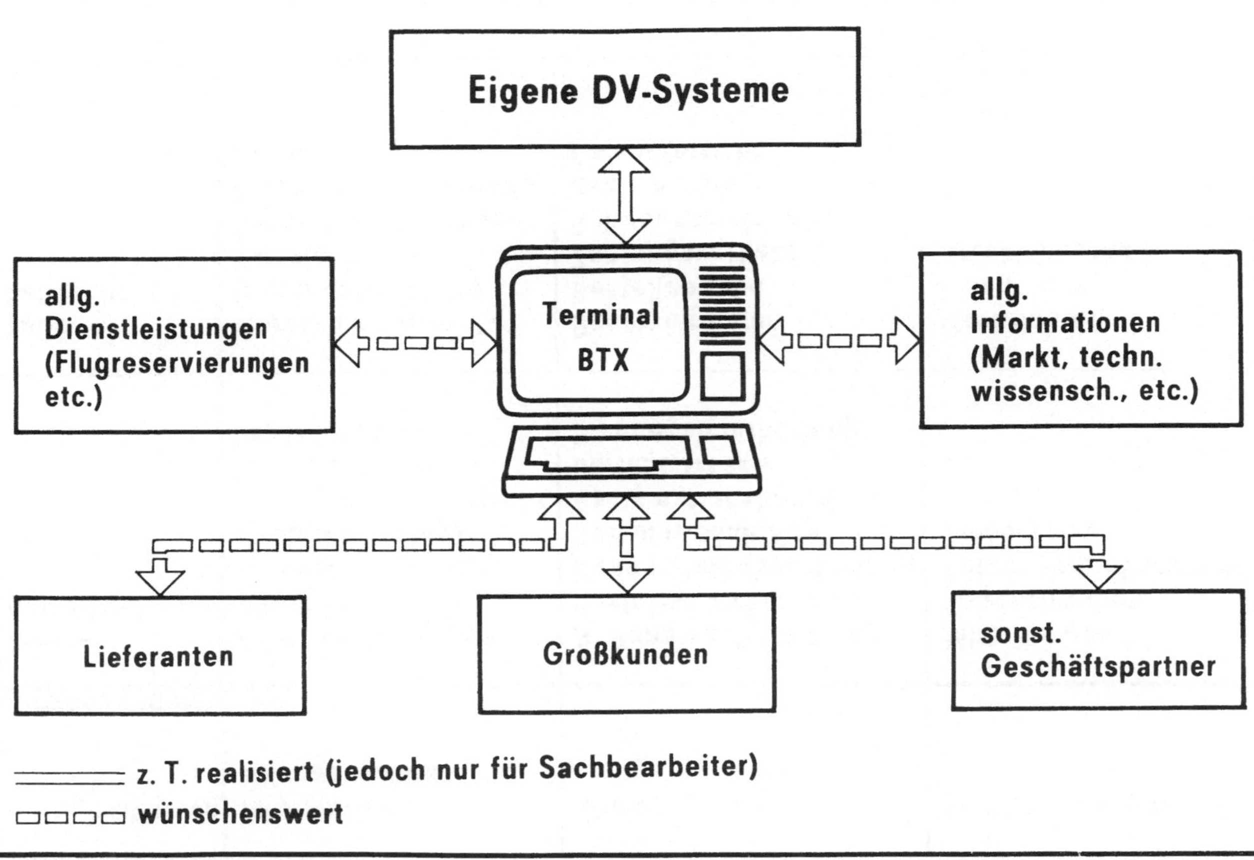

Bild 1

SIEMENS

Funktionen / Anwendungen	Informations-abfragesystem	Dialogsystem	Mitteilungsdienst
inner-betrieblich	Arbeitsanleitungen Adreßlisten Verkaufsprogramm (Produktkatalog) Produktdatenübersicht (technische Liste) Lagerdaten	Außendienststeuerung Bestellabwicklung Kundendatenbearbeitung Kalkulationshilfen Reklamationsbearbeitung Berichtswesen Planungsbearbeitung	Mitteilungen Rundschreiben Terminvereinbarungen Telegramme
außer-betrieblich	Waren- und Dienstleistungsangebote Verzeichnisse Reparaturanleitungen Beratung in Haushalts-fragen	Reservierungen Bestellabgabe Zahlungsverkehr Schadensmeldungen Reklamationen Fernunterricht	Nachrichten Telegramme Glückwünsche

Inner- und außerbetriebliche BTX-Anwendungen unter Ausnutzung der Externen-Rechner-Anschluß- und Inhouse-Funktionen

Bild 2

Identifikationskarte

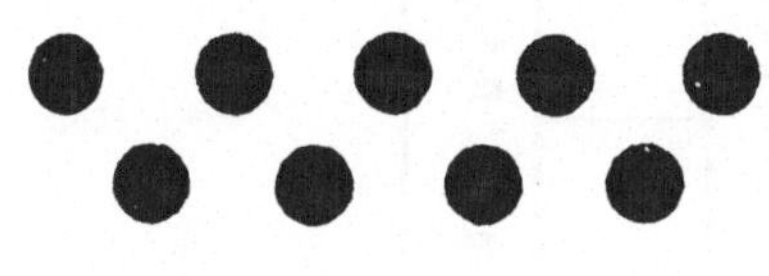
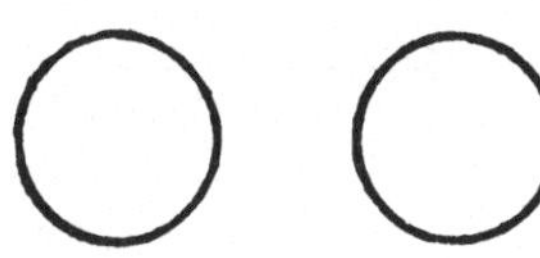

mit Verschlüsselung

○ Mikroprozessor   ○ Speicher

Bild 3

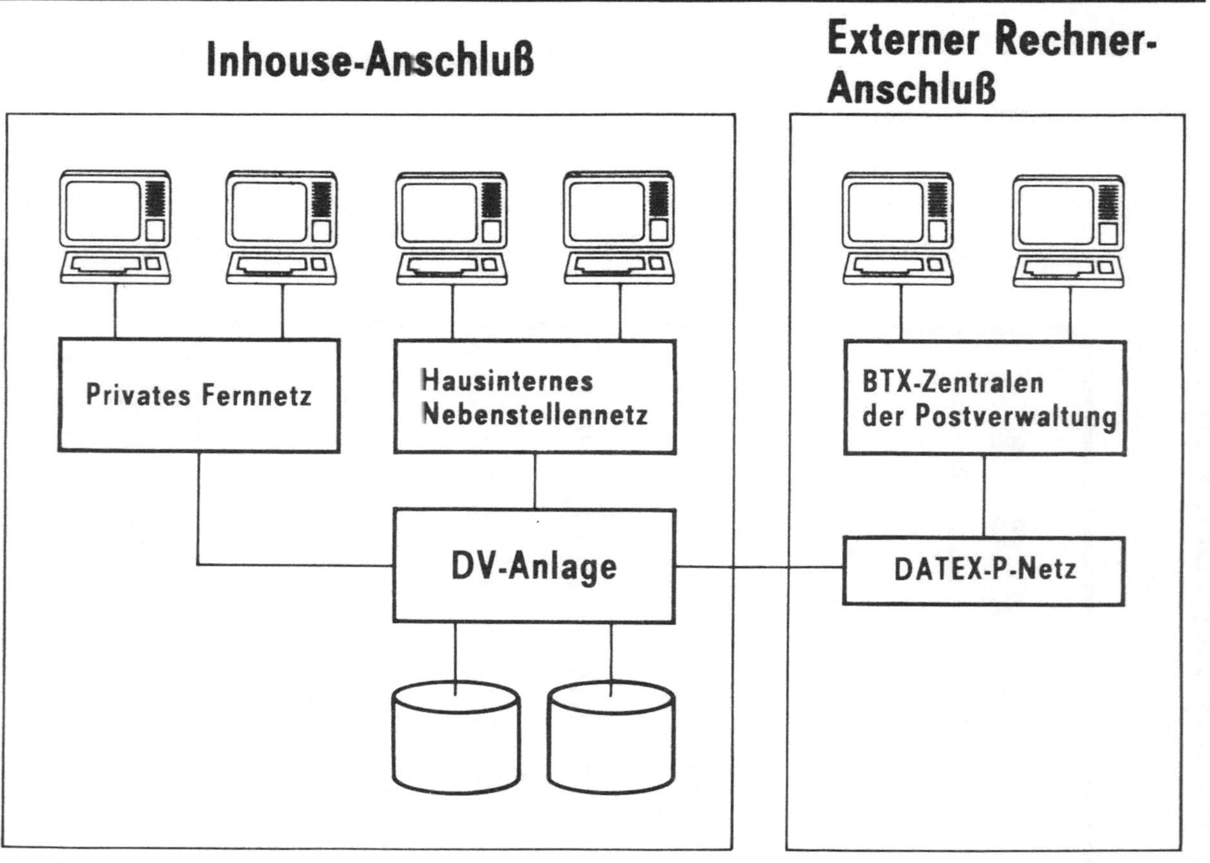

Struktur einer innerbetrieblichen Anwendung

Bild 4

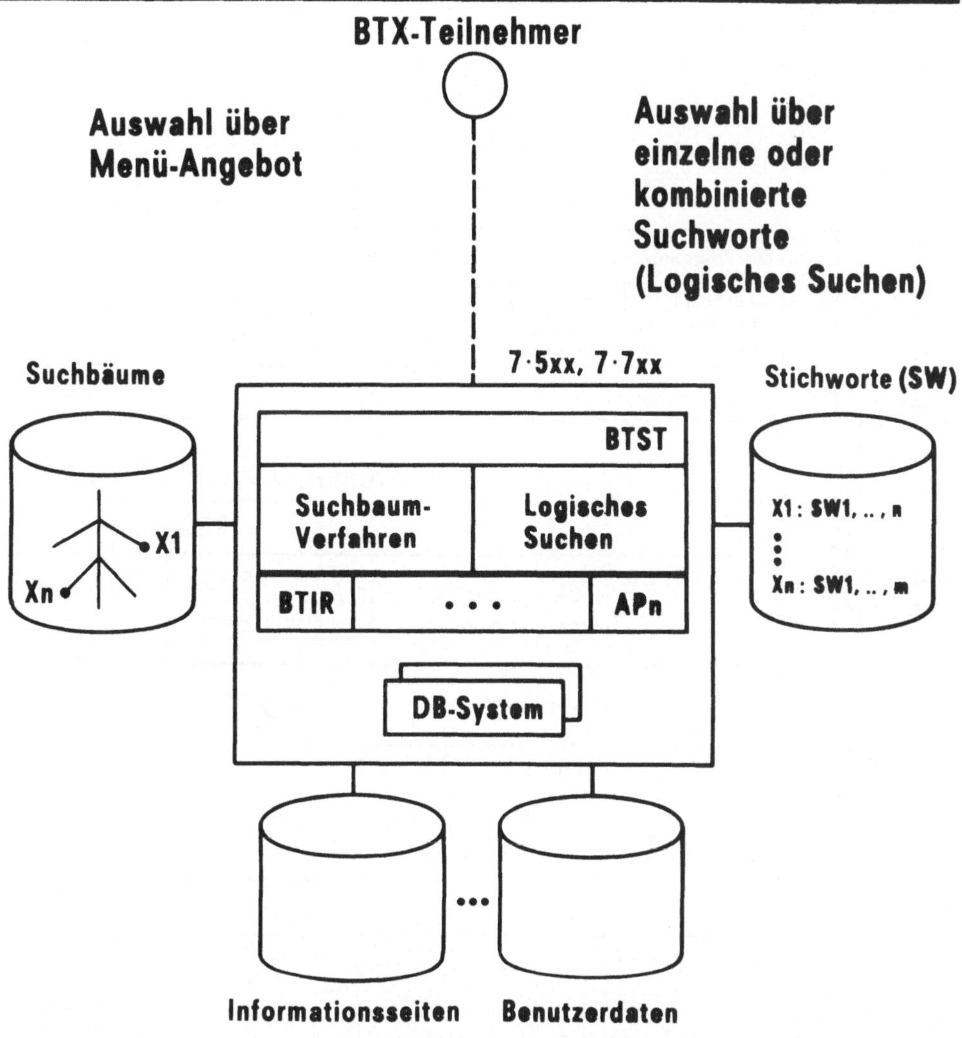

**BTX-Auswahl von Informationsseiten oder Anwender-
funktionen über "Suchbaum" und "Logisches Suchen"**

Bild 5

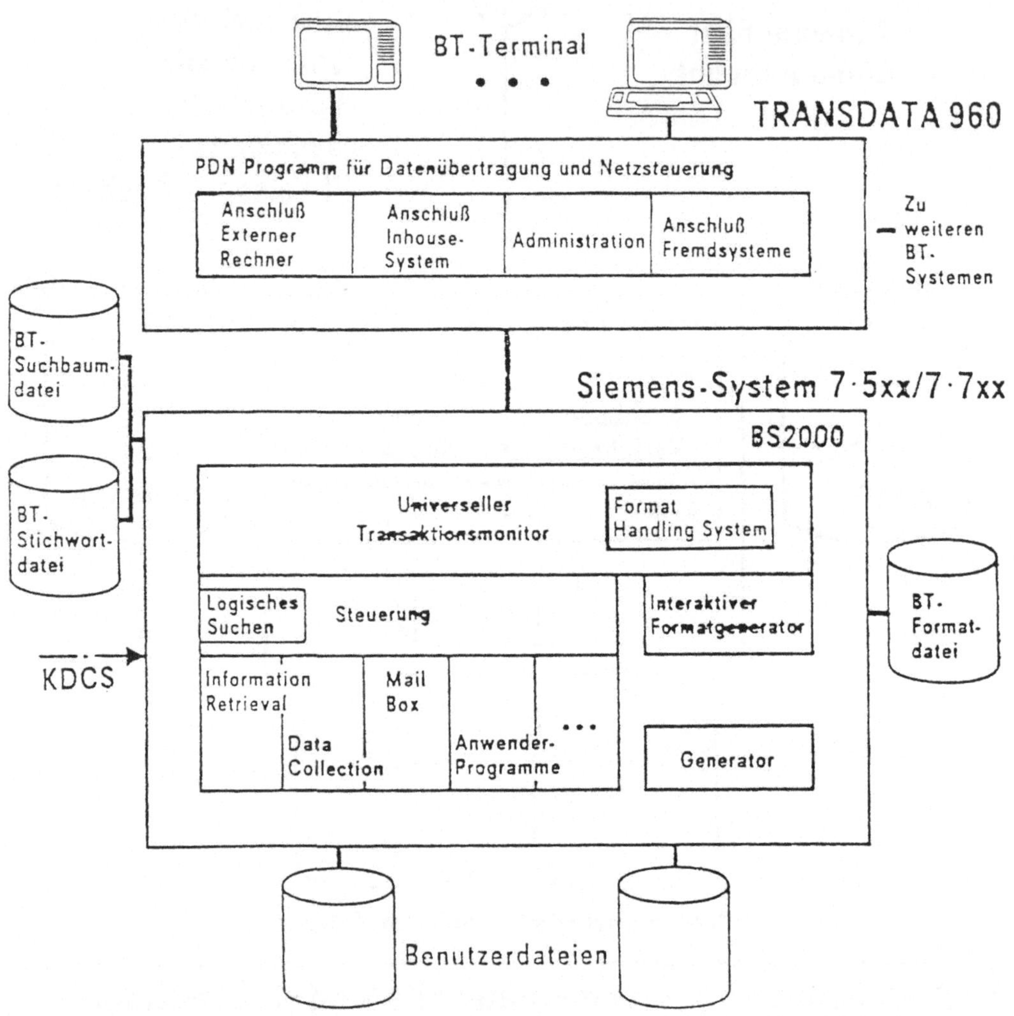

Siemens BTX-System

für den Dienst

Bild 6

Beschreibung und Implementation eines verallgemeinerten
Teletex-Kommunikationssteuerungs-Protokolls
(ein Arbeitsbericht)

E. Giessler, I. Günther, E. Hinsch
GMD - IFV
Rheinstraße 75
6100 Darmstadt

1. Zusammenfassung

Im Rahmen des Test- und Diagnose-Projektes (TESDI)[1] des Institutes
für Datenfernverarbeitung der GMD haben wir die Kommunikations-
steuerungs-Schicht (ISO-Schicht 5), die bei GILT [2] (ein Projekt
der Europäischen Gemeinschaft) erarbeitet wurde, durch Zustandsautomaten beschrieben und auf der Grundlage dieser Beschreibung
implementiert.

Die GILT-Kommunikationssteuerungs-Schicht ist eine Erweiterung der
CCITT-Empfehlung S.62 (Teletex) und unterstützt zusätzlich zu den
Möglichkeiten von S.62 wechselseitige und beidseitige Datenübermittlung [2]. Dies ist eine erste Spezifikation eines verallgemeinerten Kommunikationssteuerungs-Protokolls auf Basis von S.62
entsprechend dem Trend bei CCITT.

Wir haben die Kommunikationssteuerungs-Instanz (Session-Entity)
mit Hilfe von Zustandsautomaten beschrieben. Diese Zustandsautomaten stellen den vollen Funktionsumfang der Kommunikations-
steuerungs-Schicht dar und bedienen bzw. koordinieren die Schnittstellen zur Transport- und zur Darstellungsschicht und handeln
das Kommunikationssteuerungs-Protokoll ab.

Es werden die Gesichtspunkte aufgezeigt,nach denen wir die komplexe Kommunikationssteuerungs-Instanz (im weiteren abgekürzt
durch Komm.-Instanz) strukturiert, durch das Beschreibungsmittel
Zustandsautomat dargestellt und diese Darstellung systematisch in

Entscheidungstabellentechnik implementiert haben. Die vollständige Darstellung der Kommunikationssteuerungs-Instanz durch Zustandsautomaten ist im Anhang gegeben.

2. Darstellungstechnik

Im folgenden werden die darzustellende Komm.-Instanz, das Beschreibungsmittel und die Zerlegung in Zustandsautomaten beschrieben.

Die Kommunikationssteuerungs-Instanz:

Das Protokoll, das die Komm.-Instanz (s.Bild 1) abwickelt, wird beschrieben durch die Interaktion der beiden beteiligten Komm.-Instanzen miteinander und mit den anderen Instanzen, nämlich dem überlagerten Dienstbenutzer (der Darstellungsinstanz) und dem unterlagerten Diensterbringer (der Transportinstanz)

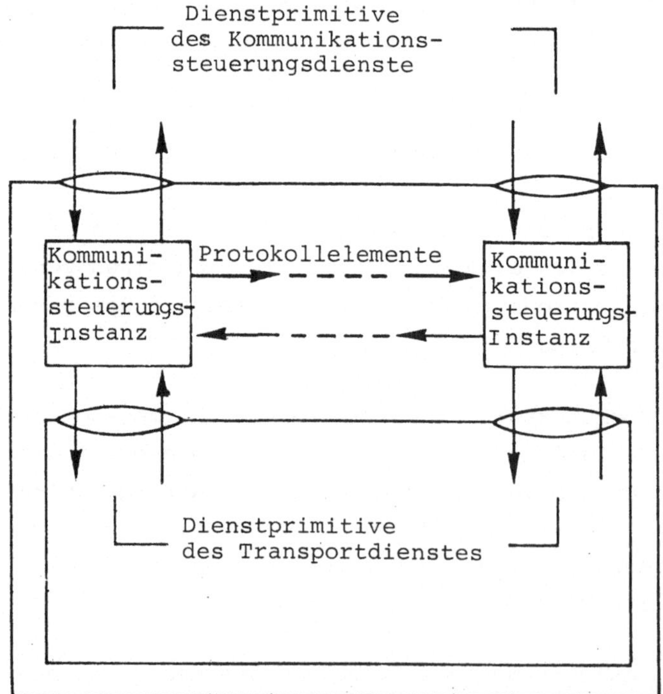

Bild 1: Einbettung der
Kommunikationssteuerungs-Instanz

<u>Beschreibungsmittel</u>: Als Beschreibungsmittel wurden erweiterte
Zustandsautomaten verwendet, die in der Normungsarbeit bei DIN
entwickelt wurden [3] und durch Zustände (Kreise), Übergänge
(Pfeile), Ereignisse, Bedingungen bzw. int. Variable und
Aktionen beschrieben werden. In Anlehnung an die ebenfalls in
der Normung entwickelte weitere Kennzeichnung haben wir, um
hierarchische Strukturen des Protokolls nachzubilden, Zustände,
die detaillierter durch Teilautomaten beschrieben werden, durch
Doppelkreise gekennzeichnet.Ereignisse, die in übergeordneten
Automaten diesen Zustand betreffen, gelten, wenn nicht anders
vermerkt, für jeden Zustand der Unterautomaten. Beim Übergang
in diesen Zustand werden die entsprechenden Teilautomaten
aktiviert, wie aus den Aktionen abzulesen ist. Verlassen des
Zustandes bedeutet Inaktivieren sämtlicher zugehörigen Teilautomaten.

<u>Zerlegung in Teilautomaten</u>: An die Darstellung in Zustands-
automaten wurden die folgenden Anforderungen gestellt:

Die Komm.-Instanz sollte so in Teilautomaten zerlegt werden,
daß sie in einer möglichst überschaubaren und handhabbaren Form
vorliegt.
Dazu sollten die Teilautomaten
- für sich nicht zu groß und überschaubar sein,
- möglichst abgeschlossene Vorgänge beschreiben,
- sich übersichtlich in den Gesamtzusammenhang einfügen lassen,
- möglichst selbständig arbeiten, also die Kopplung zwischen
  ihnen muß möglichst gering sein.

In der Sprache der Zustandsautomaten ausgedrückt bedeutet dies:
- Anzahl der Automaten sollte nicht zu groß sein.
- Anzahl der Zustände in einem Automaten sollte nicht zu groß sein.
- Ein Ereignis sollte nur genau für einen Automaten bestimmt sein.
- Interne Ereignisse sollten vermieden werden.
- Interne Variable sollten möglichst nicht automatenübergreifend
  sein.

Vorgänge, die streng sequentiell aufeinander folgen, können
durch Automaten dargestellt werden, die nur gekoppelt sein
müssen:
- entweder über ein internes Signal, das der Vorgängerautomat,
  der sich dann selbst inaktiviert, aussendet und mit dem er den
  Nachfolgeautomaten aktiviert
- oder über ein internes Signal und Zustandsinformation, wobei
  der Nachfolgeautomat auf Grund der Zustandsinformation über
  den Vorgängerautomaten prüft, ob das eingetretene Ereignis
  berechtigt war. Mit dem internen Signal inaktiviert er dann
  den Vorgängerautomaten.

Die Abbildung von hierarchischen Strukturen, dadurch daß
Zustände in einem Automaten Vergröberungen von Unterautomaten
darstellen, entspricht einer Zerlegung in sequentielle
Automaten, wobei der Vorgänger- und der Nachfolgeautomat
eines Automaten derselbe ist. Unsere hierarchischen Automaten
sind durch interne Ereignisse, die die Unterautomaten aktivieren
bzw. inaktivieren,und durch Zustandsinformation über die
Unterautomaten, gekoppelt.

Vorgänge, die asynchron zueinander ablaufen, können durch
Automaten dargestellt werden, die nur durch interne Ereignisse
gekoppelt sind, die diese Automaten für ihren Gültigkeitsbereich
aktivieren bzw. inaktivieren.

Um den obigen Anforderungen an eine Zerlegung in Teilautomaten
zu genügen, muß das Komm.-Instanz-Protokoll so in nicht allzu
komplexe und nicht allzu viele Vorgänge zerlegt werden,
  daß diese zueinander möglichst sequentiell oder asynchron
ablaufen.

Anhaltspunkte für eine solche Zerlegung in Teilautomaten bietet
die Strukturierung des Protokolls.

Zunächst wird die Zerlegung sequentieller bzw. hierarchischer
Vorgänge an einigen Beispielen gezeigt. Dann folgt die Behandlung
asynchroner Vorgänge.

Wir haben das Session-Entity-Protokoll in 4 Hierarchien von Phasen
zerlegt:
die Session-, die Sessionmaster/slave-, die Dialogunit- und die
Datenphase, d.h. die Session- umschließt die Sessionmaster/slave,
diese die Dialogunit- und diese wiederum die Daten-Phase.

Diese 4 Hierarchieebenen finden sich in der Struktur der
Automaten wieder (siehe Automatenübersicht).

Innerhalb dieser Ebenen wurden die Automaten weiter zerlegt,
z.B. der Sessionmaster/slave-Automat in zwei sequentielle
Automaten,nämlich Sessionmaster und Sessionslave (siehe Anhang;
Automat 2 und Automat 3).

Diese Aufteilung entspricht der Aufgabenverteilung im Protokoll.
Entsprechendes gilt für die Zerlegung des Dialogunit-Automaten
in Dialogunit-Master und Dialogunit-Slave.

Wir haben 2 Möglichkeiten benutzt, um asynchrone Vorgänge zu
behandeln:
- Es wird ein gesonderter Automat vorgesehen, der dieses
  Ereignis abhandelt und für die Zustände aktiviert wird, in
  denen dieses Ereignis auftreten kann.
- Das Ereignis wird in den Zuständen abgehandelt, in denen es
  auftreten kann. Man nutzt dabei aber den Vorteil, daß
  Zustände im Unterautomaten durch einen Zustand im Ober-
  automaten representiert werden. Man wird also dieses

asynchrone Ereignis in der Hierarchie möglichst hoch an-
siedeln, damit es nur einen Automaten und möglichst wenig
Zustände betrifft. Diese Lösung wird gewählt, wenn die
Abhandlung des Ereignisses nicht sehr aufwendig ist und nicht
in allzuvielen Zuständen auftreten kann.

Beispiele:
Das Timerereignis wurde im Session Automaten angesiedelt
(siehe Anhang : Automat 1), weil die Behandlung des Timer-
ereignisses nicht sehr komplex ist. Der Benutzerabbruch (UABORQ)
wurde in einem eigenen Automaten behandelt, weil die Abhandlung
dieses Ereignisses relativ aufwendig ist.

3. Umsetzung in eine Implementation

Die Systemumgebung für die Implementation des Kommunikations-
Steuerungsprotokolls war durch das TESDI-System gegeben.

3.1 Systemumgebung und Schnittstellen

Gliederung des TESDI-SYSTEMS (siehe Bild 2):
Als Gliederungsprinzip für das TESDI-System in Prozesse galt
die Devise:
"Soviel wie möglich in einen sequentiellen Prozess integrieren".
D.h. nur, wenn zeitlich unverträgliches Verhalten diesseits und
jenseits einer Schnittstelle auftritt, wird ein Prozessübergang
gemacht. Es kann dann vorkommen, daß Benutzer einer Schicht
teils im gleichen, teils in einem anderen Prozess liegen.
Die Schicht selbst ist davon jedoch nicht betroffen.
Die Serviceschnittstellen zwischen den Ebenen liegen nämlich
im Prozess, nicht an seinem Rand.
Die Interprozess-Schnittstellen liegen in sogenannten
"Stellvertretern" (Stellvertreter für die im anderen Prozess
liegende Ebene).

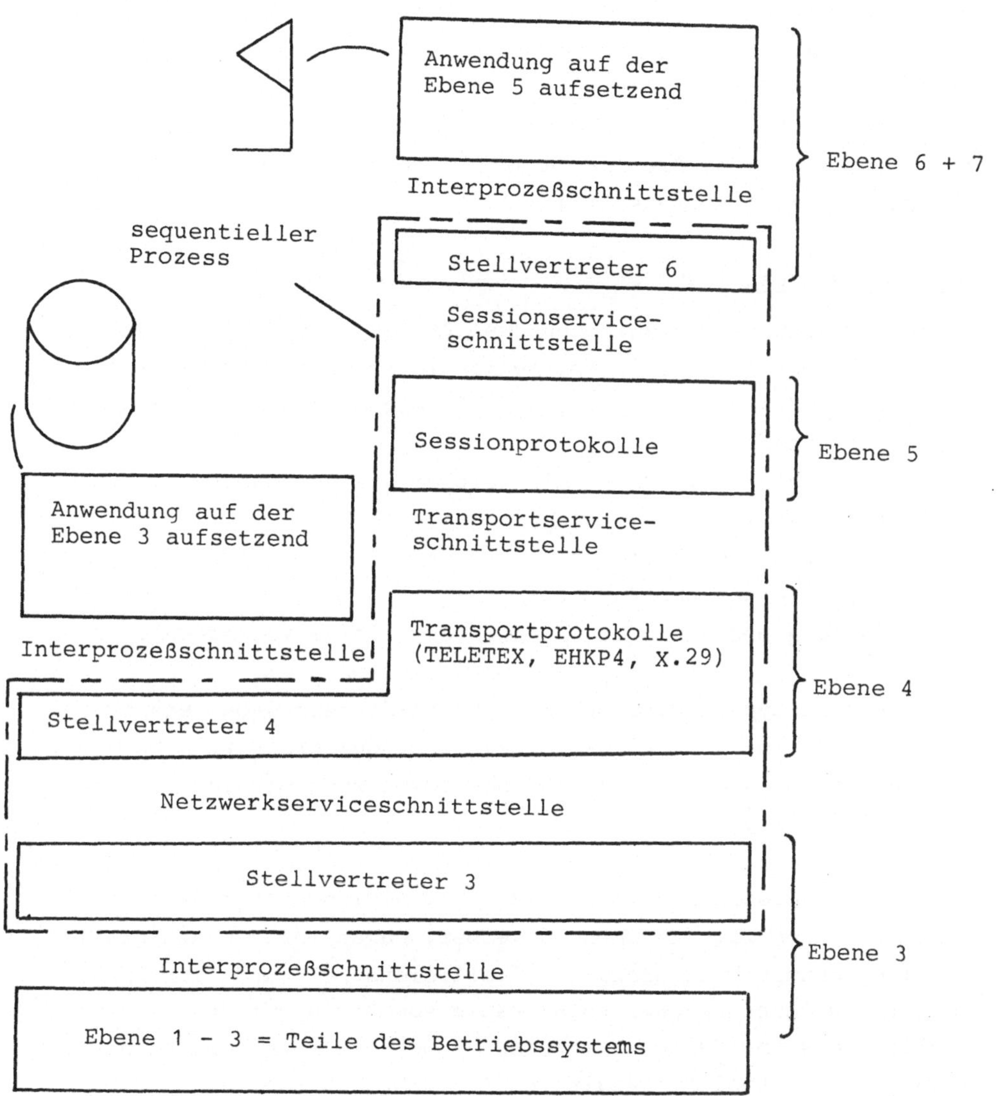

Bild 2: Gliederung des TESDI-Systems

Nur "Stellvertreter" haben Schnittstellen mit anderen Prozessen.
Sie fangen die Abhängigkeiten vom speziellen Betriebssystem ab
und gewährleisten die "Kollisions-" und "Schlupffreiheit" der
Serviceschnittstellen. Auf eine Protokollentity wirkt es sich
daher nicht aus, ob die benachbarten Ebenen im gleichen oder
in einem anderen Prozess liegen.

Serviceschnittstelle:

An den Schnittstellen zwischen zwei Protokollschichten treten
die Serviceprimitive und gewisse lokale Primitive als Ereignisse
auf. Sie sind jeweils beschrieben (in einem Pascal-Record) durch
- Primitivname,
- lokale Verbindungsnummer, mit welcher das Automatengedächtnis
  in einer Tabelle adressiert wird,
- Automatentyp des Absenders,
- Automatentyp des Empfängers,
- Adresse des begleitenden Datenpuffers (falls vorhanden).

Der Automatentyp (z.B. TELETEX 5) identifiziert dabei einen
Modul im System, welcher das Ereignis produziert bzw. konsumiert.
Automatentyp und lokale Verbindungsnummer zusammen identifizieren
genau die Entity.

Da die Nachbarschichten der Ebene 5 im gleichen sequentiellen
Prozess liegen wie die Ebene 5 selbst, haben ihre Schnittstellen
die (angenehme) Eigenschaft "kollisionsfrei" und "schlupffrei"
zu sein. Es mußten daher keine Fälle von "sich auf der Schnittstelle überschneidenden Ereignissen" behandelt werden, und die
lokale Flußkontrolle gestaltete sich sehr einfach:
einfaches Handshake, z.B. abwechselnd Senden einer Message
(Datensatz), warten auf Sendeerlaubnis.

An den Schnittstellen der Transportebene und der Darstellungs-
ebene treten außer den Serviceprimitiven noch die lokalen Primitive
    Data Response
    Data Confirm
    Disconnect Response
    Disconnect Confirm auf.

Data Response und Data Confirm werden für die lokale Flußkontrolle zwischen den Schichten gebraucht:
Sie signalisieren jeweils Sendeerlaubnis einer Schicht an die
darüberliegende bzw. Empfangsbereitschaft einer Schicht an die
darunterliegende.
Disconnect Response und Disconnect Confirm waren erforderlich,
weil die benachbarten Ebenen eine gemeinsame lokale Verbindungsnummer (=Tabellenindex) benutzen und eine geordnete und
gesicherte Freigabe dieser Nummer gewährleistet sein mußte.

Speicherverwaltung

Die zur Aufnahme von Daten erforderlichen Speicher sind in dem
System in drei Typen aufgeteilt:
1. Speicher, der zur Compilezeit zugeordnet wird.
2. Speicher, der für die Lebensdauer einer Verbindung zugeordnet wird.
3. Speicher, der kurzfristig zum Transport eines Datums durch
   das System gebraucht wird.

Zu 1. gehören die Automatentabellen und pauschale Speicher-
vorräte für 2. und 3..

Vom Typ 2 sind die Speicher für die Automatengedächtnisse, die beim
Aufbau einer Verbindung reserviert und beim Abbau wieder frei werden.
Sie liegen bereits ab Compilezeit in strukturierter Form
(Array of Record) vor und sind durch Festlegung einer maximal
möglichen Anzahl von Verbindungen dimensioniert.

Die Speicher vom Typ 3 werden zum Transport der Daten auf den
Verbindungen benutzt. Zur Compilezeit ist nur ein unstrukturierter
Pool festgelegt. Aus diesem wird bei Bedarf zur Laufzeit Puffer
zugeteilt. Wenn das Datum, zu dessen Speicherung ein Puffer
requiriert wurde, das System wieder verläßt, ist der Puffer wieder
frei. Die im Pascal vorhandene New-Funktion zusammen mit der
Pascal-Halde (Heap) konnte wegen der fehlenden Pufferfreigabe-
funktion nicht für diesen Zweck benutzt werden.

3.2 Implementation des Komm.-Instanz-Automaten

Wir benutzten eine Implementationstechnik wie sie auch für
Entscheidungstabellen verwendet wird. Die Implementation
nutzte aus, daß Zustandsautomaten direkt in Entscheidungstabellen umsetzbar sind.
Die Bedingungen der Entscheidungstabelle sind gegeben durch den
Zustand (der eine Vorgeschichte - eine Menge von Vorbedingungen -
representiert), durch zusätzliche Bedingungen und durch ein
auslösendes Ereignis. Diese Bedingungen führen zu Aktionen, von
denen eine Aktion der Übergang in einen anderen Zustand ist.

Wir haben den Session-Entity-Automaten in Pascal implementiert.
Wie diese Implementation aussieht, soll am Beispiel des
Automaten NR.E (siehe Anhang) erläutert werden.

Der Automat E kann durch folgende Matrix dargestellt werden:

Ereignis / Zustand	1 (D-SPDUCRQ)			Bedingung:
O	X			B1: DS in (1)
1	B1 , A1	1		B2: DS nicht in (1)
	B2 , A2,A3	1		Aktionen:

Bedingung:
B1: DS in (1)
B2: DS nicht in (1)
Aktionen:
A1: I-DS(PDUC)
A2: SFRQ: = 1
A3: U-SDATAC
X: Nicht erlaubter Übergang

Verbal beschrieben bedeutet diese Matrix:

Das Serviceprimitive-Ereignis 'D-SPDUCRQ' ist im Zustand O
nicht erlaubt. Im Zustand 1 führt es,

- wenn die Bedingung B1 erfüllt ist (d.h. der Datensender ist
  im Zustand 1),zu der Aktion A1 (es wird das interne Signal
  I-DS(PDUC) erzeugt) und zum Übergang in den Zustand 1,

- wenn die Bedingung B2 erfüllt ist (d.h. der Datensender ist
  nicht im Zustand 1), zu den Aktionen A2 (setzen von SFRQ-1)
  und A3 (senden der lokalen Quittung U-SDATAC) und zum
  Übergang in den Zustand 1.

Dies ist eine vollständige Beschreibung des Automaten E
bis auf seine Aktivierung, die direkt durch den übergeordneten
Automaten geschieht.

Die Matrix wird in 3 Tabellen implementiert:

Aus Tabelle 1 erhält man, die Vorverarbeitung, den Ziel-
automaten und die Nummer des auslösenden Ereignisses. Mit
Hilfe von Tabelle 2 werden aus allen möglichen Übergängen
die bzgl. des Ereignisses erlaubten herausgefiltert, wobei
diese erlaubten Übergänge Übergangsnamen bekommen, die ungleich POO sind. Mit Hilfe von Tabelle 3 werden den erlaubten
Übergängen je nach internen Bedingungen Übergänge und
Aktionen zugeordnet.

Für den Automaten E sehen die implementierten Tabellen
folgendermaßen aus:

Tab. 1

	Vorprogramm	Teilautomat	Ereignis
SAUT1 [D-SPDUCRQ]	O	E	1

Vorprogramme dienen der Vorverarbeitung von
Ereignissen. Dies ist z.B. erforderlich, wenn
ein Ereignis mehreren Automaten zugestellt
werden kann. Ist der Wert O angegeben, findet
keine Vorverarbeitung statt.

Tab. 2

	Teilautomat	Ereignis	Zustand			Übergangsname
SAUT2 [	E	, 1	, O	]	=	POOO $\hat{=}$ nichterlaubter Übergang
SAUT2 [	E	, 1	, 1	]	=	PE 11

Tab. 3

	Bedingung	Übergang	Aktionsliste
SAUT3 [PE11] =	B1	N1	A1
	B2	N1	A2, A3

Diese 3 Tabellen, die Bedingungen und Aktionen werden zur
Laufzeit ausgewertet.

Die Implementation ist für jede Protokollebene gleich strukturiert, nur die Tabelleninhalte, die Aktions- und Bedingungsliste
und die Vorprogramme sind protokollspezifisch.

4. Anhang: Zustandsautomaten
             der Kommunikationssteuerungsinstanz.

Contents

1. Introduction

2. Explanations

3. State diagramms

1. Introduction

This paper contains the formal description of the Session
Entity Automaton following the GILT Session description
(Cost - 11 - bis / GILT / SES 004 March 1982) using extended
finite state automata technique.

It is assumed that the reader knows this description method.
And therefore only additional explanations are given to the
elements of the description as far as they are characteristic
for our state diagramms.

2. Explanations

The elements of the description are:
Automata, states, transitions, events, actions
and internal variables.

<u>Automata:</u>

The 'Session Entity Automaton' is structured
in partial automata as can be seen in the first
diagramm 'Automata Overview' in chapter 3.
The Automata names, their abbreviations and their
numbers are given in table 1.

	Name	Abbreviation
1	Session	Sess
2	Session Master	SM
3	Session Slave	SS
4	Dialog Unit Master	DM
5	Dialog Unit Slave	DSL
6	Datasender 1	DS
7	Datasender 2	DS
8	Datasender 3	DS
9	Datareceiver 1	DR
A	Datareceiver 2	DR
B	Datareceiver 3	DR
C	Datareceiver 4	DR
D	Datareceiver 5	DR
E	Please Dialog Unit Control	PDU
F	Error automaton	F
G	Abort automaton	ABO

Table 1: Partial Automata

<u>States:</u>

States are represented by circles. Double circles
mean that a subautomaton has been started.

<u>Events:</u>

There are two kinds of events:

- <u>Service primitive events:</u>

  A service primitive event is constructed in the following way:

$$
\left\{ \begin{array}{c} D \\ U \end{array} \right\} - \left\{ \begin{array}{c} S \\ T \end{array} \right\} \quad \text{NAME} \quad \left\{ \begin{array}{c} RQ \\ I \\ C \\ R \\ FC \\ FR \end{array} \right\}
$$

  In this context NAME means service primitive name. Service
  primitive names and their abbreviations are listed in table 2.
  The other abbreviations are listed in table 3.

  Example: D - SCONRQ means (Down-Session Connect Request).
  A Connect Request appears at the interface 5/6 and comes
  from layer 6.

CON	Connect
RELS	Release Session
UABO	User Abort
PABO	Provider Abort
EXREP	Session Exeption Report
ERR	Error
DATA	Data
MINS	Minor-Synchronisation
SYMA	Mayor-Synchronisation
PLTU	Please Turn
PDUC	Please-DU-Control
CHDU	Change-DU-Control
RESE	Reselect
RESY	Resynchronization
DISC	Disconnect

<u>Table 2:</u> Service primitive names and their abbreviations

D	down
U	upwards
S	session
T	transport
RQ	request
I	indication
C	confirmation
R	response
FC	final confirmation
FR	final response

<u>Table 3:</u> Abbreviations to construct a
service primitive event

- <u>Internal events:</u>

  Internal events with two exceptions are constructed in
  the following way:

  I - target automaton (description of the effect);

  I - classifies the event as an internal one

  The following descriptions of the effect exist:

  ($\longrightarrow$ i) means that the target automaton shall go to State i.

$$\left.\begin{array}{l}(du - false)\\(du = true)\\(du = empty)\end{array}\right\}$$ means that the dialog unit descriptor
  is false respectively true or empty

  (Reltu)   means that a Release Turn has taken place

  (PDUC)   means that a Please Dialog Unit Control
                  was requested

Except these internal events there are I - STOP (all)
which means all automata shall be stopped and T1 which
means that the Timer has exhausted.

Internal variables:

Abbreviation	explanation
T-Par	Session (Transport) Termination Parameter
Reltu-Par	Release turn Parameter
Pltu-Par	Please turn Parameter
T1	Timer
W	Window size
XFC	in XFC is stored, what kind of final confirmation is expected
VS	Number of the next minor synchronisation point (request respectively response) which has to be sent
VR	Number of the next minor synchronisation point (indication respectively confirmation) which will be received
VCDEE	shows if a CDE was received
VCDES	shows if a CDE was sent
DATENS	indicates if a minor synchronisation point may be sent
DATENE	indicates if a minor synchronisation point may be received
Reltuv	indicates if the turn was released
SFRQ	indicates if session control was requested
TRANS	indicates if the transport connection was established

Table 4: Internal variables and their Explanation

3. State Diagramms

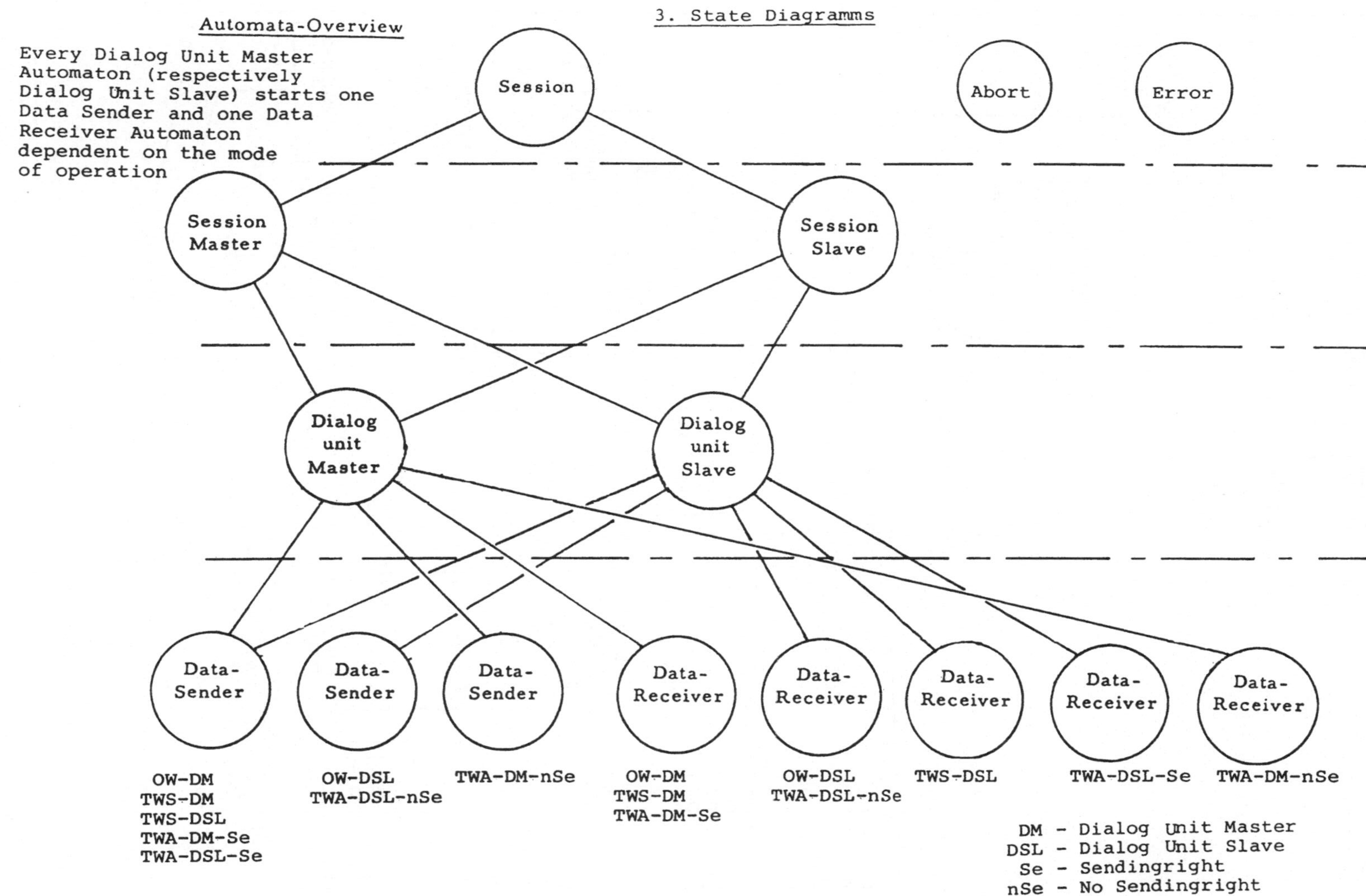

Automaton 1

Session (Sess)

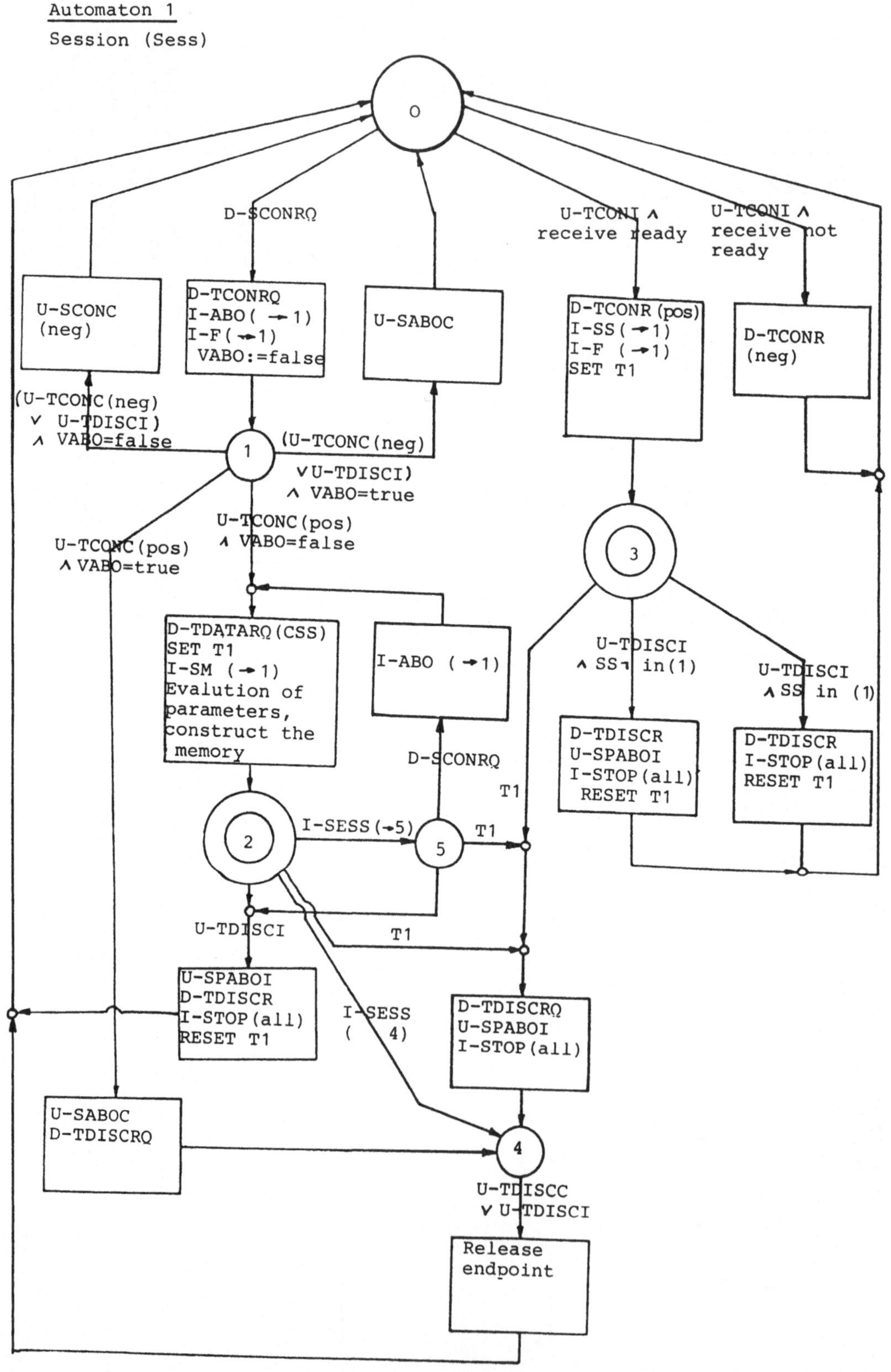

Automaton 2

Session Master (SM)

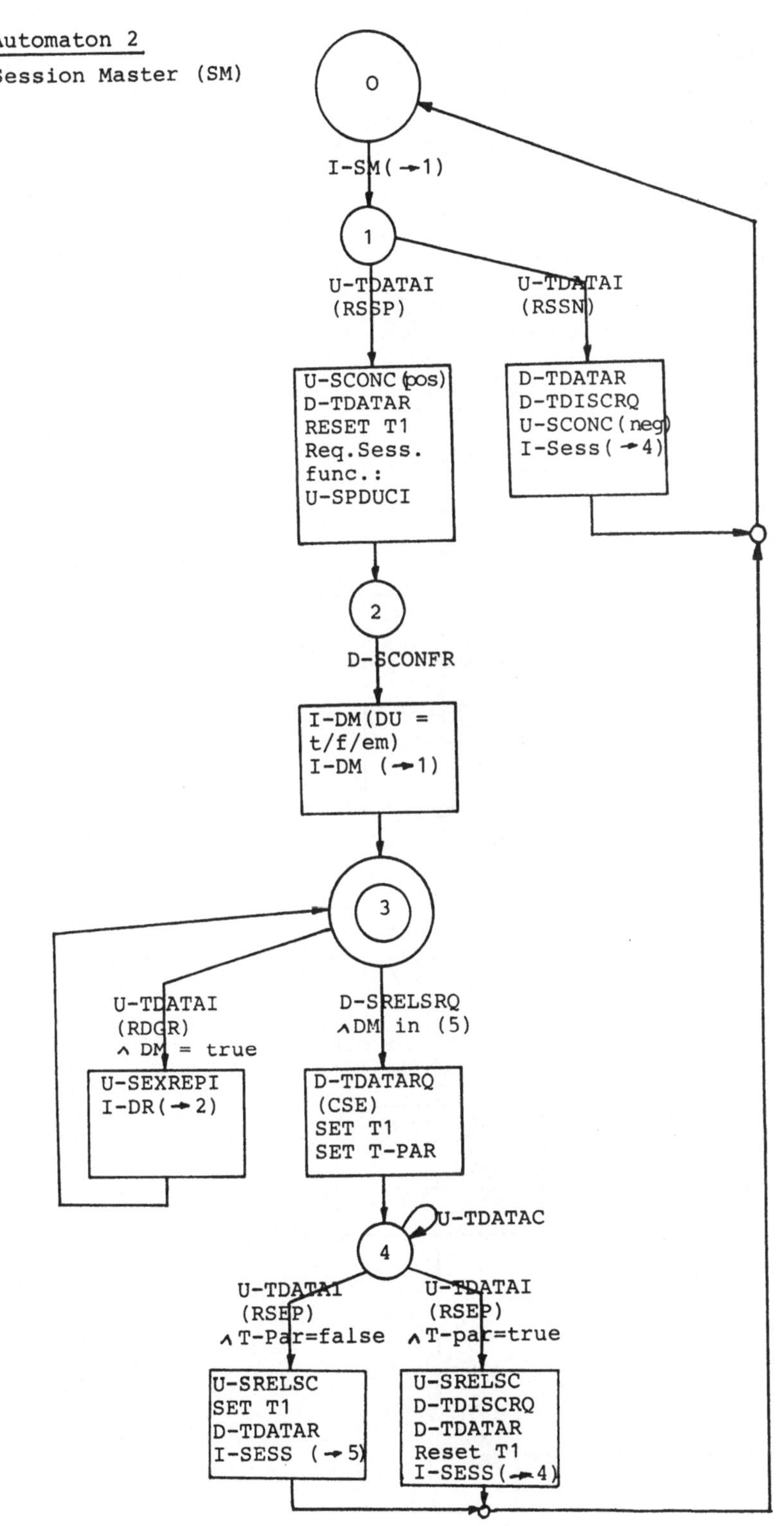

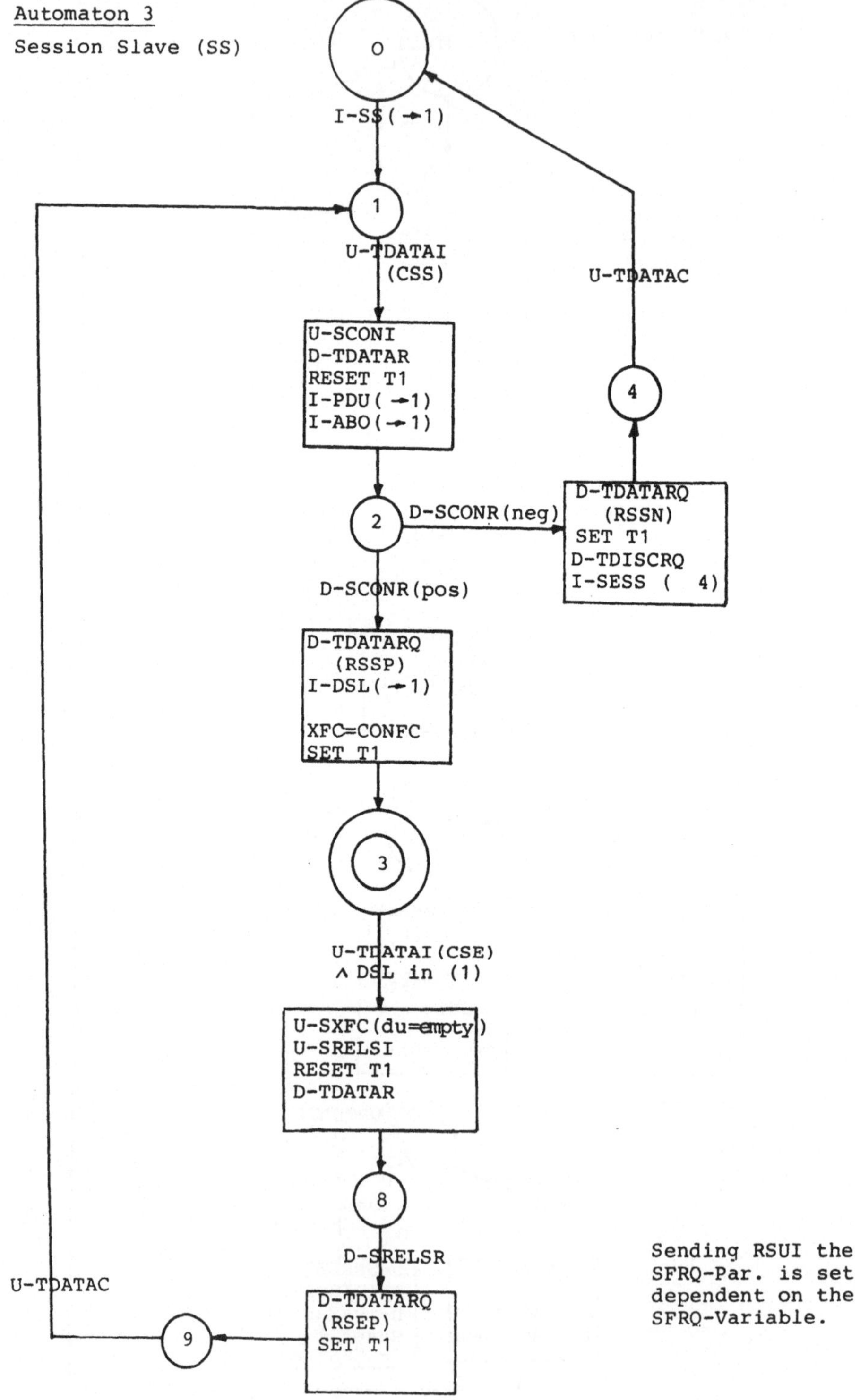

Sending RSUI the
SFRQ-Par. is set
dependent on the
SFRQ-Variable.

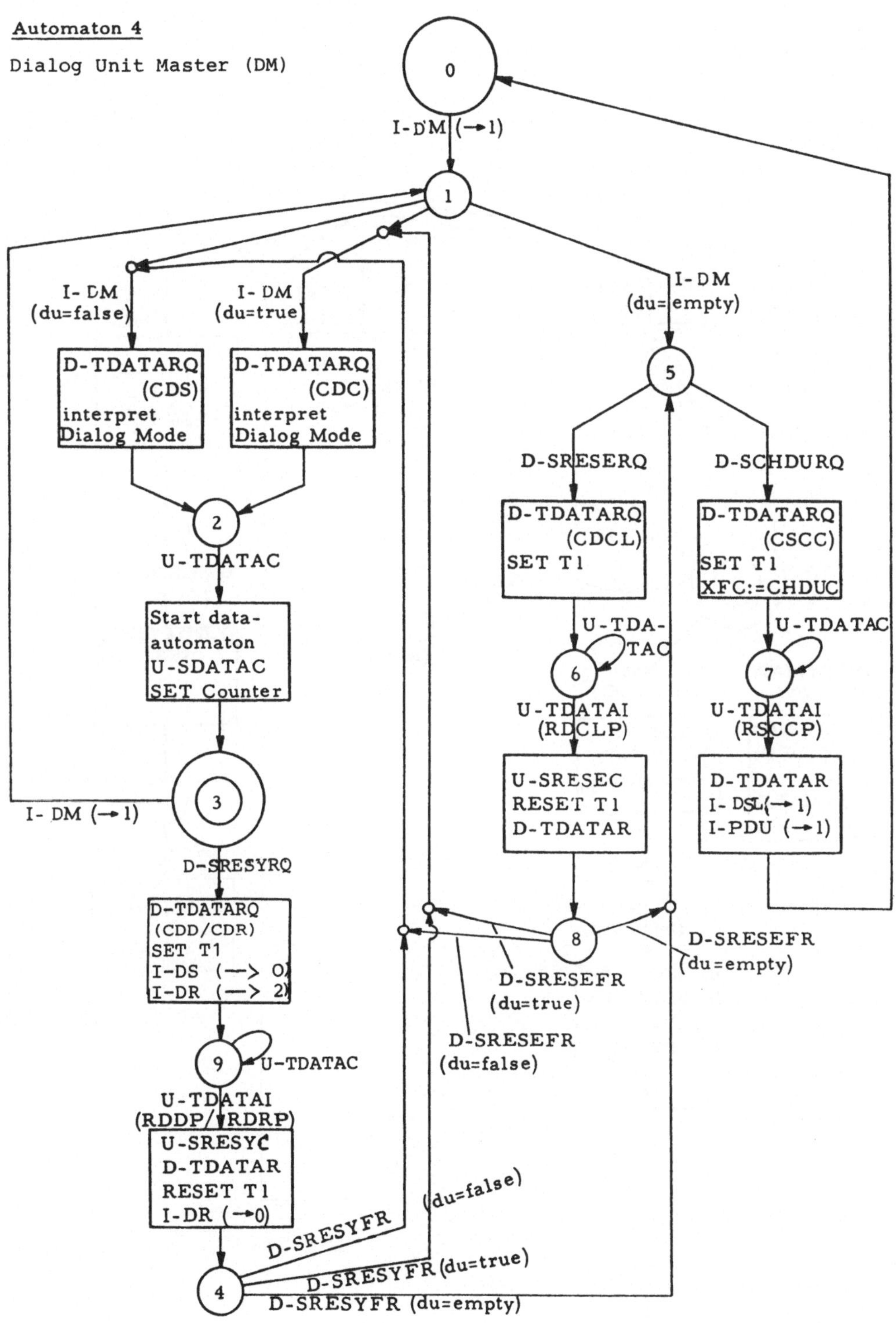
Automaton 4
Dialog Unit Master (DM)
0
I-DM (→1)
1
I-DM
(du=false)
I-DM
(du=true)
I-DM
(du=empty)
D-TDATARQ
(CDS)
interpret
Dialog Mode
D-TDATARQ
(CDC)
interpret
Dialog Mode
2
U-TDATAC
Start data-
automaton
U-SDATAC
SET Counter
3
I-DM (→1)
D-SRESYRQ
D-TDATARQ
(CDD/CDR)
SET T1
I-DS (→ 0)
I-DR (→ 2)
9
U-TDATAC
U-TDATAI
(RDDP/RDRP)
U-SRESYC
D-TDATAR
RESET T1
I-DR (→0)
5
D-SRESERQ
D-SCHDURQ
D-TDATARQ
(CDCL)
SET T1
D-TDATARQ
(CSCC)
SET T1
XFC:=CHDUC
6
U-TDA-TAC
7
U-TDATAC
U-TDATAI
(RDCLP)
U-TDATAI
(RSCCP)
U-SRESEC
RESET T1
D-TDATAR
D-TDATAR
I-DSL(→1)
I-PDU (→1)
8
D-SRESEFR
(du=empty)
D-SRESEFR
(du=true)
D-SRESEFR
(du=false)
4
D-SRESYFR (du=false)
D-SRESYFR (du=true)
D-SRESYFR (du=empty)

Automaton 5
Dialog Unit Slave (DSL)

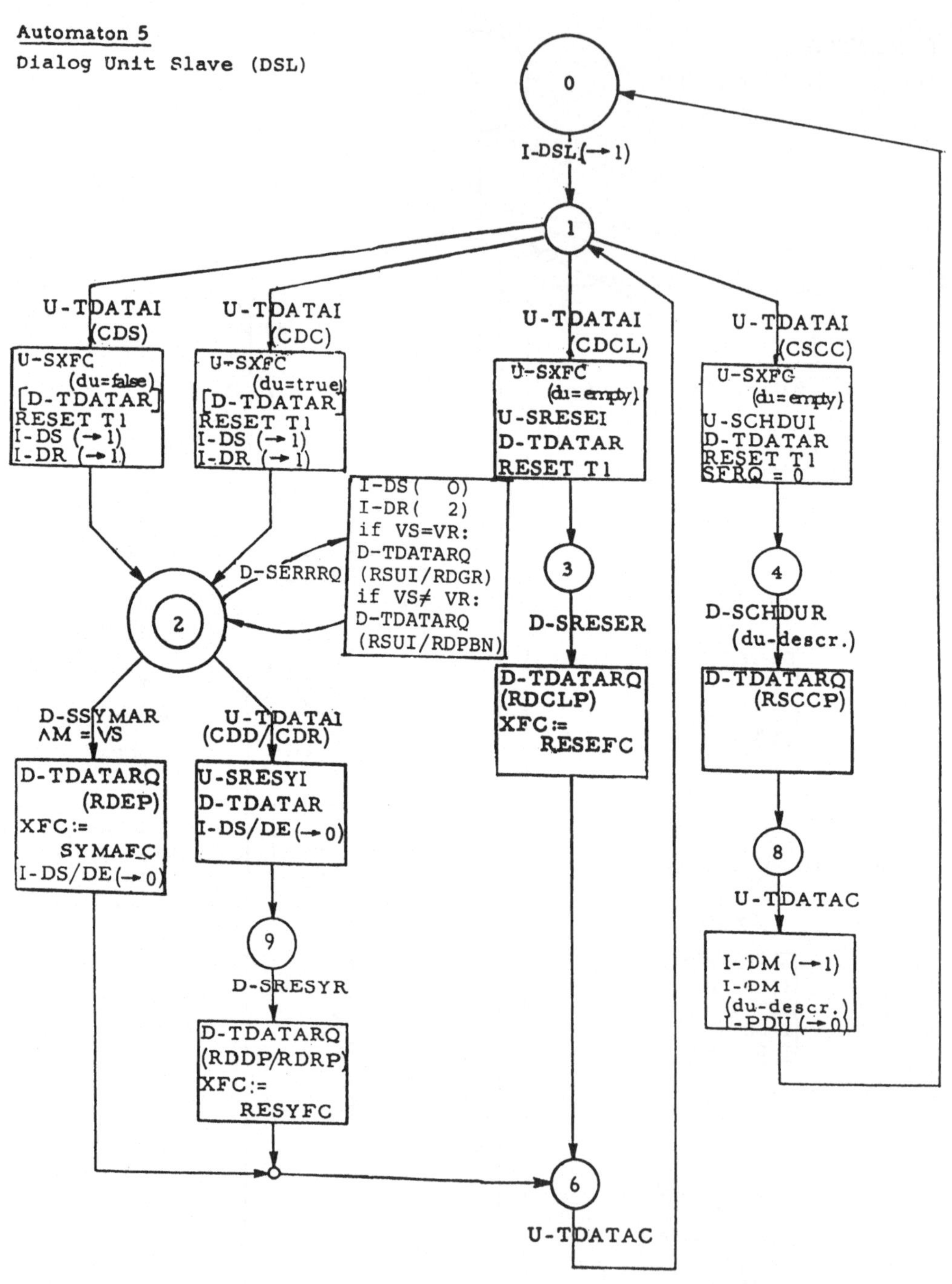

[D-TDATAR] is a consequence
of the local signal
D-SDATAR

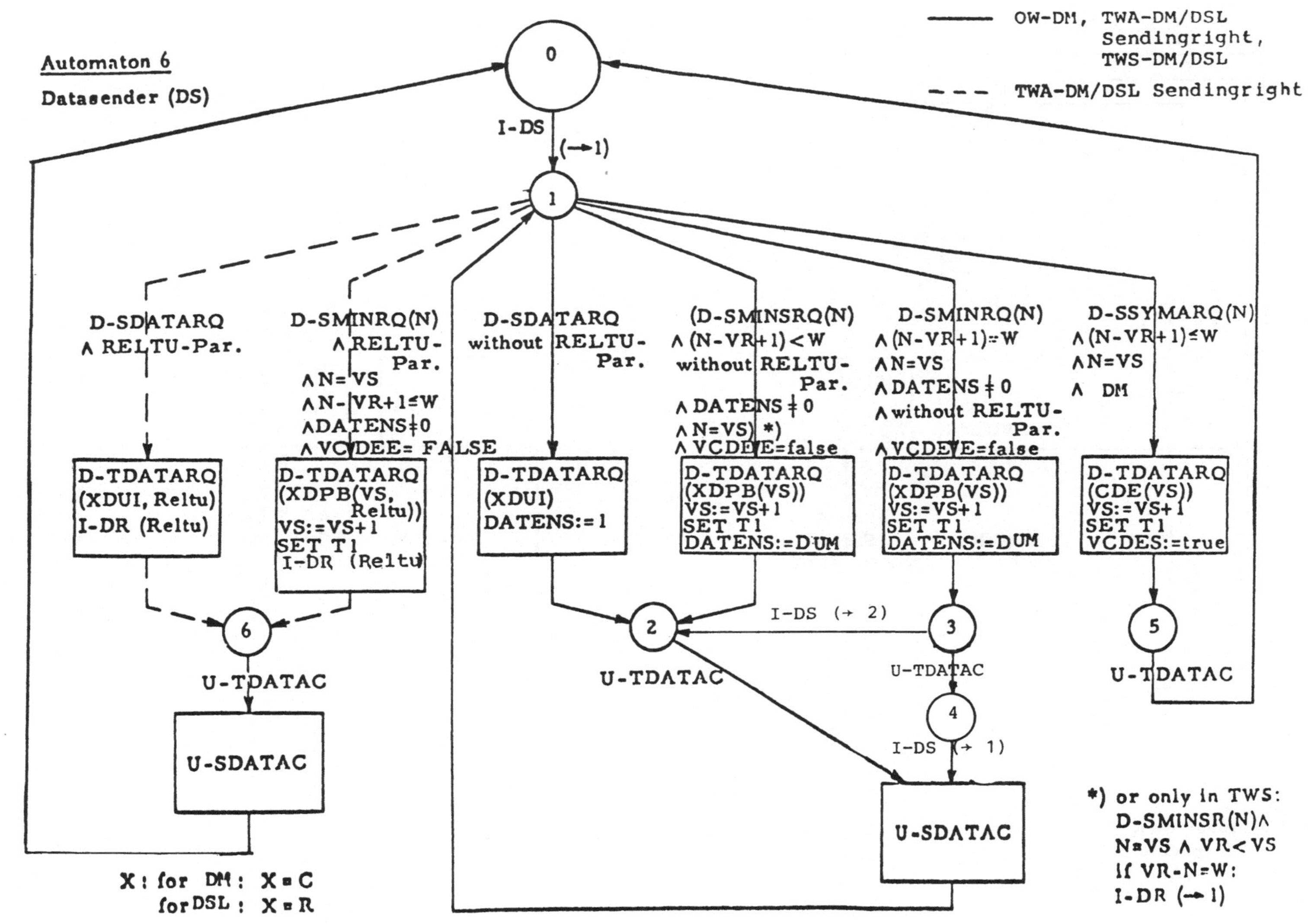
289
Automaton 6
Datasender (DS)
OW-DM, TWA-DM/DSL Sendingright, TWS-DM/DSL
TWA-DM/DSL Sendingright
0
I-DS (→1)
1
D-SDATARQ ∧ RELTU-Par.
D-SMINRQ(N) ∧ RELTU-Par. ∧N=VS ∧N-VR+1≤W ∧DATENS≠0 ∧ VCDEE=FALSE
D-SDATARQ without RELTU-Par.
(D-SMINSRQ(N) ∧(N-VR+1)<W without RELTU-Par. ∧ DATENS≠0 ∧N=VS) *) ∧VCDEE=false
D-SMINRQ(N) ∧(N-VR+1)≠W ∧N=VS ∧DATENS≠0 ∧without RELTU-Par. ∧VCDEE=false
D-SSYMARQ(N) ∧(N-VR+1)≤W ∧N=VS ∧ DM
D-TDATARQ (XDUI, Reltu) I-DR (Reltu)
D-TDATARQ (XDPB(VS, Reltu)) VS:=VS+1 SET T1 I-DR (Reltu)
D-TDATARQ (XDUI) DATENS:=1
D-TDATARQ (XDPB(VS)) VS:=VS+1 SET T1 DATENS:=DUM
D-TDATARQ (XDPB(VS)) VS:=VS+1 SET T1 DATENS:=DUM
D-TDATARQ (CDE(VS)) VS:=VS+1 SET T1 VCDES:=true
6
2
I-DS (→ 2)
3
5
U-TDATAC
U-TDATAC
U-TDATAC
U-TDATAC
4
I-DS (→ 1)
U-SDATAC
U-SDATAC
X: for DM: X = C
for DSL : X = R
*) or only in TWS:
D-SMINSR(N)∧
N=VS ∧ VR<VS
If VR-N=W:
I-DR (→1)

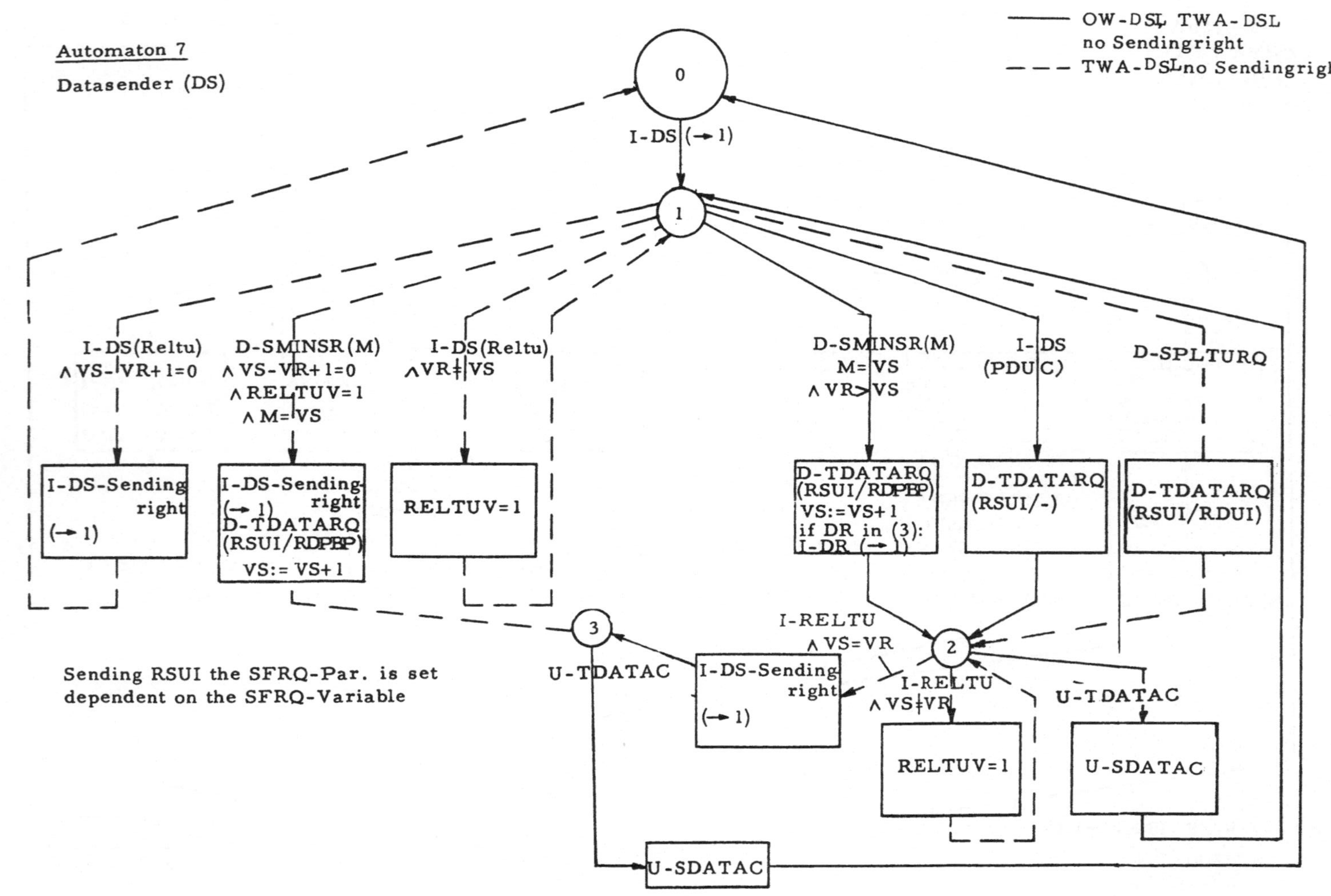

Automaton 7
Datasender (DS)
OW-DSL, TWA-DSL no Sendingright
TWA-DSL no Sendingright
0
I-DS (→ 1)
1
I-DS(Reltu) ∧ VS-VR+1=0
D-SMINSR(M) ∧ VS-VR+1=0 ∧ RELTUV=1 ∧ M=VS
I-DS(Reltu) ∧ VR≠VS
D-SMINSR(M) M=VS ∧ VR>VS
I-DS (PDUC)
D-SPLTURQ
I-DS-Sending right (→ 1)
I-DS-Sending right (→ 1) D-TDATARQ (RSUI/RDPEP) VS:= VS+1
RELTUV=1
D-TDATARQ (RSUI/RDPEP) VS:=VS+1 if DR in (3): I-DR (→ 1)
D-TDATARQ (RSUI/-)
D-TDATARQ (RSUI/RDUI)
3
2
I-RELTU ∧ VS=VR
I-RELTU ∧ VS≠VR
U-TDATAC
I-DS-Sending right (→ 1)
RELTUV=1
U-TDATAC
U-SDATAC
U-SDATAC
Sending RSUI the SFRQ-Par. is set dependent on the SFRQ-Variable

Automaton 8
Datasender (DM-TWA
no Sendingright)

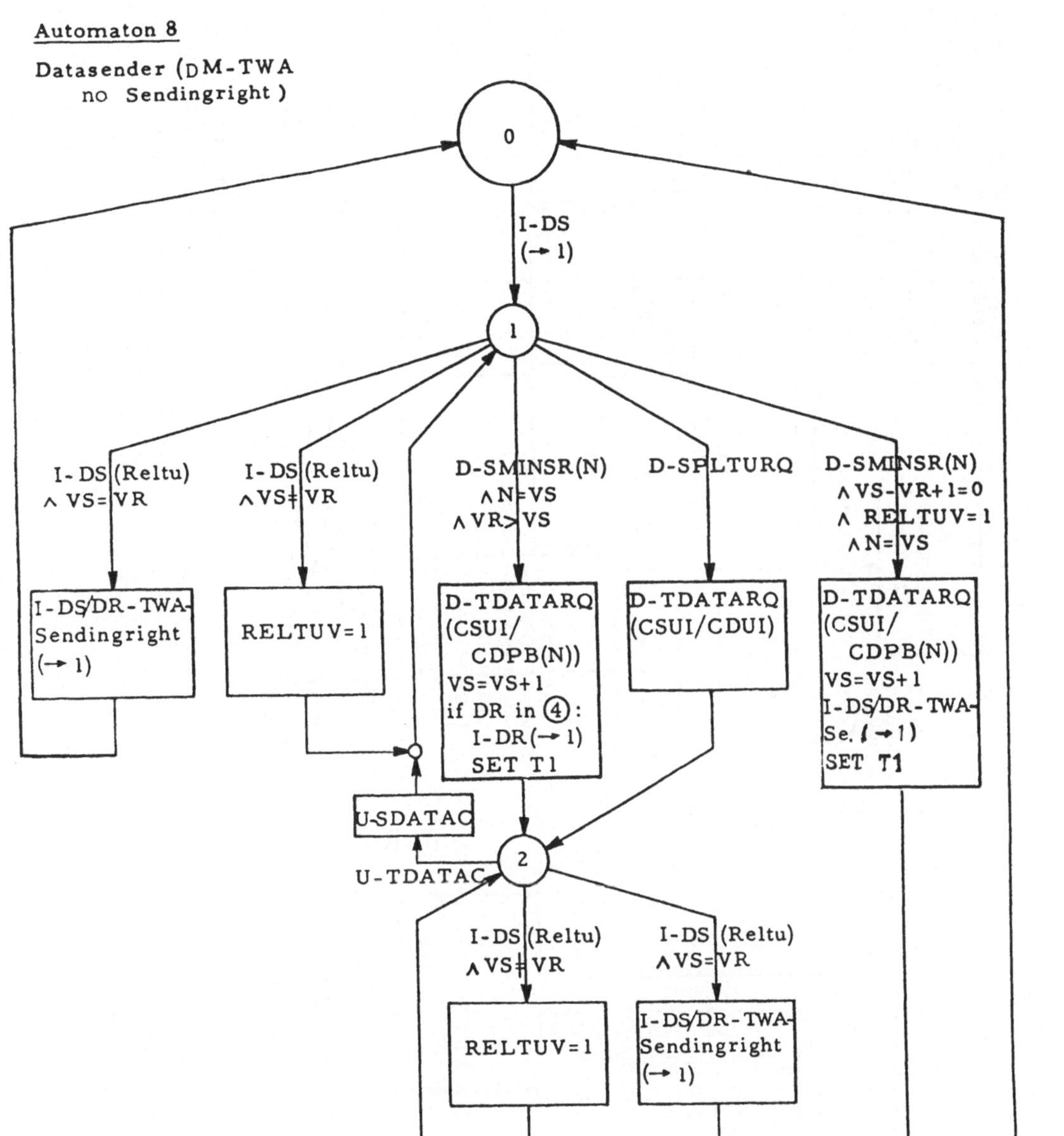

0
I-DS
(→ 1)
1
I-DS (Reltu)
∧ VS=VR
I-DS (Reltu)
∧ VS≠VR
D-SMINSR(N)
∧ N=VS
∧ VR>VS
D-SPLTURQ
D-SMINSR(N)
∧ VS-VR+1=0
∧ RELTUV=1
∧ N=VS
I-DS/DR-TWA-
Sendingright
(→ 1)
RELTUV=1
D-TDATARQ
(CSUI/
CDPB(N))
VS=VS+1
if DR in ④:
I-DR(→ 1)
SET T1
D-TDATARQ
(CSUI/CDUI)
D-TDATARQ
(CSUI/
CDPB(N))
VS=VS+1
I-DS/DR-TWA-
Se. (→1)
SET T1
U-SDATAC
U-TDATAC
2
I-DS (Reltu)
∧VS≠VR
I-DS (Reltu)
∧VS=VR
RELTUV=1
I-DS/DR-TWA-
Sendingright
(→ 1)
3
U-TDATAC
U-SDATAC

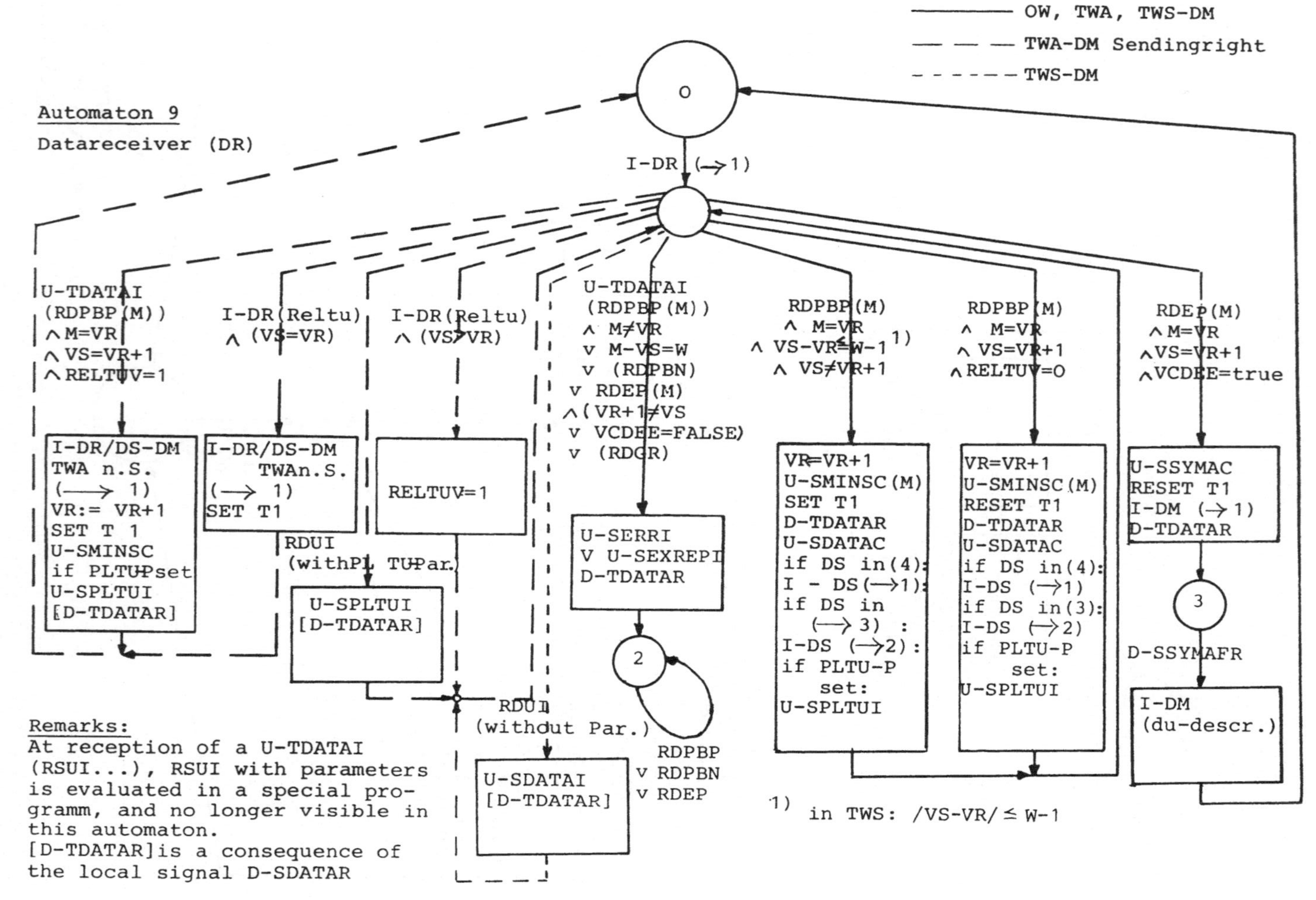

OW, TWA, TWS-DM
TWA-DM Sendingright
TWS-DM
Automaton 9
Datareceiver (DR)
0
I-DR (→1)
U-TDATAI
(RDPBP(M))
∧ M=VR
∧ VS=VR+1
∧ RELTUV=1
I-DR(Reltu)
∧ (VS=VR)
I-DR(Reltu)
∧ (VS>VR)
U-TDATAI
(RDPBP(M))
∧ M≠VR
v M-VS=W
v (RDPBN)
v RDEP(M)
∧(VR+1≠VS
v VCDEE=FALSE)
v (RDGR)
RDPBP(M)
∧ M=VR
∧ VS-VR≤W-1 1)
∧ VS≠VR+1
RDPBP(M)
∧ M=VR
∧ VS=VR+1
∧RELTUV=0
RDEP(M)
∧ M=VR
∧VS=VR+1
∧VCDEE=true
I-DR/DS-DM
TWA n.S.
(⟶ 1)
VR:= VR+1
SET T 1
U-SMINSC
if PLTU≠set
U-SPLTUI
[D-TDATAR]
I-DR/DS-DM
TWAn.S.
(⟶ 1)
SET T1
RDUI
(withPl TUPar.
U-SPLTUI
[D-TDATAR]
RELTUV=1
U-SERRI
v U-SEXREPI
D-TDATAR
2
VR=VR+1
U-SMINSC(M)
SET T1
D-TDATAR
U-SDATAC
if DS in(4):
I - DS(⟶1):
if DS in
(⟶ 3) :
I-DS (⟶2):
if PLTU-P
set:
U-SPLTUI
VR=VR+1
U-SMINSC(M)
RESET T1
D-TDATAR
U-SDATAC
if DS in(4):
I-DS (⟶1)
if DS in(3):
I-DS (⟶2)
if PLTU-P
set:
U-SPLTUI
U-SSYMAC
RESET T1
I-DM (→1)
D-TDATAR
3
D-SSYMAFR
I-DM
(du-descr.)
RDUI
(without Par.)
RDPBP
v RDPBN
v RDEP
U-SDATAI
[D-TDATAR]
1) in TWS: /VS-VR/ ≤ W-1
Remarks:
At reception of a U-TDATAI
(RSUI...), RSUI with parameters
is evaluated in a special pro-
gramm, and no longer visible in
this automaton.
[D-TDATAR]is a consequence of
the local signal D-SDATAR

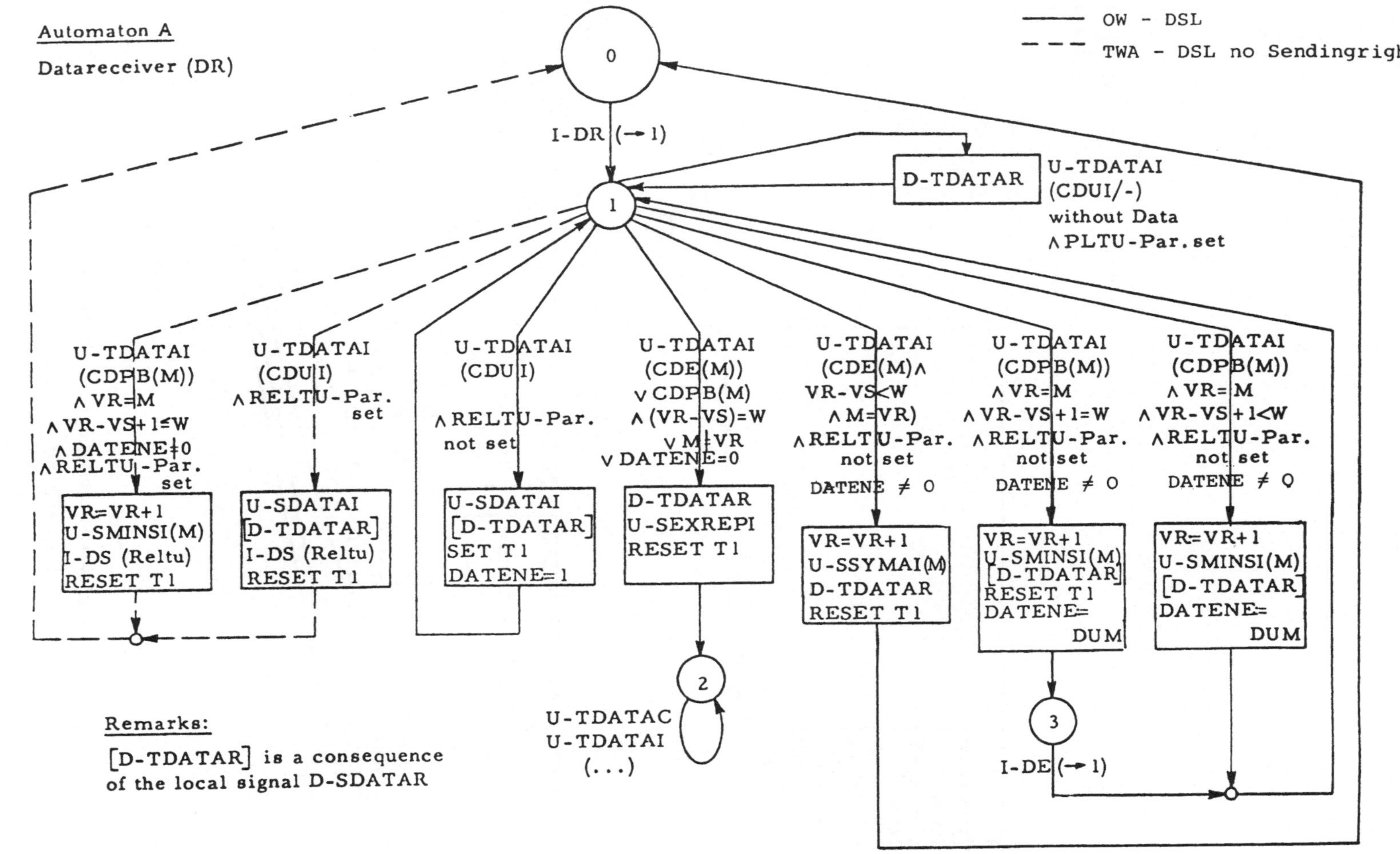

Automaton A
Datareceiver (DR)
293
OW – DSL
TWA – DSL no Sendingright
0
1
2
3
I-DR (→ 1)
D-TDATAR
U-TDATAI
(CDUI/-)
without Data
∧ PLTU-Par. set
U-TDATAI
(CDPB(M))
∧ VR=M
∧ VR-VS+1≤W
∧ DATENE≠0
∧ RELTU-Par. set
VR=VR+1
U-SMINSI(M)
I-DS (Reltu)
RESET T1
U-TDATAI
(CDUI)
∧ RELTU-Par. set
U-SDATAI
[D-TDATAR]
I-DS (Reltu)
RESET T1
U-TDATAI
(CDUI)
∧ RELTU-Par. not set
U-SDATAI
[D-TDATAR]
SET T1
DATENE=1
U-TDATAI
(CDE(M))
∨ CDPB(M)
∧ (VR-VS)=W
∨ M≠VR
∨ DATENE=0
D-TDATAR
U-SEXREPI
RESET T1
U-TDATAI
(CDE(M)∧
VR-VS<W
∧ M=VR)
∧ RELTU-Par. not set
DATENE ≠ 0
VR=VR+1
U-SSYMAI(M)
D-TDATAR
RESET T1
U-TDATAI
(CDPB(M))
∧ VR=M
∧ VR-VS+1=W
∧ RELTU-Par. not set
DATENE ≠ 0
VR=VR+1
U-SMINSI(M)
[D-TDATAR]
RESET T1
DATENE=
DUM
U-TDATAI
(CDPB(M))
∧ VR=M
∧ VR-VS+1<W
∧ RELTU-Par. not set
DATENE ≠ 0
VR=VR+1
U-SMINSI(M)
[D-TDATAR]
DATENE=
DUM
U-TDATAC
U-TDATAI
(...)
I-DE (→ 1)
Remarks:
[D-TDATAR] is a consequence
of the local signal D-SDATAR

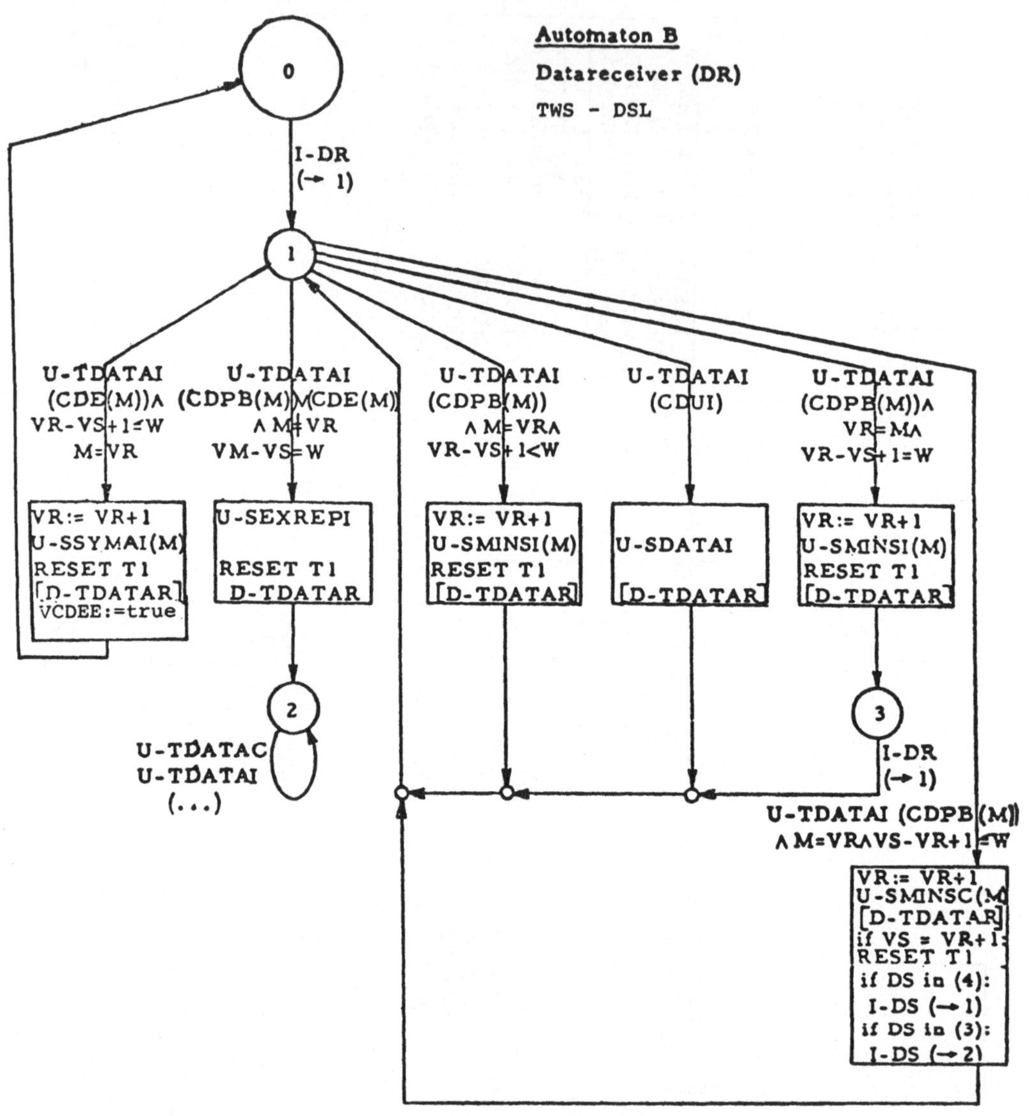
Automaton B
Datareceiver (DR)
TWS - DSL
0
I-DR
(→ 1)
1
U-TDATAI
(CDE(M))∧
VR-VS+1≤W
M=VR
VR:= VR+1
U-SSYMAI(M)
RESET T1
[D-TDATAR]
VCDEE:=true
U-TDATAI
(CDPB(M))∨(CDE(M))
∧ M≠VR
VM-VS=W
U-SEXREPI
RESET T1
D-TDATAR
2
U-TDATAC
U-TDATAI
(...)
U-TDATAI
(CDPB(M))
∧ M=VR∧
VR-VS+1<W
VR:= VR+1
U-SMINSI(M)
RESET T1
[D-TDATAR]
U-TDATAI
(CDUI)
U-SDATAI
[D-TDATAR]
U-TDATAI
(CDPB(M))∧
VR=M∧
VR-VS+1=W
VR:= VR+1
U-SMINSI(M)
RESET T1
[D-TDATAR]
3
I-DR
(→ 1)
U-TDATAI (CDPB(M))
∧ M=VR∧VS-VR+1=W
VR:= VR+1
U-SMINSC(M)
[D-TDATAR]
if VS = VR+1:
RESET T1
if DS in (4):
I-DS (→ 1)
if DS in (3):
I-DS (→ 2)

Automaton C

Datareceiver (DR)
TWA- DSL
Sendingright

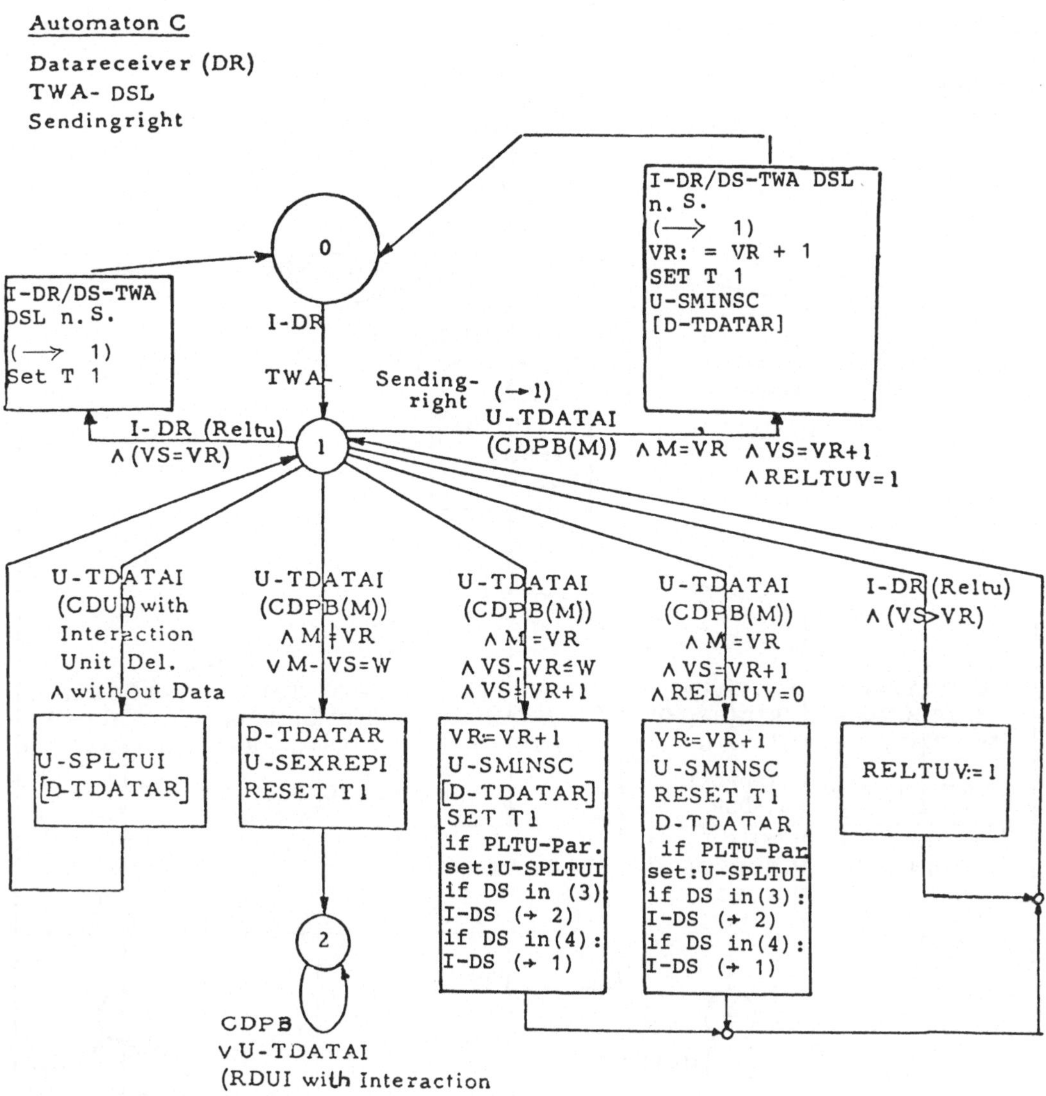

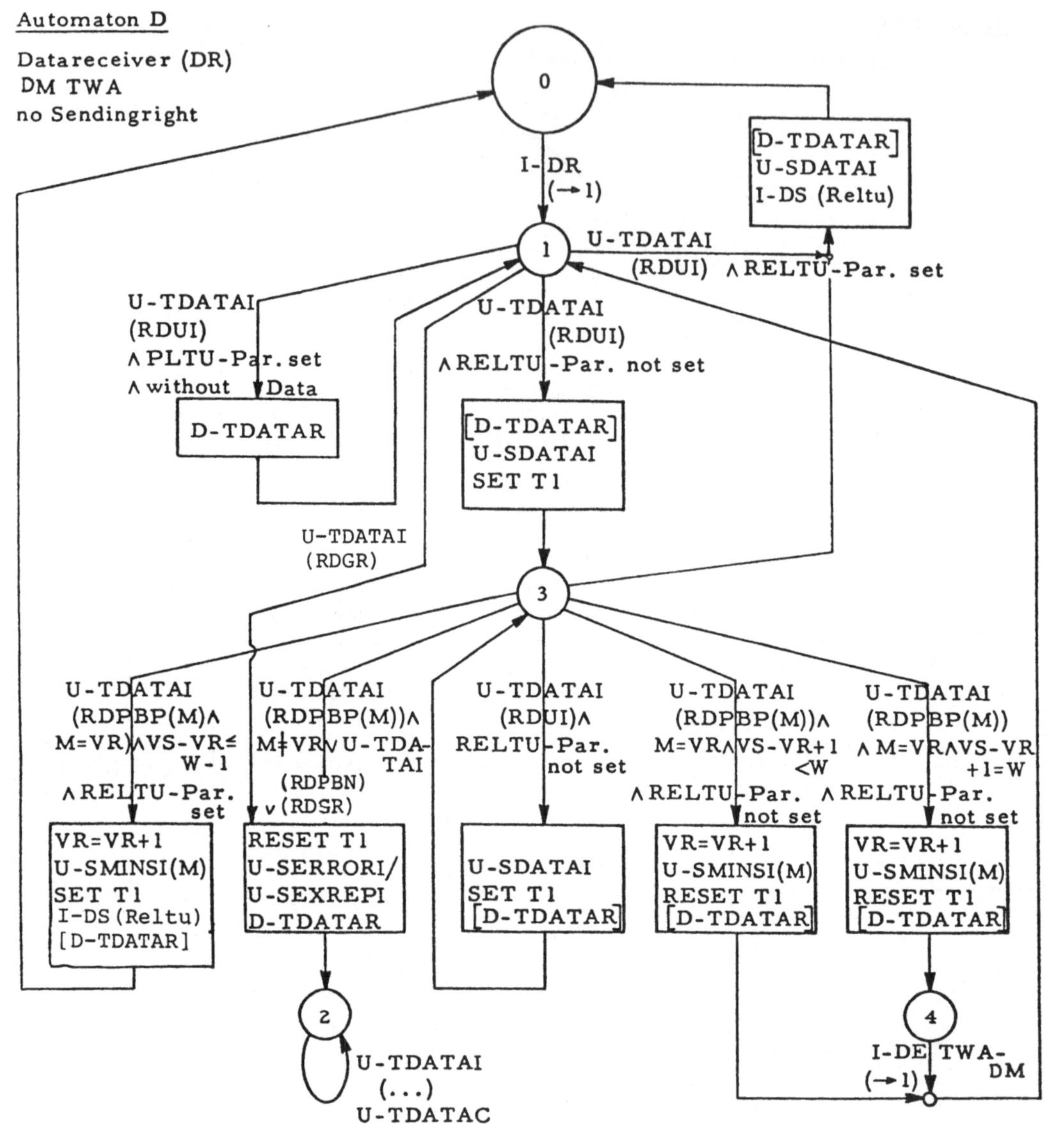

Remarks:

[D-TDATAR] is a consequence
of the local signal D-SDATAR

<u>Automaton E</u>

Request session function (PDU)

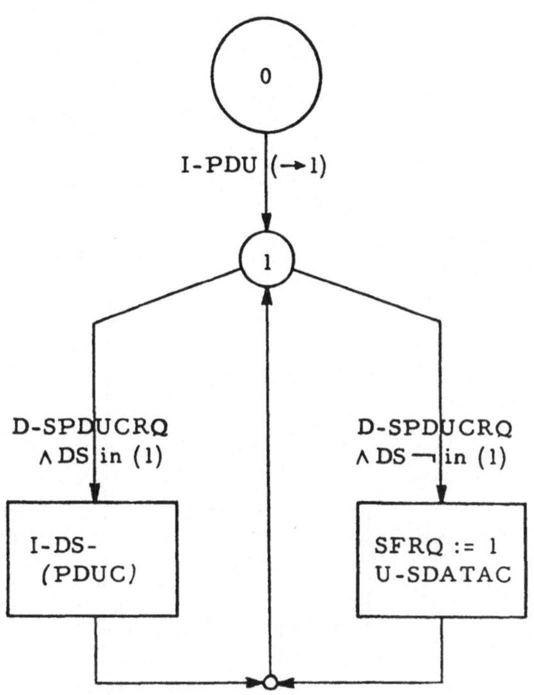

Automaton F

error Automaton

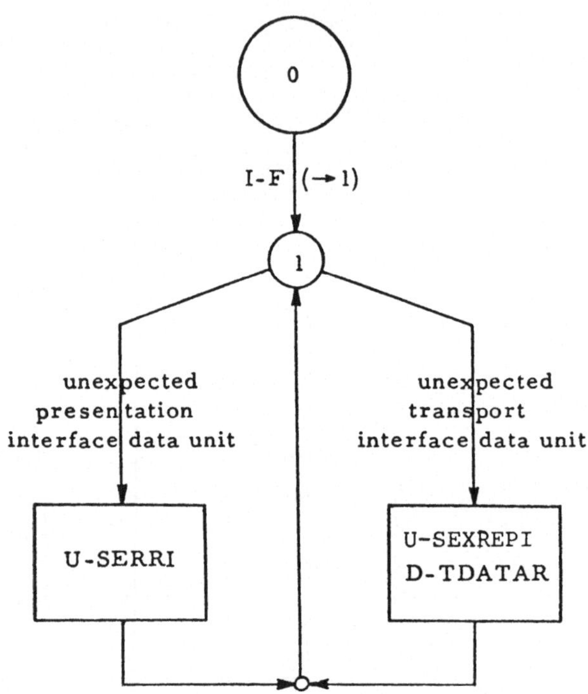

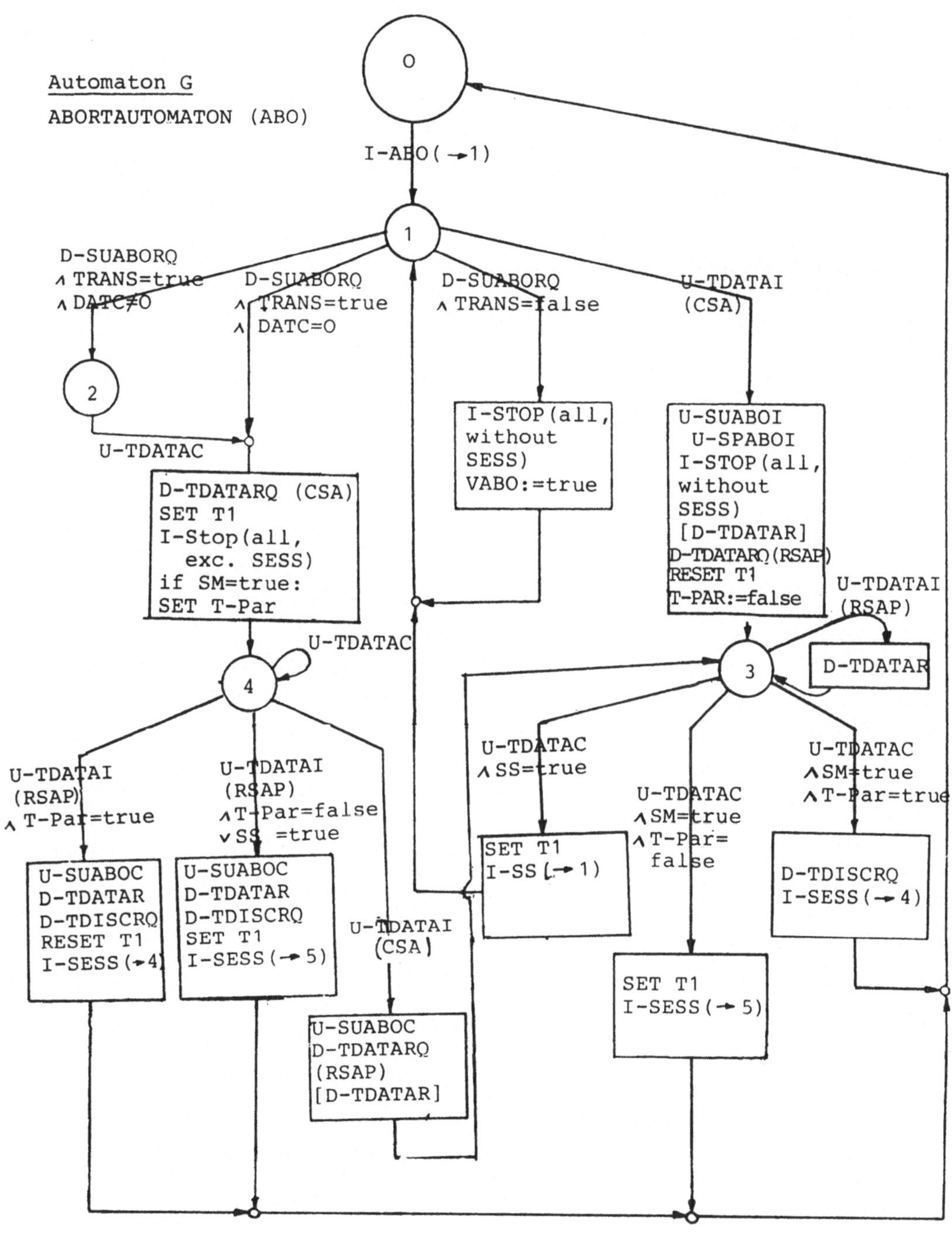

Automaton G
ABORTAUTOMATON (ABO)
0
I-ABO(→1)
1
D-SUABORQ
∧ TRANS=true
∧ DATC≠0
D-SUABORQ
∧ TRANS=true
∧ DATC=0
D-SUABORQ
∧ TRANS=false
U-TDATAI
(CSA)
2
U-TDATAC
I-STOP(all,
without
SESS)
VABO:=true
U-SUABOI
U-SPABOI
I-STOP(all,
without
SESS)
[D-TDATAR]
D-TDATARQ(RSAP)
RESET T1
T-PAR:=false
D-TDATARQ (CSA)
SET T1
I-Stop(all,
exc. SESS)
if SM=true:
SET T-Par
U-TDATAC
U-TDATAI
(RSAP)
D-TDATAR
4
3
U-TDATAI
(RSAP)
∧ T-Par=true
U-TDATAI
(RSAP)
∧T-Par=false
∨SS =true
U-TDATAC
∧SS=true
U-TDATAC
∧SM=true
∧T-Par=
false
U-TDATAC
∧SM=true
∧T-Par=true
U-SUABOC
D-TDATAR
D-TDISCRQ
RESET T1
I-SESS(→4)
U-SUABOC
D-TDATAR
D-TDISCRQ
SET T1
I-SESS(→5)
U-TDATAI
(CSA)
SET T1
I-SS(→1)
D-TDISCRQ
I-SESS(→4)
U-SUABOC
D-TDATARQ
(RSAP)
[D-TDATAR]
SET T1
I-SESS(→5)

5. Literaturverzeichnis

[1] TESDI, Test- und Diagnose-Hilfen für herstellerneu-
    trale Kommunikationsprotokolle.
    U. Faltin, E. Faul, A. Giessler, I. Günther, W. Orth,
    H. Parslow.

[2] GILT Session Description.
    (Cost - 11 - bis/GILT/SES OO4 March 1982).

[3] HDLC-Übermittlungsvorschrift
    zwischen Hybridstationen nach ISO 6256,
    DIN 66 222 Teil 1, Beiblatt 1.

CIL - Eine Sprache zur Implementierung von

Kommunikationsdiensten

O. Drobnik , H. Krumm

Institut für Informatik III
Universität Karlsruhe
Kaiserstraße 12
D-7500 Karlsruhe

Kurzfassung

Die Programmiersprache CIL wurde speziell für die Implementierung von
Kommunikationsdiensten konzipiert. Sie bildet einen wesentlichen Bestandteil eines Kommunikationsdienst-Entwicklungssystems, das alle Phasen einer Dienstentwicklung mit rechnergestützten Werkzeugen begleitet.
Insbesondere soll hiermit die rechnergestützte logische Verifikation
effizient ablauffähiger Kommunikationsdienstimplementierungen ermöglicht werden. Verifikation und Spezifikation von Diensten, Protokollen
und Dienstimplementierungen werden auf der Basis eines ereignisorientierten Bearbeitungsmodells und eines klassischen Prädikatenkalküls erster Stufe vorgenommen. Modell und Kalkül stellen eine einheitliche,
in allen Phasen einer Dienstentwicklung anwendbare Theorie zur Verfügung. Die spezielle Auslegung des Kalküls und die im Sprachentwurf be-
rücksichtigten Prinzipien erschließen dem CIL-Konzept ein breites An-
wendungsgebiet bezüglich zu realisierender Dienste und Protokolle und
bezüglich der Gestalt zugrundeliegender verteilter DV-Systeme.

1. Einführung

Verteilten DV-Systemen eröffnen sich aufgrund der schnell fortschrei-
tenden Kommunikations- und Softwaretechnologie ständig neue Anwendungsbereiche. Anwender, Entwickler, Implementierer und Betreiber solcher
Systeme sind zur effizienten Bewältigung ihrer Aufgaben immer mehr auf
rechnergestützte Instrumentarien angewiesen.

Eines der fundamentalen Probleme ist dabei die Erstellung nachweisbar
korrekter Software für Kommunikationsdienste, seien sie transportorien-
tiert, wie z.B. Datenübermittlungsdienste, oder benutzerorientiert,
wie z.B. Systeme zur verteilten Datenhaltung. Korrektheitsnachweise
lassen sich prinzipiell durch zwei sich in der Praxis ergänzende Vorgehensweisen unterstützen :

- (logische) Verifikation der Programme des Dienstes

- Tests am realen System .

Die Führung eines Korrektheitsnachweises durch erschöpfende Tests wird bei Kommunikationsdiensten durch die große Anzahl zu untersuchender Testfälle, durch die i.a. vorhandene örtliche Trennung der Stationen des verteilten DV-Systems, die nicht idealen Beobachtungsmöglichkeiten, die Unzuverlässigkeit von Nachrichtenverbindungen und durch die kaum gegebenen Möglichkeiten zur gezielten Erzeugung von Testsituationen erschwert. Hier werden deshalb Techniken zur logischen Programmverifikation in verstärktem Maße erforderlich, mit deren Hilfe Eigenschaften des Kommunikationsdienstes aus seinem ablauffähigen Programm unter Berücksichtigung der bei Installation des Programms herrschenden Gegebenheiten nachgewiesen werden können, so daß kostspielige und aufwendige Tests nur für solche Situationen notwendig werden, die von der logischen Verifikation nicht ausreichend erfaßt werden können.

Kommunikationsdienstprogramme besitzen i.a. aufgrund der geforderten Dienstfunktion und der Randbedingungen ihrer Realisierung einen großen Komplexitätsgrad, der auch durch geeignete Strukturierungsmaßnahmen nicht soweit reduziert werden kann, daß die Durchführung einer logischen Verifikation ohne Rechnerunterstützung noch zumutbar ist und verläßliche Ergebnisse erbringen wird.

Im Rahmen eines von der DFG geförderten Vorhabens wird die Möglichkeit untersucht, ein auf Kommunikationsdienste zugeschnittenes Entwicklungssystem zu schaffen, das aus aufeinander abgestimmten Werkzeugen zur Unterstützung der einzelnen Schritte bei der Entwicklung von Diensten besteht. Die Grundlage dieses Entwicklungssystems bildet die Programmiersprache CIL, mit deren Hilfe ablauffähige Kommunikationsdienstprogramme formuliert werden können. CIL unterstützt für diesen Problemkreis geeignete Strukturierungskonzepte und erlaubt die Einbeziehung spezieller an den Stationen gegebener Fähigkeiten in ein Dienstprogramm, um effiziente Dienstrealisierungen zu ermöglichen. Die verbindliche Definition der Semantik der Sprache CIL erfolgt unter Angabe eines Prädikatenkalküls, der weiterhin sowohl zur Formulierung spezifizierender Aussagen, als auch zur Durchfürung der logischen Programmverifikation herangezogen werden kann /CIL82/. Durch Verwendung eines klassischen Prädikatenkalküls erster Stufe können die im Gebiet des automatischen Beweisens gemachten Erfahrungen für die Gestaltung der verifizierenden Entwicklungssystemkomponenten genutzt werden.

Im folgenden wird zunächst die Problematik der Implementierung von Kommunikationsdiensten erörtert. Einem Überblick über im Bereich der Implementierung und Verifikation von Kommunikationsdiensten bekannten Techniken folgt die Vorstellung der Sprache CIL in ihren Grundkonzepten und wesentlichen Sprachelementen. Anhand eines einfachen Beispiels wird die Anwendung der Sprache bei der Implementierung von Kommunikationsdiensten betrachtet. Der zur Definition der Sprachsemantik benutzte Prädikatenkalkül und seine Verwendung bei Spezifikation und Verifikation werden erläutert.

2. Spezifikation, Verifikation und Implementierung von Kommunikations-
   ----
   diensten

Ein Kommunikationsdienst hat die Aufgabe, verteilte Anwendungen durch Bereitstellung geeigneter Kommunikationsoperationen zu unterstützen.

Der Entwurf eines Kommunikationsdienstes in Anlehnung an das ISO-Referenzmodell /ISO81/ führt zu einer Hierachie von aufeinander aufbauenden Schichten, die in ihrer Gesamtheit den Kommunikationsdienst realisieren. Jede Schicht entspricht dabei einem eigenen Dienst, dessen Operationen an der Schnittstelle zur nächsthöheren Schicht zur Verfügung stehen. Der innere Aufbau einer Schicht ergibt sich durch den einzelnen Stationen zugeordnete Instanzen, die zur globalen Bereitstellung des Dienstes der Schicht nach festgelegten Regeln, den Kommunikationsprotokollen, unter Benutzung der Operationen der nächsttieferen Schicht zusammenarbeiten. Das ISO-Referenzmodell gibt insbesondere auch Hinweise, welche Elemente bei der Festlegung von Kommunikationsprotokollen zu berücksichtigen sind, z.B. Datenformate, zeitliche Abfolge des Datentransfers, Möglichkeiten zur Flußkontrolle, Fehlererkennung und Behebung usw..

Als Ergebnisse des Entwurfs eines Kommunikationsdienstes treten zunächst

- Dienstspezifikationen und

- Protokollspezifikationen

auf.

Eine Dienstspezifikation sollte die Eigenschaften eines Dienstes an der Schnittstelle zur übergeordneten Schicht beschreiben. Sie sollte hierbei keine Implementierungsentscheidungen vorwegnehmen und die Modalitäten der Erbringung des Dienstes verbergen, um bei Entwurf und Implementierung hiervon abstrahierende Betrachtungen zu ermöglichen.

Die Protokollspezifikation sollte die Einzelheiten des entworfenen Protokolls, ebenfalls unter Abstraktion von der Implementierung der Instanzen, festlegen.

Die Protokollspezifikation einer Schicht kann bereits in der Entwurfsphase gegenüber der Dienstspezifikation dieser Schicht und der Dienstspezifikation der untergeordneten Schicht verifiziert werden, wenn alle drei Spezifikationen in einer Form vorliegen, die die Anwendung einer Beweistechnik erlaubt. Dieser Vorgang sei mit dem Begriff Protokollverifikation bezeichnet.

Der Betrieb einer Dienstschicht $S(i-1)$ erfolgt durch Aufruf der von ihr zur Verfügung gestellten Operationen seitens der übergeordneten Schicht $S(i)$. Durch die Ansiedlung der Instanzen auf unterschiedlichen Stationen und durch nebenläufige Dienstbenutzer in derselben Station ergeben sich beim Betrieb mehrere nebenläufige Operationsaufruffolgen.

Die benutzende Schicht $S(i)$ bestimmt hierbei Operationsart, Eingangsparametrisierung und Zeitpunkt eines Operationsaufrufs in Abhängigkeit zum jeweils vergangenen Aufrufsgeschehen bezüglich der Benutzung der untergeordneten Schicht $S(i-1)$ und bezüglich der Benutzung von $S(i)$ durch eine anwendende Schicht $S(i+1)$. Diese Abhängigkeiten sind in der Protokollspezifikation zu erfassen.

Die an der Schnittstelle einer Schicht $S(i)$ zur übergeordneten Schicht $S(i+1)$ dieser sichtbar werdenden Eigenschaften von $S(i)$ bestehen in Beziehungen zwischen dem jeweils erfolgten Aufrufgeschehen, gegeben durch Operationsart, Parametrisierung und Zeitpunkt der bisherigen Aufrufe, und dem zukünftigen Aufrufgeschehen an dieser Schnittstelle, das $S(i)$ durch Bestimmung der Ergebnisparameterwerte und der Beendigungszeitpunkte der momentan laufenden und der zukünftigen Operationsdurchführungen beeinflußt. Derartige Abhängigkeiten definieren die Schnittstelleneigenschaften der Dienstschicht $S(i)$, sie sind in der Dienstspezifikation von $S(i)$ zu beschreiben.

Es ist daher von einer zur Formulierung von Dienst- und Protokollspezifikationen geeigneten Spezifikationstechnik zu fordern, daß Beziehungen zwischen mehreren nebenläufigen Operationsaufruffolgen ausdrückbar sind, die die Zeitpunkte des Auftretens von Operationsaufrufen und Beendigungen, Werte der Aufrufs- und Ergebnisparametrisierung und Operationsarten einzelner Folgenglieder verknüpfen.

Zur Implementierung eines Kommunikationsdienstes in einem verteilten DV-System müssen die Instanzen des Dienstes in den verschiedenen Stationen des Systems als Ablaufobjekte im Sinne der lokalen Betriebsorganisationen der Stationen in diesen realisiert werden. Während ihres Ablaufs treten Interaktionen mit der lokalen Betriebsorganisation zur Betriebsmittelzuteilung, zum Betrieb der physikalischen Verbindungseinrichtungen, zur Kommunikation zwischen benachbarten Instanzen, zur Realisierung der Schnittstelle zu den den Dienst benutzenden Ablaufobjekten in der Station und u.U. mit dem Zeitauftragsdienst (Timeouts) auf. Um eine effiziente Diensterbringung innerhalb der verschiedenen Stationen zu erzielen, sind die speziellen, innerhalb einer Station gegebenen Fähigkeiten der Hardware und der lokalen Betriebsorganisation in effizienzfördernder Weise zu nutzen, auch wenn z.B. bei heterogenen verteilten DV-Systemen in den einzelnen Stationen verschiedenartige Fähigkeiten vorliegen.

Für eine Programmiersprache zur Implementierung von Kommunikationsdiensten ergibt sich hieraus die Anforderung, die Realisierung o.g. Funktionen nicht durch den Zwang zur Verwendung spracheigener Standardkonstrukte einzuschränken, sondern die Integration maschinenspezifischer Fähigkeiten zu ermöglichen. Es besteht jedoch die Gefahr, daß die Übersichtlichkeit eines Programms aufgrund der Verwendung vielfältiger spezieller Operationen geschmälert wird, und daß die Durchführung verifizierender Maßnahmen durch die notwendige Berücksichtigung aller Eigenschaften dieser speziellen Operationen erschwert oder gar unmöglich wird.

Um sowohl der Anforderung nach effizienter Dienstrealisierung als auch der nach übersichtlichen und verifizierbaren Kommunikationsdienst-Programmen nachzukommen, muß eine Kommunikationsdienst-Implementierungssprache wohldefinierte Schnittstellen zu diesen Fähigkeiten bei ihrer Verwendung erzwingen. Die im Zusammenhang mit der Programmierung in dieser Sprache zu verwendende Spezifikationstechnik muß zusätzlich zur Formulierung von Dienst- und Protokollspezifikationen auch die Beschreibung der Schnittstelleneigenschaften der maschinenspezifischen Operationen so gestatten, daß sie in die Prämissen eines Programmbeweises mit übernommen werden können. Dies setzt insbesondere auch voraus, daß Spezifikationstechnik und Verifikationstechnik verträglich sind.

Damit im Zuge einer Kommunikationsdienst-Entwicklung auch die Formulierung, Betrachtung und Verifikation von Programmen oder Programmteilen unter Umgehung der Benutzung maschinenspezifischer Fähigkeiten möglich wird, werden Sprachkonstrukte zur Definition von Prozessen und zur Interprozeßkommunikation erforderlich. So kann ausgehend von einer übersichtlichen, aber ineffizienten Realisierung durch schrittweise Einbeziehung der maschinenspezifischen Fähigkeiten der Stationen das endgültige Dienstprogramm entwickelt werden. Die logische Programmverifikation kann ebenfalls schrittweise durchgeführt werden, wobei in den Folgeschritten nur noch der Nachweis der korrekten Ersetzung von Standardkonstrukten durch maschinenspezifische Operationen zu erbringen ist. Dies trägt zusammen mit geeigneten Strukturierungskonzepten zur Aufteilung des Verifikationsvorgangs in kleinere, überschaubare Einheiten bei.

3. Verwandte Arbeiten

Auf dem Gebiet der Spezifikation und der Verifikation von Kommunikationsdiensten und Protokollen entwickelte Verfahren unterscheiden sich hauptsächlich in der Modellierung der Dienstschichten und Instanzen sowie in der davon abhängigen Theorie, die die Form der Spezifikationen und die Durchführung von Beweisen bestimmt (Übersicht hierzu z.B. in /HAI81,SID81,SUN81/). Grob können folgende Grundkonzepte unterschieden werden :

- Darstellung einer Instanz als Transitionssystem
  (z.B. endlicher Automat, Petri Netz),

- Darstellung einer Instanz als Programm,

- Darstellung einer Instanz als modulare Komponente eines Dienstes,
  die allein durch ihr Schnittstellenverhalten beschrieben ist
  (im folgenden als modulare Technik bezeichnet).

In der Praxis eingesetzte Verfahren basieren i.a. auf mehreren dieser Grundkonzepte. So erlaubt z.B. das FAPL-System /SRWG80/ die Einbettung endlicher Automaten in Programme. Auf dem Konzept abstrakter Maschinen basierende modulare Techniken, wie INA JO und SPECIAL (siehe /SID81/), gehen von Transitionssysteme einkapselnden Moduln aus. Die Spezifikation des Schnittstellenverhaltens eines Moduls wird hier durch erweiterte Parnas'sche Modulspezifikationen vorgenommen /PAR72/. Andere Möglichkeiten ergeben sich durch Auffassung der Moduln als abstrakte Datentypen und erweiterte algebraische oder axiomatische Spezifikationstechniken (AFFIRM-System /SCH81/). Werden Schnittstellen mittels fest vorgeschriebener, standardisierter Kommunikationsprimitive realisiert, kann das Modulverhalten auch mithilfe spezieller, zur Betrachtung des Interaktionsgeschehens an diesen Schnittstellen entwickelter Theorien beschrieben werden (z.B. Buffer Histories im GYPSY-System /GCK79/). Ein weiterer Ansatz besteht in der Zugrundelegung eines ereignisorientierten Modells für das Interaktionsgeschehen, das mit einem temporalen Logikkalkül behandelt werden kann /VOG82/. Die Spezifikationssprache RSPL /SFSA80/ integriert eine auf temporaler Logik basierende Spezifikationstechnik mit Strukturierungskonzepten einer verteilten abstrakten Maschine /SCH80/.

Die Aufzählung der hier genannten Vorgehensweisen ist nicht vollständig, insbesondere werden nur Verfahren berücksichtigt, die sich zur rechnergestützten Durchführung eignen.

Zur Protokollverifikation wird bei den ersten beiden Techniken das Protokoll auf interagierende Instanzen abgebildet. Die Kombination aus allen Instanzen der zu betrachtenden Schicht (teilweise auch incl. der Instanzen der unterliegenden Schicht) wird auf gewünschte Eigenschaften hin untersucht, wie z.B. Verklemmungsfreiheit, Lebendigkeit, Erfassung aller möglichen Eingangssituationen usw. (als Beispiel hierzu siehe /RUD82/).

Modulare Techniken erlauben die abstrakte Beschreibung des verwendeten Protokolls durch eine sich aus den Schnittstellenspezifikationen der Instanzen einer Schicht ergebende Protokollspezifikation. Diese geht zusammen mit der Dienstspezifikation der untergeordneten Schicht als Prämisse in einen logischen Beweis der Dienstspezifikation der zu betrachtenden Schicht ein, der in der gewählten Theorie geführt wird.

Die logische Programmverifikation einer ablauffähigen Implementierung fällt beim FAPL-System mit der Protokollverifikation zusammen, da die

Abbildung des Protokolls in ein FAPL-Programm bereits ein ablauffähiges Ergebnis liefert. RSPL-Spezifikationen können mittels geeigneter Übersetzer unmittelbar in ablauffähige Programme überführt werden. Hier verlagert sich das Problem der Programmverifikation; bei Nachweis der Korrektheit des Übersetzungsmechanismus ist die Korrektheit der erzeugten Programme gesichert. Bei anderen modularen Techniken sind die einzelnen Moduln in einer Programmiersprache zu implementieren; die Verifikation des Programms eines Moduls erfolgt zunächst durch Ableitung logischer Assertionen aus dem Programmtext mittels Floyd-Hoare-Techniken /HOA69/ oder deren Aufweitung auf nebenläufige Programme (z.B./OWG76/), eventuell unter besonderer Berücksichtigung von Modulhierarchien, und danach durch Herleitung der Spezifikationen aus den Assertionen. Die Benutzung temporaler Programmlogiken /LAM80/ erlaubt die Verifikation mittels temporaler Logik ausgedrückter Spezifikationen.

Da sowohl Protokollverifikationen, als auch logische Programmverifikationen eine komplexe Aufgabe darstellen, bieten die meisten o.g. Systeme hier Rechnerunterstützung durch konsistenzprüfende Programme, mechanische Erzeugung von Programmassertionen und durch die Verwendung automatischer Beweissysteme. Allerdings unterstützen diese Techniken keine speziell auf die Implementierung effizient ablaufender Kommunikationsdienste ausgerichtete Programmiersprachen. Zum anderen bieten sie keine Theorie, mit der sowohl Entwurf als auch Implementierung einheitlich behandelt werden können. Bei automatischen Abbildungen von Spezifikationen auf ablauffähige Programme (RSPL) stellt sich das Problem der Verifikation des Übersetzers, der aufgrund des Niveauunterschieds zwischen Spezifikations- und Implementierungssprache komplexe Funktionen zu realisieren hat. Ferner kann i.a. die Erzeugung eines effizient ablauffähigen Programms aus einer Spezifikation höheren Niveaus nicht ohne Einbringung ebenfalls zu verifizierender Implementierungsentscheidungen erfolgen.

Im Zusammenhang mit den Sprachen CHILL /CHI77/, LADY /NRRM80/ und "C" /COL81/ entwickelte Entwurfs- und Implementierungskonzepte für Kommunikationsdienste berücksichtigen unseres Wissens nach den Verifikationsaspekt nicht. CIL hat mit ihnen jedoch die Ziele gemeinsam, übersichtliche und in bestimmtem Umfang auch übertragbare Programme für Instanzen zu ermöglichen.

4. Sprachelemente in CIL

Beim Entwurf der Sprache CIL wurden im einzelnen folgende Schwerpunkte gesetzt:

- CIL als einheitliche Programmiersprache zur Implementierung aller Komponenten eines Kommunikationsdienstes, um globale Programmbetrachtungen und verifizierende Maßnahmen zu erleichtern.

- Strukturierungskonzepte zur Unterstützung eines gegliederten inneren Aufbaus eines Kommunikationsdienst-Programms derart, daß sowohl auf Entwurfsebene eingebrachten problemorientierten Aufteilungen, als auch den durch ein spezifisches verteiltes DV-System geschaffenen Gegebenheiten Rechnung getragen wird.

- Beschränkung auf wenige, konzeptuell einfache Sprachkonstrukte, um den bei Sprachverwendung und Verifikation benötigten theoretischen Hintergrund ebenfalls mit wenigen einfachen Gesetzmäßigkeiten ausdrücken zu können.

- Ermöglichung des Imports maschinenspezifischer Fähigkeiten
  zur Erzielung effizient arbeitender Dienstimplementierungen.

Im folgenden werden die wesentlichen Sprachelemente von CIL in informeller Weise erläutert.

Ein CIL-Programm besteht aus einer Menge einzelner Moduln. Die Schnittstelle eines Moduls zur Programmumgebung wird durch die innerhalb des Moduls realisierten und anderen Moduln zur Benutzung angebotenen Operationen (Export) sowie durch die Benutzung von Operationen fremder Moduln (Import) gebildet. Bezüglich der Import/Export-Beziehung zwischen den Moduln eines Programms wird ein hierarchischer, modularer Programmaufbau vorgeschrieben. Zur Dokumentation der Modulabhängigkeiten beginnt der Programmtext eines Moduls mit einer syntaktischen Schnittstellenspezifikation, in deren Import-Teil alle importierten Operationen unter Angabe des exportierenden Moduls und der Datentypen der Operationsparameter genannt werden. Im Export-Teil der syntaktischen Schnittstellenspezifikation werden die vom betreffenden Modul nach außen zur Benutzung angebotenen Operationen aufgeführt.

Der weitere innere Aufbau eines Moduls ist abhängig von der Art des Moduls. CIL stellt hier die folgenden drei Modulgrundtypen mit unterschiedlicher Verhaltens- und Operationscharakteristik zur Verfügung :

     - Datentypmoduln und Basisdatentypmoduln,

     - Monitormoduln,

     - Prozeßmoduln und Basisprozeßmoduln .

Datentypmpoduln und Basisdatentypmoduln dienen zur Realisierung des Konzepts abstrakter Datentypen /LIZ75/, ähnlich den in den Sprachen CLU und ALPHARD gegebenen Sprachelementen CLUSTER, bzw. FORM /LSAS77, WLS76/. Die Basisdatentyp- und Datentypmoduln eines Programms definieren alle im Programm verwendeten Datentypen bezüglich ihrer Wertemengen und der zulässigen Typoperationen. Eine Typoperation hat den Charakter einer Funktion im mathematischen Sinne, ein Operationsaufruf liefert als Berechnungsergebnis einen Wert, der ausschließlich von den Werten der aktuellen Parameter des Aufrufs abhängt.

Der Programmtext eines Basisdatentypmoduls enthält nur die o.g. syntaktische Schnittstellenspezifikation des Moduls, diese besteht wiederum nur aus dem Export-Teil. Die Implementierung der Operationen eines Basisdatentyps bleibt auf CIL-Ebene offen. Somit erlauben Basisdatentypmoduln die Einbringung von Datentypen in ein Programm, die in den Stationen des verteilten DV-Systems bereits anderweitig, d.h. durch Hardware oder durch nicht im Rahmen des CIL-Programms zu betrachtende Software, realisiert sind.

Im Programmtext eines Datentypmoduls hat der aus Im- und Export-Teil bestehenden syntaktischen Schnittstellenspezifikation die Repräsentationsvereinbarung zu folgen. Diese beschreibt die Zusammensetzung eines Werts des betreffenden Datentyps aus Werten importierter Typen. Im Anschluß daran werden in Form von Funktionsvereinbarungen die Implementierungen der Typoperationen notiert.

Monitormoduln realisieren abstrakte Datenstrukturen mit impliziter Zugriffsynchronisation nach dem Prinzip des gegenseitigen Ausschlusses und bieten eine Möglichkeit zur Gestaltung der Kommunikation zwischen nebenläufigen Bearbeitungsaktivitäten ähnlich dem Monitorkonzept der Sprache CONCURRENT PASCAL /HAN75/. Im Vergleich hierzu repräsentiert ein CIL-Monitormodul jedoch direkt ein Monitorobjekt bei Programmab-

lauf, auch sind keine expliziten Synchronisationsmöglichkeiten innerhalb der Operationen vorgesehen. Da Monitore Kommunikation auf der Basis geteilten Speichers realisieren, ist ein Monitormodul in seiner Gesamtheit einer bestimmten Station des verteilten DV-Systems fest zuzuordnen, Operationsaufrufe können nur aus in dieser Station ablaufen-
den Bearbeitungen heraus auftreten.

Der Programmtext eines Monitormoduls enthält neben der syntaktischen
Schnittstellenspezifikation (als Importe sind nur Typoperationen zulässig) und dem Modulkopf, innerhalb dessen die Stationszuordnung getroffen wird, die Vereinbarungen aller innerhalb des gesamten Moduls sichtbaren Variablen, die die eingekapselte Datenstruktur darstellen.
Diesem folgen Prozedurvereinbarungen zur Implementierung der Monitoroperationen.

Prozeßmoduln und Basisprozeßmoduln kapseln ein sich über ein oder mehrere Stationen erstreckendes dynamisches Geschehen ein, das durch zueinander nebenläufige, in sich zeitlich sequentiell voranschreitende
Bearbeitungen gegeben ist. An einer Prozeßmodulschnittstelle manife-
stiert sich dies Geschehen in nebenläufigen Aufrufen importierter Operationen. Es können neben Typoperationen auch Monitoroperationen und
Operationen unterliegender Prozeßmoduln importiert werden. Die Aufrufe
importierter Operationen stehen zu nebenläufigen Aufrufen der vom Modul
exportierten Operationen in einer das Modulverhalten charakterisieren-
den Beziehung.

Operationsaufrufe und Benutzungen unterliegen Konventionen, die in der
Zuordnung von Programmteilen zu Stationen des verteilten DV-Systems begründet sind. So ist in der syntaktischen Schnittstellenspezifikation
eines Prozeßmoduls im Export-Teil jeder Operationsangabe eine Stationsangabe beigefügt, die die Benutzung der Operation auf derselben Station
zugeordnete Programmteile einschränkt. Im Import-Teil ist bei Monitor-
und Prozeßmodul- Operationsimporten ebenfalls die Angabe der Station,
an der eine Operation erwartet wird, zwingend. Diese Angaben müssen
mit der durch den restlichen Programmtext eines Prozeßmoduls gegebenen
Modulimplementierung verträglich sein.

Basisprozeßmoduln bestehen ähnlich Basisdatentypmoduln nur aus der syn-
taktischen Schnittstellenspezifikation, deren Import-Teil leer ist.
Mit dem Export-Teil werden den übrigen Komponenten eines CIL-Programms
Operationen zur Verfügung gestellt, die Interaktionen mit bereits im
System vorhandenen Diensten gestatten.

Ein Prozeßmodul enthält neben der syntaktischen Schnittstellenspezifikation die Vereinbarungen von Prozeduren und Prozessen, wobei jeder
Vereinbarung eine Stationsangabe zur Zuordnung der daraus resultierenden Bearbeitungsvorgänge an eine Station beigefügt ist. Die Prozeduren
dienen zur Implementierung der vom Modul exportierten Operationen. Ein
Operationsaufruf führt in endlicher Zeit zur Erzeugung einer Prozedur-
inkarnation, deren Bearbeitung durch die sequentielle Abarbeitung des
Prozedurrumpfs gegeben ist. Jede Prozeßvereinbarung bestimmt genau einen bei Programmablauf in der angegebenen Station vorhandenen sequentiellen Rechenprozeß zur Abarbeitung der Anweisungen des Rumpfs der
Prozeßvereinbarung.

Prozedurinkarnationen und Prozesse eines Prozeßmoduls stellen voneinander unabhängige zeitlich nebenläufige Bearbeitungen dar, zur modulinternen Synchronisation und Kommunikation stellt CIL keine Sprachkonstrukte zur Verfügung. Die Bearbeitungen haben lediglich Zugriff zu
bearbeitungsprivaten Variablen, explizit die Prozessorzuteilung beeinflussende Anweisungen wurden nicht in die Sprache aufgenommen. Die
CIL-Semantik verlangt eine Zuteilung vorhandener Prozessorkapazität an

die einzelnen Bearbeitungen nach dem Prinzip des 'fair dispatching'.

Diese Konventionen erzwingen, daß notwendige Synchronisations- und Kommunikationsmaßnahmen durch Verwendung der Operationen untergeordneter Prozeß- oder Monitormoduln realisiert werden müssen. Aufgrund der idealisierten Prozessorzuteilung können derartige Maßnahmen auf Sprachebene mithilfe aktiver Warteschleifen unter Benutzung von Monitoroperationen realisiert werden, wenn die interagierenden Bearbeitungen in derselben Station angesiedelt sind. Interaktionen verteilter Partner sind nur durch Verwendung von Prozeßmoduloperationen möglich, wobei hier mittelbar oder unmittelbar ein Basisprozeßmodul zur Anwendung kommen muß.

Die Rümpfe von Prozedur-, Funktions- und Prozeßvereinbarungen werden durch Anweisungsfolgen gebildet. Neben Prozeduraufrufsanweisungen (Operationsaufrufe von Monitor- und Prozeßmoduln) und Variablenzuweisungen unterstützt CIL noch einen Satz einfacher Kontrollanweisungen zur Bildung von Programmschleifen, Verzweigungen und Fallunterscheidungen.

Als Argumente einer Anweisung treten private Variable und über Variablenwerten mittels Typfunktionen gebildete Ausdrücke auf.

5. Kommunikationsdienstimplementierung mittels CIL

Die Anwendung der Sprache CIL soll anhand eines einfachen Beispiels, des Übermittlungsabschnitts eines aus zwei Stationen bestehenden verteilten DV-Systems verdeutlicht werden. Bild 4.1. zeigt die Grobstruktur des CIL-Programms.

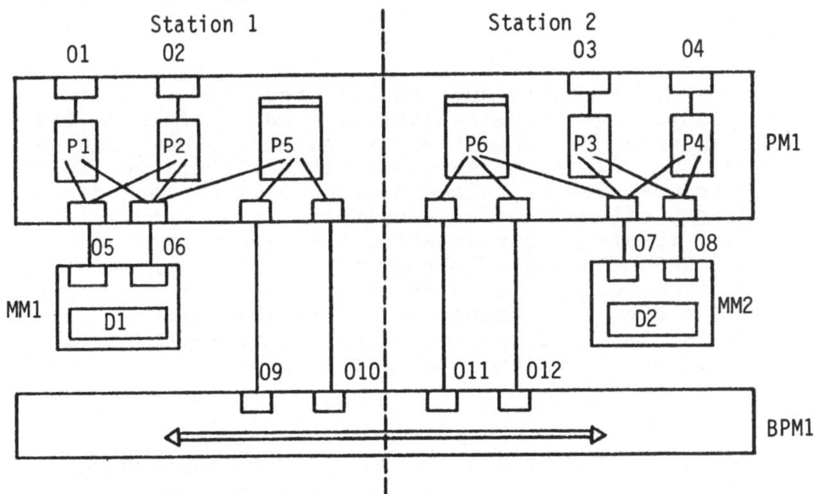

Bild 4.1.: Grobstruktur eines CIL-Programms zur Implementierung
eines Übermittlungsabschnitts

Die physikalische Schicht, im Beispiel durch eine Halbduplexverbindung zwischen beiden Stationen gegeben, wird mittels des Basisprozeßmoduls

BPM1 in das CIL-Programm eingebracht. Es verbirgt die tatsächliche
Realisierung, z.B. durch Verbindungs- und E/A-Schnittstellenhardware
und Treibersoftware. Die von BPM1 exportierten Operationen O9 und O10
an Station 1, O11 und O12 an Station 2 ermöglichen den Betrieb der physikalischen Verbindung. Sie werden von Prozeßmodul PM1 importiert.
Dieses enthält die Realisierungen der beiden Instanzen der
Übermittlungsschicht in Form der Prozesse P5 und P6 und der Prozedurvereinbarungen P1, P2, P3 und P4. Die Prozeduren werden bei Aufruf der
von PM1 exportierten Operationen O1 - O4 durchgeführt, die einer hier
nicht gezeigten übergeordneten Schicht zur Verfügung stehen. Sie dienen zur Annahme von Aufträgen und zur Übergabe von Rückmeldungen. Die
Prozesse P5 und P6 nehmen stationsseitig den protokollgerechten Betrieb
des durch BPM1 gegebenen Basisdienstes vor. Zur Kommunikation zwischen
den Prozedurinkarnationen und Prozessen einer Station werden die Monitoroperationen O5 und O6, bzw. O7 und O8 der Monitormoduln MM1 und MM2
verwendet. Ihre eingekapselten Daten D1 und D2 dienen als Auftrags-
und Rückmeldungsspeicher.

Die innerhalb des Programms verwendeten Datentypen und Typoperationen
wurden aus Übersichtlichkeitsgründen nicht in das Strukturbild mit aufgenommen. Sie sind in Form von Datentyp- und Basisdatentypmoduln den
o.g. Moduln hierarchisch unterzuordnen und dienen neben der Bereitstellung universell verwendbarer Datentypen (BOOLEAN, INTEGER usw.)
auch zur Realisierung dienst- und protokollspezifischer Typen (z.B.
Sequenzzähler, DÜ-Block, usw.).

Die im Entwurf eines Kommunikationsdienstes getroffene Gliederung
bleibt bei einer in obiger Form vorgenommenen Implementierung aufgrund
der Prozeßmodulhierarchie und den Stationszuordnungen sichtbar.
Datentypmoduln und Monitormoduln erlauben die Herauslösung untergeordneter Funktionen aus der in einem Prozeßmodul enthaltenen Realisierung
des Kommunikationsprotokolls, so daß hier die wesentlichen Elemente der
Protokollrealisierung in konzentrierter Form zusammengefaßt sind. Zur
weitergehenden Strukturierung einer Dienstschicht können ferner noch
Zwischenschichten auf der Basis weiterer Prozeßmoduln vorgesehen werden.

Die skizzierte Implementierung stellt bereits eine im verteilten
DV-System ablauffähige Dienstrealisierung dar. Sie kann die Grundlage
zur Entwicklung einer den Dienst unter Ausnutzung der Fähigkeiten der
Hardware und der Betriebsorganisationen der Stationen in effizienter
Weise realisierenden Dienstimplementierung bilden, wenn diese Fähigkeiten (Prozessorzuteilung, Pufferverwaltung, Interruptbearbeitung, Zeitauftragsdienst, lokale Synchronisation und Kommunikation) per Basisprozeßmoduln innerhalb des CIL-Programms verfügbar gemacht werden. In
einem mehrstufigen Vorgehen sind dann die maschinenunabhängigen Konstruktionen für o.g. Aufgabenbereiche (aktives Warten, Parameterüber-
gabe durch Wertkopie, Monitoroperationen) sinngerecht durch Anwendung
von Basisprozeßmoduloperationen zu ersetzen.

6. Prädikatenkalkül zur Spezifikation und Verifikation von

   CIL - Programmen

Die für CIL-Programme angestrebte logische Verifikationstechnik basiert
auf der Verwendung eines klassischen Prädikatenkalküls erster Stufe
(siehe z.B. /QUI69/), innerhalb dessen spezifizierende Aussagen zur
Gestaltung von Dienst-, Protokoll- und Modulspezifikationen formuliert
und sowohl Protokoll- als auch Programmverifikationen durchgeführt wer-

den können. Der Bezug zwischen den logischen Formeln des Kalküls und der realen Bearbeitung eines CIL-Programms wird durch Interpretationsvorschriften, die ein ereignisorientiertes Modell der Programmbearbeitung im verteilten DV-System zugrundelegen, gegeben. Die verbindliche Definition der Semantik der Sprache CIL erfolgt ebenfalls auf der Grundlage dieses Modells durch Angabe einer Vorschrift, gemäß der aus dem Text eines vorliegenden CIL-Programms

- die Grundbegriffe der logischen Sprache und
  die Axiome des zur Behandlung dieses Programms
  geeigneten Prädikatenkalküls,

- der Individuenbereich des Modells der
  Programmbearbeitung und

- die Interpretationsvorschriften zur Deutung der
  Aussagen logischer Formeln im Bearbeitungsmodell

gewonnen werden.

Das zugrundeliegende Bearbeitungsmodell modelliert die durch nebenläufige Prozesse gegebene reale Bearbeitung eines CIL-Programms auf einem Niveau, bei dem die Bildung eines Prozesses durch zeitlich sequentielle Bearbeitung einzelner Anweisungen noch ersichtlich wird, die Bearbeitung einer Anweisung jedoch unter Abstraktion von der tatsächlichen Durchführung nur bezüglich der Schnittstellen zum übrigen Anweisungsbearbeitungsgeschehen erfaßt wird. Der Subjektsbereich des Modells gliedert sich in eine Ereignismenge, eine Wertemenge und ein ausgezeichnetes, das unmögliche Ereignis bzw. den unmöglichen Wert repräsentierendes Individuum NIL.

Ein Ereignis modelliert die Tatsache, daß die Bearbeitung einer CIL-Anweisung beginnt (Anweisungsstartereignis), daß die Bearbeitung einer Anweisung gerade beendet ist (Anweisungsendeereignis), daß ein Operationsaufruf erfolgt (Operationsaufrufereignis), oder daß die Bearbeitung einer Operation aus der Sicht der Aufrufsumgebung beendet ist (Operationsrückkehrereignis). Die ereignisorientierte Modellierung beschränkt sich auf die Bearbeitung von Prozeß- und Monitormoduln, je ein Ereignispaar erfaßt die einmalige Bearbeitung einer Anweisung oder einen bestimmten Operationsaufruf. Bei Operationsaufrufen, die nicht durch den Dienstanwender, sondern aus einem CIL-Modul heraus aufgrund der Bearbeitung einer Prozeduraufrufsanweisung erfolgen, besitzt dies Ereignispaar bezüglich der Aufrufsumgebung den Charakter von Anweisungsereignissen, bezüglich der Schnittstelle zum gerufenen Modul den Charakter von Operationsereignissen.

Die Wertemenge setzt sich aus den von den Datentypmoduln eines CIL-Programms definierten Wertemengen der im Programm verwendeten Datentypen zusammen. Bezüglich der Programmbearbeitung treten Werte als Ergebnisse von Ausdrucksberechnungen und als Inhalte von Variablen auf. Das Bearbeitungsmodell abstrahiert von der tatsächlichen Bearbeitung der Typoperationen und erfaßt nur die Ergebnisse von Ausdrucksberechnungen. Zur Behandlung der Datentypen innerhalb des Prädikatenkalküls wird vorausgesetzt, daß bereits verifizierte axiomatische Spezifikationen für die Typmoduln des Programms vorliegen (siehe z.B. /WLS76/), und daß die hierdurch gegebenen Theorien der Datentypen in den Prädikatenkalkül durch Aufnahme der Typoperationen in die Grundbegriffsmenge der logischen Sprache des Kalküls und der Axiome der Typspezifikationen in die Axiomenmenge des Kalküls integriert werden.

Im folgenden werden die Grundzüge der Behandlung einer CIL-Programmbearbeitung im Prädikatenkalkül durch Aufzählung der wesentlichen übrigen Grundbegriffe unter Erläuterung ihrer Interpretation bezüglich des Bearbeitungsmodells und der Nennung zu axiomatisierender Eigenschaften dargestellt.

Die zwischen je zwei Ereignissen bestehende Beziehung des relativen zeitlichen Auftretens der beiden Ereignisse wird durch die zweistelligen Prädikatensymbole =t und <t erfaßbar. Sie definieren eine Halbordnung im Bereich der Ereignisse. Das Auftreten von Anweisungsereignissen im Verlauf zeitlich sequentieller Bearbeitungen von Anweisungsfolgen wird durch das Prädikat ISK ausgedrückt, das Ereignisse entsprechend der Zuordnung Ereignis - sequentielle Bearbeitung in Äquivalenzklassen strukturiert.

Die Schnittstelle zwischen einem Operationsaufruf und der daraus resultierenden sequentiellen Bearbeitung des zugeordneten Prozedurrumpfs wird mittels der einstelligen Funktionssymbole r, b und v definiert: r bildet Operationsaufrufereignisse auf die ihnen zugeordneten Operationsrückkehrereignisse ab und erlaubt die Erfassung an der Operationsschnittstelle eines Moduls bestehender Beziehungen, b bildet einen Operationsaufruf auf das erste bei der entsprechenden Prozedurdurchführung auftretende Anweisungsereignis, v das letzte im Rahmen der Prozedurdurchführung auftretende Anweisungsereignis auf das zum Operationsaufruf gehörige Operationsrückkehrereignis ab. Hiermit kann der Bezug zwischen dem sich an der Schnittstelle eines Moduls ergebenden Geschehen und der modulinternen Bearbeitung hergestellt werden.

Die im Verlauf einer Programmbearbeitung vorkommenden Wertbelegungen von Variablen sind in Abhängigkeit zu auftretenden Anweisungsereignissen mittels programmspezifischer Funktionen, den Variablenwertfunktionen beobachtbar. Jeder im Programm vereinbarten Variablen ist eine derartige Wertfunktion zuzuordnen, die ein Anweisungsereignis aus dem Sichtbarkeitsbereich der Variablen auf den Wert der Variablen zum Zeitpunkt des Ereignisses abbildet. Den formalen Parametern einer Operation zugeordnete Wertfunktionen bilden Operationsaufruf- oder Operationsrückkehrereignisse auf die Werte der aktuellen Parameter eines Aufrufs ab.

Die Zuordnung eines Anweisungsereignisses zu den Programmtextelementen, deren Bearbeitung das Ereignis bewirkt, wird mithilfe einstelliger Prädikate ausgedrückt. Den im Programm vorhandenen Moduln, Prozeduren und Prozessen entsprechen Prädikate, deren Symbole aus den Bezeichnern der Sprachelemente gewonnen werden (z.B. x eE-MM : x tritt im Verlauf der Bearbeitung des Moduls MM auf, analog x eE-MM-Prozess1). Ebenso werden Prädikate zur Behandlung der Zuordnung zwischen Operationsereignissen und Moduloperationen eingeführt (z.B. x eA-MM-OP1 : x ist aus der Menge der Aufrufsereignisse für die Operation OP1 von Modul MM).

Auf der Basis dieser Grundbegriffe können in der mit ihnen gebildeten logischen Sprache Formeln notiert werden, deren Interpretation bezüglich des Bearbeitungsmodells zu Aussagen über das Verhalten eines CIL-Programms bei der Bearbeitung im verteilten DV-System führt. Unter Anwendung des Prädikatenkalküls, dessen Axiome im übrigen mechanisch aus dem gegebenen Programmtext gewonnen werden können, können derartige Aussagen bewiesen oder widerlegt werden, d.h. der Programmtext eines CIL-Programms kann gegenüber derartigen Aussagen logisch verifiziert werden.

Insbesondere können auf diese Weise auch Aussagen behandelt werden, die die an der Operationsschnittstelle eines Moduls sichtbar werdenden Eigenschaften beschreiben. Die Formulierung von Dienst- und Protokollspezifikationen und die Verifikation einer Dienstimplementierung gegenüber diesen Spezifikationen ist somit möglich.

Die Anzahl der Grundbegriffe und vor allem der Axiome des Prädikatenkalküls zur Behandlung eines CIL-Programms wird bereits bei einfachen
Diensten so groß, daß die Herleitung von Beweisen im Kalkül auch bei
Rechnerunterstützung kaum noch praktisch durchführbar ist. Die hierarchische Struktur eines Dienstes und die modulare Gliederung eines
CIL-Programms führen jedoch zu einer adäquaten Strukturierung der Axiomenmenge des Kalküls. Dies erlaubt die Behandlung einzelner Programmteile unter Abstraktion von der konkreten Realisierung der Umgebung der
Programmteile, indem die Axiome,die die Umgebung detailliert beschreiben, durch Spezifikationen ersetzt werden. Auf diese Weise kann die
Verifikation eines Programms in kleinere, durchführbare Schritte zerlegt werden.

Protokollverifikationen und Eigenschaftsüberprüfungen von Spezifikationen können unabhängig von einer konkreten Implementierung eines
Dienstes durchgeführt werden. Im Kalkül sind hier dann lediglich die
Operationsschnittstellen der involvierten Dienstschichten zu axiomati-
sieren. Im Verlauf einer Kommunikationsdienstentwicklung, bei der Ent-
wurfs- und Implementierungsphase stark ineinander übergreifen oder auch
wiederholt durchlaufen werden, erlaubt der Einsatz eines einheitlichen
Kalküls bei verifizierenden Maßnahmen in beiden Entwicklungsphasen die
problemlose Anwendung der in einer Phase erzielten Ergebnisse in der
anderen Entwicklungsphase.

Weitere Vorteile ergeben sich aus der Verwendung eines klassischen Prädikatenkalküls erster Stufe. Zum einen kann auf existierende automatische Beweissysteme zurückgegriffen werden /ESU79/, zum anderen lassen
sich dort gemachte Erfahrungen bei der Gestaltung von Werkzeugen, die
die theoretische Behandlung eines Dienstes und seiner Implementierung
unterstützen, anwenden.

Die Gestaltung des ereignisorientierten Bearbeitungsmodells und die
Wahl der Grundbegriffe des Kalküls erlauben die Anwendung der vorge-
schlagenen Spezifikations- und Verifikationstechnik in einem breiten
Einsatzgebiet, das die verschiedensten Kommunikationsdienste und Protokolle umfaßt. Zur Erweiterung des mittels logischer Formeln erfaßbaren
Eigenschaftsspektrums können ferner Bearbeitungsmodell und Kalkül pro-
blemspezifisch ausgestaltet werden, so werden z.B. durch geeignete Erweiterungen Realzeitaspekte abhandelbar. Als Nahtstelle zu anderen
Spezifikationstechniken können unter Zugrundelegung des Bearbeitungsmodells Transformationsmechanismen entwickelt werden.

7. Stand der Arbeiten

Die Entwicklung der Programmiersprache CIL und der Grundzüge der theoretischen Vorgehensweise bei Spezifikation und Verifikation von Kommunikationsdiensten hat bereits einen Zustand erreicht, der den Entwurf
wichtiger Komponenten des geplanten Kommunikationsdienst-Entwicklungssystems erlaubt. Die Implementierung in CIL realisierter Kommunikationsdienste auf unterschiedlichen verteilten Systemen wird durch einen
steuerbaren Sprachübersetzer ermöglicht. Dieser und Komponenten zur
automatischen Erzeugung und Handhabung der programmspezifischen Axiome
eines CIL-Programms befinden sich gegenwärtig in der Testphase. Zur
Erprobung der Spezifikations- und Verifikationstechnik, insbesondere im
Hinblick auf weitergehende Strukturierungs- und Abstraktionsmechanis-
men, ist geplant, verschiedene Kommunikationsdienste exemplarisch zu
implementieren und zu verifizieren.

Literaturangaben

/CIL82/   H. Krumm, O. Drobnik
           CIL - Eine Sprache zur Implementierung von Kommunikations-
           diensten für verteilte Datenverarbeitungssysteme
           Interner Bericht Nr.18/82, Fakultät für Informatik
           Universität Karlsruhe (1982)

/CHI77/   CCITT: Programming Languages for Stored-Programme
           Control Exchanges
           CCITT Orange Book, Vol VI.4,ITU,Genf(1977)

/COL81/   K. Colstad
           A High-Level Language for Easy X25-Updates
           Data Communications 9(1981)65-77

/ESU79/   N. Eisinger, J. Siekmann, E. Unverricht
           The Markgraf Karl Refutation Procedure
           Interner Bericht 1979, Institut für Informatik I
           Universität Karlsruhe (1979)

/GCK79/   D.I. Good, R.M. Cohen, J. Keeton-Williams
           Principles of Proving Concurrent Programs in Gypsy
           Proc.6.Symp.on Principles of Prog.Lang.
           San Antonio (1979)42-52

/HAI81/   B.T. Hailpern
           Specifying and Verifying Protocols Represented as
           Abstract Programs
           IBM Res.Report RC 8674(37908) Feb.(1981)

/HAN75/   P.B. Hansen
           The Programming Language Concurrent Pascal
           IEEE Trans. Soft. Eng. SE-1,2(1975)199-207

/HOA69/   C.A.R. Hoare
           An Axiomatic Basis for Computer Programming
           CACM 12,10(1969)576-556

/ISO81/   Data Processing - Open Systems Interconnection -
           Basic Reference Model
           ISO/TC97/SC16, Computer Networks 5(1981)81-118

/LAM80/   L. Lamport
           "Sometimes" is Sometimes not "Never"
           On the Temporal Logic of Programs
           Proc. 7.Symp.on Principles of Prog.Lang.
           Las Vegas (1980)174-185

/LIZ75/   B. Liskov, S. Zilles
           Specification Techniques for Data Abstractions
           IEEE Trans. Soft. Eng. SE-1,1(1975)7-19

/LSAS77/   B. Liskov, A. Snyder, R. Atkinson, C. Schaffert
           Abstraction Mechanisms in CLU
           CACM 20,8(1977)564-576

/NRRM80/   J. Nehmer, W. Racke, D. Rombach, R. Massar
           Ein System- und Entwurfskonzept für verteilte
           Betriebssysteme,   Interner Bericht Nr.23/80
           Fachbereich Informatik, Universität Kaiserslautern (1980)

/OWG76/   S. Owicki, D. Gries
           Verifying Properties of Parallel Programs:
           An Axiomatic Approach
           CACM 19,5(1976)279-285

/PAR72/   D.L. Parnas
           A Technique for Software Module Specification with Examples
           CACM 15,5(1972)330-336

/QUI69/   W. Quine
           Grundzüge der Logik
           Suhrkamp, Frankfurt (1969)

/RUD82/   H. Rudin
           Validation of a Token-Ring Protocol
           Proc.Int.Symp.on Local Comp.Networks
           Florenz, 4(1982)

/SCH80/   S. Schindler
           Distributed Abstract Machine
           Computer Communications 3,5(1980)208-220

/SCH81/   D. Schwabe
           Formal Techniques for the Specification and
           Verification of Protocols
           Dissertation, Comp.Science Dep., Univ.of California
           Los Angeles (1981)

/SFSA80/   S. Schindler, U. Flasche, J. Schulze, D. Altenkrüger
           Das OSA-Projekt: Formales Spezifizieren von Diensten und
           Protokollen in RSPL
           Proc. Hardware für Software, Teubner, Stuttgart (1980)29-55

/SID81/   D.P. Sidhu
           Towards Constructing Verifiable Communication Protocols
           Proc. INWG/NPL Workshop "Protocol Testing - Towards
           Proof?", Nat.Phys.Lab.,Teddington May(1981)75-175

/SRWG80/   G.D. Schultz, D.B. Rose, C.H. West, J.P. Gray
           Executable Description and Validation of SNA
           IEEE Trans. Comm. COM-28,4(1980)661-676

/SUN81/   C.A. Sunshine
           Formal Modeling of Communiaction Protocols
           Proc. INWG/NPL Workshop "Protocol Testing - Towards
           Proof?", Nat.Phys.Lab.,Teddington May(1981)29-58

/VOG82/   F.H. Vogt
           Entwurf eines ereignisorientierten Modells zur
           Spezifikation von verteilten Systemen mittels
           temporaler Logik
           Hahn-Meitner-Institut, Berlin (1982)

/WLS76/   W.A. Wulf, R.L. London, M. Shaw
           An Introduction to the Construction and Verification
           of Alphard Programs
           IEEE Trans.Soft.Eng. SE-2,4(1976)253-264

<u>SPEZIFIKATION VON DATENKOMMUNIKATIONSPROTOKOLLEN MITTELS</u>
<u>DER DATENFLUSSSPRACHE EDDA</u>[*)]

Dipl.-Ing. Georg Bruckner
Management Data
Datenverarbeitungs- und Unternehmensberatungsges.m.b.H.
Julius Tandler Platz 3, A-1090 Wien

Herbert Motschnig
Institut für Angewandte Informatik und Systemanalyse
Technische Universität Wien
Argentinierstraße 8, A-1040 Wien

Inhalt:

Kurzfassung:

Eine Fülle von Methoden zur Protokollspezifikation wurde entwickelt,
um unterschiedlichen Anforderungen zu genügen. Die Sprache EDDA, ein
Werkzeug zur Spezifikation verteilter Systeme, wird auf Protokolle
angewendet. Nach der Darstellung einiger wichtiger Grundkonstruktionen
für Protokolle wird die Anwendung von EDDA anhand des Alternating Bit
Protocol gezeigt.

---

*) Diese Arbeit wurde durch einen Forschungsauftrag des Bundesmini-
   steriums für Wissenschaft und Forschung in Österreich unterstützt.

1. EINLEITUNG

Der Entwurf von korrekten Datenkommunikationsprotokollen erfordert eine eindeutige Protokollspezifikation, an der die Korrektheit des Protokolls gegenüber der Dienstleistungsdefinition verifiziert werden kann.

Darüber hinaus wird jedoch von einer Protokollspezifikation verlangt, daß sie leicht verständlich ist und dem Betrachter, der ein Protokoll etwa in Hinblick auf eine Standardisierung mit anderen ähnlichen vergleichen möchte, einen raschen und doch möglichst genauen Überblick bietet.

Eine dritte Forderung kommt von seiten des Implementierers, der sich von der Spezifikation genau die Hinweise erwartet, die eine fehlerfreie und vor allem eindeutige Implementierung ermöglichen, ihm aber in den internen Details, die auf den Protokollablauf keinerlei Einfluß haben, freie Hand läßt.

Diese Anforderungen widersprechen einander teilweise. Daher wurde weltweit bereits eine Fülle von Spezifikationsmethoden entwickelt, jede mit einem genau bestimmten Ziel vor Augen, nämlich

- allgemeine Verständlichkeit
- formale Verifikation
- Basis für eine Implementierung.

Einen ausführlichen Überblick auf diesem Gebiet bieten die Arbeiten /BOCH 80/, /MERL 79/, /STEN 79/ und andere in /SUNS 81/ gesammelte Artikel und Aufsätze.

Ziel der vorliegenden Arbeit ist es, eine erst kürzlich entwickelte Methode der allgemeinen Software-Spezifikation, die Sprache EDDA, für die formale Beschreibung von Datenkommunikationsprotokollen anzuwenden. Dies wird anhand des für solche Zwecke sehr häufig angewendeten "Alternating Bit Protocols" durchgeführt.

2. WAS IST EDDA

Die Sprache EDDA /TRAT 80/, /TRAT 81/, /TRAT 82/ wurde mit dem Ziel
entwickelt, eine durchgängige Darstellungsform zur Spezifikation von
Software-Systemen zu schaffen, die einerseits für den Menschen verständlich, übersichtlich und einfach handhabbar sein soll, andererseits hinreichend formalisiert und eindeutig sein muß, um dasselbe
Sprachmittel vom ersten Entwurf bis zur Erzeugung von Code verwenden
zu können.

Um diesen Forderungen zu genügen, greift EDDA auf das äußere Erschei-
nungsbild einer hierarchisch strukturierten, graphischen Methode, SADT
/ROSS 77/, zurück, die heute im Bereich des Softwareentwurfs ganz
allgemein, weit verbreitet ist.

Während bei SADT weder Syntax noch Semantik formal definiert sind, ist
eine Formalisierung der Syntax in EDDA durch einen Satz von Aktoren,
die durch Datenpfade verbunden werden können, gegeben. Die Semantik
von EDDA ist operational durch ein Datenfluß-Modell /DENN 74/, /TRAT
81/ definiert. Das Resultat, die graphische Sprache EDDA, eignet sich
daher besonders zur Spezifikation von verteilten Softwaresystemen,wie
es auch Datenkommunikationsprotokolle sind.

Petrinetze werden schon seit langem zur Protokollspezifikation verwendet /DANT 77/, /SYMO 80/, von Praktikern jedoch häufig wegen ihrer
relativen Unübersichtlichkeit und ihres hohen Abstraktionsniveaus
abgelehnt.

Zustandsdiagramme, bei Praktikern zwar meist beliebt, bringen bei
einer formal exakten Anwendung eine ungeheure Explosion der Zustände
mit sich.

Spezifikationsmethoden, die auf Programmiersprachen beruhen, sind für
einen allgemein verständlichen Überblick wiederum wenig geeignet.

/BOCH 80/ sieht die Lösung dieses Dilemmas in den hybriden Methoden,
die die Vorteile von Zustandsdiagrammen einschließlich der Petrinetze
und der Sprachmethoden zu verknüpfen suchen. Der Widerspruch zwischen
formaler Exaktheit und Übersichtlichkeit in der Entwurfsphase eines
Protokolls bleibt bestehen.

Übersichtlich sind hingegen meist nur informelle Methoden wie etwa
Ort-Zeit-Diagramme, wie sie insbesondere zur Erläuterung von Protokollen, etwa von X.25 oder HDLC gerne benutzt werden /KERN 81/.

Die Methoden in /VOGT 79/ und Distributed Abstract Machine /SCHI 80/
eignen sich zur anschaulichen und durchaus exakten Service-Spezifika-
tion, können aber den Protokollablauf nur an Fallbeispielen wiedergeben.

Um den scheinbaren Gegensatz zwischen der Übersichtlichkeit einer
Protokollbeschreibung und der formal exakten Spezifikation bis ins
Detail zu überbrücken, kann die Kombination einer einfachen Entwurfs-
methode wie SADT und einer formal exakten semantischen Interpretation,
wie es in EDDA der Fall ist, hilfreich sein. Die Definition der Sprache EDDA ist in /TRAT 82/ gegeben. Der Leser, der an einer exakten
Definition interessiert ist, wird auf die Literatur verwiesen. Eine
kurze Übersicht über die hier verwendeten Elemente findet sich im
Anhang.

3. GRUNDLEGENDE KONSTRUKTIONEN FÜR DIE PROTOKOLLSPEZIFIKATION IN EDDA

Im Bereich der Datenkommunikation hat sich der hierarchische Aufbau
von Protokollen weitgehend durchgesetzt. Dies kommt zuletzt im international anerkannten ISO-Modell für offene Kommunikationssysteme deutlich zum Ausdruck /ISO 80/. Die hierarchische Struktur von EDDA kommt
daher der Protokollbeschreibung entgegen. Neben der Hierarchie kommt
auch die Verteilung des Systems in der Struktur von EDDA zum Tragen.
Die Abbildungen 1 bis 3 zeigen eine Top-Down-Gliederung der Protokollhierarchie ohne die einzelnen Protoko llschichten selbst aufzugliedern.

Diese Diagramme, im weiteren auch eine Aufgliederung des Diagramms A22
in analoger Weise, geben eine exakte Spezifikation eines Protokoll-
schichtenmodells wieder, das üblicherweise in der informellen Art von
Abb. 4 dargestellt wird.

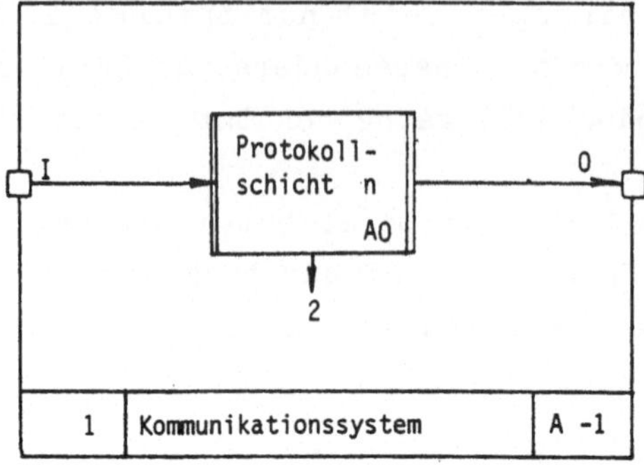

I ... Gesamtheit des Inputs

0 ... Gesamtheit des Outputs

Abb. 1: Oberste Hierarchiestufe des Kommunikationssystems

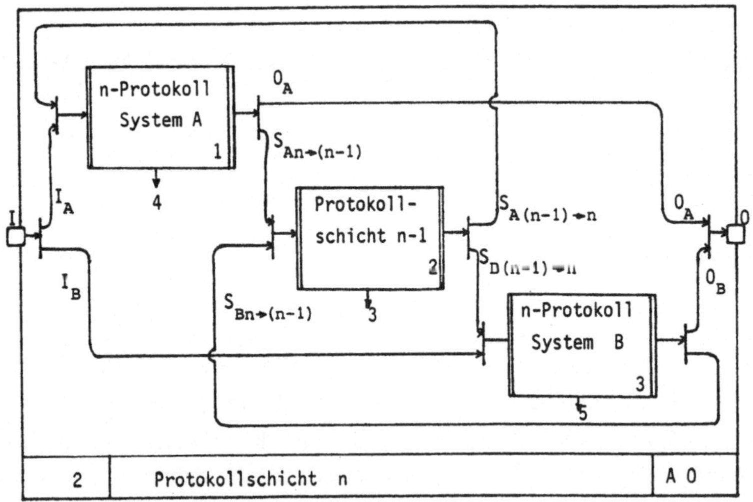

I_A ... Folge des in System A anfallenden Benutzer-Inputs

I_B ... Folge des in System B anfallenden Benutzer-Inputs

0_A ... Folge des in System A anfallenden Benutzer-Outputs

0_B ... Folge des in System B anfallenden Benutzer-Outputs

$S_{An \to (n-1)}$ ... Folge der Schnittstellenereignisse in
System A von Schicht n nach Schicht n-1

$S_{A(n-1) \to n}$ ... Folge der Schnittstellenereignisse in
System A von Schicht n-1 nach Schicht n

$S_{Bn \to (n-1)}$, $S_{B(n-1) \to n}$ analog für System B

Abb. 2: Aufgliederung der Protokollschicht n in zwei über
Protokollschicht n-1 kommunizierende Systeme

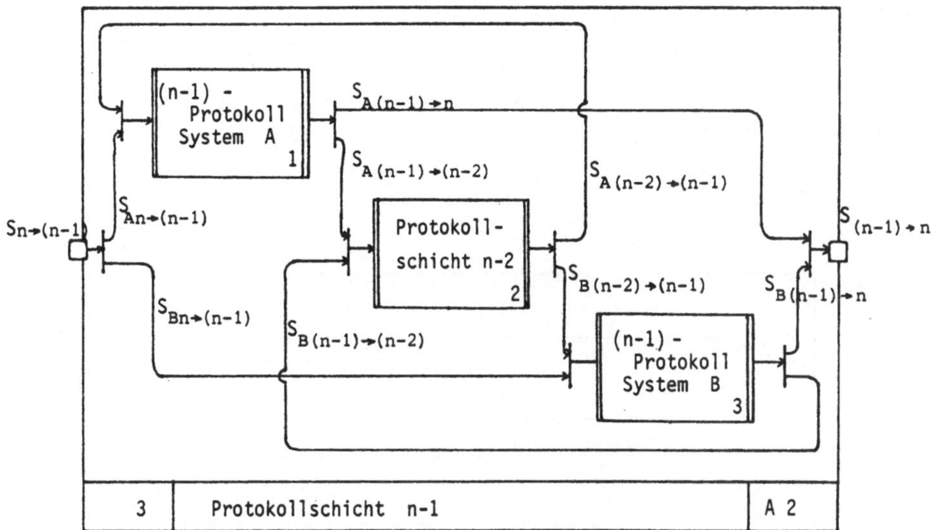

Abb. 3: Aufgliederung der Protokollschicht n-1 (aus Abb. 2) in
zwei über Protokollschicht n-2 kommunizierende Systeme

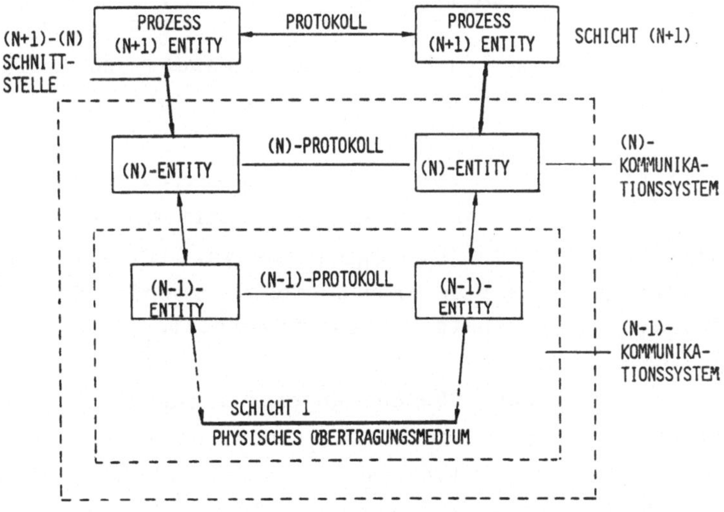

Abb. 4: Schichtenmodell (aus /KERN 81/, S. 114)

Erst eine weitere Aufgliederung der Diagramme A1 und A3 bzw. A21 und
A23 gestatten einen ersten Blick auf das Inhaltliche des n-Protokolls
bzw. (n-1)-Protokolls. Im Falle symmetrischer Protokolle genügt es, in

jeder Schicht jeweils ein System weiter aufzugliedern, da das andere
vollkommen äquivalent ist.

Eine mögliche erste Aufgliederung am Beispiel des n-Protokolls in
System A zeigt Abb. 5.

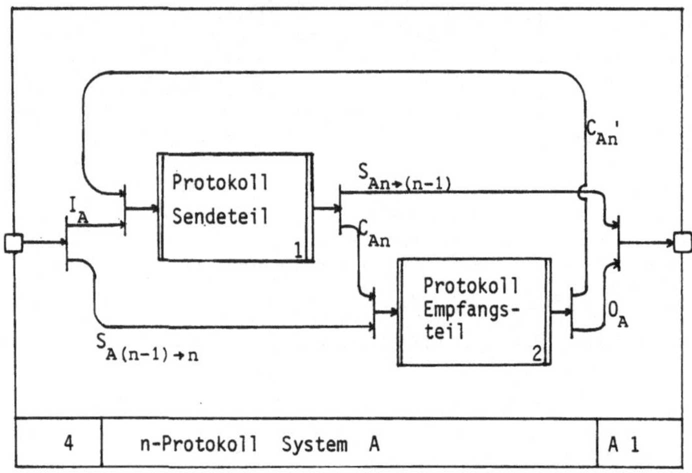

Abb. 5: Aufgliederung des Protokolls in Sende- und Empfangsteil

Das Protokoll wird hier in zwei Teile untergliedert, den Sendeteil, in
dem Benutzerinput I_A in eine Folge von Schnittstellenereignissen zur
darunter liegenden Schicht $S_{An \to (n-1)}$ umgewandelt wird, und den Empfangsteil, der die von der unteren Schicht kommenden Schnittstellenereignisse $S_{A(n-1) \to n}$ in Benutzeroutput umwandelt.

Die Protokollteile können außerdem durch eventuell auftretende Steuerinformation C_{An}, C_{An}' synchronisiert werden, wobei C_{An} etwa der Anstoß
eines Timers nach dem Senden von Daten sein könnte, sodaß der Empfangsteil nach Ablauf der vereinbarten Zeit (time-out) entsprechend
reagieren kann. C_{An}' wiederum kann dem Sendeteil den Empfang einer
Bestätigung signalisieren, die entweder das nochmalige Senden eines
Datenblocks oder das Senden eines neuen Datenblocks bewirken soll.

Ob diese Art der Protokollaufgliederung zweckmäßig ist, hängt von den
weiteren Details des Protokollablaufes ab und kann nicht generell
ausgesagt werden. Eine andere, ebenfalls häufig anzutreffende Aufgliederung ist in Abb. 6 dargestellt.

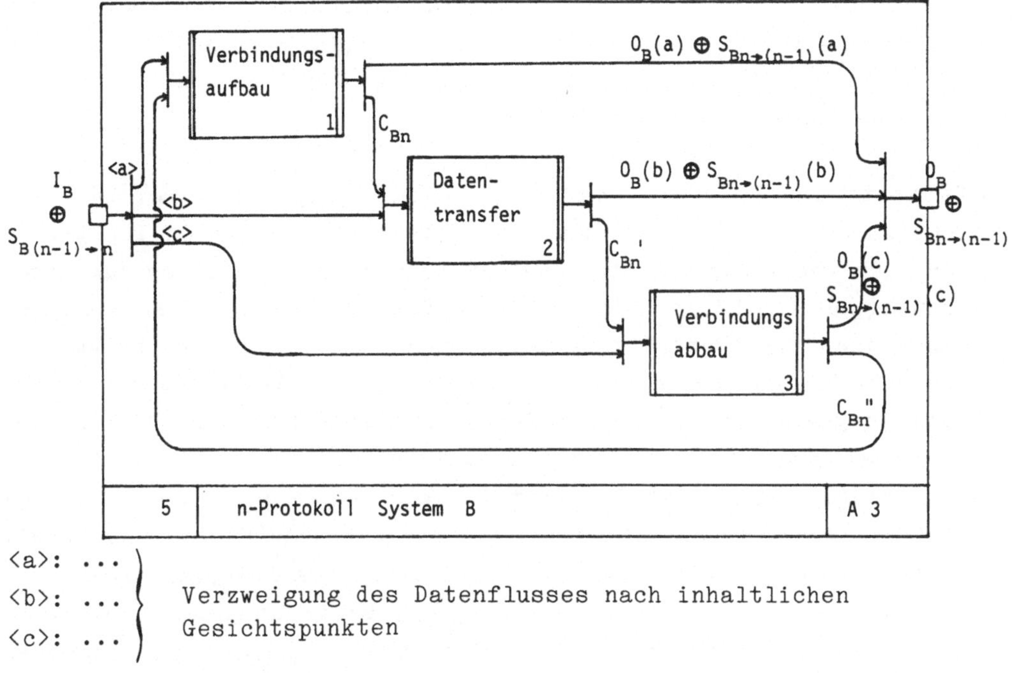

<a>: ...
<b>: ... } Verzweigung des Datenflusses nach inhaltlichen
<c>: ... Gesichtspunkten

Abb. 6: Aufgliederung des Protokolls in Protokollphasen

In Abb. 6 wird beim Eintritt in diesen Protokollmodul aufgrund des Inhaltes der Information I_B bzw. $S_{B(n-1)\rightarrow n}$ entschieden, für welche der drei Protokollphasen das jeweilige Datum bestimmt ist. C_{Bn}, C_{Bn}', C_{Bn}'' stellen Steuerinformation zwischen den Protokollphasen dar.

Für beide Varianten, die in Abbildung 5 und 6 gegenübergestellt wurden, kann nun durch eine weitere Untergliederung der einzelnen Aktivitäten und durch nähere Spezifikation der zwischen den Aktivitäten fließenden Daten der Protokollablauf mit jedem beliebigen Detailierungsgrad beschrieben werden. Die Untergliederung einzelner Aktivitäten endet dort, wo die für den jeweiligen Zweck notwendige Detailstufe erreicht ist. Dies wird beim Entwurf und der Diskussion der Protokollstruktur oder der Dienstleistungen auf einem anderen Niveau sein als bei der Vorbereitung einer Implementierung. Dabei ist es möglich bis zu den einzelnen Schritten der Implementierung hin zu untergliedern oder mit dem Hinweis: "Schicht-3-Protokoll = existierender X.25 Anschluß" lediglich die Schnittstellen exakt zu spezifizieren und eine weitere Untergliederung zu unterlassen.

Bei der Untergliederung der Aktivitäten können sämtliche Definitionen der Sprache EDDA sinngemäß angewendet werden. Einige gerade bei der Protokollspezifikation häufig auftretende Grundkonstruktionen werden hier noch näher erläutert:

Oft tritt der Fall ein, daß eine Verzweigung, wie etwa in Abb. 6, nicht ausschließlich vom Inhalt des von außen kommenden Inputs, sondern auch vom inneren Zustand des Systems oder Teilsystems zum gegebenen Zeitpunkt abhängt, wenn etwa empfangene Daten auf eine korrekte Folgenummer hin überprüft werden müssen. Der am Ende einer Aktivität erreichte Zustand muß somit dem nächsten in die Aktivität eintretenden Datum in geeigneter Weise zur Kenntnis gebracht werden. Dieser Mechanismus wird durch Abb. 7 erläutert. Dabei ist zu beachten, daß nicht jeder Eingang unbedingt zu einem Ausgang führen muß, wie im Beispiel durch die Verzweigung <a> angedeutet wird. Dieser Mechanismus bewirkt darüber hinaus eine gewisse Synchronisation des Ablaufes, indem nachfolgende Datenblöcke an der mit ⟶◯⟶ bezeichneten Stelle in eine Warteschlange eingereiht werden. Diese wird sukzessive mit jedem neuerlichen Eintreten des Zustandsdatums abgearbeitet. Damit wird auch gewährleistet, daß jeweils nur ein einziger Datenblock verarbeitet wird und Kollisionen vermieden werden.

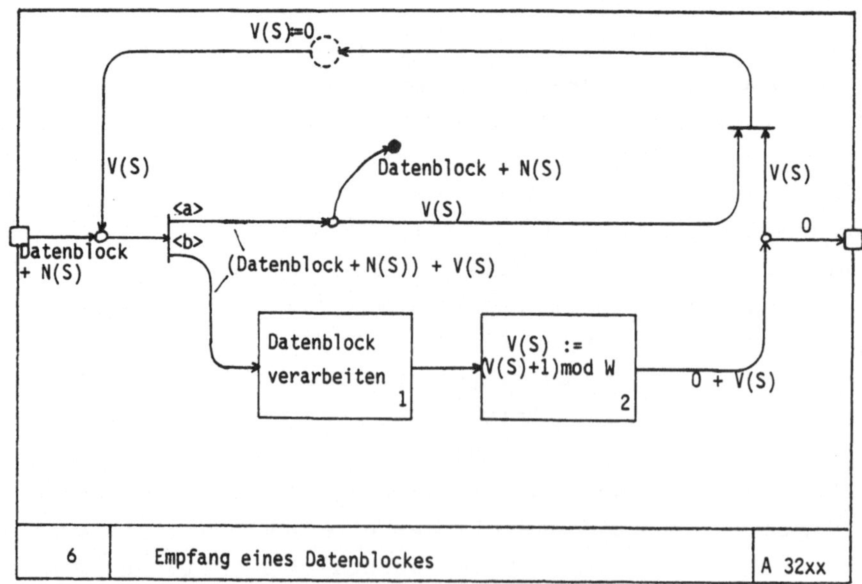

<a>: V(S) ≠ N(S)

<b>: V(S) = N(S)

Abb. 7: Verzweigung abhängig vom Input und vom internen Zustand

Konstruktionen dieser Art können auch reine Synchronisationsfunktionen besitzen, um etwa das gegenseitige Überholen von Daten zu verhindern. Ein Beispiel hierfür ist in Abb. 8 zu sehen.

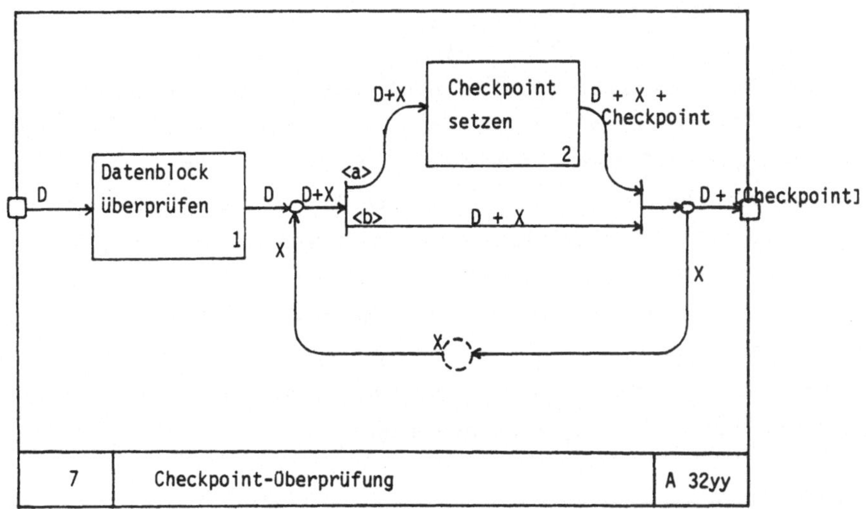

<a>: ...

<b>: ...

Abb. 8: Rückkopplung von X zur Vermeidung von Überholungen

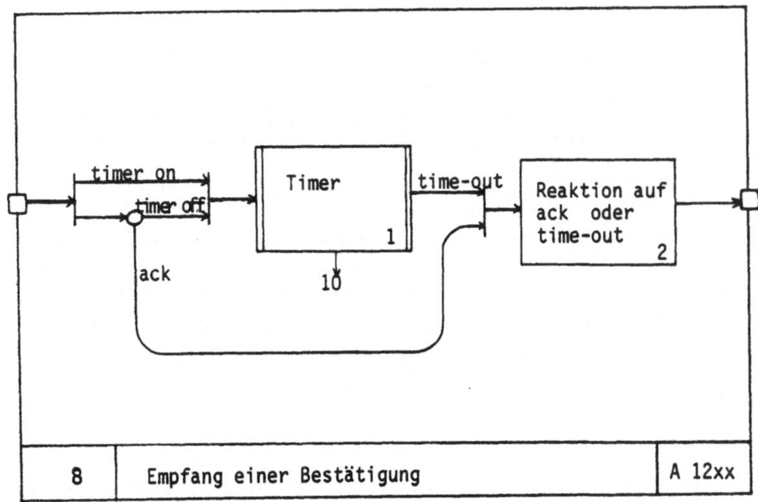

Abb. 9: Der Timer zur Verhinderung von Deadlocks
im Falle von Datenverlust

Selbstverständlich müssen gerade diese Zustandsdaten, die nicht aufgrund eines Inputs entstehen, zu Beginn entsprechend initialisiert werden (( )). Dies ist konsistent mit dem Initialisieren eines Petrinetzes durch bestimmte Marken, um das Netz als Ganzes zu aktivieren.

Ein in Kommunikationsprotokollen immer wieder auftretendes Element ist ein Timer, nach dessen Ablauf ein Time-out-Signal ausgelöst wird. Die Dimension der Zeit läßt sich in EDDA nicht explizit darstellen, sodaß das Ablesen einer Uhr als elementare Aktivität genommen werden muß und Funktionen eines Timers in einer relativ kompliziert erscheinenden Weise umschrieben werden müssen. Ein Timer ist in der Abb. 9 und 10 ausgeführt. In vielen Fällen wird eine weitere Untergliederung von A12xx1 (Timer) unterbleiben können, sofern seine Funktion eindeutig bestimmt ist und etwa in einer Implementierung durch einen Hardware-Baustein realisiert wird. Die Untergliederung dient in erster Linie der formal exakten Spezifikation der Vorgänge im Timer, ohne damit der praktischen Realisierung vorzugreifen.

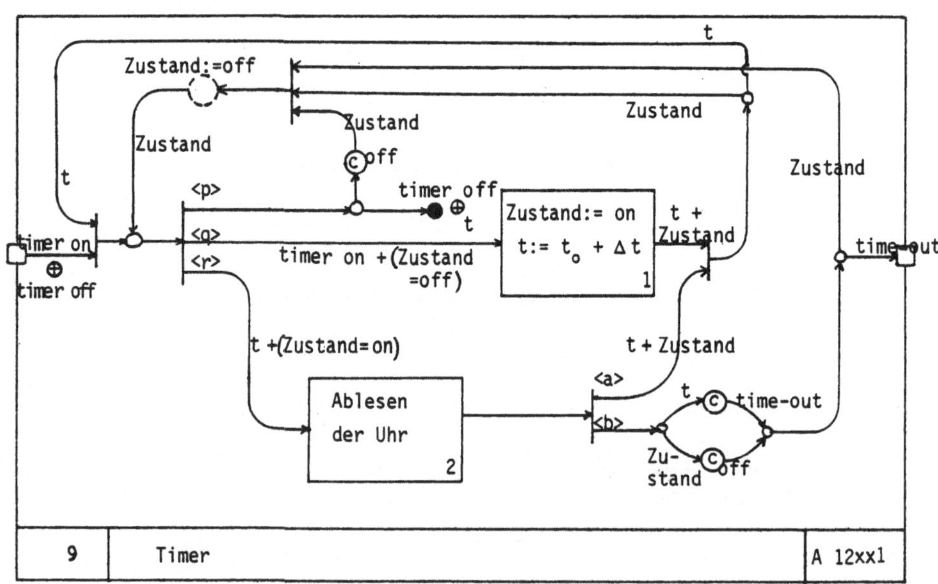

9	Timer	A 12xx1

<p>: (timer off + Zustand=on) $\oplus$ (t + Zustand=off)
<q>: (timer on + Zustand=off)
<r>: (t + Zustand=on)

<a>: $t_o < t$ ⎱
<b>: $t_o > t$ ⎰ t_o ... von der Uhr abgelesene Zeit

Abb. 10: Untergliederung des Timers

Die Spezifikation in Abb. 10 geht davon aus, daß das Signal "timer on"
nicht am Eingang auftreten kann, solange der Timer noch aktiv ist
(timer on + Zustand=off). "Zustand" enthält jeweils den momentanen
Zustand des Timers (on - off); im Zustand "on" fließt außerdem das
Datum "t" durch den Timer solange bis die Uhr die Zeit t überschreitet
und damit ein "time-out" auslöst oder "t" schon vorher durch das
Signal "timer off" zum Verschwinden gebracht wird. Das time-out-
Intervall t muß so gewählt werden, daß nach seinem Ablauf das Signal
"timer off" nicht mehr auftreten kann (timer off + Zustand=on).

4. PROTOKOLLSPEZIFIKATION IN EDDA AM BEISPIEL DES ALTERNATING BIT PROTOCOLS

Als Beispiel für ein sehr einfaches Protokoll, an dem sich formale
Methoden gut zeigen lassen, wird in der Literatur immer wieder das
"Alternating Bit Protocol" verwendet /BOCH 78/, /MERL 79/, /STEN 79/.
Den in der Literatur verwendeten Methoden, endliche Automaten und
Petrinetze, sei hier die Spezifikation des Alternating Bit Protocols
mittels EDDA gegenübergestellt.

Zur Erläuterung eine kurze verbale Beschreibung des Protokolls: Eine
Sendestation sendet über ein nicht näher definiertes unzuverlässiges
Übertragungsmedium Datenblöcke, die mit einem Steuerbit, das abwechselnd 0 bzw. 1 gesetzt wird, versehen sind. Der Empfänger überprüft
die Korrektheit des Steuerbits. Ist dieses korrekt, werden die Daten
konsumiert und eine Bestätigung mit dem nächsten erwarteten Steuerbit
wird zurückgesendet; andernfalls werden die Daten ignoriert und die
Bestätigung für den vorhergehenen Datenblock wird wiederholt, da sowohl Daten als auch die Bestätigung verloren gehen könnten. Erst wenn
der Sender eine Bestätigung empfangen hat, darf er wieder einen Datenblock senden. Ein Time-out-Mechanismus der nach Ablauf einer gewissen
Zeit den zuletzt gesendeten Datenblock wiederholt, verhindert einen
Deadlock des gesamten Systems.

Die Abbildungen 11 bis 15 beschreiben das Alternating Bit Protocol.
Das Diagramm A-1 ist praktisch identisch mit A-1 aus Abb. 1 und wird
daher hier nicht mehr gezeigt.

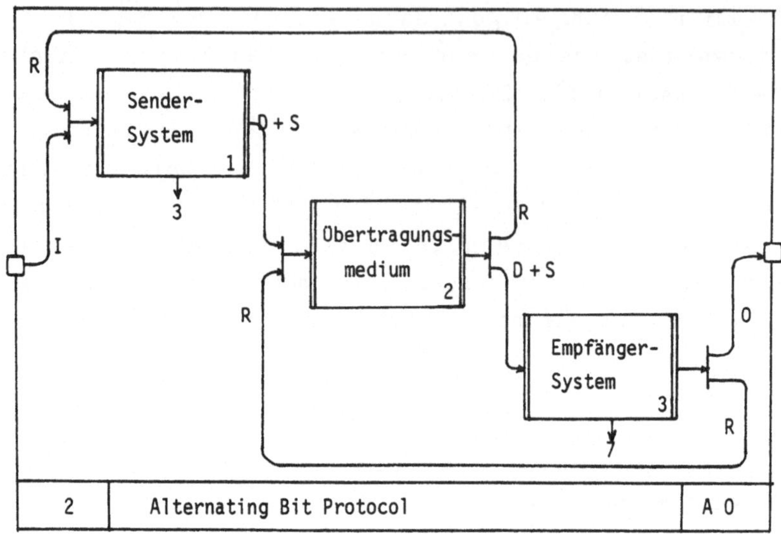

Abb. 11: Gesamtdarstellung des Alternating Bit Protocol

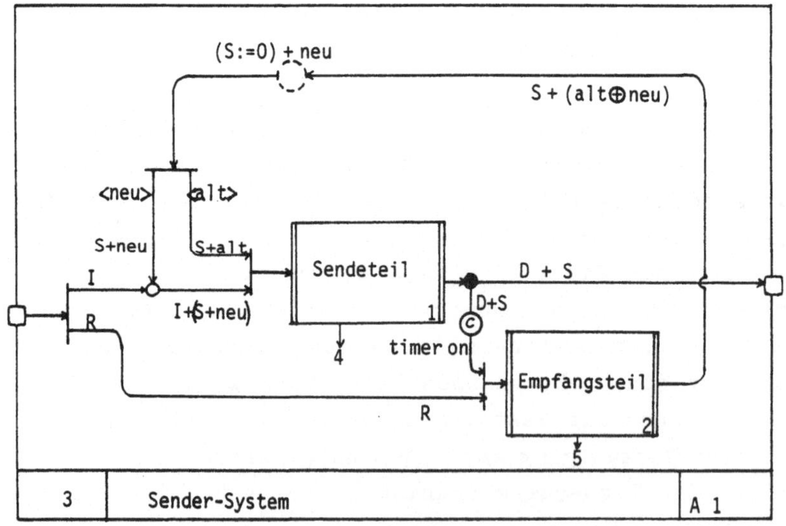

Abb. 12: Abläufe auf Seite des Senders: Verarbeitung der
zu sendenden Daten (I) im Sendeteil (wenn <neu>),
der empfangenen Bestätigung (R) im Empfangsteil

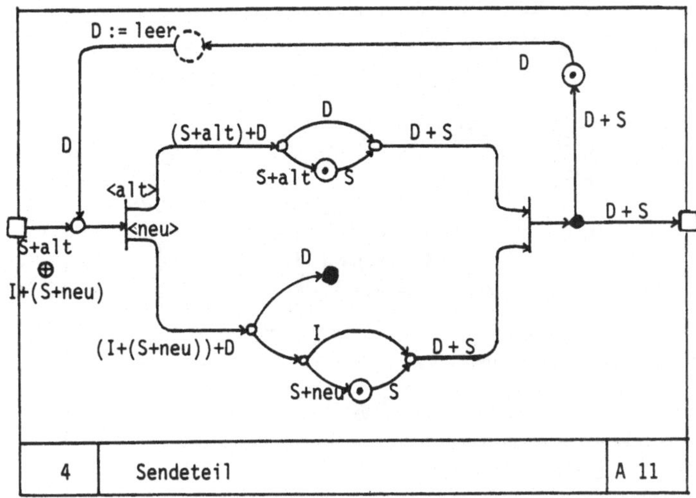

Abb. 13: Aufbereitung der Sendedaten: wenn <neu>: alte Daten (D)
werden gelöscht, I wird gesendet und als D zwischengespeichert; wenn <alt>:D wird nochmals gesendet

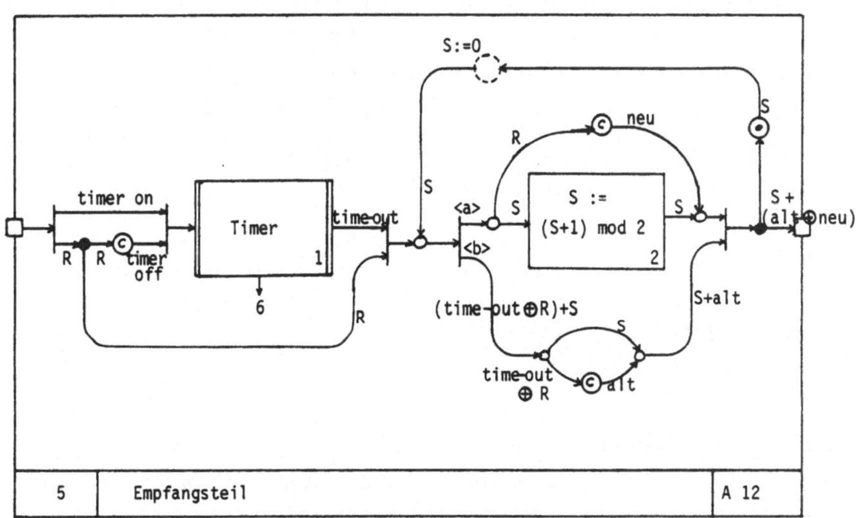

<a>: R≠S

<b>: (R=S) + time-out

Abb. 14: Empfangsteil mit Timer: Timer wird beim Senden
aktiviert (timer on), nach Empfang derBe-
stätigung (R) deaktiviert. Nur positive Bestätigung (R≠S) löst den Wechsel des Sendebits (S) aus.

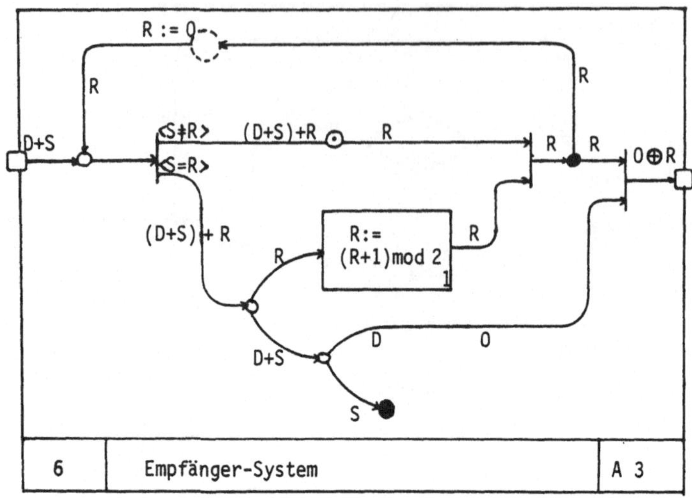

Abb. 15: Ablauf auf Seite des Empfängers: Sendebit wird überprüft,
Bestätigung (R) gesendet, Daten (O) an Benutzer ausgegeben

Zu den vorangegangenen Abbildungen ist zu bemerken, daß dies keineswegs die einzig mögliche Art ist, die Aktivitäten aufzugliedern. Insbesondere wurde die Aufgliederung von A11, dem Sendeteil, nur aus Gründen der Übersichtlichkeit vorgenommen. Im Extremfall könnten sämtliche Aktivitäten innerhalb eines einzigen Diagramms, AO aufgegliedert werden, ohne formal etwas zu verändern.

5. ZUSAMMENFASSUNG

Aufgrund seiner hierarchischen Struktur eignet sich EDDA zur direkten Anwendung im Entwurfsprozeß selbst. Wie auch schon in SADT /ROSS 77/, behält der Entwerfer eines Protokolls die Freiheit, durch Untergliederung der EDDA-Diagramme die für die jeweilige Betrachtungsweise relevanten Aspekte des Protokolls näher zu spezifizieren und andere auf einem hohen Abstraktionsniveau zu belassen (wird etwa ein Ebene-4-Protokoll entworfen, bleibt das Kommunikationssystem Ebene 1-3 in der abstrakten Weise wie in Abb. 2 bestehen). Durch diese Eigenschaft von EDDA ist es möglich den jeweiligen Betrachtern eine für ihre Zielsetzung klar verständliche und formal exakte Spezifikation mit ein und demselben Sprachmittel zu liefern.

Die formale Äquivalenz zu Petrinetzen /TRAT 80/ erlaubt die Anwendung der wesentlichsten Verifikationsmethoden, die auf der Petrinetzdarstellung basieren /BOCH 80/, /MERL 79/. Darüber hinaus ist ebenfalls der Stil von SADT dazu geeignet, eine wirksame Hilfestellung bei der Implementierung zu gewährleisten.

Zur Verifikation dieser Aussage wurde an der TU Wien eine Implementierung des hier spezifizierten Protokolls vorgenommen, der ausschließlich die in der Entwurfsphase entstandenen EDDA-Diagramme (Abb. 11-15) zugrundegelegt wurden. Die Umsetzung der EDDA-Elemente ein Pascal-Programm war ein nahezu mechanischer Ablauf, der praktisch kein Verständnis des Protokolls an sich mehr erforderte. Lediglich der Timer wurde mittels im System vorhandener Timer-Routinen anstelle der in Abb. 10 dargestellten EDDA-Spezifikation implementiert. Eine detaillierte Spezifikation wurde auch für das Protokoll EHKP4 vorgenommen, wobei nach derselben hierarchischen Strukturierung vom Grobentwurf bis hin zu implementierungsabhängigen Details vorgegangen wurde.

EDDA ist somit für die wesentlichen Ziele der Protokollspezifikation ein wichtiges Werkzeug, das in jeder Phase des Protokollentwurfes angewendet werden kann.

Literaturverzeichnis

/BOCH 78/   BOCHMANN G. V.: "Finite Description of Communication Protocols", Computer Networks, Vol. 2, Oct. 1978, pp. 361-372.

/BOCH 80/   BOCHMANN G. V., SUNSHINE C. A.: "Formal Methods in Communication Protocol Design", IEEE Transactions on Communications, Vol. COM-28, No. 4, April 1980, pp. 624-631.

/DANT 77/   DANTHINE A.: "Petri Nets for Protocol Modeling and Verification", Proc. Computer Networks and Teleprocessing Symposium, Vol. II, Budapest, Oct. 1977, pp. 663-685.

/DENN 74/   DENNIS J. B.: "First Version of a Data Flow Procedure Language", Proc. Colloque sur la Programmation, Springer-Verlag N.Y., 1974, pp. 362-376.

/ISO 80/   ISO/TC97/SC16 "Open Systems Interconnection, Basic Reference Model", Draft Proposal, ISO/DP 7498, Dec. 1980.

/KERN 81/   KERNER H., BRUCKNER G.: "Rechnernetzwerke, Systeme, Protokolle und das ISO-Architekturmodell", Springer-Verlag Wien, 1981.

/MERL 79/   MERLIN P. M.: "Specification and Validation of Protocols", IEEE Transactions on Communications, Vol. COM-27, No. 11, Nov. 1979, pp. 1671-1680.

/ROSS 77/   ROSS D. T.:   "Structured Analysis (SA): A Language for Com-
             municating Ideas",   IEEE Transactions on Software Enginee-
             ring, Vol. 3, No. 1, Jan. 1977, pp. 16-34.

/SCHI 80/   SCHINDLER S.: "Distributed Abstract Machine", Computer Com-
             munications, Vol. 3, Oct. 1980, pp. 208-220.

/STEN 79/   STENNING N. V.: "Definition and Verification of Computer
             Network Protocols", National Physical Laboratory Report
             DNACS 15/79, Feb. 1979.

/SUNS 81/   SUNSHINE C. A.: "Communication Protocol Modeling" (Artikel-
             sammlung), Artech House, Inc., 1981.

/SYMO 80/   SYMONS F. J. W.: "Introduction to Numerical Petri Nets, a
             General Graphical Model of Concurrent Processing Systems",
             Australian Telecommunication Research, Vol. 14, No. 1,
             1980, pp. 28-32.

/TRAT 80/   TRATTNIG W.: "EDDA, eine formal definierte (Datenfluß-)Spe-
             zifikationssprache zur Entwicklung verteilter Systeme",
             Dissertation, Institut für Digitale Anlagen, Technische
             Universität Wien, Okt. 1980.

/TRAT 81/   TRATTNIG W., KERNER H.: "EDDA, a Very-High-Level Program-
             ming and Specification Language in the Style of SADT", TR
             DA 81/01/01, Institut für Angewandte Informatik und System-
             analyse, Technische Universität Wien, Jan. 1981.

/TRAT 82/   TRATTNIG W.: "EDDA - eine Datenflußsprache zur Spezifika-
             tion von Softwaresystemen, TR DA 82/03/02, Institut für
             Angewandte Informatik und Systemanalyse, Technische Univer-
             sität Wien, März 1982.

/VOGT 79/   VOGT F., DREGGER E., ECKERT H., LAUSCH B.: "Specification
             of a Transport and Session Layer Protocol", PIX/HLP/TAG/
             79/05, Sept. 1979.

ANHANG

Kurzbeschreibung von EDDA

Die Sprache EDDA (/TRAT 82/) beruht auf einer leicht verständlichen,
graphischen Interpretation von einigen wenigen Sprachelementen und
deren gegenseitigen Abhängigkeiten. Als Grundlage für die semantische
Sprachbeschreibung wurde das sogenannte Datenflußkonzept /DENN 74/
gewählt:

Jede datenverarbeitende Komponente (von EDDA) kann genau dann aktiviert werden, wenn alle zur Verarbeitung benötigten Datenwerte zur
Verfügung stehen. Mittels dieses Prinzips ist EDDA von der Anforde-
rungsanalyse bis hin zur Implementierung eines Softwareproduktes anwendbar.

Um die Produktentwürfe in überschaubaren Grenzen zu halten, erfolgt die Spezifikation des Systems durch schrittweise Untergliederung unter Zuhilfenahme von Abstraktionen. Dabei wird ein Softwaresystem als eine Hierarchie von abstrakten Aktivitäten angesehen, die der Reihe nach top-down verfeinert werden. Der Verfeinerungsprozeß wird solange fortgesetzt bis letztendlich alle Abstraktionen vollständig spezifiziert sind.

EDDA-Systembeschreibungen werden wegen ihrer graphischen Form auch EDDA-Modelle genannt. EDDA-Modelle bestehen aus EDDA-Diagrammen, die wiederum den einzelnen Abstraktionsvorgängen entsprechen. EDDA-Diagramme beinhalten Aktoren und Datenpfade. Die Aktoren sind die datenverarbeitenden Komponenten des EDDA-Modells. Ihre gegenseitigen Abhängigkeiten werden durch die Datenpfade bestimmt. Über die Datenpfade werden entsprechend der FIFO-Strategie Datenwerte an die mit den Datenpfaden inzidenten Aktoren weitergegeben.

Datenwerte können elementar oder strukturiert sein. Elementare Datenwerte sind z.B. Integer- und Realzahlen. Strukturierte Datenwerte sind aus mehreren Komponenten zusammengesetzt. Jede einzelne dieser Komponenten, die wiederum strukturiert oder auch elementar sein kann, wird durch einen sogenannten Selektor angesprochen. Die Struktur eines EDDA-Modells wird durch die den Diagrammen zugeordneten Referenznummern verdeutlicht. Das oberste Diagramm des EDDA-Modells wird mit der Referenz A$\emptyset$ bezeichnet. Alle in A$\emptyset$ dargestellten und mit 1,...,n durchnumerierten Abstraktionen (die ja noch weiter verfeinert sein müssen) sind dann in den Diagrammen A1,...,An aufzufinden. Die in Diagramm Aj enthaltenen m Abstraktionen sind in analoger Form in den Diagrammen Aj1,...,Ajm weiter untergliedert. Zusätzlich ist jedem EDDA-Diagramm eine Seitennummer und ein Name zugeordnet. Im folgenden sind nur die in diesem Paper verwendeten Aktoren näher beschrieben. Die hier erwähnten Aktoren stellen jedoch nur eine Teilmenge der in EDDA vorhandenen Aktoren dar, der an EDDA interessierte Leser sei auf /TRAT 82/ verwiesen.

o INVOKE

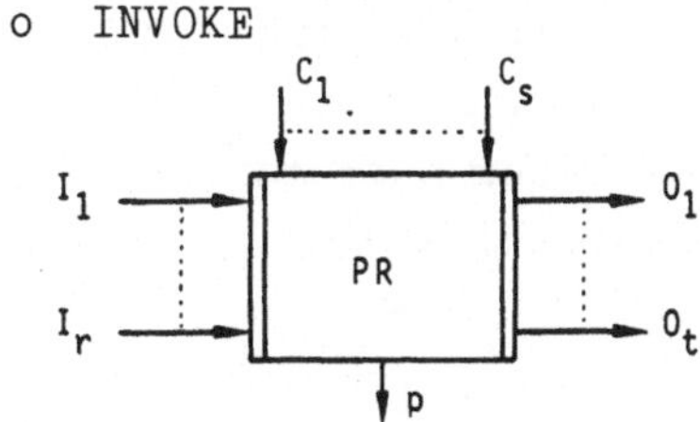

Der INVOKE-Aktor verkörpert eine auf Seite p noch weiter verfeinerte Abstraktion. Liegen an allen Input (I)- und Control (C)-Datenpfaden Datenwerte an, so wird der dem Aktor entsprechende Prozeß aktiviert. Die über die Datenpfade einströmenden Datenwerte werden entsprechend der Spezifikation des Aktors verarbeitet und an die Output (O)-Datenpfade abgegeben. Die Unterscheidung zwischen Input- und Controldatenpfaden dient ausschließlich dem menschlichen Verständnis. Es gilt jedoch die Regel, daß Controldatenwerte innerhalb des Prozesses nicht verändert werden.

o JOIN

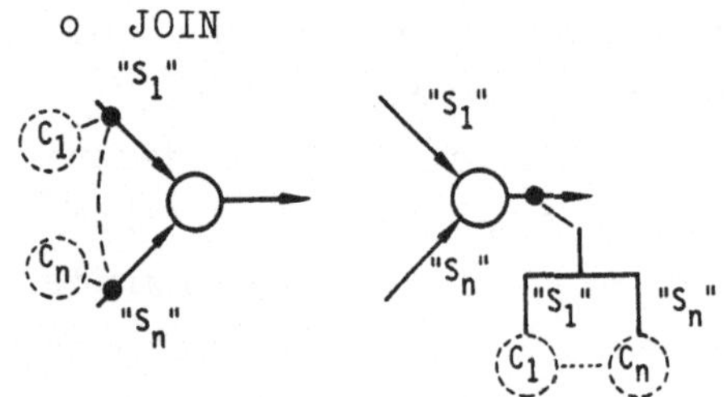

Liegen an allen Inputdatenpfaden Datenwerte c_i an, so werden diese entsprechend der Selektoren s_i zu einer Datenstruktur zusammengefaßt.

o FORK

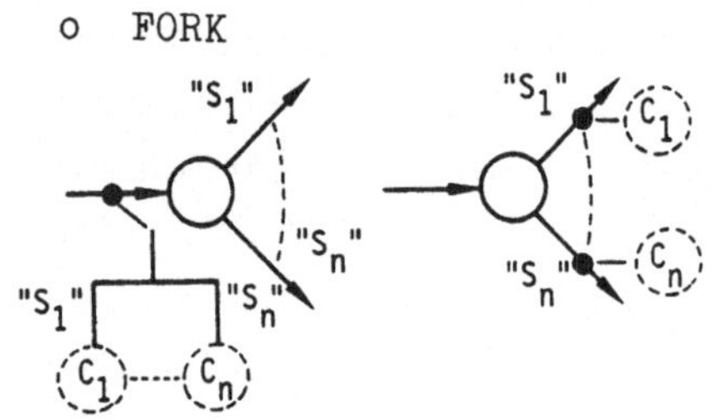

Eine am Inputdatenpfad anliegende Datenstruktur wird entsprechend der angegebenen Selektoren s_i in die einzelnen Komponenten c_i aufgeteilt.

o SELECT

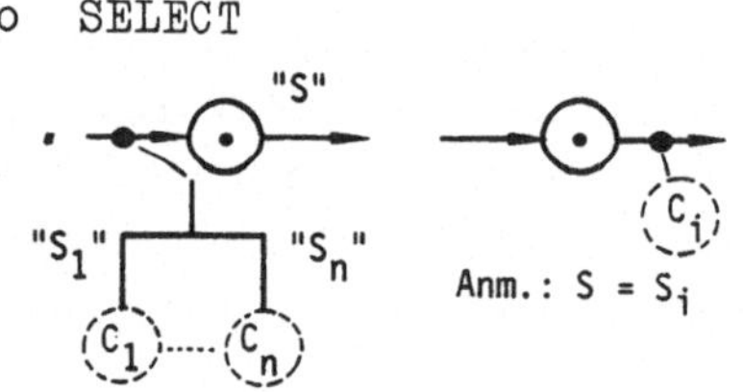

Aus einer am Inputdatenpfad anliegenden Datenstruktur wird entsprechend den Selektor s eine Komponente c herausselektiert. Ist der spezifizierte Selektor in der Datenstruktur nicht vorhanden, so wird ein spezieller Datenwert, der einen erfolglosen Selektierungsversuch signalisiert, weitergegeben.

o CHOOSE

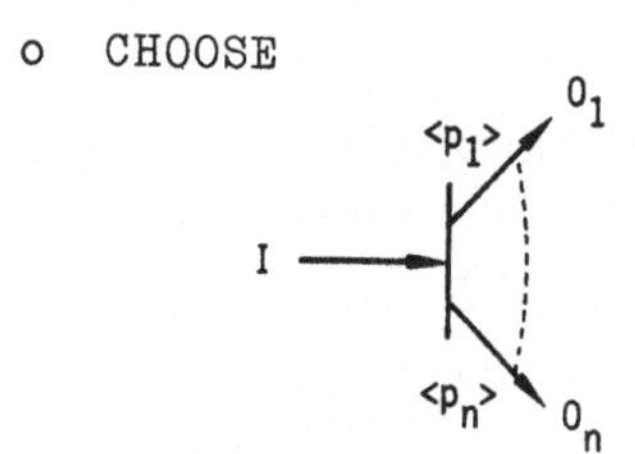

Liegt an Inputdatenpfad ein Datenwert an, so werden alle Prädikate des CHOOSE-Aktors ausgewertet und der Datenwert nondeterministisch einem Outputdatenpfad, dessen Prädikat logisch wahr ist, zugeteilt.

o   MERGE

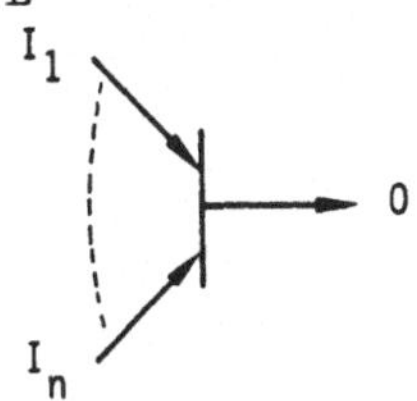

Liegt an einem oder mehreren Inputdaten-
pfad(en) ein Datenwert an, so wird von
einem beliebigen dieser Datenpfade der
Datenwert entnommen und an den Outputdatenpfad weitergegeben.

o   INITIALIZE

Bei "Aktivierung" des Diagramms wird der
elementare Datenwert c an den Outputdatenpfad abgegeben. Danach werden alle
am Inputdatenpfad ankommenden Datenwerte
unverändert durchgelassen.

o   SOURCE

Der SOURCE-Aktor erzeugt einmalig den
elementaren Datenwert c und gibt diesen
an den Outputdatenpfad ab.

o   CONSTANT

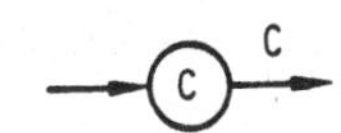

Für jeden vom Inputdatenpfad konsumierten
Datenwert wird der elementare Datenwert c
an den Outputdatenpfad abgegeben.

o   SINK

Jeder am Inputdatenpfad anliegende Datenwert wird "verschluckt".

o   PORT

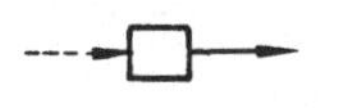

Der PORT-Aktor ist die Schnittstelle
zwischen zwei EDDA-Diagrammen. Er "verbindet" die mit ihm inzidenten Datenpfade
der beiden Diagramme und läßt im Prinzip
beliebig viele Datenwerte passieren.

o   OPERATOR

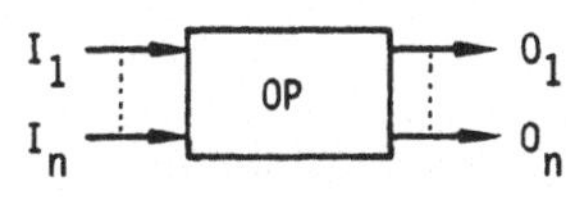

Liegen alle Inputdatenwerte an, so werden
diese den Inputdatenpfaden entnommen, auf
sie die Operation OP angewendet und die
Ergebniswerte an die entsprechenden Out-
putdatenpfade abgegeben.

Literatur: /TRAT 82/, /ROSS 77/, /DENN 74/.

Fundamental Aspects for the Definition of Protocols

Rudolf Schragl
SIEMENS AG, Munich [*])

Abstract

A communication protocol specifies the rules and agreements for the
interactions of cooperating distributed processes. In a protocol, the
protocol events with their relations are defined. The universality
of such a specification is limited in that some of the time relations
between events are not characteristics of the events themselves but
depend upon the position on which the specification is based.

In this paper the special theory of relativity is used to demonstrate
in what way the position used for the specification influences the
definition of protocols. In doing so, events and event relations (based
on space-time distance called interval) both necessary and sufficient
for describing the dynamical aspect of a protocol are presented. Thus
a causal structure can be defined which contains the protocol specifications independent of the describers position.

With an example of a protocol the difference between time dependent
description and the description of the causal structure will be demonstrated.

[*]) Authors present address:
InterFace Computer GMBH, Oberföhringerstr. 24ab, 8 München 81

Contents

1. Introduction or "What is a Protocol"

Given a system of cooperating processes communicating exclusively via
the exchange of messages, the communication protocol is defined by
the set of rules and agreements under which the interactions are to
be performed. In this general context a message is understood as information exchanged in one piece between the cooperating processes.
A message may then consist of one bit, a bit sequence, a signal, or
a complete text. The protocol defines the format and meaning of each
message and determines the "admissible" sequences of information to
be exchanged (i.e. those sequences that are relevant for a given consideration).

If the cooperating processes have no variables in common (such as
shared memory), communication between processes is only possible by

means of a protocol (/MERL/, /STEN/). These facts are given for physically distributed processes but increasingly find application within multiprocessor systems as well.

As shown in practice this basic understanding is sufficient, when realizing concrete computer nets predominantly with point-to-point connections. Difficulties arise as soon as the rules are to provide for protocol handling by arbitrary partner pairs (e.g. extension to a new computer type), or as soon as universal characteristics of the protocol are to be verified. Difficulties increase if duplex protocols and the corresponding synchronization problems are included in the consideration. Additional problems are created if there are associations between more than two partners whose connections show predefined characteristics (/MERL/).

The difficulties are not (or not only) due to the varying degree of suitability of linguistic constructs in one or the other description language but primarily to the fact, that the basic understanding presented above is not sufficient for defining a protocol and has to be deepened by additional aspects.

One of the reasons for this insufficency is, as will be shown later that the describer position - i.e. the space-time concept on which a protocol specification is based - influences the definition of the interactions. The time relation between events is not entirely a relation between the events themselves, but partly depends on this position. If a protocol is considered from a different position (e.g. from the point of view of a newly added process), one might well realize that the protocol was not sufficiently specified even though the definition used to be adequate previously. By the introduction of invariant relations and guidelines for space-time transformations such problems can be taken into account of even at the first stage of protocol design.

Since all practical implementations of protocols are intended for partners in predefined environments (mostly homogeneous systems or designated projects), the problems just mentioned are solved by specific actions such as introducing a timer or selecting a certain network topology. In these cases other possible positions need not be considered.

2. Coordinate Systems for the Representation of Events

2.1 Protocol Events in the Space-Time Diagram

Events are occurences that happen at a certain place and at a certain
time, i.e. they have both a space and a time component. For example
sending and receiving of the same signal are events occuring at different times and perhaps also at different locations. The difference
in time depends on the propagation speed of the signal and on the distance covered by it. If the representation of space and time is limited
to one dimension each, the fundamental interdependence of events can
be shown in a space-time diagram. Every point within the diagram will
then correspond to an event. All event points assigned to a signal
or an object form a curve within the space-time diagram. This curve
is known as "world line".

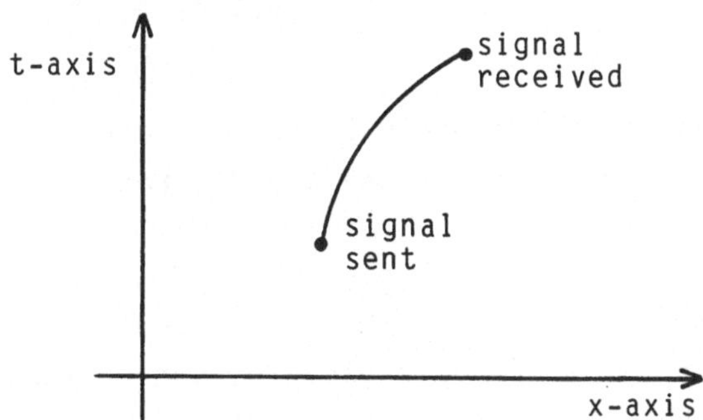

Fig. 1: Representation of the world line of a signal

The same is true of events relevant for communication by messages.
In this case the objects are the processes involved in communication
on the one hand, and the protocol messages to be exchanged between
these processes on the other. Protocol events are all those events
that are related to sending and receiving of protocol messages. They
result from the intersections of the world lines of processes and protocol messages.

For simplify matters, initially two processes are considered which
communicate via one connection only. The events relevant for the protocol are represented in a space-time diagram, the scales for the two
axes beeing assumed arbitrarily for the first. All the events are measured under the time unit assumed for the t-axis. This is possible

because the clocks of the processes can be synchronized on principle
(/HERL/, /TAYL/). Under these circumstances the world lines of the
two processes become lines parallel to the t-axis. It can be assumed
without restrictions that the world line of one process coincides with
the t-axis This can be achieved through parallel translation of the
coordinate system.

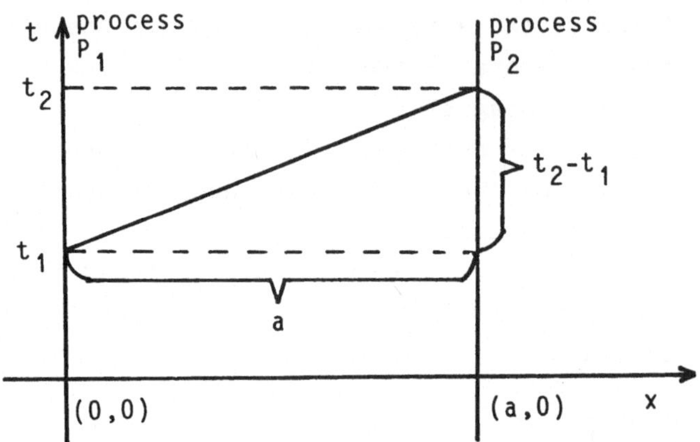

Fig. 2: Representation of the world lines of two communicating
processes in the space-time diagram

A message transmitted by P_1 at the time t_1 is received by P_2 at time
$t_2 > t_1$; only then reactions are possible. The world line of a message
is the graph assigned to it in the space-time diagram between the
events "sending" and "receiving" of that message via the connection.
As the impact of messages is only relevant for the processes involved,
world line representation is arbitrary and therefore represented by
a straight line. The gradient of that line can be expressed by

$$\frac{a}{t_2 - t_1} = \frac{\Delta x}{\Delta t}$$

which supplies the propagation speed of the message. The time difference Δt indicates the delay time.

2.2 Transformation between Coordinate Systems

The delay time of a protocol message depends on its transit time across
the transmission medium and on the processing time of the communications subsystem. The delay time has a lower bound, which is determined
by the laws of physics. It cannot be less than the transit time of

a light signal even if we assume a processing time of 0. Moreover,
the special theory of relativity postulates (/HERL/) that the velocity
of light has the constant value c (in vacuum) in all inertial systems,
i.e. observers moving at constant speed in relation to each other.
This means that c is the upper limit for the propagation speed of every
protocol message. In this consideration it is not the absolute value
of this quantity that matters but the fact that such a value exists
at all.

It is useful to select as a unit for the x-axis the distance covered
by light in one time unit. Given a time of 1 second, one distance unit
will then be 1 light second. The advantage of such a definition is
that the velocity of light assumes the value 1, i.e. the angle bisector
of the coordinate axes represent the world line of a light ray. Consequently the world line of each protocol message will have a slope
greater than or equal to 1. The degree of parallelism of the lines
corresponding to different protocol messages will depend on the quality
of the connection between the processes.

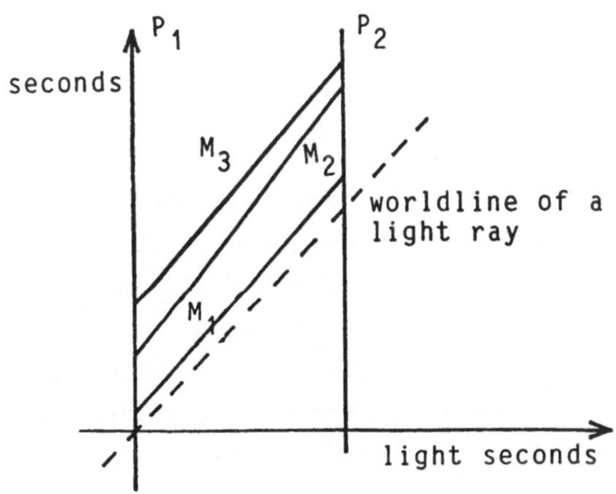

Fig. 3: World lines of some protocol messages

The describer position is defined by the selected coordinate system
by which events (and their relations) independent of the describer
are recorded and represented. Due to the fixed ratio between the space
and time coordinates the describer position is uniquely determined
by the time unit used (except for linear translation).

If a different coordinate system is used for the representation of
happened events, the event coordinates on which the protocol definition
is based have to be transformed accordingly. Given a rectangular coordinate system (x,t) with a time unit corresponding to the position
on which the protocol definition is based, the world line of an object
(e.g. process) using a different time unit will be represented by a
line t´ with the slope 1/ß and 0< |ß| < 1. Due to the prescribed symmetry
of the coordinate axes to the angle bisector, the x´-axis assigned
to t´ is given by the line with slope ß. It can be assumed that both
coordinate systems have the same origin (this merely means a parallel
translation). A change in time scale thus means a change of the coordinate axes from (x,t) to (x´,t´).

Coordinate transformation of this kind presented here follow the geo-
metry of the Minkowsky universe and was developed within the framework
of the theory of special relativity (/HERL/). The relation between
the coordinates of one event in different coordinate systems can graphically be found by parallel translation and is summarized in the
Lorentz Transformation:

$$x´ = \frac{x - vt}{\sqrt{1 - \dfrac{v^2}{t^2}}} \quad , \quad t´ = \frac{t - \dfrac{vx}{c^2}}{\sqrt{1 - \dfrac{v^2}{c^2}}} \quad \text{with} \quad v = -cß$$

This theory describes relations between events perceived by observers
moving at high but constant speed relative to each other. In that case
the time scales of both will be different, i.e. there will be no time
scale universal to all observers. Vice versa, all relations between
events show the same behaviour if the observers are resting and different time scales for them are assumed. Thats why the results are
applicable for the events relevant for communicating processes in computer networks.

2.3 Covariant and Invariant Characteristics of Events

The type of event description presented in the previous chapter is
known as covariant. "Variant" in this context means, that the coordinate values change with changing time unit; "co" means that the
change follows the same law for all events.

Invariant quantities are defined as quantities which are not affected
by change of the coordinate system, i.e. which are not influenced by
a Lorentz transformation. Consequently they are independent of the
used coordinate system and therefore play an important role in defining
characteristics of events.

While the euclidean distance is not invariant, a similar measure called
the interval between two events can be defined by:

$$\Delta s^2(E_0,E_1) = \Delta t^2 - \Delta x^2$$

The interval between two events E_0 and E_1 can be classified in three
regions depending on whether the time or the space component
predominates:

$$\Delta s^2(E_0,E_1) > 0 \qquad \Delta s^2(E_0,E_1) < 0 \qquad \Delta s^2(E_0,E_1) = 0$$

The first region is called timelike because in all coordinate systems
the two events are in the same temporal order, i.e. E_1 always either
precedes or succeeds E_0. Suitable Lorentz transformation can only make
both events occur at the same place. In this case the time difference
equals the value of the interval. The second region is called spacelike
and the temporal order of the two events depends on the coordinate
system (e.g. in figure 4 event E_3 succeds E_0 in the (x,t) system but
preceeds E_0 in the (x',t') system). The third region is called
lightlike and describes all events situated on the two angle bisectors.

All events E_1 with $\Delta s^2(E_0,E_1) > 0$ are located within a cone that is
bounded by the angle bisector and whose top is the event E_0. Its upper
half $(\Delta t > 0)$ is called future cone, its lower half $(\Delta t < 0)$ past cone.

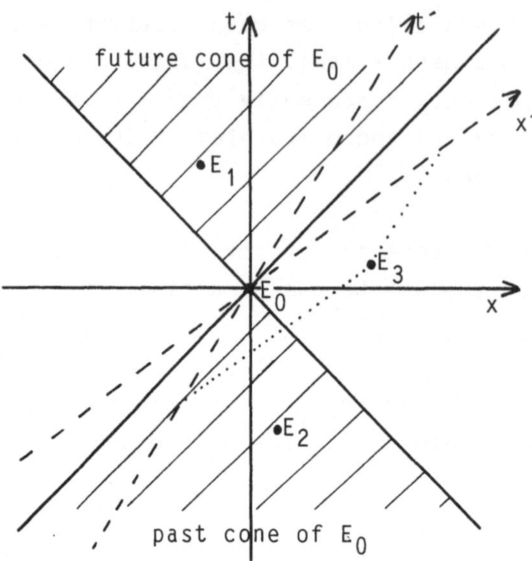

Fig. 4: Future and past cones of event E_0

3. Impact on Protocol Definition

3.1 Communications System Model

Each partner communicating according to the rules of the protocol is
modelled through a process. The processes are logically associated
in accordance with their own communicational needs. The associations
exist independently of whether or not an actual data path (called
connection) is established. The connections reflect the way in which
the processes are coupled by the communications system. In a layered
architecture (cf. /ISO/) these processes are assigned to one layer
while the functions for realizing are provided as service by the layer
underneath. Dependent of the kind of layer a connection may be virtual
(i.e. no real throughgoing line) with predefined characteristics.

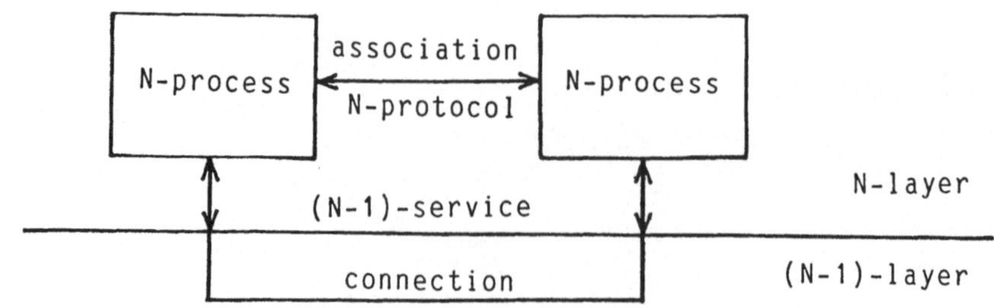

Fig. 5: Layered structure

The graph whose points represent the various processes is called topology and represents either the network of associations or the network
of connections. For modelling different traffic types also connections
with more than two endpoints and different addressing capabilities
have to be considered (/SCHL/).

Up to this point we have, for the sake of simplicity, assumed that
the location of processes is affected through only one coordinate,
the x-coordinate. This is no longer sufficient if the scope is to include more than two processes and arbitrary topologies between them.
To represent spatial relations between processes, three coordinates
(x,y,z) are required at most; for practical purposes one coordinate
can be usually assumed as 0. Also in case of three dimensions all laws
of special relativity remains valid.

Fig. 6 gives an example of a topology providing four point-to-point
connections between P_1, P_2, P_3 and P_4, and a special multipoint
connection of type 1:n between P_4, P_5 and P_6.

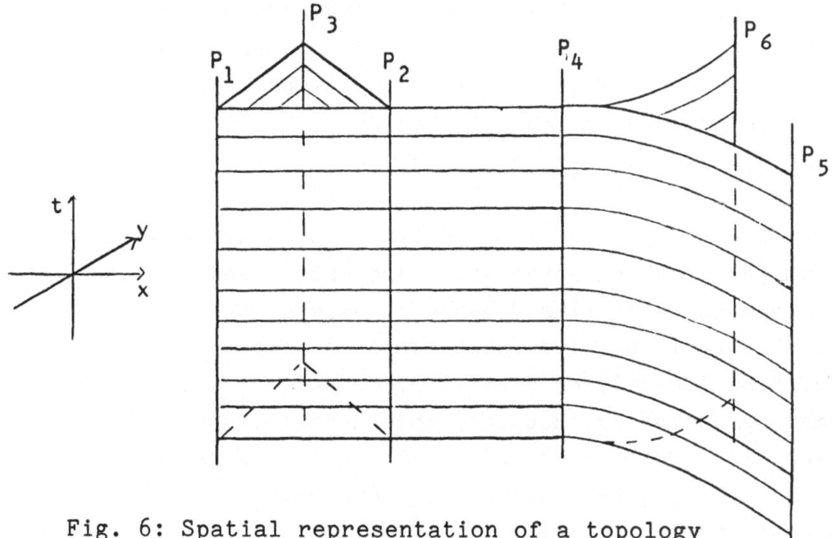

Fig. 6: Spatial representation of a topology

3.2 Characteristics of Protocols

The time unit of a coordinate system may be interpreted as unit of
the processing time of the process represented by the t-axis. None
of the time units excels any otherone, i.e. any one and hence any coordinate system could serve as basis for protocol specification.

Also in practice there is no universally valid coordinate system. The various processes are autonomous systems or subssystems whose "clocks" are not synchronized. The clock made available to a process is itself realized by a process whose time dependence may be designed in different ways according to the computer system in question and therefore may be based on different time scales. Algorithms for synchronizing the clocks of distributed processes are shown in /LAMP/. For many application-oriented protocols such an approach is unneccessary and entails great expenditure especially in case of a varying number of communicating processes.

Many todays protocol specifications are based on one time scale (or a class of it), which results in describing the event characteristics with temporal relations (for examples cf. /STEN/). But the assumption of a common time scale means an abstraction which only conditionally reflects real process behavior. Different proper times of processes are expressed in the space-time diagram through world lines no longer parallel to each other. This can be taken into account of by describing the events with the aid of a new coordinate system. The Lorentz transformation shows that the changing of time scales not only means a linear translation but effects some of the temporal relations between events. If this is not taken into account of while specification, protocols are not usable universal at all.

Only in that cases protocols are defined independent of coordinate systems where event characteristics are used based on invariants. Since processes are normally time dependent systems, the additional specification of covariants (i.e. statements on time or distance) may be required. Also for solving efficiency constraints covariant specification may be necessary. However, this description type should be used only after all possibilities of invariant specification have been depleted. In that case the applicable coordinate axes and the space-time conditions must be specified unambiguously, for otherwise the mutual influence at a change of the describers position cannot be taken into account of. This leads to difficulties while implementing a process because for this purpose the protocol specification has to be adapted to this specific time scale.

of the type $E_0 \rightarrow E_1$ is not sufficient for the specification of
protocol rules. Additional statements must be made on whether
- an event E_1 <u>must</u> occur in order to ensure continuation
  of the protocol (e.g. when E_1 is the acknowledgement of E_0 which
  has to be waited for),
- an event <u>may</u> occur (e.g. when E_0 is an event of the opening
  phase and E_1 a possible event of the termination phase), or
- the occurence of an event E_1 influences the occurence
  of other events (e.g. after termination of a protocol phase other
  events of the phase must not occur any longer).

In order to describe the dynamic interdependencies between events,
a minimum set of statements on protocol messages is required to make
these suitable for protocol definition. The minimum information for
the specification of a protocol message includes
- an identifier for separation from other messages,
- the assocation or connection for which it is used (possibly
  also the applicable data path and/or priorities),
- its direction, i.e. which process is to be the sender and
  which process(es) should receive the message, and
- the contents (parameters) of the message which determine
  the further event sequence.

The most elementary protocol event derivable from the above statements
takes the form "message occurs". The dynamic behaviour of a protocol
is given, if the causal relations are applied to the so defined protocol events together with the messages specified by the minimum parameters. The set of these causal relations is called <u>causal structure</u>.
Since the causal structure is based on invariant characteristics, it
can be used as definition of the dynamic behavior of the protocol.

By refinement of the protocol events, such as partitioning into "receive message" and "send message" the causal structure can be utilized
as a basis for representing the interaction of the various partners
("total view") or for the definition of actions and reactions of one
partner ("local view"). Depending on the purpose of the specification,
a subset of the events relevant to the causal structure or an addition
of further events (e.g. service events) will permit the consideration
of different levels of abstraction. In any case the original structure
must not be violated, regardless of whether the events are to be represented, even for these views, classified according to cause and
effect or in temporal succesion.

4. Defining Properties of Protocols

4.1 Causal Nexus between Events

A protocol event E_0 can influence the event E_1 only, if the latter is located within the future cone of E_0. No event situated outside that cone can in any way be influenced by E_0. Moreover, these events could change their order by representing them in a different coordinate system.

The protocol has to define, besides format and meaning, the dynamic relations between all events. If these relations are specified as a causal relationship, they will be based on a consideration of the events influencing each other. If there is a causal dependence between two events, the events are bound to occur succesively, their order beeing determined by cause and effect. One symbol, such as $\rightarrow$, suffices for a representation of causal dependence. $E_0 \rightarrow E_1$ thus means that E_1 was caused by E_0 with the corollary that E_1 is necessarily located in the future cone of E_0. As a consequence the squared interval of causally linked events is always a positive quantity, and the following relation is satisfied:

$$\{E, E \rightarrow E_0 \vee E_0 \rightarrow E\} \subset \{E, \Delta s^2 (E_0, E) > 0\}$$

However, if two events E_0 and E_1 are causally independent of each other, their order is arbitrary. There is no necessity for E_1 to be only in the future cone or only in the past cone of E_0. Thus the events are linked by a relation which is containd in a range specified via the interval. This relation is independent of the coordinate system and hence invariant.

4.2 Elements of Protocol Definition

The definition of the protocol behavior is not concerned with the description of happened events but with statements on the possible occurence or non-occurence of events based on all preconditions (i.e. the relevant history). The agreements and/or rules have to include all the proceeding influencing events, i.e. not only the events based on explicit messages from and to the partner but also the other events that determine the protocol sequence such as establishment or termination of a connection. The rules are necessarily invariant if they are based exclusively on the causal nexus. But the causal interdependence

4.3 A Possible Means for the Representation of Causal Structures

The selection of a tool for representation presupposes that there is
a clear concept of what is to be exactly specified. For example, representation by means of the space-time diagram enables events to be
described in the temporal relation of their occurence, which is useful
for such purposes as diagnosis or the demonstration of exemplary event
sequences. In the causal structure of a protocol, the interdependencies
of and reactions between protocol messages (i.e., events of the type
"message occurs") are specified together with their determining parameters (i.e. events based on connection-specific notifications and
requests). Although the causal structure yields the temporal event
sequences for every process (for these must not contradict the causal
relations), the reverse is not true, i.e. the listing of sequences
does not allow any conclusions as to causal interdependence. Therefore,
space-time diagrams are not suitable for the representation of causal
structures.

A possible description of the causal structure can be effected through
a special case of a Petri net, namely a loop-free, marked graph, in
which all places have a maximum of one input and of one output and
with every event beeing represented by a transition. In a practical
application, the interaction of very many events has to be taken into
account of. Therefore it will not suffice to consider individual
events; rather it will be necessary to combine events into an event
class (e.g. a protocol message whose characteristics are determined
by the possible parameter values). In addition the influences required
for the specification of protocol rules remain to be represented.

This means that, for the sake of compact representations, sophisticated
language constructs are needed. Loops and branches as well as the use
of negative links enable the complete description of the causal structure. For an even more compact representation additional language constructs may be useful (e.g. /BURK/). Figure 7 gives an example of the
initialization phase of a protocol between the processes P_1 and P_2.

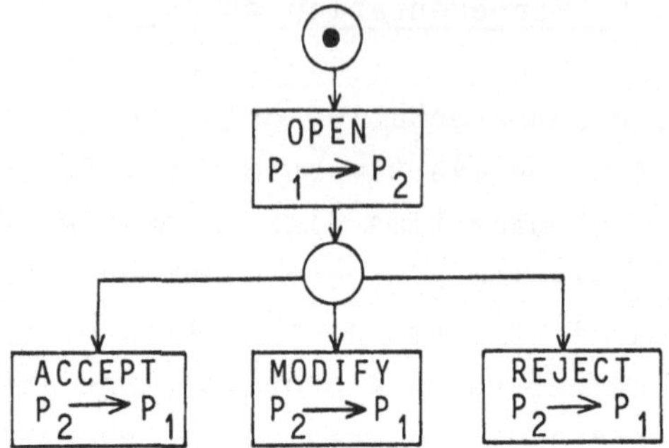

Fig. 7: Example of a causal structure for the initialization
phase of a protocol

In this figure the message named "open" from P_1 to P_2 causes as answer
exactly one of the messages "accept", "modify" or "reject" in the other
direction.

5. Application to a Protocol Example

An often used protocol example is the "alternating bit" protocol
(/STEN/). To demonstrate the influence of a given position to protocol definition an extension will be introduced. In that extension the
existence of a strict dialog of both processes at any time is not prescribed any more. The extended protocol is defined as follows:

Two processes P_1 and P_2 are coupled via a connection which ensure
the transmission of messages in sequence. P_1 alternately sends
the messages A and B. Each must be acknowledged by P_2 through
ACKA respectively ACKB. Only after arrival of the respective
acknowledgement may A or B be sent again by P_1.

If the protocol behavior of the process P_2 is to be described by means
of a state diagram (Petri net with only one token node), the correct
sequence shown in figure 8 is an obvious solution. In that
representation a transition is enabled if the input place is marked
and the condition written on the arrow is fulfilled. A transition corresponds to the sending of the inscribed protocol message and a condition is true if the message indicated on the arrow is received by
the modelled process. A realization of P_2 according to this pattern
results in a behavior which is, within the protocol framework, permissible for both partners.

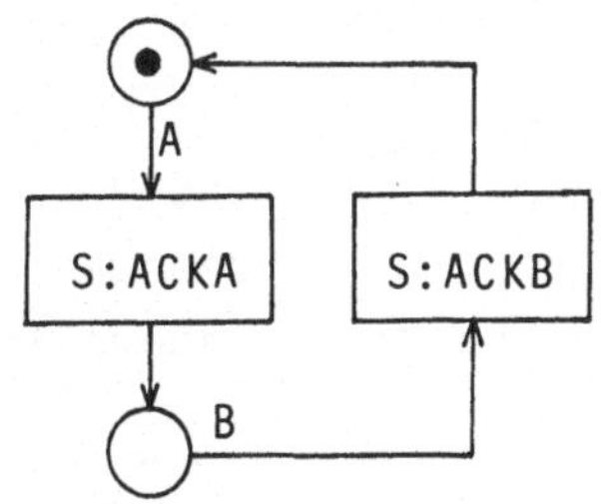

Fig. 8: Protocol sequence for P_2

If this protocol sequence is also used for defining the protocol, i.e.
if the position of the protocol describer is assumed and applied to
all processes involved, then an implicit time behavior of the processes
is presupposed which does not hold in certain system environments.
If a process takes more time for the processing of the incoming message
A (i.e until the sending of ACKA) than provided by the time difference
between A and B (i.e. B occurs before the processing of A is
completed), the protocol is either unsuited for the given computer
system, or measures have to be taken via implementation (e.g. delay
of reception) in order to postpone (i.e. sequentialize) the processing
of B. On the other hand, such measures have no impact on P_1, i.e. they
are irrelevant for the protocol and should have no influence on the
definition. For example the behavior of P_2 shown in figure 9 would
be a protocol conforming reaction for P_1 as well and would create
similar difficulties when used as a protocol definition.

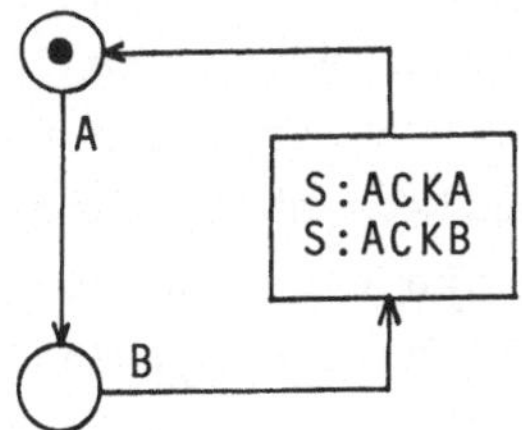

Fig. 9: Protocol sequence for P_2

That no order is prescribed for the production of acknowledgements
has not been taken into account of so far and leads to further uncon-
sidered but permissible sequences.

If the causal relations between the events are considered, it will
be evident, that there is no causal dependence between ACKA and ACKB,
B and ACKA or A and ACKB and that figure 8 and 9 represent only one
each of the possible resultant temporal sequences for P_2. The causal
structure resulting from these relations is shown in figure 10.

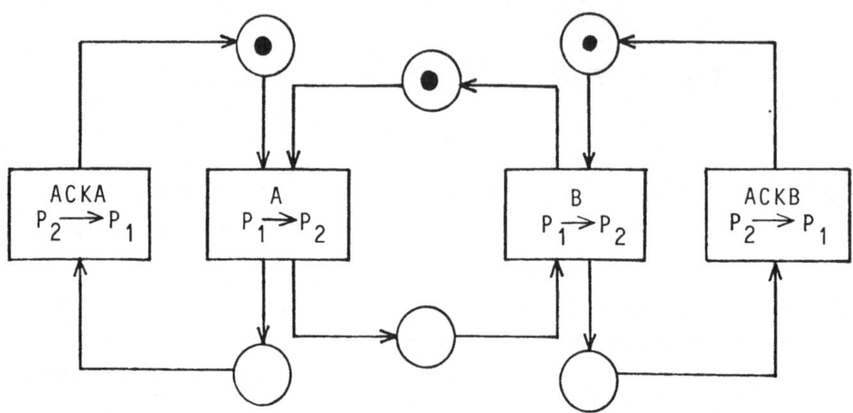

Fig. 10: Causal structure of the protocol example

The causal structure completely defines the protocol and from it all
permissible sequences can be derived. For example, the sequence allowed
for P_2 can be obtained by substituting, in figure 10, the events
"receive A" and "receive B" for "A" and "B" as well as the events "send
ACKA" and "send ACKB" for "ACKA" and "ACKB".

The time dependence in state diagrams is due to the fact that transitions triggered by protocol events directly result in actions
generating protocol messages. In order to cover the entirety of
possible event sequences, intermediate states and auxiliary actions
are required. Figure 11 provides the complete state diagram for P_2
as derived from the causal structure (for P_1, analogous conditions
apply).

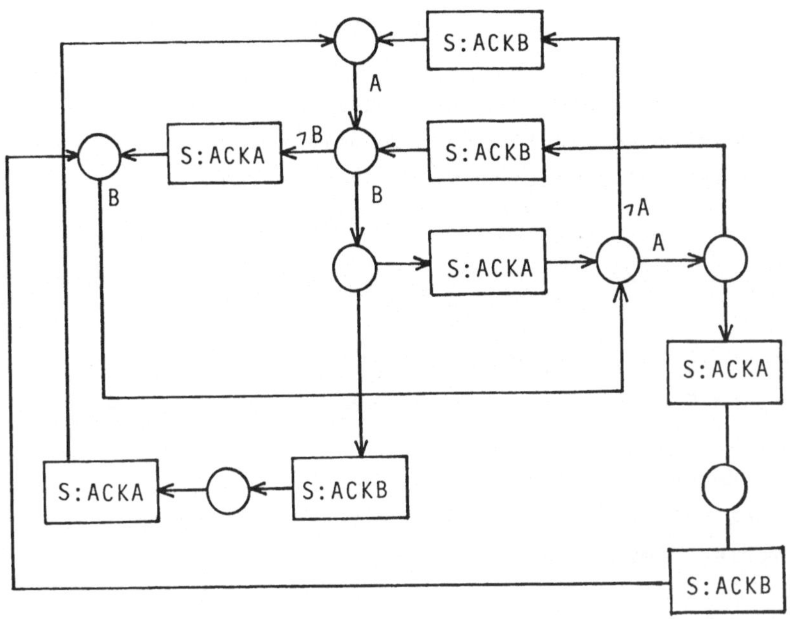

Fig. 11: Complete state diagram of P_2 for the protocol example

6. Conclusions

The laws of special theory of relativity can also be applied to the
events relevant to protocols. Thus it can be shown that the position
on which a protocol specification is based may have repercussions on
the protocol, and what these repercussions are like. The causal structure (set of causal relations applied to the elementary events defined
above) can be demonstrated to result from event relations which are
valid independent of the describers position.

Open communications systems aim at enabling communication between computer systems independent of their system architectures. For this purpose it is essential to design particularly sophisticated communication protocols and to define them in such a way that they are free
of implementation dependent restrictions and do not make implicit assumptions on the time behavior of processes. Protocol definitions based
on temporal sequences are usually not sufficient, since defining characteristics are not or only conditionally derivable (an exception
are those protocols which adhere to a strict dialog). The causal structure provides fundamental relations between events which are condi-
tioned by the event themselves (not by possible effects) and exclude
different time interpretations. Moreover, the causal structure also

applies to protocols of multipoint connections.

Since these considerations are based on events affecting coupled processes, the results are applicable not only to protocols but also to other event-driven components such as service specification.

7. Literature

/TAYL/   E.F. Taylor, J.A. Wheeler,
          Space Time Physics, W.H. Freeman & Co., San Francisco 1966

/HERL/   E. Herlt, N. Salie,
          Spezielle Realtivitätstheorie, Reihe Wissenschaft,
          Verlag Vieweg 1978

/LAMP/   L. Lamport,
          Time, Clocks and the ordering of Events in a Distri-
          buted System, CACM, Vol. 21, Nr. 7, July 1978, S 558-565

/STEN/   N.V. Stenning,
          Definition and Verification of Computer Network Protocols,
          National Physical Laboratory, Feddington, England 1979

/MERL/   P.M. Merlin,
          Specification and Validation of Protocols, IEEE Trans. on
          Commun., Vol. VOM-27, Nov. 1979, S 1671-1680

/SCHL/   R. Schragl,
          Multipoint Connections in Different Layers of a Communica-
          tions System with Consequences on Requirements for Resour-
          ces and Protocols, Proceedings ICC 80, Seattle, Juni 80,
          S 50.1-50.6

/ISO/   Information Processing Systems - Open Systems Interconnec-
          tion - Basic Reference Model, Draft proposal ISO/DP 7498,
          Feb. 1982

/BURK/   H.J. Burkhardt,
          Some Data Structure Aspects in OSI-Communication Services
          and Protocols, in Information and Data Structure Descrip-
          tion, Berichte der GMD, Verlag Oldenbourg, Jan. 1983

Rechner-gestützte Meldungsvermittlung

und

Elektronische Post

Dr. Pietro Schicker
Telecommunications
Zellweger Uster AG
CH-8634 Hombrechtikon

ZUSAMMENFASSUNG

Das funktionelle Modell eines internationalen Systems für Rechner-gestützte Meldungsvermittlung und elektronische Post, das hier vorgestellt wird, basiert auf dem von der IFIP-Arbeitsgruppe 6.5 ("International Computer Message Systems") entwickelten Modell. Die Informationseinheit, die in diesem System behandelt wird, ist eine Meldung oder ein elektronischer Brief; die notwendige Struktur dieser Einheiten wird als Teil des Modells beschrieben.

Das Modell separiert das Gesamtsystem in verschiedene zusammenarbeitende funktionelle Blöcke. Die grundlegenden Charakteristiken dieser funktionellen Blöcke sowie deren Relation zu Autoritätsgrenzen oder Rechnersystemen werden beschrieben. Weiterhin wird gezeigt, dass sich die von diesem System zu erwartenden Dienstleistungen in verschiedene Kategorien einteilen und gesondert behandeln lassen.

Seit 1980 studiert auch CCITT internationale Rechner-gestützte Meldungsvermittlungs- und elektronische Post-Systeme. Der gegenwärtige Zustand dieser Studien und ein Ueberblick über die in den nächsten Jahren von CCITT und IFIP geplanten Aktivitäten zeigt, dass der Problemkreis der Meldungsvermittlungssysteme und der elektronischen Post von grossem Gegenwartsinteresse ist.

Rechner-gestützte Meldungsvermittlung und
Elektronische Post

1. EINLEITUNG

IFIP (International Federation of Information Processing) etablierte im Jahre 1978 eine Arbeitsgruppe (WG 6.5), um internationale Meldungsvermittlungssysteme zu studieren. Drei Untergruppen widmen sich speziell den Benützerproblemen, den Systemproblemen und den regulatorischen Problemen.

Die System-Untergruppe entwickelte ein Modell eines internationalen Rechner-gestützten Meldungsvermittlungssystems. Das Model separiert das System in verschiedene zusammenarbeitende funktionelle Blöcke. Auf der Basis dieser Blöcke ist es möglich, die Dienstleistungen des Systems zugunsten der Benützer zu beschreiben; auch ist es möglich den Einfluss von verschiedenen Verantwortungsbereichen, Namengebung und Adressierung usw. zu beschreiben.

Der auffallendste Unterschied zwischen dem Modell und bereits existierenden Meldungsvermittlungssystemen ist, dass der Begriff Briefkasten (mailbox) im Modell nicht vorhanden ist. Das Modell macht eine klare Unterscheidung zwischen der Transportfunktion und den es umgebenden Blöcken, die mehr dem Benützer zugewandt sind. Diese Unterscheidung macht eine klare Definition des Ortes nötig, wo die Verantwortung für eine Meldung von einer funktionellen Einheit zur anderen übergeben wird. In Anlehnung an die Briefkästen der traditionellen Post wird dieser Transferpunkt der "Schlitz" genannt. Obwohl Briefkästen in der Modelldefinition nicht vorkommen, ist es nicht die Absicht, solche Briefkästen gänzlich vom System zu verbannen; viele Implementationen werden sich dieses Organisationsmittels weiterhin bedienen.

Seit 1980 studiert auch CCITT internationale Rechner-gestützte Meldungsvermittlungs- und elektronische Postsysteme. CCITT hat das von IFIP entwickelte Modell weitgehend übernommen und konzentriert sich in der gegenwärtigen Studienperiode hauptsächlich auf die Gebiete Protckolle und Dienstleistungen.

2. ELEKTRONISCHE BRIEFE

Die Informationseinheit, die durch ein Rechner-gestütztes Meldungssystem über-
mittelt wird, ist ein elektronischer Brief und besteht wie ein konventioneller
Brief aus zwei Teilen, dem Umschlag und dem Inhalt. Wie bei einem konven-
tionellen Brief stellt der Inhalt die eigentliche Meldung dar, während der
Umschlag hauptsächlich für die korrekte Uebermittlung dieser Meldung durch das
System dient.

Der Umschlag enthält daher in erster Linie die Adressen des Empfängers und des
Absenders, die es dem Meldungsvermittlungssystem ermöglichen, den elektronischen Brief von Zentrale zu Zentrale zu spedieren und dem Empfänger abzuliefern. Zusätzlich enthält der Umschlag Angaben, welche speziellen Dienstleistungen vom Transportsystem erbracht werden sollen.

Wenn man berücksichtigt, dass ein elektronischer Brief mehrere Zentralen durchlaufen kann, die zudem in verschiedenen Verantwortungsbereichen liegen können,
so ist es klar, dass der Umschlag gemäss einem internationalen Standard
aufgebaut sein muss. Dieser Standard muss von Anfang an so konzepiert sein,
dass er für mögliche zukünftige Erweiterungen und weitere Dienstleistungen
angepasst werden kann.

Der Inhalt eines elektronischen Briefes ist andererseits für das Meldungsvermittlungssystem vollkommen unbedeutend. Es handelt sich um irgendwelche Information, die digital codiert ist und mit dem Umschlag transportiert wird. Für das
Meldungsvermittlungssystem ist es daher unbedeutend, ob der Inhalt strukturiert oder nicht strukturiert ist, ob er verschlüsselt oder klar ist, usw..

Selbstverständlich müssen auch für den Briefinhalt Codierungskonventionen festgelegt werden. Im Speziellen muss eine solche Codierungskonvention nur zwischen
dem Sender und dem Empfänger vereinbart werden, da dieses die beiden einzigen
Instanzen sind, die den Briefinhalt interpretieren müssen. Um eine Freizügigkeit
mit der elektronischen Briefpost zu erreichen, werden allerdings auch für
dieses Gebiet internationale Normen festgelegt werden. Dabei dürfte die Teletex-
Norm eine der ersten international anerkannten Codierungsvorschriften sein.
Nach und nach werden weitere Codierungsvorschriften z.B. für persönliche und
administrative Meldungen, Handelsdokumente, Informationsaustausch zwischen Wort-
prozessoren, Faksimile, usw. entwickelt werden. Bereits existierende Normen,

wie z.B. für Faksimile werden dabei unverändert übernommen oder in strenger Anlehnung an diese Normen auf die Bedürfnisse der elektronischen Meldungsvermittlungssysteme angepasst. Ein umfassender Satz von solchen Normen, der den häufigsten Anwendungen für die Codierung von Information genügt, wird einen freien Informationsaustausch zwischen den Benützern des elektronischen Meldungsvermittlungssystems ermöglichen.

3. DIE FUNKTIONELLEN BLOECKE DES MODELLS

Die verschiedenen funktionellen Blöcke des Modells eines Rechner-gestützten Meldungsvermittlungssystems kann am besten beschrieben werden, indem ein elektronischer Brief von seinem Ursprung oder Erstellung bis zum Moment, wo er von seinem Empfänger gelesen wird, verfolgt wird (Fig. 1).

Am Anfang steht, als Benützer des Systems, der Urheber des elektronischen Briefes, der einen solchen erstellt. Sein elektronischer Agent (UA/User Agent) assistiert den Urheber bei der Erstellung dieses Briefes und übergibt ihn, im Namen seines Benützers, dem Meldungstransportsystem. Die Ueberführung der Verantwortung für den elektronischen Brief vom Agenten des Benützers zum Meldungstransportsystem geschieht in demselben Moment, wo der elektronische Brief den "Schlitz" passiert. Dieser "Schlitz" des Modells ist ein abstrakter Begriff und muss in einer Implementation nicht unbedingt wieder erkannt werden. Seine Bedeutung ist einzig die Ueberführung der Verantwortung genau festzulegen.

Die Hauptaufgabe des Meldungstransportsystems ist die Spedition des elektronischen Briefes zu seinem Empfänger. In vielen Fällen sind die internen Mechanismen des Meldungstransportsystems von wenig Interesse und können vernachlässigt werden; sind hingegen für die Beschreibung einzelner Aufgaben mehr Details nötig, so strukturiert das Modell das Meldungstransportsystem in eine Anzahl von untereinander verbundenen Agenten des Transportsystems (MTA/Mail Transfer Agent).

Am Empfangsort händigt das Meldungstransportsystem den elektronischen Brief an den Agenten des Empfängers aus. Als Uebergabeort für die Verantwortung für den Brief ist wiederum der "Schlitz" definiert. Der Agent des Empfängers seinerseits unterstützt nun seinen Benützer beim Lesen und interpretieren des Inhaltes des elektronischen Briefes.

Betrachten wir nun die einzelnen funktionellen Blöcke des Modells etwas genauer:

Der Benützer des Meldungsvermittlungssystems (Urheber oder Empfänger) ist in den meisten Fällen eine Person. Das Modell sieht jedoch vor, dass auch eine Stelle, z.B. eine Abteilung einer Firma, als Benützer des Meldungsvermittlungssystems auftreten kann. Solch eine Stelle kann durch mehrere Personen bedient werden: z.B. ist es möglich, dass die Bestellabteilung eines Versandhauses als ein Benützer des Meldungsvermittlungssystems auftritt, dass jedoch mehrere Personen die eingehenden Bestellungen interpretieren. Im weiteren können auch elektronische Prozesse (z.B. Datenbanksysteme) und Wandler (z.B. Temperaturfühler) als Benützer des Meldungsvermittlungssystems auftreten.

Der Benützeragent hat zwei Hauptaufgaben: Seinem Benützer beizustehen und in seinem Namen mit dem Meldungstransportsystem zu verkehren. Der Beistand bezieht sich dabei hauptsächlich auf das Vorbereiten und Erstellen von elektronischen Briefen, sowie deren Interpretation nach dem Empfang. Der Agent des Benützers handelt in dessen Namen, hauptsächlich, wenn er einen elektronischen Brief zur Beförderung dem Meldungstransportsystem aufgibt oder wenn ein ankommender elektronischer Brief abgeliefert wird. Zusätzliche Unterstützung wird vom Benützeragent auch für das Ausnützen von vielen Hilfsdienstleistungen des Meldungsvermittlungssystems gefordert. Selbstverständlich kann der Agent noch viele andere Funktionen anbieten, z.B. Briefkästen, Datenbanksysteme zur Briefablage und Archivierung, usw.; diese zusätzlichen Dienstleistungen sind jedoch von keiner Bedeutung für das Meldungsvermittlungssystem und werden darum hier nicht weiter betrachtet.

Die Zusammenarbeit der Meldungstransport-Agenten repräsentiert die Funktionalität des Meldungstransportsystems. Der individuelle Meldungstransport-Agent verkehrt gemäss einem Protokoll mit dem Agenten des Benützers, um von diesem einen elektronischen Brief entgegenzunehmen. Er entscheidet dann auf welchem Weg der Brief spediert werden soll und verkehrt mit einem Nachbar-Meldungstransport-Agenten um die Spedition des elektronischen Briefes vorzunehmen. Ein weiterer Dialog muss mit dem Agenten des Empfängers geführt werden, um den elektronischen Brief abzuliefern, d.h. durch den "Schlitz" in den Verantwortungsbereich des Empfängers überzuführen. Sollte aus irgendeinem Grund die Spedition oder die Ablieferung eines elektronischen Briefes nicht möglich sein, so wird nach Möglichkeit der Urheber des elektronischen Briefes informiert.

Welches Ziel hat nun dieses Modell? Fördert es die Verständlichkeit der
Probleme und hilft es beim Finden von Ansatzpunkten für die Lösungen dieser
Probleme? In den nächsten zwei Kapiteln wird z.B. gezeigt, wie sich mittels
dieses Systems die Dienstleistungen klassifizieren lassen und wie sich das
Meldungsvermittlungssystem in bezug auf verschiedene Verantwortungsbereiche ver-
hält.

4. DIENSTLEISTUNGSKATEGORIEN

Die Dienstleistungen in einem Rechner-gestützten Meldungsvermittlungssystem
können grob in vier Kategorien eingeteilt werden:

- Dienste des lokalen Agenten des Benützers,

- Dienste des Meldungstransportsystems,

- Hilfsdienste,

- Benützeragent-zu-Benützeragent-Dienste.

Die Dienste des lokalen Agenten des Benützers werden durch alleinstehende
Agenten erbracht und benötigen keine Unterstützung des Meldungstransportsystems.
Die Dienstleistungen des Meldungstransportsystems beziehen sich im allgemeinen
auf einen individuellen elektronischen Brief und werden während der Aufgabe,
der Spedition und der Ablieferung dieses elektronischen Briefes erbracht. Die
Hilfsdienste sind jenseits der Funktionalität dieses Modells. Sie runden jedoch
das Meldungsvermittlungssystem ab und geben ihm ein natürliches und komplettes
Erscheinen vom Standpunkt des Benützers aus.

Die Dienstleistungen des Benützeragenten sind eng an die Bedürfnisse und
Neigungen des Benützers geknüpft. Die Anforderung an spezifisische Dienstleistungen hängt stark davon ab, wie und warum das Meldungsvermittlungssystem
benützt wird. Andererseits haben diese Dienstleistungen keinen Einfluss auf die
Funktionalität des Meldungstransportsystems oder an die Aufgabe- und Ab-
lieferungsprozeduren; sie beziehen sich vielmehr auf die interne Verwaltung von
Dokumenten (z.B. das Führen eines Logbuches für abgehende und ankommende Post).
Da die Anforderungen und Neigungen der Benützer sehr unterschiedlich sind und
private Implementierung von Agenten nach den Wünschen des Benützers massge-
schneidert werden können, ist es wahrscheinlich nicht sinnvoll, diese Dienstleistungen zu standardisieren.

Genau das Gegenteil ist der Fall für Dienstleistungen des Meldungstransport-systems: Sie dienen der Gemeinschaft aller Benützer des Meldungsvermittlungs-systems. Jede einzelne dieser Dienstleistungen muss gegen die Bedürfnisse dieser Gemeinschaft abgewogen werden und sie müssen präzise und eindeutig definiert werden. Die Dienstleistungen des Meldungstransportsystems können weiter in zwei Unterkategorien unterteilt werden: Dienstleistungen, die nur von einem Meldungstransport-Agenten erbracht werden und solche, die von mehreren Meldungstransport-Agenten erbracht werden müssen. Dienstleistungen von nur einem Agenten werden während der Aufgabe oder der Ablieferung eines Briefes erbracht und werden deshalb Aufgabe- oder Ablieferungsdienstleistungen genannt. Von allem Anfang an wird in dieser Kategorie eine ganze Palette von Dienst-leistungen angeboten werden (z.B. Weiterleitung von elektronischen Briefen). Dienstleistungen, die von mehr als einem Transportsystem-Agenten erbracht werden müssen, werden "Schlitz"-zu-"Schlitz"-Dienstleistungen genannt. Die Existenz eines einzelnen Meldungstransport-Agenten ist von untergeordneter Bedeutung für diese Dienstleistungen. Wird z.B. die Dienstleistung "Expressbrief" offeriert, so beginnt diese Dienstleistung in dem Moment, wo der elektronische Brief den Aufgabe-"Schlitz" passiert und dauert bis der elektronische "Expressbrief" durch den Ablieferungs-"Schlitz" beim Agenten des Empfängers angekommen ist.

Obwohl viele Dienstleistungen dieser Kategorie in Anlehnung an die Dienste der traditionellen Post definiert werden können, bedarf es einiger Vorsicht und Fingerspitzengefühls bei der Uebernahme. Der grösste Unterschied besteht darin, dass in der traditionellen Post Briefe durch Menschen aufgegeben und abgeliefert werden. Andererseits werden die elektronischen Briefe in einem Rechner-gestütz-ten Meldungsvermittlungssystem durch Rechner-Systeme (die Benützeragenten), die im Auftrage des Benützers handeln, an das Meldungstransportsystem aufgegeben oder von diesem abgeliefert; ja selbst die Benützer können elektronische Prozesse sein. Dieser Unterschied ist wesentlich und muss bei der Definition der Dienstleistungen unbedingt berücksichtigt werden.

Die Hilfsdienste sind nicht obligatorisch und haben im allgemeinen keinen Einfluss auf die operationeller Funktionen des Meldungsvermittlungssystems.
Allein diese Dienstleistungen verbessern die Benützbarkeit des Meldungsvermitt-lungssystems für seine Kunden (z.B. Adressauskunft-Dienste). Die Hilfsdienste stützen sich auch nicht unbedingt auf das Transportsystem für elektronische Briefe ab. Vielmehr können auch andere Transportsysteme (z.B. öffentliche Datennetze) verwendet werden. Die Adressauskunft-Dienste können z.B. besser

über ein Transportsystem angeboten werden, dass einen interaktiven Dialog unterstützen kann.

Das Zusammenarbeiten mit der traditionellen Post und dem grossen Telexnetzwerk ist ein absolutes Muss für jedes neue internationale Meldungsvermittlungssystem und selbstverständlich müssen auch die bereits existierenden öffentlichen Meldungsvermittlungssysteme in ein neues System integriert werden. Gerade in diesem Bereich können Hilfsdienste eine allmähliche Einführung und ein natürliches Wachsen eines elektronischen Postsystems ermöglichen, indem öffentliche Schnittstellen zwischen den verschiedenen Systemen angeboten werden. Ebenso wichtig ist es, dass ein Kunde, der einen elektronischen Brief mit Faksimile-Daten erhält und diese Daten nicht auf einem eigenen Ausgabegerät darstellen kann, einen öffentlichen Hilfsdienst benützen kann, der diese Faksimile-Daten in eine andere Form, z.B. auf Papier, überträgt. Auf dieselbe Art wie Konversionsdienste für nicht allgemein verbreitete Geräte, können solche Dienstleistungen für neue Geräte und neue Datentypen offeriert werden und damit wesentlich zu einer allmählichen Erweiterung der elektronischen Post beitragen.

Als letzte Kategorie verbleiben die Benützeragenten-zu-Benützeragenten-Dienstleistungen. Zum Beispiel fällt eine Chiffrierung unter diese Art von Dienstleistungen. Wie man aus dem Beispiel ersehen kann, beruhen diese Dienste auf einem gegenseitigen Einverständnis und einer gemeinsamen Aktion zwischen mindesten zwei Benützeragenten. Bereits sind Bestrebungen im Gange, solche Dienste von zusammenarbeitenden Benützeragenten im Zusammenhang mit persönlichen und administrativen Meldungen zu definieren. Da jedoch vorgesehen ist, dass auch private Benützeragenten an das Meldungsvermittlungssystem angeschlossen werden können, werden viele, nicht allgemein zugängliche Dienste dieser Kategorie implementiert sein. Dies trifft speziell auch zu, wenn nicht Menschen, sondern elektronische Prozesse über das Meldungsvermittlungssystem miteinander kommunizieren.

5. VERANTWORTUNGSBEREICHE

Die Meldungstransport- und Benützeragenten sind funktionelle Einheiten des Modells. Das Modell gibt keine Auskunft, auf welche Art diese Einheiten in Rechner-Systemen realisiert werden; somit ist es durchaus möglich, beide Typen von Agenten in einem Rechner-System zu realisieren oder andererseits jeden

Agenten einem gesonderten Rechner-System zuzuordnen. Da weiterhin jedem Benützer des Meldungsvermittlungssystems ein eigener Benützeragent zur Seite steht, wird es sehr viele Implementationen geben, wo mehrere Benützeragenten sich in ein einziges Rechner-System teilen, wobei sich die Benützeragenten die Programme und den ihnen zur Verfügung stehenden Speicherplatz gemeinsam benützen.

Das Modell gibt auch keine Auskunft, wie die funktionellen Einheiten auf verschiedene Verantwortungsbereiche verteilt werden können. Da aber sowohl IFIP wie auch CCITT ein internationales Meldungsvermittlungssystem definieren, müssen die Grenzen der Verantwortungsbereiche klar gezogen werden.

Die Grenzen der Verantwortungsbereiche zwischen zwei Betreibern (PTT) von Meldungstransportsystemen liegt gänzlich innerhalb der Gesamtheit dieses Transportsystems (Fig. 2). Normalerweise ist sich ein Benützer nur desjenigen Meldungstransport-Agenten bewusst, mit dem sein Benützeragent verbunden ist und die internen Verantwortungsbereichsgrenzen sind für den Benützer nicht sichtbar. Diese Situation ändert sich schlagartig, wenn nationale Unterschiede in den Dienstleistungen diese Grenze sichtbar machen. Der Benützer muss sich nun immer die gesamte Netzwerk-Topologie vor Augen halten, um entscheiden zu können, ob er eine bestimmte Dienstleistung für einen elektronischen Brief mit diesem oder jenem Partner benützen kann.

Die Benützer des Meldungsvermittlungssystems sind in den meisten Fällen in ihrem eigenen privaten Verantwortungsbereich angesiedelt. Daraus folgt, dass die Verantwortungsbereichsgrenze zwischen dem privaten und dem öffentlichen Bereich für jeden Anschluss an das Meldungsvermittlungssystem überschritten werden muss. Es existieren drei wesentliche Konfigurationen, wie die funktionellen Einheiten auf die beiden Verantwortungsbereiche aufgeteilt werden können (Fig. 3, 4 und 5). Höchstwahrscheinlich werden alle drei Konfigurationen implementiert werden.

Die Fig. 3 zeigt einen Fall, wo die Verantwortungsbereichsgrenze zwischen dem Meldungstransportsystem und dem Benützeragenten liegt. Der Benützer ist also im Besitz dieses Benützeragenten und kann ihn mit Programmen und Ein-und Ausgabegeräten gemäss seinem Bedarf ausrüsten. Als Folge dieser Konfiguration fällt die Forderung ab, dass die Anschlussbedingungen und die Protokolle für einen Anschluss des Benützeragenten an das Meldungstransportsystem international normiert sein müssen.

Die Fig. 4 zeigt einen Fall, wo der Benützeragent im öffentlichen Verantwortungsbereich liegt, das Ein- und Ausgabegerät jedoch in Privatbesitz ist. Bei dieser
Anschluss-Konfiguration muss ein Benützer nur ein Minimum an Geräten (das Ein-
und Ausgabegerät) anschaffen; andererseits kann er nur diejenigen Dienstleistungen des Benützeragenten benützen, die in den öffentlichen Benützeragenten realisiert sind. Durchaus vorstellbar ist natürlich, dass die öffentlichen Anstalten verschiedene Kategorien von Benützeragenten implementieren und
damit den potentiellen Kunden eine grössere Dienstleistungspalette anbieten
werden. So kann z.B. ein öffentlicher Benützeragent auf die Behandlung von
administrativen und persönlichen Meldungen zugeschneidert sein, während eine
andere Kategorie von Benützergenten sich auf die Behandlung von Faksimile-Daten
spezialisiert. Natürlich müssen auch hier wieder für sämtliche Klassen von Ein-
und Ausgabegeräten die Anschlussbedingungen und Protokolle rigoros definiert
sein.

Die Fig. 5 zeigt als letzten Fall die Möglichkeit, dass sowohl der Benützeragent, wie das Ein- und Ausgabegerät im öffentlichen Verantwortungsbereich
liegen. Der Benützer muss in diesem Fall das Ein- und Ausgabegerät von den
öffentlichen Diensten mieten und ist damit in einer ähnlichen Situation, wie
die Benützer des Telefonsystems in manchen Ländern.

Das Modell erlaubt keine weiteren Möglichkeiten um die Verantwortungsbereichsgrenzen zu legen. Es scheint aber, dass sämtliche möglichen Konfigurationen
erschöpft sind und gar kein Bedürfnis da ist, diese Verantwortungsbereichsgrenzen auch an anderen Orten zu legen.

Ein offenes Problem bleibt der Anschluss von privaten Meldungsvermittlungssystemen an das öffentliche System. Ob sich ein privater Meldungstransport-Agent
gleichberechtigt wie ein öffentlicher Agent in die Gesamtheit des Meldungstransportsystems eingliedern lässt oder ob sich ein privater Meldungstransport-Agent
gegenüber dem öffentlichen, wie viele individuelle Benützeragenten zu verhalten
hat (wobei selbstverständlich nur eine physikalische Leitung nötig ist), hängt
hauptsächlich von der Definition der "Schlitz"-zu-"Schlitz"-Dienstleistungen ab.

6. CCITT-AKTIVITAETEN BEZUEGLICH MELDUNGSVERMITTLUNGSSYSTEM

Die Studiengruppe VII von CCITT arbeitet seit 1980 an der Frage 5 (Message Handling Facilities) und hat eine separate Rapporteur-Gruppe zu deren Studium eingesetzt. Diese Gruppe erarbeitete zuerst ein Modell des Meldungsvermittlungs-systems (in starker Anlehnung an das IFIP-Modell) und definiert jetzt anhand dieses Modells Dienstleistungen und Protokolle.

Das Modell ist an das OSI-Schichten-Modell angepasst worden: Die Benützer-agenten sind in der oberen Schicht angesiedelt und die Meldungstransport-Agenten in der unteren Schicht. Diese Schichtung hatte dann zur Folge, dass eine weitere Einheit, die sogenannte Meldungstransport-Dienstanschluss-Einheit einge-führt werden musste. Diese Dienstanschluss-Einheit erbringt selbst keine Dienst-leistungen, sie macht jedoch die Dienstleistungen des Meldungstransportsystems den Benützeragenten zugänglich (Fig. 6).

Diese Einheiten verkehren untereinander mittels bestimmter Protokolle und es wurden drei verschiedene Protokolle identifiziert:

- das Protokoll P1 definiert die Spedition von elektronischen Briefen zwischen Meldungstransport-Agenten sowie die weiteren Interaktionen die nötig sind, um Meldungstransport-Dienstleistungen zu erbringen;

- das Protokoll P2 definiert den Datenaustausch zwischen Benützeragenten;

- das Protokoll P3 erlaubt einer Meldungstransport-Dienstanschluss-Einheit dem Benützeragenten die Dienstleistungen des Meldungstransportsystems zur Ver-fügung zu stellen (Fig. 6).

Da zwischen dem Benützeragenten und dem Meldungstransport-Dienstanschluss gemäss dem Schichtenmodell eine Schnittstelle im Datenverkehr geregelt wird, müssen diese beiden Einheiten im selben System angesiedelt sein (S1 in Fig. 6). Die Meldungstransport-Agenten können in eigenen Systemen residieren (S2 in Fig. 6) oder zusammen mit Benützeragenten und Meldungstransport-Dienstanschluss-Ein-heiten im selben System realisiert sein (S3 in Fig. 6).

Bei der Definition von Dienstleistungen konzentrierte sich die Rapporteur-Gruppe von CCITT hauptsächlich auf die Definition von Meldungstransport-Dienst-leistungen. Die Dienstleistungen wurden kategorisiert in Aufgabe- und Abliefe-rungs-Dienstleistungen, Konversions-Dienstleistungen, Abfrage-Dienstleistungen und Informations-Dienstleistungen. Zu jeder Dienstleistung wurde zusätzlich spezifiziert, ob sie grundlegend für den Meldungsvermittlungsdienst (B: Basic Service Elements), wesentlich ist und international angeboten werden soll (E: Essentially User Facilities), ob es sich um eine zusätzliche Dienstleistung handelt, die unter Umständen angeboten werden kann (A: Additionally User Facilities) oder ob die genaue Definition der Dienstleistung und deren Klassifikation noch genauer erarbeitet werden muss (Tabelle 1).

7. ARBEITEN IN DER NAECHSTEN ZUKUNFT

CCITT arbeitet in vierjährigen Studienperioden und, um Ende 1984 eine Empfehlung verabschieden zu können, müssen bis Herbst 1983 die entsprechenden Vorarbeiten geleistet sein. Die Rapporteur-Gruppe konzentriert sich daher auf die Gebiete Modell, Dienstleistungen und Protokolle, um mit konzentrierter Kraft zu einem Abschluss der Arbeiten zu gelangen. Die Arbeitsziele für die nächste Studienperiode sind noch nicht festgelegt; mit ziemlicher Sicherheit aber wird der Problemkreis Benennung, Adressierung und Adressbuch-Auskunftsdienste bearbeitet werden.

Die Arbeitsgruppe IFIP arbeitet seit Frühjahr 1982 ebenfalls am Problemkreis der Adressierung und den damit zusammenhängenden Dienstleistungen; bis Herbst 1983 sollen die entsprechenden Grundlagen erarbeitet sein. Ein zweiter von der IFIP Arbeitsgruppe studierter Problemkreis bezieht sich auf die Schnitt- stellen zum Mensch als Benützer des elektronischen Postsystems; insbesondere sollen bis Ende 1983 die minimalen Anforderungen an die Benützeragenten festgelegt sein.

Erwähnenswert sind zudem die Arbeiten des von der Europäischen Gemeinschaft unterstützten GILT-Projekts, das zum Ziel hat, verschiedene heterogene lokale Meldungsvermittlungssysteme miteinander zu verknüpfen. Speziell interessant sind die Arbeiten, die sich mit Telekonferenzen beschäftigen.

Nebst den genannten Aktivitäten sind Forschungs- und Entwicklungsgruppen in vielen Instituten am Studium der Probleme der Meldungsvermittlungssysteme, und Normierungsorganisationen haben bereits Arbeitspapiere zur Vernehmlassung gegeben. Alle diese Tätigkeiten deuten auf das immense Interesse an diesem Gebiet hin und, wenn man den Prognosen vertrauen kann, wird die elektronische Post neben anderen Uebertragungsverfahren in naher Zukunft ein allgemein verbreitetes und täglich benützes Kommunikationsmittel werden.

8. <u>REFERENZEN</u>

1. Report of the Meetings of the Systems Environment Group, IFIP WG 6.5, N16, N17, N19, N25, N27, N28, N29.

2. Computer Message Systems, R.P. Uhlig, editor, North-Holland Publishing Company, 1981.

3. P. Schicker, The Computer Based Mail Environment: An Overview, Computer Networks, vol. 5 nr. 6, 1981.

4. CCITT, Message Handling Systems: Inter-Relationship and Control Procedures, COM VII No R9(b)-E, Appendix 10 to Annex 7, study Period 1981-84.

5. Service Specifications of a Message Transfer Protocol, Draft Report No. ICST/CBOS-82-3, US National Bureau of Standards, 1982.

6. Specification of Message Format for Computer Based Message Systems, Draft Report No. ICST/CBOS-81-3, US National Bureau of Standards, 1981.

7. A. Birrel et al., Grapevine, Technical Report, Xerox Palo Alto Research Center, 1981.

8. F. Sztajnery et al., A Proposal for Interconnecting Heterogeneous CBMSs in the GILT Project, Office Information Systems, North-Holland Publishing Company, 1872.

	B	E	A	Further Study
Submission and Delivery:				
Normal Delivery	X			
Urgent Delivery		X		
Non-Urgent Delivery			X	
Timed Delivery		X		
Submission Time Stamp		X		
Delivery Time Stamp		X		
Envelope Identification	X			
Multi-Destination Delivery		X		
Distribution List			X	
Originator's UA Alternative Recipient's UA			X	
Recipient's UA Requested Redirection			X	
Limited Submission			X	
Limited Delivery			X	
Closed User Group			X	
Non-Delivery Notification	X			
Delivery Notification		X		
Prevention of Non-Delivery Notification			X	
Delivered Message Storage			X	
Envelope Encryption			X	(X)
Delivery Cancellation			X	
Security Classification				(X)
Route Selection				(X)
On-Line Subscription				(X)
Conversions:				
Originator's UA Content Type Indication	X			
Recipient's UA Content Types Indication	X			
Explicit Content Type Conversion			X	
Implicit Content Type Conversion			X	
Specific Conversion Prohibition			X	
Content Converted Indication	X			
Query:				
Address Information Enquiry				(X)
Advice on Recipient Content Capabilites			X	
Audit Trail			X	(X)
Proof of Submission and/or Delivery			X	(X)
Delivered Message Retrieval			X	
Charging Information			X	
Tariff Enquiry			X	(X)
Status and Inform:				
Hold for Delivery			X	(X)
Alarms				(X)
Resource Status and Resource Warning				(X)

Tabelle 1:   Klassifizierung der Meldungstransport—Dienste

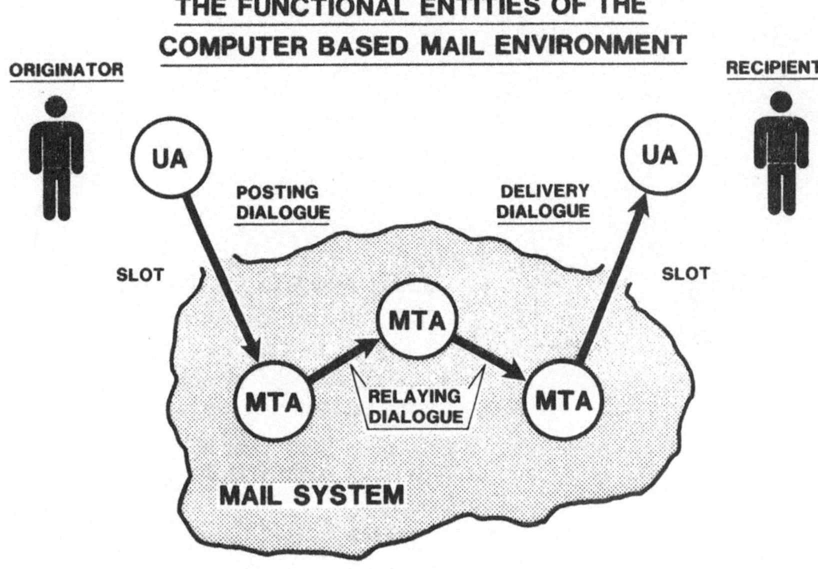

Figure 1:   Das IFIP–Modell des Meldungsvermittlungssystems

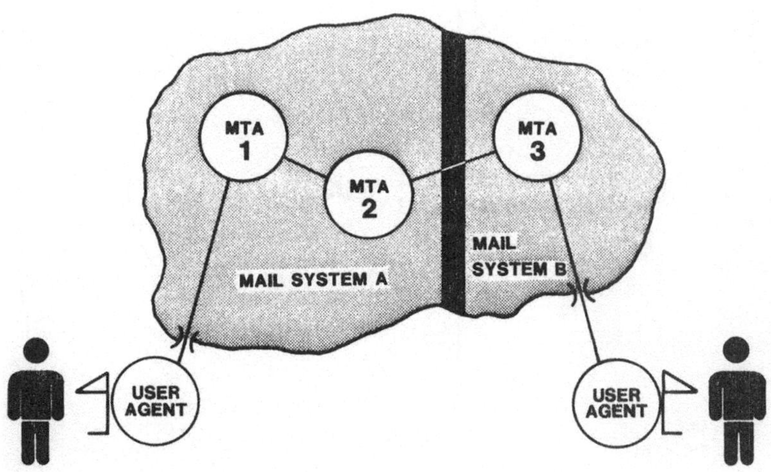

Figure 2:   Grenze zwischen Verantwortungsbereichen des
Meldungstransport–Systems

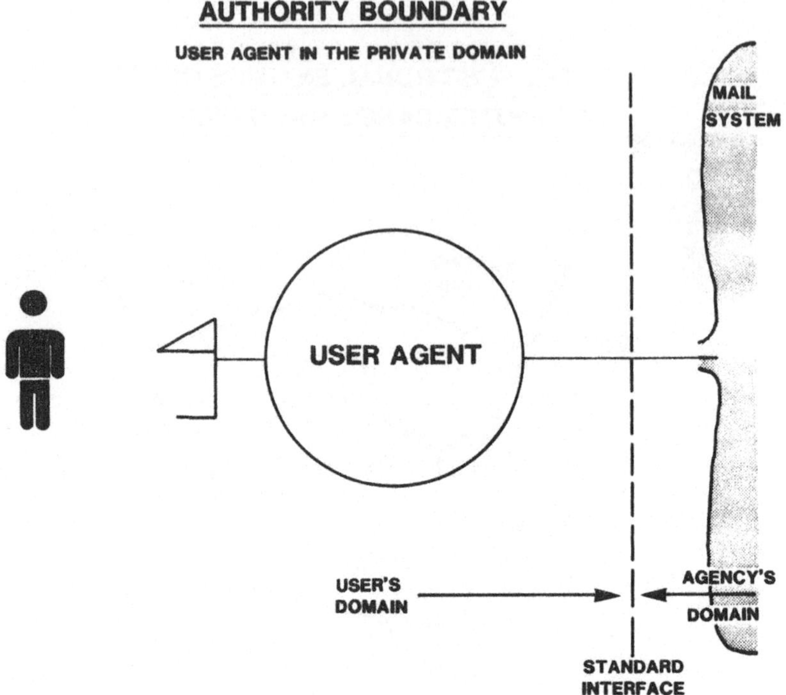

Figure 3:   Benützeragent im privaten Verantwortungsbereich

Figure 4:   Benützeragent im öffentlichen Verantwortungsbereich

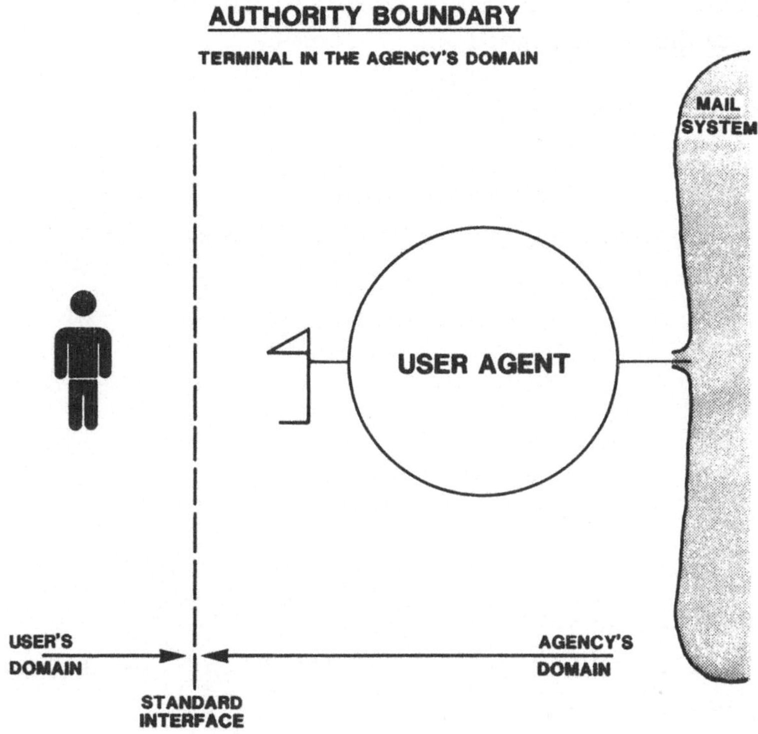

Figure 5: Ein— und Ausgabegerät im öffentlichen Verantwortungsbereich

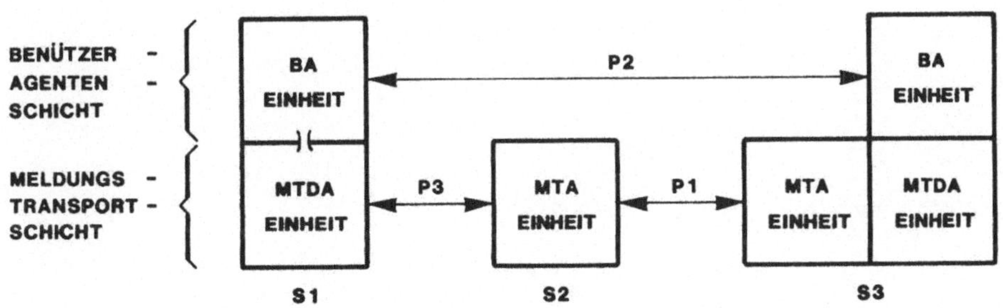

BA   BENÜTZER-AGENT

MTDA   MELDUNGSTRANSPORT-DIENSTANSCHLUSS

MTA   MELDUNGSTRANSPORT-AGENT

S1, S2, S3 SYSTEME

P1, P2, P3 PROTOKOLLE

Figure 6: Das CCITT—Schichtenmodell des Meldungsvermittlungssystems

Zwischenergebnisse der Normungsbemühungen
um Message Handling Systems

Walter Tietz
Fernmeldetechnisches Zentralamt, Darmstadt

1. Hintergrund

Auf dem Wege zur Büroautomation sind bereits eine Reihe von technischen Systemen entwickelt worden, die dem Menschen bei der Erledigung seiner Aufgaben unterstützen sollen, Vorgänge wirtschaftlicher gestalten und neue Möglichkeiten an den Arbeitsplatz bringen sollen.

In diesem Zusammenhang gehört die Textbearbeitung und die Kommunikation mit anderen Menschen oder Systemen. Wenn Kommunikation ins Spiel kommt, welche die Grundstücksgrenzen überschreitet, ist die Deutsche Bundespost betroffen. Sie bemüht sich, mit ihren Fernmeldedienstleistungen die infrastrukturellen Voraussetzungen zu schaffen, die den Bedürfnissen gerecht werden. Im Bereich der Textkommunikation sind es Dienste wie Teletex, Telex, Telefax, Bildschirmtext, die solchen Bedürfnissen entgegenkommen.

Im englischsprachigen Raum wird vielfach von "Electronic Mail" gesprochen. Ein sehr schillernder Begriff, unter dem je nach Intention alles mögliche subsummiert wird. Einer der darunter eingereihten Dienste wird "Mailbox" genannt, wobei eigentlich meist – außer der "Box-Funktion" – noch eine ganze Anzahl von weiteren Leistungen verstanden werden, wie Übermitteln, Weiterleiten, Editieren, Speichern, Formatieren, Bereithalten von Bulletin-Anzeigen, Verzeichnissen, Informationsdateien, Buchstabierhilfen usw.

Diese Funktionen sind entweder in einem speziellen System angesiedelt worden oder sie sind als Anwendungen in Datenverarbeitungsanlagen mit anderen Anwendungen zusammen verwirklicht worden.

Es gibt eine Vielzahl von In-house-Lösungen. In anderen Ländern bieten Betreiber von Datennetzen derartige Lösungen als "Value-added -services" an.

Die Leistungen sind bezogen auf personenorientierte "Boxen", womit die Zugänglichkeit zu den Funktionen gewonnen wird.

2. Normungsansätze

Es wurde sehr bald erkannt, daß sich die Darbietung solcher Leistungen auf Vereinbarungen stützen muß, wenn die Bindung an Herstellerlösungen verlassen werden soll, wenn Verträglichkeit erreicht werden soll.

Unter den verschiedenen Organisationen, die sich um Normen in dem Bereich "Message Handling" bemühen, seien die ISO, die IFIP, die EG und das CCITT zitiert.

Im CCITT befaßt sich eine Rapporteursgruppe der Studienkommission VII mit diesen Fragen. Mehrere Arbeitspapiere sind soweit gediehen, daß mit dem Entstehen einer oder mehrerer CCITT-Empfehlungen bis zum Abschluß der Studienperiode (1984) gerechnet werden kann.

Es handelt sich um Standards für "Message Handling Systems", die zusätzliche Dienstleistungen ermöglichen sollen, welche auf jedem physikalischen Netz und in Verbindung mit verschiedenen Basisdiensten vorgeshen werden können.

Aus Vereinfachungsgründen werden die Darstellungen aus Arbeitspapieren des CCITT in der englischen Fassung verwendet. Hier werden nur einige allgemeine Zusammenhänge aufgezeigt.

Das Modell für Message Handling Systems (MHS) geht von den folgenden Komponenten aus:

User   - Der Mensch als Endbenutzer des Systems

UA   - User Agent
Darunter wird die Systemkomponente verstanden, die der Mensch anspricht, wenn er von den Leistungen des Systems Gebrauch machen will.

MTA   - Message Transfer Agent
Darunter wird die Systemkomponente verstanden, die ein User über einen User Agent Transferfunktionen zu anderen User Agents und Users ermöglicht. MTAs stellen den UAs Message Transfer Layer Services zur Verfügung.

MTS   - Message Transfer System

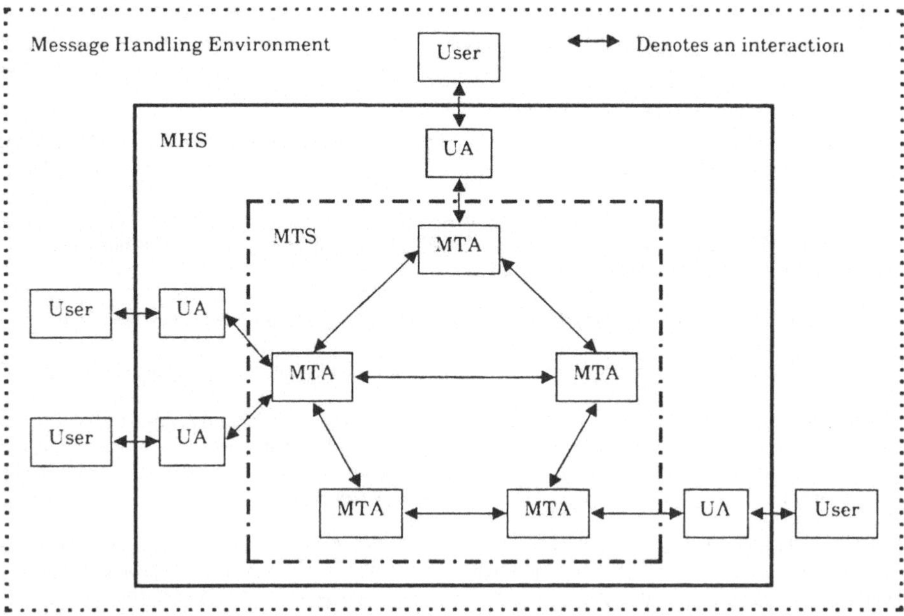

Figure 1. Functional View of the MHS Model

Das MHS-Modell geht von einer Darstellung in Schichten (layers) aus und stützt sich auf das OSI-Reference Model ab, das im Bereich des CCITT "Reference Model of Open Systems Interconnection for CCITT Applications" genannt wird. Die beiden Layers liegen innerhalb der Schicht 7, d.h. sie könnten auch als "Sublayers" im Sinne des OSI-Referenzmodells verstanden werden.

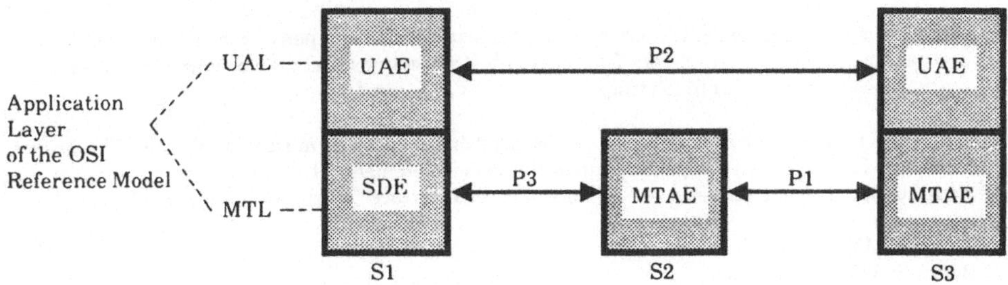

Note: The terminology for describing concurrent applications and entities in the Application Layer is under review.

Figure 2. Layered Model for MHS

Three functional entities appear in the layered model:

1. The *UA Entity (UAE)* embodies those aspects of UA functionality that require cooperation between UAs. At the UAL boundary, the services available are those of the MTL and of cooperating UAs. Local UA functionality is beyond the scope of this model.

2. The *MTA Entity (MTAE)* provides the functionality required to support the services of the MTL in cooperation with other·MTAEs.

3. The *Submission and Delivery Entity (SDE)* makes the services of the MTL available to a UAE through the MTL boundary. The SDE does not itself provide services, but rather simply provides access to the services of an MTA.

Three peer protocols currently appear in the layered model (others are intended to be identified):

1. Protocol *P2* defines the interactions required between UAEs to support cooperating UA services.

2. Protocol *P1* defines the relaying of messages between MTAs and other interactions necessary to provide MTL services. While being transferred by means of the P1 protocol, a message comprises a message *content*, as submitted by the UAE, and a relay *envelope*. The envelope contains the information the MTAEs require to provide the services of the MTL.

3. Protocol *P3* allows the SDE in an S1 system to provide the UAE with access to MTL services. Note that the MTL services are independent of whatever combination of P1 and P3 protocols operate between the entities of the layer. Also, the external appearance of an MTAE through the P1 protocol is independent of whether the MTA also interacts with an SDE through the P3 protocol (S1) or is co-located with one or more UAEs (S3).

Organizational Mapping

Various Administrations and organizations will provide the MH Service. Several cases can be distinguished in the provision of service elements. An Administration* or organization may provide only message transfer service elements, only user agent service elements, or both.

Note:

> In this section, an organization may be, for example, a company, a non-commercial organization, or a single person. The types of MHS functions that may be managed by an organization are **for further study**.

Depending upon the service elements it provides, an Administration must manage just MTA or both MTA and UA functions. Also depending upon the service elements it offers, an Administration or organization may provide access at one or more of three interfaces, as shown in Figure 3:

1. Between MTAs
2. Between MTAs and UAs
3. Between users and UAs

MHS organizational boundaries are independent of the organizational boundaries applicable to underlying networks. MHS entities managed by one Administration constitute a *Management Domain (MD)*.

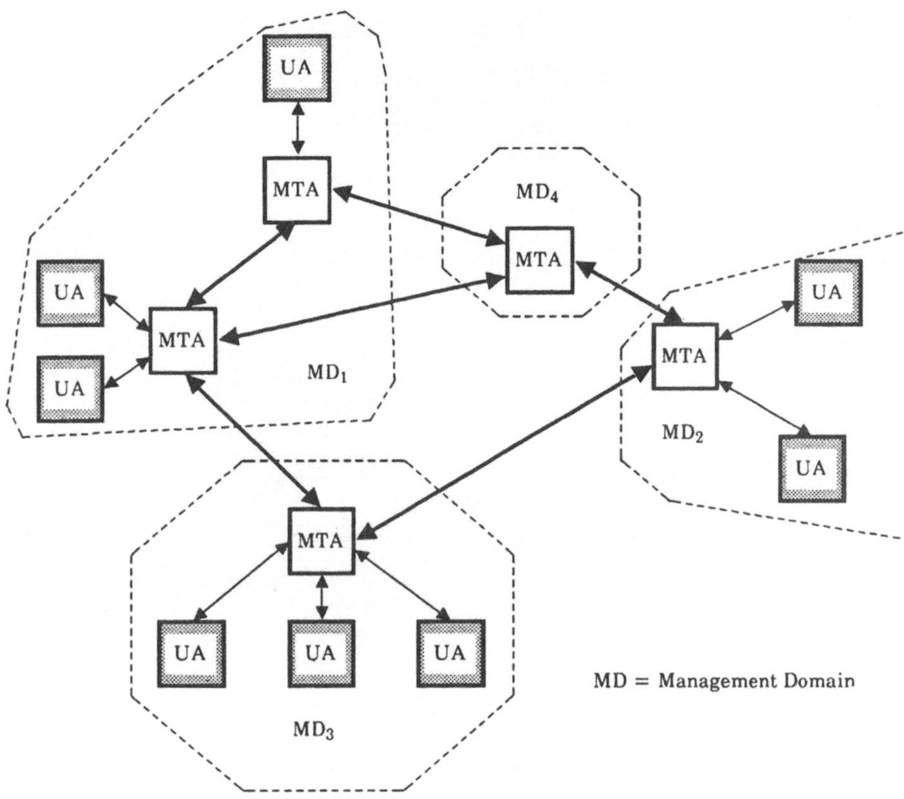

Figure 3. Management Domains and Organizational Mapping

Physical Mapping

Users access UAs for message processing purposes, for example, to create, present, or file messages. Certain UA implementations will provide storage in which users can manage outgoing and incoming messages. While processing messages, the user interacts with his UA via an input/output device or process (for example, keyboard, display, printer, or facsimile equipment). A UA can be implemented as a set of computer processes in a processing system or intelligent terminal.

A UAE and MTAE may be implemented in the same system (co-resident UA and MTA). In this case, the UAE accesses the MTL Service by interacting directly with the MTAE in the layer below. Alternatively, an MTAE may be implemented in a physically separate system (stand-alone MTA). In this case, the UAE accesses this system via the SDE, which communicates with the MTAE in the other system.

Some possible physical configurations are shown in Figures 4, 5, and 6. The different physical systems may be connected by means of dedicated lines or switched networks. Only the Application Layer protocols are shown.

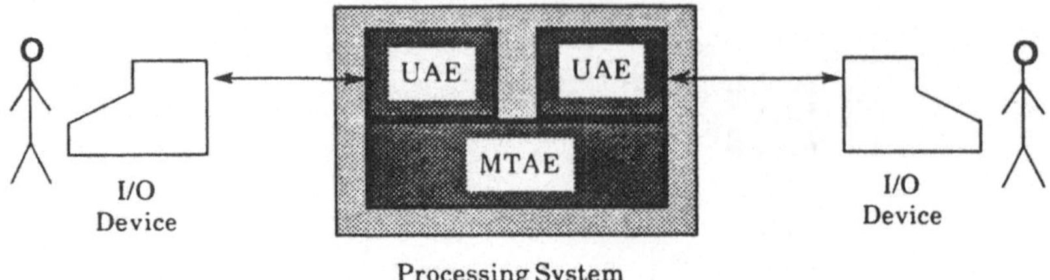

Figure 4. Co-resident UA and MTA

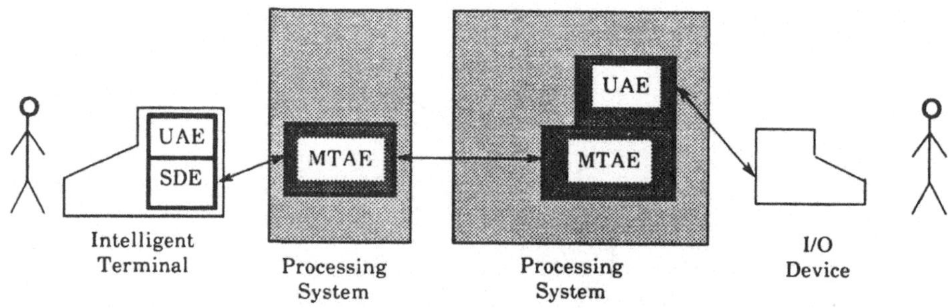

Figure 5. Co-resident and Stand-alone UA and MTA

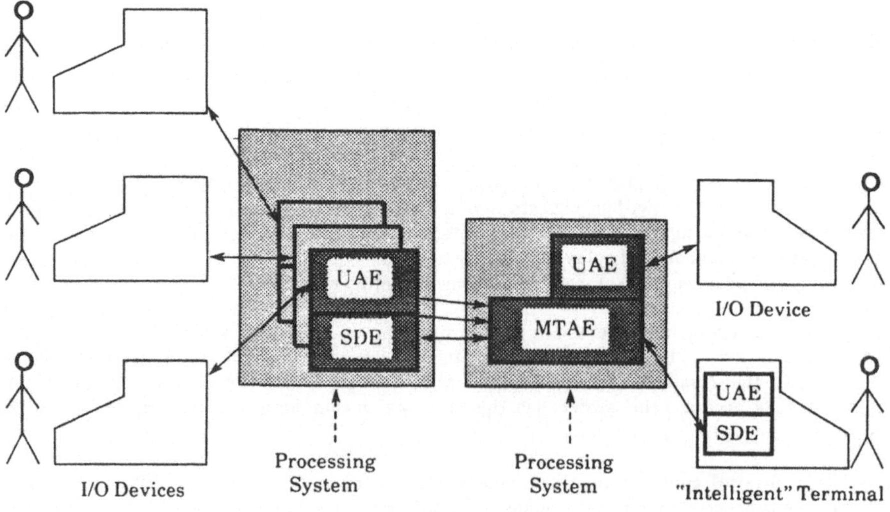

Figure 6. Combination of Co-resident and Stand-alone UA and MTA

Die Dienste (im Sinne des Referenzmodells), die der "Message Transfer Layer-MTL" dem "User Agent Layer-UAL" zur Verfügung stehen soll, sind in der Tabelle 1 zusammengestellt. Eine Zuordnung zu B, E und A gibt an, wie diese Dienstelemente im Nutzungszusammenhang betrachtet werden können.

Dabei ist

B ein Dienstelement, das dem Basisdienst eines Netzes zugerechnet werden kann.

E ein Dienstelement, das international verfügbar gemacht werden und dem user wahlfrei zur Verfügung gestellt werden soll.

A ein Dienstelement, das national verfügbar gemacht und dem user wahlfrei zur Verfügung gestellt werden kann, aber auch international angeboten werden kann.

Gleiche Listen sollen noch für "Directory Services" und für "User Agent Services" erstellt werden. Dabei sollen aber lokale UA-Funktionen nicht in den Standards fixiert werden. International genormt sollen nur solche Dienstelemente werden, die dem User zusammen mit dem MTL-Services sichtbar sind und über einen Transfer mit anderen UAs zustande kommen.

Den Prinzipien der Namen und Adressen ist ein längerer Abschnitt gewidmet.

Die Bedeutung und die Darstellung der Datenelemente finden ebenfalls in einem ersten Empfehlungsentwurf (MHS 1) "Message Handling System: System Model-Service Elements" ihren Niederschlag. Sie bilden die Grundlage für eine zweiten Empfehlungsentwurf (MHS 2) "Message Handling System: Message Transfer Layer", in welchem das Protokoll P1 und die Zugangsprotokolle beschrieben werden. Weitere Empfehlungen sind ins Auge gefaßt.

Table 1. MTL Layer Service Categorization

	B	E	A	For Further Study
Submission and Delivery:				
Message Transfer	X			
Grade of Delivery Selection		X		
Deferred Delivery		X		
Submission Time Stamp		X		
Delivery Time Stamp		X		
Message Identification	X			
Multi-destination Delivery		X		
Disclosure of Other Recipients			X	
Distribution List			X	(X)
Originator-specified Alternative Recipient			X	(X)
Recipient-requested Redirection			X	(X)
Limited Submission			X	(X)
Limited Delivery			X	(X)
Closed User Group			X	(X)
Non-delivery Notification	X			
Delivery Notification		X		
Prevention of Non-delivery Notification			X	
Delivered Message Storage			X	(X)
Envelope Encryption			X	(X)
Delivery Cancellation			X	(X)
Security Classification				(X)
Route Selection				(X)
On-line Subscription				(X)
Cancellation Time Selection				(X)
Implicit Alternative Recipient				(X)
Conversion:				
Original Content Type Indication	X			
Content Type Registration	X			
Explicit Content Type Conversion			X	(X)
Implicit Content Type Conversion			X	
Content Type Converted Indication	X			
Content Type Conversion Prohibition			X	
Query:				
Address Information Enquiry				(X)
Advice on Recipient Content Capabilities			X	(X)
Audit Trail			X	(X)
Proof of Submission and/or Delivery			X	(X)
Delivered Message Retrieval			X	(X)
Charging Information			X	(X)
Tariff Enquiry			X	(X)
Probe			X	
Status and Inform:				
Hold for Delivery			X	(X)
Alarms				(X)
Resource Status and Resource Warning				(X)

Das Arbeitskonzept für diese Standards enhält viele Abstraktionen,
die dem Verständnis im Wege stehen dürften. Die Berührungspunkte
mit einer Reihe anderer Disziplinen erschweren die erforderlichen
Abstimmungen. So bestehen parallele Entwürfe für store-and-forward-
Leistungen in den Bereichen Telefax, Telex, Teletex, die mit diesem
neuen Konzept noch abgestimmt werden müssen. Im Prinzip können mit
dem MHS-Konzept alle Ansprüche abgedeckt werden, die für die verschiedensten Nutzungsarten gestellt werden können.

3. Mögliche Leistungen aus der Sicht des Benutzers

Ein Message Handling System der angedeuteten Art präsentiert dem
Benutzer eine Reihe von Teilleistungen. Sie setzen sich zusammen aus
denen, die vom User Agent lokal bereitgestellt werden, und solchen,
die vom Message Transfer Agent verwirklicht werden und für den Benutzer durch Inanspruchnahme des User Agent sichtbar und zugänglich
sind.

Der Begriff "Mailbox" ist mit vielen Nebenbedeutungen beladen,
weshalb in die Diskussion die Bezeichnung TELEBOX eingeführt wird.

Eine TELEBOX würde die Bezugseinheit darstellen, für welche eine
Box-Adresse und ein Paßwort vereinbart werden müssen. Ein Kommando-
vorrat erlaubt dem Teilnehmer
    a) die Auswahl zwischen den einzelnen Teilleistungen zu
       treffen;
    b) den Ablauf der Vorgänge zu steuern.
Die TELEBOX ist im Modell dem User Agent zugehörig.
Als Gruppen von Teilleistungen können betrachtet werden:
    1. Abfrage von Kopfzeilen vorliegender Mitteilungen
    2. Lesen der Mitteilungen
    3. Weiterleiten vorliegender Mitteilungen
    4. Beantworten vorliegender Mitteilungen
    5. Eingeben von abzusendenden Mitteilungen
    6. Übermitteln von eingegebenen Mitteilungen an eine oder
       mehrere BOX-Adressen
    7. Editieren und Formatieren von Texten
    8. Speichern von Texten und Mitteilungen
    9. Bulletins und Informationsdateien
   10. Unterstützungsfunktionen

Die am Markt befindlichen Systeme sind nicht nach den neuen Standardentwürfen strukturiert. Viele Hersteller lassen jedoch erkennen, daß man gewillt ist, beim Vorliegen entsprechender neuer Standards diese in dem System zu verwirklichen.

4. Marktsituation

In anderen Ländern finden derartige Dienstleistungen großen Anklang. In den USA wird die Anzahl von "Mailboxes" auf etwa 100 000 geschätzt.
Dienste wie TELEMAIL, ENVOY 100, ONTYME-II, TELECOM GOLD, COMET, INFOMAIL, INTERCOM werden unter verschiedenen Bedingungen angeboten. Marktuntersuchungen in verschiedenen Teilen der Welt zeigen Erwartungen für erhebliche Wachstumsraten für derartige Dienste.

Die Marktsituation in der Bundesrepublik ist sicherlich eine andere als beispielsweise in Nordamerika. Die wirtschaftliche Verflechtung großer Unternehmen hat jedoch bereits eine Reihe deutscher Firmen und Niederlassungen dazu bewogen, Nutzer der ausländischen Dienstleistungen zu werden und über Datenverbindungen mit den fernen HOSTS in Verbindung zu treten. Eine Reihe von Anzeichen weisen darauf hin, daß auch der deutsche Markt einen Dienst wie TELEBOX annehmen würde. Es wird angenommen, daß etwa 5-10% der heute im Einsatz befindlichen asynchronen Datenstationen (etwa 25 000) das Potential für mögliche Nutzungen darstellen und daß eine solche neuartige Dienstleistung weitere - vorwiegend große - Anwender ansprechen würde.

GILT
Interconnection of Existing Message Systems

Horst Santo
GMD - IPES

Abstract

In the GILT project which is sponsored by the European
Commission (COST11bis action) research institutions from
eight european countries work together to establish a pilot
message service in interconnecting their local message
systems. The methods for Open Systems Interconnection have
been applied in defining communication services and protocols. As far as possible existing standards have been integrated. The most important work item is the definition
and implementation of an application layer protocol supporting message exchange and computer conferencing.
The definition phase is nearly finished - implementations
are underway.
Specific points considered in GILT are on the one hand the
inclusion of document transfer by means of the international
Teletex service into the GILT message communication and
on the other hand investigations about the impact and possible integration of the CCITT work on message handling
systems into the GILT architecture.

Contents

1. Introduction

GILT stands for Get Interconnection of Local Textsystems.
It is an international research project in which several
european institutions cooperate to interconnect their computerbased message and conference systems (CBMS) by means
of suitable communication protocols to provide a european-
wide (pilot) message service. The institutions are:
UNINET network project (Norway), SUNET network project
(Sweden), Helsinki University (Finland), AERE Harwell (Eng-
land), Duesseldorf University (Germany), GMD (Germany),
CSATA (Italy), Stefan-Institut (Jugoslavia) and Barcelona
Politechnical University (Spain). The project is sponsored
by the European Commission. The project started in late
1981 and will end at the end of 1983.

2. Project aims

The purpose of the GILT project is the interconnection of
existing local CBMSs, i.e., the interconnection of CBMSs
of different types and sizes:

- small CBMSs like a one-user system with only one mailbox or large CBMSs with thousands of individual users

- CBMSs using one central data base or CBMSs distributed
  in a local area network of many small computers,

- CBMSs which only provide electronic mail facilities or
  CBMSs which provide various kinds of distribution lists
  or computer conference or archieving and retrieval facilities.

Furthermore the integration of Teletex devices into the
GILT service is intended (see clause 7) as well as the future integration of CCITT Message Handling Systems definitions is investigated (see clause 8).

In defining the GILT standards it was an important concern
to leave the local interfaces between the human user and
his/her CBMS and thus the local functionality as unchanged
as possible. Although local matters are outside the GILT
work GILT will not be invisible for local users: on the
one side the set of services available to users will be
enlarged, for instance because the number of other users,
a local user can send messages to, will be increased considerably in case of a large number of interconnected CBMSs
all over Europe. On the other hand the set of services
offered to a local user might be restricted considerably,
depending on the capabilities of the remote system and
naturally , on the set of services supported by the GILT
protocols.

3. The GILT communication architecture

The interconnection architecture in GILT is in accordance
with the ISO reference model. But even more the GILT project
tried to take into account actual developments and under-
standings within the single layers of the model as discussed
in the various SC16 standardisation groups. The GILT architecture is given in the next figure.

```
                                  +----------------------------------+
                                  |  'application process'           |
BOUNDARY between local            |  ( OCBMS agent / MSA )            |
information processing            |        with all its              |
**************************        | ******************************** |
and communication                 |  interconnection aspects         |
                                  |        within the                |
GILT Application Layer            |  'application entity'            |
==============================+------------------------------------+
                                  |                                  |
GILT Presentation Layer           |  'presentation entity'           |
                                  |                                  |
==============================+------------------------------------+
GILT Session Layer                |                                  |
( GILT extension of S.62 )|       |  'session entity'                |
==============================+------------------------------------+
Transport Layer                   |                                  |
(  S.70/ISO/ECMA Class0  )|       |  'transport entity'              |
==============================+------------------------------------+
Network Layer      -+    |         |                                  |
Link Layer          |- (X.25)|     |  'X.25 entity'                   |
Physical Layer     -+    |         |                                  |
==============================+------------------------------------+
```

Figure 1

- For the lower three layers GILT has adopted X.25 because
  in a large number of countries such networks are planned
  or already in operation. Actually GILT is already testing
  layer 4 connections on such interconnected national X.25
  networks including EURONET.

- For the transport layer GILT is implementing Teletex
  S.70 which has been included into the ISO transport layer
  definitions /1/ as class 0. (In addition some GILT institutions will have class 1 pilot implementations).

- For layer 5 GILT has worked out a generalized and
  slightly extended version of Teletex S.62. It is worthwhile to note that this specification /2/ had large impact
  onto the layer 5 discussions at ISO /3/ where the idea
  of Teletex compatibility as firstly promoted by GILT
  is now under serious consideration. The GILT session

layer has also been chosen as EHKP5.

- For layers 6 and 7 GILT has developped its own services
  and protocols /4/ including recent ISO developments.
  These definitions represent an important outcome of the
  project.

Realisations of the GILT architecture have already been
started at many places within the project. First results
will be available in 1983.

4. Overview of the GILT message service.

The basic groups of services GILT takes into account are:

- simple mail services

- distribution mail services

- conferencing services

Simple mail services cover the essential user requirement
that any CBMS should facilitate to send a message from one
user to one dedicated other user and , reversely, to read
a message received from another user on behalf of the reci-
pients request. Included are related features like describing the kind of a message as a reply or comment to a
previous one, as a revision, continuation, etc.
Additionally GILT supports that the sending user can ensure
himself of whether his message has correctly been delivered
at the receivers mailbox .
Distribution mail services describe the facility of sending
a message from one user to several other users by using
distribution lists. By adressing a message to such a distribution list the user wants the message to be automatically
delivered to all the members of the list. Information about
successful delivery should be available to the sender.

Conferencing services are related to groups of users endowed with e.g. certain kinds of access rights such that for authorized users entering a message to a conference implies granting read access to this message to all its members as well as keeping a kind of history of the messages entered to the conference and marking relations between them. Features like noticeboards and newspapers are included here being conceived as conferences with a special allocation of access rights.

General services related to these basic groups are e.g. some kind of management services as to create, delete and, modify conferences, distribution list as well as private mailboxes, to get information about distribution list and membership in conferences, etc.

Important for GILT is to support not only message submission initiated by a sender (write-mode) but also initiated by a receiver (read-mode). This generally leads to a support of information retrieval functions on actual messages as well as on archived messages. However only basic features are envisaged in the present definitions.

For further details see /4/.

5. The GILT communication model

For deriving OSI services and protocols an abstract functional model of a GILT CBMS has been used. It should be noted however that this model should serve for deriving communication services between existing CBMSs only and does not claim to model other local message system functionalities (compare e.g. with IFIP WG 6.5 models).
Such a GILT CBMS is to be understood to be represented by a data structure together with a set of operations defined on it. The GILT data structure and permissable operations are given in the following three figures.

```
+-------------------------------------------------------------------+
| GILT_store                                                        |
|  +-------------------------------------------------------------+  |
|  | global_attributes                                           |  |
|  |  +-------------------------------------------------------+  |  |
|  |  | CBMS_name                                             |  |  |
|  |  +-------------------------------------------------------+  |  |
|  |  | CBMS_access                                           |  |  |
|  |  +-------------------------------------------------------+  |  |
|  |  | CBMS_keys                                             |  |  |
|  |  +-------------------------------------------------------+  |  |
|  |  | CBMS_version                                          |  |  |
|  |  +-------------------------------------------------------+  |  |
|  |  | CBMS_capabilities                                     |  |  |
|  |  |  +-------------------------------------------------+  |  |  |
|  |  |  | available_operations                            |  |  |  |
|  |  |  |  +-------------------------------------------+  |  |  |  |
|  |  |  |  | CBMS_authentication                       |  |  |  |  |
|  |  |  |  +-------------------------------------------+  |  |  |  |
|  |  |  |  | capability_information                    |  |  |  |  |
|  |  |  |  +-------------------------------------------+  |  |  |  |
|  |  |  |  | list_mailboxes                            |  |  |  |  |
|  |  |  |  +-------------------------------------------+  |  |  |  |
|  |  |  |  | list_directory                            |  |  |  |  |
|  |  |  |  +-------------------------------------------+  |  |  |  |
|  |  |  |  | select_mailbox                            |  |  |  |  |
|  |  |  |  +-------------------------------------------+  |  |  |  |
|  |  |  |  | create_mailbox                            |  |  |  |  |
|  |  |  |  +-------------------------------------------+  |  |  |  |
|  |  |  |  | deselect_GILT_store                       |  |  |  |  |
|  |  |  |  +-------------------------------------------+  |  |  |  |
|  |  |  |  | available mailbox_operations              |  |  |  |  |
|  |  |  |  +-------------------------------------------+  |  |  |  |
|  |  |  |  | send_document                             |  |  |  |  |
|  +--+--+--+---------------------------------------------+--+--+--+  |
|  +---------------------------+   +---------------------------+  |  |
|  | store_directory           |   | document_store            |  |  |
|  |  +--------------------+    |   |  +--------------------+   |  |  |
|  |  |      mailbox       |    |   |  |      document      |   |  |  |
|  |  +--------------------+    |   |  +--------------------+   |  |  |
|  |  |      mailbox       |    |   |  |      document      |   |  |  |
|  |  +--------------------+    |   |  +--------------------+   |  |  |
|  |           . . .           |   |           . . .           |  |  |
|  |  +--------------------+    |   |           . . .           |  |  |
|  |  |      mailbox       |    |   |  +--------------------+   |  |  |
|  |  +--------------------+    |   |  |      document      |   |  |  |
|  +---------------------------+   |  +--------------------+   |  |  |
|                                  +---------------------------+  |  |
+-------------------------------------------------------------------+
```

<u>Figure 2</u>

```
GILT_mailbox
+--------------------------------------------------------------------+
|   global_attributes                                                |
|   +------------------------------------------------------------+   |
|   |   mailbox_name                                             |   |
|   +------------------------------------------------------------+   |
|   |   mailbox_capabilities                                     |   |
|   |   +----------------------------------------------------+   |   |
|   |   |  mailbox_delivery_mode                             |   |   |
|   |   +----------------------------------------------------+   |   |
|   |   |  mailbox_memory_mode                               |   |   |
|   |   +----------------------------------------------------+   |   |
|   |   |  GILT_version                                      |   |   |
|   |   +----------------------------------------------------+   |   |
|   |   |  available_operations                              |   |   |
|   |   |   +--------------------------------------------+   |   |   |
|   |   |   |   write_document                           |   |   |   |
|   |   |   +--------------------------------------------+   |   |   |
|   |   |   |   read_document                            |   |   |   |
|   |   |   +--------------------------------------------+   |   |   |
|   |   |   |   status_document                          |   |   |   |
|   |   |   +--------------------------------------------+   |   |   |
|   |   |   |   (update_mailbox_attribute)               |   |   |   |
|   |   |   +--------------------------------------------+   |   |   |
|   |   |   |   (read_mailbox_attribute)                 |   |   |   |
|   |   |   +--------------------------------------------+   |   |   |
|   |   |   |   deselect_mailbox                         |   |   |   |
|   +---+---+--------------------------------------------+---+---+   |
|   |   mailbox_description                                      |   |
|   +------------------------------------------------------------+   |
|   |   mailbox_statistics                                       |   |
+---+----------------------------------------------------------------+
|   mailbox_distribution_list                                        |
+--------------------------------------------------------------------+
|   mailbox_access_rights                                            |
|   +------------------------------------------------------------+   |
|   |   mailbox_write_access                                     |   |
|   +------------------------------------------------------------+   |
|   |   mailbox_read_access                                      |   |
|   +------------------------------------------------------------+   |
|   |   mailbox_membership_access                               |   |
|   +------------------------------------------------------------+   |
|   |   mailbox_organizing_access                              |   |
|   +------------------------------------------------------------+   |
+--------------------------------------------------------------------+
|   mailbox_contents                                                 |
+--------------------------------------------------------------------+
```

<u>Figure 3</u>

```
GILT_document
+-------------------------------------------------------------------+
|   complete_document                                               |
|      +------------------------------------------------------+    |
|      |   short_document                                     |    |
|      |      +--------------------------------------------+ |    |
|      |      |   document_indication                      | |    |
|      |      |      +------------------------------+      | |    |
|      |      |      |   +----------------------+   |      | |    |
|      |      |      |   | document_identifier  |   |      | |    |
|      |      |      |   +----------------------+   |      | |    |
|      |      |      |   | document_description |   |      | |    |
|      |      |      |   +----------------------+   |      | |    |
|      |      |      |   | document_origination |   |      | |    |
|      |      |      |   +----------------------+   |      | |    |
|      |      |      |   | cross_references     |   |      | |    |
|      |      |      |   +----------------------+   |      | |    |
|      |      |      |   | author, subject      |   |      | |    |
|      |      |      +--+------------------------+--+      | |    |
|      |      |         | 'abstract' attribute   |        | |    |
|      |      +---------+------------------------+--------+ |    |
|      |         | 'text'                 |                 |    |
|      |         | structured into        |                 |    |
|      |         | pages and lines        |                 |    |
|      |         | formed out of          |                 |    |
|      |         | GILT_ONE characters    |                 |    |
|      +---------+------------------------+-----------------+    |
|                                                               |
+-------------------------------------------------------------------+
```

<u>Figure 4</u>

According to this a GILT store, described by global attributes, contains a store directory and a document store.
The directory represents a set of mailboxes and mailbox
references to objects in a store (documents in a document
store). A GILT mailbox (with its attributes) is an adres-
sable element in the GILT store which represents users,
groups of users, conferences, etc. A GILT document (with
its attributes) represents exchangable user information.
It is stored within the GILT system and can be identified
by a unique document identifier (for retrieval, cross-
referencing, etc.).
Operations defined on the data structure represent the
application layer related services . For further details
see /4/.

6. Presentation layer functions

The GILT presentation layer is concerned with generation
and interpretation of the transfer syntax in order to express
abstract operations together with referred objects and
data values in a language common to both partners.

In actual implementations of the GILT presentation layer,
local syntax transformations will of course be necessary
due to inhomogeneity. However the GILT presentation layer
is not concerned with local transformations. Instead, it
provides an abstract syntax specification language which
allows to describe relevant aspects of possible local
sytaxes indepentently from concrete representations.

This approach in distinguishing between structured data
and its representation will allow future extensions and
modifications of the GILT model independently from coding
specifications. For details see /4/.

7. Teletex inclusion in GILT message service

Teletex is supposed to become a very widespread service
at least in Europe during the next years. The service allows
for document exchange between users.
As this represents some kind of rudimental message exchange
it is a work item in GILT to include Teletex machines into
the GILT communication system. That means a Teletex user
should be enabled to exchange information with users at
GILT CBMSs. Because naturally existing Teletex machines
cannot or should not be changed the inclusion procedure
has to build on some very simple addidional conventions
on top of the Teletex procedure (S.62) visible in the
Teletex document and be treated by a human operator.
Layer 4 and 5 compatibility is given by the specific choice
of the GILT protocols. For details see /4/ (annex).

8. Relations to CCITT Message Handling Systems

In 1982 CCITT study group VII had produced working drafts
on message handling facilities /5,6/. These papers describe (in the moment still in an incomplete form) architecture, services and protocols for message exchange. In
the GILT project this work will be observed carefully.
Although the GILT project aims for interconnection of
existing CBMSs and so has a different starting point it
might be possible that in a possibly future project phase
certain features of the CCITT work can be integrated as
"tools" into the GILT architecture. For instance the feature
of store-and-forward mechanisms in the CCITT paper (the
"Message Transfer Agent"(MTA) communications) could be used
as a high level transport facility on top of which "higher"
GILT functionality (conferencing, retrieval,etc.) could
be performed. These points are for further study dependent
on a more complete CCITT draft and will be treated during
the course of the project.

9. References

/1/ Connection-Oriented Transport Protocol Specification
    ISO/TC97/SC16/N1169 (proposed as DIS)

/2/ The GILT Session Description
    Duesseldorf University, Computing Center, Jan. 1982

/3/ Draft Basic Session Service Specification
    ISO/TC97/SC16/N1166

/4/ The GILT Message Standard
    Green Version, Nov. 1982
    Duesseldorf University, Computing Center

/5/ Message Handling Systems; System Model - Service Elements
    CCITT Study Group VII, Oct. 1982

/6/ Message Handling Systems; Message Transfer Layer
    CCITT Study Group VII, Oct. 1982

**Die Absichten und Tendenzen der DBP
bezüglich des ISDN und dessen Realisierung**

Inhalt

Autoren: P. Kahl, FTZ PDI
           W. Külzer, FTZ F 17a

Die Absichten und Tendenzen der DBP
bezüglich des ISDN und dessen Realisierung

1 Heutige Fernmeldedienste

Zur Zeit ist ein starker Anstieg der Nachfrage nach Kommunikationsdiensten erkennbar.
Die Prognosen sprechen dafür, daß sich dieser Trend in der Zukunft noch verstärken
wird. Die Deutsche Bundespost bietet dem Teilnehmer gegenwärtig eine Vielzahl von
Fernmeldediensten an, von denen hier nur einige als Beispiele genannt werden sollen:

- Fernsprechdienst,

- Telexdienst und Telefax-Dienst,

- Datendienst (leitungs- und paketvermittelt),

- Fernkopieren (Telefax-Dienst) und

- Bildschirmtext

Je nach angebotenem Dienst werden heute teilweise unterschiedliche Fernmeldenetze
benötigt. Während Dienste wie Fernkopieren, Fernsprechen, Bildschirmtext und bestimmte
Datendienste mit niedriger Übertragungsrate über das Fernsprechnetz abgewickelt
werden, sind für andere Dienste wie Telex, Datex L (leitungsvermittelt) und Datex P
(paketvermittelt) eigene Fernmeldenetze aufgebaut worden. Diese mehr oder weniger
geographisch dicht verzweigten Netze überlagern einander, und ein Teilnehmer, der
unterschiedliche Dienste in Anspruch nimmt, ist mit seinen Endgeräten an die entsprechenden Netze angschlossen. Im Extremfall kann dies dazu führen, daß für jedes Endgerät
spezielle unterschiedliche Anschlußnotwendigkeiten entstehen.

2 Definition des ISDN

Die Entwicklung zum ISDN vollzieht sich in zwei Schritten, die durch die Fortschritte
in der digitalen Übertragungs- und Vermittlungstechik gekennzeichnet sind:

- Digitalisierung des Fernsprechnetzes und

- Integration von Diensten in das digitale Fernsprechnetz.

2.1 Digitalisierung des Fernsprechnetzes

Vor einigen Jahren hat die DBP begonnen, PCM-Systeme in der Übertragungstechnik
einzusetzen, die für die Sprachcodierung miteiner Übertragungsrate von 64 kbit/s je
Kanal arbeiten. Im Grundausbau werden in der regionalen Fernebene zunächst die Systeme
PCM30 und PCM480 eingesetzt, die über 30 bzw. 480 Übertragungskanäle verfügen
und mit einer Bitrate von 2048 kbit/s bzw. 34368 kbit/s arbeiten . Anschließend, etwa
ab 1984/85 soll das überregionale Fernsprechnetz mit den Systemen PCM1920 (13926
kbit/s) und PCM7680 (564992 kbit/s) digitalisiert werden.

Durch die Entwicklung der höherkanaligen digitalen Übertragungssysteme können Hier-
archiestufen gebildet werden, wobei das Übertragungssystem der benötigten Kapazität
und den Eigenschaften der Übertragungsmedien angepaßt wird. Digitale Mulitplexer
schaffen den Übergang von einer Hierarchiestufe zur anderen. Die vollständige Digitalisierung der Übertragungstechnik erfordert die Entwicklung spezieller Übertragungssysteme für

- symmetrische Kabel,

- Koaxiale-Kabel,

- Glasfaser-Kabel,

- Richtfunk und

- Satellitenfunk.

Parallel zur Entwicklung in der Übertragungstechnik hat die DBP die Einführung einer digitalen Fernsprech-Vermittlungstechnik beschlossen.

Zur Zeit findet bei der DBP im Rahmen einer beschränkten Ausschreibung eine Präsentation digitaler Vermittlungstechnik (DIV) statt, bei der die beteiligten Firmen Vermittlungsstellen für die Fern- (DIV-F) und für die Ortsebene (DIV-O) vorstellen. Diese Vermittlungsstellen werden in einem einjährigen Präsentationsbetrieb von der DBP erprobt. Erst danach trifft die DBP die endgültige Entscheidung, welche Technik der digitalen Vermittlungssysteme eingeführt werden soll. Der Einsatz einer Serientechnik ist für die Jahre 1985 bei DIV-F und für 1986 bie DIV-O zu erwarten. Ab 1990 sollen nur noch digitale Vermittlungseinrichtungen von der DBP beschafft werden.

Optimiert wird der Einsatz der digitalen Vermittlungstechnik durch den künftigen Einsatz eines Zentralkanal-Zeichengabesystems zwischen den einzelnen Vermittlungsstellen. Durch die Zentralkanalzeichengabe können für die Teilnehmer neue Leistungsmerkmale realisiert werden, die bei der bisherigen sprechkreisgebundenen Zeichengabe mit dekadischen Impulskennzeichen nicht vorgesehen waren.

Die Kombination von digitaler Übertragungstechnik, digitaler Fernsprechvermittlungstechnik und Zentralkanalzeichengabe führt zu einer 1. Stufe der Integration, der sog. Technik-Integration und damit zu einem IDN (Integrated Digital Network), dem integrierten digitalen Fernsprechnetz.

2.2 Integration von Diensten in das digitale Fernsprechnetz

Der zweite Schritt zur Einführung des ISDN besteht in der Integration verschiedener Fernmeldedienste in ein gemeinsames digitales Netz. Die Grundlage hierfür bildet die CCITT-Empfehlung G.705.

CCITT-Empfehlung G.705: Das ISDN:

- ist aufgebaut und entwickelt sich aus dem IDN für den Fernsprechdienst,

- wird über zusätzliche Dienste und Zusatzdienste (Leistungsmerkmale) verfügen,

- bietet Fernsprech- und Nicht-Fernsprechdienste an (z. B. Text, Daten, im gleichen Netz) und

- ermöglicht über eine möglichst geringe Anzahl standardisierter Schnittstellen den Anschluß eines breiten Spektrums unterschiedlicher Endgeräte.

Voraussetzung für das ISDN:
➤ Digitale 64-kbit/s-Verbindung von Teilnehmer zu Teilnehmer

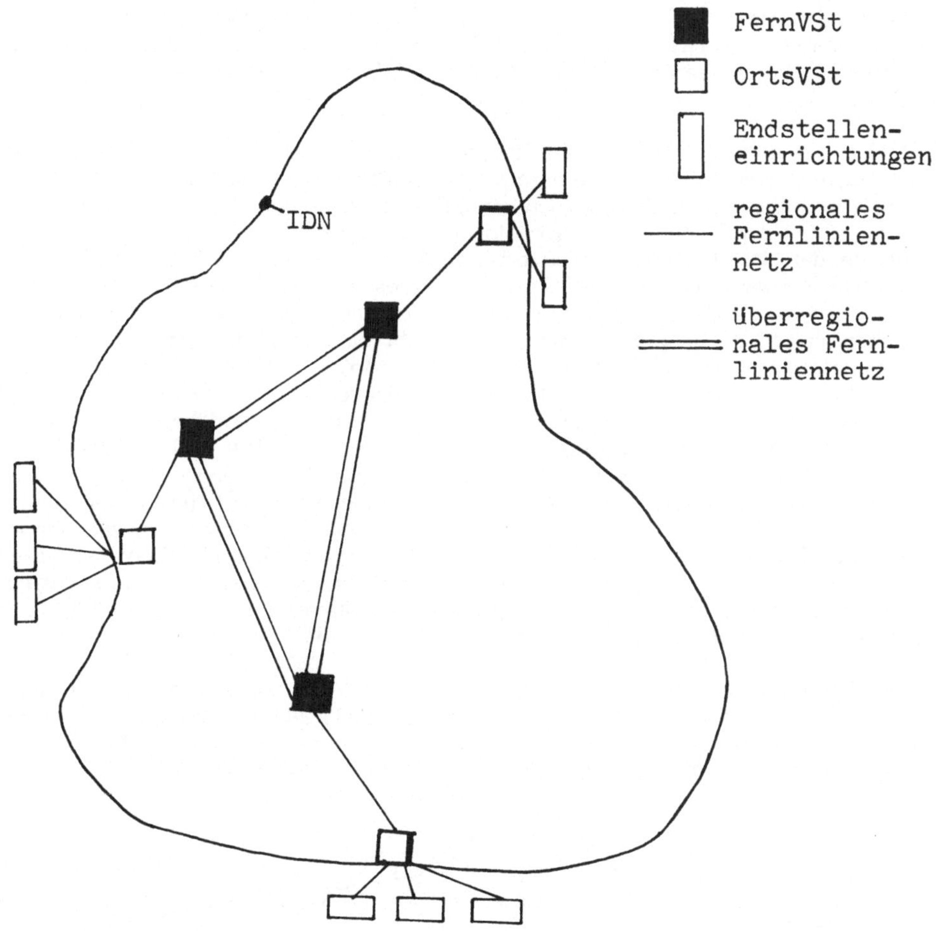

<u>Bild 1</u>

Bild 1 zeigt die wesentlichen Komponenten eines ISDN: die digitalen Vermittlungseinrichtungen im Orts- und Fernnetz, untereinander verbunden durch digitale Übertragungssysteme, gesteuert über ein Zentralkanalzeichengabesystem. Wie bereits gezeigt, führen
die Einrichtungen zum Fernsprech-IDN. Für das ISDN wird ergänzend die Digitalisierung
des Teilnehmeranschlußbereiches notwendig, bestehend aus der digitalen Übertragungstechnik auf den Teilnehmeranschlußkabeln, dem ISDN-Netzabschluß einschließlich
der "Mehrfachdienst-Endgerätesteckdose" und den Dienstterminals. Alle hier aufgeführten
Komponenten sind für das ISDN unabdingbar. Es wird jedoch betont, daß eine Schlüssel-
rolle bei ISDN der Zeichengabe sowohl zwischen den Vermittlungsstellen (CCITT-Zeichen-
gabersystem Nr. 7) als auch zwischen Endstellen-Einrichtungen und Ortsvermittlungsstelle
(Zeichengabe auf der digitalen TlnAsl "D-Kanal-Zeichengabe") zukommt.

3 Bedeutung des ISDN

Die Bedeutung und Auswirkung eines ISDN ist auf drei Zielgruppen ausgerichtet; die DBP als Betreiber des Netzes, die Fernmeldeindustrie als Entwickler und Lieferant der technischen Einrichtungen und den Bürger als Anwender und Nutznießer der reichhaltigen und verbesserten Möglichkeiten des künftigen Dienste- und Zusatzdiensteangebots.

Für den Betreiber des Netzes, die DBP, bedeutet die Dienstintegration im ISDN, daß aus einem technologischen Muß heraus - der Digitalisierung des Fernsprechnetzes - die Netzvielfalt aufgegeben werden kann. Dies führt zu entscheidenden Aufwandsminderungen bei der Planung des Fernmeldenetzes, bei dessen Aufbau, ganz besonders aber bei der Unterhaltung. Kostenvorteile, die erzielt werden, können damit unmittelbar dem Kunden, dem Benutzer des Fernmeldenetzes zugute kommen. Für die Fernmeldeindustrie wird die Zahl der unterschiedlichen Einrichtungsarten, die entwickelt werden müssen, erheblich reduziert. Gleichzeitig erhöht sich die Menge der Einrichtungen eines gefertigten Typs. Dies führt dazu, daß der Anteil des Entwicklungsaufwands je Einrichtung geringer wird. Durch die großen Stückzahlen können Fertigungsoptimierungen und Technologien genutzt werden, wie sie bis heute im Fenmeldebereich kaum vorstellbar waren. Als anschauliches Beispiel der gegebenen Möglichkeiten soll hier der Bereich des taschenrechnermarktes genannt werden. Von den Auswirkungen dieses Prozesses wird am Ende ebenfalls der Benutzer des Fernmeldenetzes profitieren. Der Kunde wird den Vorteil jedoch nicht nur an seiner Fernmelderechnung erkennen, er wird ihn auch sehr praktisch erfahren können: Es wird möglich, ihm in seinem "Teilnehmerbereich", sei es im Büro oder in der "häuslichen Umgebung" eine einheitliche Fernmeldesteckdose anzubieten, die er für eine Vielzahl von unterschiedlichen Diensten und individuellen Endgeräten (Dienstkombinationen) ohne Modifikation verwenden kann.

Das Thema der universellen Schnittstelle bzw. Steckdose hat sich deshalb für die technische Gestaltung als ein wesentliches Element des ISDN herausgestellt und wird von den Normierungsgremien in CCITT und CEPT mit besonderem Vorrang behandelt. Bild 2 zeigt das Schnittstellenkonzept, wie es bei CCITT erarbeitet wurde.

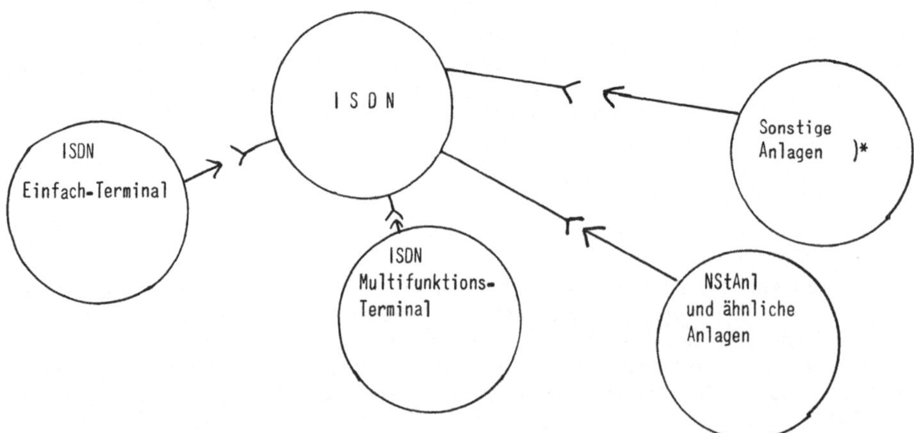

)* Hierbei kann es sich um spezielle Dienstleistungs-Netze, Anwender-Netze oder Informations-Netze (wie z.B. Bildschirmtext) handeln

Bild 2   Schnittstellenkonzept des ISDN

4 ISDN-Konzept im Teilnehmeranschlußbereich

4.1 Übertragungsmedien

Wesentliche Neuentwicklungen für die Einführung des ISDN liegen im Teilnehmeranschlußbereich, also zwischen den Teilnehmern und der Ortsvermittlugnsstelle. Z. Z. wird dieser Bereich geprägt von der Kupfer-Doppelader, die je Teilnehmer zwischen Ortsvermittlungsstelle und Endeinrichtung verlegt ist. Der überwiegende Anteil der Gesamtinvestitionen der DBP ist für diesen Netzbereich notwendig. Verlangt ein Kunde mehrere Dienste, so wird bisher u. U. die Verlegung von mehrfachen Kupferdoppeladern je Teilnehmer erforderlich. Das Kupfernetz der DBP stellt also einen so entscheidenden Investitionsanteil dar, daß dessen Nutzung für die Einführung des ISDN entsprechend berücksichtigt werden muß. Das bedeutet nicht, daß andere Übertragungsmedien wie Glasfaser-und Richtfunksysteme ausgeklammert werden. Das ISDN-Konzept verlangt jedoch in der Einführungsphase eine Optimierung für den Massenfall, d. h., Kupfernutzung, muß aber Lösungen für das Nutzen anderer Medien vorsehen.

4.2 Kanalarten und Kanalstruktur des ISDN-Basis-Anschlusses

Aufbauend auf den Möglichkeiten der Nutzung des vorhandenen Kupfernetzes werden in den internationalen Gremien wie CEPT und CCITT gegenwärtig folgende Kanalarten für den digitalen ISDN-Basisanschluß diskutiert:

B - digitaler Basiskanal mit einer Bitrate von 64 kbit/s
Do - digitaler Signalisierungskanal mit einer Bitrate von 16 kbit/s

Als Kanalstruktur für den digtialen ISDN-Basisanschluß ist festgelegt:

$$B + B + Do$$

Der ISDN-Basisanschluß verfügt also im Gegensatz zum bisherigen Teilnehmeranschluß über 2 Nutzkanäle (Basiskanäle), die einen Parallelbetrieb gleicher oder verschiedener Dienste ermöglichen. Aus der o. g. Kanalstruktur ergibt sich, daß auf der digitalen Teilnehmeranschlußleitung eine Nettobitrate von 144 kbit/s übertragbar sein muß. Die gleiche Nettoinformationsrate wird auch auf der standardisierten Teilnehmerschnittstelle So (siehe Bild 3) angeboten. Aufgrund zusätzlicher Schnittstellenfunktionen erhöht sich hier allerdings die Bruttobitrate auf 192 kbit/s.

4.3 Teilnehmeranschlußsysteme

Direktanschluß

Auf Grund von Systemstudien zum Digitalisieren des Ortsnetzes kann davon ausgegangen werden, daß je nach gewählten Übertragungsverfahren eine Reichweite von ca. 3 - 6 km auf der Teilnehmeranschlußleitung erreicht werden kann. Diese Teilnehmeranschlußart wird als Direktanschlußsystem bezeichnet, da eine Übertragung ohne Zwischenregeneratoren möglich ist. Mit dem Direktanschluß können 85 - 95 % aller Teilnehmer an die Ortsvermittlungsstelle angeschlossen werden.

Multiplexanschluß

Beim Fernanschluß handelt es sich um iene Art Direktanschluß, jedoch wird die Reichweite des Übertragungssystems durch Zwischenregeneratoren vergrößert, so daß ca. 100 % alle Teilnehmer eines Anschlußbereiches angeschlossen werden können.

Bild 3 zeigt die verschiedenen Teilnehmeranschlußsysteme.

ISDN Orts-vermitt-lungs-stelle
1. Basiskanal B
2. Basiskanal B
Steuerkanal Do
a) Direktanschluß
ISDN-Netz-Ab-schluß
B
B
Do
So
1. Basiskanal B
2. Basiskanal B
Steuerkanal D2 bzw. E
29. Basiskanal B
30. Basiskanal B
Multi-plexer oder Konzen-trator
b) Multiplexanschluß
1. Direktanschluß
1. Basiskanal B
2. Basiskanal B
Steuerkanal Do
weitere Direktanschlüsse
ISDN Netz-Ab-schluß
B
B
Do
So
1. Basiskanal B
2. Basiskanal B
Steuerkanal D
Zwischen-regene-rator
c) Fernanschluß
1. Basiskanal B
2. Basiskanal B
Steuerkanal Do
Zwischen-regene-rator
ISDN Netz-Ab-schluß
B
B
Do
So

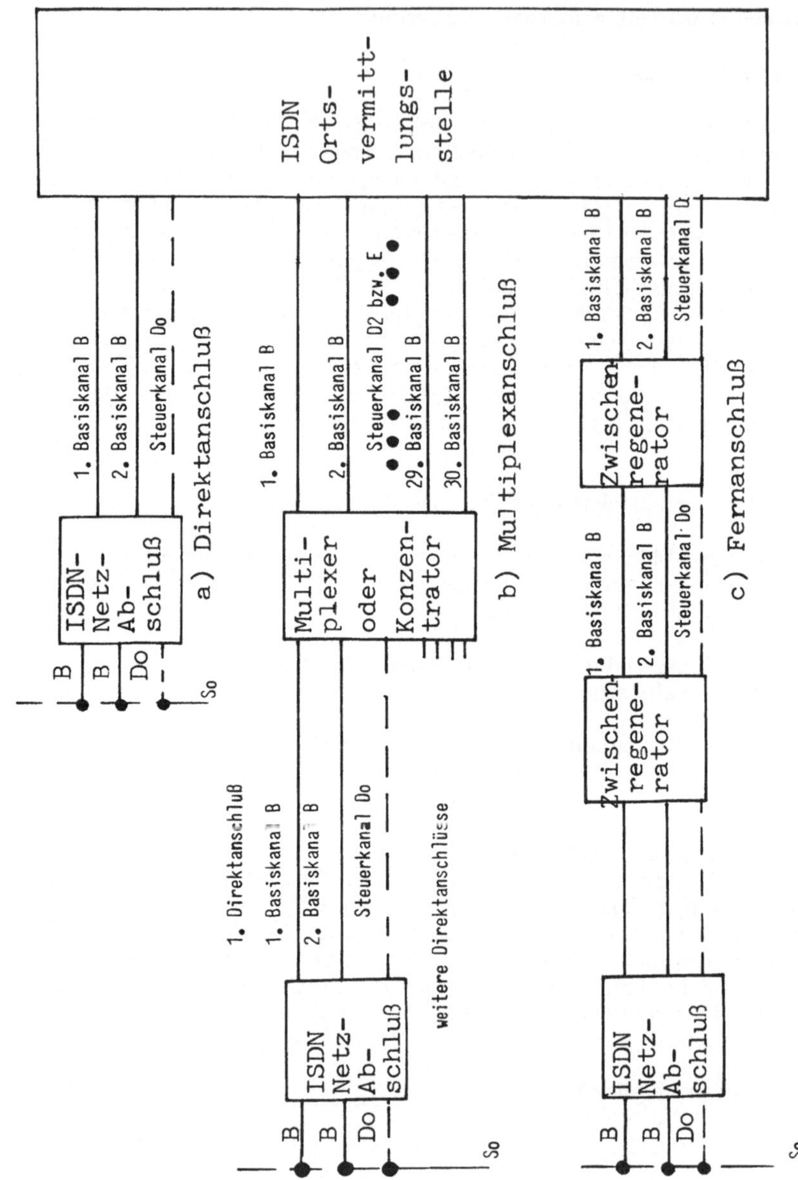

Bild 3

4.4 Konfiguration des ISDN-Teilnehmer-Zugangs und der Teilnehmereinrichtungen

Der Teilnehmer-Zugang zum ISDN läßt sich mittels einer Bezugskonfiguration darstellen (siehe Bild 4).

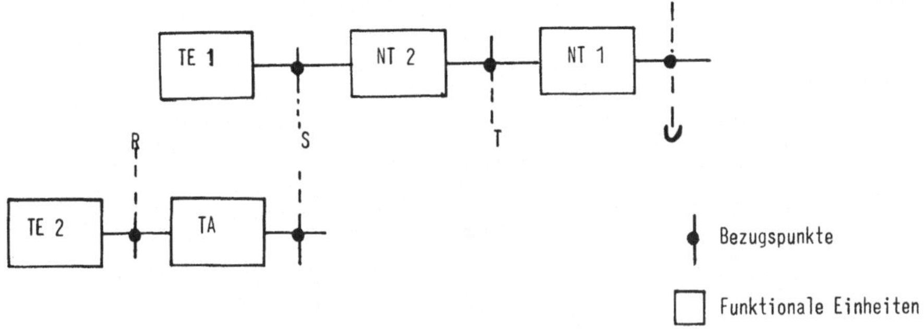

Bild 4

Nt1 = Netz-Abschluß 1 (nur Funktionen der OSI-Ebene 1)
- eletkrisch/physikalischer Netzabschluß der digitalen Übertragungsstrecke auf der Teilnehmerseite
- Betriebsfunktionen, z. B. Schleifenschluß
- Fernspeisung der angeschlossenen Einrichtungen

NT2 = Netz-Abschluß 2 (Funktionen der OSI-Ebenen 1 bis 3 sind in Abhängigkeit vom NT2-Typ möglich)

TE1 = Endgerätetyp 1 mit der international genormten ISDN-Engeräteschnittstelle (z. B. So für Basisanschluß)

TA = Terminal-Adapter zum Anpassen bisher vorhandener Endgeräte (mit R-Schnittstellentyp) an die ISDN-Endgeräteschnittstelle

TE2 = Endgerätetyp 2 mit bereits vorhandener und genormter Schnittstelle, wie sie z. B. für Datenklassen nach X.1 festgelegt wurden.

R, S,
T, U = stellen Bezugspunkte dar, an denen physikalische Schnittstellen vorgesehen werden können.

Die Bezugskonfiguration gibt die Funktionseinehiten beim ISDN-Teilnehmer-Zugang an. Die dargestellten Funktionseinheiten müssen nicht mit gerätetechnischen Einheiten übereinstimmen. Es ist vielmehr denkbar, daß mehrere Funktionen in einer Geräteeinheit zusammengefaßt werden. Beispielsweise könnte der einfache ISDN-Anschluß (vergleichbar dem heutigen Fernsprechhauptanschluß) die Funktionseinheiten NT1, NT2, TE1 in einem Gerät (integriert) enthalten.

Die mögliche Konfiguration der Teilnehmereinrichtung hängt von der gewählten Ausführung der Funktionseinheit NT2 ab. Der Funktionsbereich des NT2 reicht vom einfachsten Anwendungsfall (transparentes NT2), einem Ebene-1-Endgeräte-Controller, bis hin zu einer komplexen Funktionseinheit, die ähnlich wie bei Nebenstellenanlagen Internverkehr zuläßt. Von der Funktionseinheit NT2 hängt die Art und die Anzahl der anschließbaren Teilnehmereinrichtungen ab. Beim ISDN-Basisanschluß geht man z. Z. von 8 - 16 anschließbaren Endgeräten aus, die mit dem NT2 verbunden sein können.

Man unterscheidet bie der Teilnehmerinstallation für den ISDN-Basis-Anschluß drei
grundsätzlich unterschiedliche Installationsformen (siehe Bilder 5, 6 und 7):

- Sternstruktur,
- Busstruktur,
- Ringstruktur

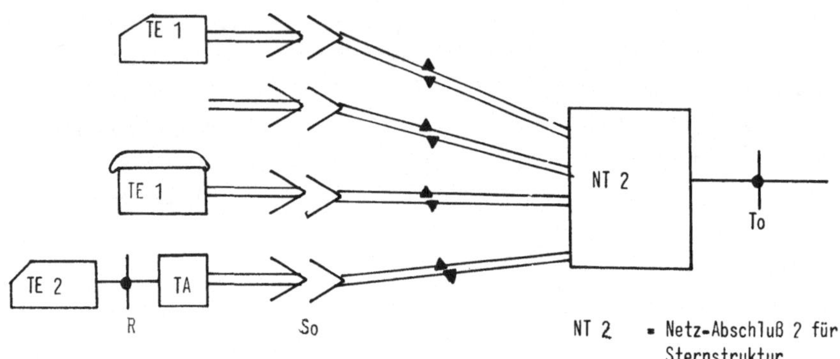

<u>Bild 5</u>   Sternstruktur

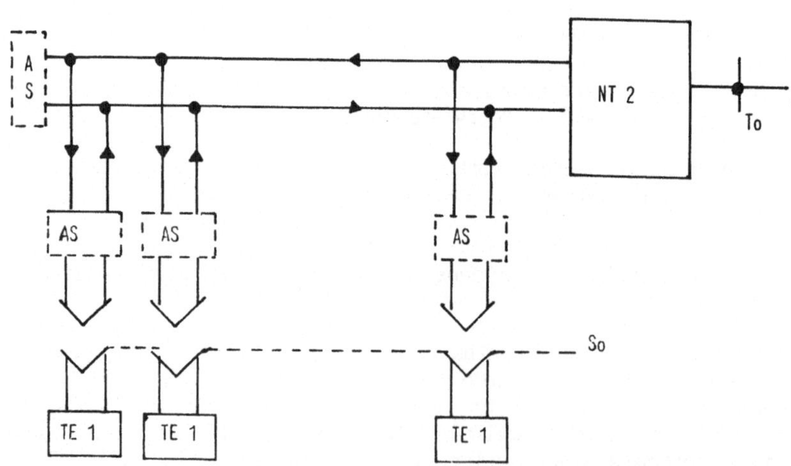

AS = Aktive Steckdose (sie ist nur bei
aktiver Busstruktur vorhanden,
beim passiven Bus ist diese
Funktionseinheit nicht vorhanden)

<u>Bild 6</u> Busstruktur (passiv und aktiv)

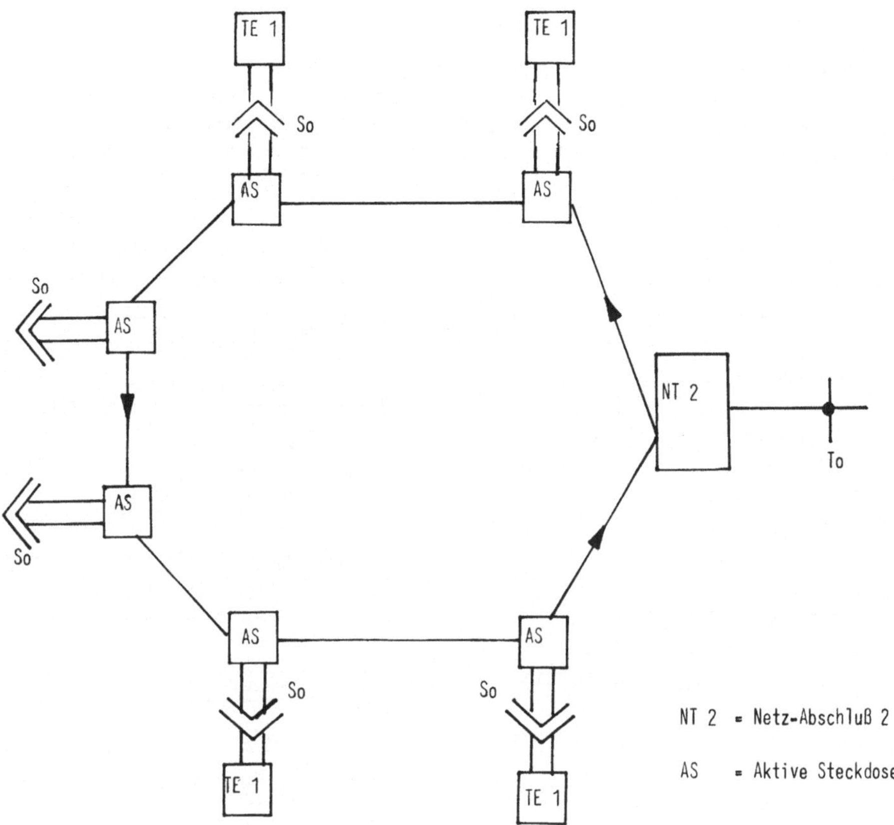

<u>Bild 7</u>   Ringstruktur

Weitere Unterrsuchungen sind noch erforderlich, um über die Auswahl der geeigneten Teilnehmerinstallationen und deren Auswirkungen auf andere Bereiche (z. B. Teilnehmereinrichtungen, Gestaltung des Netzes) abschließende Aussagen machen zu können. Man kann aber bereits jetzt erkennen, daß nicht nur eine einzige Installationsform verwendet werden wird. Die internationalen Normen gehen davon aus, daß der Schnittstellenstandard sowohl für Punkt-zu-Punkt als auch für Punkt-zu-Multipunkt anwendbar ist.

4.5 Mögliche Dienste und Zusatzdienste im ISDN

Gegenwärtig wird in nationalen und internationalen Gremien versucht, die Begriffe Dienste bzw. Zusatzdienste zu definieren. Für die weitere Betrachtung soll daher die vorläufige Definition gelten:

- Dienste sind ein Oberbegriff für Fenmeldedienste, man unterscheidet dabei:

- Transportdienste,
- Standarddienste und
- Informationsdienste

- Zusatzdienste sind mögliche Untermengen eines bestimmten Dienstes, die nur zusammen mit Transport-, Standard- und Informationsdiensten angeboten werden
  können. Bild 8 zeigt eine Zusammenstellung der möglichen Zusatzdienste im ISDN.

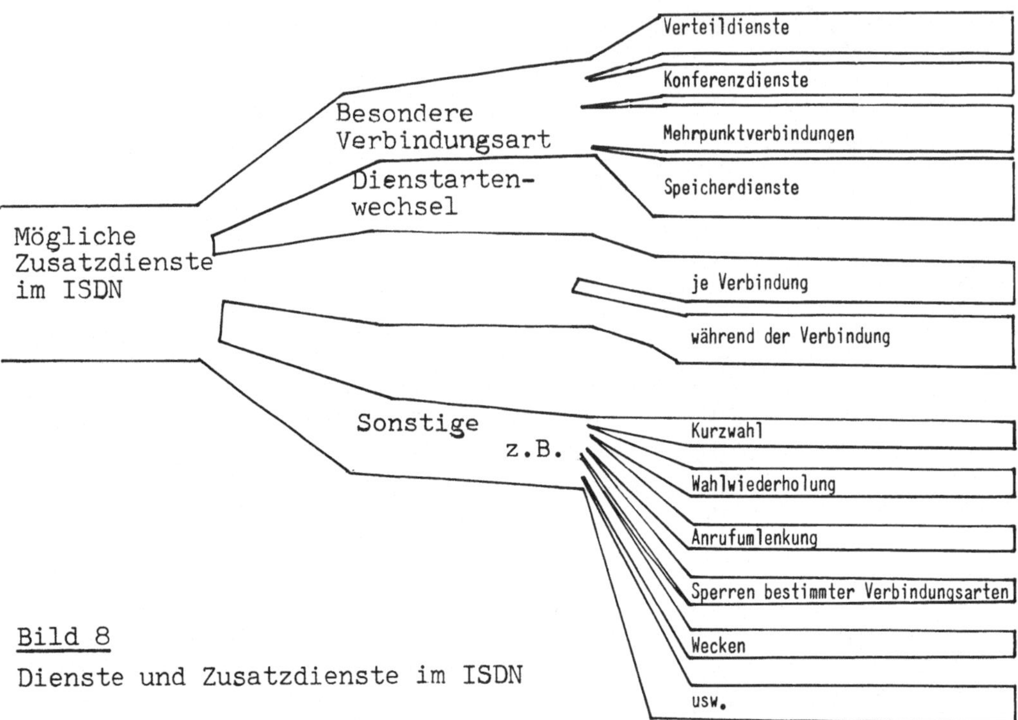

Bild 8
Dienste und Zusatzdienste im ISDN

5 ISDN-Einführung durch die DBP

Im März 1982 hat die Deutsche Bundespost gegenüber den DIV-Präsentationsfirmen
sowie dem Fachverband Fernmeldetechnik des ZVEI die Absicht erklärt, ein ISDN so
schnell wie möglich einzuführen. Die beschleunigte Realisierung dieses Verfahrens
hat mehrere Gründe, von denen hier die wesentlichsten genannt werden sollen:

- Der deutschen Fernmeldeindustrie soll die Gelegenheit gegeben werden, ihre Wett-
  bewerbschancen international zu wahren und auszubauen.

- Die Normungsarbeit in internationalen Gremien wie CEPT und CCITT soll durch
  die Ergebnisse aus einem vorgezogenen ISDN-Pilotversuch beeinflußt werden.

Die Absichtserklärung der DBP enthält einen Zeitplan (siehe Bild 9), der die Zeitvorstellungen zum beschleunigten Bereitstellen des ISDN verdeutlichen sollte.

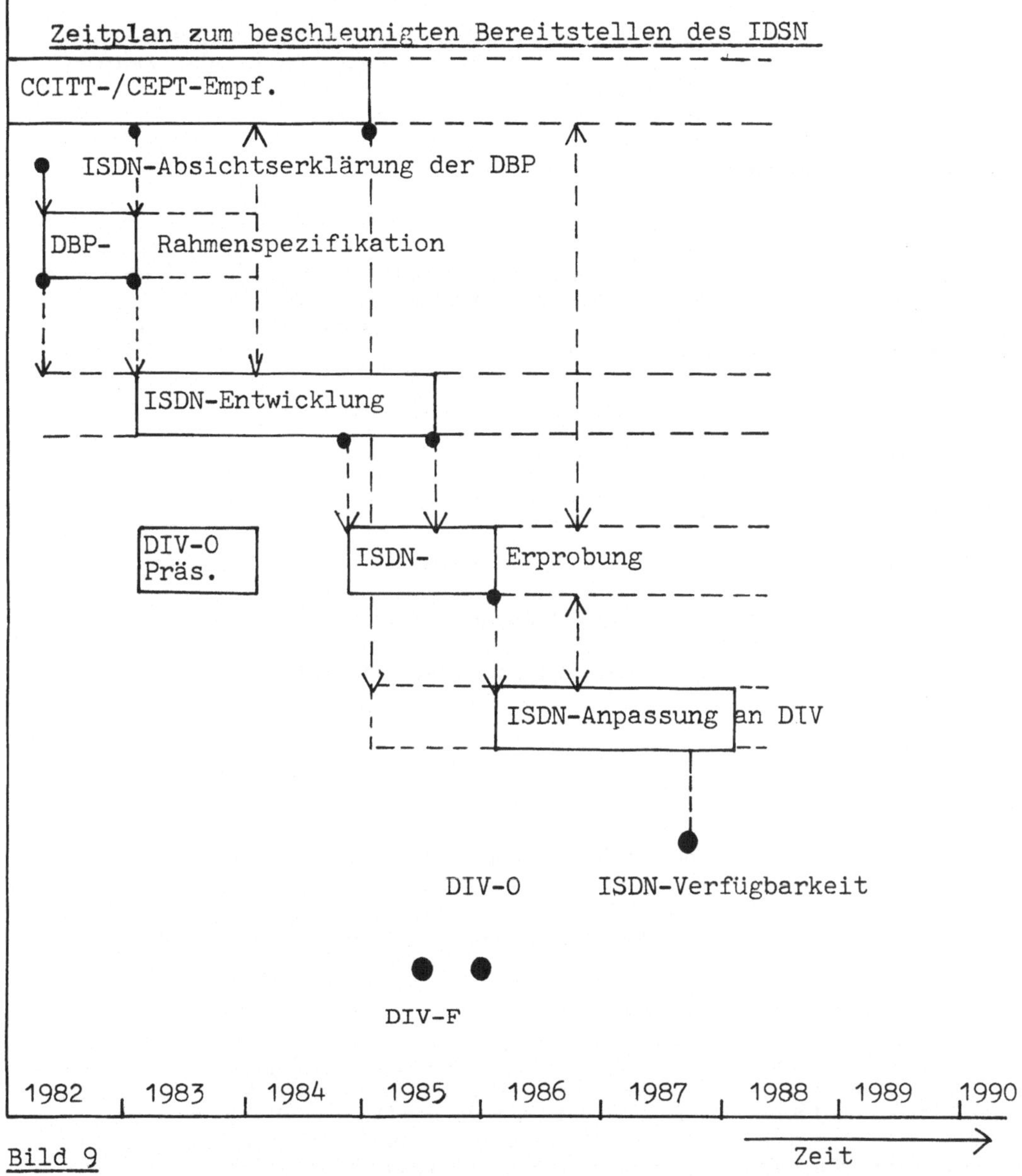

<u>Bild 9</u>

Der Zeitplan stellt zunächst eine Zeitvorstellung dar, deren Realisierung wesentlich
von der Leistungsfähigkeit der beteilgiten Firmen abhängt. In internationalen Gremien
wie CCITT, sind die Vertreter der deutschen Fernmeldeindustrie beteiligt und sind
so über die Entwicklung der internationalen Standardisierung informiert. Eine vorgezogene
ISDN-Erprobung (Pilotversuch), wie sie in der DBP-Absichtserklärung vorgesehen ist,
bedeutet, daß die Ergebnisse der Standardisierung zu einem bestimmten Zeitpunkt
für den Pilotversuch eingefroren werden müssen. Auf diesen Ergebnissen soll dann eine
nationale Rahmenspezifikation aufbauen. Die nationale Rahmenspezifikation wird zur
Zeit erarbeitet. Hierbei sind dich die Beteiligten im klaren, daß die nationale Rahmenspezifikation vor den endgültigen internationalen Standards eingebracht wird, um die
endgültigen Empfehlungen zu beschleunigen und zu beeinflussen. Nach Festschreiben
der CEPT- und CCITT-Empfehlungen soll die nationale Rahmenspezifikation der DBP

den international gültigen Standards angepaßt werden. Die gegenseitigen Beeiflussungen der internationalen und der nationalen Aktivitäten sind im oben dargestellten Zeitplan durch gestrichelte Pfeile gekennzeichnet.

5.1 Realisierung des ISDN-Pilotversuches

Der im Zeitplan dargestellte Pilotversuch soll eine Erprobung aller, am ISDN beteiligten Komponenten beinhalten. Um ein derart komplexes Verfahren durchführen zu können, liegt es nahe, das Gesamtvorhaben in überschaubare und sachlich getrennte Teilbereiche zu gliedern. Jeder Teilbereich enthält bestimtme Komponenten des ISDN, die u. U. getrennt entwickelt und dann in den Pilotversuch eingebracht werden sollen. Folgende Teilbereiche können hier genannt werden:

ISDN-Teilvorhaben der DBP

-   Übertragungseinrichtungen im Asl-Netz

-   Digitale ISDN-Endeinrichtungen

-   ISDN-Netzabschluß NT2, sowie Installation beim Teilnehmer

-   Zeichengabe auf digitaler Anschlußleitung im ISDN

-   Zeichengabeverfahren zwischen ISDN-Vermittlungsstellen (CCITT-Zeichengabever-
    fahren Nr. 7)

-   Anpassen DIV-O an ISDN

-   Anpassen DIV-F an ISDN und

-   Digitale Richtfunk-, Kabel- und Satellitensysteme

Zu den wesentlichsten ISDN-Komponenten für einen Pilotversuch gehören die digitalen Endeinrichtungen, der Netzabschluß NT2 und die Zeichengabe auf der digitalen Anschluß-leitung.

5.1.1 Digitale ISDN-Endeinrichtungen

Das Spektrum digitaler Fernsprechendeinrichtungen reicht vom Digital-Fernsprechapparat bis zur digitalen Fernsprech-Nebenstellenanlage. Dazu kommen die ISDN-fähigen End-geräte für ander Fernmeldedienste, wie z. B. Text- und Datendiesnte. In der ersten Phase des Pilotversuchs sollten, sowohl Einfachdienst- als Mehrfachdiesnt-Endgeräte erprobt werden. Es wird außerdem die Adaption vorhandener Endgeräte vorgesehen. Erst in späteren Phasen werden Endgeräte verfügbar sein, die alle Möglichkeiten des ISDN ausnutzen.

5.1.2 Netzabschluß NT2

Eine Aufgabe des Piloversuchs besteht darin, die verschiedenen Realisierungsmöglich-keiten des NT2 zu untersuchen. Die Varianten reichen von einer transparenten Ausführung des NT2,die die Signalisierung zur Vermittlungsstelle (Funktionen Ebene 2 und 3) unbe-arbeitet, transparent durchschaltet und nur Ebene-1-Funktionen ausführt, bis zu einer intelligenten Einheit NT2, die z. B. Internverkehr gestatten kann.

5.1.3 Zeichengabe auf der digitalen Anschlußleitung

Die Zeichengabe zwischen den ISDN-Teilnehmern und der Vermittlungsstelle wird als D-Kanal-Zeichengabe bezeichnet. Der digitale Do-Kanal für den ISDN-Basisanschluß arbeitet mit einer Bitarate von 16 kbit/s und ist protokoll-strukturiert (LAPD). In den ersten Phasen des Pilotversuchs können komplexe Teilnehmereinrichtungen, wie z. B. Nebenstellenanlagen durch mehrere parallele ISDN-Basisanschlüsse (B + B + Do) angeschaltet werden. Erst in späteren Phasen soll die Anschaltung digitaler Nebenstellenanlagen über einen D2-Kanal (siehe Bild 3) bzw. E-Kanal untersucht werden. Der D2-Kanal arbeitet mit einer Bitrate von 64 kbit/s, ist ebenfalls protokollstrukturiert und übernimmt die Zeichengabe für ISDN-Endeinrichtungen bis macimal 30 Basiskanäle (30 B + D2). Der digitale E-Kanal (siehe Bild 3) ist für den gleichen Anwendungsfall vorgesehen, er arbeitet mit einer Bitrate von 64 kbit/s und transportiert das CCITT-Zeichengabesystem Nr. 7. Der Pilotversuch soll Aufschluß darüber geben, welches der beiden Verfahren zur endgültigen Einführung bei der DBP kommt.

Quellenangabe

1. Statusbericht ISDN der DBP, Ausgabe Nr. 3, vom Oktober 1982

2. K.H. Rosenbrock: Mögliche Integration von Fernmeldediensten im digitalen Fern-sprechnetz

3. Absichtserklärung der DBP gegenüber dem ZVEI Fachverband Fernmeldetechnik vom 26.03.1982

4. P. Kahl: ISDN-Seminar, Dez. 1981 DHARAN

5. P. Kahl: Digitalisierung des Fernmeldenetzes in den 80er Jahren

<u>DAS DIENSTEINTEGRIERENDE DIGITALE FERNMELDENETZ (ISDN)</u>
<u>- EIN NEUES LEISTUNGSANGEBOT DER KOMMUNIKATIONSTECHNIK</u>

Dipl.-Ing. G. Kleinke
Siemens AG München

Zusammenfassung

Weltweit wird gegenwärtig durch den Einsatz digitaler Netzkomponenten
die Digitalisierung der Fernsprechnetze vorangetrieben. Dieser Prozess
entsteht aus technologischer Innovation; er führt für den Netzbetreiber zu wirtschaftlichen Vorteilen bei der Beschaffung und beim Netzbetrieb. Das so entstehende digitale Fernsprechnetz kann einer vielseitigeren Nutzung zugeführt werden, wenn es gelingt, in ihm auch Fernmeldedienste für Text-, Daten- und Festbildkommunikation abzuwickeln.
Der Schlüssel zum Erfolg liegt hier in der Digitalisierung des Teilnehmeranschlusses.

Das Referat behandelt den derzeitigen Standardisierungsansatz für den
digitalen Teilnehmeranschluß, geht auf seine Realisierung ein und
diskutiert ein Dienstekonzept für das ISDN in der Bundesrepublik sowie die Nutzungsmöglichkeiten an Arbeitsplätzen und im Heim.

Seit einigen Jahren werden in zunehmendem Umfang digitale Übertragungssysteme in der Regional- und Fernebene von Fernmeldenetzen eingesetzt. Mit dem Regeleinsatz von digitalen Fernsprech-Vermittlungs-
einrichtungen wird in vielen Ländern - beginnend in der Fernebene
- die Digitalisierung der Vermittlungstechnik vorangetrieben. Bei
diesem Prozess, der durch wirtschaftliche Kräfte getrieben wird,
werden Übertragungs- und Vermittlungstechnik in einem IDN (integrated digital network) für den Fernsprechdienst integriert.

Dieses digitale Netz kann einer vielseitigeren Nutzung zugeführt
werden, wenn es gelingt, in ihm mehr Dienste, insbesondere auch solche
der Text-, Daten- und Festbildkommunikation abzuwickeln. Dabei würde
sich das IDN in ein ISDN (integrated services digital network) um-
wandeln.

Das ISDN soll demnach den Teilnehmern über _einen_ Anschluß die Nutzung unterschiedlicher Kommunikationsdienste mit attraktiven Nutzungseigenschaften bieten. Dafür werden an die Teilnehmeranschlüsse Endgeräte für Sprach-, Text-, Daten und Festbildkommunikation in vielfältigen Konfigurationen angeschlossen werden.

Bild 1 definiert das ISDN anhand seiner wichtigsten technischen Merkmale.

ISDN
Definition

○ **Basis: Digitalisiertes Fernsprechnetz**

○ **Durchgehend digitale Verbindungen**
   (Basiskanal 64 kbit/s)

○ **Kanalstruktur für den Teilnehmeranschluß**
   entsprechend CCITT/CEPT (B+B+D)

○ **Dienstindividuelle Verbindungsbehandlung**

○ **Eine Rufnummer pro Teilnehmer für alle Dienste**

Bild 1

Der ISDN Teilnehmeranschluß muß für diese Aufgabenstellung geeignete Grundeigenschaftn haben, z.B. hinsichtlich der Bitrate, der Reichweite, der Bitfehlerrate oder der Signalisierungsmöglichkeiten. Er muß aber auch so realisiert werden, daß er die einzelnen Kommunikationsdienste auf einem ähnlichen Niveau wie "dedicated networks" bereitstellt und gleichzeitig die Vorteile der Dienstintegratïon bietet.

Dabei ist davon auszugehen, daß für diesen digitalen Teilnehmeranschluß auf absehbare Zeit die Kupferdoppelader des vorhandenen Teilnehmeranschlußnetzes weiterverwendet wird.

1. Anforderungen an den ISDN-Teilnehmeranschluß

1.1 Anschlußarten, Kanalstruktur und Informationstypen

In der internationalen Diskussion und bei den Standardisierungsarbeiten im CCITT und bei CEPT werden verschiedene Teilnehmeranschlußarten diskutiert. Als Schwerpunktempfehlung hat sich der im folgenden allein weiterbehandelte "Basic Access" herauskristallisiert (Bild 2), er hat die Kanalstruktur

$$B + B + D.$$

Einer oder beide B-Kanäle können nicht benutzt sein, so daß sich die Varianten ergeben

$$B + B + D, \quad B + D \quad \text{oder} \quad D.$$

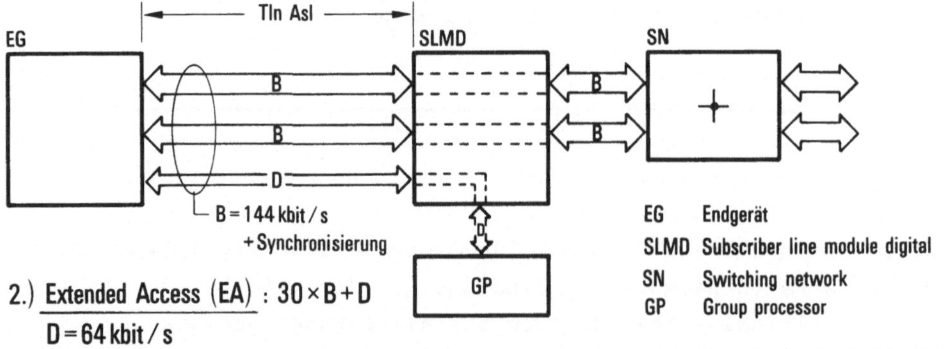

1.) Basic Access (BA)

Kanal	Inf. Typen	Belegungsvarianten der Kanäle		
		1	2	3
B	v,d	X	X	—
B	v,d	X	—	—
D	s, t, p	X	X	X

2.) Extended Access (EA) : 30 × B + D

D = 64 kbit/s

ISDN – Teilnehmeranschlüsse

Bild 2

Der B-Kanal ist ein 64-kbit/s-Kanal, der unterschiedliche digital
codierte Informationsarten in fester Zuordnung, wechselnd (von Verbindung zu Verbindung oder innerhalb einer Verbindung) oder simultan
übertragen kann. Beispiele für die Informationsarten sind:

$v1$ digitalisierte Sprache mit 64 kbit/s, entsprechend
CCITT-Empfehlung G.711

d leitungsvermittelte Daten mit ≤ 64 kbit/s in
den Benutzerklassen nach X.1

$v2$ digitalisierte Sprache mit Bitraten < 64 kbit/s,
kombiniert mit anderen digitalen Informationen
(Text, Fax, Daten).

Bei der Übertragung leitungsvermittelter Daten werden Bitraten
< 64 kbit/s zweistufig an den 64-kbit/s-Kanal angepaßt.
Die Bitrate des D-Kanals beträgt 16 kbit/s, auf ihm werden im
Nachrichtenmultiplex die Informationstypen

s Signalisierung,
t Telemetrie und
p langsame, paketorientierte Daten

übertragen. Priorität hat die Signalisierung. Der D-Kanal wird
nicht weitervermittelt, er verbindet die Teilnehmereinrichtung
mit der ersten Vermittlungseinrichtung.

1.2 Konfigurationen des Teilnehmeranschlusses

Für den ISDN-Teilnehmeranschluß sind Referenz-Konfigurationen festgelegt worden, die Referenzpunkte bzw. Schnittstellen und Funktionseinheiten definieren.In dieser funktionalen Architektur sind die
Aufgaben wie folgt zugeordnet:

Terminal 1 (T1)

Terminal mit neuer ISDN-Geräteschnittstelle S.

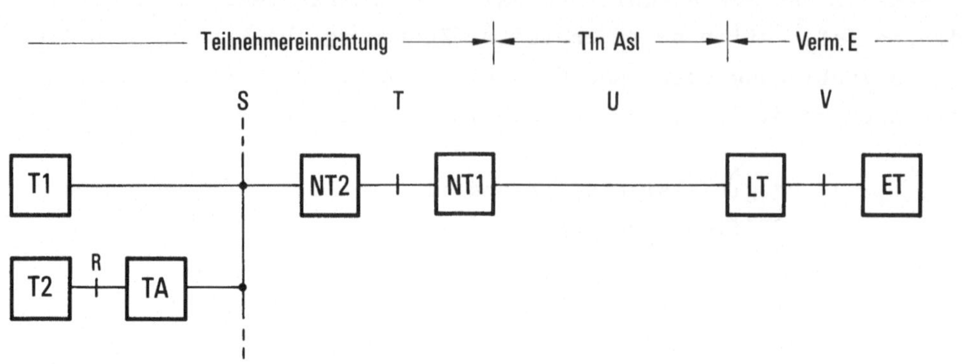

ET	Exchange Terminal	TA	Terminal Adapter
LT	Line Terminal	T1	ISDN-Terminal mit S-Schnittstelle
NT1	Network Termination 1	T2	Terminals mit anderen Schnittstellen
NT2	Network Termination 2		(z.B. R=X.21, V. 23, a/b)

Referenz-Konfiguration des ISDN-Teilnehmeranschlusses

Bild 3

Terminal 2 (T2)

Terminal mit bereits eingeführten R-Schnittstellen (R ungleich S), zum Beispiel X.21, V.23, a/b.

Terminal Adapter (TA)

Adapter für die Umsetzung von R-Schnittstellen und deren Protokollen auf die S-Schnittstelle und umgekehrt.

Network Termination 2 (NT2)

Logischer Abschluß des Teilnehmeranschlusses, Protokollbehandlung für die Schichten 2 und 3. Umsetzung zwischen T- und S-Schnittstelle. Maintenance-Funktionen. In komplexeren Konfigurationen (Nebenstellenanlagen, Local Area Networks) kann NT2 definitionsgemäß auch Vemittlungsfunktionen einschließen.

Network Termination 1 (NT1)

Herstellen der Leitungsschnittstelle U, d.h. Behandlung der Funktionen der Schicht 1 wie z.B. Übertragungstechnik, Maintenance, Initialisierung, Fernspeisung. Herstellen der T-, fallweise der S-Schnittstelle. Im letzteren Fall wird NT2 zur Nullfunktion.

Line Terminal (LT)

Herstellen der Leitungsschnittstelle auf der Vermittlungsseite, Funktionen ähnlich NT1.

Exchange Terminal (ET)

Vermittlungsseitiger logischer Abschluß des Teilnehmeranschlusses. Anpassung an die interne Struktur der Vermittlungseinrichtung. Funktionen ähnlich NT2.

1.3 Schnittstellen

Ein wesentliches Charakteristikum des ISDN wird die neue Teilnehmerschnittstelle S sein. Diese wird für den Basic Access definiert. Sie ist für den Anschluß neuer ISDN-voice- und ISDN-non-voice-Endeinrichtungen vorgesehen. Vorhandene Endeinrichtungen mit R-Schnittstelle werden daran über Terminaladapter angeschlossen. Die S-Schnittstelle ist voraussichtlich der Abschluß des öffentlichen Fernmeldenetzes, an sie angeschlossene Endeinrichtungen können teilnehmereigen sein. Im Gegensatz dazu werden Endeinrichtungen mit U-Schnittstelle als verwaltungseigen angesehen. Damit weltweit gleiche Anschlußbedingungen für neue ISDN-Endeinrich- tungen bestehen, muß die S-Schnittstelle in allen Schichten durch den CCITT standardisiert werden. Die Arbeiten dazu sind augenblicklich sehr intensiv.

Nach dem derzeitigen Diskussionsstand wird an der S-Schnittstelle ein Zeitmulitplex-Signal von 192 kbit/s in beiden Richtungen übertragen. Der Rahmenaufbau für die beiden B-Kanäle, den D-Kanal, Framing sowie Permit-/Request-Bit für den D-Kanal zeigt Bild 4.

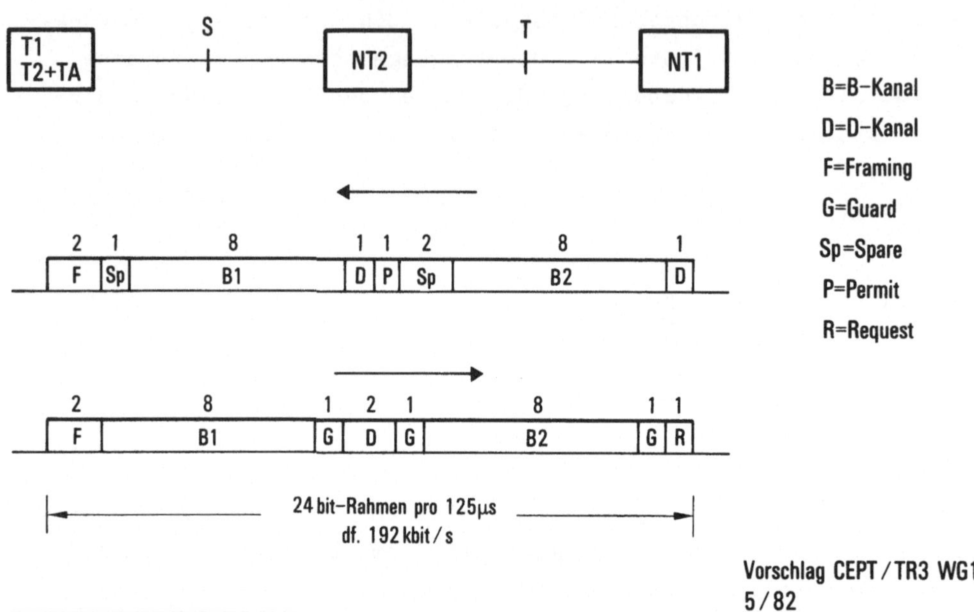

Zeitmultiplexsignale an den Referenzpunkten S und T

Bild 4

S und T unterscheiden sich in der Schicht 1. Während T logisch als
Referenzpunkt anzusehen ist, ist S auch eine physikalische Schnittstelle. Zur Festlegung ihrer Schicht 1 werden zur Zeit physikalische
Grundsatzuntersuchungen durchgeführt. Sie sollen insbesondere klären, ob diese Schnittstelle bei vertretbarem technischem Aufwand bus-
fähig sein kann. Für diese Untersuchungen sind von der CEPT
folgende Vorgaben gemacht worden:

- 4 Draht-Verfahren
- Kopplung der Endeinrichtungen mit Potentialtrennung
  (z.B. Übertragerkopplung)
- Maximale Reichweite 400 m
- Schnittstellenbitrate 192 kbit/s
- Mindestens 6 Terminals anschaltbar, bei Maximalabstand
  zwischen erstem und letzem Terminal von 200 m
- Fernspeisung über den Phantomkreis
- Keine besonderen Installationskabel

Der konfliktfreie Zugriff auf den S-Bus soll von den angeschlossenen Terminals im D-Kanal selbst geregelt werden. Das Verfahren
der "Contention resolution" wird voraussichtlich 10/82 festge -
schrieben (in Diskussion sind Request/Permission-Verfahrem, CSMA-
ähnliche Verfahren oder auch Mischverfahren). Die B-Kanäle werden
mit Hilfe des D-Kanals von der Vermittlungseinrichtung zugeteilt.

1.4 Protokolle des D-Kanals

Der Informationsaustausch über den D-Kanal umfaßt Signalisierung,
Telemetrie und langsame paketorientierte Daten. im folgenden wird
beispielhaft nur auf die Signalisierung, d.h. auf den Informationsaustausch zwischen ISDN-OVSt und ISDN-Teilnehmereinrichtung

- zum Auf- und Abbau von B-Kanal-Verbindungen und

- zur Steuerung von Diensten und Leistungsmerkmalen

eingegangen.

In Übereinstimmung mit dem ISO- bzw. CCITT-Referenzmodell umfaßt
die für die Übermittlung der s-Informationen relevante Protokollstruktur des D-Kanals die Schichten 1-3. Für die Beschreibung
wird hier unterschieden zwischen

- transportorientierten Funktionen (Schichten 1, 2, 3.3 und 3.4)
  und

- anwendungsorientierten Funktionen (Schichten 3.5,3.6 und 3.7).

Die Sublayer 3.3 bis 3.7 entsprechen bezüglich ihrer Funktionsverteilung den Schichten 3 bis 7 des 7-Schichtenmodells. Der realisierte
Funktionsumfang orientiert sich an den Erfordernissen der ISDN-Signali-
sierung, ist also eine Untermenge der OSI-Funktionen.
Einzelne Schichten können deshalb auch leer sein. Wesentliche Merkmale
der D-Kanalprotokolle sind:

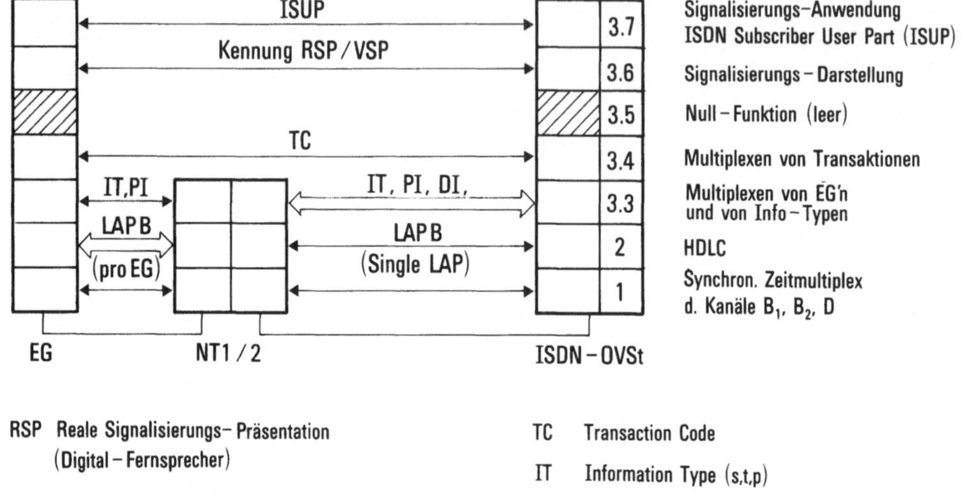

RSP Reale Signalisierungs−Präsentation
(Digital−Fernsprecher)

VSP Virtuelle Signalisierungs−Präsentation

TC Transaction Code

IT Information Type (s,t,p)

PI Protocol Identification (U/E, U/M, U/PABX)

DI Device Indicator

D−Kanal−Protokolle des Basic Access

Bild 5

Schicht 2
----

realisiert die Übertragungssicherung mit einer Link Access Procedure
(LAP) entsprechend LAP B von X.25. Das HDLC-Link besteht zwischen
Endgerät und erster Vermittlungsstelle (VSt). Bei Mehrgerätekonfigu-
rationen wird ein Link pro aktivem Endgerät eingerichtet (Multiple
LAP). In der ISDN-Einführungsphase ist bei Mehrgerätekonfigurationen
auch eine abschnittsweise Abwicklung
(VSt↔Netzabschuß, Netzabschluß↔Endgerät) denkbar
(Single LAP).

Schicht 3.3

übernimmt das Multiplexen/Demultiplexen der Informationstypen
(s, t, p) und die Unterscheidung von Protokollvarianten (z.B. Endgerät oder Nebenstellenanlage).

Bei abschnittsweiser Signalisierungsabwicklung werden über Schicht
3.3 die Einzelgeräte einer Mehrgerätekonfiguration adressiert.

Schicht 3.4
----

unterstützt die gleichzeitige Abwicklung mehrerer Signalisierungs-
beziehungen eines Endgerätes mit der VSt (Transaktionen).

Schicht 3.5
----

ist leer.

Schicht 3.6
----

unterscheidet die Signalisierungspräsentation für Endgeräte in:

o Reale Signalisierungspräsentation (RSP) für einfache Endgeräte
  vom Typ "digitaler Fernsprecher". Dieser sendet z.B. reale
  Tastencodes und erwartet reale Einstellbefehle (Bitmuster), die
  ihre Bedeutung jeweils durch Zuordnungsvorgänge in der Vermittlungseinrichtung erhalten.

o Virtuelle Signalisierungspräsentation (VSP) für universelle,
  von der Art des Endgerätes unabhängige Signalisierungsnach-
  richten, deren Codierung alleine von der Logik des Signalisie-
  rungsereignisses bestimmt wird.

Schicht 3.7
----

realisiert bei der virtuellen Signalisierungspräsentation den
ISDN-subscriber-user-part (ISUP), der so auszulegen ist, daß sich
weitgehend übereinstimmende ISUP-Nachrichten für alle leitungsvermittelten ISDN-Dienste ergeben.

Wesentliches Merkmal der Schicht 1 ist das Übertragungsverfahren auf
der Teilnehmeranschlußleitung. Mit hoher Wahrscheinlichkeit wird ein
Gleichlageverfahren mit Echokompensation Einsatz finden (Bild 6).

2. Realisierung des ISDN-Teilnehmeranschlusses

Eine wirtschaftliche Realisierung der Komponenten des Teilnehmeranschlusses erscheint auf den ersten Blick nur möglich zu sein,
wenn die beschriebenen Funktionseinheiten NT 1, LT, TA und S-
Interface jeweils mit möglichst wenigen VLSI-Bausteinen implemen-

ISDN
Teilnehmeranschluß/Übertragungsverfahren

	Aufwand je LT	Praktikable Reichweite
1) Getrenntlage mit Frequenz-Multiplex Pro Übertragungsrichtung ein Frequenzband, höchste Übertragungsfrequenz etwa doppelter Wert der Nutzbitrate.	Groß, weil nicht integrations-freundlich	Kleiner als bei 3)
2) Getrenntlage mit Zeit-Multiplex (BURST) Zweidrahtleitung wird jeder Übertragungsrichtung abwechselnd zur Verfügung gestellt, Information zeitlich komprimiert, die Übertragungsfrequenz steigt entsprechend (Bitrate > 300 kbit/s).	Kleiner als für 1)	3 km, damit 80% aller Teilnehmer in der BRD erreichbar
3) Gleichlage mit Echokompensation Übertragung in beiden Richtungen gleichzeitig im gleichen Frequenzbereich, Richtungstrennung durch Gabeln, Eliminierung der vom eigenen Sender und seinen Echos erzeugten Störsignale durch Kompensation.	Ca. 10% mehr als für 2)	6 km, damit 95% aller Teilnehmer in der BRD erreichbar

Bild 6

tiert werden können. Dieses langfristige Ziel ist aus heutiger
Sicht aber nur in Stufen erreichbar.

Ein Grund dafür ist die noch nicht abgeschlossene Standardisierung, deren Fortschreiten Änderungen notwendig machen wird. Außerdem muß sichergestellt sein, daß VLSI auch in den einzelnen Entwicklungsstufen zu wirtschaftlichen Lösungen führt.

Ein heute realistischer Ansatz besteht darin, für digitale Hard-
warefunktionen zum Beispiel in LT/NT1 und NT2 spezielle LSI-
Schaltkreise einzusetzen und andere logische Funktionen in Steuerungen und Protokollern mit Mikrocomputern zu lösen. Dabei ist
aus Leistungsgründen generell der Einsatz von CMOS-Technologie
anzustreben.

Mit fortschreitender Entwicklung wird es dann möglich werden, den
Funktionsumfang der Schaltkreise zu erweitern. Am Ende dieser Entwicklung könnte durchaus ein "ISDN-telephone on a chip" stehen.

3. Fernmeldedienste im ISDN

Mit dem digitalen Teilnehmeranschluß sind die Voraussetzungen gegeben, dem ISDN-Benutzer ein neues Kommunikationsangebot zu machen. Dieses setzt sich zusammen aus den Fernmeldediensten und den Leistungsmerkmalen.

Für die Diskussion des Diensteangebotes sind allerdings einige Voraussetzungen zu beachten:

ISDN baut auf gegebene, länderabhängige Ausbausituationer der bestehenden Fernmeldenetze und die in ihnen realisierten Dienste auf. Es werden sich demzufolge länderabhängige Varianten des ISDN-Dienstekonzeptes ergeben, die selbstverständlich von den unternehmerischen Absichten der Verwaltungen bestimmt werden. Für das ISDN-Dienstekonzept im Fernmeldenetz der BRD kann vorausgesetzt werden:

- Das ISDN ersetzt langfristig das öffentliche analoge Fernsprechnetz,

- ISDN-Versorgungsbereiche in den Ortsnetzen werden von Anfang an digital über das Fernnetz verbunden und

- das Integrierte Fernschreib- und Datennetz (IDN) wird nicht durch das ISDN abgelöst.

Damit werden in den Kommunikationsnetzen der BRD ISDN-Netzteile, analog/digitale Teile des Fernsprechnetzes und das IDN zusammenarbeiten. Der Diensteverbund im ISDN setzt sich also zusammen aus

- neuen ISDN-Diensten,
- bestehenden Diensten aus dem analogen Fernsprechnetz und
- bestehenden Diensten aus dem Integrierten Fernschreib- und Datennetz (IDN).

Treibende Kräfte für die ISDN-Einführung sind die neuen ISDN-Dienste. Bei ihnen werden die neuen Netzleistungsmerkmale wie durchgehender 64-kbit/s-Duplex-Kanal und outslot-Signalisierung für ein neues Kommunikationsangebot ausgenutzt.

Nachdem ISDN das Fernsprechnetz ersetzt und eine Zusammenarbeit
mit den analog/digitalen Teilen des Fernsprechnetzes ermöglicht
werden muß, sind im ISDN auch bestehende Dienste des analogen
Fernsprechnetzes wieder zu realisieren. Auch die Weiterverwendung
vorhandener Endgeräte in ISDN-Versorgungsbereichen erfordert diese
Dienste.

Aus dem IDN werden hauptsächlich die Textdienste in das ISDN mit-
übernommen. Einmal können Textdienste im ISDN nur verbreitet werden,
wenn von Anfang an Zugang zu den Ttx- und Tx-Teilnehmern am IDN
besteht. Andererseits kann ein Teilnehmer nur dann unter einer
ISDN-Rufnummer in mehreren, speziell auch Textdiensten, erreicht
werden, wenn sein Text-Endgerät mit am ISDN-Anschluß liegt.

In Bild 7 sind als Diskussionsbeitrag Fernmeldedienste für das
öffentliche ISDN zusammengestellt. Es werden vier Dienstegruppen
unterschieden:

- Standdarddienste
- Übermittlungsdienste
- Höhere Dienste
- Sonderdienste

ISDN-Dienste	Standarddienste	Übermittlungsdienste	Höhere Dienste	Sonderdienste
Bestehende Dienste aus dem analogen Fe-Netz	Fernsprechen (Zugang) Telefax Gr.2/3	DÜ mit V.- Schnittstellen (parallel, seriell)	Bildschirmtext (1200/75; 2400 hx)	Sicherheitsdienste (Klasse B) (Notrufeinrichtungen)
Bestehende Dienste aus Text-/ Datennetzen	Telex (Zugang) Teletex (2400) Telefax Gr.4 (9600)	Datex-L (X.21) Datex-P (X.25) HfD, Standverbindg.	Bildschirmtext (2400 dx)	
Neue ISDN-Dienste	ISDN-Fernsprechen Textfax incl. Telefax Gr.4 (64000) Teletex (64000)	DÜ (64000, n×64000) Standverbindungen (64000,n×64000)	ISDN-Bildschirmtext (64000) voice-mail text-mail	Sicherheitsdienste (Klasse B*) Telemetrie (Fernwirken, Fernmessen)

Bild 7 Fernmeldedienste im ISDN
          (Diskussionsbeitrag)

<u>Standarddienste</u> sind Kommunikationsdienste mit Kompatibilität
zwischen den Endgeräten ("jeder mit jedem") und öffentlichem Teil-
nehmerverzeichnis. Dies wird erreicht durch die Festlegung der
wesentlichen technischen Merkmale aller an dem Dienst teil-
nehmenden Endgeräte. Festgelegt werden sowohl die für den Transport wichtigen Funktionen (Schichten 1-3) als auch die höheren
Kommunikationsfunktionen (Schichten 4-6). (Beispiele: Fernsprechen, Teletex).

<u>Übermittlungsdienste</u> sind Kommunikationsdienste mit Festlegung der
Endeinrichtungsschnittstellen. Die technischen Festlegungen dieser
Dienste umfassen nur die für den Nachrichtentransport erforder-
lichen Funktionen der Schichten 1-3, zumindest in der Signalisie-
rungsphase (Beispiele: DÜ-Dienste des Fernsprechnetzes, Datex-L,
Datex-P).

<u>Höhere Dienste</u> sind Kommunikationsdienste mit Festlegungen wie bei
den Standarddiensten. Zusätzlich sind bei Ihnen Funktionen der Nach-
richtenbehandlung (Speicherung, Suchalgorithmus) fest vereinbart
(Beispiele: Bildschirmtext, Voice-Mail).

Der Begriff <u>Sonderdienste</u> wird für besondere technische Anwendungen, wie z.B. Sicherheitsdienste und Telemetrie benutzt.
Dienste dieser Gruppe stellen in der Regel besondere Anforderungen
an das Netz (Sicherheit, Übermittlungsdauer).

Die abwechselnde Benutzung zweier Dienste in einem B-Kanal während
einer Verbindung und die parallele Benutzung eines zweiten Dienstes
auf dem zweiten B-Kanal für die Dauer oder Zeitintervalle einer Verbindung wird als Mischkommunikation bezeichnet. Hierfür werden
keine eigenen Dienste vorgesehen, sondern die Netz-Leistungsmerkmale
"Dienstwecnsel" und "Aufbau des Parallelweges".

4. <u>Netzstruktur</u>

Bild 8 stellt eine denkbare Netzstruktur für die Fernmelde-Wähl-
netze der BRD bei Einführung des ISDN dar. Diese Struktur wird
bestimmt durch

- die Struktur des bestehenden Fernsprechnetzes
- das Angebot neuer ISDN-Dienste und
- Interworking mit bestehenden Netzen.

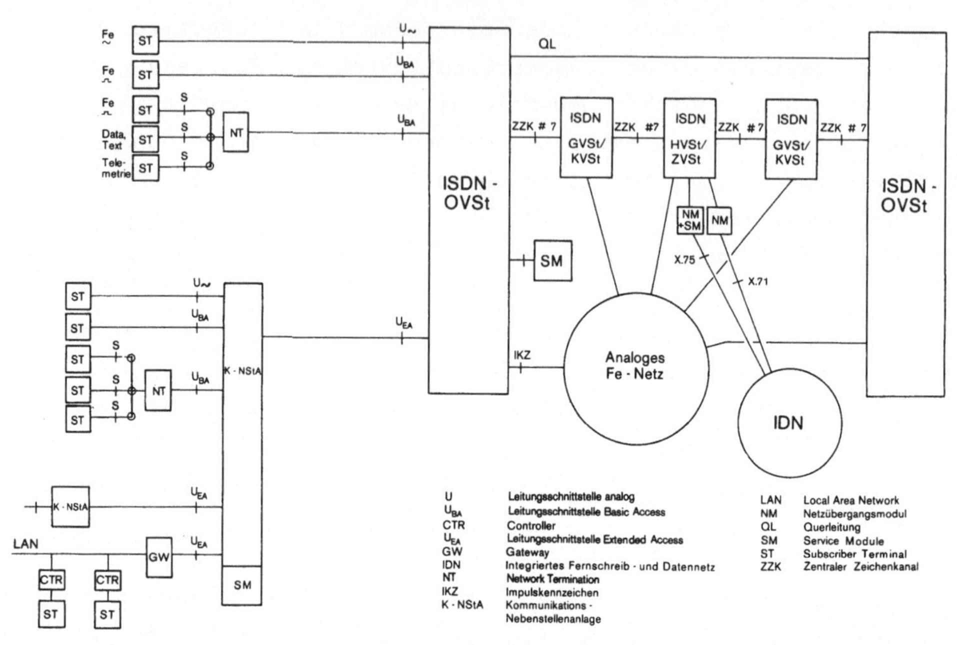

Netzstruktur

Bild 8

Das resultierende Netzkonzept läßt sich danach wie folgt beschreiben:

- ISDN ist ein zusammenhängendes digitales Netz, es gibt keine ISDN-Inseln im öffentlichen Netz.

- Flächendeckung wird von Anfang an angestrebt.

- ISDN wird in das bestehende Fernsprechnetz eingebettet. Die Verteilung der Netzknoten und deren hierarchische Gliederung sowie die Vermaschung lehnen sich an die Netzstruktur des heutigen Fernsprechnetzes an.

- Der ISDN-Rufnummernplan wird in den Fernsprech-Rufnummernplan eingegliedert.

- Das vorgesehene Netz für zentrale Zeichenkanäle (ZZK) auf der Basis von CCITT No. 7 wird für ISDN-Signalisierungs- und Netzsteuermeldungen mitbenutzt.

- Im Netz werden an zentralen Stellen Service-Module (SM) und
  Netzübergangsmodule (NM) zur Realisierung von Höheren Diensten
  und Netzübergängen vorgesehen.

- An ISDN-Ortsvermittlungsstellen können sowohl Teilnehmerleitungen für Analogsignale als auch solche für Digitalsignale angeschlossen werden.

- Der Anschluß von Nebenstellenanlagen erfolgt über den Extended
  Access (30B+D) oder mehrere Basic Accesses (2B+D)xn.

- Für die Signalisierung zu Teilnehmern, Nebenstellenanlagen und
  im Netzinneren werden eigene User Parts festgelegt.

Das Netzkonzept läßt einige der Gründe erkennen, die die Diensteintegration im digitalen Fernsprechnetz für den Netzbetreiber
interessant machen. Einmal kann die vorhandene Kupferdoppelader
des Teilnehmeranschlusses durch die beiden Nutzkanäle wesentlich
besser ausgenutzt werden. Weiterhin entlastet das ISDN den Netzbetreiber von dem Druck, für verschiedene Dienste eigene Netze
einzurichten und zu betreiben. Nicht zuletzt können im ISDN neue
Dienste verhältnismäßig schnell und mit vergleichbar geringen Zu-
satzkosten angeboten werden.

5. Das Leistungsangebot für den Benutzer

Zur Einstimmung in die Diskussion der Möglichkeiten, mit ISDN ein
neues Leistungsangebot für den Benutzer zu gestalten, sei zunächst
ein Blick in ein bereits modern eingerichtetes Büro getan.
Dabei fallen verschiedene Dinge auf:

- Für jede Kommunikationsart werden eigene Geräte installiert mit
  eigenen Teilnehmerleitungen zu unterschiedlichen Netzen.

- Jedes Gerät hat ganz offensichtlich eigene Bedienungselemente
  für Kommunikationsfunktionen.

- Je nach Kommunikationsart und -netz sind unterschiedliche Ruf-
  nummern für den gleichen Partner zu verwenden, die Bedienung
  der Kommunikationsfunktionen ist unterschiedlich.

- Bestimmte Gerätekomponenten wiederholen sich in jedem Kommunikationsgerät.

- An einem Schreibtisch ist die Nutzung mehrerer Kommunikationsarten schon deshalb nicht möglich, weil nicht alle Geräte auf diesen Schreibtisch passen.

Diese Situation ist in einer Welt spezialisierter Büroarbeitsplätze, die in der Regel mit einer speziellen technischen Ausstattung (Datensichtgerät, Textsystem, Bürocomputer, Schreibmaschine, Fernschreibmaschine) unterstützt werden, ein akzeptabler Lösungsansatz. Im Büro von Morgen, das von vielfältiger Kommunikation - besonders zwischen nicht spezialisierten Arbeitsplätzen - geprägt sein wird, ist dieser Lösungsansatz unbefriedigend. Hier müssen mehrfunktionale (Lokalfunktionen und Kommunikationsfunktionen) Geräte eine wirksame Arbeitsunterstützung bieten, auf üblichen Schreibtische passen und mit einem guten, über die Funktionen durchgängigen Bedienungskonzept die Arbeit erleichtern.

5.1 Beiträge des ISDN zur Verbesserung der Büroarbeit

Das technische Konzept des ISDN und seine erwartete große Verbreitung bieten Leistungsmerkmale und Gestaltungsmöglichkeiten für Bürogeräte an, die eine deutlich wirkungsvollere Abwicklung der Büroarbeit ermöglichen:

o Verbesserte Erreichbarkeit des Teilnehmers

Durch einen Mehrkanalanschluß und den jederzeit verfügbaren Signalisierungskanal, der in Besetztfällen z.B. optisches Anklopfen ermöglicht, ist der Teilnehmer jederzeit erreichbar. Der Signalisierungskanal unterstützt auch unbediente Betriebsweisen wirkungsvoll und ermöglicht so das Hinterlassen von Nachrichten an unbesetzten Arbeitsplätzen ("Zettelkommunikation").

o Schnellkommunikation durch 64 kbit/s

Der weit verbreitete 64-kbit/s-Kanal bietet kürzere Übertragungszeiten. Besonders wichtig ist dies für den Faksimile-Dienst, aber auch für Rechner-Rechner-Verkehr und die Kommunikation mit zentralen Archiven, insbesondere Bildarchiven.

ISDN
Vorteile für den Benutzer

- ● Vielseitigere Anwendungen durch Integration
  - ● Misch- und Mehrfachkommunikation
  - ● Multifunktionsendgeräte

- ● Besserer Informationsaustausch mit der Vermittlungsstelle (Neue Leistungsmerkmale im
  Kanal einschl. Anzeige beim Teilnehmer)

- ● Bessere Erreichbarkeit
  (Anzeige beim Teilnehmer, Mehrkanalanschluß)

- ● Kürzere Übertragungszeiten
  (Wichtig besonders bei Faksimile)

- ● Kostengünstigere Text- und Datenübertragung

- ● Ein Anschluß, eine Rufnummer, ein Bedienkonzept
  unabhängig von der Geräteausstattung

- ● Zukunftssicherheit für neue Bedürfnisse

Bild 9

o Dienstewechsel

In einer Verbindung kann der Dienst gewechselt und so z.B. ein
Gespräch durch ein zwischenzeitlich übertragenes Dokument unterstützt werden.

o Ein Bedienungskonzept für Kommunikationsfunktionen

Alle Kommunikationsdienste können eine einheitliche Bedienung
der Kommunikationsfunktionen enthalten, so daß z.B. ein Teilnehmer nur eine Rufnummer unabhängig von seiner Geräte- und
Dienstausstattung hat. Das Netz stellt Kompatibilität sicher.

Kombination von Sprach-, Text- und Datenkommunikation

Bei 22% der Telefonate wird von wenigstens einer Seite begleitend auf Unterlagen Bezug genommen

In Einzelfällen (technische Büros, Kundendienst) werden 11% der Telefonate durch Faksimile ergänzt

Bei 9% der erfolgreichen Gespräche werden anschließend Notizen gemacht

ISDN: Mischung der Kommunikationsarten; dabei Mehrfachnutzung der Endgeräte möglich (multifunktionales Endgerät)

Basis: 10 000 Arbeitsplatzsituationen Sachbearbeiter/Fachkräfte

Bild 10

o Mehrfunktionale Endgeräte

Der Basic Access bietet über eine Kupferdoppelader in zwei B-Kanälen Zugang zu allen Diensten, die ein Büro-Arbeitsplatz benötigt. Damit ist die Möglichkeit gegeben, einen Arbeitsplatz nur mit einem mehrfunktionalen Kommunikationsendgerät auszustatten. Dieses Endgerät kann durch manuelle Bedienung, bei einem automatischen Sendevorgang oder ankommend vom System über den Signalisierungskanal für einen bestimmten Dienst aufgerufen werden. Wieviele Kommunikationsprozesse gleichzeitig abgewickelt werden, hängt von der Belastung des Benutzers, dem Umfang unbedienter Bedienungsweisen und der technischen Ausstattung ab. Diese technische Ausstattung wird selbstverständlich dem Arbeitsplatztyp entsprechen. Für nicht spezialisierte Arbeitsplätze ist eine Arbeitsplatz-Station für die Dienste Fernsprechen, Bildschirmtext, Teletex und Datenübermittlung denkbar, die den Arbeitsplatz auch in Lokalfunktionen sicher unterstützt.

5.2 Beiträge des ISDN zur Verbesserung der Heimkommunikation

Für die Kommunikation im Heim wird ein wesentlicher Impuls von
dem zweiten B-Kanal ausgehen. Er ist einmal der Wegbereiter für
den zweiten Fernsprechanschluß im Heim. Außerdem bietet er einen
eigenen Kanal für die Bildschirmtext-Nutzung, ohne den Fernsprech-
Hauptanschluß zu stören.

Man kann erwarten, daß auch der D-Kanal im Heim, z.B. für Aufgaben des Fernmessens (Zählerstände), Steuerns (z.B. der Heizung)
und Sicherns (Raumschutzanlage mit Verbindung zur Überwachungs-
zentrale) vielseitig genutzt wird und damit Leistungen erbringt,
die wir bisher im privaten Bereich nicht kannten.

6. Schlußbetrachtung

Der Übergang zum ISDN ist sicher einer der großen Evolutions-
schritte, die unsere Kommunikationsnetze machen werden. Mit diesem Referat sollte gezeigt werden, daß dieser Evolutionsschritt
heute realisierbar ist, daß national und international intensiv
an ihm gearbeitet wird und daß wir voraussichtlich 1985 oder 1986
mit den ersten Pilotinstallationen rechnen können. Bis dahin ist
allerdings noch sehr viel höchst interessante Arbeit zu leisten.

Literatur

/_ 1 _7   Rosenbrock, K.H.: Integration von Diensten

           im ISDN der Deutschen Bundespost
           Nachr.-techn.-Z. 35 (1982) 6, S. 364-366

/_ 2 _7   CCITT: Report on the meeting of the group

           of experts on ISDN matters of Study
           Group XVIII (Munich, 17-25 February 1982)
           COM XVIII-No. R 8-E, March 1982

<u>DEZENTRALE VERMITTLUNG IN EINEM DIENSTEINTEGRIERTEN</u>

<u>BREITBANDKOMMUNIKATIONSSYSTEM MIT OPTISCHER ÜBERTRAGUNG</u>

Th. Hermes, B. Hoen, H.W. Kreutzer, J. Saniter, F. Schmidt
Heinrich-Hertz-Institut für Nachrichtentechnik Berlin GmbH

Zusammenfassung

Am Heinrich-Hertz-Institut Berlin wurde ein Experimentalsystem aufgebaut, in dem die dezentrale Vermittlung schmal- und breitbandiger Dia-
log- und Verteildienste einen Schwerpunkt darstellt. Es wird über Erfahrungen im Dauerbetrieb des Systems berichtet und eine Wertung der
hier eingesetzten dezentralen Vermittlung vorgenommen.

Abstract

At the Heinrich-Hertz-Institut Berlin an experimental system has been
installed, which gives emphasis to the employment of switching with
distributed control for narrowband- and broadband-services for dialog
and distribution. This paper reports experiences from a long duration
test of the system and values the decentralized switching principle
as realized in it.

1. <u>Das System</u>

In den Jahren 1976 - 1982 wurde im Heinrich-Hertz-Institut ein Experimentalsystem aufgebaut, in dem digitale und analoge optische Breit-
bandübertragung, dezentrale und zentrale Vermittlung, Diensteintegration, zentrale Überwachung und Überleitung zwischen unterschiedlichen
Teilnetzen innerhalb eines komplexen Gesamtsystems Anwendung finden /1/.

Mit der Konzipierung des Systems wurde im Jahr 1974 begonnen. Es entstand unter der Federführung des Heinrich-Hertz-Instituts in Zusammenarbeit mit sechs Firmen der deutschen Industrie.

Das Experimentalsystem setzt sich im wesentlichen aus einem analogen
und einem digitalen Netz zusammen (Bild 1), die kompatibel miteinander

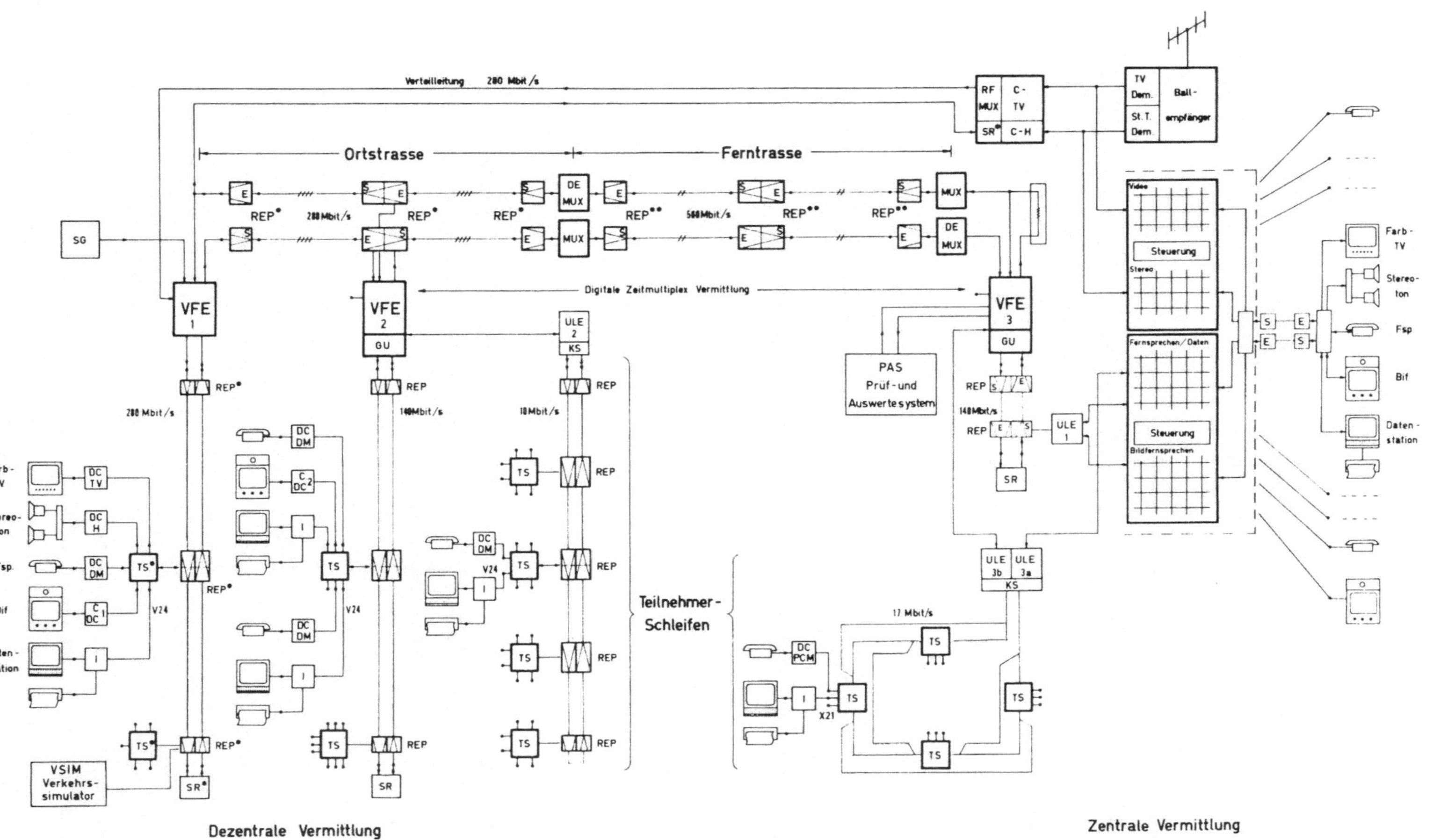

Bild 1: Das Experimentalsystem

verbunden sind und die beide dem Teilnehmer die Dienste Fernsprechen, Datenverkehr, Bildfernsprechen sowie TV- und Hörfunkverteilung gestatten (Bild 2).

Dienst	Bandbreite	Art der Wandlung	Abtastrate	Übertragungs- rate	Zahl der Zeitschlitze/Rahmen
Farb TV	5,5 MHz	Hybride DPCM (4 Bit)	4,096 MHz Chr. und 12,288 MHz Lum.	65,536 Mbit/s	1024
Bildfern- sprechen	5,5 MHz	Hybride DPCM (4 Bit)	12,288 MHz Lum. und (4,096 MHz Chr.)	65,536 Mbit/s 49,152 Mbit/s	1024 (280 Mbit/s System) 768 (140 Mbit/s System)
Fern- sprechen	3,4 KHz	Deltamod.	64 KHz	64 Kbit/s	1
Stereo- Rundfunk- Verteilg.	15 KHz	PCM	32 KHz/Kanal	1,024 Mbit/s	16
Daten	1,2 Kbit/s 9,6 Kbit/s	-	64 KHz	64 Kbit/s	1

Bild 2: Dienste im digitalen Breitbandnetz mit dezentraler Vermittlung

Das digitale Netz besteht aus einzelnen Teilnehmerschleifen mit Übertragungsraten von 10 Mbit/s /2/, 17 Mbit/s /3/, 140 Mbit/s /4/ und 280 Mbit/s /5/. Die Teilnehmerschleifen sind über eine Ortstrasse (4 x 280 Mbit/s) und eine sogenannte Ferntrasse (2 x 560 Mbit/s) /6/ miteinander verbunden.

Während im analogen Netz die herkömmliche zentrale Vermittlung in einem Sternnetz eingesetzt wird, findet im digitalen System ausschließlich die dezentrale Vermittlung Anwendung.

Das Prinzip der dezentralen Vermittlung ist im wesentlichen dadurch gekennzeichnet, daß
- jeder Teilnehmer den Gesamtverkehr seiner Netzebene empfängt und
- die Teilnehmerstation autonom die Vermittlungsfunktionen wahrnimmt, ohne daß es einer Zentrale bedarf.

Im Experimentalsystem wurde die dezentrale Vermittlung in einer einzigen Netzebene nur für Schmalbanddienste (64 Kbit/s) realisiert. Bei einer Bewegtbildübertragung mit etwa 65 Mbit/s ist die dezentrale Vermittlung in e i n e r Hierarchieebene nur beschränkt möglich, da der Gesamtverkehr des gemeinsamen Übertragungspfades aufgrund der maximalen Taktrate heutiger integrierter Bauelemente (ECL) die Größenord-

nung von 300 Mbit/s nicht überschreiten soll. Im Experimentalsystem
wurden für die Bewegtbildübertragung (Bildfernsprechen) daher am Übergang der breitbandigen Teilnehmerschleifen zur Ortstrasse als dezentrale Vorvermittlungen sogenannte Vorfeldeinrichtungen (VfE) /7/ installiert, die nur die Video-Information für die Teilnehmer der nachfolgenden Teilnehmerschleife auskoppeln. Bezogen auf die Breitbanddienste bedeutet dies also ein Zwei-Ebenen-Netz mit dezentraler Vermittlung.

2. Der Vermittlungsvorgang

Bei dem digitalen Netz handelt es sich um ein vollsynchrones Zeitmul-
tiplexsystem mit 34 Bit-Zeitschlitzen und 500 µs Zeitrahmendauer. Der
Zeitmultiplexrahmen (Bild 3) besteht aus 4096 Zeitschlitzen, die in
4 Unterrahmen (Spalten) zusammengefaßt werden. Spalte 1 ist für die
Schmalbanddienste und maximal 32 Hörfunkkanäle reserviert, in Spalte 2
wird ein Verteil-TV-Programm eingespeist und die Spalten 3 und 4 werden für Dialog-Bewegtbildübertragung verwendet.

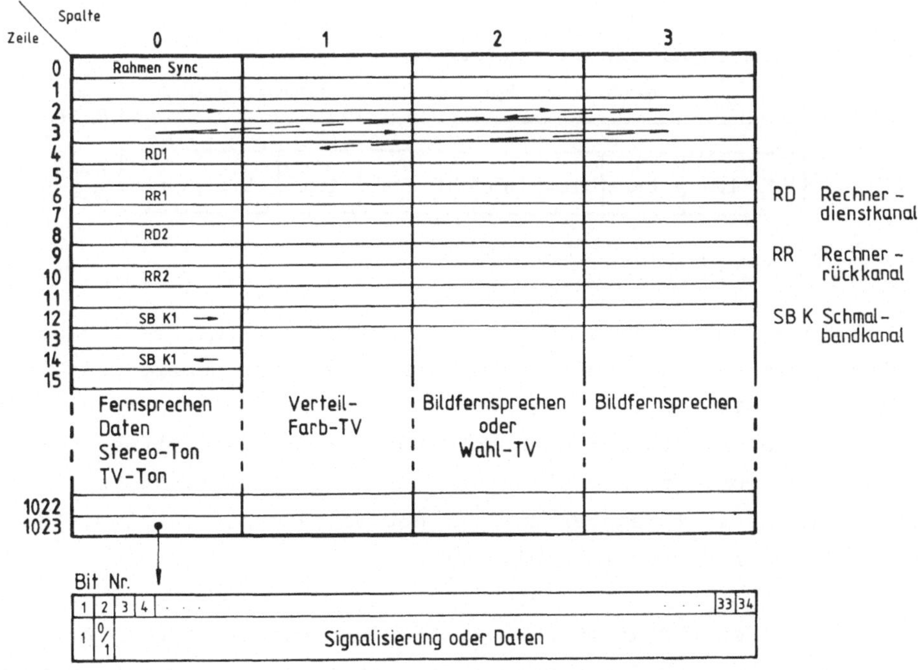

Bild 3 : Zeitmultiplex-Rahmen 280 Mbit/s (Teilnehmerschleife)

Ein Zeitschlitz (Bild 4) besteht zunächst aus einem festen Synchronisier-Bit und einem Kennbit (IKB), das die verbleibenden 32 Bit als Signalisier- oder Gesprächsdaten kennzeichnet. Die 32 Nutzbit ergeben bei einer Zeitrahmen-Wiederholfrequenz von 2 KHz einen 64 Kbit/s-Kanal.

Für den Verbindungsaufbau wird der gleiche Zeitschlitz wie für den Gesprächsdatenaustausch verwendet (in-slot-Signalisierung), zur Unterscheidung dient das 2. Bit des Zeitschlitzes (IKB).

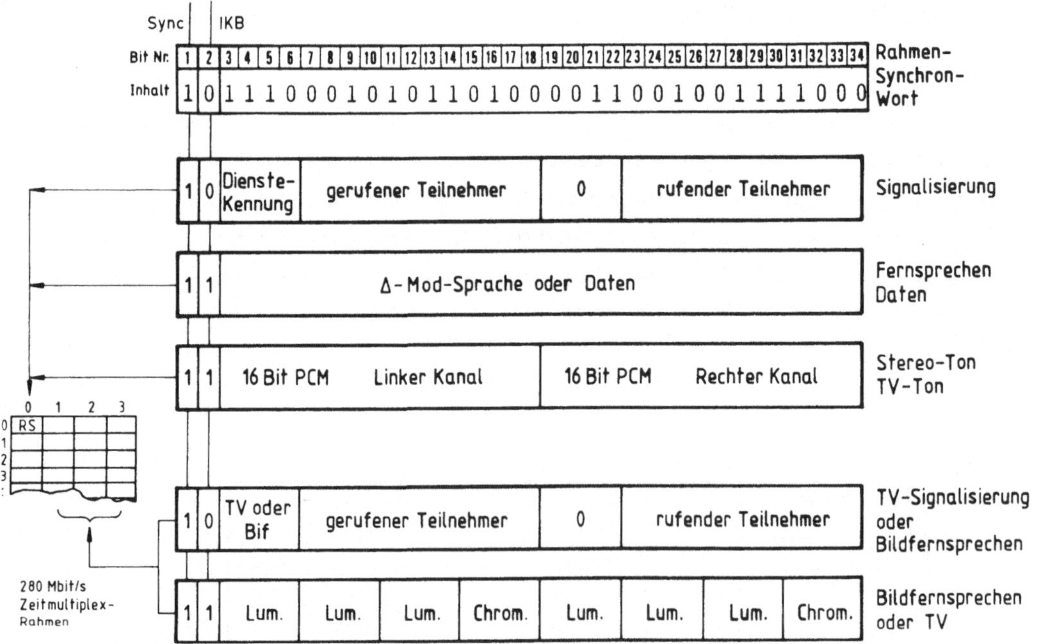

Bild 4: Zeitschlitz - Format

Ein Verbindungsaufbau im System mit dezentraler Vermittlung beginnt zunächst damit, daß der rufende Teilnehmer A einen unbelegten Zeitschlitz sucht, ihn mehrfach überprüft (um Kollisionen zu erkennen, werden hier Majoritätsprüfungen vorgenommen) und dann mit seiner Rufsignalisierung belegt. Diese besteht aus einer Spezifikation des gewünschten Dienstes (Dienstekennung), der Zieladresse (B) sowie der eigenen Absenderadresse (A) (Bild 4).

Sämtliche Teilnehmerstationen überwachen den Datenfluß auf für sie bestimmte Rufe. Erkennt der gerufene Teilnehmer (B) einen Ruf, wird die Zeitschlitz-Nummer registriert und auf einem zugeordneten Zeitschlitz

eine Quittung, die aus Dienstekennung und den vertauschten Absender-
und Zieladressen besteht, zurückgesendet (Bild 4). Damit liegt die
Zeitlage für beide Teilnehmer für die Dauer der Verbindung fest.

Bei besetztem oder nicht vorhandenem Teilnehmer erfolgt ein Rufabbruch
nach 800 ms (time out). Der Übergang in den Gesprächszustand erfolgt
durch Wechsel des Kennbits bei Gerufenem und Rufendem, die Signalisier-
information wird durch Gesprächsdaten ersetzt (Bild 4). Der Gesprächs-
abbruch erfolgt dadurch, daß ein Teilnehmer das Senden einstellt. Der
andere Teilnehmer erkennt den nunmehr freigewordenen Zeitschlitz und
stellt seinerseits das Senden ein. Damit ist die Verbindung ausgelöst.

Hervorzuheben ist, daß Kollisionen nur während der Verbindungsaufbau-
phase möglich sind.

3. Die Teilnehmerstation für dezentrale Vermittlung

Die Teilnehmerstation 280 Mbit/s kann das gesamte Spektrum der Dialog-
und Verteildienste abwickeln und führt sämtliche für die Vermittlung
und das Ein-/Auskoppeln der Daten aus der 280 Mbit/s-Teilnehmerschlei-
fe notwendigen Funktionen durch.

Im Hinblick auf die Möglichkeit einer Großintegration wurde die Teilnehmerstation konsequent modular aufgebaut und enthält für jeden Dienst
baugleiche Module (Bild 5). Daneben existieren nur zwei übergeordnete,

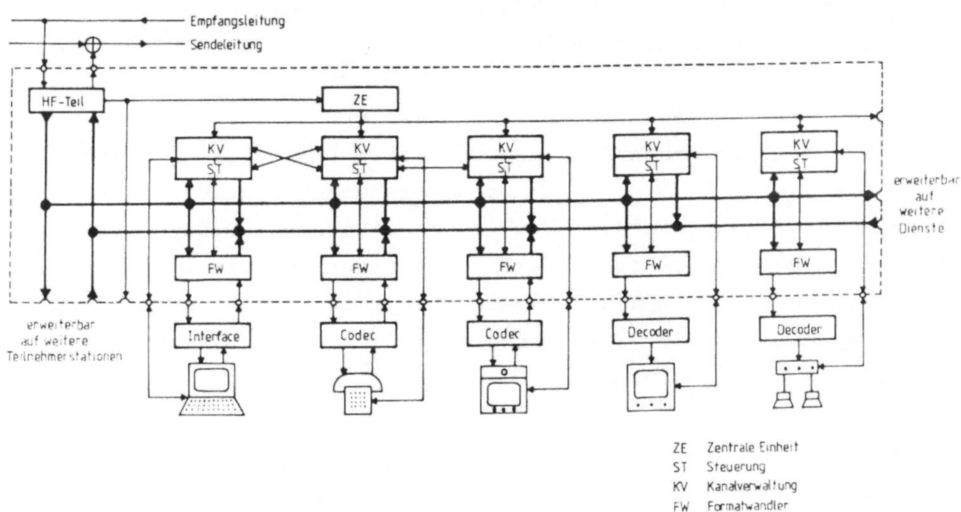

Bild 5 : Teilnehmerstation für 280 Mbit/s (TS*)

für alle Dienste gemeinsam genutzte Module. Das HF-Teil synchronisiert selbständig auf den seriellen 280 Mbit/s-Datenstrom und führt die Serien/Parallel-Wandlung auf einen internen parallelen 17-Bit-Bus und umgekehrt durch. Die Zentrale Einheit (ZE) führt die Ruferkennung, die Detektion freier Zeitschlitze sowie die Zeitschlitzzählung durch /5/, /8/.

Eine Teilnehmerstation mit total unterschiedlicher Struktur ist in der 140 Mbit/s-Teilnehmerschleife eingesetzt. Ein Konzentratorverhalten und die zentrale µP-Steuerung erlauben auch hier den Anschluß mehrerer Teilnehmer an eine Teilnehmerstation /4/.

4. <u>Erfahrungen im laufenden Systembetrieb</u>

Während des seit Mitte 1981 laufenden Dauerbetriebs des Experimental-systems (bis zu 12000 Betriebsstunden einzelner Teilsysteme zum Zeit-punkt Oktober 1982) konnten eine Reihe von Erfahrungen bezüglich der Zuverlässigkeit des Systems gewonnen werden.

Die im dezentralen Netz eingesetzte schnelle Elektronik erwies sich als zuverlässig und zeigte trotz der hohen Taktrate kaum Ausfälle.

Bei den optischen Sendern hingegen wurden einige Ausfälle registriert. Dies muß jedoch unter der klaren Einschränkung interpretiert werden, daß diese Komponenten aus einer Zeit stammen, in der das Lebensdauer-problem von Lasern noch nicht gelöst war.

Als für dezentrale Systeme besonders störend erwies sich hierbei die Tatsache, daß bei optischen Komponenten häufig keine direkten Funk-tionsausfälle auftreten, sondern durch zunehmende Degradation Bit-fehler erzeugt werden, die dann den gesamten Verkehr im dezentralen Netz erheblich beeinträchtigen. Das ist besonders gravierend, wenn, wie im Experimentalsystem, die Teilnehmerinformation über zwischenge-schaltete Repeater mit der Faser ausgetauscht wird (aktive Ein-/Aus-kopplung).

Diesen Nachteil vermeiden "passive" Netze, bei denen die Information über rein optische Koppler ein- und ausgekoppelt wird und eine opto-elektronische Umwandlung zum Zweck der Regenerierung der Lichtsignale nicht stattfindet /9/, /10/.

Bei aktiven Netzen ist wegen der zusätzlichen elektronischen Störanfälligkeit der Ein-/Auskoppelstellen, über die in dezentralen Netzen der Gesamtverkehr geführt wird, die Wirkbreite elektronischer Störungen wesentlich größer als bei passiven Netzen. So ist schon bei Spannungsausfall in einem einzigen Repeater der gesamte Nachrichtenfluß des Netzes gestört.

5. Messungen im laufenden Systembetrieb

Die Tatsache, daß in Systemen mit dezentraler Vermittlung teilnehmerindividuelle Störungen das gesamte Netz beeinträchtigen, macht eine genaue Untersuchung d.h. Messung der auftretenden Fehler erforderlich.

Ursächlich für Bitfehler 1. Art (Bitverfälschung) und Bitfehler 2. Art (Bitslipping, Burstfehler) kann neben Störungen in elektronischen und optischen Komponenten der im System vorhandenen Phasenjitter sein, dessen Akkumulation speziell in dezentral vermittelnden Systemen mit einer Vielzahl aktiver Ein-/Auskoppelstellen beachtet werden muß.

Zur F e h l e r r a t e n m e s s u n g wurde ein im Heinrich-Hertz-Institut entwickeltes Gerät eingesetzt, das Messungen auf den breitbandigen Strecken des Systems durchführt. Im Gegensatz zu herkömmlichen breitbandigen Meßgeräten kann hier die Fehlerrate im laufenden Systembetrieb unter Einschluß aller elektronischen und optischen Komponenten ermittelt werden. In eine für Breitbanddienste vorgesehene Spalte des Zeitmultiplexrahmens (Bild 3) werden 65 Mbit/s-Daten (statisch oder pseudorandom) eingespeist und nach Durchlaufen des Systems überprüft.

Die Auswertung der bisherigen Messungen über mehr als 1000 Stunden an der längsten Strecke des digitalen Systems (32 km, 12 Repeater) zeigt eine mittlere Fehlerrate, die besser als 10^{-9} ist. In Bild 6 ist ein typisches Ergebnis einer Fehlerratenmessung über 5 Tage gezeichnet, Bild 7 gibt die hieraus ermittelte Summenhäufigkeit der Fehlerrate an.

Neben der eigentlichen Fehlerrate kann bei diesen Messungen die Fehlerstruktur angezeigt werden, wodurch Rückschlüsse auf fehlerverursachende Komponenten möglich sind. Die Analyse der Strukturen zeigt deutlich, daß die Bitfehler ganz überwiegend auf den Übertragungsstrecken und nicht in den Vermittlungseinrichtungen entstehen.

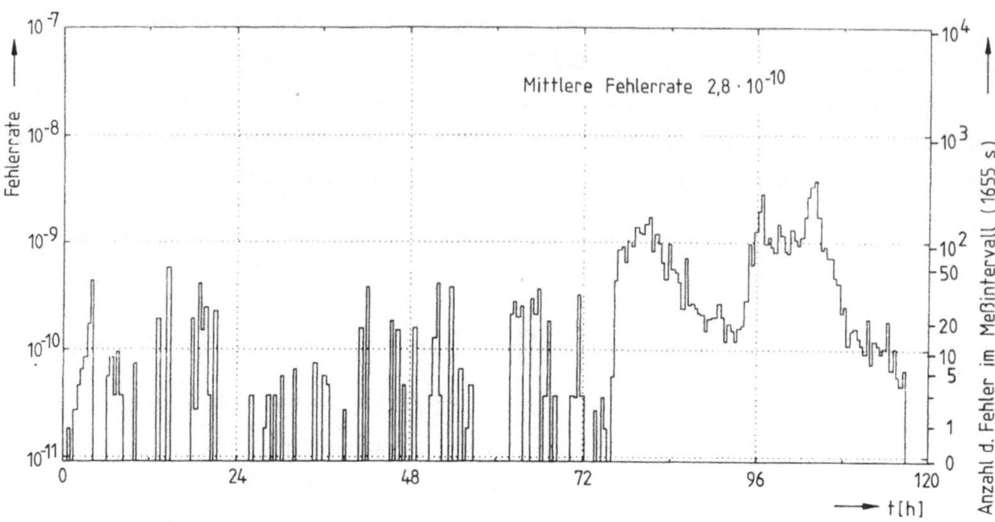

Bild 6 : Fehlerratenmessung mit 65 Mbit/s vom 25. – 30.6.82

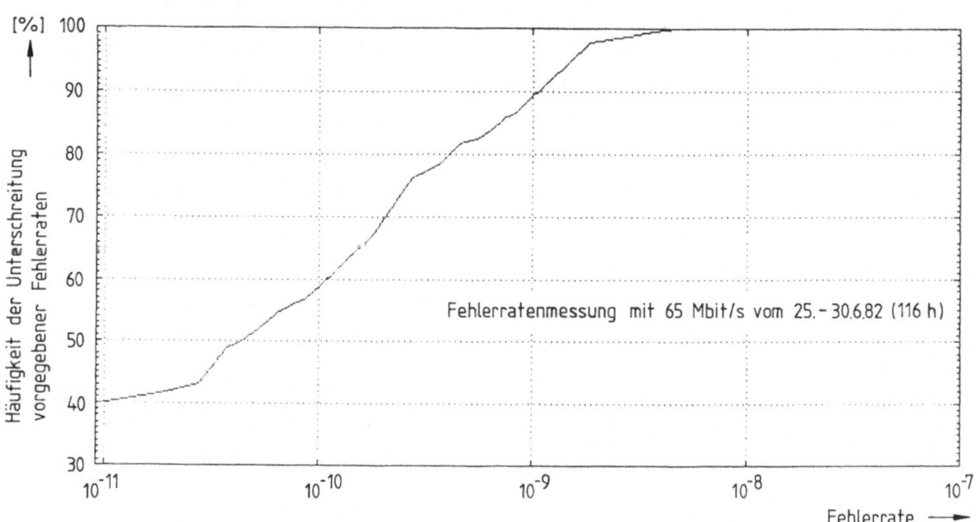

Bild 7 : Summenhäufigkeit der Fehlerrate

Bitfehler 2. Art konnten nur sehr selten registriert werden /11/.

Für die Messung der Übertragungsgüte in den schmalbandigen Teilnehmerschleifen mit dezentraler Vermittlung (10 Mbit/s- und 17 Mbit/s-Syste-
me) wurde ein Fehlerratenmeßgerät für Datendienste mit 9600 Baud von
Teilnehmerendgerät zu Teilnehmerendgerät entwickelt. Die Messungen ergaben eine Zeichenverfälschungsrate zwischen $8,5 \times 10^{-7}$ und $2,4 \times 10^{-8}$
(Bild 8), so daß die für öffentliche Datennetze mit Durchschaltever-

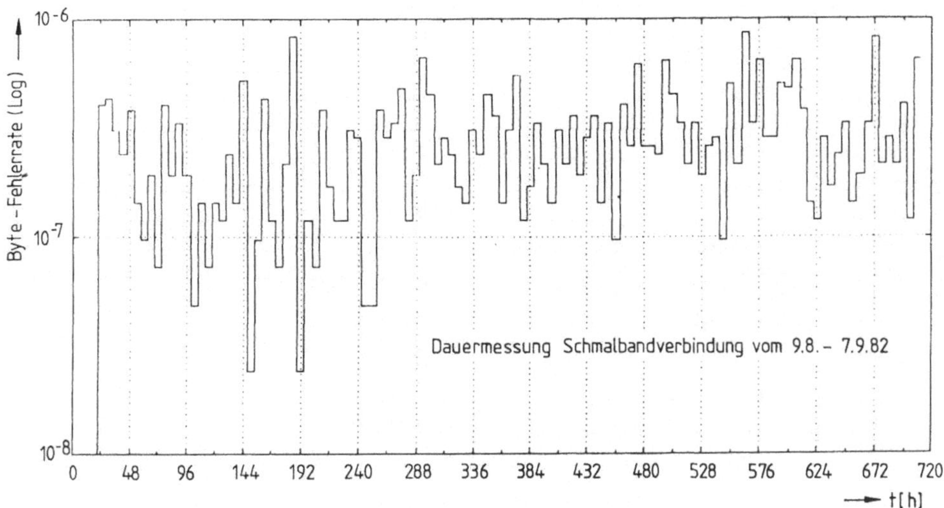

Bild 8: Mittlere Byte-Fehlerrate im Intervall 6 Stunden

mittlung geforderte Übertragungsqualität (Bitfehlerrate $< 10^{-6}$) in jedem Fall erreicht wird /12/.

Zusätzlich zu der Fehlerratenmessung ist die M e s s u n g   d e s
P h a s e n j i t t e r s besonders wichtig. Um sicher die Überschreitungswahrscheinlichkeiten von Grenzwerten beurteilen zu können, ist neben dem Effektivwert und der spektralen Verteilung des absoluten Jitters auch die Messung der Amplitudenverteilung des Jitters notwendig. Zu diesem Zweck wurde für das Experimentalsystem mit dezentraler Vermittlung im Heinrich-Hertz-Institut ein Meßgerät entwickelt, das seit Mitte 1982 im Einsatz ist. Messungen im laufenden System über eine Kette von acht Repeatern ergaben für eine Auftretenshäufigkeit von 10^{-9} eine betragsmäßige Abweichung des absoluten Phasenjitters vom Mittelwert in Höhe von 24° (Bild 9).

6. Wertung spezieller Systemeigenschaften

Neben den Erfahrungen aus dem laufenden Systembetrieb liefert die Analyse des Systemkonzepts zusätzliche Erkenntnisse.

So ist bezüglich der rein dezentralen Vermittlung festzustellen, daß dieses Prinzip für Breitbanddienste (Bildfernsprechen, TV mit etwa 70 Mbit/s) ungeeignet ist. Der Grund hierfür ist die schon bei wenigen Breitband-Teilnehmern entstehende sehr hohe Summenübertragungsbandbreite,

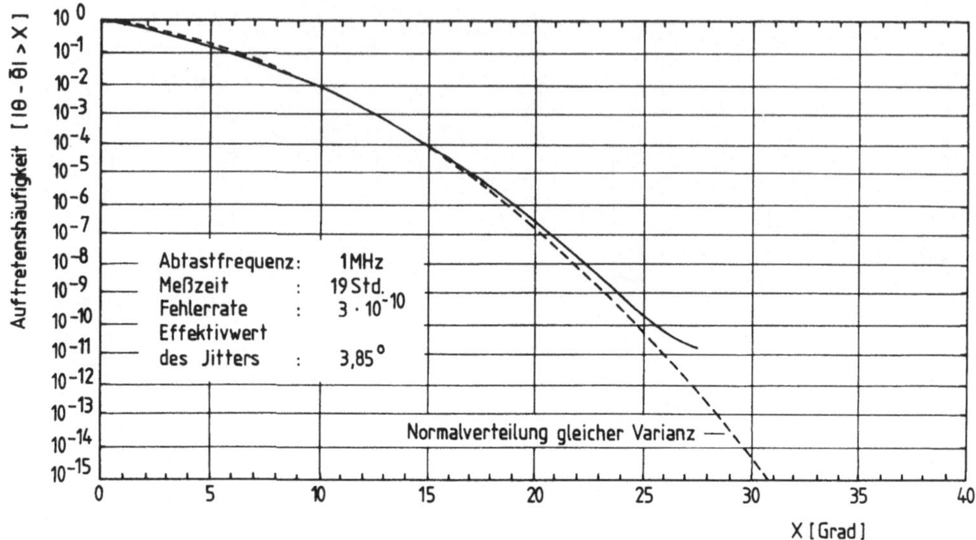

Bild 9: Relative Häufigkeit der betragsmäßigen Abweichung des absoluten Phasenjitters Θ vom Mittelwert Θ̄

die nicht mehr mit integrierten elektronischen Bauelementen verarbeitet werden kann.

Wegen der maximalen Übertragungsrate von 280 Mbit/s in den Teilnehmerschleifen wären damit höchstens vier Bildverbindungen möglich, die sich im Experimentalsystem aufgrund der Tatsache, daß ein Unterrahmen (Spalte) für Schmalband- und Audio-Dienste sowie ein weiterer Bildkanal für die Verteilung eines festgeschalteten TV-Programms genutzt wird (Bild 3), auf zwei Verbindungen reduzieren. Dies bedeutet zudem im Experimentalsystem ein deutliches Ungleichgewicht gegenüber 253 gleichzeitig möglichen Fernsprechverbindungen.

Als wohl gravierendster Nachteil der realisierten dezentralen Vermittlung erwies sich die Tatsache, daß durch einen Defekt in einer einzigen Ein-/Auskoppelstelle bzw. einer Teilnehmerstation der gesamte Nachrichtenfluß im dezentralen Netz gestört werden kann. Dies bedeutet, daß in der Regel ein Komponentenausfall einem Systemausfall gleichkommt. (Dies dürfte neben Fragen der Abhörsicherheit, Fernspeisung und Sicherheit der Hauptgrund sein, weshalb der Einsatz dezentraler Vermittlung in öffentlichen Netzen als nicht sinnvoll erachtet wird.)

Die Art der Diensteintegration, die im Experimentalsystem realisiert wurde (Bild 2 und 3) erwies sich nicht nur aufgrund der starken Ungleichverteilung der Kanäle für die einzelnen Dienste als wenig zweck-

mäßig (2 Bildfernsprechkanäle gegenüber 253 Schmalbandkanälen), sondern
erschwert ebenso die Realisierung der dezentralen Vermittlung. Die Integration von 64 Kbit/s-Kanälen und Bewegtbild-Kanälen mit der mehr
als 1000fachen Bandbreite (65 Mbit/s) in einem gemeinsamen Zeitmultiplexrahmen bedeutet für eine dezentral vermittelnde Teilnehmerstation
einen verhältnismäßig hohen Aufwand an schneller Elektronik für die
Abwicklung nur schmalbandiger Dienste. Abhilfe schafft hier die Trennung dieser Dienstekategorien, wobei sich mit der optischen Wellenlän-
gen-Multiplextechnik (WDM) eine vielversprechende Möglichkeit bietet
/13/.

Als sehr vorteilhaft hat sich in dem realisierten Experimentalsystem
der sehr schnelle Verbindungsaufbau in weniger als 5 ms erwiesen. Wen-
det man dieses "fast circuit switching" beispielsweise in Datennetzen
an, so bedeutet dies eine ernstzunehmende Alternative zu Systemen mit
Paketvermittlung.

7. Zusammenfassung

Das im Heinrich-Hertz-Institut erstellte Experimentalsystem, in dem
schmal- und breitbandige Dienste gemeinsam dezentral vermittelt werden,
hat auch bei hohen Datenübertragungsraten (280 Mbit/s) seine volle
Funktionsfähigkeit bewiesen.

Der laufende Betrieb des Systems hat überwiegend Ausfälle im Bereich
der optischen Sender gezeigt. Dies darf jedoch angesichts der Tatsache,
daß das Lebensalterproblem von Lasern heute als gelöst betrachtet werden kann, nicht als repräsentativ gelten.

Die Messung der Fehlerraten im Dauerbetrieb zeigte eine durchschnitt-
liche Bitfehlerrate von besser als 10^{-9}. Eine Strukturanalyse der Bitfehler ergab, daß diese in der Regel nicht in den hochratigen, elektronischen Vermittlungseinrichtungen, sondern auf den Übertragungsstrecken
entstehen. Bitfehler 2. Art, die zu kurzzeitiger Asynchronität des TDM-
Systems führen, traten nur selten auf.

Die Messung des Phasenjitters ergab einen Effektivwert von 3,85°, Spit-
zenwerte von ± 24° wurden mit einer Häufigkeit von 10^{-9} ermittelt.

Die Analyse des Systems ergab, daß die Anwendung der dezentralen Ver-

mittlung für Breitbanddienste (Bildfernsprechen, TV) unzweckmäßig ist,
da die mit heute verfügbarer Elektronik (ECL) erreichbare Übertragungsrate von maximal 300 Mbit/s die mögliche Teilnehmerzahl für Breitbanddienste drastisch einschränkt.

Als weiterer kritischer Punkt bezüglich der dezentralen Vermittlung
haben sich die teilnehmereigenen Ein-/Auskoppelstellen erwiesen: Die
Fehlfunktion einer einzigen solchen Einheit stört den gesamten Verkehr
im Netz. Abhilfe versprechen hier sogenannte passive optische Ein-/Aus-
koppler, wenngleich der prinzipielle Nachteil, daß bei dezentraler
Vermittlung die Störung durch eine einzelne Komponente den Gesamtverkehr unmöglich machen kann, nach wie vor bestehen bleibt.

Die Analyse des Systems hat weiterhin gezeigt, daß die im Experimentalsystem realisierte, gemeinsame Zeitrahmenintegration von Schmal- und
Breitbanddiensten als nicht sinnvoll anzusehen ist. Für künftige Systeme ist daher eine getrennte Führung von Diensten stark unterschiedlicher
Bandbreite (z.B. durch WDM-Technik) zweckmäßig.

Die Autoren danken allen an der Systemauswertung des Projekts TK 0415
beteiligten Kollegen für ihre Arbeiten, die Grundlage dieser Publika-
tion sind.

Die diesen Aufsatz zugrundeliegenden Arbeiten wurden durch das Bundesministerium für Forschung und Technologie gefördert. Für den Inhalt
der Veröffentlichung sind allein die Autoren verantwortlich.

Literaturzusammenstellung

/1/ H.J.Matt; K.Fußgänger:
     Integrated Broad-Band Communication Using Optical Networks-Results
     of an Experimental Study.
     IEEE Trans. on Communications, Vol. 29, No. 6, Juni 1981,S.868-885

/2/ A.Reim; K.D.Schenkel:
     Digitales Kommunikationssystem DIKOS
     NTZ Bd. 34 (1981) Heft 10, S. 658-663

/3/ A.Jeschko:
     Silk-System für integrierte lokale Kommunikation
     Hasler Mitteilungen 40.Jahrgang, Nr. 1, März 1981

/4/ H.Ballering,; H.Thielmann:
Digitale Teilnehmerschleife mit dezentraler Vermittlung
Techn. Mitteilungen TEKADE, S. 36-41, 1978

/5/ S.Arkat; H.W.Kreutzer; F.Schmidt; G.Teich;. J.Weber:
Teilnehmerstation in einem diensteintegrierten digitalen Nachrich-
tennetz
NTZ Bd. 32 (1979), Heft 8, S. 560-565

/6/ J.Burgmeier; J.Gier; H.Trimmel:
Digitalsignalübertragung mit 560 Mbit/s über Lichtwellenleiter -
ein Versuchssystem für das Heinrich-Hertz-Institut
Telecom Report 4 (1981) Heft 2, S. 98-103

/7/ M.Burmeister; B.Hoen; H.Kliem; G.Teich; J.Weber:
Line Concentrators for an Experimental Digital Wideband Network
with Decentralized Switching
ISS 81,   Montreal, Sept. 1981, Session 42 c, Paper 1

/8/ H.Bünning; H.W.Kreutzer; F.Schmidt:
Subscriber Stations in Service Integrated Optical Broadband
Communications Systems
IEEE Trans. on Communications, Vol. 30 No. 9, Sept. 82, pp.2163-
2171

/9/ G.Winzer; H.Witte:
Comparison of Fiber-Optic Data Bus Networks
Siemens-Forsch.- u. Entwickl.-Bericht, Bd. 10, 1981, Nr. 1
S. 9-15

/10/ A.Albanese:
Fail-Save Nodes for Lightguide Digital Networks
Bell System Techn. Journal Febr. 1982, S. 247-256

/11/ Th.Hermes; B.Hoen; H.W.Kreutzer; H.Schmitt; F.Schmidt; H.Settgast;
C.Volmary; W.Werner:
Experimental Results of the HHI Broadband Communications Network
8. ECOC 1982, Cannes, pp. 479-483

/12/ G.Robin; S.R.Treves:
Integrierte Nachrichtennetze-Übersicht
Elektrisches Nachrichtenwesen, Band 56, Nr. 1, 1981, S.6

/13/ G.Winzer:
Wellenlängenmultiplex - ein vorteilhaftes Prinzip?
Siemens Forsch.- u. Entwickl.-Bericht, Band 10, 1981, Nr. 6
S. 362-370

AN ARCHITECTURE FOR DIGITAL NETWORK SERVICE INTEGRATION

G. Pujolle

Institut de Programmation

4, place Jussieu - Université Pierre et Marie Curie

75230 - PARIS CEDEX 05, FRANCE

ABSTRACT.- This paper presents a new architecture to information (data, audio and video) flow within a campus environment or a large manufacture. We shall survey the properties that such digital networks should satisfy. Then we propose a new architecture that satisfies some of these requirements. Finally we describe the topology, the access method and the logical structure of our experimental network.

INTRODUCTION

An architecture for digital network service integration must support a wide spectrum of user needs. Today, it is only a concept because such an architecture exists nowhere in the world. To satisfy the users needs the throughput must be very high. We give in table 1 the classical digital throughput for certain services [1].

Alarm/Security System	4 bit/s
Computer terminal applications	256 bit/s
Digitized telephone speech	32 or 64 Kbit/s
Picture phone	2 Mb/s
Interprocessor bus	8 Mb/s
Color television	128 Mb/s
High quality video service	512 Mb/s

TABLE 1 : Mean bandwidth required for certain services

We see the problem complexity to give a simultaneous satisfaction at a very wide variety of services.

This paper proposes a review of some possible local architecture with their advantages and drawbacks. Then we shall present a project named ESCALIBUR to provide a real experience in the area of future networks.

SERVICES AND ARCHITECTURES

Three very different services should coexisted in a digital network : a telephone
network, a video network and a computer bus. The following table characterizes some
of the differences of these networks :

Telephone network	Video network	Computer bus
Narrow bandwidth channels	Wide bandwidth channels	Very high speed
Bidirectional	Unidirectional	Bidirectional
Nation-wide network	Bulding wide network	Room-wide network
Highly interactive	Non-interactive	Highly interactive
Real time	Real time	Non-real time

TABLE 2 : Main characteristics of communication networks

The problem is to know what architecture to choose ? Some limited responses exist :
a baseband local network [2,3,4] is capable of supporting a computer channel and a
very limited number of telephone channels (response time and asynchronous characteristics of these networks are contradictory with a synchronous real time digital
service). The broadband local networks [5,6] provides a communication backbone which
can accomodate applications. But the words Digital and Integrated are not satisfied.
The CATV technology gives today the best possibilities [7]. For example, the MITRE
coaxial cable   [8] has been in operation since 1979. It provides the following
services :

> - twelve video channels,
> - one FM radio channel,
> - voice communication,
> - one time-division multiple access data bus.

Another response to an Architecture for Digital Network Service Integration is the
Private Automatic Branch eXchanges (PABX) : telephone networks and limited computer
channels can be supported (64 Kb/s channel capacity per user).

In these examples the concepts for an architecture of a digital network service integration are not fully satisfied. However, a local architecture can be looked as extensions of broadband and baseband local networks. By the mid 1980 s, such an architecture will consider circuit switched, packet switched and nonswitched capabilities.
These three sets of capabilities are interrelated. In some special cases, they may
share common facilities and equipments but are not interconnected. Essential characteristics of the mid 1980 s architecture include digital transmission through a
packet switched network.

The difficulty of integration comes from the necessity of knowing the application characteristics. This may lead to networks with a sufficient intelligence to determine whether the customer's information should be "packet" or "circuit" switched.

A NEW ARCHITECTURE CONCEPT

To allow a superposition of telephone, video and data transfers, a new communication concept would provide the main following characteristics.

- a medium supporting 1 Gb/s
- an access to the shared coaxial cable allowing a real time communication. For example a Carrier Sense Multiple Access scheme does not permit easily telephone exchanges
- an error detection depending of the customer's informations
- high throughput output interfaces

A common project of the Institut de Programmation of the Pierre et Marie Curie University and the Ecole Nationale Supérieure des Télécommunications is beginning to analyse and experiment a new concept of a local digital network. This project is called ESCALIBUR.

The communication medium is constituted of N parallel channels. In a first approach N is equal to 64 parallel lines. But we expect after the first experience to reach more parallel lines. The capacity of each line is 1 Mb/s. This asks only a relatively simple technology. If the first approach uses telephone cable, in the near future the utilization of fiber optics will allow us to choose more lines and a higher capacity yielding to desired throughput.

A frame is carried in parallel over the network. The frame structure is shown in figure 3.

Sender address	Receiver address	Supervisory field	Data	CRC

FIGURE 3 : The frame structure

The link level protocol looks like the HDLC protocol but the CRC fiels may be used or not.

Our switching can be considered as new for a local network architecture. However, it is only an extension of bus principles but connected with the two first levels of the ISO architecture. This switching technique envolves a very simple access logic to the communication medium. It avoids collisions and allows a completely decentralized management.

In the sequel we shall call communicator the set composed with the controller and the transceiver. The communicator is responsible with the access logic which is shown in figure 4. The access is dealt through three registers to guaranty the absence of collision. Let T be the register replacement time. Let us describe the three possibilities :

- Introduction of a frame contained in the sender buffer

This is possible only if registers R_1 and R_2 are free. Nevertheless, the communicator cannot send a frame.

- Passage of a frame

When register R_1 receives a frame, a decoder looks at the receiver address field. If the address is not the address of the communicator, the frame is copied on register R_2 or R_3 depending upon their occupancy.

- Reception of a frame

If the decoded address is the address of the communicator, the frame is copied on the receiver buffer and destroyed in register R_1.

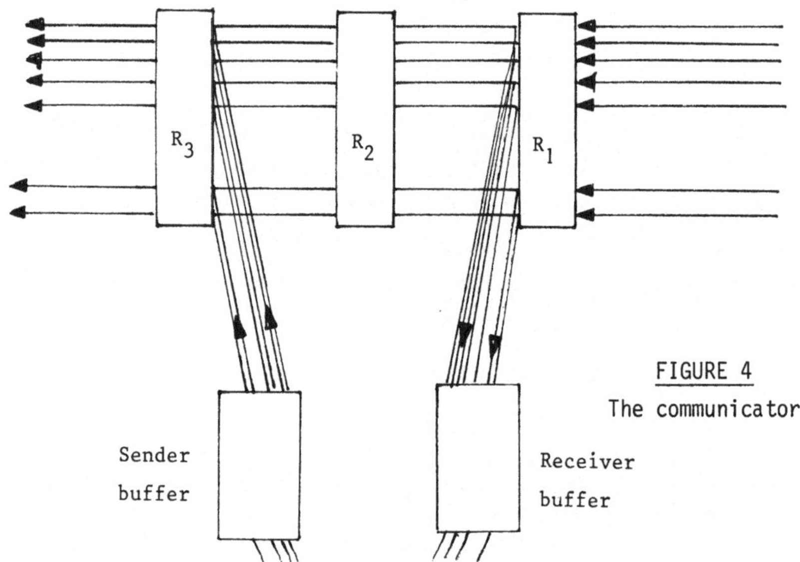

FIGURE 4

The communicator

The topology adopted is a ring. The frame is carried away by the receiver. This envolves that a transceiver can regularly recover a new possibility of insertion.

The aim of the ESCALIBUR project is to propose a new network able to replace both PABX and baseband local network. If the second characteristic is satisfied, the first one is more difficult to achieve. In effect, we have chosen an internal packet switching following the X25 packet format to make interconnection with public network easier. Packet switching is not appropriate for digitized telephone speech : the voice is converted into a digital signal by means of pulse-code modulation. This technique requires synchronizations, generally incompatible with packet swiching. To illustrate this fact we can point out the difficulty of integrating digitized telephone voices on the Ethernet network [9]. For a 10 Mbit/s local network only ten or so voice channels can be easily supported. In the ESCALIBUR network a circuit switch possibility is mixed with the packet switch through the possibility for a station of recovering regularly an insertion possibility. The first experiences performed with 32 parallel telephone cables (each with a 1 Mb/s capacity) and three stations show the occuracy of the new approach described here. Each station holds a channel with a throughput higher that 2 Mb/s. In these first experience definitively no problem arises to transfer a PCM digitized voice per station. However final conclusions require for more measurements.

CONCLUSION

For future Architecture of Digital Network Service Integration it is necessary to develop other new concepts and to make major changes in the architecture and capabilities of data communications equipments. Most important is the fact that users will have a work station at their desks with a digital phone, a keyboard and a graphic screen. This envolves the necessity to reach a very high throughput not only for local but also for long-haul networks. Our objective with the ESCALIBUR project is to propose a new architecture for local networks. But with the development of fiber optic cables, our solution can be considered as feasible for a 50 km length network.

The problem for a network to determine whether the customer's information should be "packet" or circuit switched is not correctly solved. This facility is contradictory with the ISO 7 levels architecture : level 2 should know level 7 parameters. No satisfactory solution has yet been provided.

REFERENCES

[1] Martson W.B., Hunter J.S. "Cable TV, the missing link in a national data
communication architecture" Proc. IDATE pp. 75-82, Montpellier, 1981

[2] Clark D.D. et al. "An introduction to local area network" Proc. IEEE pp. 1497-
1517, novembre 1978

[3] Thurber K.J., Freeman H.A. "Local computer network architectures" COMPCON 79
Spring, pp. 258-261, 1979

[4] Penney B.K., Baghdaddi A.A. "Survey of Computer Communications loop networks"
part 1 and 2, Computer Communications 2, 4, pp. 165-180, 224-241, 1979

[5] Biba K.J. "Local Net : a digital communications network for broadband coaxial
cable" Proc. IEEE, pp. 1, 59, 1981

[6] Dineson M., Picazo J. "Broadband technology magnifies local networking capability" Data Communications, february 1980

[7] Smith S.M. "Use of Broadband coaxial cable network in an assembly plant environment" Proc. Local Area Communication Network Symposium, Boston, may 1979

[8] Hopkins G.T. "Multimode communication on the MITRENET" Proc. Local Area Communication Network Symposium, Boston, may 1979

[9] Metcalfe R.M., Boggs D.R. "Ethernet : distributed packet switching for local
computer networks" C. ACM pp. 395-404, 1976

NETZMANAGEMENT UND DIAGNOSE IN ANWENDERDATENNETZEN

H. A. Schaub
Betriebswirtschaftliches Institut der Deutschen
Kreditgenossenschaften BIK GmbH, Frankfurt

Beginnend mit den Anfängen privater Datennetze war der Netzbetreiber
alleiniger Verantwortlicher für sein Datennetz. Die Bundespost hat ihm
nur Fernmeldeleitungen mietweise überlassen.
Die Steuerung und Kontrolle lag voll beim Anwender.

In den letzten Jahren hat sich das Verhältnis geändert. Die Post bietet
unterschiedliche Transportdienste an, die mit festgelegten internationalen Standards in die anwenderspezifischen Datennetze integriert werden.
Der Anwender muß trotz dieser für ihn größeren Transparenz für den Betrieb und die Überwachung auf Funktionsfähigkeit Vorkehrungen treffen,
da die Systemhersteller nur bedingt Überwachungsmöglichkeiten für alle
Netzkomponenten geschaffen haben.

Entwicklung der Anwenderdatennetze in Deutschland

Zu Beginn 1982 waren in Deutschland über 140.000 Datenübertragungsan-
schlüsse (Network-Terminating-Points NTP) geschaltet.
Über die Hälfte davon im öffentlichen Direktrufnetz (HfD), d.h. als
Standverbindung. Über diese Standverbindungen wurden nahezu 90 % des gesamten DFÜ-Datenvolumens abgewickelt.

Es sind mittlerweile mehrere große Datennetze mit mehreren hundert Terminals - jeweils - im Einsatz. In einigen Fällen sogar über 2.000 aktiv in einem Netz.

Die Deutsche Bundespost hat zusammen mit 17 anderen Fernmeldeverwaltungen eine Studie bei der EURODATA-FOUNDATION in Auftrag gegeben, in der
dargelegt wird, daß es bis 1987 rund doppelt soviele Anschlüsse sein
werden.

Was muß überwacht werden und für wen ?

Grundsätzlich sind zwei Arten der Überwachung möglich:

Die Erfassung der aktiven bzw. funktionsfähigen Datenverbindungen
und die Erfassung der Ausfälle. In den meisten Fällen ist es ausreichend, die Ausfälle nach Art, Ausfalldauer, Datum und Uhrzeit zu erfassen. Damit läßt sich durch einfache Korelation die Verfügbarkeit
des Netzes oder der Teile ableiten. Voraussetzungen dafür sind Logging-
daten, die heute aber fast jedes DFV-System automatisiert anlegt.

Bei einer Darstellung des Verfügbarkeitsgrades ist das gewählte Zeit-
raster von erheblicher Bedeutung. Angaben, die Häufigkeit eines Kompo-
nentenausfalles beinhalten, ohne daß eine nennenswerte Behinderung
für den Anwender aufgetreten ist, sind nahezu überflüssig.

Der öffentliche Netzbetreiber, die Bundespost, hat für seine interne
Betriebskontrolle Überwachungseinrichtungen vorgesehen. Sie dienen jedoch primär dazu, im Störungsfalle Ersatzwege zu schalten und stehen
dem Anwender nicht zur Kontrolle zur Verfügung.

Automatische Überwachung der Schnittstellensignale

In den USA wurden zur Netzüberwachung Systeme entwickelt, die eine
permanente oder zyklische Überwachung der Digitalschnittstellen der
Datenfernübertragungsanschlüsse ermöglichen. Diese Einrichtungen wurden
für die HOST- als auch für die REMOTE-Seite entwickelt und sind in den
USA mehrere 100 mal installiert. Störungen und Ausfälle werden dabei
automatisch protokolliert.

Einige Hersteller haben in den letzten Jahren versucht, solche Systeme
in Deutschland auf dem Markt abzusetzen.
Der Anwender hat beim Betrieb zwei Probleme damit:

1. Er bekommt für einen relativ hohen Preis permanent Meß- u. Überwa-
   chungsdaten, die beim   ungestörten Betriebszustand im Regelfalle
   überflüssig sind;

2. Er kann diese Systeme nach der Überführung seiner Anschlüsse in
   das integrierte Text- u. Datennetz nicht mehr einsetzen, da es

im IDN der Deutschen Bundespost keine Hilfskanäle mehr gibt, da
vom Konzept her unnötig; die Überwachungssyteme für Übermittlung
der Kontrollinformationen aber Hilfskanäle benötigen.

Bezüglich der Qualtiätsverbesserung auf der Übertragungsstrecke erüb-
rigt es sich, bei Verbindungen innerhalb Deutschlands, den Zusatz
nach CCITT M.1020 zu fordern.

Dies gilt auch für viele europäische Nachbarstaaten der Bundesrepublik.

Da die Systeme zur Überwachung der Schnittstellensignale nur verkauft
werden, rentieren sich die Investitionskosten (DM 40.000 aufwärts)
wohl kaum. Für Staaten mit relativ weiten Datenverbindungsleitungen
(USA, Kanada etc.) können diese Systeme hingegen sehr nützlich sein.

Überwachung als Funktion des DFV-Anwendungsproblems

Für besonders wichtige Leitungen, die möglicherweise nur eine geringe
Zeit pro Tag benutzt werden oder für internat. Mietleitungen, können
aufwendige Überwachungen durchaus zweckmäßig und auch kostengerecht
sein.

Überwachungs- u.Steuerungsmöglichkeiten

- als Teil der HOST-Betriebssoftware

Einige Hersteller bieten für ihre Systeme mittlerweile Software-Überwachungsprogramme an, die den Betriebszustand der Leitungen bzw. des
Datenverkehrs auf den Leitungen überwachen. Optional stehen vielfach
auch nochStatistikdaten über Menge u. Häufigkeit der Übertragungen
zur Verfügung.

Solche Software-Überwachungsprogramme können Teil eines Anwendungsprogrammes oder auch Teil des Betriebssystems sein.

Für den Störungsfall müssen in der Regel spezielle Diagnoseprogramme
aktiviert werden um eine weitere Eingrenzung liefern zu können.

- Unabhängige Software-Monitore

Unabhängig soll in diesem Zusammenhang bedeuten, sie sind nicht Teil
eines Anwendungsprogrammes oder eines Betriebssystemes. Für verschiedene DB- u. DC-Systeme werden von Systemherstellern und auch von freien
Software-Häusern Software-Monitore angeboten.
Diese Monitore können - je nach Art - eine permanente Überwachung bzw.
ein Logging der Transakionen ermöglichen.
Mit jeder Erhöhung des Feinheitsgrades der Messungen werden allerdings
auch die Abläufe im System beeinflußt. Der dadurch entstehende System-
overhead kann so leicht bis zum zweistelligen Prozentsatz zusätzlich
ansteigen.

Sind auf einem HOST-System viele unterschiedliche DV-Steuerprogramme
im Einsatz, so deckt im Regelfalle ein SW-Monitor die gemeinsamen
Überwachungsaufgaben nicht ab. Einige Großanwender haben aus diesem
Grunde eigene Steuermonitore entwickelt, unter diesen die einzelnen
SW-Komponenten betrieben werden.

Von der Herstellerseite wird versucht, dieses Problem mit standardisierten DC-Lösungen abzudecken (einheitliche DFV-Zugriffsmethoden).

Hardware-Monitore

Hardware-Monitore dienen zur Leistungsmessung von Computersystemen
allgemein und können - je nach Art und Umfang - zur Überwachung von
Leitungen oder Leitungsgruppen verwendet werden.

Grundsätzlich besteht ein Hardware-Monitor aus einem Signal-Adapterteil,
der der Erfassung des Datenstromes dient, einer Umsetzung, den Ver-
knüpfungselementen für die Signale und der Datenvorverarbeitung.
Kernstück eines solchen HW-Monitors ist im allgemeinen ein Micropro-
cessor oder, bei größeren Systemen, ein Minicomputer.
Die verdichteten Daten werden mit gespeicherten Werten verglichen, ge-
zählt, gemessen und ggfs. abgespeichert.

Anders als SW-Monitore beeinflussen die HW-Monitore die zu überwachen-
de Anwendung nicht.
Einfache Systeme, die zur Messung von dedizierten Aufgaben eingesetzt
werden (z.B. Response-Time-Analyzer) sind für eine Gesamtüberwachung
nicht einsetzbar. Systeme, die mehrere Leitungen gleichzeitig messen
bzw. erfassen können, sind im Regelfalle relativ teuer.

Schaub 11.82

MONITORE ZUR KONTROLLE VON DATENNETZEN

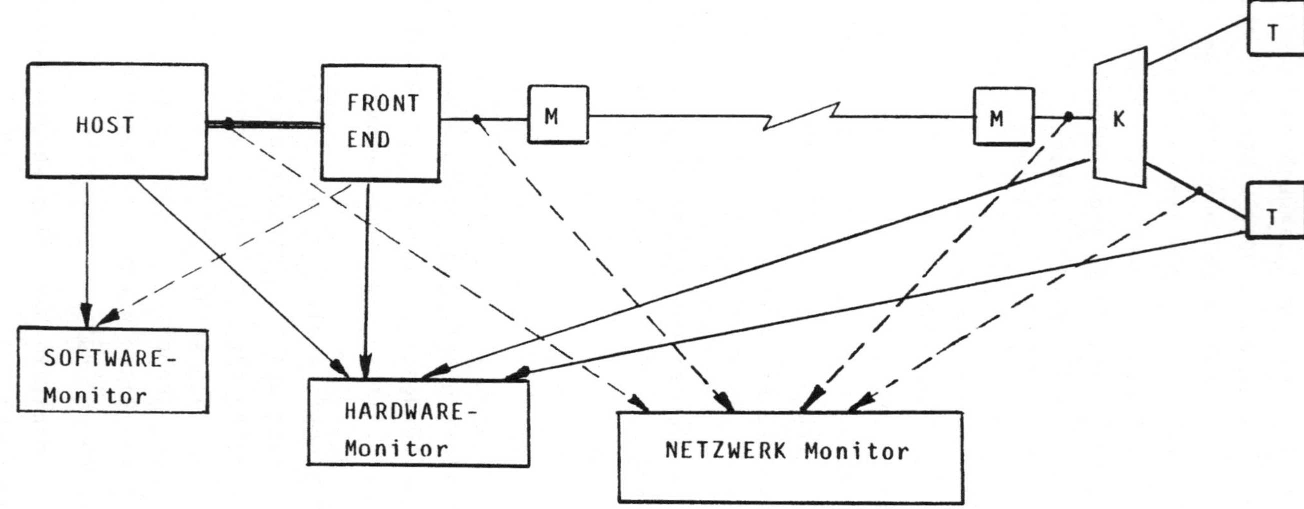

Durch den Einsatz der teilweise aufwendig konzipierten Prozeßrechner
(Minicomputer) mit eigenen Datenabspeichermöglichkeiten (Magnetplatten
und -band)sowie der Meßfühler und Adapter für die Anbindung am Kanal,
Steuereinheit oder DFÜ-Anschlüsse kommen die leistungsfähigen Systeme
finanziell in eine Größenordnung, die es teilweise sehr schwierig macht,
den Einsatz dieser Geräte zu rechtfertigen.

Netzwerk-Monitore

Zu Beginn der 70er Jahre haben sich in den Staaten einige Firmen etabliert, die sogenannte 'Netzwerk-Monitore' anbieten. Die ersten Geräte
waren für den Forschungsbereich bei Universitäten und bei Herstellern
von DV-Anlagen konzipiert.

Diese Art Monitore bestehen, ähnlich wie die Hardware-Monitore, aus
einem unabhängigen kleinen schnellen Rechner mit meist relativ großem
Arbeitsspeicher (bis 512 kB und mehr), Adaptern/Meßpunkt-Konzentratoren,
die an die Schnittstellen angeschaltet und als Datensammelsystem proze-
durabhängig den Datenverkehr abnehmen. Diese Signale werden bewertet,
standardisiert und anschließend - je nach Typ der Leitungssteuerung -
komprimiert.

Als untere Ausbaustufe kann man sinnvollerweise mit 32 bzw. 48 Leitungen beginnen, um den relativ hohen Festkostenanteil für das Auswertungs-
system rechtfertigen zu können.

Netzwerk-Monitore mit eingeschränkten Aufzeichnungsmöglichkeiten (Datenspeicher als Floppy-Disk) und bescheidenen Auswertemöglichkeiten werden ab DM 140.000,-- (Kauf) angeboten. Diese Systeme sind nur für kurzzeitige Messungen sinnvoll einsetzbar, da die Datenbank meist nur einen
Zeitbereich von 15 bis 45 Minuten abdeckt und anschließend überschrieben wird.

Systeme deren Auswertungen über Bildschirmkonsole (zum Teil farbig) gesteuert und modifiziert werden können, fangen bei DM 300.000,-- aufwärts (bei 16 Leitungen) an. Die meisten der auf dem Markt befindlichen
Systeme bieten vorgefertigte Auswerte-Programme an, die in Menue-Tech-
nik zusammengestellt und auf die Anwendung zugeschnitten werden können.
Die Überwachung eines Netzwerkes - auch eines sehr komplexen Gebildes -
kann mit den Netzwerk-Monitoren in sehr guter Art und Weise durchgeführt
werden. Sollten aber neben der Überwachung auch noch Steuerungsmöglich-
keiten vorgehalten werden, so z.B. die Fern-Umschaltung von Leitungs-

oder Controller-Anschlüssen oder eine 'Pfad-Änderung' in entfernten Systemen, so müssen Schaltsysteme oder Software gesteuerte Systeme eingesetzt werden.

Netzwerk-Steuerungsmöglichkeiten

- Remote-Switching-Systeme

Früher war es erforderlich, eine Umschaltung einer DFO-Leitung von Controller zu Controller manuell vorzunehmen. Mittlerweile werden sowohl für den HOST-Kanal-Teil als auch für die DFO-Seite ferngesteuerte Schaltsysteme angeboten.

Der Bediener kann entweder über Schalter oder über Konsol-Eingabe die Schaltdunktionen durchführen und bekommt nach Durchführung eine Bestätigung. In einigen Systemen ist eine Protokollierung (Logging mit Datum und Uhrzeit) möglich.

- softwaregesteuerte Systeme

Mittlerweile werden Schaltsysteme für Leitungsanschlüsse angeboten, die softwaregesteuert über sogenannte 'DO-Listen' gesteuert werden können. Dabei ist es möglich, ganze Leitungsgruppen zwischen zwei verschiedenen Eingängen oder Ausgängen umzuschalten oder - bei den zwei ganz neu auf dem Markt befindlichen Systemen - eine wahlfreie Zuordnung der Leitungsseite zur Controllerseite vorzunehmen.

Diese Systeme bieten zudem noch die Möglichkeit die Steuerung durch ein Ereignis (Event-Control) oder durch eine Zeitsteuerung (Timer) vorzunehmen. Damit können Tagesabläufe vorprogrammiert werden und müssen manuell nicht mehr unterstützt werden.

Systeme dieser Art, die zudem noch den Vorteil beiten, _nicht_ am unmittelbaren Schaltort tätig werden zu müssen, sind preislich durchaus attraktiv geworden.
Zu herkömmlichen Schaltsystemen (A/B-Umschalter) liegen sie - bei über 60 Anschlüssen - fast preisgleich. Ein komfortables System liegt preislich bis zum Faktor 2 zu elektromechanischen Schaltsystemen.

Überwachungsmöglichkeiten in öffentlichen Datennetzen

- Netzkontrolle und Diagnose im Paketvermittlungsnetz DATEX-P

Die Bundespost hat mit der Einführung des paketvermittelnden DATEX-Netzes in Deutschland ein gemeinsames Netzkontrollzentrum in Düsseldorf eingerichtet.

Dieses Netzkontrollzentrum erhält im zyklischen Abstand von derzeit 2 Minuten von allen 17 ihm angeschlossenen DATEX-Datenpaketvermittlungsstellen die Fehler-, Statistik- und Ausfallmeldungen übertragen.
Diese Meldungen werden auf Plattenspeicher zwischengepuffert. Nach jeweils 20 Minuten werden diese Daten zum Datensammelrechner (DSR) übertragen. Sie stehen über Bildschirmkonsolen dem Bedienungspersonal der Bundespost zur Verfügung. Dabei werden auch die automatisch übermittelten Fehlermeldungen der jeweiligen Leitungsabschnitte dokumentiert. Vom Bedienungspersonal kann auf Wunsch entweder ein Teil oder auch der gesamte Netzzustand abgefragt und ausgedruckt werden.

Für den späteren Ausbau des Datenpaketvermittlungsnetzes wird die Bundespost vermutlich mehrere solcher Netzkontrollzentren einrichten, da bei einem starken Ausbau des DATEX-P-Netzes ein Kontrollzentrum für Deutschland nicht mehr ausreichen würde.

- Netzkontrolle im öffentlichen leitungsvermittelten DATEX-L-Netz

Bei den DATEX-L-Vermittlungsstellen (EDS) sind eine Reihe von Dienstsignalen nach CCITT X.96 zur Fehlersignalisierung bzw. Meldung an die Endstelle vorgesehen. Die neuen von der Post eingesetzten Fernschaltgeräte (DFG 9.600) besitzen neben dem Tastenfeld ein mehrstelliges LED-Display, auf dem das jeweilige Dienstsignal drei Sekunden lang angezeigt wird.

Werden Schnittstellen nach X.21 verwendet, so wird zusätzlich diese Signalisierung in standardisierter Form auf der Datenleitung (Empfangsdaten) übertragen.

Da die Deutsche Bundespost eine der ersten Fernmeldeverwaltungen war, die ein digitales leitungsvermitteltes Datennetz eingeführt hat, haben sich die Systemhersteller softwaremäßig noch nicht auf die Auswertung dieser Fehlercodes eingestellt. Die Ursache dafür ist:
die meisten Systemhersteller sind aus USA; dort steht aber kein entsprechendes Datennetz zur Verfügung.

Beispiele:

    Code 43 :   Anschluß nicht erreichbar
    Code 44 :   Anschlußleitung oder Anschluß gestört
    Code 45 :   Datenendeinrichtung gesteuert nicht bereit
    Code 61 :   Verbindungswege besetzt

- Netzkontrolle im Integrierten Text- und Datennetz (IDN)

Die Bundespost hat die Einführung des IDN beschlossen und möchte bis
1985 möglichst alle analog geführten Datenverbindungen auf digitale
Übertragungstechnik umgestellt haben. Das neue digitale envelope-strukturierte Übertragungsverfahren (nach CCITT X.51) gestattet eine automatische Kontrolle der Teilabschnitte zwischen jeweils zwei Komponenten
eines Übertragungsweges und damit auch eine automatisierte Überwachung.
Die Alarmierung wird über gesonderte Baugruppen auf getrennten Datenka-
nälen zu den jeweiligen Netzkontrollstellen (Datenvermittlungsstellen)
übertragen.

Um ein automatisiertes Umschalten von Leitungsgruppen durchführen zu
können, ist eine permanente Überwachung (Ruhestrom-Prinzip) realisiert.

Nachteilig bei diesem vom Ansatz her hervorragenden Konzept ist die Tatsache, daß der Anwender im Regelfalle keine Zugriffsmöglichkeiten zu
den von der Post automatisch ermittelten Zustandsdaten hat.

Eigendiagnose ein 'Muß' oder technische Spielerei?
____

Die Bundespost hat als Staatsmonopolbetrieb Entstörungsanforderungen angenommen und keine Kosten den Teilnehmern bzw. Anwendern für die Ent-
störungsleistung berechnet. Um eine fahrlässige Inanspruchnahme dieser
Dienstleistung zu reduzieren und um zukünftig überhaupt noch gezielte
Entstörungen durchführen zu können, wird man zu einer Berechnung bei
einer unnützen Inanspruchnahme der Post übergehen müssen. Dabei wird
es darum gehen, unnütze Leistungen und Anforderungen möglichst gänzlich
zu vermeiden, um bei Vorliegen einer'echten'Störung gezielter und effizienter helfen zu können.

Voraussetzung hierfür ist eine 'Eigendiagnose', d.h.eine Störungsein-
grenzung durch den Anwender. Er muß versuchen, die Störung in einem
System zuordnen zu können, ob Übertragungsgeräte oder Leitungen, sein
Endgerät oder das Verarbeitungssystem gestört sind.

Es geht also nicht darum, einen privaten Meßgerätepark zu installieren, der nur von Spezialisten bedient werden und dessen Ergebnisse nur von wenigen interpretiert werden können, sondern um die Voraussetzungen zu schaffen, eine effiziente Störungseingrenzung durchführen zu können.

Diagnosemöglichkeiten bei privaten Anwenderdatennetzen

Bei der Konzeption eines Datennetzes sollten vom Anwender einige Mindestvoraussetzungen erbracht werden:

- sinnvolle und zweckmäßige Unterbringung der Übertragungsgeräte (Modems, etc.) in geeignete Schränke oder Gestelle

- ein gut zugänglicher Datenendverzweiger (Kabelverteiler) für die Leitungen der Bundespost

- ein digitales Test- bzw. und Rangierfeld (Patch-Board) um in Störungsfalle ohne Zuhilfenahme von Werkzeug die Datenverbindungen auf der Digitalseite auftrennen und sich aufschalten zu können.

Viele Systemhersteller bieten entweder für den Kunden oder - zumindest für den eigenen Kundendienst - online-Test-Programme für Datenübertragungsleitungen bzw. -verbindungen an.

In vielen Fällen muß vor deren Einsatz die entsprechende Anwendung im HOST-System passiviert werden und der Leitungsanschluß dem Testprogramm zugeordnet werden. Die Interpretation des Testergebnisses ist entweder nur mit Unterstützung des Kundendienstpersonals des Herstellers möglich oder erfordert ein vertieftes Fachwissen.

Einige große Systemhersteller bieten seit kurzer Zeit die Diagnostik-Programme an, die eine permanente Überwachung der Netzkomponenten ermöglicht. Leiter sind diese Programme meist nur auf die Produkte der Hersteller abgestimmt und bieten keine Möglichkeiten, wenn nicht herstellereigene Komponenten eingesetzt werden.

Diagnosemöglichkeiten bei DFÜ-Komponenten

Zu den Diagnosemöglichkeiten gehören:

- moderne Datenübertragungsgeräte (Modems) und aktive Komponenten (Konzentratoren, etc.) mit eingebauten Testmöglichkeiten. Bedienung entweder über Tastendruck oder Schalterbetätigung,

- Lampenanzeige (Status-Anzeige) bei Übertragungsgeräten,

- Prüfschleifen-Schalter - entweder in postalischen Übertragungsgeräten oder privat beschafft und zusätzlich eingebaut.

Die Diagnosemöglichkeiten bei DFÜ-Komponenten mit 'Intelligenz' haben
sich in den letzten drei Jahren erheblich verbessert. Es sind - ohne
hohe Mehrkosten - erstaunlich gute Lösungen angeboten worden, so z.B.
intelligente passive Testsysteme.

Diagnosemöglichkeiten in öffentlichen Netzen aus Sicht des Anwenders

---

War ein Fehler, bzw. ein Nicht-Funktionieren bei einem Teil des Netzes
oder Leitungsweges vom Anwender festgestellt worden, so ist es meist dem
Anwender am Terminal nicht möglich, die Fehlerursache eindeutig zuzuordnen.
Auf der Zentralseite kann, wenn entsprechende Diagnose- oder Testprogramme oder Einrichtungen zum Testen zur Verfügung stehen, meist eine
schnelle Erkennung nach Software-, HOST-, Hardware-, Übertragungsgerä-
te- und/oder Übertragungsstrecken-Fehler vorgenommen werden.

Liegt der Fehler im Bereich der Teilnehmeranschlußleitung, bzw. der unteren Netzebene, so sind zeitraubende manuelle Messungen erforderlich;
im Regelfalle liegt der Zeitbedarf im Stundenbereich.

Störungen im Leitungsweg auf der oberen Netzebene können hingegen von
den Bediensteten der Post meist im zweistelligen Minutenbereich festgestellt und vielfach auch eliminiert werden.

Die Deutsche Bundespost hat vor einiger Zeit ihr Leistungsangebot im
Entstör-Service durch die Einführung der Entstörung zu 'bestimmten
Zeiten' versucht erheblich zu verbessern.

Der Teilnehmer hat die Möglichkeit, über die normale Entstörzeit von
08.00 bis 18.00 Uhr Montag bis Freitag, gegen Zahlung von Zusatzgebüh-
ren einen erweiterten Entstörservice 'rund um die Uhr' in Anspruch nehmen zu können.

Die Vergangenheit hat aber gezeigt, daß die Zeit von 15.45 bis 18.00
Uhr besonders kritisch ist. Während dieser Zeit sind die Fachkräfte im
Außendienst kaum herbeirufbar.

Um feststellen zu können, ob Übertragungsgeräte oder der Übertragungs-
weg gestört sind, müßten entweder sämtliche Leitungsanschlüsse über
einen Meßplatz geschaltet werden, oder die Testeinrichtungen - z.B. bei
direkten Datenverbindungen - müßten dahingehend verbessert werden, daß
es dem Teilnehmer mit einfachen Mitteln möglich ist, festzustellen, ob
sein Verbindungsweg funktionsfähig ist und die Übertragungseinrichtungen
in Ordnung sind.

Wenn in der Zeit von 1983 bis 1985 alle bestehenden HfD-Anschlüsse von
bisher teilweise noch analogen Datenverbindungen in das digitale Integrierte Text- und Datennetz (IDN) überführt worden sind, können zwar
die Anschlüsse, die über 'aktive'Einrichtungen (z.B. Zeitmultiplex-
Systeme) geschaltet sind, in eine automatische Überwachung einbezogen
werden, die in den Ortsnetzen direkt geschalteten Datenverbindungen
hingegen werden keinerlei zusätzliche Überwachungsmöglichkeiten haben.
Ein Ausweg wäre ansonsten die Anbindung der Anschlüsse zum Zwecke des
Überwachens oder Prüfens an eine Datenumsetzerstelle,bzw. die Leitungs-
führung müßte über eine Datenumsetzerstelle realisiert werden.

Der Teilnehmer erhält, betrachtet man den derzeitigen Komfort vieler
privat beschafften Übertragungsgeräte, ein 'Weniger' an Hilfen und Komfort geboten.

Entwicklungstendenzen
____

Betrachtet man die Entwicklungen auf der Seite der Betriebsablaufs-
steuerungen von EDV-Anlagen, so ist festzustellen, daß in den letzten
Jahren die Steuerprogramme zunehmend mehr mit automatischen Überwachungsroutinen versehen wurden. Ein manuelles Verfahren war nicht mehr
durchführbar.

Geeignete Überwachungsroutinen (Supervisor-Routinen) gestatten es dem
Anwender, den Zustand seines Systemes transparent darzubieten.

Auf der Seite der Systemhersteller wurden Betriebsüberwachungsprogramme
und Testprogramme entwickelt, die zunehmend mehr zum Einsatz kommen und
dem Anwender gestatten, den Betriebsablauf automatisch zu erfassen.

Bei der Einführung der neuen Daten-Dienste DATEX-L, DATEX-P und beim
IDN wurde dem Teilnehmer erläutert, man hätte damit die Möglichkeit
einer aktiven Überwachung seitens der Post geschaffen.

Die Möglichkeiten sind damit zwar geschaffen, der Teilnehmer hat aber
nur eine Zeitersparnis - meldet er seine Störungen an die Post, so kann
er umgehend eine Bestätigung der Fehlermeldung erhalten, wenn es sich
um eine IDN-geführte Leitung handelt. Die Post weiß also, daß der Fehler aufgetreten und auch bereits registriert ist. Eine aktive Signalisierung des Fehlerzustandes, die theoretisch machbar wäre, erfolgt
nicht an den Teilnehmer.

Wünsche der Anwender und Betreiber

Da der Anwender oder Betreiber eines Datennetzes in der Steuerung und
Überwachung des Netzes keinen Selbstzweck sieht, sollte versucht werden, die restlichen Lücken in der Informationskette ebenfalls noch zu
schließen.
Es ist dabei nicht notwendig, Zustände über funktionsfähige Leitungsverbindungen in n-facher Ausfertigung zu dokumentieren.
Erforderlich ist aber in jedem Falle, eine Einbindung der Störungsmel-
dungen in den teilweisen automatisierten Protokollierungsablauf seiner
Netzadministration vorzunehmen.

Werden die Leitungsverbindungen in den nächsten Jahren erst einmal auf
envelope-strukturierte Übertragung umgestellt sein und damit eine automatische abschnittweise Überwachung möglich sein, so sollte man das
Bedienungspersonal von der lästigen und teilweise zeitraubenden Registrierung von Zustandsbildern und Fehlern entlasten.

Denkbar wären mehrstufige Hierarchien von Diagnoseabläufen, so z.B. einen mehrstufigen Test

a)   DFÜ-Steuereinheit und Leitungsanschluß funktionsfähig
b)   lokale Schleife im Übertragungsgerät noch bedienbar
c)   entfernte Schleife und damit Leitungsweg noch in Ordnung
d)   Testprogramm im Datenendgerät auf der Außenstellenseite noch lauf-
     fähig und damit Endgerät prinzipiell noch funktionsfähig.

Für den Anwender, bzw. Betreiber eines Netzes würde dabei viele kreati-
ve Zeit zusätzlich zur Verfügung stehen, der öffentliche Netzbetreiber,
die Bundespost, könnte die Einsätze seines Fachpersonales auf unbedingt notwendige Störungen und Fehlerbeseitigungen beschränken.

Es bleibt zu wünschen, daß ein abgestimmtes Vorgehen dieses Ziel in naher Zukunft erreichbar macht.

<u>TEST- UND IMPLEMENTATIONSHILFEN</u>
<u>FÜR NEUE ENDGERÄTEPROTOKOLLE</u>

Jens Otto
Fernmeldetechnisches
Zentralamt
der
Deutschen Bundespost
Darmstadt

Inhaltsverzeichnis

1. Einleitung

2. Die Aufgabe heißt "Kompatibilität sicherstellen"

3. Test- und Implementationshilfen

4. Schlußbemerkung

1. <u>Einleitung</u>

Die Kommunikationsbeziehungen zwischen den Fernmeldenetzen und
den daran angeschlossenen Endeinrichtungen werden immer enger.

Diese Entwicklung begann mit der Spezifikation von Endgeräte-
schnittstellen, die eine automatische Steuerung des Verbin-
dungsauf- und -abbaus vorsehen (z.B. die Schnittstellen nach den
CCITT-Empfehlungen X.20 und X.21).

Die Schnittstelle nach der CCITT-Empfehlung X.25 beschreibt
bereits ein Kommunikationsprotokoll zwischen Datenendeinrichtung und Fernmeldenetz.

Die CCITT-Empfehlungen X.3, X.28, X.29 behandeln Kommunikationsprotokolle (sowie PAD-Eigenschaften) zwischen asynchron
arbeitenden Datenendeinrichtungen und Datenendeinrichtungen am
Datennetz mit Paketvermittlung.

Einen weiteren Schritt in der beschriebenen Richtung bilden
die Endgeräteprotokolle für den Teletex-Dienst.

Noch enger werden die Kommunikationsbeziehungen (bei noch komplexeren Protokollen) bei der Kommunikation der externen Rechner
mit den Bildschirmtextzentralen im Bildschirmtext-Rechnerverbund
oder bei der Kommunikation mit speichernden Systemen (Message
Handling Facilities).

Allen diesen Kommunikationsbeziehungen ist gemeinsam, daß ein
automatischer Kommunikationsablauf zu steuern ist. Schon geringe Unterschiede in den verschiedenen Implementationen (der
teilweise sehr komplexen Protokolle) können diesen Ablauf
empfindlich stören. Daher erlangen Kompatibilitätsaspekte eine
wachsende Bedeutung vor allem auch im Hinblick auf die Akzeptanz
und damit den wirtschaftlichen Erfolg der neuen Fernmeldedienste.

2 Die Aufgabe heißt "Kompatibilität sicherstellen"

Ein Kommunikationsprotokoll beschreibt die Festlegungen für
das Format und den Ablauf der Daten- bzw. Textübermittlung. Das
Format ist definiert durch die Anordnung der verschiedenen
Teile einer bestimmten Übermittlungseinheit, wie z.B.
"Nachricht", "Paket", "Block". Der Ablauf einer Daten- bzw.
Textübermittlung ist bestimmt durch die Phasen des Verbindungs-
aufbaus, der Übermittlung der Nutzinformation und des Verbindungs-
abbaus.

Es finden Steuervorgänge statt

- zwischen den beteiligten Endeinrichtungen und dem
  Fernmeldenetz

- innerhalb des Fernmeldenetzes

- zwischen den beteiligten Endeinrichtungen (end-to-end).

Alle Bausteine des Übermittlungssystems – die Endeinrichtungen,
die Einrichtungen der Übertragungstechnik und die zentralen Einrichtungen des Netzes – müssen voll kompatibel zusammenarbeiten.
Unterschiedliche Implementationen der Kommunikationsprotokolle
können erhebliche Störungen im Kommunikationsablauf zur Folge
haben.

Die Fernmeldeverwaltungen tragen die Verantwortung für das
störungsfreie Zusammenarbeiten aller technischer Einrichtungen
in einem Übermittlungssystem. Sie können dieser Verpflichtung
durch eine Reihe von Maßnahmen nachkommen, wie z.B.

- Bereitstellung von möglichst genauen, detaillierten und verständlichen Protokollspezifikationen

- Erleichterung der schwierigen Entwicklungsarbeiten bei den
  Herstellern durch wirksame Implementations-Unterstützung

- Sorgfältige Überprüfung von fertig entwickelten Endeinrichtungen durch eine Zulassungsprüfung

- Vollständige Überprüfung der Endeinrichtungen hinsichtlich ihrer Funktionsfähigkeit bei der Anschließung ans Netz

- Einsatz von leistungsfähigen Verfahren zur Fehlereingrenzung und Fehleridentifizierung im technischen Betrieb.

3 Test- und Implementationshilfen

Von besonderer Bedeutung für die Sicherstellung der Kompatibilität sind softwaregestützte Protokolltestverfahren, auf die nun näher eingegangen wird.

Diese Verfahren werden eingesetzt für

- technische Entwicklungen
  im Rahmen von Protokollentwicklungen zur Überprüfung eines logischen Protokollablaufs und bei der Endgeräteentwicklung zur Implementationsunterstützung

- technische Prüfungen bei Zulassung und Anschließung

- technische Prüfungen von im Betrieb befindlichen Endgeräten im Fehlerfall.

Abhängig von der jeweiligen Anwendung bestehen unterschiedliche Anforderungen an die einzusetzenden Testverfahren.

Für Protokollentwicklung und Implementationsunterstützung sind Testeinrichtungen erforderlich, auf die von außen gezielt Zugriff genommen werden kann. Zur zweckmäßigen Durchführung von Protokolltests bietet sich für diese Testeinrichtungen eine erweiterte

Referenzimplementation an, die in der Lage ist, Protokollfehler
zu erkennen, die aber bei Auftreten eines Fehlers nicht sofort
mit dem Abbruch der Kommunikation reagiert. Der Protokollfehler
wird angezeigt. Eine sinnvolle Bedienerführung, die auf diese
besondere Anwendung abgestimmt ist, sowie eine ausführliche
Testdokumentation sind unerläßlich.

Bei Zulassungs- und Anschließungstests geht die Testiniative von
der Testeinrichtung aus. Es wird geprüft, ob der Prüfling auf bestimmte Anforderungen protokollgerecht reagiert. Der Rückgriff
auf definierte Funktionen zur Durchführung des Tests (z.B. Testresponder, Software-Prüfstecker) ist Grundvoraussetzung für diese
ferngesteuerte, bedienerlose Testart. Die Tests können durch ein
Programmsystem realisiert werden, das einzelne Protokollein-
heiten zu Testsequenzen und diese wieder zu vollständigen Testabläufen zusammensetzt. Ein solches System kann modulartig und
damit flexibel strukturiert sein.

Im technischen Betrieb müssen Testverfahren eingesetzt werden,
die im wesentlichen auch im Bereich der Zulassung und Abnahme
Anwendung finden. Der Schwerpunkt liegt hier ebenfalls auf
einem möglichst vollautomatischen Ablauf der Tests und einer
komfortablen Fehlerdiagnose.

Zukunftssichere Testverfahren müssen die Anforderungen der hier
beschriebenen Anwendungen erfüllen können.

In diesem Beitrag werden die Test- und Implementationshilfen
der Deutschen Bundespost für DATEX-P (nach X.25), TELETEX und
Bildschirmtext-Rechnerverbund vorgestellt.

Die Deutsche Bundespost erkannte schon frühzeitig, daß für die
erfolgreiche Einführung dieser Dienste die Sicherstellung der
Endgerätekompatibilität von größter Bedeutung ist und daß daher
die rechtzeitige Bereitstellung von entsprechenden Test- und
Implementationshilfen unerläßlich ist.

3.1 DATEX-P (X.25)

Im Rahmen der Aktivitäten des Teilnehmerarbeitskreises DATEX-P
erarbeitete eine Gruppe von Herstellern und Teilnehmern zusammen
mit der Deutschen Bundespost ein Testverfahren für Datenendeinrichtungen nach X.25.

Wesentliches Kennzeichen des Verfahrens ist, daß die zu prüfende
Datenendeinrichtung oberhalb der Schicht 3 mit einem Prüfproto-
koll ausgestattet ist, das einfach zu implementieren ist. Dieses
Protokoll verlangt in seiner Basisversion nur passives Verhalten
der Datenendeinrichtung. Optional kann auch eine aktive Funktion
implementiert werden. Über eine physikalische Verbindung - feste
Leitung oder Datennetz mit Leitungsvermittlung - ist das Test-
objekt mit dem Testrechner verbunden.

Abhängig von der Art der Endeinrichtung sind verschiedene Test-
versionen vom Bediener abrufbar. Das Testgerät stellt aus
einzelnen Programmodulen das komplette Testprogramm zusammen.

Auf der HDLC-Ebene wird in einem Basistest zunächst geprüft,
ob das Protokoll im fehlerfreien Normalbetrieb ordnungsgemäß
abgewickelt wird.

Danach werden der Aufbau einer HDLC-Verbindung und die FCS-
Prüfung - auch durch Übermitteln von falschen Zählerständen -
untersucht.

Es folgen gründliche Tests der Leit- und Folgesteuerung.

Der Testablauf für die Schicht 3 ist abhängig von der Struktur
der DEE (z.B. Zahl der SVC und PVC, zusätzliche Leistungsmerkmale). Auch hier gibt es einen Basistest, bei dem der fehlerfreie Protokollablauf überprüft wird und die Untersuchung des
Verhaltens in Fehlerfällen wie z.B. Kollision bei Verbindungsauf-
bzw. -abbau, Fehler bei der Flußkontrolle, ungültiger Pakettyp
und Durchführung von RESTART.

Das Verfahren wird erfolgreich eingesetzt. Sowohl geeignete
Testeinrichtungen als auch die entsprechenden Datenendeinrichtungen sind vorhanden. Das Verfahren ist leistungsstark,
gründlich und sehr zeitsparend. Vollständige Tests der Schnittstelle X.25 werden im Minutenbereich abgewickelt.

3.2 TELETEX

Es hat sich gezeigt, daß es nicht genügt, den Herstellern von
Teletexgeräten nur die Endgeräte-Spezifikationen zu überlassen -
so vollständig und verständlich sie auch geschrieben sind. Um
wirklich kompatible Teletex-Geräte zu entwickeln sind seitens
der für die Kompatibilität verantwortlichen Fernmeldeverwaltung
zusätzliche Maßnahmen erforderlich. Schon während der Anfangs-
entwicklungen ist es notwendig, den Herstellern durch Experten
der Verwaltung die Spezifikationen zu erläutern. Im Zuge fortschreitender Implementationen hat es sich als erforderlich erwiesen, auch aktive technische Testunterstützung durch Protokolltestverfahren zu geben.

Die Deutsche Bundespost hat daher für die interessierten Her-
steller ein nationales Testnetz bereitgestellt. Über dieses
Netz haben die TELETEX-Prototypen der Hesteller Zugang zu der
Testeinrichtung der Deutschen Bundespost.

Die TELETEX-Testprozeduren sind modulartig aufgebaut. Jede Schicht
des TELETEX-Protokolls ist in der Testeinrichtung als Basisversion und als Testversion vorhanden. Die Basisversion überprüft
den normalen fehlerfreien Ablauf. In der Testversion wird
auch das Verhalten unter nicht üblichen Bedingungen
(z.B. im Fehlerfall) überprüft. Die Test-Software in dem Proto-
koll-Testgerät für die Schicht n setzt sich zusammen aus den
Basisversionen der Schichten 1 bis n-1 und der Testversion der
Schicht n. Da das Teletexprotokoll alle Schichten des ISO-Archi-
tektur-Modells spezifiziert, ist - anders als bei X.25 - auf
der Engeräteseite die zusätzliche Implementation von besonderer
Test-Software nicht erforderlich.

Im Juni 1982 wurde das TELETEX-Netz der Deutschen Bundespost
auf die Kommunikation mit den Endgeräteprotokollen entsprechend
den CCITT-Empfehlungen umgestellt. Es wurde dadurch der Nachweis
erbracht, daß die TELETEX-Geräte der verschiedenen Hersteller
kompatibel miteinander zusammenarbeiten können - ein Beweis auch
für den Erfolg der hier erwähnten Test- und Implementationshilfen. Inzwischen haben auch andere Fernmeldeverwaltungen, die
den TELETEX-Dienst eingeführt haben oder die vor dessen Einführung stehen, das Verfahren der Deutschen Bundespost zur
Sicherstellung der Endgerätekompatibilität übernommen.

3.3 Bildschirmtext-Rechnerverbund

Rechnerverbund im Bildschirmtext-System bedeutet: eine Vielzahl
von externen Rechnern unterschiedlicher Betreiber und unterschiedlicher Herkunft müssen nach den Protokollvorschriften des
Rechnerverbundes vollkompatibel zusammenarbeiten. Auch hier wird
die Sicherstellung der Kompatibilität von ausschlaggebender Bedeutung für die Akzeptanz des Dienstes sein.

Die Rechnerverbundprotokolle bestehen aus der CCITT-Empfehlung
X.25, sowie den darauf aufsetzenden Einheitlichen Höheren
Kommunikationsprotokollen (EHKP), erarbeitet von der Arbeits-
gruppe Datenfernverarbeitung des Kooperationsausschusses ADV
Bund/Länder/Kommunaler Bereich.

Die Grundzüge des Testverfahrens, das zur Zeit in Entwicklung
ist, orientieren sich an dem Verfahren für X.25-Endeinrichtungen.
Hierbei wird die Schichtenstruktur der Protokolle ausgenützt.
Sowohl im Prüfling als auch in den Prüfeinrichtungen sind sog.
"Testresponder" einzubringen, welche die Aufgabe haben, die
Funktionen der Schichten oberhalb der zu prüfenden Schicht zu
ersetzen. Die Tests sollen sowohl vom Prüfling als auch von der
Prüfeinrichtung aus zu aktivieren sein. Sie werden automatisch
ablaufen; der Bedienungsaufwand wird klein gehalten.

Erste Erfahrungen mit diesem Verfahren werden erst verfügbar sein, wenn die Testeinrichtung funktionsbereit ist und wenn die ersten Rechnerimplementationen getestet worden sind.

4. Schlußbemerkung

Durch leistungsfähige Test- und Implementationshilfen wird die Entwicklung der Endgeräte für neue Fernmeldedienste zur Daten- und Textkommunikation nachhaltig gefördert. Innovative Entwicklungen im Bereich dieser Dienste sind nur möglich, wenn die notwendigen Festschreibungen vorhanden sind und wenn die Deutsche Bundespost die Verantwortung für die Sicherstellung der Kompatibilität im gesamten Übermittlungssystem - bestehend aus Endeinrichtungen, Übertragungseinrichtungen und zentralen Einrichtungen - übernimmt.

Die in diesem Bericht beschriebenen Aktivitäten der Deutschen Bundespost haben national große Zustimmung seitens der Endgeräthersteller gefunden. International zeigen andere Fernmeldeverwaltungen erhebliches Interesse.

Es hat sich erwiesen, daß diese Aktivitäten zur Sicherstellung der Kompatibilität zu verträglichen Implementationen führen, dadurch die Qualität der Kommunikation verbessern und den Einsatz von neuartigen Endgeräten zukunftssicher und wirtschaftlich machen.

NETZWERKMANAGEMENT UND TESTVERFAHREN IN HETEROGENEN
RECHNERNETZEN MIT OSI-ARCHITEKTUR

U. Schadowski und Dr. B. Vogel
Landesamt für Datenverarbeitung und Statistik Nordrhein-Westfalen
4000 Düsseldorf

Realisierung, Inbetriebnahme und Betrieb von heterogen offenen Rechnernetzen mit
OSI-Architektur (d.h. offenen Systemen auf der Basis des sog. ISO-7-Ebenen-Modells,
vgl. [1], [7], [8]) erfordern spezielle Konzepte für Netzwerkmanagement und Test.
Auch in der Normungsdiskussion wird diese Problematik gesehen. Wesentliche konkrete
Ergebnisse und Arbeiten liegen hier aber noch nicht vor. Aktuelle Netzwerkprojekte
müssen eigene Konzepte finden und einsetzen. Bestehende bzw. geplante Verfahren
können als Basis für Überlegungen in anderen Projekten und als Anregung für die
weitere theoretische Diskussion gesehen werden.

Auf der Basis von Betriebserfahrungen aus dem "Datenvermittlungssystem NW (DVS)"
werden im folgenden Möglichkeiten und technische Konzepte sowie die Bedeutung dieses Problemkreises diskutiert.

1. Generelle Lösungskonzepte

1.1 Problemstellung

Basis von offenen Rechnerverbundsystemen mit OSI-Architektur ist eine einheitliche "Sprachregelung zwischen den beteiligten DV-Systemen". Durch die Gleich-
rangigkeit der vielen möglichen Partner und durch die heterogene Struktur der
beteiligten Systeme entsteht eine Situation, die neuartige technische und organisatorische Methoden für Netzwerkmanagement und Testverfahren erfordert. Erfahrungen und Konzepte aus konventionellen zentralorganisierten Verbundsystemen
und aus relativ homogenen Herstellernetzwerken sind nur bedingt übertragbar.
Ursache hierfür sind die andersartigen technisch-organisatorischen Randbedingungen in verteilten inhomogenen Netzwerkstrukturen sowie die weniger zentra-
listisch orientierte organisatorische Zielsetzung.

Netzwerkmanagement-Verfahren müssen einerseits einheitliche Schnittstellen in
den Endsystemen und in der Kommunikationsarchitektur gewährleisten. Andererseits
sind den Einzelsystemen und Subnetzbereichen unterschiedliche und individuelle
Organisations- und Steuerungsabläufe zu ermöglichen. Zentrale Dienste können für
das gesamte Verbundsystem oder für Teilbereiche zur Verfügung gestellt werden.

Die Inanspruchnahme darf aber nicht unabdingbare Betriebsvoraussetzung für alle Endsysteme sein. Administrations- und Steuerungsverfahren müssen für Einzelsysteme, für technisch stärker gekoppelte Subnetzbereiche, für spezielle Anwendungsbereiche und für zentrale Dienste verfügbar sein. Zudem können die vorgenannten Organisations- und Anwendungsstrukturen einander beliebig überlagern.

Ähnlich komplex ist die bei OSI-Rechnernetzen entstehende Testproblematik. Die unterschiedliche technische Struktur der Endsysteme, die im Einzelsystem zeitlich überlagerten Anwendungen und die komplizierte Kommunikationsstruktur schaffen hier eine "unbegrenzte" Zahl von möglichen Zuständen und schließen für die heute verfügbaren Methoden und Netzrealisierungen eine absolute Lösung des Problems aus.

1.2 Testkonzepte

Verbundtestkonzepte können also nicht nur auf Wechselwirkungen zwischen zwei Partnern mit festen Anwendungen ausgerichtet sein, sondern müssen Verkehrsbeziehungen zwischen beliebigen Partnern mit beliebigen Anwendungen berücksichtigen. Aufgrund der Zahl der möglichen Ereignisse (Zeitzustände, Fehlerzustände, Ereigniskombinationen, interne Betriebszustände des Prüflings usw.) kann ein Test nur eine kleine Auswahl von Fehlerfällen und -möglichkeiten erfassen. Es ergibt sich somit die Notwendigkeit zur Automatisierung, Systematisierung und Standardisierung der Verfahren.

Abb. 1

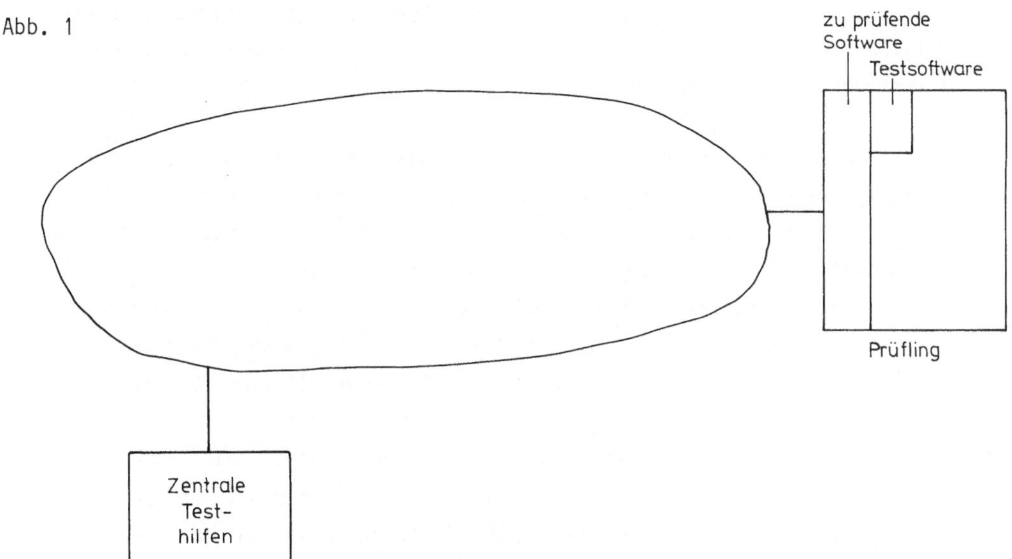

Wichtige Voraussetzung für einen allgemein verwendbaren Testservice ist eine
definierte Testumgebung beim Prüfling, d.h. die Problematik wird erheblich vereinfacht, wenn das Verhalten des Prüflings über das eigentlich zu testende Pro-
tokollverhalten hinaus festgelegt ist. Ein besonders einfaches Beispiel hierzu
ist der sog. (Software-) Teststecker, bei dem ein evtl. bedienerlos arbeitendes
Softwaremodul aufsetzend auf der zu testenden Protokollebene eine einfache
Echofunktion (Annehmen von Verbindungen, Rücksenden empfangener Daten) bietet
(vgl. [9]).

Abb. 2

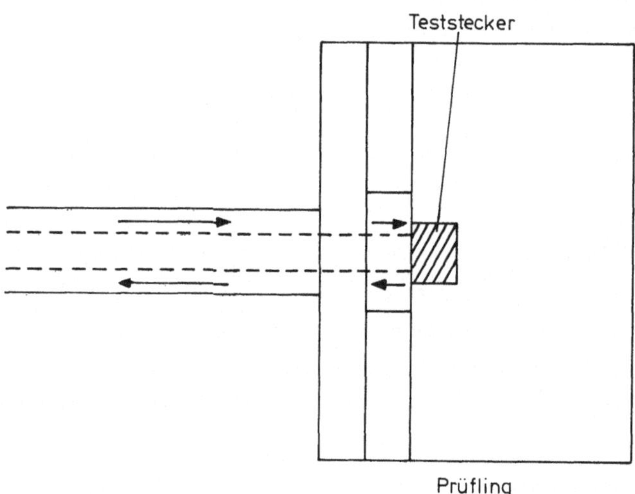

Kann ein solcher Teststecker bereitgestellt werden, so kann ein zentrales Test-
service-Zentrum eine Vielzahl unterschiedlicher Prüfungen vornehmen. Solche
Teststecker sind heute bereits im Einsatz (vgl. [9]). Eine Vielzahl von Test-
stecker-Varianten ist denkbar.

Das ISO-Modell sieht einheitliche Services zwischen den Protokollebenen vor.
Der Teststecker stellt eine Definition von auf Teilfunktionen dieser Services
(vgl. sog. Primitive "data", "connect" ...) aufsetzenden Verhaltensweisen dar.
Die theoretische Weiterentwicklung dieses Gedankens wird zur Forderung nach einer auf standardisierten Services aufsetzenden standardisierten Verhaltsweise
des Prüflings, wobei eine zusätzliche "Remote"-Steuerung des Prüflings (evtl.
über ein separates Netz wie z.B. beim DATEX-P-Protokolltester) denkbar ist.

Für die mögliche Standardisierung des Prüfling-Verhaltens stellt also der Teststecker eine besonders einfache Variante dar. Hier lassen sich beliebig komplizierte Modelle konstruieren. Eine Standardisierung im Rahmen von ISO-Aktivitä-
ten müßte hier einen vernünftigen Kompromiß bieten.

Unter der Voraussetzung einer modularen Realisierung der Protokollebenen mit
einfachen "Zugangsmöglichkeiten" zu den Services beliebiger Ebenen im Prüfling
wären solche Teststandards einfach realisierbar. Falls dies nicht vorausgesetzt
werden kann, bedeuten solche Konzepte allerdings einen erheblichen Eingriff in
die Freiräume der Systementwickler und wären daher sicherlich nicht einfach
durchsetzbar. Individuelle Verhaltensweisen der Prüflinge würden auf der anderen Seite einheitliche Testverläufe verhindern und entsprechend das Problem der
Testdurchführung verkomplizieren.

Die Vielzahl von notwendigen Testfällen und das Erfordernis einer schnellen und
sachgerechten Testbewertung führen bei der Konzeption zentraler Testhilfen zur
Forderung nach Automatisierung von Testdurchführung, Analyse und Dokumentation.
Die zuvor erläuterten Konzepte für Anforderungen an die Prüflinge schaffen hierzu günstige Voraussetzungen, wobei dennoch eine Vielzahl unterschiedlicher Zu-
gangs- und Leistungsparameter für den individuellen Test einzelner Prüflinge
zu berücksichtigen bleibt.

1.3 Probleme bei der Inbetriebnahme eines Netzwerkes

Der problematischste Zeitpunkt beim Betrieb eines Netzwerks ist der Termin der
Inbetriebnahme. Auch wenn vorher noch so gründliche Verbundtests der beteiligten Systeme durchgeführt worden sind, so muß doch dann mit neuen, nicht vor-
hersehbaren Problemen gerechnet werden, wenn die Nutzer auf ihre Anwendungen
zugreifen wollen. Besonders kritisch werden diese Schwierigkeiten von den Nutzern gesehen, für die sich bei der Bedienung ihrer Anwendung nichts ändert
(bzw. ändern soll). Das ist z.B. dann der Fall, wenn sie von einem mit einem
Großrechner verbundenen Bildschirmarbeitsplatz auf ein kleines DV-System um-
steigen, das dann wie der Großrechner an ein offenes Netzwerk angeschlossen
wird. Bei den Nutzern, die diese Vergleichsmöglichkeit nicht haben, z.B. weil
sie erst mit dem Anschluß an das Netzwerk in eine DV-Anwendung einsteigen, können andererseits noch Anlaufschwierigkeiten und Akzeptanzprobleme hinzukommen.

Um die erwähnten Probleme so gering wie möglich zu halten, ist es vorteilhaft,
die Inbetriebnahme schrittweise vorzunehmen, d.h. zunächst die beteiligten
Großrechner an das Netz anzuschließen und (nach einer ausreichenden Testphase)
nach und nach die kleinen Systeme der Anwender einzeln dem Verbundbetrieb zuzu-
führen. Dieses Verfahren bringt zwei Vorteile mit sich: Zum einen kann man die
beim Anschluß eines Teilnehmers gewonnenen Erfahrungen in die weiteren Aktivitäten einfließen lassen, zum anderen ist es auf diese Weise möglich, sich mit
dem zur Verfügung stehenden Personal ganz auf einen Nutzer zu konzentrieren.

Bei jedem neuen Anschluß sind, um einen möglichst reibungslosen Übergang sicherzustellen, einige wichtige Vorbereitungen zu treffen. So ist z.B. rechtzeitig vor dem geplanten Termin die Schaltung der Leitung zu veranlassen. Bezüglich Adressierung und Identifikation bei den beteiligten DV-Systemen müssen Parameter vereinbart werden. Der Anschlußtermin ist mit den beteiligten Stellen (Nutzer, Realisierer, Zielrechner etc.) abzustimmen. Ggf. muß rechtzeitig vor dem Termin eine Einweisung der Anwender erfolgen. All diese und weitere erforderliche Vorbereitungen sollten jeweils anhand einer Checkliste überprüft werden.

1.4 Netzwerkmanagement-Werkzeuge

Um die oben erwähnten Vorbereitungen zur Inbetriebnahme eines Netzwerks treffen zu können, müssen den Betreibern desselben geeignete organisatorische und technische Einrichtungen zur Verfügung gestellt werden. Von ebenso großer Bedeutung sind diese Einrichtungen im laufenden Betrieb und sollten daher anhand der dort gewonnenen Erfahrungen ständig weiter ausgebaut werden.

Bei den Netzwerkmanagement-Verfahren sind mehrere Aspekte zu berücksichtigen:

- Es muß eine einfache Möglichkeit geben, den laufenden Betrieb zu steuern, um bei Schwierigkeiten oder Störungen möglichst schnell helfend eingreifen zu können.

- Allgemeine Nutzungsstatistiken zur Überwachung des Betriebs müssen zur Verfügung stehen. Diese Statistiken müssen sowohl in bezug auf das gesamte Netz und seiner Auslastung als auch auf Teilbereiche bzw. einzelne angeschlossene Systeme und deren Verfügbarkeit aussagekräftig sein.

- Die Behandlung von Fehlern und Störungen muß durch technische und organisatorische Verfahren unterstützt werden. Hierzu gehören sowohl Möglichkeiten zur Feststellung und Meldung eines Fehlers als auch zur Diagnose und Beseitigung desselben. Ferner sollte eine Fehlerstatistik geführt werden, um das Interesse besonders auf die Beseitigung mehrfach auftretender Fehler zu konzentrieren und um die Fehlerdiagnose zu vereinfachen.

Um die Nutzung der Einrichtungen im laufenden Betrieb zu fördern, ist auf einfache Bedienbarkeit besonderer Wert zu legen.

1.5 Anwenderunterstützung

Die erwähnten Netzwerkmanagement-Werkzeuge sollten von vornherein darauf ausgerichtet sein, sie, sofern dies sinnvoll erscheint, auch den Anwendern zur Verfügung zu stellen. Hierbei ist jedoch stets darauf zu achten, daß deren Benutzung ihnen zwar den Betrieb erleichtert, aber nicht zwingend erforderlich ist; sie sollte ihnen also freigestellt bleiben.

In bezug auf einfache Bedienbarkeit sind hier insbesondere zwei Aspekte zu berücksichtigen:

- Den Anwendern sollten schnell abrufbare, leicht verständliche und dennoch aussagekräftige Informationen zur Verfügung gestellt werden.

- Die Anwender müssen die Möglichkeit haben, Betriebsstörungen bzw. Fehler ohne großen Aufwand einer sie betreuenden Stelle zu melden.

In jedem Fall sollte ihnen nach Möglichkeit in besonders kritischen Fällen auch zusätzliche personelle Unterstützung angeboten werden.

2. Betriebserfahrungen mit im Datenvermittlungssystem Nordrhein-Westfalen (DVS) erprobten Verfahren

Das Datenvermittlungssystem Nordrhein-Westfalen (DVS) stellt dem öffentlichen Bereich in Nordrhein-Westfalen ein offenes Datenkommunikationssystem zur Verfügung. Genutzt werden Datenpaketvermittlung gem. X.25 und DATEX-P, das EHKP-Transport-Protokoll und netzeinheitliche Standards für die ISO-Ebenen 5 - 7. Für die Ebenen 5 - 7 sind sogenannte Dienstleistungsprozeduren definiert. Sie stellen (jeweils unter Zusammenfassung von Funktionen dieser 3 Ebenen) dem Benutzer Dienstleistungen wie Dateitransfer, Dialogfunktionen und Jobtransfer zur Verfügung. Eine Vielzahl unterschiedlicher DV-Systeme ist bereits mit der vollen Protokollhierarchie im Einsatz.

Die bisherige Projektdurchführung erforderte die Bereitstellung von technischen und organisatorischen Hilfen. Bei der Entwicklung dieser Werkzeuge wurde versucht, sowohl kurzfristige Projekterfordernisse als auch langfristige Aspekte zu berücksichtigen. Aufgrund der hetorogenen Nutzer-Struktur des DVS sollen die eingesetzten Verfahren in den unterschiedlich organisierten Teilbereichen und Einzelprojekten jeweils an die dort gegebenen Randbedingungen angepaßt werden können, d.h. das Grundkonzept soll unterschiedliche spezifische Subnetzerfordernisse zulassen. Bedarfsabhängig sollen unterschiedlich stark zentral bzw. dezentral orientierte Modelle möglich sein.

Die im folgenden vorgestellten Einzelwerkzeuge werden durch weitere technische und organisatorische Komponenten ergänzt (s. Abschnitt 2.3).

2.1 Das ADAT-Testkonzept

ADAT (Automatisierte Dateigesteuerte Testabwicklung) stellt als zentrale Testhilfe Software für Definition, Durchführung, Analyse und Dokumentation beliebiger Testabläufe zur Verfügung. Die Anwendbarkeit wird durch eine standardisierte Testumgebung (z.B. sogenannte "Software-Teststecker") beim Prüfling erleichtert (s. Abschnitt 1.2). Die Berücksichtigung spezieller Gegebenheiten ist aber ebenfalls möglich. Die ADAT-Software wurde weitgehend unabhängig von speziellen zu testenden Protokollen und speziellen Testabläufen entwickelt. Einzelheiten wie verwendete "protocol-data-units", Testabläufe, Testanalysevorgaben, sind in Dateien vorgegeben. Für die "Test-Programmierung" in diesen Dateien wurden geeignete Sprachmittel entwickelt. ADAT kann auf unterschiedlichen Protokollebenen eingesetzt werden und enthält komfortable Funktionen für Teststeuerung, Testmodifikation und Testauswertung. Parallel zu ADAT können zum Testen des Prüflings auch weitere Testhilfen eingesetzt werden. Zur Vereinheitlichung der Tests wird beim Prüfling in der Regel ein "Teststecker" vorausgesetzt (insbesondere oberhalb Ebene 4). Das Konzept kann jedoch auch andere Randbedingungen beim Prüfling berücksichtigen. Die Tests werden weitgehend bedienerlos durchgeführt, wobei erforderliche Bedienungsfunktionen im Testzentrum ausgeführt werden. Eine "Remote-Steuerung" von ADAT ist im Konzept vorgesehen, aber bisher nicht realisiert. Eine komfortable Bedienerführung soll auch ungeübten Personen die Bedienung von ADAT ermöglichen. Testdokumentation und Testanalysen werden als aufbereitete Bildschirminhalte, als druckbares aufbereitetes detailliertes Testprotokoll (hier sind unterschiedliche Typen wählbar) sowie als zusammengefaßte Testauswertung zur Verfügung gestellt.

Das Konzept dateigesteuerter Testabwicklung erleichtert die Weiterentwicklung der automatisierten Tests sowie die Anpassung an den Leistungsumfang einzelner Prüflinge.

Bei ADAT werden für die Testbeschreibung 3 Dateistufen verwendet (vgl. Abbildung 3). In der untersten Stufe sind einzelne Protokollelemente (protocol-data-units) vorformatiert. Diese vorformatierten Einheiten werden während der Tests beliebig oft genutzt und falls erforderlich entsprechend den Vorgaben in den beiden anderen Dateistufen oder gem. Bedienereingaben modifiziert (z.B. Modifi-

kationen von Adreßfeldern usw.). Mit Hilfe der nächsten Dateistufe (DATE) werden kurze Testabschnitte festgelegt. Ein solcher Testabschnitt bezieht sich auf
eine Testfunktion (z.B. Test einer Flußkontrollfunktion oder Prüfung der Reaktion auf einen bestimmten Fehlerfall). Hier werden also unter Nutzung der in der
untersten Dateistufe (DALU) definierten Protokollelemente einzelne Testsequenzen festgelegt. Die oberste Dateistufe (TEDE) definiert über die Festlegung von
Folgen von Testsequenzen und unter Angabe zusätzlich erforderlicher Parameter
einen Gesamttest. Mit dieser Dateistufe kann auch in besonderer Weise auf die
Gegebenheiten des Prüflings (Parameter usw.) Rücksicht genommen werden.

Abb. 3

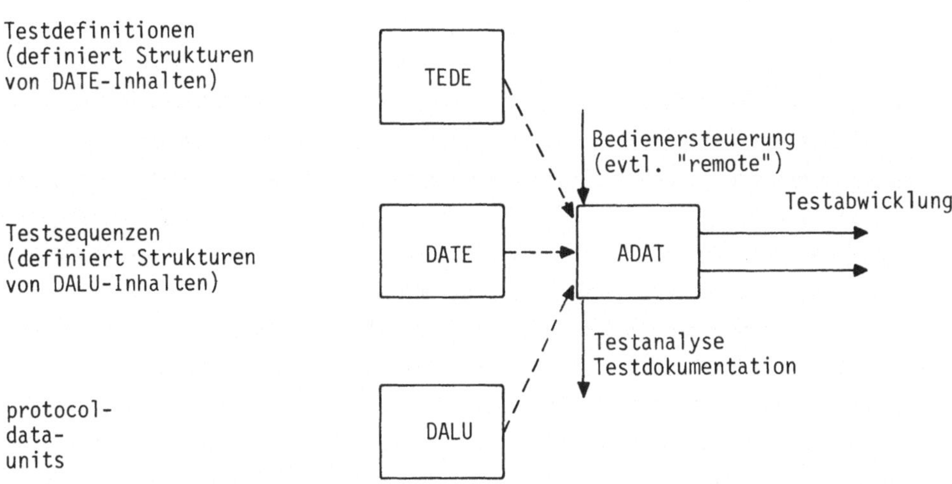

Durch parallele Bearbeitung von DALU, DATE und TEDE wickelt dann das Programm
ADAT den Test ab. Für DALU, DATE und TEDE ist eine Anzahl von Sprachmitteln definiert, die sich auf Protokollelemente, Testabläufe, Bedienerführung, Parameter (z.B. Verzögerungen), Testanalysevorgaben und Testdokumentationen beziehen.

Beispielsweise gibt es bei DATE Sprachmittel für

- das Senden und die Modifikationen von Protokollelementen aus DALU,

- das Einfügen von Wartezeiten,

- das Abprüfen bestimmter Reaktionen des Testpartners,

- bedingte Verzweigungen in Abhängigkeit von Empfangsereignissen,

- den Auf- und Abbau von Verbindungen der darunterliegenden Protokollschicht,

- die aktuelle Ausgabe von Kommentarsätzen auf dem Kontrollbildschirm,

- die Einfügung von Kommentarsätzen in das parallel zum Test erstellte Testprotokoll.

Während der Tests wird eine Protokolldatei angelegt, in der alle Testabläufe
mit exakten Zeitangaben und alle wichtigen Bedienereingaben festgehalten werden. Außerdem werden hier auch die Ergebnisse der in DATE-Dateien enthaltenen
Testanalysevorgaben abgelegt. Während der Tests und nach Ablauf der Tests können
unterschiedliche Auswertungsprogramme genutzt werden, um (evtl. abhängig vom
Testergebnis) eine mehr oder weniger detaillierte Testdokumentation zu erhalten.

Ein weiteres Funktionspaket ermöglicht dem Bediener an der Konsole manuelle Pro-
zedurtests mit weitgehender maschineller Unterstützung. So können hier z.B. in
DALU vorformatierte Protokollelemente und sämtliche Testdokumentationsfunktionen
genutzt werden.

Bereits nach einer kurzen Anlaufzeit wurden mit ADAT sehr gute Erfahrungen gemacht. Die bisherigen Testerfahrungen im DVS zeigen eindeutig, daß maschinelle
Unterstützung der Testanalyse, Automatisierung des Testablaufs, eine aufbereitete fehlerfreie Testdokumentation sowie einfache flexible Bedienungsfunktionen
für den Testerfolg von größter Bedeutung sind. ADAT wird sowohl für erste An-
schlußtests als auch für später im Betrieb erforderliche Tests eingesetzt. Das
Softwarepaket ADAT wurde in der Programmiersprache COBOL auf einem System
Nixdorf 8860 realisiert.

2.2 Der DVS-Nutzerservice

Zur Unterstützung der Anwender bei der technischen Abwicklung ihrer Aufgaben
wurde im Landesamt für Datenverarbeitung und Statistik Nordrhein-Westfalen der
DVS-Nutzerservice entwickelt und zentral bereitgestellt (vgl. [4]). Dieser In-
formationsdienst ist für jeden DVS-Teilnehmer erreichbar, denn um ihn ansprechen
zu können, sind auf den angeschlossenen Systemen keine zusätzlichen Funktionen
erforderlich. Benötigt wird lediglich der im allgemein ohnehin vorhandene einfache zeilenorientierte Dialog.

Der DVS-Nutzerservice hält eine Vielzahl von Informationen aus den verschiedensten Bereichen bereit, die durch Eingabe einfache Suchbegriffe in beliebiger

Reihenfolge abgerufen werden können. Beispiele solcher Informationsbestände
sind:

- Allgemeine Auskünfte zum Netz, zu ansprechbaren Partnern und zu den verfügbaren Funktionen,

- Einzelheiten zur Technik, zur Implementierung der Prozeduren in den einzelnen Systemen und zum Realisierungsstand,

- Bulletin-Informationen, aktuelle Informationen zur Einsatzbereitschaft des Netzes bzw. einzelner angeschlossener Systeme, Ausfallzeiten.

Eine weitere wichtige Funktion ist die Bearbeitung von Störungen: Stellt ein
Teilnehmer eine Störung fest, so kann er diese durch Eingabe einer einfachen
Zeichenfolge ("STOERUNG: ... text ...") an den DVS-Nutzerservice melden. In
der Zentrale, die während der normalen Arbeitszeit ständig besetzt ist, wird daraufhin unmittelbar die Beseitigung des Fehlers veranlaßt. Der Teilnehmer kann
sich, wiederum durch Eingabe eines einfachen Suchbebgriffs, jederzeit über den
Stand der Bearbeitung seiner Störung informieren.

Abb. 4

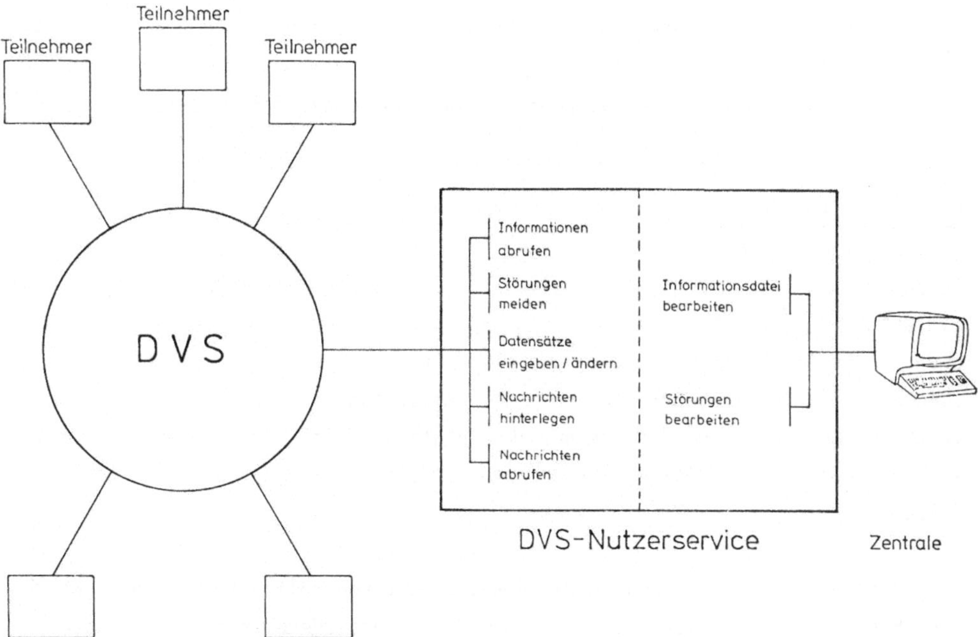

Einzelne Bereiche und Gruppen von Teilnehmern können im DVS-Nutzerservice eigenverantwortlich Informationen zur internen Nutzung (z.B. fachspezifische Informationen) verfügbar machen und ändern. Ein Teilnehmer, der hier einen Datenbestand eingegeben hat, kann einzelnen anderen (ggf. auch allen) Teilnehmern die Leseberechtigung erteilen. Ferner kann er andere ermächtigen, den Informationsbestand zu ändern. Diese Zugriffsberechtigungen werden über die jeweiligen Netzadressen der beteiligten Systeme geprüft. Zusätzlich ist ein Passwort-Schutz möglich.

Ein Anwender hat jederzeit die Möglichkeit, gezielt eine Nachricht für einen oder mehrere andere Anwender zu hinterlegen. Die Adressaten werden bei der nächsten Anwahl des DVS-Nutzerservice über das Vorhandensein solcher Nachrichten informiert und können sie jederzeit abrufen. Auch bei dieser Funktion sind Schutzmaßnahmen gegen unbefugten Zugriff möglich.

Bei einigen angeschlossenen Systemen ist eine automatische Anwahl des DVS-Nutzerservice vorgesehen, d.h. beim Aufruf der Dialogfunktion zu irgendeinem Zielsystem werden auf einfache Anforderung des Bedieners hin die für ihn wichtigen Suchbegriffe selbständig abgerufen.

Bereits wenige Monate nach der Inbetriebnahme läßt sich eindeutig sagen, daß der DVS-Nutzerservice von den Anwendern akzeptiert worden ist. Er wird mit seinem vollen Funktionsumfang häufig in Anspruch genommen und erleichtert Teilnehmern und Betreuern die Arbeit. Das Software-Paket DVS-Nutzerservice ist in der Programmiersprache COBOL auf einem System Siemens 6.640 realisiert.

2.3 Ergänzende Verfahren

Neben ADAT und DVS-Nutzerservice stehen zur Test- und Betriebsunterstützung im DVS weitere Hilfsmittel zur Verfügung. So sind z.B. die erwähnten Echofunktionen (siehe Abschnitte 1.2, 2.1) auf allen Systemen für verschiedene Protokollebenen realisiert. Zur Erleichterung der Fehlerdiagnose sind Monitorgeräte bzw. Trace-Verfahren verschiedenster Art im Einsatz. Auf einigen beteiligten Systemen sind detaillierte Instrumentierungen der verschiedenen Protokollebenen verfügbar.

Zur Betriebsüberwachung kann im DVS das sog. Netzkontrollzentrum genutzt werden. Hier sind detaillierte Informationen zur Einsatzbereitschaft und Auslastung des gesamten Netzes, einzelner Teilbereiche oder einzelner angeschlossener Systeme abrufbar.

Die Einsatzbereitschaft kann auch mit Hilfe von ADAT überprüft werden. Hierzu werden Testabschnitte eingesetzt, durch die in festgelegten zeitlichen Abständen Verbindungen zu einzelnen Systemen auf- und gleich anschließend wieder abgebaut werden. Tritt hierbei ein Fehler auf, so wird anschließend (ebenfalls automatisiert) der DVS-Nutzerservice angewählt und diesem die Störung gemeldet. Hierdurch werden unmittelbar Maßnahmen zur Beseitigung der Störung eingeleitet, so daß diese unter Umständen behoben ist, bevor die Anwender sie feststellen.

Zur zusätzlichen Anwenderunterstützung stehen im Landesamt für Datenverarbeitung und Statistik Nordrhein-Westfalen ständig Mitarbeiter bereit, deren Aufgabenschwerpunkt die Bearbeitung von Problemen der Nutzer ist. Diese sind, wie bereits erwähnt, durch den DVS-Nutzerservice, ggf. auch telefonisch erreichbar.

2.4 Ausblick und Wertung

Die Bedeutung der im DVS entwickelten Werkzeuge ist durch den bisherigen Betrieb bestätigt worden. In deren Fortentwicklung werden auch weiterhin die ständig gewonnenen Erfahrungen einfließen. So kann z.B. die ursprünglich in der Theorie geplante Anwenderunterstützung am sinnvollsten durch Kritik und Anregungen der Anwender selbst ständig verbessert und effektiver gestaltet werden.

3. Weitere Entwicklung und Wertung

Im nationalen Bereich sind kurzfristig von der diskutierten Problematik weitere EHKP-Projekte (z.B. Bildschirmtext Rechnerverbund) sowie Projekte aus dem wissenschaftlichen Bereich betroffen. Bei EHKP (Einheitliche Höhere Kommunikationsprotokolle für die öffentliche Verwaltung der Bundesrepublik Deutschland, vgl. [2]) ist bisher keine Management- und Teststandardisierung vorgegeben. Die einzelnen Projekte (DVS, Bildschirmtext, ...) sind hier eigenständig, wobei aber entsprechende Kooperation vorgesehen ist. Als Beispiel für eine allgemein verwendbare Testhilfe ist auch das TESDI-System der GMD sehr interessant (vgl. [5]). Hingewiesen sei weiterhin auf die Verfahren einiger DV-Hersteller, die EHKP als eigenen Netzstandard einsetzen. Sowohl das TESDI-System als auch die Herstellerverfahren (vgl. [3]), die besonders auf den Bereich Netzwerkmanagement ausgerichtet sind, haben jedoch andere Schwerpunkte als die zuvor erläuterten im DVS eingesetzten Verfahren. Herstellerkonzepte gehen im allgemeinen von einer relativ homogenen Netzwerkstruktur aus und beinhalten daher auch eine stärkere technische Kopplung der einzelnen Systeme.

Ein Blick auf die Entwicklung von Managementfunktionen in herstellerspezifischen
Netzwerkkonzepten zeigt, daß offene Systeme mit OSI-Struktur durch entsprechend
restriktive und weitgehende Managementfunktionen (z.B. Dateiverwaltung) erhebliche Vorteile einbüßen können, und daß hierdurch erneut große Herstellerabhängig-
keiten entstehen können. Auf der anderen Seite sind umfassende Managementfunktionen ein notwendiges Erfordernis für den Betrieb komplexer Netzwerkstrukturen. Es
ist daher sehr wichtig, daß dieser Bereich frühzeitig in seiner vollen Bedeutung
gesehen wird. Es ist zu prüfen, ob die Normung offener Systeme ausreichende Managementfunktionen für Netzbetreiber und Nutzer umfassen kann. Generell erscheint
es wichtig, daß hier auch die Anwender ihre Interessen frühzeitig wahrnehmen, damit langfristig optimale Konzepte realisiert werden können. Standardisierte Funktionen müssen ausreichende Flexibilität zur Anpassung an spezifische, technische
und organisatorische Bedürfnisse bieten.

Literatur

[1] Data Processing - Open Systems Interconnection - Basic Reference Model,
    Comupter Networks 5 (1981), 81 - 118

[2] Einheitliche Höhere Kommunikationsprotokolle, Ebene 4 (EHKP 4),
    Bundesminister des Inneren, Bonn, 1981

[3] BIDLINGMAIER, K.: Nixdorf Communication Network (NCN), Die Generierung
    des Netzes, Kongreßband ONLINE' 81

[4] DROPMANN, E.: Datenvermittlungssystem Nordrhein-Westfalen, erhältlich
    beim Landesamt für Datenverarbeitung und Statistik NW, Düsseldorf, 1982

[5] GIESSLER, A.: TESDI - Test und Diagnosehilfen für herstellerneutrale
    Kommunikationsprotokolle, GMD - Spiegel, 1/1982

[6] HARTNICK, W., VOGEL, B.: Standardisierungsfragen und Realisierungs-
    erfahrungen bei Kommunikationsprotokollen in einem inhomogenen Rechner-
    verbundnetz. Informatik- Fachberichte 22, Seite 2, 1979
    Springer Verlag Berlin

[7] SCHINDLER, S.: Open Systems, Today and Tomorrow, Computer Networks 5
    (1981), Number 3

[8] VOGEL, B.: Herstellerunabhängige Netzwerkkonzepte als Planungsalternative,
    Elektronische Rechenanlagen 23 (1981), H. 1 S. 28-34

[9] VOGEL, B.: Automatisierte Testverfahren in offenen Rechnerverbundnetzen,
    Elektronische Rechenanlagen 24 (1982), H. 1, 84-89

THE B-EXPRESS-NET: A COMMUNICATION PROTOCOL FOR
BIDIRECTIONAL BUS NETWORKS

F. Borgonovo and L. Fratta
Dipartimento di Elettronica
and Centro di Studio per le Telecomunicazioni Spaziali of CNR
Politecnico di Milano, Milano, Italy

Abstract

The B-EXPRESS-NET is a modified version of the EXPRESS local area communication network which allows to utilize bidirectional broadcast bus channels. Similarly   to
EXPRESS, the B-EXPRESS protocol is completely distributed, achieves collision free
round-robin scheduling and presents very high throughput performance. Its major
feature is that it can be implemented by using a baseband coaxial cable to which
stations are connected through passive devices as the ETHERNET-like taps. This hard
ware simplification is achieved by simple software modifications without affecting
the overall complexity.

1. Introduction

The EXPRESS-NET [1] is a local area communication network based on the undirectional
broadcast system architecture. It has been designed to overcome the intrinsic limitations in the performances of the existing bus networks.
The major improvements obtained by the Express-Net in comparison to other existing
bus networks [2,3,4] can be summarized as follows :
- Conflict-free transmission of messages based on a completely distributed transmission protocol (EXPRESS Access Protocol)
- Very high throughput performance which is (largely) independent of the end-to-end
  network propagation delay (network size), channel speed, number of users   and
  packet size
- Fair channel access among the users
- Bounded packet transmission delay, thus good ability to support real time traffic
  (i.e. voice).

The implementation of the EXPRESS-NET requires the utilization of unidirectional
coupler devices between the transceiver and the bus in order to achieve unidirectional
transmission or unidirectional carrier sense capability.
Passive unidirectional coupler devices can be easily implemented when broadband coaxial
cable or fiber optics transmission media are utilized. As far as we know some more
complex devices are required for passive unidirectional connection to baseband coaxial
cables.
The aim of this paper is to present a modified version of the EXPRESS-NET, B-EXPRESS-

NET, which does not require for its implementation unidirectional devices still provid
ing the same performance as the EXPRESS-NET. This characteristic of the B-EXPRESS-NET
(Bidirectional Express-Net) simplifies its implementation on baseband coaxial cable
allowing the utilization of passive bidirectional coupler devices, as for instance
the ETHERNET taps.

2. The EXPRESS-NET

The EXPRESS-NET is a broadcast bus communication system comprising an outbound
channel and an inbound channel. All users, connected to both the outbound and inbound
channels, transmit on the outbound channel and receive on the inbound channel.
The inbound channel lays parallel to the outbound channels and it is connected to the
outbound channel in such a way that the signals on the inbound channel, visit the
stations from S_1 to S_M (fig. 1).

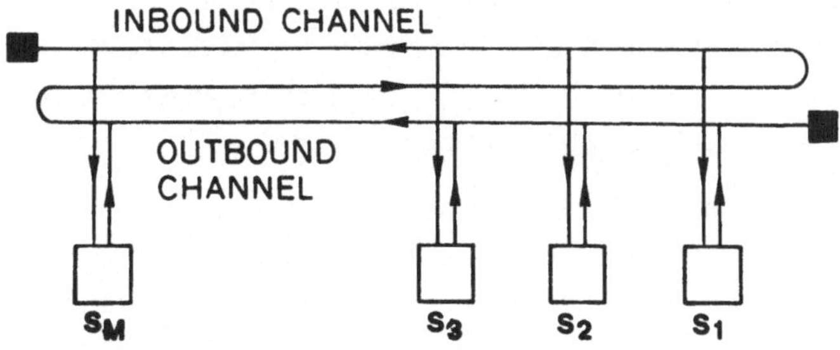

Fig. 1

As a consequence of this architecture (Z-topology) the propagation delay between the
transmitter and the receiver is the same for all stations.
The receiver is connected to the inbound channel through a passive coupler device
(tap) like the ETHERNET tap. The transmitter is connected to outbound channel through
a tap which provides also carrier sense capability. More specifically EXPRESS-NET
requires the ability to sense the activity on the outbound channel due only to upstream
station transmissions. This can be achieved by utilizing unidirectional transmitting
taps, thus implementing unidirectional propagation also on the outbound channel; or
by having the unidirectional property on the sensing device itself.
The basic idea of the EXPRESS access protocol is that each station can determine the
time to transmit the packet simply by observing the inbound and outbound channel
activity. To give the details of operations let the boolean function $c(t,x)$ be defined

as

$$c(t,x) = \begin{cases} 0 \text{ if carrier is detected absent on the x channel at time t} \\ 1 \text{ if carrier is detected present on the x channel at time t} \end{cases}$$

$c(t,x)$ signals the presence or the absence of the carrier with a delay of t_d sec, where t_d is the time required to detect carrier on the channel.

Based on the function $c(t,OUT)$ the following two events are defined as

BOC (OUT): The event Beginning Of Carrier on the outbound channel corresponds to the transition of $c(t,OUT)$ from 0 to 1.

EOC (OUT): The event End of Carrier on the outbound channel corresponds to the transition of $c(t,OUT)$ from 1 to 0.

The detection of these two events by all stations is required to perform the following

BASIC ACCESS MECHANISM

A station which senses the outbound channel busy waits for EOC (OUT). Immediately following the detection of EOC(OUT) it starts transmission of its packet. If BOC(OUT) is detected (which may happen in the first t_d sec of the transmission, and which means that a station with a lower index has also started transmission following detection of EOC(OUT)) the station immediately aborts its current transmission. Otherwise, it completes its transmission.

All ready stations which detect EOC(OUT) act as described above. The only station to complete transmission is the one with the lowest index, among those ready stations which were able to detect EOC(OUT). Clearly, during and following the transmission of its packet, a station will sense the outbound channel idle, and therefore will encounter no EOC(OUT), and will not be able to transmit another packet, in the current round. Note that the possible overlap among several packets is limited to the first t_d sec of these transmissions. It is assumed that the loss of the first t_d sec of the preamble of the non-aborted transmission, will not jeopardize the synchroniza tion process at the receivers. According to the above basic mechanism two consecutive transmission in a round are separated by a gap of duration t_d sec. The succession of packets transmitted in the same round is called a train. A train generated on the outbound channel is entirely seen by all stations on the inbound channel.

Once the last packet in a train has been transmitted a mechanism is needed to restart a new train of packets.

The event used as reference by this mechanism is the end of the train.

Since there is a gap of duration t_d sec between consecutive packet's, the detection of presence of a train on the inbound channel can be best achieved by defining the new function

$$TRAIN(t,IN) = c(t-t_d,IN)+c(t,IN) = \begin{cases} 1 \text{ as long as a train is in progress} \\ \\ 0 \text{ otherwise} \end{cases}$$

The transition $TRAIN(t,IN): 1 \rightarrow 0$ defines the event End Of Train (EOT(IN)).
The event EOT(IN) is first detected by the lowest index station and it propagates
downstream on the inbound channel. Due to the proposed topology it will reach each
station exactly at the same time as the carrier on the outbound channel due a possi -
ble transmission by a station with a lower index, and this helps resolve the overlap
of several transmissions just in the same manner as the resolution obtained in the
basic mechanism for transmitting packets. This mechanism again allows the ready
station with lowest index to complete transmission of its packet, and following that
the new train will take its normal course. The time gap between two consecutive trains
defined as the time between the end of the last packet and the beginning of the first
packet of the subsequent train is now equal to $\tau+\tau_c+2t_d$ sec where τ is the propagation
delay on the inbound or outbound channel between the two extreme stations and τ_c is
the propagation delay on the channel connecting the inbound to the outbound channel.
The detection of the two synchronizing events EOC(OUT) and EOT(IN) is basic to the
access protocol so far presented.
If the inbound channel is detected silent for a period of at least $\tau+\tau_c+2t_d$ sec
(cold-start condition), it indicates that no EOT(IN) will be detected and a station
to be able to transmit a packet is required to undertake the so-called cold-start
procedure.
The simple procedure proposed in [1] needs the detection of the new event Beginning
of Train, BOT(IN) defined as the event corresponding to the transition of the
function $TRAIN(t,IN)$ from 0 to 1 and consists of the following

COLD-START PROCEDURE

Once a station has determined the cold-start condition it transmits continuously
an unmodulated carrier (called PILOT) until BOT(IN) is detected. At this time
transmission of the pilot is aborted. The station then waits for EOT(IN) (consist
ing of end of the pilot) and uses that event as the synchronizing event.

To avoid frequent cold start operations the station transmits a short burst of unmodulated carrier (of duration t_d sec), called LOCOMOTIVE, each time EOT(IN) is
detected. If the train were to be empty now the LOCOMOTIVE constitutes the TRAIN,
and EOT(IN) is guaranteed to take place.
The stations which perpetuate the existence of the synchronizing event EOT(IN) by
transmitting the LOCOMOTIVE, are said to be in the ALIVE state and may transmit a
packet if their transmitting buffer is full (TBX = 1).
All other stations are said to be DEAD and they need to become ALIVE before transmit
ting a packet. The network is said ALIVE if at least one station is in the ALIVE state. If the
network is ALIVE, a DEAD station to become ALIVE simply switches to the ALIVE state. Otherwise

it executes the cold start procedures, following which it becomes ALIVE.

In the following a complete and more formal description of the protocol is given where TIME-OUT(α) is the event corresponding to the completion of a period of time of duration α.

THE EXPRESS ACCESS PROTOCOL

We consider that initially station X is in the DEAD state. Upon command (for bringing the station to state ALIVE and eventually transmitting   data), the following basic algorithm is ececuted.

Step 1. [Check whether the EXPRESS-NET is ALIVE or not. If it is, then proceed with Step 2, otherwise undertake the "cold-start" procedure and then proceed with Step 2]. If TRAIN(t,IN) = 1, then the EXPRESS-NET is already ALIVE, go to Step 2. Otherwise wait for the first of the following two events: BOT(IN) or TIME-OUT($\tau+\tau_c+t_d$). If BOT(IN) occurs first, then again it means that the EXPRESS-NET is ALIVE; go to Step 2. If, on the contrary, TIME-OUT ($\tau+\tau_c+t_d$) occurs first, then it means the EXPRESS-NET is not ALIVE, and station X must undertake the "cold-start", procedure. Immediately at the occurrence of TIME-OUT ($\tau+\tau_c+t_d$), the station initiates the transmission of a PILOT and maintains transmitting it until it detects BOT(IN) at which time it aborts transmission of PILOT and proceeds with Step 2.

Step 2. Wait for the first of the following two events: EOC(IN) and EOT(IN). If EOC(OUT) occurs first then go to step 4. Otherwise go to Step 3.

Step 3. [A new train has to be started] X transmits LOCOMOTIVE, and go to Step 4.

Step 4. [Determine state of station X. If X is ready attempt transmission of packet]. If TBX = 0 go to Step 2.
Otherwise initiate transmission of packet. If t_d sec later c(t,OUT) = 1 (meaning it is not X's turn), then abort transmission and go to Step 2. Otherwise, complete transmission of the packet and go to Step 2.

3. The B-EXPRESS-NET

The EXPRESS protocol does not work if only bidirectional transmission and carrier sense capability is provided at the outbound channel taps because the carrier bursts generated by a station when attempting to transmit its packet are sensed by upstream stations which will detect false events EOC(OUT) and BOC(OUT).
In order to be able to utilize the available technology for the transmitter taps, as for instance the ETHERNET like taps, one should modify the access protocol to prevent the generation of such false events.
One way to do this is to enable a station to determine the correct time to transmit its packet without attempting the transmission at each EOC(OUT). In other words a station should recognize the last packet of the train passing by to be able to

transmit its packet free of collision.

This can be done by having a distributed time-division mechanism which requires that each station measure the silent time on the outbound channel starting at the occurrence of a synchronizing event. Station S_i gains the channel access right (event TX) when its silent time measure reaches the value $(i-1)\Delta$.

To give the details of how this mechanism works we will utilize the same functions and events defined for EXPRESS except that now the boolean function TRAIN(t,IN) is defined as

$$
\text{TRAIN}(t,\text{IN}) = \begin{cases} 0 & \text{if } c(\tau) = 0 \text{ for every } \tau \text{ such that } t-(M-1)\Delta < \tau \leq T \\ 1 & \text{otherwise.} \end{cases}
$$

According to this definition the event EOT(IN) occurs when the inbound channel has been continuously detected silent for a period of $(M-1)\Delta$ sec after the detection of an event EOC(IN).

A station, say station S_i, to transmit its packet has to perform the following

BASIC ACCESS MECHANISM

Upon detection of EOT(IN), the counter CS is reset and started. CS is stopped at each BOC(OUT) and restarted at each EOC(OUT). The station is allowed to transmit when CS has reached the value $(i-1)\Delta$ (event TX).

According to the above mechanism the transmission of station S_i stops the counters of all downstream stations at value $(i-1)\Delta+t_d$. As station S_{i+1} could start its transmission at value $i\Delta$, to avoid collision we must have $\Delta > t_d$.

The silent gaps in a train between two consecutive packets may be any value $g\Delta$ with g an integer from 1 to $M-1$.

More precisely we have $g = i-j$ where i and $j < i$ are the indexes of the stations transmitting two consecutive packets.

The maximum value of g is $(M-1)$ and this is the reason for the previous definition of the function TRAIN(t,IN) which signals a "train in progress".

The above mechanism assumes that trains are continuously created by some stations at the detection of an EOT(IN). The silent gap between an EOT(IN) and the following BOT(IN), depends upon the minimum m among the indexes of stations actually transmitting and is given by $(m-1)\Delta+t_d+\tau+\tau_c$. If the function TRAIN(t,IN) is found 0 for more than $(M-1)\Delta+t_d+\tau+\tau_c$ seconds, the network is DEAD, then a station willing to transmit has to undertake the following Cold Start Procedure which is essentially the same as in the EXPRESS Protocol.

COLD START PROCEDURE

Once a station finds the network DEAD it transmits the PILOT until BOT(IN) is detected, then stops transmitting and waits for EOT(IN).

Overlapping among PILOTS of different stations may occur but this will cause no problem.

Similarly to EXPRESS-NET, to avoid frequent cold start operations, ALIVE stations which have no packet to transmit, are required to transmit, at their turn, short bursts of carrier of length t_d to keep trains circulating in the net. These bursts do not overlap but are separated by time gaps as if they were packets. A more efficient way is to allow only the first ALIVE station to transmit a burst (LOCOMOTIVE). This can be achieved by using a flag FL.

THE B-EXPRESS ACCESS PROTOCOL

We consider that initially station X is in the DEAD state. Upon command (for bringing the station to the state ALIVE and eventually for transmission of data), the follow ing basic algorithm is executed.

Step 1. [Check whether the EXPRESS-NET is ALIVE or not. If it is, then proceed with Step 2, otherwise undertake the "cold-start" procedure and then proceed with Step 2]. If $TRAIN(t,IN) = 1$, then the network is already ALIVE, go to step 2. Otherwise wait for the first of the following two events: BOT(IN) or TIME OUT $((M-1)\Delta+t_d+\tau+\tau_c)$. If BOT(IN) occurs first, then again it means that the network is ALIVE; go to step 2. If, on the contrary, TIME OUT $(M-1)\Delta+t_d+\tau+\tau_c)$ occurs first, then it means the network is not ALIVE, and station X must undertake the "cold-start" procedure. Immediately at the occurrence of TIME OUT $((M-1)\Delta+t_d+\tau+\tau_c)$ the station initiates the transmission of a PILOT and maintains transmitting it until it detects BOT(IN), at which time it aborts transmission of PILOT and proceeds with step 2.

Step 2. Wait for EOT(IN). Reset and start the CS counter, set FL = 0 and go to step 3.

Step 3. Wait for the first of the following two events: TX and BOC(OUT). If BOC(OUT) is detected first, set FL = 1, stop CS and go to step 4 otherwise go to step 5.

Step 4. Wait for EOC(OUT). At the occurrence of EOC(OUT) restart CS and go to step 3.

Step 5. If TBX = 1 transmit the packet and go to step 2 otherwise go to step 6.

Step 6. If FL = 0 transmit LOCOMOTIVE. Go to step 2.

Regarding the B-EXPRESS protocol implementation complexity we note that it is the same as in EXPRESS. In fact no extra monitoring function on the channel is requested. Changes are limited to the station software and include more complex network configuration or reconfiguration procedure, because station is required to know its ordering index along the channel.

Regarding the architecture of the net, it appears that the B-EXPRESS protocol behaviour guarantees the broadcast capability even if receivers are connected to the outbound taps. In this case the inbound channel would be used only for detecting the synchronizing event EOT.

4. Performance evaluation

In [1] the maximum throughput has been evaluated for the EXPRESS-Access Protocol. In the following the throughput behaviour for both EXPRESS and B-EXPRESS protocols is analyzed considering the general case when r stations are ALIVE and actually transmitting a packet in a round. Let us first consider the EXPRESS protocol. The length of a round $L_E(r)$ i.e. the time between two consecutive BOT(IN), is given by

$$L_E(r) = r(T+2t_d)+\tau+\tau_c+2t_d \tag{1}$$

and the throughput $S_E(r)$, defined as the ratio between the time in a round spent for data transmission and the length of the round itself, is

$$S_E(r) = \frac{rT}{L_E(r)} = \frac{1}{1 + \frac{2t_d}{T} + \frac{\tau+\tau_c+2t_d}{rT}} \tag{2}$$

The fraction $F(r)$ of bandwidth utilized by each station is given by

$$F_E(r) = \frac{S_E(r)}{r} = \frac{1}{r(1 + \frac{2t_d}{T}) + \frac{\tau+\tau_c}{T}} \tag{3}$$

where $2t_d$ has been disregarded with respect to $\tau+\tau_c$.

If $t_d \ll T$ $F_E(r)$ reduces to

$$F_E(r) = \frac{1}{r + r_E} \tag{4}$$

where $r_E = \frac{\tau+\tau_c}{T}$.

The function $F_E(r)$ for $r_E = 10$ is plotted in Fig. 2.

When $r \gg r_E$, the throughput per station approaches the maximum value achievable $\frac{1}{r}$ which corresponds to the ideal case when the total channel bandwidth is equally shared by all the transmitting stations. This is possible if $M \gg r_E$, as it is the case in local network practice. In fact the above inequality can be rewritten as:

$$\frac{M}{d[km]} \gg .02 \frac{W[Mb/s]}{B[kbit]}$$

where d is the length of the cable between the extreme stations, W is the channel speed and B the packet length. Assuming for example W = 50 Mb/s and B = .5 K bit the inequality $M \gg r_E$ is satisfied if M/d is greater than 2 stations/km.

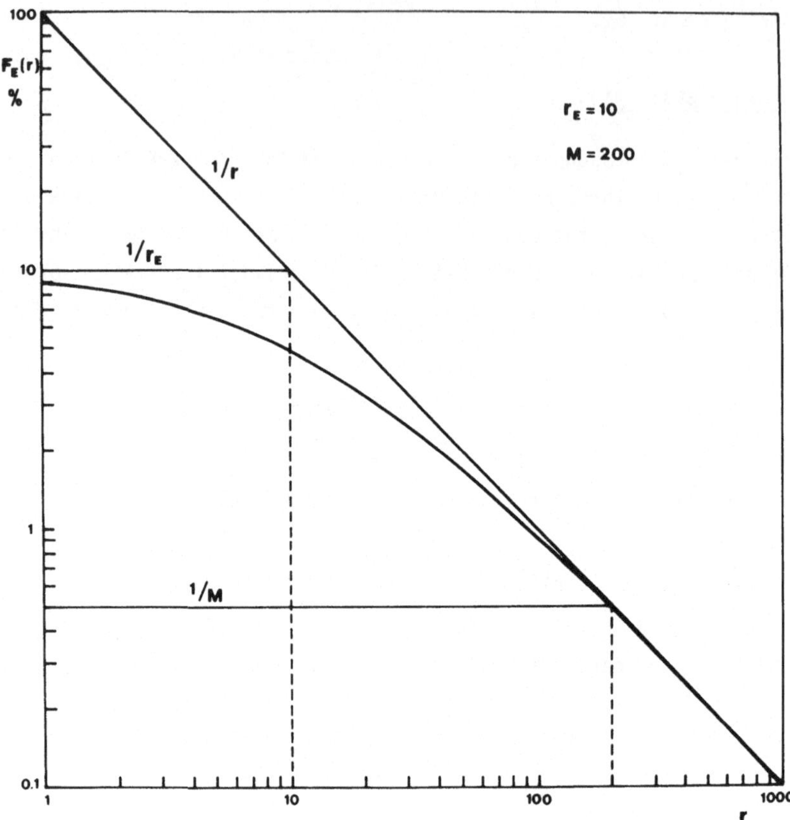

Fig. 2

When $r < r_E$ the reduction of the efficiency with respect to the ideal case can be quite remarkable and the bandwidth available to each station is bounded by the asymptotic value $1/r_E$.

However this bound does not represents a real limitation because, if $M \gg r_E$, it is much higher than the bandwidth $\frac{1}{M}$ achieved by each station at maximum load ($r = M$). Repeating the above analysis for the B-EXPRESS protocol we get the following results

$$L_B(r) = rT + 2(M-1)\Delta + 2t_d + \tau + \tau_c \tag{5}$$

and assuming $\Delta = t_d$

$$L_B(r) = rT + 2Mt_d + \tau + \tau_c \tag{6}$$

$$S_B(r) = \frac{rT}{L_B(r)} = \frac{1}{1 + \dfrac{2Mt_d + \tau + \tau_c}{rT}} \tag{7}$$

and

$$F_B(r) = \frac{S_B(r)}{r} = \frac{1}{r + \dfrac{2Mt_d + \tau + \tau_c}{T}} = \frac{1}{r + r_B} \tag{8}$$

where $r_B = \dfrac{2Mt_d + \tau + \tau_c}{T}$.

The expressions (3) and (8) show that at maximum load $(r = M)$ both protocols achieve the same efficiency which is practically equal to $\frac{1}{M}$ if $M \gg r_B$.
The condition $M \gg r_B = \dfrac{2Mt_d + \tau + \tau_c}{T}$ can be rewritten as

$$M \gg \frac{\tau + \tau_c}{T - 2t_d} \simeq r_E$$

showing that the conditions to achieve ideal efficiency are the same for both protocols.

The difference between r_B and r_E implies a degradation on the performance of B-EXPRESS when r is very small $(r \ll r_E)$. However if $M \gg r_B$, the bound $\frac{1}{r_B}$ is still much higher than the bandwidth per user $\frac{1}{M}$ at maximum load.

5. Conclusions

We have described in this paper the B-EXPRESS-NET, a modified version of EXPRESS-NET which is based on a bidirectional broadcast bus. This capability consistutes the basic advantage with respect to EXPRESS-NET because it allows its implementation by using the available passive bidirectional bus technology. It has been shown that the changes introduced do not require extra monitoring functions on the channel, but they are limited to the basic access algorithm and the overall complexity is by no means affected.

As far as the throughput performance are concerned it has been proved that the same maximum is achieved and that only a small degradation is observed when not at all stations are ready to transmit.

Similarly to EXPRESS , B-EXPRESS is particularly suitable for the transmission of packetized voice as it is able to guarantee an upperbound on the transmission delay for each packet. The same way to integrate voice and data which is described in [1] can be utilized in the B-EXPRESS-NET.

References

[1]   L. Fratta, F. Borgonovo, F.A. Tobagi: "The EXPRESS-NET: a local area communication network integrating voice and data", Performance of data communication
systems and their applications, G. Pujolle (ed.) North-Holland Publishing
Company, 1981.

[2]   R.M. Metcalfe and D.R. Boggs: "ETHERNET: distributed packet switching for
local computer networks", CACM, vol. 19, n. 7, July 1976.

[3]   F.A. Tobagi, R. Rom: "Efficient round-robin and priority schemes in undirectional
broadcast systems" IFIP-WG 6.4 Local Area Network, Zurich Workshop, August
1980.

[4]   E.H. Rothauser, D. Wild: "MLMA: a collision free multiaccess method",
Proc. IFIP Congress 77, Amsterdam, North Holland , 1977.

ARCHITECTURE OF THE COMMUNICATION SUBSYSTEM FOR LOCAL AREA NETWORKS OPERATING

UNDER A NEW CSMA-PROTOCOL WITH DYNAMIC PRIORITIES

W. M. Kiesel, P. J. Kuehn, H. Schroeder, and A. Schwanke [1]
Department of Communications

University of Siegen, W.-Germany.

Abstract

A local area network with a completely distributed control is considered, where the connected peripherals (terminals, host computers) communicate with each other through addressed messages via a common high speed carrier. The network consists of three main layers: peripherals, network access controllers (NAC), and the communication subsystem. The higher levels of the network protocols are implemented within the NAC or the connected peripherals. The communication subsystem consists of the common high speed carrier and the channel access modules (CAM). The communication subsystem operates under a new carrier-sense-multiple-access (CSMA) protocol with collision detection and conflict resolution by dynamically controlled send priorities. This protocol combines both advantages of pure contention protocols for low traffic and fixed/demand assignment protocols for heavy traffic and reveals specific advantages with respect to overload control.

This paper aims specifically at the implementation of the communications subsystem. Starting off from the layered protocol structure as proposed by IEEE Project 802, the software structure for each CAM is developed by a top-down approach using the CCITT Specification and Description Language SDL. By a stepwise refinement the protocol functions are finally implemented by special high-speed integrated circuits with a bit-slice processor as the heart of a CAM. An experimental network has been built up which operates at 1 Mbit/sec. From this implementation, the functional modularization according to the protocol layering can be particularly motivated.

Contents:

---

1) Dipl.-Ing. W. M. Kiesel, University of Siegen, Siegen.
   Prof. Dr.-Ing. P. J. Kuehn is now with the University of Stuttgart, Stuttgart.
   Dipl.-Ing. H. Schroeder and Dipl.-Ing. A. Schwanke are now with Philips Kommunikations Industrie, Nürnberg.

This work has been supported by the DFG.

1. Introduction

In distributed systems, the communication channel assignment plays an important part
to provide low response times for a large number of competing users at a reasonable
efficient utilization of the communications resources. With the development of broadband carriers for data communications, random access techniques have recently become
considerable interest forming a powerful alternative to the well-known fixed/demand-
assignment techniques [7, 9, 16].

Multi-access contention protocols, as the ALOHA or the basic CSMA (carrier-sense-
multi-access) and their derivatives, were originally developed for digital radio
communications. Similar techniques become now important for local computer networks
and distributed systems where still centralized or decentralized assignment techniques as, e.g. polling are dominating.

In the basic channel assignment technique, the access right for each station is
implemented through an ordered scheme: When polling is used, a centralized station
addresses the connected stations in turn requesting them to transmit, whereas with
token passing, a control message (token) is passed around among the completely
distributed stations enabling them to transmit [2, 3, 4, 6, 10, 13].

In the basic CSMA protocol, a station senses the channel and transmits a message
only when the channel has been sensed idle. Nevertheless, collisions may still occur
due to the propagation delay between the stations. Collisions may be detected immediately at the collision instant through a bit-by-bit comparison of the transmitted
stream and the stream observed on the channel (CSMA-CD: CSMA with collision detection). Then, a proper schedule has to control the retransmission of the collided
messages. Various schemes have been proposed which are based on randomly chosen
retransmission delays, or fixed deterministic retransmission delays [2, 4, 8, 14,
15, 17].

In this paper we propose a generalization of the CSMA-CD protocol combining contention mode in the idle state of the channel and reservation mode in the busy state
of the channel. In the reservation mode, all stations transmit according to a deterministic access scheme. The access rights are implemented through fixed delay times
after a successful transmission; they are dynamically changed upon broadcasted
acknowledgements. The protocol allows several options for the dynamical adjustment
of access priorities depending on the system state or specific performance requirements. The protocol limits the number of possible collisions to a minimum and shows
the advantages of contention protocols at low traffic (small delays) and fixed/
demand assignment protocols at heavy traffic (highest throughput) [11, 12].

In chapter 2, communications protocols for LAN are discussed with respect to the
layered protocol architecture as well as to performance requirements. In chapter 3,
the new CSMA-CD-DP protocol is defined. Extensions of the basic protocol to static
priorities, dynamic overload control, and broadcast operation are addressed. The
main performance results for the new protocol are also referred to. In the main
chapter 4, the architecture of a LAN operating under the new protocol is developed
systematically by a top-down design approach using the symbolics of CCITT's SDL.
This architecture has been implemented in an experimental LAN. The paper is concluded
by results on the experimental operation of the network.

2. Communications Protocols for Local Area Networks

2.1 Objectives

The basic objective behind LAN's is to provide cheap communication between locally
distributed terminals and computers. Early implementations of teleprocessing systems
were characterized by Communications Controllers interfacing the spacially distributed terminals with the host computers (front-end network). Usually, terminals were
connected to the Communications Controllers in a star-type network and compatibility
was limited due to the lack of standardization.

The layered architecture of the ISO-Reference Model and CCITT-Recommendation X.25
form the basis for future open systems interconnection. High-speed carriers and
powerful microelectronics allow new solutions of local computer communications fit-
ting well into the commonly accepted layered architecture.

Since many applications are distributed among many hosts or company sites there is
the need for a fast communication between any user and process. Thus, not only local
computer communication must be provided but also internetworking between various
LAN's and public packet networks as well. However, standardization and flexibility
cause a higher functionality of the interfaces between terminals, computers, and the
communications network. For this reason, a total decentralization of the communications functions contradicts with low-cost implementation and high utilization.

Summarizing, the following design objectives for LAN's are concluded:

- Standardized interfaces for open systems interconnection
- Clustering of terminals/hosts to provide high utilization through shared
  use of intelligent communications resources
- Communication protocol with high throughput and good performance,
  stability, adaptability to breakdown and overload situations.

Fig. 1 shows a typical structure of a LAN: Several stations (N) are connected to a
common transmission medium, the "channel". Each station interfaces the channel with
one or many peripherals (terminals, hosts). This basic structure is assumed for the
following considerations.

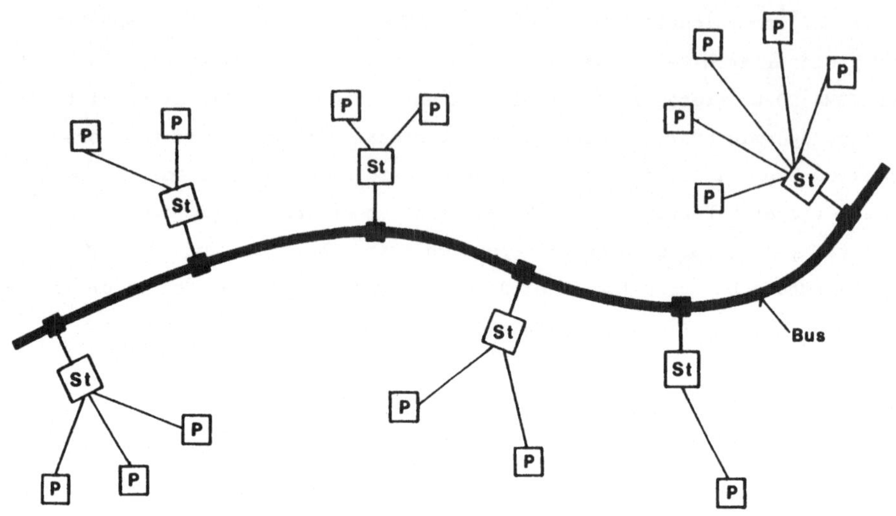

Fig. 1 *Local Area Network Structure*

       St   *Stations*   *P*   *Peripherals (Terminals,Hosts)*

2.2 Network Architecture and Protocols

In Fig. 2 the ISO reference model [19] is shown with its seven layers for open systems interconnection. This model is extended to meet the specific requirements for LAN's, namely multiple access and distributed switching, see [20]. According to the current state of standardization, level 2 is subdivided into two sublevels, Medium Access Control and Logical Link Control. The interface between any two neighbor levels is defined as a "service access point" SAP. From a SAP, the higher (lower) levels are seen through a particular set of signals/functions.

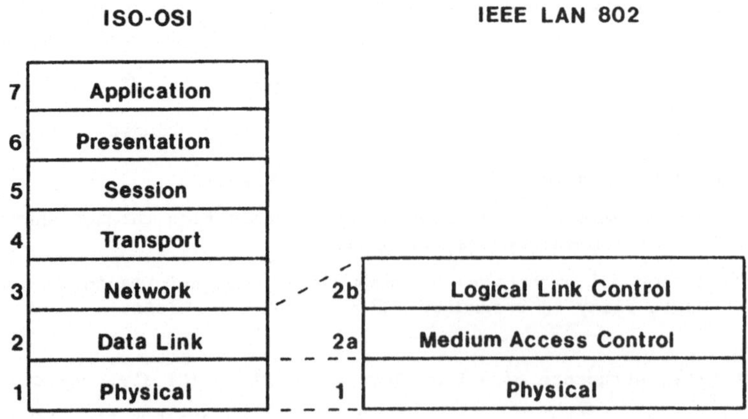

Fig. 2 *Extended ISO-Reference Model for Local Area Networks*

2.2.1 Physical Layer

The Physical Layer provides the capability of transmitting and receiving bits
between Physical Service Access Points (P-SAP). The physical layer consists of the
transmission medium (e.g., a coaxial cable), the physical medium attachment unit,
modulation and demodulation, and clock synchronization. The P-SAP forms the interface
between the Physical Level and the Medium Access Control Level.

2.2.2 Medium Access Control Sublayer

The Medium Access Control (MAC) performs the functions of accessing the common transmission media and the control of an access protocol. Specifically, this protocol
includes functions as

- framing
- addressing
- error detection
- channel allocation
- contention resolution
- initialization

The MAC-Sublayer interfaces the Physical Layer through the P-SAP and the Logical
Link Layer through the MAC-SAP.

2.2.3 Logical Link Control Sublayer

The Logical Link Control (LLC) performs the functions of error recovery and flow
control analogously to the commonly known HDLC (Level 2 of CCITT X.25). The LLC
receives frames from the MAC through the MAC-SAP; it interfaces the network Level 3
through the L-SAP.

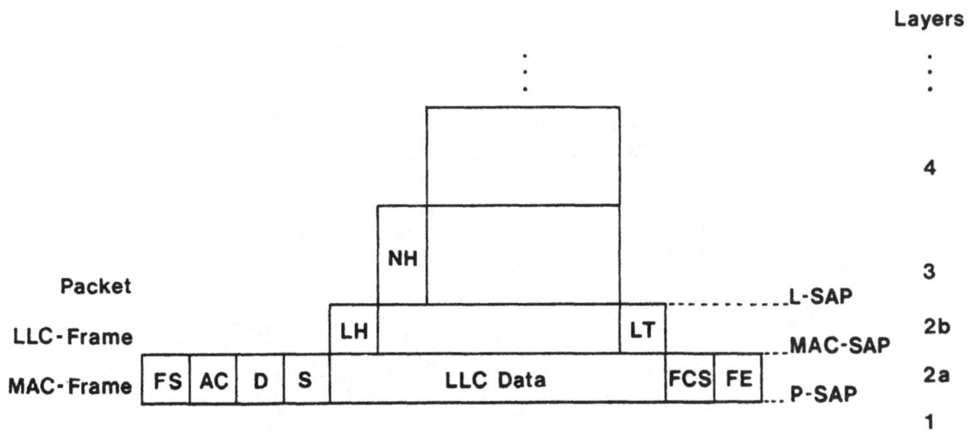

Fig. 3 Network Layers and Data Encapsulation

FS, FE	*frame delimiters*	*FCS*	*frame check sequence*
AC	*medium access control field*	*LH, LT*	*header/trailer of link level*
D, S	*destination/source addresses*	*NH*	*header of network level*

2.2.4 Network Layers and Data Encapsulation

According to the layered network architecture, the basic information units (user data) are encapsulated in a hierarchical manner. Fig. 3 shows the lower network level structures as applied for LAN's.

In the residual part of the paper, we are concentrating on levels 1 and 2a which are the essential parts of a Local Area Network. The messages passed between different stations in both sublayers of level 2 are named frames, see. Fig. 3.

3. The CSMA-CD-DP Protocol

In this Section, a new CSMA-CD protocol is introduced which is characterized by very low probability of collisions and stability. It has been developed under the following set of requirements:

- combining advantages of CSMA-CD and Token
  (immediate access for idle channel, maximum throughput for peak load)
- fair access or prioritized access according to user requirements
- dynamic prioritized access for adaptive overload or unbalanced load defeat.

3.1 The Basic CSMA-CD-DP-Protocol

The basic CSMA-CD-DP protocol is an extention of the CSMA-CD protocol using an immediate acknowledgement after each transmission. Each station owns a specific transmission delay time which is cyclically incremented upon reception of the broadcasted acknowledgement message to provide fair access rights for each station.

The operation of the access protocol can be viewed from two sides, the common channel and a single station.

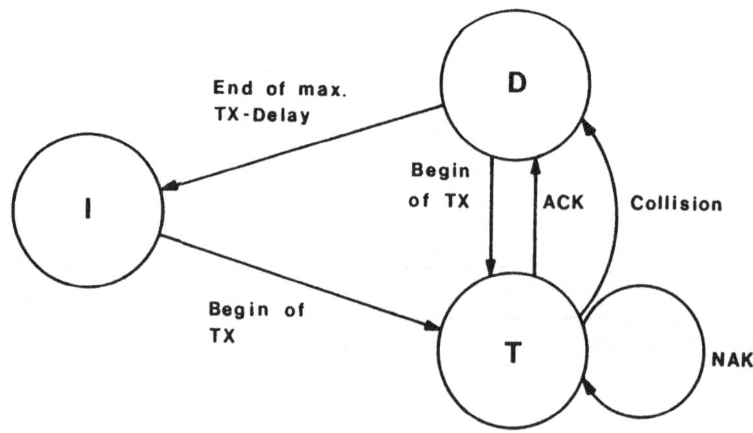

Fig. 4 *State Transition Diagram of the Channel*
    I idle state   T transmission state   D delay state

From the viewpoint of the common channel, three different states can be distinguished, see Fig. 4. The transitions between the states "Idle", "Transmission", and "Delay" are as follows:

(1) Immediate transmission of an arriving frame when the channel is sensed in the idle state (transition I → T).

(2) Collision detection during transmission. Under normal operation, collisions can only occur during a small time window following the transition I → T.

   Upon the occurence of a collision, the channel is considered to switch in the delay state D (transition T → D). All stations proceed now according to their transmission priority in the same manner as after reception of an ACK.

(3) Upon a successful transmission, the receiving station broadcasts a positive acknowledgement ACK by which the channel is considered to change in the delay state D (transition T → D).

(4) At any time, each station owns an individual deterministic transmission delay time (TX-delay) $i \cdot t_0$, $i = 1,2,\ldots,N$. Upon detection of an ACK, each station updates its current TX-delay through cyclic incrementation by t_0, modulo N (cyclically changing transmission priority).

(5) A station with a frame ready for transmission waits at least its current TX-delay after the preceding ACK. If another station transmits prior to this instant, the station waits further on until the next ACK where the same procedure is repeated. In case of no transmission up to this instant, the waiting frame is immediately transmitted (transition D → T).

(6) Upon an unsuccessful (but complete) transmission, the receiving station broadcasts a negative acknowledgement NAK; the sending station then immediately retransmits the frame (transition T → T).

(7) If no transmission occurs until $(N+1) \cdot t_0$ after the preceding ACK, the channel is considered to change in the idle state (transition D → I).

Another option of the basic protocol can be defined without use of an acknowlegement; the transmission delays could be adjusted upon recognition of the correctly received frame.

3.2 Extensions

3.2.1 Static Priority Schedules

In case of staggered transmission delays but without a cyclical change, the stations with the lower transmission delays have effectively a higher priority. More general, stations of higher (nonpreemptive) priority can easily be formed through a fixed allocation of the lower transmission delay times and exclusion of those stations from the cyclically changing priority schedule.

Furthermore, priority classes can be formed by grouping of stations into delay classes where the cyclically changing priority schedule is restricted to each class. Again, the number of priority stations limits the applicability due to the ground transmission delays for the low-priority stations.

3.2.2 Dynamic Priority Schedules, Overload Control

Through a consequent use of the possibilities of a distributed system with broadcasting facilities, the transmission delays could be dynamically changed according to a commonly accepted algorithm taking the actual status (queue lengths, failures, load etc.) into account.

3.2.2.1 Complementary Priorities

To limit the influence of unbalanced load on lower loaded stations, a complementary priority scheme can be used [3]. For implementation within the CSMA-CD-DP protocol, each of the stations switches alternatively between a lower and a higher momentary priority (TX-delay). The ordering is such that station i switches between priority i and (N+1-i) upon an ACK, respectively.

3.2.2.2 Queue-length dependent priorities

To defeat overload being caused by unbalanced load or temporary fluctuations, a dynamic scheme is used by which each station monitors its queue lengths and may monopolize the channel during a period of excessive queue length. Once a station gets access and its queue exceeds an upper level Q_1, the station transmits repeatedly with minimum TX-delay t_0 until the queue length drops below a lower level Q_2. The overloaded station sets a status bit within the control field of a regular frame (SOI: sender overload indication). Upon recognition of this status bit, the other stations disable their access rights during the overload period. Such an overload control strategy has the special advantage of operating at the lowest possible overhead, i.e. it defeats the overload with maximum transmission capacity.

Similary, a receiving station may broadcast its overloaded status by a Receiver Overload Indication (ROI) bit being set within an acknowledgement upon which the sending stations may withhold their messages to that overloaded station. Resetting of the receiver overload status can be done by using the same mechanism after actively sending a blind message to itself and acknowledging it.

3.2.3 Broadcasting

An other extension of the protocol deals with sending of frames to all stations at the same time. This broadcasting of frames is indicated by a control bit within the header (BCI-bit). After detection of a broadcast frame, each receiving station activates an individual acknowledgement process upon reception of the frame, the timing of it is controlled by the current transmission delays of each of the receiving stations.

This mechanism can be used to perform maintenance or administrative functions (e.g., extending the number of stations). An arbitrary station can be used as network control center.

By setting the BCI-bit, the system is monopolized by that station. All other
stations are passive and can be supplied with the new information.

3.3 Performance Aspects

Besides the costs being involved by hardware and software implementation, the usefulness of a protocol for distributed systems depends heavily on its throughput and
delay performance. These characteristics are most sensitive to

- resource allocation schemes
- overhead
- traffic statistics.

The quantitative qualification is subject to modeling and performance analysis. The
main issues are

- throughput and delay under various access schemes
- system response with respect to unbalanced load and dynamic overload
- identification of the most critically influencing system parameters
- optimization of system parameters.

The CSMA-CD-DP protocol has been modeled by a modified M/G/1 multi-queue system and
extensivly analyzed by simulation and queuing theory, see [11, 12]. The main features
of these performance studies are as follows:

- performance characteristics (throughput, delay) as CSMA-CD for low traffic and
  token/polling for heavy traffic
- fair access for all stations in the basic protocol mode and arbitrary static
  priorities for different user requirements
- dynamic defeat of unbalanced load or temporary overload
- real-time capability in the sense of an absolute upper bound for delay for
  any waiting frame.

These results indicate a good compromize between different performance requirements
so that the new protocol seems to be adequate for a wide range of applications.
Restrictions of the applicability are primarily dictated by two parameters, the delay
time t_0 - which is related to the two-way propagation delay between the spacially
most distantly located stations - and the number of stations, N. The latter can be
kept small to 10-20 when clustering of peripherals is enforced as in the concept
being proposed.

4. Architecture and Implementation

4.1 Functional Division

In a system with distributed control the functional subdivision is a principal
problem covering aspects of hardware, software, system recovery, reliability, etc.
Examples of functional subdivision can be found, e.g., for CSMA-CD [1] or Token
Passing [5].

Ideally, functions should be divided analogously to the layered architecture shown in Fig. 2. In reality, many other aspects resulting from the technological point of view have to be considered, too.

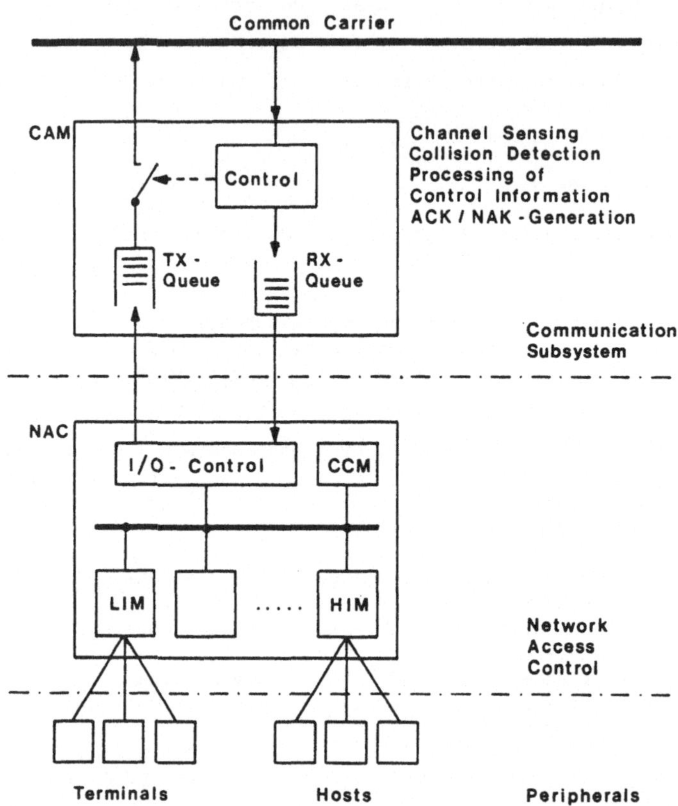

Fig. 5 *Station Structure*

CAM	*channel access module*	*CCM*	*call control module*
NAC	*network access controller*	*LIM*	*line interface module*
		HIM	*host interface module*

Fig. 5 shows the global structure of the stations. Two modules can be distinguished: the Communications Acess Module (CAM) and the Network Access Controller (NAC). The CAM performs all those functions which have essentially to be processed by the speed of the common carrier; in terms of the layered architecture model of Fig. 3, the CAM includes functions of levels 1 and 2a. The NAC performs all higher protocol functions, i.e. levels 2b and up. The interfaces between the CAM and the common carrier and the CAM and the NAC are the physical connection to the common carrier and the MAC-SAP, respectively. Two main data paths can be identified referring to the TX- and RX-direction.

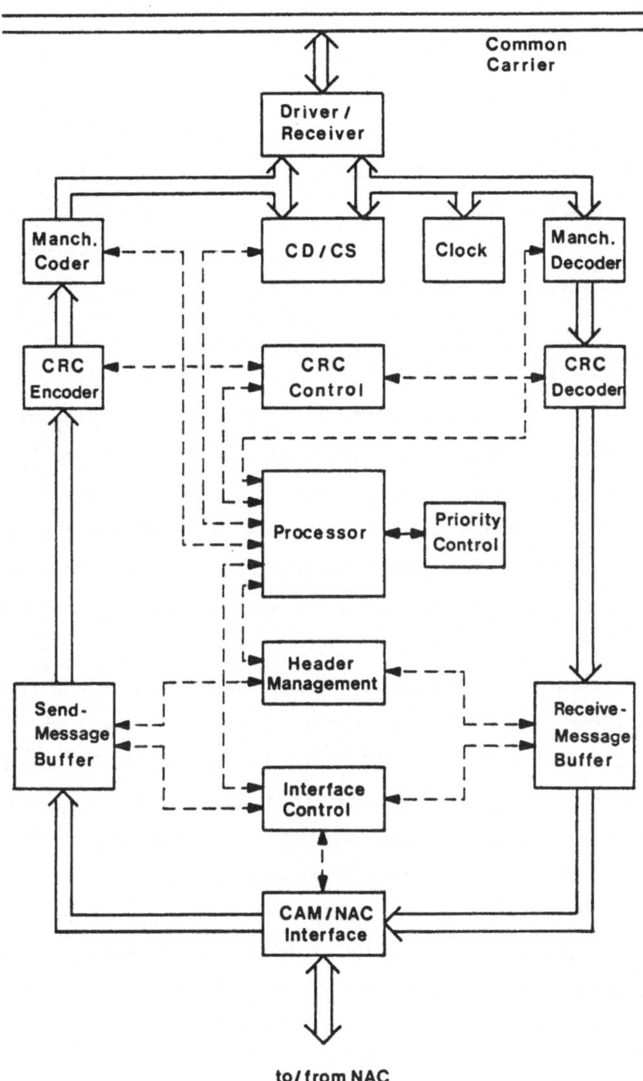

Fig. 6 *Structure of the Channel Access Module CAM*

4.1.1 Channel Access Module (CAM)

The principal block structure of the CAM is shown in Fig. 6. The CAM is controlled
by a central bit slice processor performing basically the protocol functions. The
Processor exchanges events/signals with some high-speed functional modules as CD/CS,
Coder/Decoder, CRC-Controller, Header Management and NAC-Interface Control. The
access rights are implemented by a special module Priority Control through a timing
mechanism initialized by the Processor. Some of the functional modules are operated
in parallel whereas the Processor operates in a strict sequential order according to
the state-transition logic given in Section 4.2.

The CAM receives frames from the NAC and buffers them intermediately. Then, the frame format is completed by the Header Management. Finally, when the frame is transmitted, the CRC-information is added.

Arriving frames from another station are firstly analyzed with respect to their destination; if the considered station is the destination station of the frame, the full frame is stored intermediately for CRC and acknowledgement processing. After the frame has been positively acknowledged, the received frame is forwarded to the NAC; otherwise, the CAM signals by a NAK that the frame has to be retransmitted.

4.1.2 Network Access Controller (NAC)

The basic functions of the NAC are identical to common facilities of modularized packet switching network access controllers: microprocessor-based line interface modules (LIM) and host interface modules (HIM) for the realization of standardized terminal and host protocols and call control modules (CCM) for the establishment and control of virtual circuits. Generally, these functions refer to levels 3 and up in the layered architecture model. Additionally, the logical link control (level 2b) is also implemented in the NAC.

Frames to be transmitted are prepared by the NAC according to the frame format shown in Fig. 7 (except Sync. and CRC-information). The global format corresponds with the recommendations of the IEEE Project 802 [20]. The control field contains a number of indicator bits and the length of the data field. Indicator bits are such as for overload control and broadcasting (see Section 3.2). With FTI, the type of the frame (data or acknowledgement) is indicated. With another DTI bit, a special frame can be identified to be used for network control purposes. The length of the frame has been limited initially to 256 Bytes; there is no difficulty to expand this field to meet other user requirements.

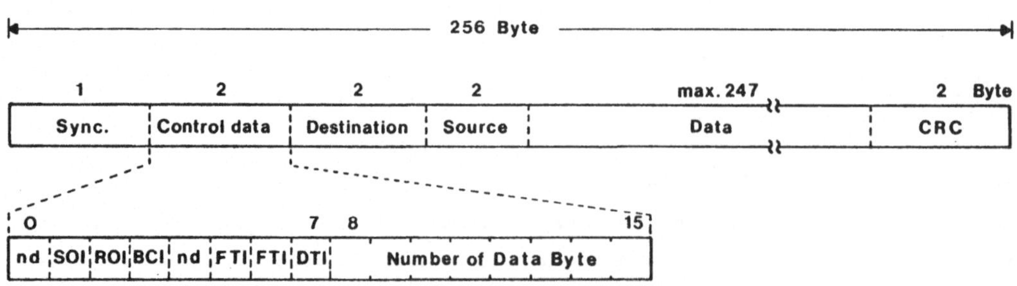

Fig. 7 Frame Format

SOI	*sender overload indication*	ROI	*receiver overload indication*
BCI	*broadcast indication*	FTI	*frame type indication*
DTI	*data type indication*	nd	*not defined*

4.2 Software Structure

4.2.1 CCITT Specification and Description Language SDL

To adequately describe the logic of a process and the intercommunication between various processes, CCITT has recommended a symbolic flow-chart language which is based on the concept of finite-state automata [18]. The basic elements of this language and their meaning are given in Table 1. SDL specifically features the possibility of describing functions of and interactions between various processes and is, therefore, adequate to describe protocols for distributed systems. At any time, the process is in a certain state. Upon the arrival of an input signal ("event"), the event is analyzed (task) and causes eventually an output signal to another process; after reception and processing of the input signal, the considered process changes in general into another state.

We therefore adopt SDL for specification of the protocol as well as for describing detailed functions which are found by stepwise refinement.

Symbol	Meaning	Symbol	Meaning
	State		Decision
	Input Internal External		Output Internal External
	Task		Connector
	Flow Line		Convergence
	Divergence		Comment

Table 1 *Elements of SDL*

4.2.2 Global State Transition Diagram

Since the channel is completely passive with no central control, the whole logic of the protocol must be implemented within each of the station's MAC-units.

Fig. 8 describes the global state transitions of the protocol from a station's point of view. The channel transmission state T of Fig. 4 breaks down into two sets of substates: receiving states and sending states depending on whether the particular station is listening/receiving or actively transmitting, respectively. When the station is in the "receiving states", it changes into the "delay states" upon reception of an ACK when listening, or generation and transmitting of an ACK when receiving; on the other hand, when the station is in the "sending states", it changes into the "delay states" upon reception of an ACK from the foreign station to which the frame had been sent. In either case, the station changes into the "delay states" when a collision is detected. From the "delay states", the station changes into the "receiving states" upon activation of the channel by some other station with a higher transmission right; it changes into the "sending states" with an own transmission or into the "idle state" if none of the stations has a frame to transmit.

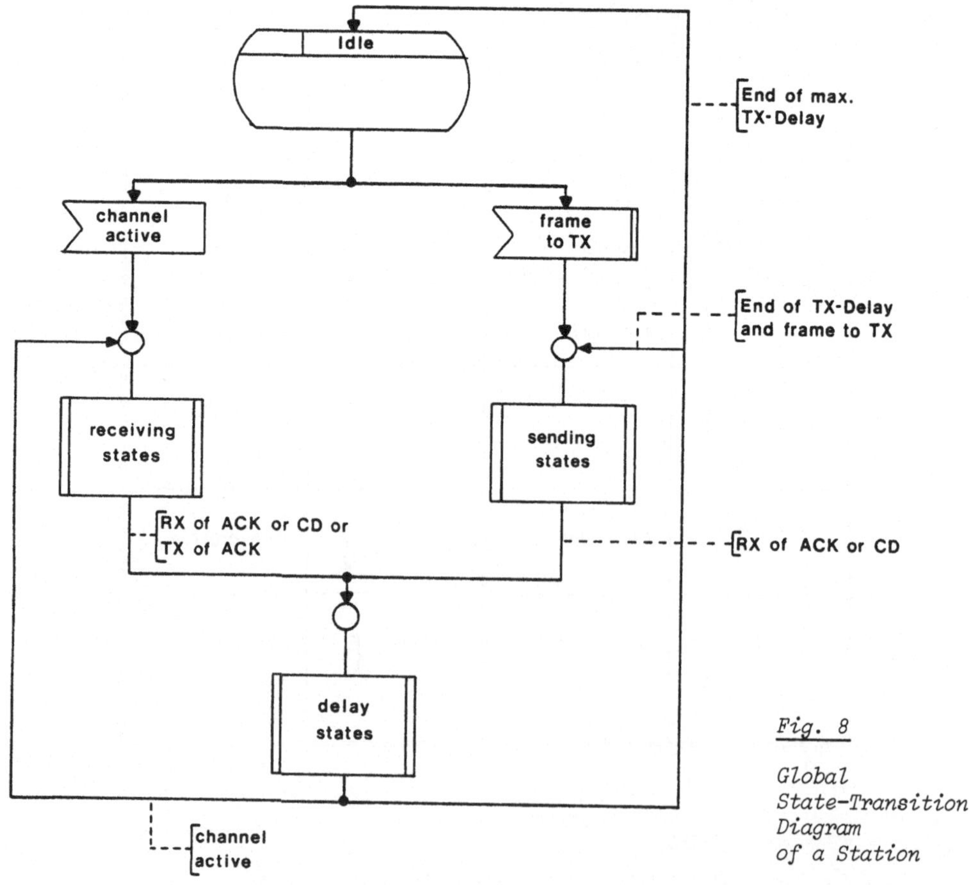

Fig. 8

Global State-Transition Diagram of a Station

4.2.3 Specification of the R, S, and D Modules

Fig. 9 displays the functions within the module "receiving states" R in greater
detail. Upon detection of a channel activity, the collision detection module is
activated by setting of a timer for the duration of the collision window time TC.
At the same time the synchronization module is activated. If there is a collision,
the station changes into the "delay states" D, otherwise the station proceeds within
the "receiving states" R. After the end of synchronization the header must be analyzed to find out the type (data frame, acknowledgement) and its destination. If a
data frame is destinated for the considered station, the cyclic redundancy check
CRC has to be waited for; upon this the station responds accordingly (ACK or NAK).
If the activity resulted from an acknowledgement, the station acts differently depending on whether it is an ACK or a NAK; in case of an ACK, the current transmission
delay is incremented whereas for a NAK the station waits on until the data frame is
repeated. If the detected data frame were destinated for some other station, the
station waits on until the appearance of the responding acknowledgement of that
particular station.

Fig. 10 shows the functions within the module "sending states" S. If the station has
a frame to transmit while the channel is in the idle state, it immediately starts the
transmission and activates the addition of the CRC-information at the end of the
message. During the begin of the transmission a timer TC decides whether an occuring
collision is "allowed" (i.e. it appears within the collision window) or not. In all
other cases of collision occurences, collisions can only be caused by some malfunctioning devices (not shown in the diagram). After transmission, the station
waits for the acknowledgement of the destination station. In case of a NAK, the
message is repeated immediately, whereas in case of an ACK, the transmission delay
is incremented.

For reasons of failure recovery, an outstanding acknowledgement is detected by a
time-out control mechanism. If an acknowledgement is missed, or a NAK is received
the transmission is repeated. If a particular transmission action cannot be finally
completed, the sending station actively sends an ACK upon which the system changes
into the delay state as in case of an ordinarily completed transmission action. For
ease of reading, these recovery procedures are not included in the SDL-diagram.

512

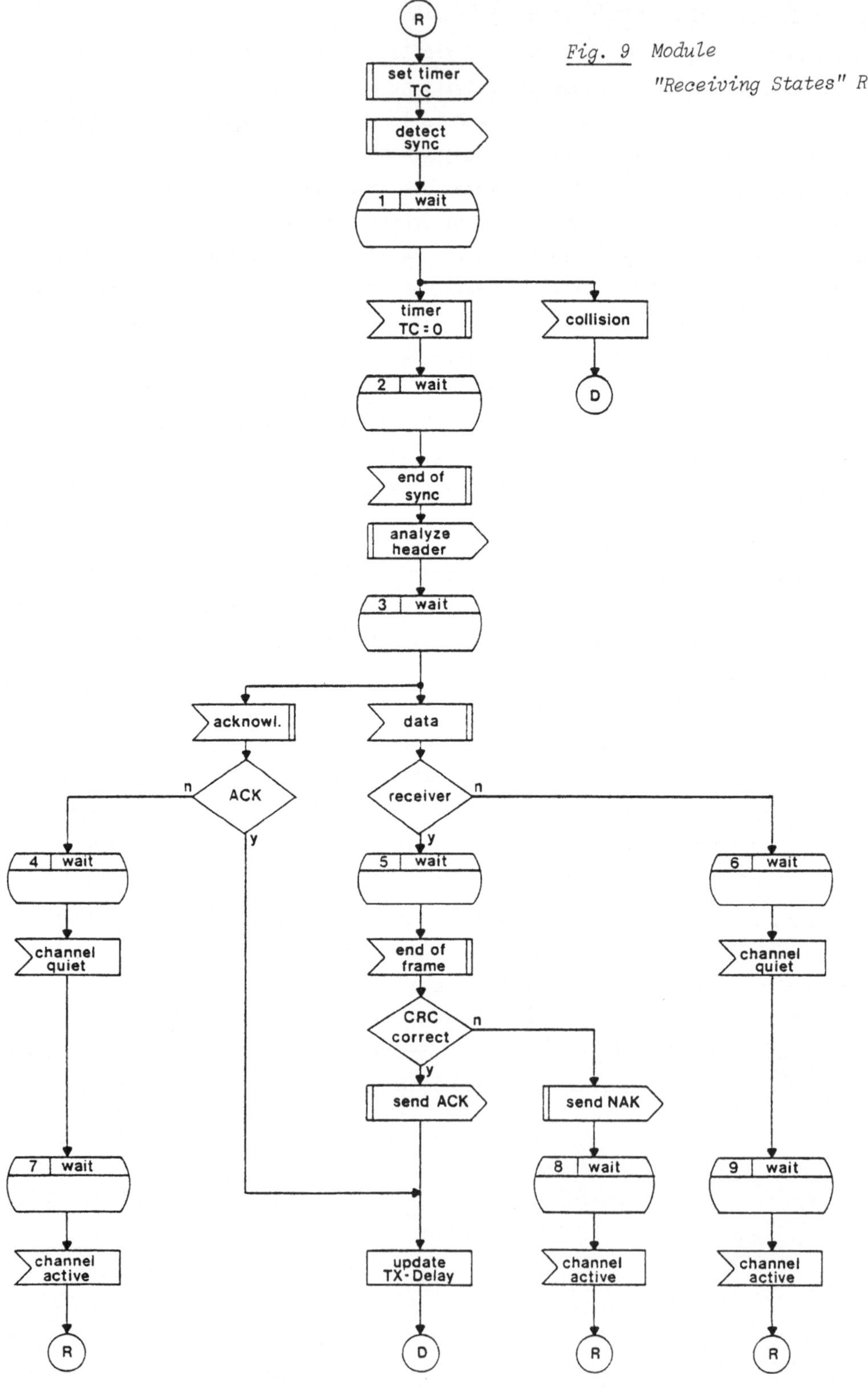

Fig. 9 Module "Receiving States" R

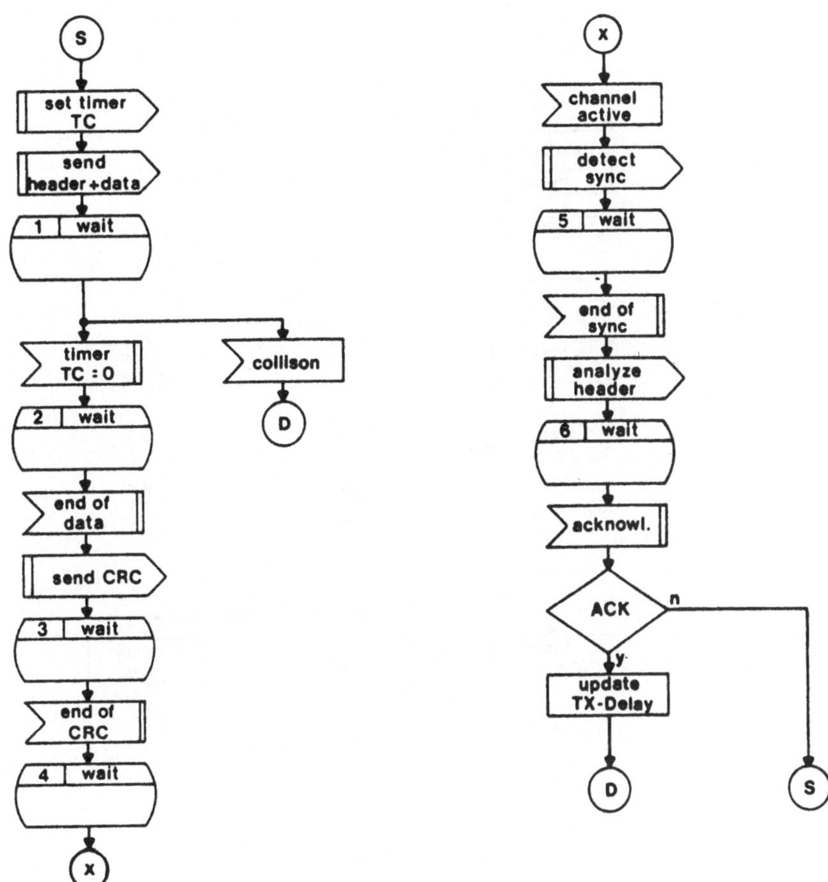

Fig. 10 Module
"Sending States" S

Fig. 11 describes the functions within the module "delay states" D. Entering the delay state, each station starts from a defined initial state by setting two timers with the actual transmission delay time TD of that station and the maximum transmission delay time TDMAX, respectively. Upon expiration of the current transmission delay time, the station is allowed to transmit unless another station had started transmitting prior to that instant (channel active). Hence, the station enters the sending state or receiving state accordingly. Otherwise, the station waits further on. In case of the expiration of the maximum transmission delay time, the station changes into the idle state (no station has data to transmit) or sending state (if a new frame had arrived in the meantime); otherwise, the station changes into the receiving state upon detection of an activity by some other station.

The simplified Figs. 9-11 include only those functions of a station which are related to the channel. They have to be completed by those functions being related to the user side of a station (forwarding of received data and acception of data).

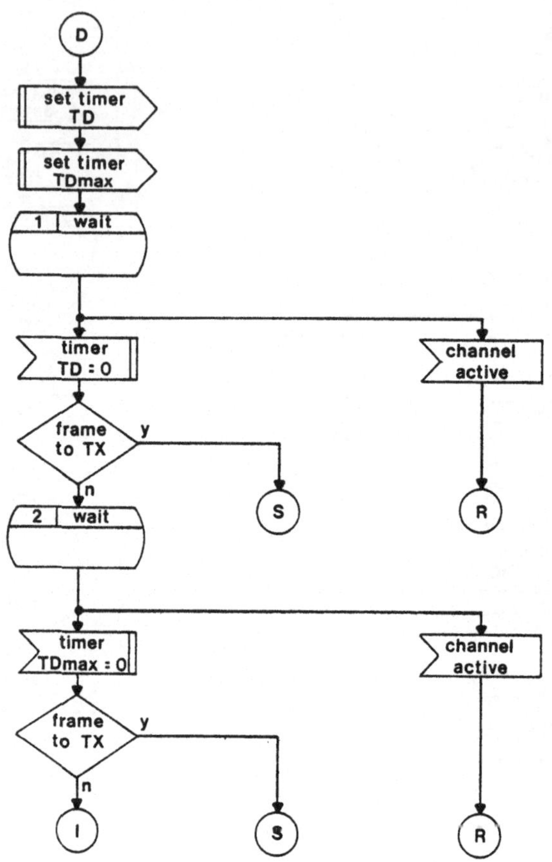

Fig. 11 *Module*
"Delay States" D

4.2.4 Firmware Implementation

The various diagrams have been further refined by continued hierarchical subdivision
using again the SDL technique. In the lowest level, these SDL-diagrams define logical
signals exchanged between the various hardware components of the CAM as shown in
Fig. 6. The central logic of the diagrams is coded directly with the instruction set
of a high-speed bit-slice processor (AM 2910) forming the firmware which is located
within a RAM. The firmware for the basic protocol and its extensions amounts to about
3K Bytes memory. These extension include already overload functions, broadcasting,
and testing.

The higher functionality (compared to simpler protocols) requires slightly more
hardware, but these additional costs are small because conventional LSI-components
are used.

4.3 Experimental Operation

At the current state, the LAN has been implemented completely with carriers and CAM's; the operation of the higher levels (NAC) is simulated by special hardware to operate the LAN experimentally. By these facilities special tests can be run as operation at maximum throughput, overload condition (sender/receiver), station malfunctioning, or breakdown.

The experimental LAN operates at a speed of 1 Mbit/sec; the hardware configuration allows, however, operation up to 5-10 Mbits/sec.

5. Conclusions

A new CSMA-type protocol for a distributed system with one common channel has been presented. The protocol uses carrier sensing and dynamically staggered transmission delays. Appropriate choice of the distribution of transmission delays allows a very flexible adaptation to load characteristics as unbalanced load or dynamic overload. The performance results show the basic influence of the main system parameters and indicate that the new protocol combines the advantages of contention modes at low load and reservation modes at heavy traffic. Therefore, no stability problems are involved when approaching the system capacity.

The new protocol has been implemented in an experimental LAN. Experience from this implementation allows the following conclusions:

- The software structure can be implemented straightforwardly through a stepwise refinement down to standard hardware modules.
- The specifications of the IEEE Project 802 are very useful for functional division of software and hardware.
- The costs of the CAM, which can be clearly estimated from its implementation, are shared by all connected peripheral devices. The concentrator concept makes also sure that the CAM- and NAC-devices are sufficiently high utilized. Costs may further be reduced by use of customized LSI-circuitry.

From these facts we conclude, that the new protocol is adequate for a wide range of applications in Local Area Networks.

REFERENCES

[1] Agrawal, A. K., Vadakan, V. V.: "Jet Propulsion local area network", 2nd Conference on Distributed Computing Systems, Versailles, April 8-10, 1981.

[2] Arthurs, E., Stuck, B. W., "A theoretical performance analysis of polling and carrier sense collision detection communication systems", Int. Conf. on Performance of Data Communication Systems an Their Applications, Paris, Sept.14-16,1981.

[3] Bux, W., "Analysis of a local area bus system with controlled access", Int. Conf. on Performance of Data Communication Systems and Their Applications, Paris, Sept. 14-16, 1981.

[4] Bux, W., "Local area subnetworks: A performance comparision", IEEE Trans. Comm., Vol. COM-29, October 1981, pp. 1465-1473.

[5] Bux, W., Closs, F., Janson, P. A., Kümmerle, K., Müller, H. R.: "A reliable token ring system for local area communication", National Telecommunications Conference, New Orleans, Nov. 29-Dec. 3, 1981.

[6] Bux, W., Closs, F., Janson, P. A., Kümmerle, K., Müller, H. R. and Rothauser, E. H.: "A local area communication network based on a reliable token ring system", International Symposium on Local Computer Networks, Florence, Italy, April 19-21, 1982.

[7] Clark, D. D., Pogran, K. T., Ree, D. P., "An introduction to local area networks", Proc. IEEE, Vol. 66, Nov. 1978, pp. 1497-1517.

[8] Franta, W. R., Bilodeau, M. B., "Analysis of a prioritized CSMA protocol based on staggered delays", Acta Informatica, Vol. 13, 1980, pp. 299-324.

[9] Jacobs, I. M., Binder, R., Hoversten, E. V., "General purpose packet satellite networks", Proc. IEEE, Vol. 66, Nov. 1978, pp. 1051-1068.

[10] Kuehn, P. J., "Performance of ARQ-protocols for HDX-transmission in hierarchical polling systems", Performance Evaluation, Vol. 1, 1981, pp. 19-30.

[11] Kiesel, W. M., Kuehn, P. J., "CSMA-CD-DR: A new multi-access protocol for distributed systems", National Telecommunications Conference (NTC), New Orleans, Nov. 29 - Dec. 3, 1981.

[12] Kiesel, W. M., Kuehn, P. J.: "A new multi access protocol with dynamic priorities for distributed systems", NTG/GI-Conference on Computer Architecture and Operating Systems, Ulm, Germany, March 22-24, 1982.

[13] Kümmerle, K., "Local area communication networks - An overview", NTG/GI-Conference on Computer Architecture and Operating Systems, Ulm, Germany, March 22-24, 1982.

[14] Metcalfe, R. M., Boggs, D. R., "ETHERNET: Distributed packet switching for local computer networks", Comm. ACM, Vol. 19, July 1976, pp. 395-403.

[15] Spaniol, O., "Analysis and performance evaluation of HYPERchannel access protocols", Performance Evaluation, Vol. 1, 1981, pp. 170-179.

[16] Spaniol, O., "Konzepte und Bewertungsmethoden fuer lokale Rechnernetze", Informatik-Spektrum, Vol. 5, September 1982, pp. 152-170.

[17] Tobagi, F. A., "Multiaccess protocols in packet communication systems", IEEE Trans. Comm., Vol. COM-28, April 1980, pp. 468-488.

[18] -, "Programming languages for stored-programme control exchanges", CCITT Orange Book, Vol. VI. 4, Int. Telecommun. Union, Geneva, 1977.

[19] -, International Organization for Standardization Document ISO/TC97/SC6 Local Area Network Standardization.

[20] -, IEEE project 802 Local Network Standard Draft C, May 1982.

<u>DER RDC-RING, EIN FEHLERTOLERANTES, DEZENTRAL- UND</u>
<u>EREIGNISGESTEUERTES LICHTLEITER-KOMMUNIKATIONSNETZ</u> *)

R. Bähre, D. Heger, F. Saenger
Fraunhofer-Institut für Informations- und Datenverarbeitung (IITB)
D - 7500 Karlsruhe 1

Summary

Nowadays, the tasks of industrial automation of the office and of technical systems become increasingly more voluminous and complex. In particular one recognizes a strong trend towards the interconnection of
computer aided singular solutions for different applications in process
control, industrial management, design and development etc. This situation requires the reliable powerful and economic interconnection of distributed computer systems by means of local area networks (LAN's). This
paper describes a fault-tolerant fiber optic LAN with event driven, de-
central and collisionfree access control. It is called the RDC-Ring.
The design principles with respect to basic mechanisms influencing the
performance characteristics and measures for fault diagnosis and fault
tolerance are discussed. Then the protocol corresponding to the bottom
two layers of the ISO Reference Model of Open Systems Interconnections
is described in some detail with all services including the network management services. Finally some results and experiences of several industrial control systems are reported.

1. Einführung

Die Steigerung der industriellen Produktivität hat gerade in der jüng-
sten Vergangenheit außerordentliche Aktualität erlangt. Dies kann besonders effektiv durch Integration heute verfügbarer rechnergestützter
Einzellösungen, z. B. für Prozeßregelung und -steuerung, den betriebs-
wirtschaftlichen Bereich sowie für Entwicklung und Konstruktion u. a.
erreicht werden. Hier gewinnen leistungsfähige und zuverlässige Kommunikationssysteme herausragende Bedeutung, und zwar sowohl die öffentlichen und offenen Netzwerke als auch die lokalen und meist geschlossenen Netzwerke /1/. Für diesen Trend stehen heute Entwicklungen wie ETHER
NET /2/, Cambridge Ring /3/, HYPERchannel /4/ - zusammengefaßt unter
den Begriffen LAN (Local Area Network) oder Sammelleitungssysteme sowie
öffentliche Kommunikationswege wie DATEX-P, Bildschirmtext (BTX) u. a.

Dieser Beitrag befaßt sich mit Sammelleitungssystemen für bitserielle
Übertragung, die ihre besonderen Vorteile in niedrigen Realisierungs-,
Installations- und Betriebskosten sowie hoher Leistungsfähigkeit und
Flexibilität zeigen. In ihnen nutzen mehrere Teilnehmer meist zeitlich
nacheinander das gleiche Übertragungsmedium. Es fällt nicht schwer,
einige Dutzend verschiedene firmenspezifische Realisierungen und mehrere Vorschläge für nationale oder internationale Normen mit unterschiedlichen Steuerungs- und Übertragungsverfahren sowie unterschiedlichen

---

*) Die Arbeiten zu diesem Beitrag wurden teilweise im Rahmen der Disser-
   tation von D. Heger an der Fakultät für Informatik der Universität
   Karlsruhe und im Rahmen der geförderten Vorhaben des BMFT DV 0815604/
   DV 4901 und 0815604A/DV 4908 durchgeführt. Die Verantwortung für die
   Richtigkeit der Ergebnisse liegt allein bei den Verfassern.

Leistungsmerkmalen aufzuzählen. Bei der Auswahl eines Sammelleitungssystems für die oben genannte Einsatzbreite besteht neben bekannten Forderungen, wie z. B. nach hoher Übertragungsleistung und Anschlußmöglich-
keit für hohe Teilnehmerzahl, hauptsächlich Bedarf für:

- Geringe Empfindlichkeit gegenüber unterschiedlichen Belastungsfällen
  und Ausbaustufen.

- Eignung für Ausbau und Wartungsarbeiten während des laufenden Betriebes.

- Fehlertoleranz bei Teilnehmerstörungen und Leitungsunterbrechung.

- Selbstdiagnose mit Anzeige der Diagnoseergebnisse an beliebiger
  Stelle im System.

Im folgenden werden die grundlegenden Entwurfsentscheidungen für den
RDC-Ring insbesondere hinsichtlich Übertragungsleistung und Fehlertoleranz begründet.

2. Klassifizierungsschema für Sammelleitungssysteme nach Übertragungs- und Steuerungsverfahren

Die Übertragungssteuerung und die Übertragung der Nutztelegramme, mittels
deren die Teilnehmer eines Sammelleitungssystems miteinander kommunizieren, ist im Sinne des ISO-Referenzmodells für offene Systeme (ISO-OSI/RM,
/7/) und des IEEE-Gremiums 802 für Lokale Netzwerke /8/ in den Schichten
1 und 2 enthalten. Sämtliche Telegramme, die von höheren Schichten in
die Schicht 2 eingespeist werden, betrachten wir als Nutztelegramme.
Telegramme zur Steuerung der Übertragung innerhalb der Schichten 1 und
2 tragen hingegen nichts zum Nutzdurchsatz bei. Zunächst werden die funktionellen Grundelemente untersucht, die für einen Übertragungsvorgang
vom Auftreten eines Sendewunsches in einem Teilnehmer bis zu seinem Abschluß notwendig sind. Sie dienen als Grundlage für ein allgemeingülti-
ges Klassifizierungsschema für Sammelleitungssysteme. Ein Übertragungsvorgang zergliedert sich in diesem Sinne in folgende elementare Teilvorgänge:

- Kanalzuteilung, wodurch dem sendewilligen Teilnehmer der Zugriff auf
  das physikalische Übertragungsmedium ermöglicht wird. Dieser Teilvorgang kann entweder

  . abfragegesteuert beispielsweise mittels belastungssteigernder,
    spezieller Abfragetelegramme oder
  . ereignisgesteuert beispielsweise mit Hilfe von belastungsneutralen
    Mechanismen

  ausgelöst werden.

- Telegrammübertragung, für deren Dauer das physikalische Medium durch
  das Nutztelegramm belegt ist.

- Kanalfreigabe, um das nicht mehr benötigte Nutztelegramm aus dem
  physikalischen Medium zu entfernen und für den nächsten Übertragungsvorgang gegebenenfalls mittels eines speziellen Steuertelegramms
  freizugeben.

Die genannten Teilvorgänge können jeweils mit oder ohne Hilfe einer
Zentralinstanz ablaufen. Dementsprechend soll für die weitere Betrachtung das in Bild 1 dargestellte Klassifizierungsschema zugrunde gelegt
werden.

	TELEGRAMMÜBERTRAGUNG			
	ZENTRAL (ÜBERTRAGUNG INDIREKT)		DEZENTRAL (ÜBERTRAGUNG DIREKT)	
ZENTRAL — ABFRAGE-GESTEUERT	ZAZZ	ZAZD	ZADZ	ZADD
ZENTRAL — EREIGNIS-GESTEUERT	ZEZZ	ZEZD	ZEDZ	ZEDD
DEZENTRAL — ABFRAGE-GESTEUERT	DAZZ	DAZD	DADZ	DADD
DEZENTRAL — EREIGNIS-GESTEUERT	DEZZ	DEZD	DEDZ	DEDD
	ZENTRAL (LOGISCH PASSIV GEKOPPELT)	DEZENTRAL (LOGISCH AKTIV GEKOPPELT)	ZENTRAL (LOGISCH PASSIV GEKOPPELT)	DEZENTRAL (LOGISCH AKTIV GEKOPPELT)

(Zeilenbeschriftung links: KANALZUTEILUNG; unten: K A N A L F R E I G A B E)

<u>Bild 1</u>: Klassifizierungsschema für Sammelleitungssysteme nach
Übertragungs- und Steuerungsverfahren

Hier wird exemplarisch über einen vereinfachten Leistungsvergleich zwischen drei Systemklassen berichtet:

- ZAZZ als dasjenige Übertragungs- und Steuerungsverfahren, das bis heute am häufigsten in Sammelleitungen anzutreffen ist. Ein Vertreter hiervon ist der PDV-Bus in der ursprünglichen Definition ohne Querverkehr oder "Mastertransfer".

- DEDZ als dasjenige Verfahren, das in jüngerer Zeit in Form des ETHERNET wohl die größte Publizität erlangte.

- DEDD als ein Verfahren, das vom IITB vor allem aus Zuverlässigkeits-, aber auch aus Leistungsgründen /5, 6/ für den mit Lichtleitern realisierten RDC-Ring zur Kopplung des fehlertoleranten Echtzeitrechnersystems mit verteilten Mikroprozessoren (RDC-System) ausgewählt, entwickelt und industriell mehrfach eingesetzt wird.

3. Funktionsbeschreibung der Sammelleitungsklasse DEDD

Die topologischen Strukturen für die Sammelleitungsklassen ZAZZ und DEDZ
sind linienförmig, die Teilnehmerstationen sind passiv (z. B. induktiv)
an die Leitung angekoppelt. Das System ZAZZ enthält eine Zentralstation
zur zentralen Steuerung der Kanalzuteilung mittels Abfragetelegrammen,
und sie übernimmt für jedes Nutztelegramm eine zentrale Relaisfunktion.
Im System DEDZ fehlt diese Zentralstation, da die Kanalzuteilung dezentral gesteuert wird und die Nutztelegramme von den Quellteilnehmern ohne
Umweg über die Zentralstation direkt zu den Zielteilnehmern gelangen.
In Bild 2 ist ein System der Klasse DEDD dargestellt, es enthält die
Teilnehmerstationen T(1) bis T(N) mit den Teilnehmerrechnern TR(1) bis
TR(N). Hier sind die Teilnehmer signaltechnisch und logisch aktiv an
eine ringförmige Leitung angekoppelt.
Zur Modellierung der klassenspezifischen Funktionsabläufe eignen sich
Zustandsdiagramme, die stochastische Kommunikationsprozesse wiedergeben.
Auf diese Weise wurden neben anderen auch die Systeme ZAZZ, DEDZ und
DEDD modelliert und in das Klassifizierungsschema (Bild 1) eingeordnet.
Auf die Beschreibung der Abläufe für ZAZZ und DEDZ wird hier verzichtet,
sie ist in /2,9,10/ nachzulesen. Die Beschreibungsmethode wird beispiel-

haft für das DEDD-System (RDC-Ring) anhand von Bild 3 dargestellt.

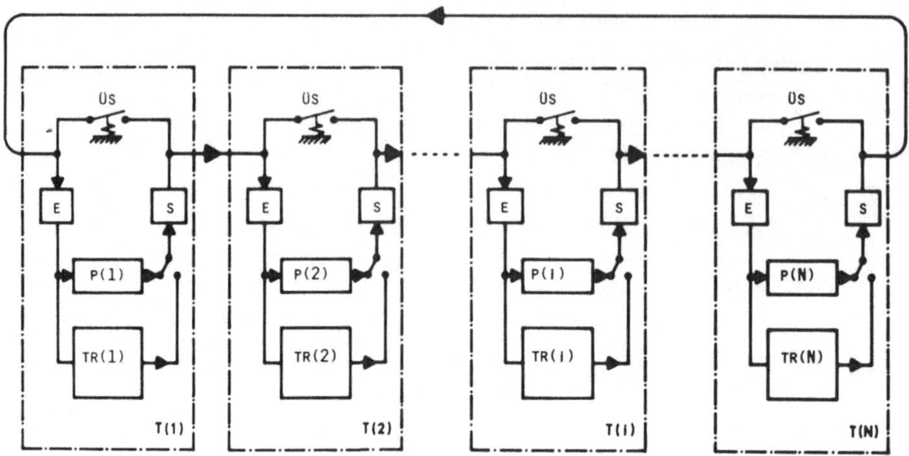

<u>Bild 2</u>: Topologische Struktur, Konfiguration und Ankopplungsschema
für die Sammelleitungsklasse DEDD

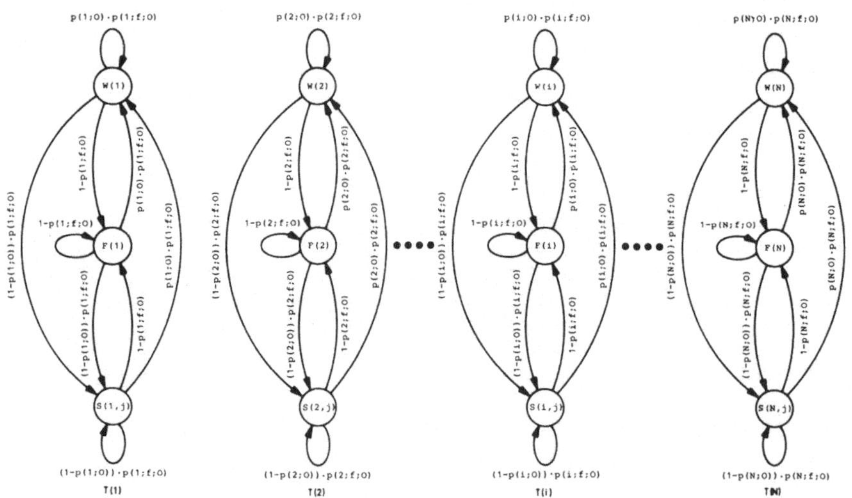

<u>Bild 3</u>: Zustandsdiagramm der Sammelleitungsklasse DEDD

Jeder Teilnehmer arbeitet unabhängig von einer zentralen Steuerung, und
die Verkopplung der Teilnehmer untereinander spiegelt sich im Zustand
F(i) mit den zugehörigen Übergangswahrscheinlichkeiten wieder. Wir gehen vom Untätigkeitszustand W(i) aus, in dem T(i) auf einen Sendeauftrag
wartet. Diesen Zustand behält er bei, solange kein Sendeauftrag vorliegt
und solange er nicht mit dem Weitersenden eines nicht für ihn bestimmten
Telegramms beschäftigt ist. Mit 1-p(i;f;0) geht er in den Weitersendezu-
stand F(i) und verharrt, bis entweder sein Zwischenpuffer für weiterzuleitende Telegramme geleert ist und/oder auf seiner Empfangsseite kein
weiterzuleitendes Telegramm eintrifft. Liegt kein eigener Sendewunsch
vor, so fällt er nach W(i) zurück, im anderen Fall geht er in den Sende-
zustand S(i,j) über, wobei er gleichzeitig mindestens soviel Speicher-

bereich für evtl. eintreffende und weiterzuleitende Telegramme bereitstellt, wie seiner Sendedauer entspricht (buffer insertion). Von S(i,j)
gelangt er wieder entweder nach F(i) oder nach W(i), abhängig vom Belegungszustand seines Zwischenpuffers und/oder seiner Empfangsseite. W(i)
verläßt er ebenfalls wieder abhängig vom Belegungszustand seines Zwischenpuffers und/oder seiner Empfangsseite entweder in Richtung F(i)
oder in Richtung S(i,j). Das Weiterleiten von Telegrammen hat jedoch
Priorität vor dem Einschleusen neuer Telegramme. Der Empfangszustand
erscheint in diesem Zustandsdiagramm nicht, da er realisierungsbedingt
die geschilderten Zeitabläufe nicht direkt beeinflußt, es werden lediglich Telegramme, die an ihrem Zielteilnehmer angelangt sind, von diesem
von der Leitung genommen. Damit wird der Teilvorgang der Kanalfreigabe
durchgeführt.

4. Warteschlangenmodelle der Sammelleitungsklassen ZAZZ, DEDZ und DEDD

Bild 4a gibt das Warteschlangenmodell aller Systemklassen wieder, die
über keine logisch aktive Teilnehmerankopplung (xxxZ) verfügen; hier
tritt der gemeinsame Bus als das zentrale Bedienelement auf. Jeder Teilnehmer erzeugt über seinen Generator G(i) einen Strom von Nutztelegram-
men mit bestimmten Zwischenankunftszeit- und Bedienzeitverteilungen; sie
werden der jeweiligen Warteschlange Q(i) zugeführt und harren dort der
Bedienung durch die zentrale Bedienstation CS (Central Server).
Die durch CS bedienten Aufträge verlassen schließlich das System und
verschwinden in der Senke A (Absorber).

Das in Bild 4b dargestellte Warteschlangenmodell für die Sammelleitungsklassen mit logisch aktiver Teilnehmerankopplung (xxxD) unterscheidet
sich grundsätzlich vom vorhergehenden Modell. Hier verfügt jeder Teilnehmer T(i) über eine eigene Bedienstation S(i) und jeweils über zwei
Warteschlangen - Q(i,1) für die weiterzureichenden Telegramme und Q(i,2)
für durch Sendeaufträge in T(i) entstandene Telegramme. Aufträge in
Q(i,1) besitzen eine nicht unterbrechende Priorität gegenüber den Aufträgen in Q(i,2). Die Nutztelegramme gelangen wieder über die Generato-
ren G(i) in die Warteschlangen Q(i,2), und bei Zielteilnehmern angelang-
te Telegramme verlassen das System über die Senken A(i).

5. Leistungsbewertung der Sammelleitungsklassen ZAZZ, DEDZ und DEDD

Für die Leistungsbewertung der Sammelleitungsklassen wurden zwei Größen
ermittelt:

- Mittlere Bitzeit, die sich aus der Gesamtübertragungsdauer für ein
  Nutztelegramm bezogen auf die Anzahl der mit diesem Telegramm über-
  tragenen Bits ergibt.

- Mittlerer relativer Maximaldurchsatz, der für Nutztelegramme aufsum-
  miert über alle Teilnehmer bezogen auf die Kanalkapazität der Leitung
  erzielt werden kann.

Die Ergebnisse /9, 10/ zeigen sehr deutlich die charakteristischen Sy-
stemunterschiede bezüglich der maximal für Nutztelegramme erreichbaren
relativen Nutzauslastung. Das System ZAZZ kann höchstens 40 % der Kanalkapazität ausnutzen, dann wachsen die Bitzeiten ins Unendliche. Das
System DEDZ erreicht abhängig von der Telegrammlänge und der Anzahl der
Teilnehmerstationen 40 % bis 80 % der Kanalkapazität. Demgegenüber kann
das System DEDD unter der Annahme gleichverteilter Ziel- und Quelladres-
sen nahezu 200 % der Kanalkapazität ausnutzen. Diese Unterschiede er-
klären sich dadurch, daß beim System ZAZZ neben den Steuertelegrammen

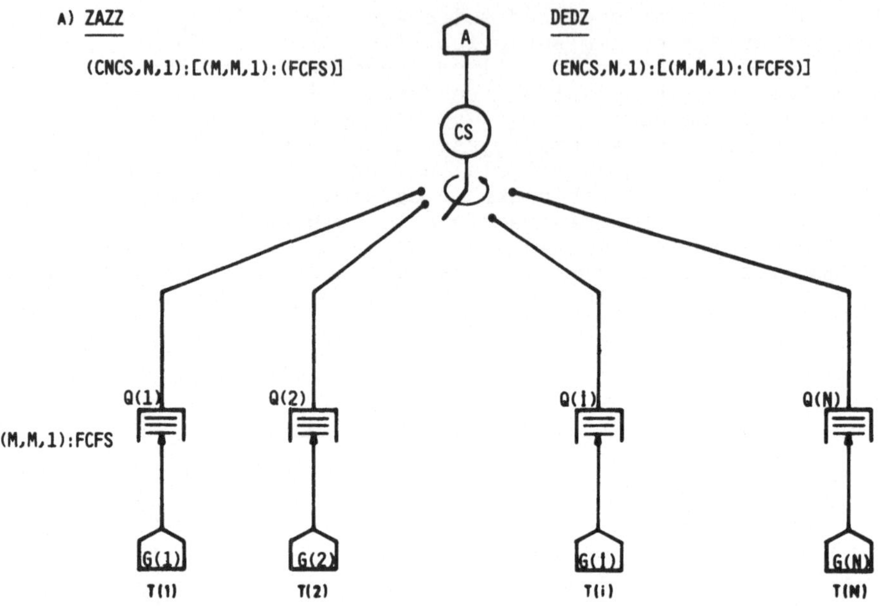

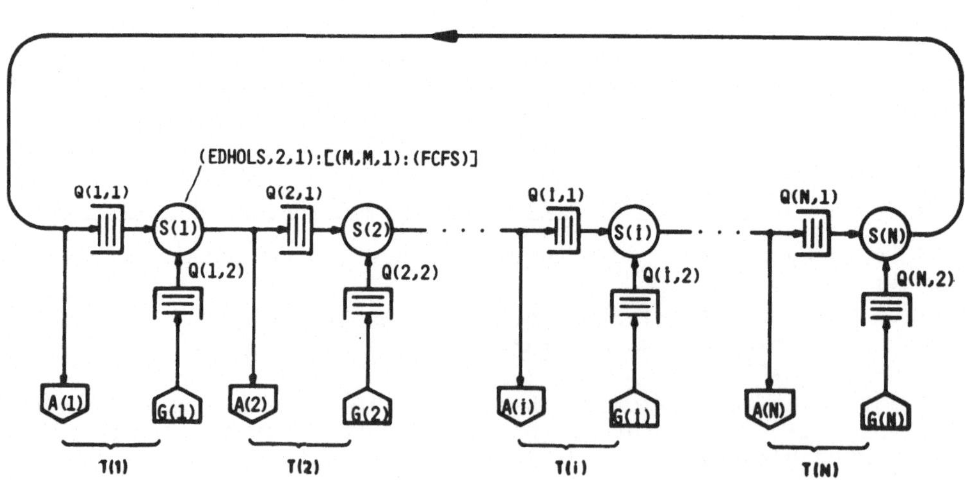

Bild 4: Warteschlangenmodelle der Sammelleitungsklassen ZAZZ, DEDZ
und DEDD

jedes Nutztelegramm die Leitung zweimal belegt, um vom Quellteilnehmer
zum Zielteilnehmer zu gelangen, daß beim System DEDZ zu einer Zeit immer nur ein Telegramm übertragen werden kann, wobei insbesondere bei
kurzen Telegrammlängen erhebliche Behinderungen durch Kollisionsvorgänge

eintreten, und daß beim System DEDD zu einer Zeit immer mehrere Telegramme (bis zu N) sich im Bedienvorgang befinden können. In Bussystemen mit passiv gekoppelten Teilnehmern sollte der sog. Querverkehr ohne umständliche und belastungssteigernde Sonderprozedur möglich sein. Für Echtzeitanwendungen mit stark schwankenden Belastungen und vielen kurzen Telegrammen eignet sich ein dezentrales Kanalzuteilungsverfahren nach dem Kollisionsprinzip schlecht. Für logisch aktive Ankopplung wie im System DEDD läßt sich bei Quell- und Zieladreßgleichverteilung eine Nutzungsverbesserung gegenüber DEDZ um mindestens den Faktor 2 erzielen.

Weiter läßt sich bei dem abfragegesteuerten System ZAZZ eine starke Abhängigkeit der Bitzeiten von der Anzahl der Teilnehmerstationen und von der Telegrammlänge insbesondere bei niedriger Auslastung erkennen. Dies leuchtet ein, da bei niedriger Auslastung der Anteil der Abfragetelegramme besonders hoch ist. Die Bitzeiten sind im System DEDZ durchweg wesentlich geringer als im System ZAZZ, dies wird bei größeren Telegrammlängen besonders deutlich. Dieser Effekt erklärt sich hauptsächlich aus dem im System DEDZ mit steigender Telegrammlänge abnehmenden Einfluß der Kollisionen. Daraus wird ersichtlich, daß sich Bussysteme, die ereignisgesteuert nach dem Kollisionsprinzip (CSMA/CD) arbeiten, besonders gut für die Übertragung langer Telegramme eignen. Das System DEDD zeigt hingegen eine vergleichsweise geringe Abhängigkeit der Bitzeit von der Telegrammlänge. Bei geringer Auslastung sind die Bitzeiten zwar geringfügig länger als im System DEDZ, ihr Anstieg beginnt jedoch erst bei etwa 100 % Auslastung, wo die anderen beiden Systeme bereits nicht mehr arbeitsfähig sind, und der sanfte Anstieg läßt die systembedingte Unempfindlichkeit gegenüber Lastspitzen erkennen.

Abschließend kann man also folgern, daß bei Bussystemen mit passiv gekoppelten Teilnehmern ein Übertragungs- und Steuerungsverfahren vorzuziehen ist, das den Querverkehr zwischen Teilnehmern unmittelbar zuläßt und über ein möglichst belastungsneutrales, telegrammlängenunabhängiges, ereignisgesteuertes Kanalzuteilungsverfahren verfügt. Systeme der Klasse DEDD mit aktiv gekoppelten Teilnehmern bieten gegenüber den anderen beiden Systemen von ihren Leistungsmerkmalen her klare Vorteile, die vermuteten Zuverlässigkeitsnachteile lassen sich mit Fehlerdiagnose- und Fehlertoleranzmaßnahmen mehr als ausgleichen. Der Vergleich mit weiteren Systemklassen /10/ bestätigt die positiven Aussagen für das DEDD-System.

6. Eigenschaften und Dienste von Kommunikationssystemen in fehlertoleranten, verteilten Rechensystemen

Fehlertolerante, verteilte Rechensysteme bauen auf Redundanz auf, die im Fall der dynamischen Redundanz durch die Eigenschaften:

> . Fehlererkennung
> . Fehlerlokalisierung
> . Rekonfiguration   und
> . Wiederaufsetzverfahren

ergänzt werden muß /11/. Dies gilt in besonderem Maß auch für das Kommunikationssystem, wichtige Komponente in verteilten Rechensystemen. Ein Fehler im Kommunikationssystem führt ohne Maßnahmen zur Fehlertoleranz i. a. zum Systemausfall.

In diesem Abschnitt sollen Kriterien erläutert werden, die einmal zur Fehlertoleranz des Kommunikationssystems selbst beitragen und zum anderen die des Gesamtsystems durch entsprechende Dienste unterstützen.

Kommunikationssysteme lassen sich grob in zwei Klassen von Hardwaremoduln aufteilen: Verbindungselemente und Anschaltungen zur Kopplung von

Teilnehmern an die Verbindungselemente. Für die vorliegende Betrachtung
sollen sowohl Busse mit unterschiedlicher Anzahl von passiv angekoppelten Anschaltungen (passive Busse) als auch Punkt-zu-Punkt-Verbindungen
mit aktiv angekoppelten Anschaltungen als Verbindungselemente zugelassen
werden. Die Anschaltungen sollen mit unterschiedlicher Intelligenz ausgestattet sein. Mit diesen beiden Elementtypen lassen sich unterschiedliche Konfigurationen zusammenstellen, u. a. mit beliebiger Vernetzung,
aktive Kopplung mehrerer passiver Busse, ringförmige aktive Busse usw.

Beim Entwurf fehlertoleranter Kommunikationssysteme ist die Einplanung
von Redundanz eine Voraussetzung hierzu. Dies ist möglich auf der Basis
der beiden vorgestellten Elementtypen, z. B. Aufbau eines zweiten passiven Busses mit Anschaltung der Teilnehmer an beide Busse oder Verdopplung der Anschaltung eines Teilnehmers für ein oder zwei Busse. Redundanz ist auch in kleineren Granularitätsstufen hinzufügbar, z. B. innerhalb einer Anschaltung durch ausschließliche Verdopplung der Sender und
Empfänger. Redundante Elemente können im Normal-, d. h. im fehlerfreien
Betrieb für die Kommunikation und/oder für Tests benutzt werden. Zeit-
redundanz z. B. durch ein- oder mehrfache Wiederholung fehlerhafter Übertragungen auf unterschiedlichen ISO-Schichten ist bei flüchtigen Fehlern
eine nützliche Ergänzung der Redundanzmaßnahmen.

Die Fehlererkennung mit der Fehlerlokalisierung bzw. Fehlerdiagnose sind
wichtiger Bestandteil des Fehlertoleranzkonzeptes. Sie schaffen zusammen
mit der Redundanz die Voraussetzung, defekte Moduln oder Übertragungsstrecken zu diagnostizieren, diese zu eliminieren und deren Aufgaben auf
intakte Einrichtungen zu übertragen. Die Realisierung bzw. Implementierung geeigneter Tests in Hard-, Firm- und Software zur Erkennung möglichst umfassend für eine konkrete Konfiguration definierter Fehler soll
hier nicht näher behandelt werden, da sie Gegenstand zahlreicher Veröffentlichungen ist /12, 13, 14, 15/.

Der Fehlerdiagnose kommt in verteilten Rechensystemen und damit auch den
zugehörigen Kommunikationssystemen eine besondere Bedeutung zu. Bereits
ein falsch zugeordneter oder fälschlich erkannter Fehler kann durch Fehl-
reaktionen einen Systemausfall bewirken. Notwendig ist eine geeignete
gegenseitige Überwachung sämtlicher Systemkomponenten und eine zentrale - besser eine verteilte - Erfassung der Test- bzw. Statusergebnisse
und deren Auswertung /16, 17, 18/. Die gegenseitige Überwachung ist notwendig, da die Fehler- bzw. Statusaussage einer einzelnen Komponente
nicht ausreichend vertrauenswürdig ist. Zur gegenseitigen Überwachung
von Komponenten eines verteilten Rechensystems eignen sich in besonderer
Weise Kommunikationssysteme, deren Verbindungselemente Punkt-zu-Punkt-
Verbindungen und damit auch aktive Busse darstellen. Testergebnisse
eines testenden Moduls m_i von einem zu testenden Modul m_j mit einer ausschließlich zwischen den beiden bestehenden Verbindung l_{ij} können i. a.
ohne Zeitverzug und ohne Verfälschung durch schwierig zuzuordnende Fremd-
komponenten, wie das bei passiven Bussen der Fall ist, gewonnen werden
/12/.

Nach abgeschlossener Fehlerdiagnose bei Auftreten von Fehlern, aber i. a.
auch bei Integration von reparierten oder auch neu hinzukommenden Systemkomponenten ist eine automatische Rekonfiguration des Kommunikationssystems erforderlich. Setzt man verteilte Fehlerdiagnose voraus, so verfügen alle oder mehrere intelligente Komponenten, dazu können auch Anschaltungen gehören, über die Fehler- bzw. Statusinformation sämtlicher
Komponenten des Gesamtsystems, die spontan bzw. periodisch aktualisiert
werden. Aufgrund dieser Information können statisch oder dynamisch von
autorisierten Komponenten mit Statusinformation Rekonfigurationen auch
des Kommunikationssystems durchgeführt werden. Um die Systemstörungen
gering zu halten, ist eine kurze Rekonfigurationszeit wünschenswert.

Außer den Eigenschaften eines Kommunikationssystems seine eigene Fehlertoleranz betreffend trägt es durch bestimmte Dienste zur Fehlertoleranz

des Gesamtsystems bei. Hierzu gehören die Übertragung von Tests und
Testergebnissen; dabei können Testergebnisse bereits in komprimierter
Form als Status einer Komponente vorliegen. Eine wichtige Funktion des
Kommunikationssystems im Rahmen einer zentralen oder verteilten Fehlerdiagnose für das Gesamtsystem ist die Implementierung des Statusmelde-
systems. Die effektive Aktualisierung der Statuslisten in den zur Rekonfiguration autorisierten Komponenten ist Voraussetzung für kurze Re-
aktionszeiten bei einer Rekonfiguration.

Bild 5 zeigt beispielhaft den Testgraph für einen aktiven Ringbus mit
zwei SIMPLEX-Leitungen für Rechts- und Linksverkehr (z. B. Lichtleiter)
und Teilnehmern (T_i), wie im RDC-System /5, 6/ realisiert. Die Teilnehmer sind über Anschaltungen (AS_i) an den Bus angekoppelt. Jede Anschaltung enthält einen harten Testkern, der sich selbst, den zugeordneten
Teilnehmer und die benachbarten Anschaltungen testet. Erkennt die Anschaltung mit Selbsttest einen Fehler, werden die beiden Leitungen an
dieser Stelle kurzgeschlossen (Teilnehmerüberbrückung). In allen anderen Fällen wird die Kommunikation unterbrochen, so daß fehlerhafte Moduln isoliert werden. Der Übertragungsmodus wird bei Fehler in einer Anschaltung, der durch Selbsttesten nicht erkannt wird, in "Pendelverkehr"
umgeschaltet.

Im folgenden wird am Beispiel des fehlertoleranten Kommunikationssystems
"RDC-Ring" gezeigt, welche Maßnahmen hierzu im einzelnen vorgesehen
wurden.

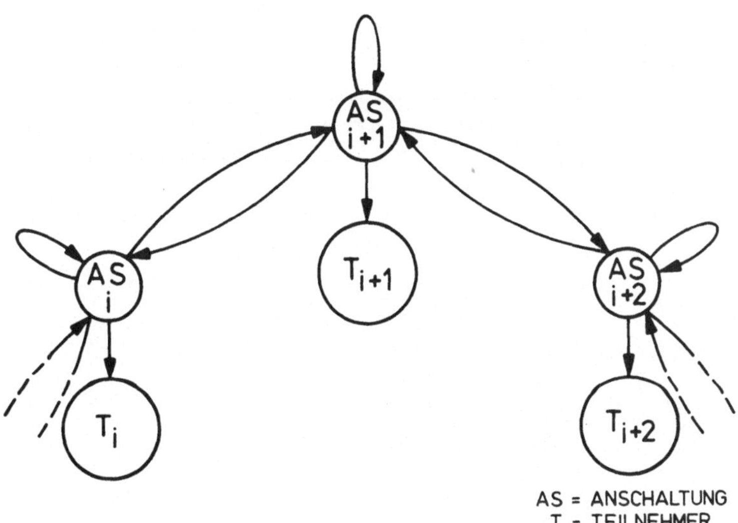

Bild 5: Testgraph für einen aktiven Ringbus mit zwei SIMPLEX-Leitungen
        für Rechts- und Linksverkehr (z. B. Lichtwellenleiter)

7. Beschreibung des RDC-Ringes

7.1 Architektur des RDC-Systems

Es wird über ein System berichtet, mit dessen Entwurf 1975 begonnen wurde. Ziel dieses Vorhabens war es, ein Echtzeitrechnersystem mit besonders fortschrittlichen Systemmerkmalen und Gerätemoduln zu entwickeln
und einer praktischen Erprobung zu unterziehen. Das System erhielt den
Namen RDC-System (Really Distributed Control Computer System), es ist
detailliert in /5, 6/ beschrieben und befindet sich seit Juni 1979 bei
der THYSSEN AG in industriellem Piloteinsatz. Seine Gerätestruktur ist
in Bild 6 dargestellt. Sie enthält räumlich verteilte Mikrorechnersta-
tionen, die sich vor Ort in unmittelbarer Nähe des jeweiligen technischen
Teilprozesses befinden. Jede Station ist in drei Bereiche: LµP, PµP und
E/A untergliedert. Im ungestörten "Normalbetrieb" übernimmt der prozeß-
steuernde Mikrorechner (PµP) die Funktionen, die sich aus der prozeß-
technischen Anwendung ergeben. Im E/A-Bereich sind die Baugruppen für
die Prozeß-Ein-/Ausgabe sowie das Stationsbedienfeld angeschlossen. Die
leitungssteuernden Mikrorechner (LµP) sind über Lichtleitkabel zu einem
Ring miteinander verbunden und bilden das Sammelleitungssystem. Die drei
Bereiche sind durch eine Überwacherbaugruppe miteinander gekoppelt. Sie
führt laufend eine stationsinterne Diagnose mit gerätetechnischen Mitteln durch, so daß bei Auftreten eines Fehlers der defekte Bereich mit
Hilfe der zusätzlichen Schaltereigenschaften dieser Baugruppe auf Ausfall gesetzt und der Fehler isoliert werden kann. Ein aufgrund eines

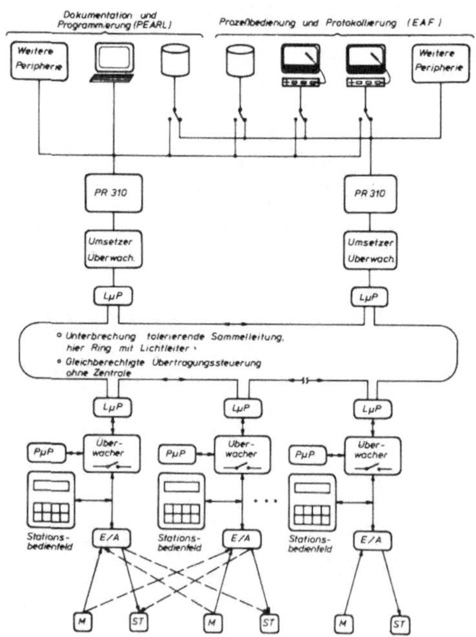

Bild 6: Gerätestruktur des RDC-Systems mit verteilten Mikrorechner-
stationen, gekoppelt über ein dezentral gesteuertes Sammelleitungssystem (hier Lichtleiter-Ringbus), verbunden mit einem
zentralen Prozeßleitstand

derart erkannten Fehlers über den Ringbus ausgesandtes Statustelegramm
unterrichtet das Gesamtsystem davon, so daß Rekonfigurationsmaßnahmen
automatisch ergriffen werden. Hierfür sind mehrere Möglichkeiten vorgesehen und können je nach Anwendungs- und Störungsfall eingesetzt werden. Fällt z. B. der PµP-Bereich in einer Station aus, so geht die Station in den Betriebszustand "Fremdsteuerung der E/A" über, die E/A-Bau-
gruppen dieser Station können nun mit Hilfe von Telegrammen über den
Ringbus durch eine andere Station des Systems nach dem Prinzip der dynamischen (funktionsbeteiligten) Redundanz bedient werden. Fällt dagegen
der LµP-Bereich einer Station aus, so kann die Station im Zustand "In-
selbetrieb" alle Funktionen ausführen, die zur Aufrechterhaltung des
technischen Prozesses erforderlich sind. Will man schließlich Störungen
im E/A-Bereich tolerieren, so wird man die wichtigsten Meß- und Stell-
signale des betreffenden technischen Teilprozesses bei der Nachbarstation zusätzlich auflegen, so daß diese im Störungsfall den Betrieb des
technischen Prozesses aufrecht erhalten kann. Neben dem Prinzip der funktionsbeteiligten dynamischen Redundanz lassen sich mit diesem System auch
Formen der statischen (maskierenden) Redundanz oder Mischformen leicht
realisieren. Die Maßnahmen zur Fehlertoleranz im Bereich der RDC-Stationen sind folgerichtig im Ringbussystem fortgeführt. Die Übertragungssteuerung ist hier selbsttestend völlig ohne Zentralinstanz organisiert.
Auf diese Weise kann jede beliebige RDC-Station ausfallen oder abgeschal-
tet werden, ohne daß der Telegrammverkehr unterbrochen wird. Weiterhin
kann mindestens eine Unterbrechung der Ringleitung toleriert werden.
Nach Reparatur integriert das System automatisch wieder die intakten
Komponenten. Diese Eigenschaften ermöglichen u. a. Reparatur und Wartungseinsätze sowie spätere Ausbauarbeiten während des laufenden Produktionsbetriebes. An denselben Ringbus angekoppelt ist ein Ein-/Ausga-
be-Farbbildschirmsystem (EAF-System) als zentraler Leitstand zur Anzeige und Führung des technischen Prozesses, einschließlich Dokumentation
und Archivierung der Prozeß- und Systemdaten und ein Kleinrechner für
das dynamische Laden von Programmen in die RDC-Stationen, z. B. nach Reparatur, aber auch um die Stationen mit neuen Anwenderprogrammen zu versorgen.

Im folgenden sollen die Aufgaben der Sammelleitung und die daraus resultierenden Anforderungen an die Leitungssteuerung und deren Realisierung
beschrieben werden. Eine ausführliche Beschreibung findet sich in /19,20/.

7.2 Die Kommunikation auf der Sammelleitung und mit dem PµP

Jeder Station im RDC-System (bis 256 Stationen) ist zur Unterscheidung
eine eigene Adresse, die Stationsadresse (SA) zugeordnet. Die Kommunikation zwischen den Stationen erfolgt mit dem in Bild 7 dargestellten Telegrammformat. Ein Telegramm besteht aus einem zwei Wörter umfassenden

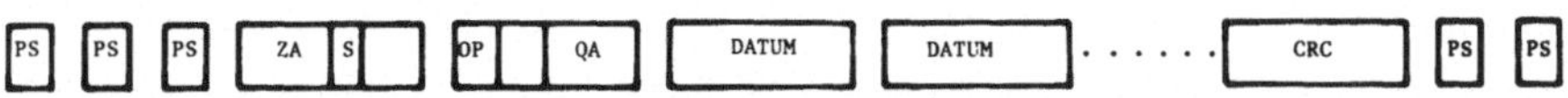

Bild 7: Telegrammformat auf der Sammelleitung

Telegrammkopf, einem Datenteil variabler Länge (bis zu 64 Wörter) und
einem Sicherungszeichen. Die Wortlänge ist 16 bit. Das erste Wort des
Telegrammkopfes enthält in 8 bit die Adresse der Zielstation (ZA) und
eine Kennung zur Unterscheidung von Sammeltelegrammen und "normalen" Telegrammen. Sammeltelegramme (S) sind an alle Stationen gerichtet, hierzu gehören die Telegramme zur Konfiguration der Sammelleitung. Normale
Telegramme sind gerichtete Telegramme, d. h. sie werden von einer Quellstation (QA) an eine Zielstation (ZA) gesendet, die das Telegramm auch

von der Leitung nimmt. Bei Sammeltelegrammen gilt QA = ZA, d. h. die sen-
dende Station nimmt das Telegramm von der Leitung. Das zweite Wort des
Telegrammkopfes enthält in 4 bit den LµP-Telegramm-Operationscode (OP)
und die 8 bit-Adresse der Quellstation (QA). Das Telegramm wird durch
ein CRC-Sicherungswort gegen Übertragungsfehler gesichert. Zwischen Telegrammen werden als Trennzeichen hardwaremäßig erzeugte "Pausensymbole"
(PS) gesendet (Länge = 4 bit).

In Bild 8 ist schematisch der Datenfluß in einer Station dargestellt.

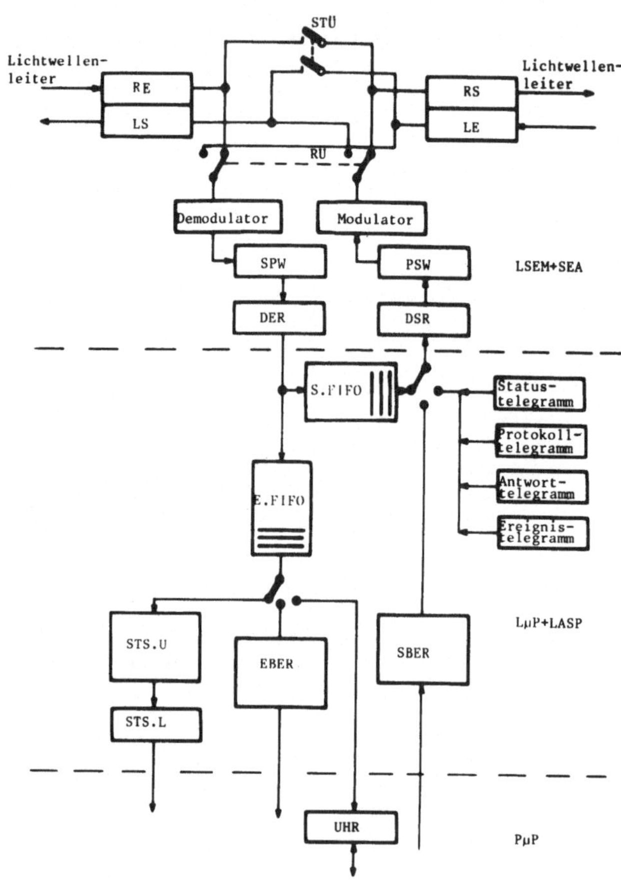

<u>Bild 8</u>: Datenfluß im LµP-Bereich

Zur Realisierung der Fehlertoleranz gegenüber einer Unterbrechung der
Ringleitung muß eine bidirektionale Übertragung auf den einzelnen Lei-
tungsstücken möglich sein. Optische Koppler zur bidirektionalen Übertragung sind aus verschiedenen Gründen praktisch nicht einsetzbar, der
RDC-Ring ist deshalb als Doppelring, für jede Richtung (links/rechts)
ein getrennter Lichtleiter mit den zugehörigen optischen Kopplern (LE,
LS/RE,RS), ausgeführt. Die Sammelleitung wird bei mindestens einer intakten Ringstrecke im "Ringbetrieb" betrieben, wobei das Sammelleitungsprotokoll automatisch die intakte Leitung findet und darauf umschaltet
(Schalter RU). Ist die Strecke zu einer Nachbarstation in beiden Richtungen gestört, geht die Sammelleitung in den "Pendelverkehr" über, wobei durch das Sammelleitungsprotokoll, gesteuert mit RU, periodisch die

Übertragungsrichtung gewechselt wird. Die seriell auf dem Lichtwellenleiter eintreffenden optischen Empfangssignale werden im Lichtsender-/
empfängermodul (LSEM) in elektrische Signale verwandelt.
Ist die Station überbrückt (LµP auf Ausfall, Schalter STÜ geschlossen),
werden die vom Lichtwellenempfänger (RE oder LE) empfangenen Signale
regeneriert und neu vermaßt, ansonsten aber nach Umwandlung in optische
Signale unverändert weitergesendet (RS oder LS), beide Leitungen sind
durchgeschaltet. Bei angekoppelter Station (LµP betriebsbereit, Schalter STÜ geöffnet) ist nur das der momentan angewählten Übertragungsrichtung zugeordnete Empfänger-Senderpaar aktiv.

Im Datenempfangsregister (DER) der Sender-/Empfängeranpassung (SEA) wird
das seriell einlaufende Telegramm zu Wörtern aufbereitet und über Interrupt dem Leitungsmikroprozessor (LµP) gemeldet. Der LµP, ein bipolarer
mikroprogrammierter 16bit-Prozessor, untersucht den Telegrammkopf. Stim-
men Zieladresse (ZA) und Stationsadresse (SA) überein, trägt der LµP
das gesamte Telegramm in den Empfangs-FIFO ein, ansonsten in den Sende-
FIFO. Sammeltelegramme mit ZA≠SA werden in beide Bereiche eingetragen.

Ist das Datensenderegister (DSR) frei, so wird dies von der SEA dem LµP
ebenfalls über Interrupt angezeigt. Das DSR wird versorgt aus dem S.FIFO,
aus dem Sendebereich des PµP (SBER) oder aus einem sonstigen Bereich mit
vorbereitetem Telegramm. Gesendet werden immer vollständige Telegramme
in dem von der SEA vorgegebenen Sendetakt. Aus welchem Bereich gesendet
werden soll, wird nach Telegrammende jeweils neu entschieden. Um eine
möglichst kurze Verzögerungszeit eines Telegramms durch die Station zu
erreichen, hat S.FIFO Vorrang vor allen anderen Bereichen, und es wird
aus S.FIFO schon gesendet, wenn mindestens ein Wort eines empfangenen
Telegramms eingetragen ist.

Die Übergabe vollständig empfangener Telegramme an den PµP bzw. die Übergabe eines zu sendenden Telegramms an den LµP geschieht über einen Puf-
ferbereich (E.BER bzw. S.BER). Die Synchronisation zwischen LµP und PµP
erfolgt per Interrupt über das "Kommunikationsregister" auf der Überwacherbaugruppe, über das auch alle Besonderheiten im Zusammenhang mit
dem Telegrammempfang (eventuelle Übertragungsfehler) und Zustandsände-
rungen im Sammelleitungssystem dem PµP gemeldet werden.

7.3 Das Statusmeldesystem der Sammelleitung

Die Kenntnis der Betriebszustände aller Komponenten ist im RDC-System
von fundamentaler Bedeutung für Rekonfigurationsentscheidungen im Fehlerfall. Der Status einer einzelnen RDC-Station wird bestimmt durch

- den Zustand der Bereiche (PµP, LµP, EA) einer Station
  (im wesentlichen Ausfall bzw. Betriebsbereitschaft),

- den Zustand des Versorgungssystems einer Station,

- den Status der Station in Bezug auf die Sammelleitung.

Er wird durch den LµP als Statustelegramm an alle anderen Stationen gesendet

- bei einer Zustandsänderung im Stationsbereich,

- nach Auftreten einer Fehlermeldung der Überwacherbaugruppe,

- als Folge einer Statusumfrage, ausgelöst durch Konfigurieren der
  Sammelleitung nach dem Einkoppeln/Überbrücken einer Station oder
  nach einer Leitungsstörung/-reparatur,

- und außerdem jede Sekunde, um den eventuellen Verlust eines Statustelegramms abzusichern.

Die Stati aller Stationen sind in jeder Station in der Stationsstatus-

liste, kurz Statusliste, abgespeichert. Die Statusliste ist eine zwei-
teilige Liste (STS.U, STS.L) im LµP-Arbeitsspeicher, die zweimal soviel
Plätze enthält, wie Stationen an die Sammelleitung angeschlossen werden
können. Bei einer Statusumfrage wird die Statusumfrageliste STS.U zu Beginn der Umfrage gelöscht. Anschließend wird der Datenteil der einlau-
fenden Statustelegramme zusammen mit der Empfangsrichtung als Statuseintrag in diese Liste gespeichert. Wird vom LµP das Ende der Statusumfrage
erkannt, so wird jeder Statuseintrag in der Liste STS.U mit dem entsprechenden Statuseintrag in der Liste STS.L, der eigentlichen Statusliste, verglichen und der Statuseintrag aus STS.U nach STS.L übertragen.
Sind alle Einträge ausgewertet und wurde bei mindestens einer Station
Ungleichheit (ohne Berücksichtigung der Empfangsrichtung) festgestellt,
so wird dem PµP dies als "Statusänderung" über das Kommunikationsregister per Interrupt mitgeteilt. Bei Empfang eines Statustelegramms außerhalb einer Statusumfrage wird - bezogen auf den jeweiligen Stationssta-
tus - analog verfahren. Bei einer Statusänderung muß der PµP die Statusliste STS.L in seinen Arbeitsspeicher übertragen, wo sie der "lokale Be-
obachter" weiter untersucht. Mit seiner Kenntnis werden auf der Netzbe-
triebssystem- bzw. Anwenderebene Rekonfigurationsvorgänge eingeleitet,
um ausgefallene Funktionen, die an Stationen und deren Bereiche geknüpft
sind, durch andere zu ersetzen bzw. bei deren Reparatur den alten Zustand wieder herzustellen. Der Status dient aber auch zur Fehlerlokalisierung, insbesondere zur zentralen Anzeige der Funktionsbereitschaft
des gesamten Automatisierungssystems.

7.4 Telegrammdienste auf der Sammelleitung

Die Telegramme können in drei Klassen eingeteilt werden:

- Telegramme zur Konfigurierung der Sammelleitung; sie werden nur von
  den LµP's erzeugt und verarbeitet (Statusumfrage, Statusmeldung,
  Ringumschaltung),

- Organisationstelegramme; sie werden von den PµP's erzeugt und von den
  LµP's ausgeführt (Grundstellung bzw. Starten eines PµP's, Leitungs-
  abkopplung einer Station, Uhrensynchronisation, ...),

- Datentelegramme; sie werden von den PµP's erzeugt und bei intaktem
  PµP-Bereich auch von diesem bearbeitet (Lesen, Schreiben, Löschen,
  Setzen, EA-Bedienung).

Datentelegramme werden vom LµP in Abhängigkeit vom Betriebszustand der
Station bearbeitet. Ist der PµP-Bereich ausgefallen, so werden Datentelegramme durch den LµP der Zielstation in Fremdsteuerung selbst ausgeführt, Antworttelegramme aufgebaut und an die anfordernde Station zurückgeschickt. Ebenfalls werden Unterbrechungsursachen einer anfordern-
den Bezugsstation selbsttätig gemeldet. Damit kann bei ausgefallenem
PµP die angeschlossene Prozeßperipherie durch den PµP einer anderen
Station über die Sammelleitung bedient werden. Das Urladen der Stationen mit Anwender- und Systemprogrammen findet auch in Fremdsteuerung
statt.

7.5 Konfigurierung der Sammelleitung

Das Sammelleitungsprotokoll bzw. das Hardwaresystem des RDC-Rings detek-
tiert und toleriert folgende Fehler:
Unter Aufrechterhaltung des Ringbetriebs werden

- Defekte im LµP-Bereich durch Selbsttest bzw. von der Überwacherbaugruppe erkannt, der LµP-Bereich auf Ausfall gesetzt und damit die
  Station überbrückt.

- kurzzeitige Netzausfälle durch Batteriebetrieb überwunden.

Unter Aufrechterhaltung des Ringbetriebs, aber durch Umschalten auf die andere Leitung durch den erkennenden LµP wird

- ein totaler Ausfall einer Leitungsstrecke (z. B. Glasfaserbruch) durch das Ausbleiben von Telegrammen bzw. Pausensymbolen an der Unterbrechungsstelle erkannt.
- ein "schleichender" Fehler an einer falschen Vermaßung der Empfangssignale erkannt. Der LµP akkumuliert die Fehlermeldungen und leitet bei Erreichung einer vorgegebenen Anzahl die Umschaltung ein.

Durch Übergang zum Pendelverkehr wird

- der Ausfall beider Leitungsstrecken zwischen zwei Stationen und
- der Ausfall der Spannungsversorgung einer Station überwunden.

Im Pendelverkehr (Bild 9) gibt es zwei ausgezeichnete Stationen, nämlich die beiden Stationen k und l an der Unterbrechungsstelle, sie werden "Eckstationen" genannt.

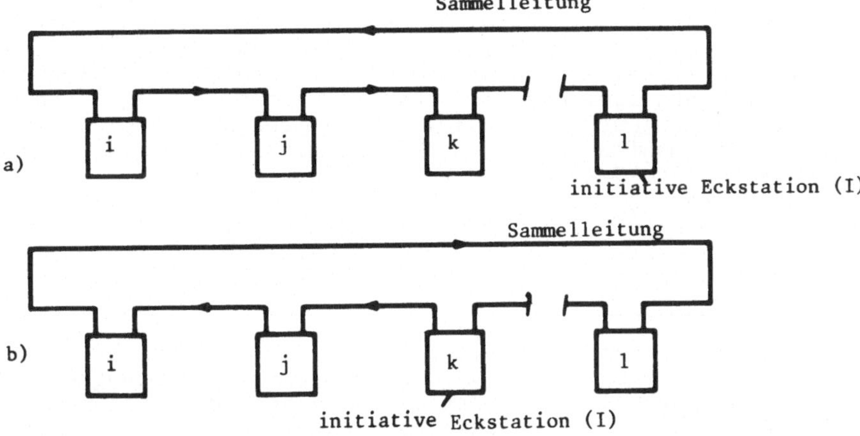

Bild 9: Sammelleitung im Pendelverkehr

     a) Übertragungsrichtung rechts
     b) Übertragungsrichtung links

Die Eckstation, die in der momentan eingestellten Richtung alle anderen Stationen erreichen kann (initiative Eckstation), hat die Aufgabe, nach Ablauf der Pendelphase (∿ 10 ms) ein Sammeltelegramm mit dem Befehl zum Umschalten der momentanen Richtung zu senden, wobei sie die Initiative zur nächsten Umschaltung an die andere Eckstation übergibt usw. Der Pendelverkehr wird solange aufrechterhalten, bis eine initiativ gewordene Eckstation wieder gültige Signale über die zuvor ausgefallene Teilstrecke empfängt. Sie leitet eine Statusumfrage ein und erkennt bei Empfang ihres eigenen Status, daß der Ring wieder geschlossen ist. Die Eckstationen werden wieder zu normalen Stationen, der Pendelverkehr geht in den Ringverkehr über. Es kann sich aber auch um die Ankopplung einer weiteren im Pendelverkehr befindlichen Strecke handeln, dann werden nur die Eckstationen an der Verbindungsstelle zu Normalstationen, der Pendelverkehr bleibt bestehen.

Das gesamte Protokoll der Sammelleitung ist so ausgelegt, daß Störungen, die während eines Konfigurationsablaufs eintreten, zu einem Neuanlauf führen. Am Ende des Prozesses sind alle von der Sammelleitung angeschalteten Stationen durch ihre Statuslisten informiert über den Zustand der Sammelleitung (Ringverkehr/Pendelverkehr), die Bereichsstati der angekoppelten Stationen und den Status dieser Stationen in Bezug zur Sammelleitung (Eckstation/Normalstation, erreichbar in linker/rechter Richtung, Umschaltstation bei Leitungsfehler). In welche Übertragungsrichtung ein Telegramm vom LµP gesendet wird, ist abhängig von der Betriebsart der Sammelleitung und bei Pendelverkehr von der Lage der Zielstation zur Quellstation und von der Telegrammart:

- Im Ringverkehr wird das Telegramm in die momentan eingestellte Übertragungsrichtung gesendet, die Lage der Zielstation und die Telegrammart sind unwichtig.

- Im Pendelverkehr wird ein "normales" Telegramm in die Übertragungsrichtung gesendet, in der die Zielstation erreichbar ist. Hierzu wird die Richtungsangabe des Statuseintrages in der Statusliste herangezogen. Sammeltelegramme und Telegramme für Zielstationen mit leerem Statuseintrag werden in beide Übertragungsrichtungen gesendet.

Durch Übertragungsfehler auf der Ringleitung und durch Umschalt- und An- bzw. Abkoppelvorgänge einer Station können fehlerhafte Telegramme und Telegrammrudimente entstehen, deren Zieladressen im Ringleitungssystem nicht existieren. In den Statusumfragelisten findet sich kein Eintrag für diese Station, der eine Telegrammzuordnung gestatten würde. Telegramme dieser Art würden die Ringleitung mehrfach durchlaufen und schließlich die Kommunikation stark gefährden. Das Sammelleitungsprotokoll vernichtet solche Telegramme selbsttätig.

8. Betriebserfahrungen mit RDC Ringen in industriellen Automatisierungssystemen

Die beschriebenen Eigenschaften ergeben ein Gesamtsystem mit einem hohen Grad an Fehlertoleranz, der u. a. Reparatur- und Wartungseinsätze sowie spätere Ausbauarbeiten während des laufenden Produktionsbetriebes erlaubt. Der RDC-Ring als integraler Bestandteil hat sich im industriellen Einsatz ohne Einschränkung bewährt. Die dezentrale Übertragungssteuerung im Ringbussystem tolerierte physikalische Ausfälle einzelner Licht-/-empfänger-Dioden ebenso wie Unterbrechungen durch Abschaltungen aufgrund von Reparaturarbeiten. Die Auslastung des RDC-Rings in mehreren Automatisierungssystemen wurde mit unterschiedlichen Lastmustern gemessen /21/. Sie ist so niedrig, daß man mit diesem System auch noch wesentlich höhere Anforderungen hinsichtlich Durchsatz und Übertragungszeiten erfüllen kann. Für industrielle Automatisierungen sind bis heute rd. 80 RDC-Stationen in 5 unterschiedlichen Systemen im Einsatz.
Die für den Anfang 1979 abgeschlossenen Teilausbau des ersten Pilotsystems - eingesetzt in der Stahlindustrie - durchgeführten Messungen zur Systemverfügbarkeit /11/ über 8 Monate ergaben einen Wert von

$$V_{syst} = 1 - 3{,}7 \cdot 10^{-4} \ .$$

Diese werden inzwischen weit übertroffen. Da die eingangs aufgestellten Forderungen - im Entwurf begründet - erfüllt sind und sich auch in der Praxis bewährt haben, sind die Fortentwicklung des RDC-Ringes für zusätzliche Sprach- und Fernsehbildübertragung sowie die Ergänzung um einen optischen Überbrückungsschalter vorgesehen.

Literatur

/1/   Becker, P.-J., R. Grimm, D. Heger: Fortgeschrittene rechnergestütz-
      te Automatisierung durch Datentransparenz und Kommunikation.
      FhG-Berichte 2/82, München 1982.
/2/   Metcalfe, R.M., D.R. Boggs: ETHERNET: Distributed Packet Switching
      for Local Computer Networks. Communication ACM 19,7; July, 1976.
/3/   Hopper, A.: Data Ring at Computer Laboratory, University of Cam-
      bridge. Computer Science and Technology. Local Area Networking.
      Washington, D.C. National Bureau of Standards. NBS Special Pu-
      blication 500-31, 1977, pp. 11-16.
/4/   Christensen, G.S., W.R. Franta: Design and Analysis of the Access
      Protocol for HYPERchannel Networks. Proceedings of Third USA-Japan
      Computer Conference (1978), pp. 86-93.
/5/   Heger, D., H. Steusloff, M. Syrbe: Echtzeitrechnersystem mit ver-
      teilten Mikroprozessoren. Forschungsbericht Datenverarbeitung des
      BMFT DV 79-01, Karlsruhe, 1979.
/6/   Heger, D. (Herausg.): Systemergänzungen und Piloterprobung eines
      fehlertoleranten Echtzeitrechnersystems mit verteilten Mikropro-
      zessoren (RDC-System). Forschungsbericht Datenverarbeitung des
      BMFT DV 81-007, Karlsruhe, 1982.
/7/   ISO/TC97/SC16: Data Processing - Open Systems Interconnection -
      Basic Reference Model, Draft Proposal ISO/DP 7498. New York,
      December 3, 1980.
/8/   IEEE 802 Local Area Network Standard, Draft C, May 27, 1982.
/9/   Heger, D.: Klassifizierung und Leistungsbewertung von Bussystemen.
      NTG-Fachberichte Bd. 80, 1982, pp. 165-180.
/10/ Heger, D.: Zur Beschreibung, Klassifizierung und Leistungsbewer-
      tung lokaler Netzwerke. Dissertation an der Fakultät für Informa-
      tik der Universität (TH) Karlsruhe, in Arbeit.
/11/ Bonn, G., M. Patz, F. Saenger: Grundprinzipien und Betriebserfah-
      rungen mit Fehlererkennung und -anzeige bei fehlertoleranten Pro-
      zeßrechnersystemen mit funktionsbeteiligter Redundanz. Meß- und
      Automatisierungstechnik, FB, MSR 5, INTERKAMA-Kongreß 1980.
      Springer-Verlag Berlin, Heidelberg, New York.
/12/ Saenger, F., R. Bähre: Error Detection and Location Methods in
      the Real Time and Fault Tolerant Multi Computer System "RDC" -
      Realization and Proposals for Further Improvements. Werkhefte der
      Universität Tübingen Nr. 4, pp. 201-215. Attempto Verlag Tübingen
      GmbH.
/13/ Swoboda: Codierung zur Fehlerkorrektur und Fehlererkennung.
      Oldenbourg-Verlag München, 1973.
/14/ Furrer, Frank, J.: Fehlerkorrigierende Block-Codierung für die
      Datenübertragung. LHI 36. Birkhäuser-Vlg. Basel, 1982.
/15/ Maehle, E.: Self-Test Programs and their Application to Fault-
      Tolerant Multi-Processor Systems. Werkhefte der Universität Tübin-
      gen Nr. 4, pp. 186-200. Attempto Verlag Tübingen GmbH.
/16/ Avizienis, A.: Fault-Tolerant Systems. IEEE Transaction on Com-
      puters, C-25 (1976), No. 12, pp. 1304-1312.
/17/ Dal Cin, M.: Fehlertolerante Systeme. Verlag B.G. Teubner, Stutt-
      gart, 1979.
/18/ Kuhl, J.G., S.M. Reddy: Distributed Fault-Tolerance for Large Mul-
      tiprocessor Systems. Computer Architecture News, Sigarch Newsletter
      Vol. 8, No. 3, May 6-8 (1980), pp. 23-30.
/19/ Viehweger, W.: Funktionsbeschreibung des Leitungssteuerungsmikro-
      prozessors LµP im Echtzeitrechnersystem mit verteilten Mikropro-
      zessorstationen mit einer Kurzfassung der Konfigurierabläufe der
      Sammelleitung. Technische Notizen zu A 1159, Nr. 88, IITB-FhG,
      1979.

/20/ Peschke, P.: Beschreibung der Konfigurierabläufe der Sammelleitung
     im Echtzeitrechnersystem mit verteilten Mikroprozessorstationen
     mit einer Kurzfassung der Kommunikationsabläufe. Technische No-
     tizen zu A 1159, Nr. 93, IITB-FhG, 1979.
/21/ Heger, D., R. Bähre: Meßprozessor für Rekonfigurationsabläufe und
     Übertragungsströme im Echtzeitrechnersystem mit verteilten Mikro-
     prozessoren (RDC-System). IITB-Mitteilungen 1980, pp. 32-36.

MIXED TRAFFIC Performance Data of CSMA/CD- and DSMA-Access Protocols
Derived from FORCASD Simulation Runs

N. Dahmen, U. Killat, R. Stecher
Philips GmbH Forschungslaboratorium Hamburg,
2000 Hamburg 54, F.R.G.

1   INTRODUCTION

For use in local area networks (LANs) several access protocols have
been proposed, some of which are already a concern of standardization
bodies [1]. There are many possibilities to organize the use of a
given channel: the access may be granted in a random or a controlled
fashion, the responsibility for control information may be centralized
or distributed etc. The actual choice has a considerable influence on
the performance of the LAN in a given scenario of applications and
therefore performance measures of access protocols are of utmost importance. Unfortunately most attempts in performance analysis rely -
for reasons of mathematical tractability - on the assumption of
Poisson like traffic behaviour. However, this assumption will not
necessarily lead to reliable results with respect to the most interesting application areas of LANs: LANs are thought of as the backbone of
service integrated systems which imply the coexistence of different
types of traffic patterns in one network.

We have therefore tackled the problem to derive performance measures
under mixed traffic conditions using the tools of system modelling and
simulation. The idea is to represent
-     a certain set of traffic generators and
-     a LAN with its access mechanism as black boxes in a simulation
model. By connecting the traffic generator boxes to the LAN box, one
can simulate the traffic flow in the LAN subject to the traffic
offered by the generators connected to it. The coexistence of telephone traffic and data traffic on one LAN is the major concern of this
paper.

In Section 2 of this paper we describe the access mechanisms CSMA/CD
[2] and DSMA [3] investigated in this contribution. Section 3 briefly
characterizes the traffic sources used in the simulation experiments
and Section 4 gives a short introduction to the evaluation net description of simulation models. Finally in Section 5 we present our
results in terms of delay - throughout characteristics for the individual traffic types in a given scenario of traffic sources.

2   ACCESS MECHANISMS

We consider a bidirectional bus to which a number of stations is connected. A distributed control strategy is used to grant bus usage to one station at a time. CSMA/CD is an example of a probabilistic access method, whereas DSMA is a representative of the deterministic access methods.

2.1 Carrier Sense Multiple Access with Collision Detection (CSMA/CD)

For the specifiaction of the CSMA/CD-method we heavily rely on the Ethernet specification [2]. Ethernet stations are able to derive a "carrier sense signal" from ongoing transmissions of any other station. On sensing the end of the carrier signal a station willing to transmit waits for a certain guard time ("interframe spacing") and then uses the channel. For a period of time-corresponding to the round trip delay of a signal on the bus - the transmission is susceptible to collisions from other stations not yet detecting the carrier. Upon detecting a collision a station jams the channel for some time to ensure that all stations involved in the collision detect the interference and stop transmission. Retransmission attempts are then delayed by a backoff time chosen as a multiple r of the slot time ($=$ round trip delay + jam time). r is a uniformely distributed random integer in the range $0 < r \leqslant 2^k$; $k = $ min $(n,10)$, where n denotes the nth retransmission attempt. If n exceeds 16, this is reported as an error.

Our model adheres to the following specifications:
*   data rate   = 10 Mbit/s
*   bus length = 1 km
*   slot time = 264 bits
*   jam signal = 32 bits
*   interframe spacing = 96 bits
*   address length = 16 bits

As compared to [2] some minor changes have been introduced. We mention the slot time (264 instead 512 bits), which relieves the back-off times from burdens imposed from the maximum distance of 2.8 km specified in [2]. Furthermore we have neglected:
-    contributions of electronic delays to the collision window,
-    synchronization signals (preambles, flags) for both CSMA/CD and DSMA.

The reason is to make the two access methods as comparable as possible albeit no implementation specification for DSMA exists.

2.2 Distributed Scheduling Multiple Access (DSMA)

The DSMA-protocol as described by Mark [3] is based upon a division of the whole communication channel capacity into a data channel and a request channel. The use of a request channel for scheduling conflicting transmission requests is also common to other access methods [4], [5]. For the allocation of the two channels space-, time- and frequency division multiplexing schemes are all adequate.

In DSMA each station with a pending data packet puts its address on the request channel and by bit-serial address comparisons data channel access is granted to the station with the highest address. This method is explained in greater detail with reference to fig. 1. Here the request channel is a unidirectional bus with a write line and a read line. For the sake of an argument assume that the stations A and B of fig. 1 have the addresses 1011 and 1101, respectively. With the start of a contention interval station A sends its address with the higher order bits first on the write line of the request channel. Station B receives the first bit ("1") on the write line and compares it with the highest bit of its own address which also happens to be a "1". B passes that "1" to the next station downstream the write line. Upon a comparison of the next bits of the addresses B finds its own bit dominating and from now on decides to send its own address without any further consideration of the address bits of A. The station that detects its own address on the read line of the request channel is granted access to the data channel. Eventually the winning station has to wait before using the data channel until the winner of the preceding contention has finished off with sending. Controversely, if the preceding winner sends a data unit occupying the data channel for a shorter time than the duration of the contention procedure, then channel capacity is waisted. To reduce this effect short propagation times in the request channel would be desirable. Mark therefore proposes to place the short circuit of the request loop in the middle of the bus and to let address comparisons progress from the far ends of the bus to the center. Here a final comparison and redistribution of the information on the read lines is performed; in this paper, we stick to Marks proposal although we feel that its implementation will be hampered by the problem of synchronizing the two branches of the request channel.

DSMA makes it possible to use part of the station addresses for priority control. Throughout our simulations telephone traffic is given priority over other traffic sources. For fairness reasons one may introduce a contention cycle [3]: The winner of a contention voluntarily does not contend for successive transmissions until all stations involved in the collision have been granted access to the data channel. Our simulation results include this fairness-option. The remaining specifiactions of the DSMA model are as follows:

- data rate of data channel: 9 Mbit/s
- data rate of request channel: 1 Mbit/s
- bus length: 1 km
- address length: 16 bits

The maximum achievable throughput with DSMA, S=0.9, is indicated in some of the figures of Section 5.

3   TRAFFIC SOURCES

For the simulation runs we use 4 different traffic-generators:
- a poisson traffic-generator,
- a telephone traffic-generator,
- a terminal-computer traffic-generator, and
- a generator simulating experimental data from an Ethernet installation

3.1 Poisson traffic

The poisson traffic-generator generates packets with negative-exponentially distributed inter-arrival times and a constant packet-length. For the packetlengths P we use P=5000 or P=232 bits per packet. The packet origins are equally distributed over 100 poisson-sources, so that each poisson-source generates the same mean amount of traffic.

3.2 Telephone traffic

The telephone traffic-generator simulates a pure voice-traffic without telephone signalling but with a dynamic changing of the simulated connections. It was assumed that the voice is PCM coded so that there are 8-bit-samples every 125 micro-seconds per active telephone-source. These samples are collected in packets with 25 samples plus an address-overhead of 32 bits. Therefore the constant delay for packetizing is 3.125 mili-seconds and each packet contains 232 bits.

The interarrival times of calls and the call duration are both negative-exponentially distributed. The mean call duration is 2.5 seconds (or 800 packets). This very short duration (normally it is in the range of 100 seconds) is chosen to take care of different phase relationships of the unsynchronized but uniform packet streams within a reasonable simulation time. Calls are set up between randomly chosen non-occupied telephone-sources. The total number of telephone stations is 100. The variation of telephone-traffic intensity is regulated by a variation of the mean number of active stations.

3.3 Terminal-Computer traffic

The terminal-computer traffic-generator is built according to a paper by Pawlita [6]. The generator is based upon the user-cycle definition and the 'mean user'-model curves of the buffered terminals of Pawlita's systems 'A' and 'B' ('A' is characterised as a technical/ scientific system while 'B' is a commercial one). For the simulation runs we consider 100 active (!) terminal-computer sessions (with a minimum packetlength of 70 bits). This traffic-pattern results in a mean throughput (related to the 10 Mbit/s bus capacity) of less than 0.1%.

3.4 "Ethernet traffic"

The Ethernet traffic-generator is based on the distributions of packet inter-arrival times and packetlengths as measured by Shoch and Hupp [7]. According to the published results, the generated traffic yields a mean throughput (again related to 10 Mbits/s) of about 0.3%.

4 MODEL DESCRIPTION AND SIMULATION USING FORCASD

The results presented in this paper are obtained from simulation experiments based on the FORCASD programm package [8.9]. FORCASD has been developed in the Philips Research Laboratory at Hamburg to support modelling and simulation by evaluation nets [10,11,12]. Time discrete systems can generally be described by a set of interconnected functional building blocks each composed of a set of interacting activities (processes) and a set of dynamic model objects (information carries) affected by those activities. If we suppose each activity located at a certain activity station where it operates on the information content of those dynamic model objects, a functional building block can graphically be described by an interconnection net representing the interconnection structure between the activity stations. These model description requirements are best met by the evaluation nets, which have been extended to a model description method within the FORCASD package.

An evaluation net (see fig. 2) consists of:
- transitions (drawn as vertical bars), that represent the activity stations,
- locations (drawn as circles), that represent the interconnection elements (token residences) between the transitions and finally
- tokens (information carriers), that represent the dynamic model objects including their information content (attributes).

A transition itself is described by:
- the transition scheme, that represents the transition logic with respect to the token flow,
- the transition procedure (optional), representing the model activities that are executed at this transition in order to affect the token attributes,
- the transition time $(T>0)$, that represents the time being necessary to execute the model activities located at that transition,
- a resolution procedure in case of conflict transitions (indicated by a hexagon) in order to permit data depending decisions with respect to the token flow according to the net's status or the current values of the token attributes.

A transition is said to be 'enabled' if necessary conditions at their input and output locations are fulfilled. If enabled it 'fires' i.e. the activities represented by that transition are executed. This means in particular that after elapse of the transition time first the tokens are moved from the input locations according to the rule of that transition type. Secondly the token attributes are changed according to the transition procedure.

As an example fig. 2 shows the evaluation net of the functional unit 'processor' within a simple terminal system consisting of that processor and five terminals interconnected to it via the input and output ports/INi/,/OUTi/.

The terminals contend for service from the processor of limited capacity. Obviously this example is likewise sensible to the LAN field, where stations contend for service from a common channel.

The processor in fig. 2 contains three basic and two extended transition types available in FORCASD. The transitions /ENTR/ (type: join), /CPU/ (type: transit) and /FINI/ (type: forc) are enabled if all their input locations are full and all their output locations are empty. Transition /SLCT/ (extended type: selection) is enabled if at least one input location is full and the output location is empty. It then switches a token from one of the input locations to /ENTR/. In a conflict, i.e. if two or more input locations are full simultaneously, the resolution procedure represented by the resolution location PRIO is executed and decides which direction is switched first. Transition /EXIT/ (extended type: distribution) is enabled if the input location is full and at least the output location evaluated by the resolution procedure represented by the resolution location SWI is empty. Token then is moved according to direction selected by the resolution procedure. In our simple terminal system each terminal is supposed to be active again, when a response token is received from the processor indicating that its currently running job has been finished. Jobs (represented by tokens) coming from the terminals according to a randomly varying interarrival distance are stored in the input locations of transition /SLCT/. It selects the next job according to the priority rule represented by its resolution procedure and switches it to location /ENTR/. If a token in location /IDLE/ (initially marked) indicates that the /CPU/ is available (IDLE) the job token is moved to /ACTV/ leaving /IDLE/ empty. Now the /CPU/ is blocked for subsequent jobs because /IDLE/ is empty. After the job has been executed by the /CPU/ the job token moves on into location /RDY/ and firing of transition /FINI/ sets the /CPU/ idle again by moving an idle token into /IDLE/. The job token residing in /BACK/ is routed back by transition /EXIT/ as a response token to its originating terminal according to the token attribute that keeps the terminal number.

Fig. 3 shows - just for illustration purposes - the structure of the evaluation net used for the CSMA/CD simulations as it is generated on a graphic display.

The model incorporates:
-    a queue of packets waiting for the "carrier sense signal" to disappear (region I),
-    a queue of packets colliding during the collision window (region II),
-    a back-off queue (region III),
-    a management of the carrier sense signal (region IV).

The simulation package FORCASD (fortran-based computer-aided system design tool) is structured in three layers, each of which can be used independently.

On the graphic E-net level the graphical representation of a net
created interactively on a graphic display is used for model
implementation.

- The alpha E-net level supports the simulation of E-net models
which are described alphanumerically by FORTRAN routines. No
graphics facilities are required.

- The kernel level comprises a set of fundamental event-administra-
tion routines as they are known from process-oriented simulation
languages.

5   DISCUSSION OF SIMULATION RESULTS

Local area networks have been developed to allow a number of independent devices to communicate with each other by means of a reliable
high speed transmission system. Implicitly these devices have been
identified with computer equipment. The discussion about the "Office
of the Future" led to the question whether LAN's could serve as the
backbone of such a system. Consequently the ability of LAN's to support different types of traffic and in particular telephone traffic
became an important issue for bench mark comparisons. During our
studies we became aware of two publications tackling the problem of
telephone traffic running on an Ethernet system.

In [13] simulations have been carried out determining the delay of 320
bits voice packets in an traffic environement corresponding to the
measurements on an existing Ethernet installation [7]. It was found
that this amount of traffic does not seriously affect up to 50 active
telephone speekers. Similar results will be reported from our investigations.

A more thorough analysis has been given by Ravasio et al [14]. Unfortunately, the published delay-load-characteristics for speech in a
mixed traffic situation do not contain an indication of the exact
fraction of data traffic. But the paper does include a clear discussion of the delay problem for voice transmission on an Ethernet. The
total delay of a speech sample has two contributions:

- the packetization delay caused by the collection of many speech
samples in one packet and
- the transmission daly (= waiting time plus transmission time) of
the packet.

To avoid disturbances from fluctuations of the transmission delay, buffer size must be derived from some upper bound and not from the mean value of the delay. In contrast to the authors of reference [14] we feel that the maximum delay must not be determined from a criterion of acceptability (in the sense of tolerability) but from a criterion of noticebility. From our own experiments we deduced a threshold of 10 ms and this is in accordance with PTT requirements asking for echo-cancellation if delays greater than 10 ms are introduced. (For Ethernet the exact threshold value is not critical, because the delay - throughput - characteristics are steep in the region of interest!). In our investigations the packetization delay is 3 ms for both the CSMA/CD access and the DSMA access. A reasonable constraint on delay therefore is that mean delay plus standard deviation (or even a multiple thereof) should not exceed 7 ms.

All of our results are given in terms of delay - versus - throughput(S) characteristics. Delay is expressed as average delay $(\bar{d})$ or as standard deviation (σ). Subscripts p and t refer to Poisson traffic and telephone traffic, respectively. Under mixed traffic conditions a mean value N of N = 20, 30, 40 active telephones is expressed in the figures as a fraction T = 0.15, 0.22, 0.30 of the total channel capacity.

Due to queue length limitations in the simulation package (which have been overcome in the meantime) no extreme loadings of the networks could be simulated. Confidence intervals are generally within the size of the symbols representing a measurement. A deviation from this statement holds for the highest S-value of every Ethernet-curve: Here errors amount to about 10% due to queue overflows in our evaluation net model. In addition, in these experiments a typical fraction of 1 % of all packets encountered more than 16 retransmissions and conse-quently delays of more than 48 ms. One may therefore conclude that a continuation of these curves to higher S-values, even if possible with the simulator, would not be sensible to our problem.

For a validation of our simulation model we compared our CSMA/CD results with the analytic results of Tobagi and Hunt for non-per-sistent CSMA/CD [15]. In fig. 4 we compare our measurements for Poisson traffic (P=5000) with a curve derived from fig. 6 of ref. [15]. The difference in the two curves can be understood from the dif-ferent back-off algorithms: In Ethernet back-off delay increases with increasing number of retransmission attempts. Therefore at high loads the frequently occurring high retransmission delays (up to 1024 slots) tend to increase the mean retransmission delay over the value of 33 slots in ref. [15]. This leads to the fact that our curve looks less promising at high throughput.

For Poisson traffic (P=5000) fig. 5 compares the CSMA/CD and DSMA principles. In terms of mean delay the differences are marginal. However, the figure reveals the importance of including standard deviations in the analysis.

Pure telephone traffic is delt with in fig. 6 and is compared to the Poisson type traffic of fig. 5. For DSMA both curves essentially differ by their asymptotic value for S→o. Thus the relative increase in delay with increasing S is the same for both types of traffic. On the other hand for CSMA/CD and telephone traffic we find a steep slope around a throughput of S≈0.3. This is in accordance with the well known fact [16] that Ethernet efficiency decreases with increasing α, i.e. the ratio of slot time over packet length. For S=0.33 the mean delay is 0.65 ms whereas σ already equals 5.5 ms (see fig. 11). For mixed traffic loads we therefore stick to the region where the telephone traffic load T remains T<0.3.

In fig. 7 we assume a constant mean telephone traffic with T=0.22. The total throughput S results from this telephone traffic and additional Poisson traffic with either P=232 or P=5000. Again we see the different influence of packet length in the two access schemes. Perhaps the most striking point is that for both methods the curves with P=232 do not significantly deviate from those obtained in fig. 6 for pure telephone traffic which also happens to have 232 bit/packet. Thus the different traffic statistics namely Poisson arrivals and regular arrivals appear to be a second order effect as compared to packet length.

For P=5000 fig. 8 shows the behaviour of d_p and d_t for varying contributions of telephone traffic in the DSMA system. It turns out that both d_p and d_t decrease with increasing fraction of telephone traffic. This tendency can be explained by the higher frequency of access intervals occurring with smaller packets. This effect is also dominating in case of the Poisson-packets (P=5000), although priority has been given to the telephone packets! In the CSMA/CD system (fig. 9) the slope of the d_t curve becomes steeper with increasing telephone traffic. From the few measurements on d_p no clear interpretation can be given. The situation for the telephone packets is further illustrated by fig. 10 giving the standard deviations for the delay in the two systems. Again we find that the total load in CSMA/CD should not exceed $S<0.3$ whereas DSMA can be loaded up to $S\approx0.8$ with no noticeable impairment of speech quality.

System designers frequently argue that LANs will typically be slightly loaded systems. As an indication of this behaviour one might consider the measurements of Shoch and Hupp [7]. We have therefore investigated speech transmission in the presence of experimentally observed traffic patterns, namely

- the above mentioned observations on an Ethernet installation ($S\approx0.003$)
- the traffic from 100 active terminal sessions ($S\approx0.001$).

In terms of mean delay d_t the differences to pure telephone traffic are marginal. Therefore in fig. 11 our results are expressed in terms of σ_t.

6   CONCLUSIONS

One crucial prerequisite for the analysis of speech in the LAN field is the determination of an adequate packet size. We have limited our analysis to a packetizing delay of 3 ms aiming at an overall delay of 10 ms. Under these circumstances DSMA is a very favourable system because it guarantees smaller delays for smaller packets. In addition, the delay versus throughput plots do not show steep slopes up to $S=0.8$ which is almost 90% of the data channel capacity. The priorizing of telephone traffic is not the predominant reason for the favourable delay characteristics of telephone packets.

Both access methods (CSMA/CD,DSMA) are not heavily influenced by the different traffic statistics of stream traffic and Poisson traffic. Therefore it is fully adequate to use a Poisson model with the appropriate packet length to evaluate the delay characteristics of telephone traffic. For CSMA/CD under our boundary conditions a network loading of $S\approx0.3$ is the upper limit for telephone and low intensity data applications. As this value can be exceeded using methods like DSMA by a factor of 2...3 one may wonder, however, whether it is advantageous to use Ethernet-type systems for these applications.

REFERENCES

[1] see e.g.: IEEE 802 Local Network Standard Draft C, 17. May, 1982.

[2] 'The Ethernet' Version 1.0, Digital Equipment Corp. Intel Corp., Xerox Corp., September, 1980.

[3] J.W. Mark: Distributed Scheduling Conflict-Free Multiple Access for Local Area Communication Networks, IEEE Tr. on Comm. 28, 1968-1976 (1980).

[4] E.H. Rothauser and D. Wild, MLMA: A collision-free multiaccess method, IBM Research Report RZ 802, Zurich, Switzerland, 1976.

[5] V.C. Hamacher, G.S. Shedler: Access Response on a Collision-Free Local Bus Network, Comp. Networks 6, 93-103 (1982).

[6] P.F. Pawlita: Traffic Measurements in Data Networks, Recent Measurements Results, and Some Implications, IEEE Tr. on Comm., 29, 525-535 (1981).

[7] J.F. Shoch, J.A. Hupp: Performance of an Ethernet Local Network - Preliminary Report, Local Area Communications Network Symposium Bosten, May 1979.

[8] N. Dahmen: Modelling and Simulation with FORCASD - user manual. Technical report LB 528/82 Philips GmbH Forschungslab. Hamburg, 1982.

[9] N. Dahmen: FORCASD - Ein Fortran-orientiertes Programmsystem zur Modellbildung und Simulation. Informatik.Fachberichte 41, Messung, Modellierung und Bewertung von Rechensystemen. Springer-Verlag, Berlin-Heidelberg-New York, 1981.

[10] G.J. Nutt: The formulation and application of evaluation nets. Ph.D. Dissertation, University of Washington, Computer Science, 1972.

[11] G.J. Nutt: Evaluation nets for computer system performance analysis. Fall Joint Comp. Conf. 1972, AFIPS Conf. Proc., 41 (1972) pp. 279-286.

[12] J.-P. Behr, R. Isernhagen, P. Pernards, L. Stewen: Modellbeschreibung mit Auswertungsnetzen. Angewandte Informatik 17 (1975) 9, pp. 375-382.

[13] G.J. Nutt and D.L. Bayer: Performance of CSMA/CD Networks under Combined Voice and Data Loads, IEEE Trans Comm., COM-30, 6-11 (1982).

[14] P.C. Ravasio, R. Marcogiese, R. Novarese,: Voice Transmission over an Ethernet Backbone, in: Local Computer Networks (P.C. Ravasio, G. Hopkins and N. Naffah eds.), North-Holland Publishing Comp., IFIP 1982.

[15] F.A. Tobagi and V.B. Hunt: Performance Analysis of Carrier Sense
     Multiple Access with Collision Detection, Computer Networks, $\underline{4}$,
     245-259 (1980).
[16] S.S. Lam: A Carrier Sense Multiple Access Protocol for Local
     Networks, Computer Networks $\underline{4}$, 21-32 (1980).

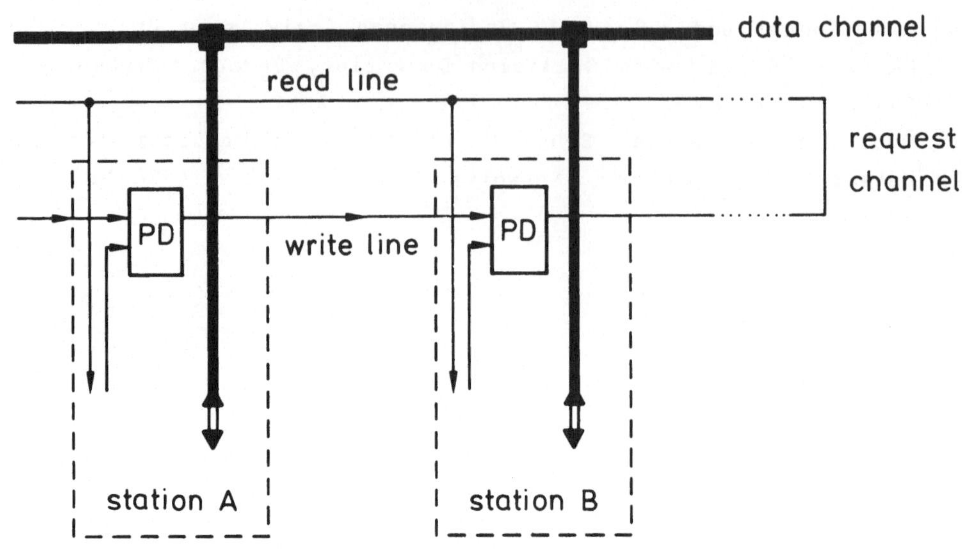

1   DSMA bus configuration, PD: priority decoder

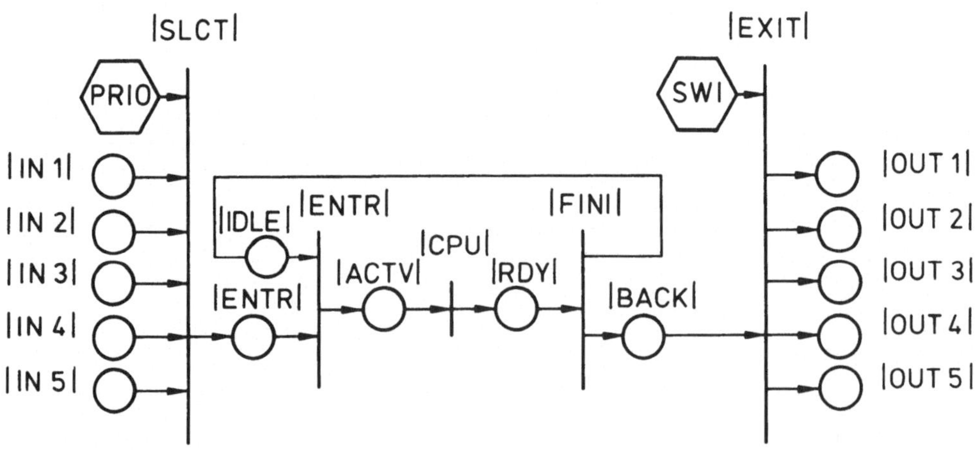

2 Evaluation net description of a simple processor model (see text)

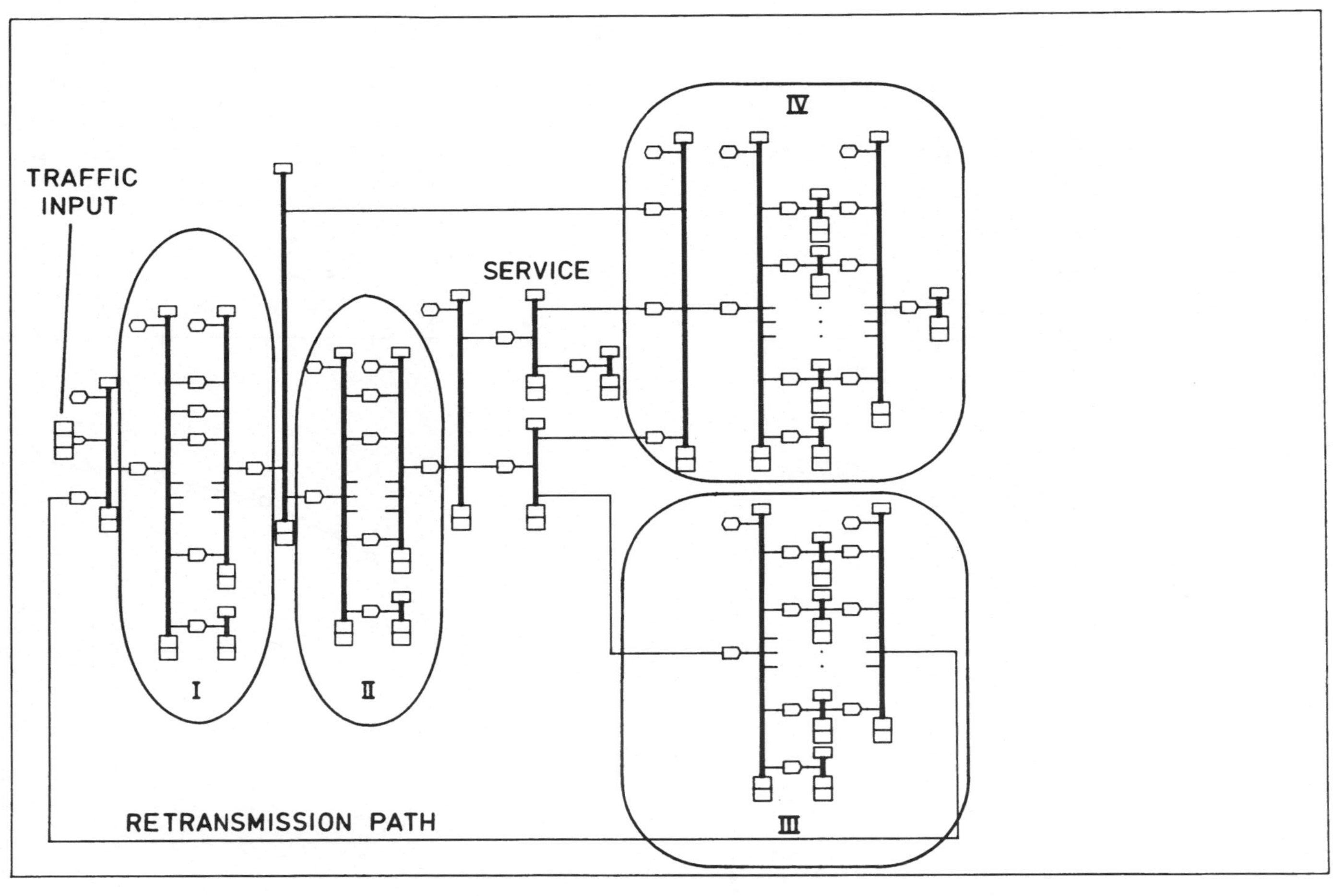

3 Graphical representation of the Ethernet evaluation net model. Areas I, II, III, IV are described in the text.

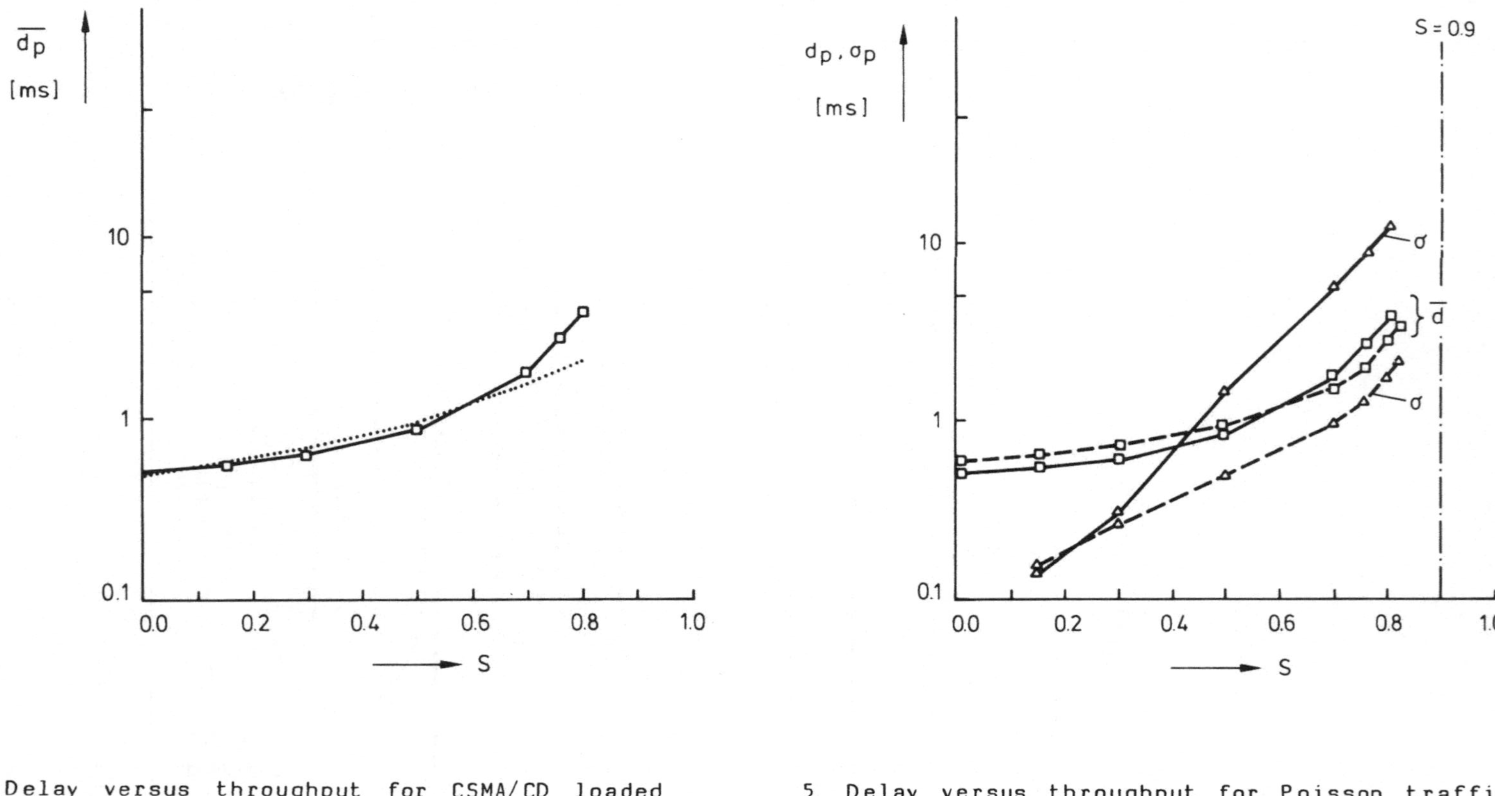

4 Delay versus throughput for CSMA/CD loaded
with Poisson traffic (P=5000)
_____ our results   .... from ref. 13

5 Delay versus throughput for Poisson traffic
(P=5000)
_____ CSMA/CD   – – – – DSMA

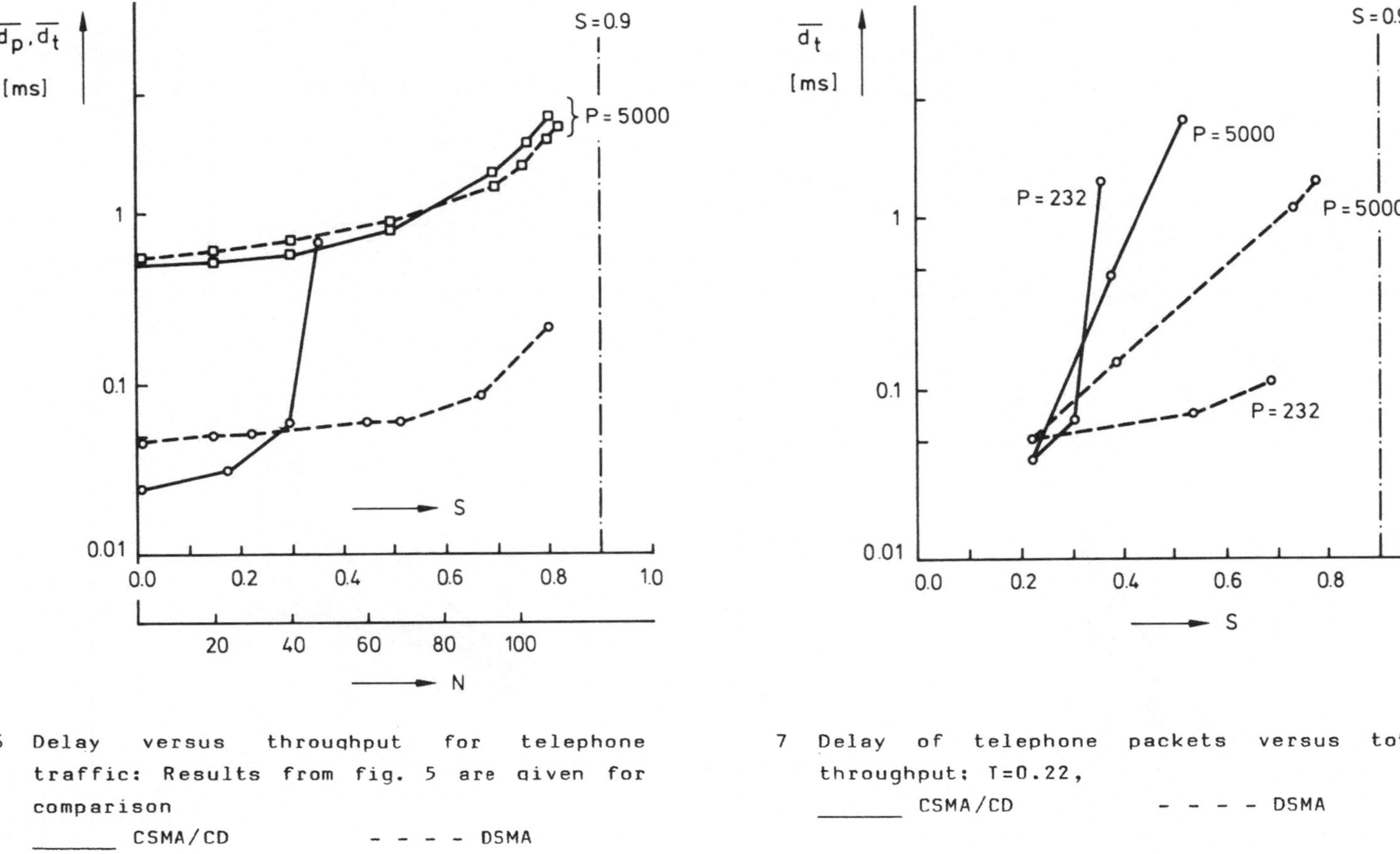

6 Delay versus throughput for telephone traffic: Results from fig. 5 are given for comparison

——— CSMA/CD   - - - - DSMA

7 Delay of telephone packets versus total throughput: T=0.22,

——— CSMA/CD   - - - - DSMA

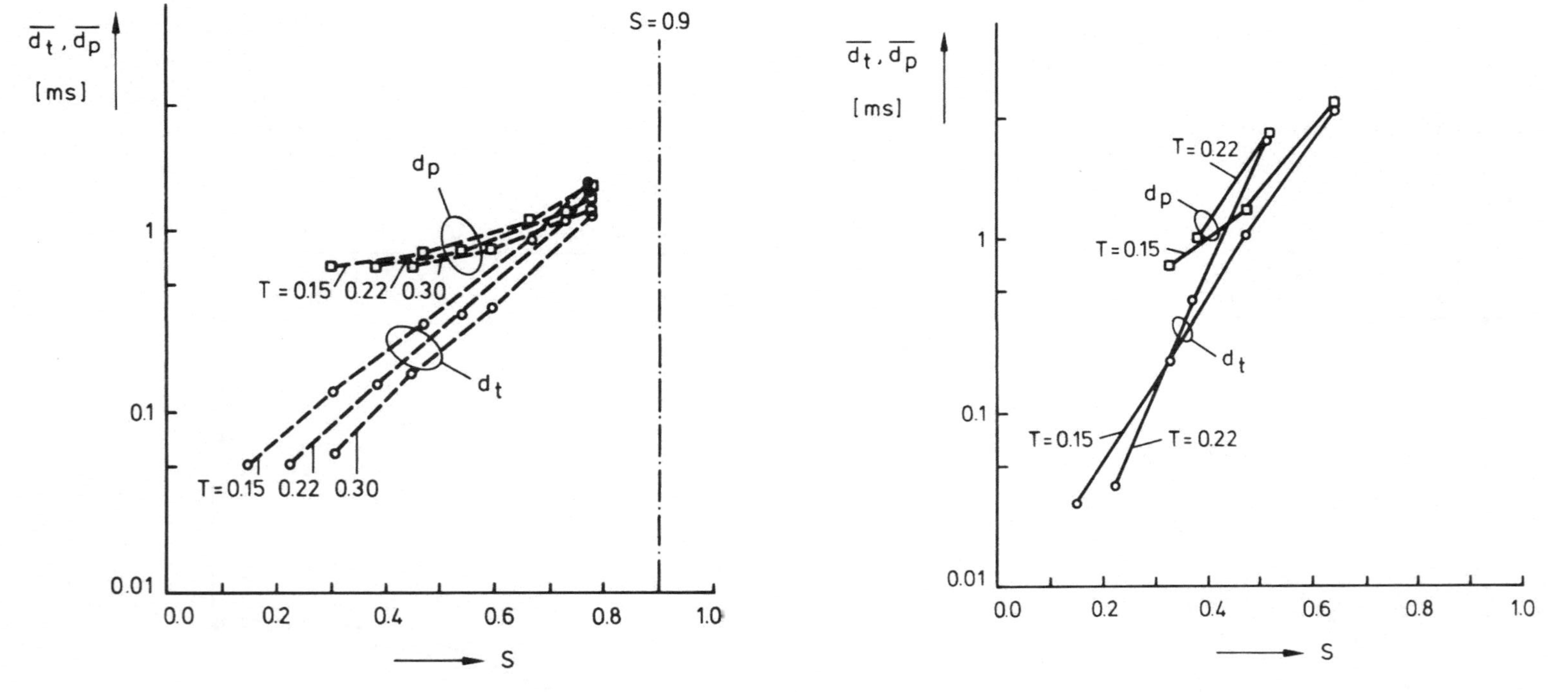

8   DSMA: Delay versus throughput for mixed load, P=5000

9   CSMA/CD: Delay versus throughput for mixed load, P=5000

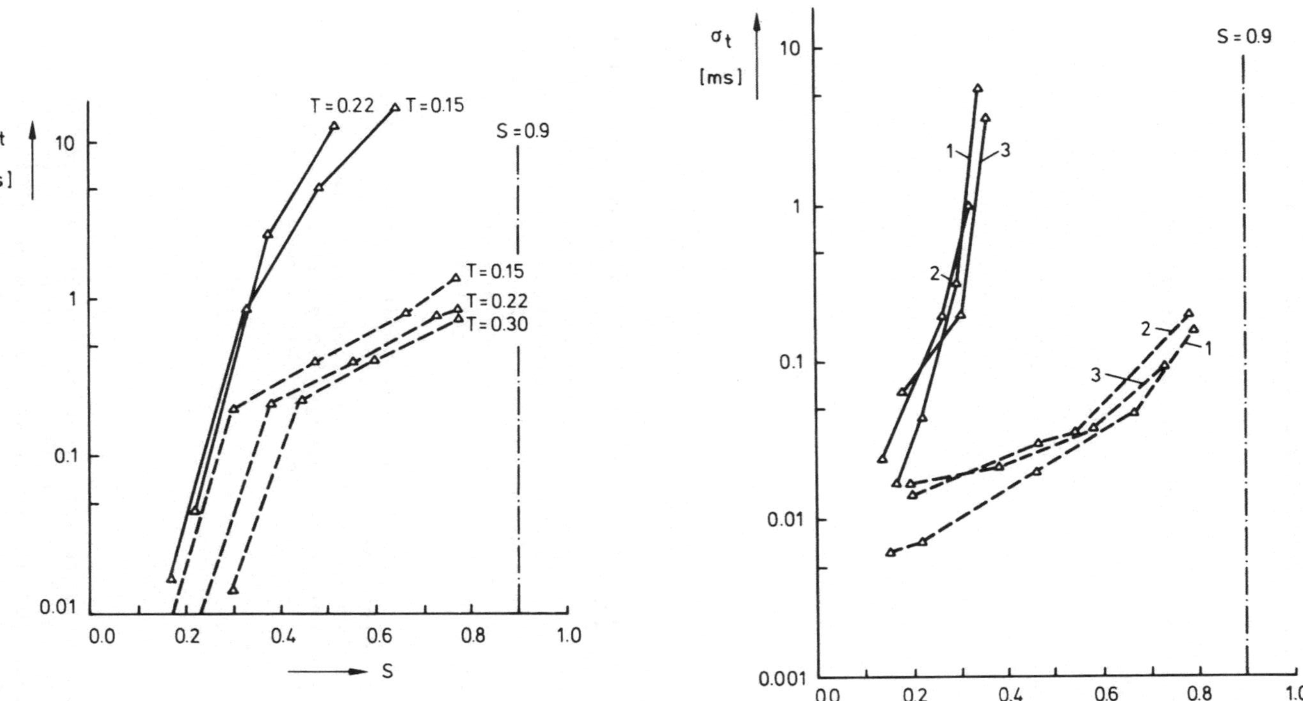

10 Delay (standard deviation) of telephone
packet versus total throughput
_______ CSMA/CD   - - - - DSMA

11 Delay (standard deviation) of telephone
packets versus total throughput,
_______ CSMA/CD   - - - - DSMA
1: pure telephone traffic, 2: telephone
traffic plus 100 activ terminal sessions
[6] 3: telephone traffic plus measured
Ethernet traffic [7]

Abstrakte Datentypen als Grundlage für OSI-Spezifikationen

Lothar Wosnitza
Rechenzentrum der Universität Düsseldorf *)

Überblick

Abstrakte Datentypen, ein wichtiges Konzept im Software Engineering
zur Beschreibung und Implementierung großer, komplexer Systeme, eignen
sich auch in Übertragung auf die spezielle Problematik des Verbunds
offener Systeme sehr gut zur Spezifikation verteilter Anwendungen.
Idee und Vorzüge dieser Vorgehensweise werden insbesondere am Beispiel
der Definitionen von GILT, einem europäischen Projekt zum Verbund vorhandener CBMS's (Computer Based Message Systems), erläutert.

Anschließend wird auf allgemeine Kommunikationsfunktionen eingegangen, die zur Unterstützung dieses Ansatzes benötigt werden. Insbesondere werden die Anforderungen an den Presentation Layer hervorgehoben
und im Rahmen von GILT entwickelte Lösungen vorgestellt, wobei auch
der Bezug zu den aktuellen Arbeiten in der Standardisierung hergestellt wird.

*) Das Rechenzentrum der Universität Düsseldorf führt ein vom Bundes-
minister für Forschung und Technologie gefördertes Projekt "Verbund
mit ISO-Layer 7 Applikationen" (Förderkennzeichen TK 0504 9) durch.
Die Arbeit dieses Projektes steht im engen Zusammenhang mit Aktivitäten innerhalb des GILT-Projektes (COST-11-bis) der Europäischen
Gemeinschaft.

1 Einleitung

Unter dem Schlagwort "Open Systems Interconnection" (OSI) hat sich
mit der Zeit eine mehr oder weniger eigenständige Disziplin innerhalb
der Informatik entwickelt - und dies sicherlich zu Recht wegen der
Vielzahl spezieller Problemstellungen.
Lange Zeit verlief der Schwerpunkt der Entwicklung und Spezifikation
in diesem Bereich "bottom up", was zur Bereitstellung von nationalen
und internationalen Datenkommunikationsnetzen mit allgemeiner Verwend-
barkeit führte. In diesem Beitrag wird von den Anwendungen ausgegangen, um Anforderungen an höhere Kommunikationsfunktionen aufstellen zu
können und damit zu den aktuellen Diskussionen im ISO Application und
Presentation Layer Bereich beizutragen.

Gemäß ISO Referenzmodell für OSI [1] ist ein **offenes System** ein
Computersystem, das in seiner Kommunikation mit anderen Systemen die
OSI-Standards beachtet und dadurch potentiell mit jedem anderen offenen System kommunizieren kann.
Anwendungen der OSI sind Systeme wie Datenbanken, Information Retrieval Systeme, Message Systeme oder auch speziellere Systeme wie
Flugbuchungssysteme und dergleichen, die räumlich auf verschiedene
offene Systeme verteilt sind. Die funktionalen Komponenten eines verteilten Systems, die somit die Anwendungsinstanzen auf den offenen Systemen darstellen, werden im folgenden **offene Komponenten** genannt.

2 Design verteilter Systeme

Im OSI-Bereich zerlegt man verteilte Systeme in eine Menge offener
Komponenten, die selbst - zumindest aus globaler Sicht - nicht mehr
verteilt sind, und beschreibt unter Schlagworten wie "virtual system"
oder "remote access" deren Verhalten und mögliche Interaktionen zwischen offenen Komponenten. Dies entspricht genau dem üblichen Vorgehen
bei der Spezifikation großer Systeme, der hierarchischen Zerlegung eines Systems in seine funktionalen Komponenten, um so schrittweise die
Komplexität zu reduzieren.
Sicher gibt es im OSI-Bereich spezielle Gesichtspunkte bei der Festlegung der Komponenten, insbesondere im Hinblick auf die Spezifikation
von allgemein verwendbaren Standard-Komponenten wie "virtuelles Terminal" oder "virtuelles File System", zum Beispiel

* die starke Inhomogenität unter bereits existierenden Systemen,
  die einbezogen werden sollen,

* Konsequenzen des Standardisierungs-Effektes und

* die mögliche Nutzung öffentlicher Datenübertragunsnetze.

Das ändert jedoch nichts an der Anwendbarkeit allgemeiner System-
spezifikationstechniken. Dabei soll hier noch einmal besonders betont
werden, daß verteilte Systeme an sich nichts völlig neues sind und daß
im Bereich des Software Engineering bereits brauchbare Techniken zur
Spezifikation auch verteilter Systeme entwickelt wurden. In diesem Zusammenhang soll insbesondere das Beschreibungsmittel "abstrakte Datentypen" hervorgehoben werden, ein allgemeines Konzept im Software
Engineering, das in Programmiersprachen mit Eignung zur Systemspezifi-
kation wie Simula, Concurrent Pascal oder Ada (vgl. [9, 10, 11]) in
so mächtigen Sprachmitteln wie "class", "process" oder "package" aus-
geprägt ist.

Im folgenden wird anhand einiger Beispiele die Nutzung abstrakter Datentypen zur Spezifikation der Komponenten verteilter Systeme veranschaulicht. Als besonderes Beispiel werden dabei die Definitionen des GILT-Projektes in [2] herangezogen, da hier der Versuch unternommen wurde, die Technik der abstrakten Datentypen konsequent anzuwenden.
(GILT ist ein Projekt zur Verbindung vorhandener CBMS's zu einem verteilten GILT-CBMS auf der Basis öffentlicher Paketvermittlungsnetze. Nähere Einzelheiten über die Funktionalität von CBMS's und insbesondere des GILT-Systems können auch dem Beitrag "GILT - ein Verbund existierender Message-Systeme" [3] entnommen werden.)

2.1 Systemstrukturierung am Beispiel verteilter CBMS's

Im einfachsten Fall ermöglicht ein CBMS (Computer Based Message System) dem Benutzer eines Computersystems, Nachrichten zu erstellen und gezielt an andere Benutzer zu schicken, denen ihrerseits die Ankunft von Nachrichten gemeldet wird und empfangene Nachrichten auf Verlangen vorgelegt werden.

Ein von IFIP vorgeschlagenes und bei CCITT verwendetes Modell veranschaulicht eine mögliche System-Gliederung in Komponenten unterschiedlicher Typen (vgl. [4]):

CCITT Message Handling System

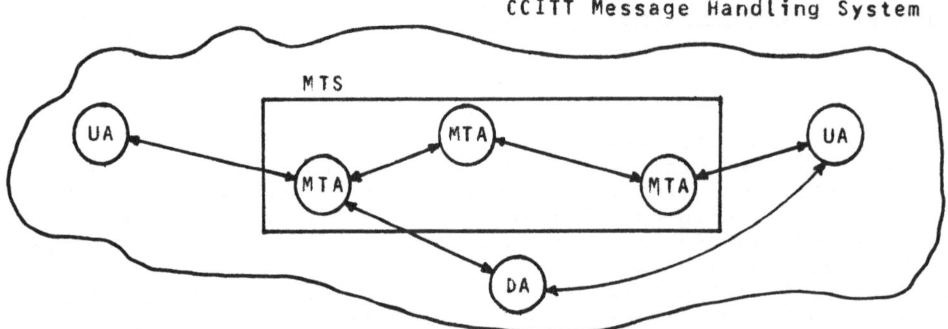

Jeder Komponenten-Typ beschreibt eine gewisse spezifische Funktionalität:

User Agent (UA):   Quelle und Senke für Nachrichten

Message Transfer Service (MTS): Zustellung von Nachrichten von einer
                                Quelle ("submission") zu einer Menge
                                von Senken ("delivery")

Directory Agent (DA):   Verwaltung von Namen für Quellen,
                                Senken und Verteiler, Zuordnung von
                                Namen zu Adressen bzw. (im Falle von
                                Verteilern) zu Mengen von Namen

Der MTS selbst bildet wiederum ein verteiltes System bestehend aus einer Menge gleichgearteter Komponenten:

Message Transfer Agent (MTA):   Transport von Nachrichten
                                ("routing", "store and forward",
                                ...)

Das GILT-Gesamtsystem allerdings soll wesentlich mehr Funktionalität
unterstützen (vgl. auch [3]):

* Nachrichten transportieren Kopien global eindeutig identi-
  fizierbarer Informationseinheiten, die in GILT-Terminologie
  "Dokumente" genannt werden und zur systeminternen Repräsentation von Briefen, Beiträgen, Dokumenten, Texten und ähnlichem
  dienen;

* die Menge aller Dokumente ist durch Relationen wie "Beitrag zu
  einer bestimmten Konferenz", "Mitteilung an einen bestimmten
  Empfänger" oder "Kommentar zu einem bestimmten anderen Dokument" nach inhaltlichen Gesichtspunkten strukturiert;

* die Zustellung von Dokumenten sowie allgemein der Zugriff auf
  zugängliche Dokumente erfolgt nach den oben angedeuteten Struk-
  turierungskriterien unter der Kontrolle des Benutzers, und zwar
  über Information Retrieval Funktionen wie "der nächste ungele-
  sene Beitrag in Konferenz X", "die letzten 2 Briefe von Person
  Y" oder "der Beitrag, den das zuletzt betrachtete Dokument kommentiert".

Die umfassenden Anforderungen an die Gesamtfunktionalität und auch
die besondere Aufgabenstellung, bereits existierende Systeme unterschiedlicher Funktionalität zu einem Gesamtsystem zu vereinigen, führte in GILT dazu, jedes einzelne teilnehmende CBMS als Komponente auf-
zufassen - allerdings adaptiert an die Standard-Funktionalität, die
GILT als "offenes CBMS" (OCBMS) bezeichnet:

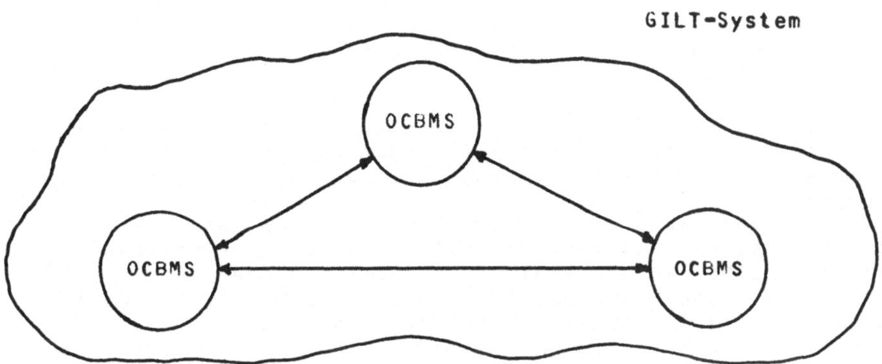

In GILT gibt es folglich nur Komponenten eines Typs - insofern ist
GILT als Beispiel an dieser Stelle nicht so ergiebig wie das obige
CCITT-Modell.

2.2 Spezifikation offener Komponenten

Auf der Basis der getroffenen Systemgliederung bleibt als Aufgabe sowohl für CCITT als auch für GILT die Festlegung von Richtlinien hinsichtlich der globalen Kooperation der Systemkomponenten und die detaillierte Spezifikation der Kommunikation zwischen je zwei Komponenten. Zur Realisierung einer verteilten Konferenz ist in GILT zum Beispiel im ersten Schritt zu spezifizieren, wie die Verteilung eines Beitrages über die verschiedenen OCBMS's an alle Mitglieder funktioniert und dann im zweiten Schritt, wie dazu die Übermittlung des Beitrages und zusätzlicher Steuerinformation zwischen je zwei OCBMS's erfolgt.
Dabei soll für den Moment noch die Notwendigkeit von Datenübertragung zwischen den Systemen vernachlässigt werden.
Außerdem soll die Tatsache ausgenutzt werden, daß jede einzelne Interaktion zwischen zwei Systemkomponenten in einem Requestor-Server Verhältnis beschreibbar ist, denn eine der beiden Komponenten initiiert eine Interaktion, die andere reagiert entsprechend. Dadurch läßt sich eine Interaktion durch eine Operation beschreiben, die die aktuelle Server-Komponente nach außen zur Verfügung stellt und die von der Requestor-Komponente aufgerufen wird.
In der Terminologie abstrakter Datentypen besteht die Spezifikation einer einzelnen offenen Komponente dann aus

* dem Server-Verhalten, beschrieben durch eine Menge von außen zugänglicher **Operationen,**

* dem Requestor-Verhalten, beschrieben durch die von außen sichtbare eigene **Aktivität** (sichtbar durch aktiven Zugriff auf Operationen anderer Komponenten) und

* der internen Struktur (interne Gliederung in funktionale Komponenten) und dem internen Verhalten.

Speziell interessant für OSI ist natürlich das externe Verhalten eines offenen Systems. Es ist allerdings unmöglich, das externe Verhalten semantisch zu spezifizieren, ohne auch gewisse interne Aussagen zu treffen.
Zu diesem Zweck kann die reale Intern-Struktur jedes einzelnen Systems nicht herangezogen werden. Im Falle von GILT zum Beispiel wird jedes einzelne OCBMS in der Realität natürlich wieder weiter unterstrukturiert sein, wobei dann eventuell auch User Agents oder Standard-Komponenten wie "virtuelles Terminal" ins Spiel kommen. Wegen der Inhomogenität der beteiligten Systeme kann die Real-Struktur jedoch nicht einheitlich erfaßt werden. Aus der Sicht von GILT ist dieser Aspekt deshalb (abgesehen von einigen indirekten Auswirkungen) völlig unerheblich.
Für die semantische Spezifikation des externen Verhaltens ist statt dessen wichtig, daß eine einheitliche **Modell-Struktur** entwickelt wird, die sich besonders gut zur funktionalen Spezifikation der Systemkomponente eignet. Anhand dieser Modell-Struktur läßt sich dann die Bedeutung jeder einzelnen Operation durch deren Wirkungen auf die Modell-Struktur beschreiben und das aktive Verhalten dadurch, wie sich extern oder intern verursachte Änderungen in der Modell-Struktur auf aktive Zugriffe auf Operationen anderer Komponenten auswirken. Dies entspricht genau der grundlegenden Idee abstrakter Datentypen – der semantischen Spezifikation unabhängig von konkreten Realisierungen.

In GILT wird die interne Modell-Struktur durch den "GILT_store"
beschrieben, der sich in eine "store_directory" zur Verwaltung einer
Menge von Komponenten vom Typ "mailbox" und einen "document_store" zur
Verwaltung der gespeicherten Informationen vom Typ "document" gliedert. Diese Komponenten wiederum lassen sich beschreiben durch ihre
Intern-Struktur und durch die Operationen, mit denen sie intern
manipuliert werden können.
So erlaubt zum Beispiel der "document_store" mittels einer Operation
"insert_document", ein neues Dokument einzutragen.
Die "store_directory" kann über "match_name" einem vorgegebenen
Zeichenmuster die Menge passender Mailbox-Namen zuordnen und über
"select_mailbox" anhand eines Namens eine konkrete "mailbox" lokalisieren. Schließlich kann einer "mailbox" über "link_document" ein kon-
kretes Dokument zugeordnet werden.
Dieses Modell dient ausschließlich dazu, das externe Verhalten eines
OCBMS's semantisch zu spezifizieren!

Das Server-Verhalten eines OCBMS wird definiert, indem jede außen
zugängliche Operation auf interne Änderungen in der Modell-Struktur
zurückgeführt wird.
Das folgende stark vereinfachte Beispiel soll die Eignung einer pro-
grammiersprachlichen Notation zur exakten semantischen Spezifikation
demonstrieren. Dazu werden im wesentlichen Sprachmittel von Concurrent
Pascal [10] verwendet, einer PASCAL-Erweiterung um Mittel zur Beschreibung paralleler Abläufe und zur Definition abstrakter Datentypen. (Die Sprachmittel zur Beschreibung paralleler Abläufe sind in
diesem Zusammenhang nicht von Bedeutung.)
Als Beispiel dienen hier die Zugangs-Operationen "select_mailbox" zur
Auswahl einer Mailbox als Bezug für nachfolgende Operationen und
"write_document" zur Zustellung einer Dokument-Kopie an die aktuell
ausgewählte Mailbox.
Vorausgesetzt wird die Deklaration der abstrakten Datenobjekte
   " **class** document_store ", " **class** store_directory ", u.s.w.
im Sinne der obigen Beschreibung (ihre Operationen werden - wie Komponenten eines Records - über einen Punkt referiert):

```
    var selected_mailbox: Tmailbox;
```

Diese zum globalen Kontext einer Kommunikationsbeziehung gehörende
Variable "selected_mailbox" verweist auf die aktuell ausgewählte
Mailbox. Sie wird durch eine Operation "select_GILT_store" eingerich-
tet und hat den Wert **nil** , wenn aktuell keine Mailbox ausgewählt ist.

```
    procedure select_mailbox ( in  pattern: mailbox_name;
                               out success: operation_success );
    var matching_names: list of mailbox_name;
    begin
      if selected_mailbox = nil
      then
        begin
          matching_names := store_directory.match_name (pattern);
          if matching_names.card = 1            (* Test auf Existenz
                                                   und Eindeutigkeit *)
          then
            begin
              selected_mailbox := store_directory
                                  .select_mailbox (matching_names.first);
              success := positive;
            end
          else success := negative;
        end
      else success := negative;
    end (* select_mailbox *);
```

Da die Operation "select_mailbox" nur aufgerufen werden darf, wenn
aktuell keine Mailbox ausgewählt ist, wird dies zunächst abgeprüft.
(Eine zweite Operation "deselect_mailbox" weist der Variablen
"selected_mailbox" wieder den Wert nil zu.) Ist die Operation erlaubt,
so wird anhand des mitgelieferten Zeichenmusters die Menge der passenden Namen als Liste in der lokalen Variablen "matching_names" ermittelt. Nur wenn diese Liste genau ein Element enthält, ist die Auswahl
erfolgreich.
("card" und "first" stellen allgemeine Operationen auf Listen dar)

```
    procedure write_document ( in  doc: document;
                                out success: operation_success )
    begin
      if selected_mailbox <> nil
      then
        begin
          selected_mailbox↑.link_document (doc.identifier);
          document_store.insert (doc);
          success := positive;
        end
      else success := negative;
    end (* write_document *);
```

Voraussetzung zur Anwendung von "write_document" ist, daß aktuell eine
Mailbox als Bezug ausgewählt ist. Nur dann wird das Dokument über seinen Identifier der ausgewählten Mailbox zugeordnet und eine mitgelie-
ferte Kopie des Dokumentes in den "document_store" aufgenommen.
(Die tatsächlich in GILT verwendete Operation enthält weitere Parameter, damit zum Beispiel Zugriffsrechte geprüft werden können.)

Das aktuelle GILT-Papier [2] enthält eine mehr oder weniger um-
gangssprachliche Spezifikation, die Datenstrukturen anhand von grafi-
schen Illustrationen und die Wirkung von Operationen in Form von er-
läuterndem Text beschreibt. Eine zweite, formalsprachliche Spezifikation befindet sich in Arbeit [12].

Bei der Gestaltung des Requestor-Verhaltens eines OCBMS's für GILT
ist bewußt offengelassen, wie die von anderen OCBMS's bereitgestellten
Operationen benutzt werden, da jede einzelne Operation so allgemein
und elementar gestaltet ist, daß sie in Kombination mit anderen Operationen für eine Vielzahl denkbarer Zwecke eingesetzt werden kann.
Natürlich gibt es im Hinblick auf die angestrebte Gesamtfunktionalität
auch für das Requestor-Verhalten Einschränkungen und Vorschriften, wobei man davon ausgehen kann, daß auch hier mit Hilfe programmier-
sprachlicher Methoden die relevanten Zusammenhänge zwischen internen
Veränderungen und externem Verhalten exakt spezifiziert werden können.

3 Ableitung allgemeiner Anforderungen and den Application Layer

Zieht man nun wieder die mögliche räumliche Entfernung zwischen den einzelnen offenen Systemen in Betracht, so benötigt man einen Mechanismus, der es erlaubt, die von außen sichtbaren Operationen einer System-Kompenente über ein Datenkommunikationsnetz in Anspruch nehmen zu können ("remote access"). Somit kommt eine weitere Spezifikations-Dimension hinzu, die das ISO Referenzmodell für OSI [1] in 7 Schichten strukturiert. Das folgende drei-dimensionale Bild ist als Erweiterung zum Bild des GILT-Systems in Abschnitt 2.1 zu sehen und soll diesen Sachverhalt veranschaulichen. Dabei sind nur die höheren Schichten angedeutet:

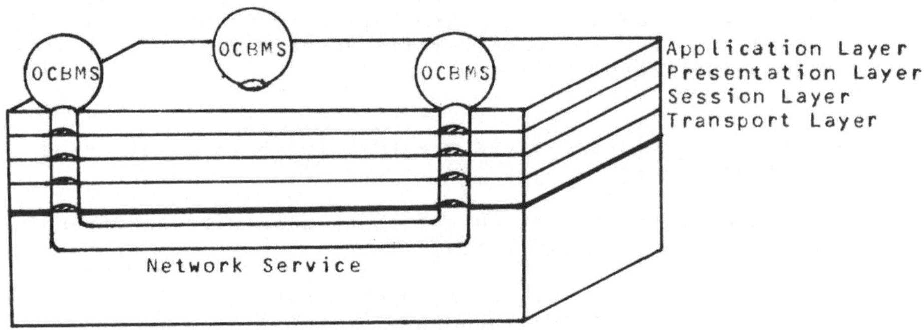

Die Anforderungen an den Application Layer als der obersten Schicht des Kommunikationssystems sind im folgenden zusammengefaßt. Dabei werden allgemeine Management-Funktionen wie Accounting oder Authentication, die für sich betrachtet schon komplex genug sind, nicht berücksichtigt.

Zunächst sind die grundlegenden Mechanismen zur Ausführung von Operationen bereitzustellen:

* Adressierung der Partner-Komponente und Errichtung des Kommunikations-Kontextes (entweder anhand des Namens oder aufgrund gegenseitiger Verständigung müssen Typ und Typ-Parameter des Partnersystems feststellbar sein)

* Transfer der mit der Ausführung einer Operation zusammenhängenden Information (Daten zur Versorgung des Aufrufs (Call-Information) müssen vom Requestor zum Server übermittelt werden und eventuell Ergebnisse (Result-Information) vom Server zum Requestor)

* Zuordnung von Result-Information zu Call-Information (dies kann implizit durch Sequenz-Vorschriften oder explizit über Referenz-Information geschehen)

* Einbettung von Einzel-Operationen in eine möglicherweise übergeordnete Sequenz (Transaktion)

Zusätzlich werden Mechanismen zur Wahrung der Datenintegrität benötigt, wobei diesbezügliche Anforderungen stark von der jeweiligen Anwendung abhängen werden.
Allgemein lassen sich folgende Punkte aufführen:

* Es muß ein gemeinsames Verständnis über die Effekte einer bereits initiierten, aber noch nicht abgeschlossenen Operation in Fehlersituationen ermöglicht werden (Definition der Zeitpunkte "effektive Ausführung" und "endgültiger Abschluß" einer Operation)

* Im Hinblick auf besonders kritische Aktionen (zum Beispiel Updates von Datenbanken) müssen eventuell zusätzliche Mittel gefordert werden, die eine "atomare" Ausführung einer ganzen Folge von Operationen ("Transaktion" in Datenbank-Terminologie) garantieren (Definition von Beginn und Ende einer solchen Transaktion, Annullieren bereits ausgeführter Operationen in Fehlersituationen)

Verschiedene Optimierungsaspekte werden zur Bereitstellung weiterer Mechanismen führen wie:

* Checkpoint-Verfahren zur Übertragung großer Datenmengen in Netzen mit einer gewissen Fehlerrate

* Batch-orientierte Übertragung und Ausführung einer Folge von Operationen zur Minimierung der Interaktionszeit (als Alternative zur normal erscheinenden interaktiven Ausführung)

Zusammenfassend muß das Application Layer Protocol folglich die Art und Weise des Austausches der mit dem Aufruf einer Operation verbundenen Information festlegen und die erforderlichen Prozeduren zur Überwachung dieses Informationsaustausches definieren. Dazu werden von den unteren Schichten bereits elementare Dienstleistungen erbracht, die gemäß ISO Referenzmodell geschlossen durch den Presentation Layer zur Verfügung gestellt werden.
In der GILT Architektur zum Beispiel ermöglicht der Transport Layer die logische Adressierung eines Partner-Prozesses, worüber die Adressierung von OCBMS's realisiert wird, und den verbindungsorientierten Transport von unstrukturierten Datenströmen (identisch mit dem ISO Transport Service Class 0). Der GILT Session Layer [8] fügt Dienste zur gegenseitigen Synchronisierung hinzu, die zur Realisierung von Checkpoints, zur Definition der Punkte gleichen Verständnisses und zur Resynchronisierung nach Fehlersituationen herangezogen werden. Der Presentation Layer selbst stellt darüberhinaus Funktionen zur Darstellung der auszutauschenden Information bereit. Darauf soll im folgenden Abschnitt näher eingegangen werden.

4 Darstellung von Information im Presentation Layer

Die zwischen Requestor und Server auszutauschenden Informationseinheiten lassen sich aus der semantischen Definition der Operationen ableiten. In GILT werden diese Einheiten "Operation Items" genannt. Zumindest ist ein Item für den Aufruf einer Operation erforderlich, das der Übermittlung des Operations-Names und der möglichen Input-Parameter dient ("Call-Item"). Entsprechend werden mögliche Resultate in "Result-Items" übermittelt. Darüberhinaus läßt GILT prinzipiell zu, daß die erforderliche Call- und Result-Information einer Operation auch in mehrere Items strukturiert ist, wobei einzelne Items optional sein können oder auch iteriert auftreten dürfen. So ist für jede einzelne Operation neben der semantischen Spezifikation zusätzlich eine syntaktische Spezifikation erforderlich, die die Strukturierung der Operation in ihre Call- und Result-Items definiert und die Zuordnung der Input- und Output-Parameter der Operation zu den einzelnen Items vornimmt. Somit ist jedem Item ein gewisser Informationsgehalt zugeordnet, der vom einen System zum anderen übermittelt werden muß. Dazu muß dieser Informationsgehalt in einer geeigneten Form dargestellt werden.

Ein spezielles Problem bereitet hier wiederum die Inhomogenität der kooperierenden Systeme: So wie bei der semantischen Spezifikation verschiedene konkrete Realisierungen derselben Funktionalität zulässig sind, so müssen auch verschiedene konkrete Darstellungsformen desselben Informationsgehaltes innerhalb der Systeme ermöglicht werden. Damit bietet sich hier aber auch derselbe Lösungsweg an: So wie bei der semantischen Spezifikation Funktionalität abstrakt beschrieben wurde, so sollte auch der Informationsgehalt der auszutauschenden Daten abstrakt beschrieben werden, um alle denkbaren konkreten Ausprägungen zu erfassen.
Diese Vorgehensweise entspricht auch den aktuellen Vorstellungen der ISO [6], wenn dort von "abstrakter Syntax" im Gegensatz zu "konkreter Syntax" gesprochen wird.

Die Aufgabe des **Presentation Layers** als implementiertes System ist, die Unterschiede zwischen den möglicherweise verschiedenen Konkretisierungen der abstrakten Syntax innerhalb der kooperierenden Systeme während der Kommunikation auszugleichen, also eine die Semantik erhaltende Syntaxtransformation durchzuführen.
Dazu bietet sich eine Zwischen-Syntax an, die in beiden kommunizierenden Systemen bekannt ist und während des Informationstransfers benutzt wird. Diese spezielle konkrete Syntax wird in [6] "Transfer Syntax" genannt. Die Realisierung des Presentation Layer Protocols in konkreten Systemen wird dadurch unabhängig von anderen Implementierungen, da jeweils nur die Abbildung zwischen Transfer Syntax und eigener konkreter Syntax bewerkstelligt werden muß.
Es ist aber auch denkbar, daß für gewisse Informationsarten mehrere Darstellungsformen definiert sind, so daß die aktuelle Transfer Syntax zwischen den Partnern ausgehandelt werden kann. Darüberhinaus könnte sogar die Möglichkeit geschaffen werden, die Darstellung von Information dynamisch umzudefinieren.

Eine **Presentation Layer Definition** spezifiziert dann die Syntax für eine konkrete Anwendung in abstrakter Form, um Abbildungsvorgänge zu ermöglichen, und gibt das Verfahren zur Feststellung der aktuellen Transfer Syntax an.
Eine allgemeine, für verschiedene Anwendungen verwendbare Presentation Layer Definition kann allerdings nicht von einer speziellen abstrakten Syntax ausgehen und dazu eine Transfer Syntax herleiten.

Man kann aber eine allgemeine formale Sprache bereitstellen, mit deren
Hilfe für eine Vielzahl von Anwendungen die jeweilige abstrakte Syntax
spezifiziert werden kann. Und man kann, ausgehend von den Konstrukten
dieser Sprache, ein allgemeines Schema zur Herleitung der Transfer
Syntax angeben, so daß damit jeder in dieser Sprache formulierten abstrakten Syntax eine Transfer Syntax zugeordnet werden kann.

4.1 Abstrakte Darstellung von Information in GILT

Solche formalen Sprachen zur abstrakten Syntax Definition existieren
bereits, da es sich bei der syntaktischen Spezifikation eines Operation Items im wesentlichen um die Beschreibung einer Datenstruktur
handelt. Da gibt es zum einen umfangreiche Daten-Definitionssprachen
im Datenbank-Bereich, zum anderen stellt bereits jede höhere Programm-
miersprache Sprachmittel zur Datenstrukturierung bereit. Für GILT-
Zwecke reicht zum Beispiel im wesentlichen das Typ-Konzept von PASCAL
aus, wo Wertebereiche für Daten durch Typen beschrieben werden. Benötigt werden hier die Typ-Konstruktoren "Enumeration", "Set", "Record"
mit Varianten und "List" (vergleichbar dem "file" in PASCAL) sowie die
Standard-Typen "Character", "String" und "Text" für Zeichen und
Zeichenfolgen des TELETEX Zeichenvorrats. Außerdem wurde der Übersichtlichkeit wegen eine spezielle Darstellung für Operation Items gewählt, obwohl sich die Datenstruktur selbst prinzipiell auch durch einen varianten "Record" mit Verzweigung über den Item-Namen beschreiben
ließe.

Als konkretes Beispiel sollen die Items der Operation
"select_mailbox" dienen (vgl. Abschnitt 2.2), wobei hier die vollständige syntaktische Spezifikation wie folgt aussieht:

Operation

```
  select_mailbox
    call (pattern: local_mailbox_name)
    result ( case success: operation_success of
              positive: ( name: matched;
                          capabilities: mailbox_capabilities);
              negative: ( case reason: reject_reason of
                          object_ambiguous: (names: list of matched);
                          others: () ) )
```

Über das Beispiel in Abschnitt 2.2 hinaus wird in der tatsächlich in
GILT verwendeten Operation abhängig vom Erfolg der Operation Zusatzin-
formation zurückgegeben. Im positiven Fall wird der korrekte Name und
eine Beschreibung der Fähigkeiten dieser Mailbox angegeben. Im negativen Fall wird der Grund der Ablehnung zurückgegeben und, im Falle der
Mehrdeutigkeit, die Menge der passenden Namen.

Refinement

```
type local_mailbox_name =
  record
    proper_name: string;
    group_name: string
  end;

type operation_success = enum (positive, negative);
```

```
type matched =
  record
    onto: local_mailbox_name
    why:  matching_reason
  end;

type matching_reason =
  enum (identical, changed, misspelt, abbreviated);

u.s.w.
```

4.2 Kodierung

Der GILT Presentation Layer [7] stellt zusätzlich zu den bereits
von den unteren Schichten erbrachten Dienstleistungen sogenannte
'presentation functions' zur Verfügung. Sie definieren ein allgemeines Schema zur Herleitung der Transfer Syntax aus der Definition der
abstrakten Syntax und beschreiben somit eine ein-eindeutige Abbildung
zwischen abstrakt beschriebener Information und Bit-Ketten. Dieses
Schema basiert ausschließlich auf den Konstrukten der Syntax-
Beschreibungssprache und ist daher unabhängig von der speziellen GILT-
Anwendung.
Die Kodierung orientiert sich an den Parameter-Kodierungsprinzipien
der TELETEX-Protokolle (vgl. [5]).

In Analogie zu den meisten Pascal Compilern werden den Werten einfacher Typen Kodierungen zugeordnet: Die Kodierung für Werte vom Typ
"Character" wird von TELETEX übernommen, Zeichenketten werden durch
eine entsprechende Sequenz von "Character"-Kodierungen dargestellt,
durch "Enumeration" aufgezählte Werte werden im allgemeinen durch den
Binärwert ihrer Ordungszahl in der Typdefinition repräsentiert und die
Kodierung eines "Set"-Wertes enthält ein Bit pro potentiellem Element
zur Darstellung der Relation "ist Element von".

Die Darstellung von Werten vom Typ "Record" unterscheidet sich vom
üblichen Compiler-Verfahren dadurch, daß den kodierten Werten der einzelnen Komponenten ein Identifizierer und ein Längen-Indikator voran-
gestellt wird. Zur Identifizierung kann zum Beispiel die Ordnungszahl
der Komponente in der "Record"-Definition genommen und als Binärwert
kodiert werden.
Die Folge der so kodierten Komponenten kann als Wert der
"Record"-Struktur aufgefaßt werden und - wiederum mit einem Identifizierer und einem Längen-Indikator versehen - in umfassende Strukturen eingebettet werden. Da dieses Schema rekursiv angewandt werden
kann, lassen sich beliebige "Record"-Verschachtelungen darstellen.

Der Vorteil dieses Verfahrens ist, daß einzelne Komponenten, für die
Default-Werte vereinbart sind, weggelassen werden können und nicht
benötigte Werte während der Interpretation leicht übergangen werden
können. Zudem sind Zeichenketten mit variabler Länge und
"Record"-Varianten effizient repräsentiert.
Komponenten vom Typ "List" können in diesem Schema ebenfalls effizient
dargestellt werden, indem der zugehörige Komponenten-Identifizierer
einfach iterativ für jedes Element der Liste angewandt wird.
Schließlich kann ein ganzes Operation Item wie ein normales "Record"
dargestellt werden, wobei die Parameter als Komponenten mit einer zusätzlichen Standard-Komponente für den Namen des Items aufgefaßt werden.

Dieses Schema läßt sich direkt auf das obige Beispiel anwenden. Es hat sich jedoch gezeigt, daß die implizite Vergabe der Kodierungen für "Enumeration"-Werte und für Identifizierer von "Record"-Komponenten nicht unbedingt immer erwünscht ist, da man unter Umständen Strukturierungen vornehmen möchte und Raum für spätere Erweiterungen freilassen möchte.
Deswegen erlaubt GILT, solche Kodierungen auch explizit innerhalb der abstrakten Syntax-Definition zu spezifizieren. Eine sauberere Lösung stellt vielleicht das Verfahren von Ada [11] mit einer separaten Repräsentierungs-Spezifikation dar, zum Beispiel:

```
for matching_reason use
  (identical => 0, changed => 1, misspelt => 2, abbreviated => 3);

for local_mailbox_name use
  (proper_name => 1, group_name => 2);

for select_mailbox use
  (call => 16#20#, pattern => 16#82#,
   result => 16#A0#, success => 1, name => 16#82#, ...);

u.s.w.                    (16#xx# spezifiziert Kodierungen hexadezimal)
```

Die kodierte Form eines Aufrufs der Operation "select_mailbox" wie

```
    select_mailbox_call (("John Doe", "EDPC"))
```

sieht dann wie folgt aus   (die angegebenen Oktett-Werte sind hexadezimal zu verstehen):

```
  Id=00, LI=01, value=20,                          Item-Name
  Id=82, LI=10,                                    pattern
    Id=01, LI=08, value=4A6F686E20446F65             proper_name
    Id=02, LI=04, value=45445043                     group_name
```

Das ausschließlich von der Beschreibungssprache abhängige Kodierungs-Schema brachte bereits innerhalb der GILT-Arbeit den Vorteil der leichten Änderbarkeit, denn um neue Operationen hinzuzufügen oder bereits vorhandene Operationen abzuändern, müssen lediglich die abstrakten Definitionen geändert werden - die neue Transfer Syntax ergibt sich automatisch. Wird die Implementierung zusätzlich noch so ausgelegt, daß auch Syntax-Generator und -Parser schematisch anhand einer gegebenen abstrakten Definition arbeiten, so bleibt auch diese Software unabhängig von Änderungen innerhalb der Anwendung.
Besonders wünschenswert ist natürlich, daß auch der Übergang zu anderen Anwendungen direkt möglich ist, daß also die Sprache zur abstrakten Syntax Definition universell für alle oder zumindest für eine Vielzahl von Anwendungen geeignet ist. Dazu stellt GILT allerdings sicherlich zu geringe Anforderungen an den Presentation Layer, so daß noch einige Konzepte hinzuzufügen wären. Der GILT Presentation Layer kann aber als eine Basis für weitere Entwicklungen in diese Richtung angesehen werden.

Referenzen

[1]   Open Systems Interconnection
         Basic Reference Model
         ISO/DIS/7498, April 1982

[2]   The GILT Standard
         Green Version
         COST-11-bis/GILT/MES/012, Düsseldorf, Januar 1983

[3]   GILT - ein Verbund existierender Message Systeme
         H. Santo, Tagungsbeitrag

[4]   Message Handling Systems:
         Inter-Relationships and Control Procedures (Version 3)
         CCITT Study Group VII, März 1982

[5]   TELETEX Endgerät Rahmenwerte
         Deutsche Bundespost, 5. Entwurf, September 1981

[6]   Draft Connection Oriented Presentation Service Definition
         ISO/TC97/SC16 N 1161, Juni 1982

[7]   GILT Presentation Description
         COST-11-bis/GILT/MES/011, Düsseldorf, Juni 1982

[8]   GILT Session Description
         COST-11-bis/GILT/SES/004, Düsseldorf, März 1982

[9]   SIMULA BEGIN
         Birtwistle, Dahl, Myhrhaug, Nygaard
         Studentlitteratur, Lund 1973

[10] The Architecture of Concurrent Programs
         Brinch Hansen
         Prentice-Hall, New Jersey 1977

[11] The Programming Language Ada
         United States Department of Defense
         Springer-Verlag, Berlin Heidelberg New York 1981

[12] Formalized Specification of the GILT Standard
         Düsseldorf, in Arbeit

Coordination procedures: a model for cooperative office processes

by

Thomas Kreifelts

Gesellschaft für Mathematik
und Datenverarbeitung
Schloß Birlinghoven
Postfach 1240
5205 St. Augustin 1

Summary: In this paper we present a procedural office model based on Petri nets. Coordination procedures are plans how to handle office tasks which concern several different office workers. After an informal introduction of coordination procedures and their use by office workers, we show how a formal definition of the model can be reached. We then give a language for specifying coordination procedures. Finally we present our plans to implement coordination procedures in a network of UNIX systems.

1   The coordination procedure model

Office organizations may be viewed as complex information-processing systems with a high degree of communication and concurrency. The introduction of computer systems as aids for the office worker call for formal office models and specification languages based on these models. Formal office models make it possible to describe precisely which parts and aspects of the office work are going to be supported by a computer system, and how. In the following we present a procedural office model, which in our case will serve as a guide-line for designing and implementing an office procedure system as part of an experimental office information system.

The computerized office environment we have in mind when discussing our model of office processes consists of a set of communicating workstations. A workstation is at the disposal of one single office worker and is capable of storing and processing information. Workstations assist the office workers in carrying out their individual tasks by supplying various office tools, e.g. a document generator, a file or data base manager or a calendar manager. Everything that happens inside the workstations falls into the sole responsibility of the respective "owners". Communication and cooperation is effected using coordination procedures. An implementation should support the user's view of individual "workstations" connected by a facility for "structured" communication.

Office work consists of information-handling, or more generally, of problem-solving avtivities carried out by individuals. Communication between the office workers serves as a mechanism for coordinating the individual activities in order to achieve the goals of the office organization.

A lot of office tasks which involve several office workers are "well-structured" and of a repetitive nature. Coordination procedures are plans how to handle such tasks. They would offer a service, that does automatic routing and type-checking of the structured messages communicated between the office workers participating in a coordination procedure, according to the definition of such a procedure. Such a service would give the office workers the opportunity to partly or completely automate their part of a procedure: because incoming procedure messages in many cases will have a well defined structure checked by the system, they would not necessarily have to be interpreted by humans but could be dealt with by user defined programs. Above all, coordination procedures would enforce the appropriate sequencing of the activities which the associated office process consists of, and thus guarantee an "orderly" execution of the procedure.

Coordination procedures make no decisions based on the information exchanged between the participants; decisions and their consequences remain within the responsibility of the persons involved. Also, coordination procedures are no fixed "applications". With a coordination procedure system and an according specification language office workers have the possibility to define (and modify) their own procedures and so may develop a set of procedures which is suited for their particular office organization.

1.1 Informal definitions

The completion of a well-structured repetitive office task, which requires the cooperation of several office workers, is attained step by step in a predefined manner. Each step, which we call an _action_, is responsibly carried out by one person. In general, an action needs information produced by other actions, and in turn, produces information required by other actions. We call these pieces of information _information items_. Thus, a _coordination procedure_ (or _cp_ for short) consists basically of a set of actions and a set of information items with a need/produce relation defined over these sets. Stated in an equivalent way, a cp can be represented by a bipartite directed and connected graph, i.e. a directed connected graph with two sorts of nodes (actions, items) where the arcs lead either from actions to items (produce) or from items to actions (need).

Actions are carried out in workstations, information items are passed from the workstation producing the item to the workstation needing the item. Actions are carried out when all input items are available, i.e. have been produced. Actions which are carried out by the same person at different stages of the procedure are said to belong to the same _role_, i.e. roles are disjoint subsets of the actions of a procedure. (This definition of roles is not the same as the one given by A.W. Holt in a similar context [HOLT79].)

The information items are information objects the structure of which should be suitable for office tasks. Since it is of minor importance for the rest of the paper, for simplicity's sake we choose a hierarchy of groups of fields as the structure for information items, which comes very close to usual paper forms and which also in- cludes plain text. The fields as the atoms of the item have a type, e.g. "integer", "character string", "boolean". The set of permissible types depends on the domain of application and may also include e.g. "date", "money" etc.

As an example for the specification of an information item, we give the following specification of a loan application which might be used in a procedure for processing applications for a loan in a bank (see also figure 1 below).

```
        item loan application consists of
                group name consists of
                        field first name, string
                        field last name, string
                endgroup
                group address consists of
                        .
                        .
                        .
                endgroup
                field required loan, money
                field income, money
        enditem
```

With cp's one also needs a type "simple" to represent elementary tokens, which carry even less information than a field of type "boolean". Consider for instance an action whose only duty it is to copy some part of the input item into a locally kept log. The sole output item of such an action would consist of one field of type "simple", the production of this output item would tell subsequent actions that the copy-into-log action has been carried out.

When an item is produced, values are assigned to all fields according to type. It would of course be possible to attach consistency constraints to the item specification, which could be checked by a procedure system upon production of the item.

Items in a cp are produced by an action just once, they are not changed or produced a second time. Once an item has been "used" by an action which needs this item, this item is no longer available for other actions. An action may produce identical copies of an item intended for different actions. Apart from this, items are not related to one another; it is e.g. not possible to specify that a certain item should contain another item as a subgroup. Items in a cp may be produced by mutually exclusive actions, but they should not be needed by mutually exclusive actions. This is important when implementing cp's with the procedure control distributed over a set of workstations. Actions producing an item should know immediately to which work-station the item should be sent and not have to find out by additional negotiations which of the actions needing the item will actually be using it.

Actions are specified within the context of a cp by their input and output items, i.e. how they communicate with other actions. There are several types of actions, depending on the action's properties with respect to needing or producing information items. There is exactly one action in a cp, which only produces information. This action is called the _initial action_ and denotes the starting point of the procedure.

There is at least one action (there may be several), which do not produce any information. These actions are called <u>final</u> <u>actions</u>. The completion of a final action signals the end of the cp.

This leaves us with the rest: actions which need and produce information. The simplest type of action needs one item and produces one item; concatenation of such actions leads to a series of actions, which have to be executed in sequential order. An action might also produce several information items, needed by different actions. Such an action enables parallel or concurrent execution of subsequent actions. On the other hand, an action which needs information items produced by different actions synchronizes concurrent execution of actions. In addition, actions may decide as to which actions the performance of the procedure is to be continued with. Such deciding actions or <u>decisions</u> produce alternative and disjoint sets of information items. However, actions may not have alternative input items; such situations should be modeled by different actions. Note that actions might receive their input items from different, mutually exclusive actions. Such actions could be said to "synchronize" alternative courses of activity, due to a former decision.

Cp's can be represented graphically in a straightforward manner: actions are represented by boxes, information items are represented by circles. The boxes are labeled with the names of the actions, the circles with the names of the items. The need/produce relation between actions and information items is represented by arcs leading from an information item to an action ("need") or from an action to an information item ("produce"). In the case of a decision the output arcs are labeled with the respective numbers of the alternatives. Roles might be represented, if necessary, by "coloring" the appropriate action boxes with the respective role color.

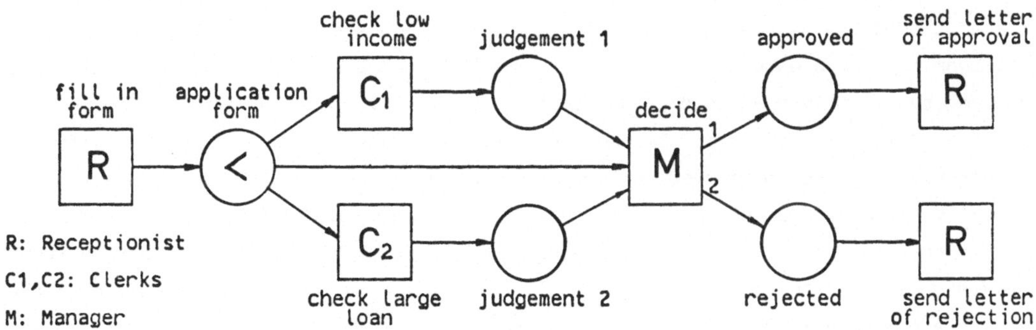

Figure 1: Graphical representation of a coordination procedure: Loan processing.

Figure 1 gives an example of a graphical representation of a cp: the processing of an application for a loan within a bank (adapted from [LADD80]). Upon receiving the request for a loan by a customer the receptionist fills in the application form. Two clerks check in parallel whether the income of the applicant is too low or the requested loan too large, and each produce a respective judgement. Then the manager decides on the basis of these two judgements and the application form, whether to approve or reject the application. Depending on this decision the receptionist sends a (standardized) letter of approval or rejection to the customer.

The "<" symbol in the loan application item is a shorthand notation for the fact that the receptionist actually produces three identical copies of the loan application, two for the clerks and one for the manager. Thus, the "<" notation is in general to be read as shown in the following diagram, where i(1), i(2), and i(3) are identical copies.

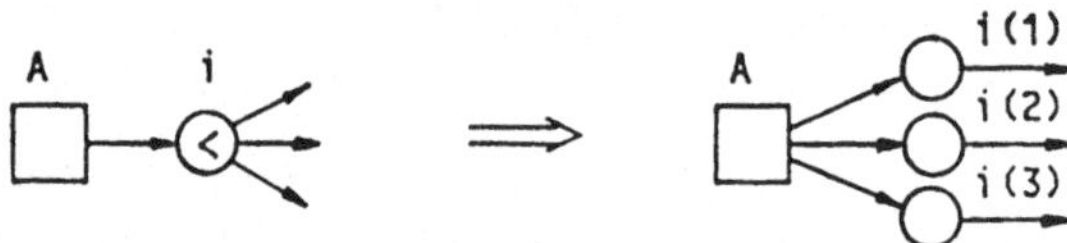

So far, we have mentioned only some properties of cp's. They have exactly one starting point (the initial action) and one or several (mutually exclusive) end points (the final actions). Actions are defined by their input and output items, a special type of action (a decision) may have alternative sets of output items. Actions are performed when all input items have been produced; after the execution of an action its input items are no longer available for this or any other action. Items are structured information objects defined within the procedure. They are produced once and not modified. This latter property excludes loops in a cp, i.e. directed cycles in the procedure graph. In this way, cp's have a comparatively simple structure. (Permitting loops would lead to different versions of information items.) Note that the cp is itself a simple loop if the initial action and the final actions belong to the same role, i.e. are executed by the same person.

There are some more properties which we would like to require of cp's. First, there should be no "racing conditions", i.e. actions should not compete for input items or for the production of output items. This means that information items are needed by exactly one action, and that only mutually exclusive actions may produce the "same" information item. Second, every action should have the (theoretical) opportunity to be performed in executing the procedure. Whether a given action is actually performed during the execution of a cp may depend on the outcome of preceding decisions. Third, the output of an action should at least partially be needed by another action. This excludes actions which may become altogether obsolete due to a concurrently made decision. Fourth, regardless of the decisions made, the execution of a cp should always lead to a final action, i.e. there should be no deadlocks in a cp.

1.2 Use of coordination procedures

A cp is performed in the following way. Due to some "outside" stimulus arriving in the office (message requesting a service, passage of time) an office worker is confronted with the necessity to handle a task, which he cannot manage alone. So he selects the appropriate cp and assigns other office workers to the roles of the procedure. Roles in a procedure are only "blank fields" which have to be filled in with the names of real persons. There might be more than one person willing or able to play a particular role. It is assumed that these persons have expressed their willingness to play a particular role in this procedure.

After the role assignment the _initiator_ starts the cp by executing the initial action, i.e. he produces the necessary information items. Actions which directly succeed the initial action may now be executed. The respective _role-players_ or _actors_ are presented with the information needed for their action, and in turn carry out the action by producing the required output items. This process continues until there are no more actions pending. By then one final action will have been executed, which signals the end of the procedure.

A cp is a model of how an office task is carried out by different persons. The procedure does regulate a lot of things but does not tell _how_ a person participating in the procedure should carry out his parts of the task, the actions. It only tells what inputs an action can rely on and what the result of the action should look like. This has the advantage that different people can play the same role in a cp, using completely different methods for the actions, as long as they comply with the communication interface of the actions, i.e. the structure of the information items received and produced.

What constitutes an appropriate execution of an action is presupposed to be a consensus between the office workers taking part in the procedure. Take for instance the manager's action in the example of figure 1. The action relies on the loan application and the judgements of the two clerks. The output of the action is a simple "yes" or "no". How the manager arrives at his decision is not specified in the cp. Of course, the manager should take into account the rules set up by the bank for such cases, but the decision might also be influenced by a lot of other things, e.g. the personal acquaintance with the applicant. The manager could even execute a seperate cp whose result will help with making the decision. Let it be remarked in passing that this is a way to introduce loops in cp's by the backdoor.

A cp is a plan how to carry out a given task, and as such it is the class of all possible performances of this plan. A respective procedure "in progress" is an instantiation of this class. In an office there may be several instances of the same or different procedures in progress.

It might be noted that all actions, even the "non-deciding" ones, contain a decision, namely whether the action confirms to the rules and goals of the office under the given circumstances of a procedure instance or not. Whenever it is not the case, i.e. when the procedure is not a correct model for carrying out the task in question, a role-player will reject to act at all, thus causing an abnormal termination of the procedure. This will result in a change of the procedure, negotiated upon by the involved office workers. Since the real world of which the office is a part is open-ended, such a case cannot be avoided by more careful modeling, as has been pointed out in [FIKE80].

1.3 Formal definition of coordination procedures

To someone familiar with Petri nets it is obvious from the above that cp's could have something to do with Petri nets. In fact, one can associate an acyclic Petri net with every cp. The execution of the cp is reflected in the associated Petri net by the usual token game. For the definition of Petri nets, or nets for short, and an introduction to their theory we refer the reader to [BRAU80].

The associated net is constructed for a given procedure graph as follows. The items of the procedure become the places of the associated Petri net and the actions become the transitions. Decisions with n alternative sets of output items are transformed into n separate transitions. The arcs of the procedure graph (need/produce relations) become the arcs of the associated net with obvious modifications in the case of decisions (see figure 2). Two places are added to the associated net which do not correspond to items in the procedure: the initial place, which has only one output arc leading to the initial action/transition, and the final place which has only input arcs coming from all final actions/transitions. An example is shown in figure 2. The reconstrucion of the procedure graph from the associated net is rather straightforward. To reconstruct the "<" shorthand notation for identical copies of items the places in the associated net have to carry appropriate labels, as shown in figure 2.

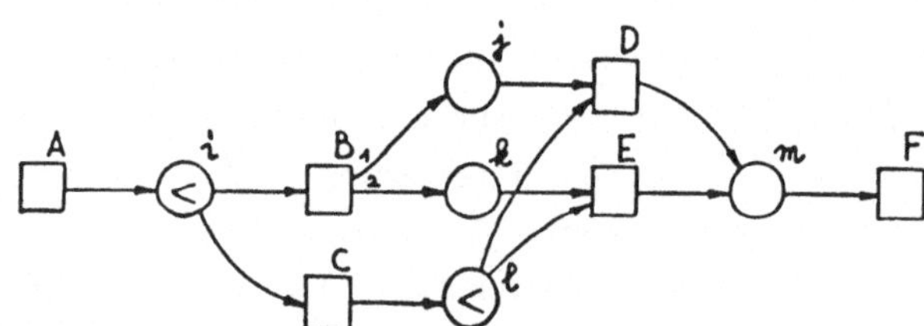

procedure graph

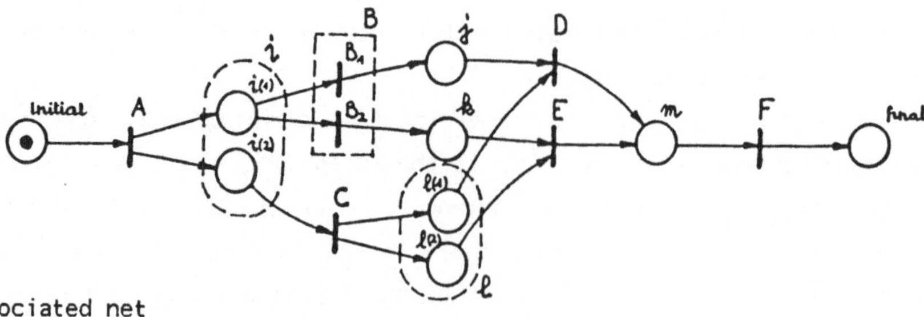

associated net

Figure 2: Procedure graph and associated net.

The presence of a token in a place means that the corresponding item of the cp has been produced. The execution of an action, which can take place if all input items have been produced, corresponds to the "firing" of the associated transition (or one of the respective transitions in case of a decision), removing one token of all input places and putting one token into all output places. A token in the initial place means that the procedure may be started, and a token in the final place means that the procedure has been completed.

In the context of the associated nets one can formally specify all the properties which we required of cp's at the end of section 1.1. This leads to the definition of a certain class of Petri nets, which we call <u>cp-nets</u>. The complete definiton of cp-nets is given in [KREI82]. We now define a procedure graph to represent a cp, if and only if its associated net is a cp-net.

Cp-nets are a variant of free-choice nets [HACK72], a subclass of Petri nets where transitions with one common input place must not have other input places. Cp-nets are a simple variant of free-choice nets, because they contain no loops. Free-choice nets have a well developed theory. Based on this theory it should be possible to develop a method for deciding whether a given Petri net is a cp-net and thus represents a cp.

1.4 Restrictions of the coordination procedure model

Cp's represent a restricted but still fairly general class of office processes. In this section we would like to comment on some restrictions which were introduced in the definition of cp's, and some further restrictions which might be sensible with regard to the requirement, that the cp model should be natural, acceptable, and easily understandable for potential users.

Two of the properties we required of cp's were put forth because people should not be involved in a cp (by taking over a role), if there is no possibility of their ever getting active, and because people should under no circumstances be requested to carry out altogether useless actions.

The exclusion of loops in a cp was also mainly motivated by the fact, that actions are carried out by persons, and are not (exclusively) programs run by processors. Executing an action the second time is not the same thing as doing it the first time: the situation has changed, there is additional information and there is the recollection of the first execution ("Upon those who step into the same rivers different and ever different waters flow down" as Heracleitus put it around 500 B.C.). So, a "loop" in a cp would definitely have a recursive flavor, for which it is not easy to find an appropriate and generally applicable interpretation.

Other issues which would lead to further restrictions in the structure of cp's could be the "history" of items and the effect decisions should have. One could be of the opinion, that actions should be generally considered different if the history of their input items is different, e.g. if the items were produced by different people. Thus, every branch of a decision would lead to a separate final action. One could additionally forbid any action to be concurrent to a decision, so that a decision may not have side-effects on the actual use of other actions' outcomes. Then cp's would have a tree-like structure ("decision trees").

It might also be worth a discussion, whether the way information is treated in cp's (items once produced and never changed, no "transformation" of items by actions) is natural to an office worker or not.

There might be a further reason for reconsidering the structure of cp's, we have not touched upon so far: it is the simplicity and lucidity of the language, in which cp's have to be specified if they are going to be fed into a computer system. (That is, if one does not have a graphical cp design system which translates the graphical representation into the language representation and back again automatically.) A cp-language will be the topic of the next section.

2 A language for specifying coordination procedures

The basic form of a cp-language is a list of action statements of the form

$$\textbf{action } A \textbf{ needs } i_1,\ldots,i_n \textbf{ produces } j_1,\ldots,j_m$$

or for decisions

$$\textbf{action } A \textbf{ needs } i_1,\ldots,i_n \textbf{ produces } j_{11},\ldots,j_{1m_1} \textbf{ or } \ldots \textbf{ or } j_{l1},\ldots,j_{lm_l}$$

The keywords of the cp-language are printed in bold face. The action names (A) and the item names (i,j) should be unique. Identical item names are only allowed in the **produces** section of the same action statement and stand for identical items (this corresponds to the "<" symbol in the graphical representation).

An action statement

$$\textbf{action } A \textbf{ needs } i, j \textbf{ produces } k, l \textbf{ or } l, m$$

would correspond to the following procedure graph representation:

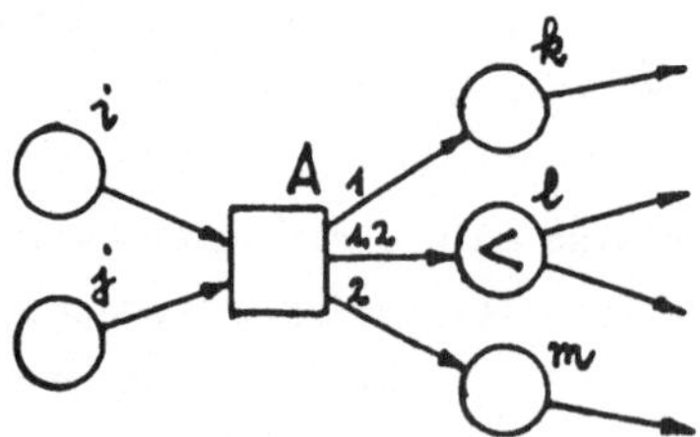

The procedure graph of figure 2 would be written in the cp-language as

> **action** A **produces** i,i
> **action** B **needs** i **produces** j **or** k
> **action** C **needs** i **produces** l,l
> **action** D **needs** j,l **produces** m
> **action** E **needs** k,l **produces** m
> **action** F **needs** m

The **needs** section of the initial statement and the **produces** section of the final statements are omitted.

An optional comment could be added to an action statement, which describes what the action is meant to do if this is not apparent from action and item names. The role R to which an action A belongs should be added to the action name as a role qualifier, giving R.A as the complete action name. An action statement describing the action of Clerk1 in the example of figure 1 would then be written as:

> **action** Clerk1.Check **needs** loan application
>   **produces** judgement1
>   **comment** "Clerk1 checks for low income of applicant"

The specification of the items of a cp also belongs to the cp-program and could be summarized as an item list at the beginning of the cp-program. The item specifications describe the structure of the items and would be given as exemplified in section 1.1.

Such cp-programs have a strong analogy to data flow programs: the actions are carried out when the input data (items of the **needs** section) are available. One should note, however, that actions are not functions, which map the inputs to the outputs. This is not only due to the fact that the actors are humans who may not have completely delegated the execution of their actions to their machines, but also to the fact that the output items may depend on a lot more information about the outside world, which is not modeled in the cp. So the outcome of one action can be different in two executions of the same cp, even if the input items have identical values. Apart from the sequencing of the statements, a cp-program is a unique representation of a cp.

There is a sort of "canonical" ordering of the action statements: the occurence of an item in the **produces** section of a statement should precede all occurences of this item in the **needs** section of other action statements, i.e. the order of action statements in a cp-program should roughly correspond to the order in which the actions may appear in an execution sequence of the cp. This, of course, does not completely determine the ordering of the action statements: in the above example, action statement C could precede action statement B, which is not surprising since actions B and C are concurrent.

If such a "canonical" ordering of the statements in an action list is not possible, the corresponding procedure contains a deadlock and does not represent a cp. The converse is not true: a canonically ordered cp-program may still contain deadlocks. There are two other properties, which an action list must have to represent a cp: an item must occur in the **produces** part of a cp program as well as in the **needs** part, it should not occur more often in the **needs** part than it does in the **produces** part.

These more simple properties of cp-programs do by no means guarantee that a list of action statements having these properties represents a cp. Using only the language representation, it is not easy to confirm that a longer cp-program actually represents a cp. It is a bit easier with the graphical representation, playing token games, but ultimately one has to resort to generally applicable methods of net theory on the basis of the cp-net representation.

Another possibility is to severely restrict the structure of cp's, e.g. to decision trees as mentioned at the end of section 1.4. In this particular case the cp-language could be given a corresponding block structure and most of the properties which make up a decision tree would be incorporated into the language syntax.

3 An implementation of coordination procedures

In this section we will give an outline of how we will implement an office procedure system based on cp's within a network of UNIX systems. At the moment, our "network" consists of a VAX 11/780 and a PDP-11/70, both running under UNIX System III [UNIX81]; a number of PERQ personal computers will be added in the future. Thus, a "workstation" in our case will be basically the UNIX user environment, either on a time-sharing system or a on personal computer. In addition to the procedure system we are planning to make these UNIX-workstations more acceptable for the office, especially in the areas of office filing and user interface [SCHN82].

3.1 General characteristics

What would users of a computerized coordination procedure system expect from such a system? First, they would like to specify cp's and get them into the system. Second, they would like to initiate a given cp for a specific office task, keep track of its progress and receive its result along with a "history file". The system would then have to manage the control and data flow of the procedure. Third, the users need to be informed, which actions are due, they need methods to carry out actions, and a way to define and use their own specific procedures to this end.

In our implementation, there is a pseudo-user "coordinator" on every system of the procedure network, through which the users may access the procedure system. The coordinator stores the procedures defined by the users of his local system, and upon initiation of a procedure controls its performance. As mentioned above, procedures are types of processes (in a general sense), an initiated procedure is an instance of this type. Procedure instances are identified by the procedure name and a unique number. The coordinator has a working directory for every procedure in progress where the information items of that procedure instance are stored. The coordinator keeps a table of pending actions for every user of his system. An entry in such a table means, that the user concerned has been assigned to the action identified in the entry and is now requested to carry it out. The coordinator also supplies a basic tool for carrying out the action, which will in general present an actor (a user carrying out the action) with the input items and receive (and type-check) the output items produced by the actor.

So, there are basically four commands for using the procedure system which are directed to the "local" coordinator: **defpro** for defining a procedure, **dopro** for initiating a procedure, **lsjob** for getting a list of pending actions, and **dojob** for carrying out an action. This set of commands will eventually be extended, e.g. by commands for getting a list of the procedures defined so far, for copying a procedure from one coordinator to to another, or for enquiring about the state of a running procedure.

defpro requires a formal specification of the procedure as described below. By executing **dopro** the user becomes the initiator of the procedure and must assign user names to the roles of the procedure. His local coordinator then becomes the "controlling coordinator" of the initiated procedure instance. All relevant information about this procedure (role assignment, information items, state, history) is kept as files in a special working directory of this controlling coordinator. Only the table of pending actions is kept by the respective local coordinators, because this information is user specific and not procedure specific (such a table may contain pending actions belonging to different procedures). A controlling coordinator monitors the performance of his procedures in progress, and if appropriate, enters pending actions into the respective tables of the actors.

As has become clear from the above, the users of the procedure system do not communicate directly with one other but only via their respective coordinators. The configuration of the procedure system is shown in figure 3. The different coordinators know each other's password and communicate via "connect unix" (cu). For example, if

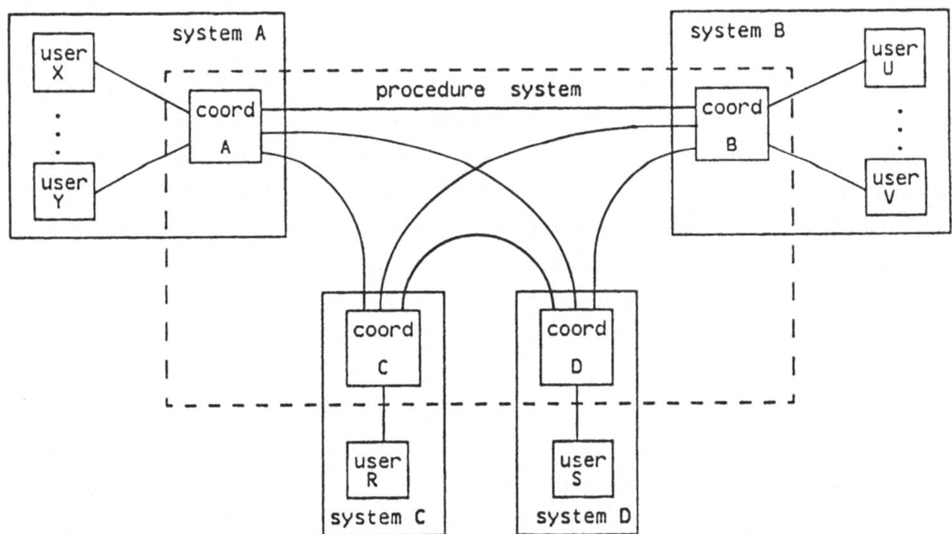

Figure 3: Configuration of the procedure system.

the coordinator of system A has to make an entry in the pending-action table of user U on system B, he simply logs in as coordinator B on system B (via cu) for making the

entry. If user U wants to carry out this action, he executes **dojob** for this action
and is connected to the controlling coordinator on system A via his own local
coordinator on system B. Whereas the pending-action tables are distributed over the
procedure system, the control of a given procedure instance is strictly centralized
with the controlling coordinator.

3.2 Implementation strategy

After having described the more general characteristics of our implementation, we now
want to go into it in more detail. Our implementation of cp's is based on the implementation of a different class of procedures, which we call (for lack of a better
name) basic coordination procedures or bp's for short. bp's differ form cp's in some
respects. First, the structure of bp's is not as rigid as that of cp's. The specification of the data flow is separately defined by JCL procedures, and thus independent
of the causal relations of the actions (control flow). These JCL procedures are in
our case "shell scripts" (shell being the command interpreter of UNIX). The shell
scripts are associated with the "actions" of a bp, which are called jobs to keep them
separate from the actions of a cp. Second, the control flow structure of bp's, i.e
the causal dependence of the jobs, is simpler than with cp's (and hence simpler to
implement). Third, bp's have additional features not inherent in cp's: the jobs of a
bp may be completely carried out by the "system" and may require no human interaction, in which case there is no actor assigned to such a job but only an appropriate shell script. Whether an assigned actor will be required to actually carry out
a job may also depend on conditions which are part of the bp definition. Some other
additional features of bp's (deadlines for jobs, assignment of a set of actors to one
job, repetition of a whole bp depending on certain conditions) will not be exploited
in connection with cp's and will be disregarded in the present context.

We plan to implement cp's on top of a bp-implementation by mapping a cp's onto
respective bp's. The mapping of the control flow is rather straightforward (see 3.4),
the mapping of the data flow requires the coding of the "right" shell scripts mentioned above. We intend to write a compiler which translates a cp-program into a "bp-
program" along with these shell scripts. The type-checking of information items is
done by programs contained in the "basic tool" for carrying out a job (a shell script
executed when the **dojob** command is given). Again, such type-checking programs should
be generated automatically from the item descriptions in the cp-program.

The reason for implementing cp's this way is that we have no experience with the
cp-model or the cp-language proposed in section 6, and hence no evidence, that the
model or the language are suited for modelling or specifying cooperative office
processes. If it turns out that we need a different cp-language or a slightly extended model (e.g. extended by time contraints for actions) we could adapt our implementation to the new situation by (hopefully) only minor changes to the above compiler.
Also, altogether different procedural office models could be implemented on top of

the bp-implementation, a promising alternative could be a model based on the bipolar
synchronization schemes of [GENR81].

We now have to clarify three points: how do bp's look like, how are they implemented, and how do cp's translate into bp's. This will be the topic of the next two
sections.

3.3 Basic coordination procedures (bp's)

The control structure of a bp, i.e. the causal dependence of the jobs, is modeled by
acyclic marked graphs, a special class of Petri nets. The jobs of the bp correspond
to the places of the bp-net, the presence of a token in a place means that the corresponding job may be carried out or is currently carried out. The firing of a transition means that all jobs preceding the transition have been carried out and the
jobs succeeding the transition may now start. There is exactly one initial place with
no input transitions and one final place with no output transitions. All other places
(jobs) have exactly one input transition and one output transition, i.e. there are no
decisions (or "synchronization" of decisions) in bp's. The initial marking of a bp-
net has one token in the initial place. the initial place and the final place do not
correspond to ordinary bp jobs, they represent the start and end point of the bp. An
example of a bp-net is shown in figure 4.

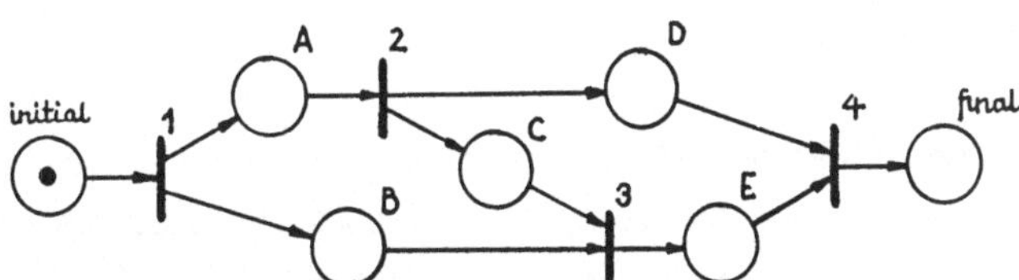

Figure 4: Example of a bp-net.

The control structure of a bp may be represented in a simple table, listing all jobs
and their pre- and post-transitions. The example of figure 4 could thus be
represented by the following table.

	A	B	C	D	E
job	A	B	C	D	E
pre-transition	1	1	2	2	3
post-transition	2	3	3	4	4

The jobs of a bp differ from the actions of a cp in that they may partly or completely be carried out by the procedure system itself. This part of a job is called
SYSJOB and is specified by a shell script. This script is executed by the controlling
coordinator after the job has been started by the preceding transition. The rest of
the job (if there is any) is to be carried out by the user assigned with this job and
is called USRJOB. USRJOB again is specified by a shell script and is usually a basic
tool for carrying out the user part of the job: it presents the user with the

necessary information and requests the result of his activity; it may also contain programs which check the user output with regard to data structure, consistency constraints etc. If a job is meant to be completely automated, the SYSJOB script exits with exit 1 and the job is considered finished. It may also take exit 1 under certain conditions specified in the script itself, e.g. if the necessary input information for USRJOB is missing. If SYSJOB exits with exit 0 (which it does also if empty), the controlling coordinator makes an according entry in the pending-action table of the user concerned via the INJOB routine, and the user may carry out the "action" via the USRJOB script. The job-place of a bp-net is thus refined as shown in figure 5.

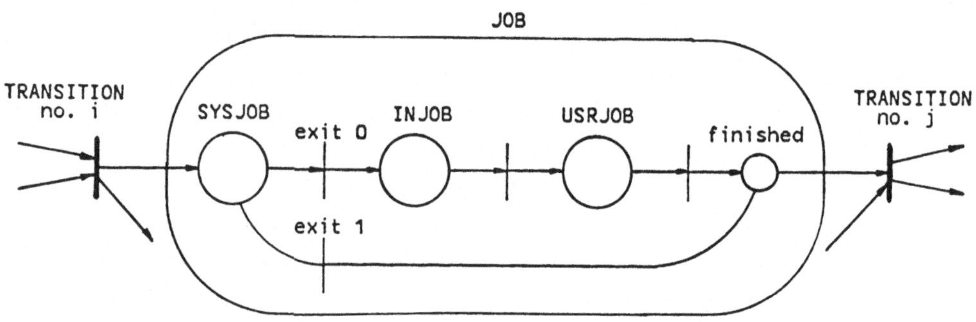

Figure 5: Internal structure of a bp job.

Thus, a complete specification of a bp must contain a table with the jobs and their pre- and post-transitions and for every job a SYSJOB and a USRJOB script. The USRJOB script is optional; if it is missing the SYSJOB script must finish with exit 1. The SYSJOB script may be empty. If these scripts contain the execution of user defined programs, these programs also belong to the specification of a bp. In this case, the transfer of a bp from one coordinator to another may require that these programs are adapted to the new environment.

The input and output files of the USRJOB and SYSJOB scripts are kept in a special working directory of the controlling coordinator. Every procedure in progress has its own working directory. The files of this directory correspond to the information items of the cp model. Thus, the SYSJOB and USRJOB scripts specify the data flow of a bp. The INJOB and TRANSITION routines need no further specification since their task is given by the bp-net description and the role assignment.

Transitions are implemented as processes which are executed when a preceding job finishes. The transition process then decrements a counter which is initially set at the number of the preceding jobs. Multiple execution by concurrently finishing jobs is prevented by a lock mechanism. If the counter is decremented to zero, the transition fires, i.e. all subsequent jobs are started with their SYSJOB scripts.

As mentioned above, the USRJOB scripts are only basic tools for carrying out the user part of the jobs. It wouldn't make sense to incorporate a sophisticated terminal handling into a USRJOB script, since terminal characteristics may vary from user to user or from system to system. On the other hand, a primitive USRJOB tool would not be acceptable as a user interface to the procedure system, if such a tool would e.g. spool out four screens of information to the user terminal and then would prompt the user to key in his output in a cryptic syntax. In addition, a user may want to automate his job with the assistance of his "private" environment or may want to coordinate several pending jobs. To cope with the situation the user is given a means to define his own specific script for carrying out jobs. This user specific script may use the facilities of the procedure system, namely the **lsjob** and **dojob** commands which list all pending jobs or connect the user to a USRJOB script. The user specific script (carrying a standardized name "/usr/<username>/.usrpro") is started automatically if a new entry is made in the user's pending-job table. In this way a user may build his own interface to the procedure system. It should also be mentioned, that a user may interrupt a USRJOB session at any time and take it up later. The USRJOB phase is terminated explicitly by the user (or his specific script). An optional comment for the history file may be added. The carrying out of a job is shown in figure 6.

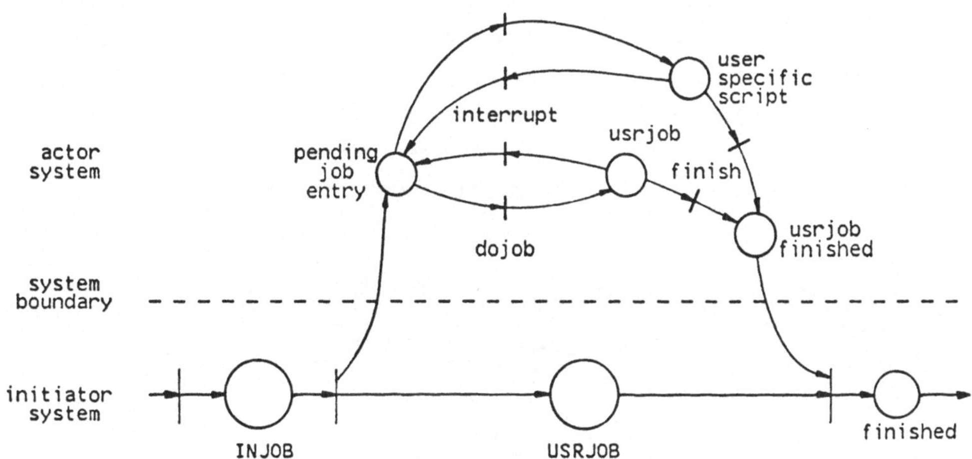

Figure 6: Carrying out a job.

3.4 Translation of cp's into bp's

After having described the implementation of bp's we now have to show how cp's are translated into bp's. Basically, actions of a cp correspond to jobs of a bp. The causal dependence of actions in a cp is associated with the transfer of one (or more) information items from one action to the other. This information transfer is

flected in the corresponding bp by the respective USRJOB scripts. One action-job
ites an item-file which a succeeding action-job may read. Thus, the data flow of a
) is represented in the bp context by appropriate USRJOB scripts. The mapping of the
ntrol structure of a cp onto the control structure of a corresponding bp cannot be
ne by simply mapping actions onto jobs. First, bp's have no "decisions", i.e. jobs
ith alternative output transitions, and second, jobs of a bp with common preceding
bs have the _same_ preceding jobs, which is not true for actions of a cp. Forgetting
cisions for the moment, we can map cp's to bp's preserving the control strucuture
f the cp by refining the actions of a cp-graph to a "start action"-transition, an
action busy"-place and an "action finished"-transition (cf. figure 7).

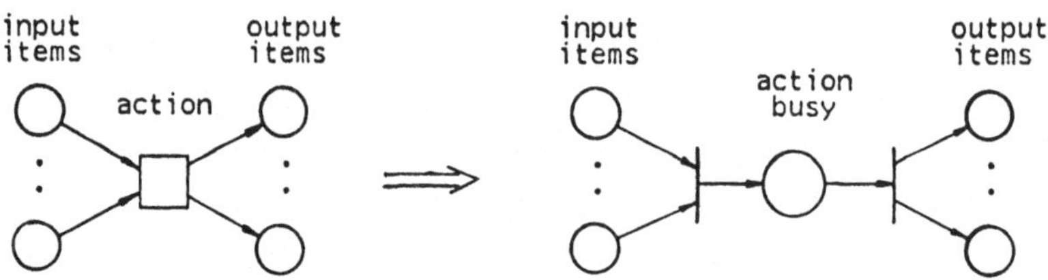

igure 7: Refinement of cp-actions.

The resulting net has the characteristics of a bp-net. The places of such a
efined procedure net can be mapped onto the jobs of a bp. The action-places cor-
espond to jobs with the appropriate USRJOB scripts effecting the I/O of the original
p-action (the SYSJOB scripts are empty). The item-places correspond to completely
utomated jobs which do literally nothing but preserve the control structure of the
riginal cp (no USRJOB script, SYSJOB script consisting of "exit 1" only). One can

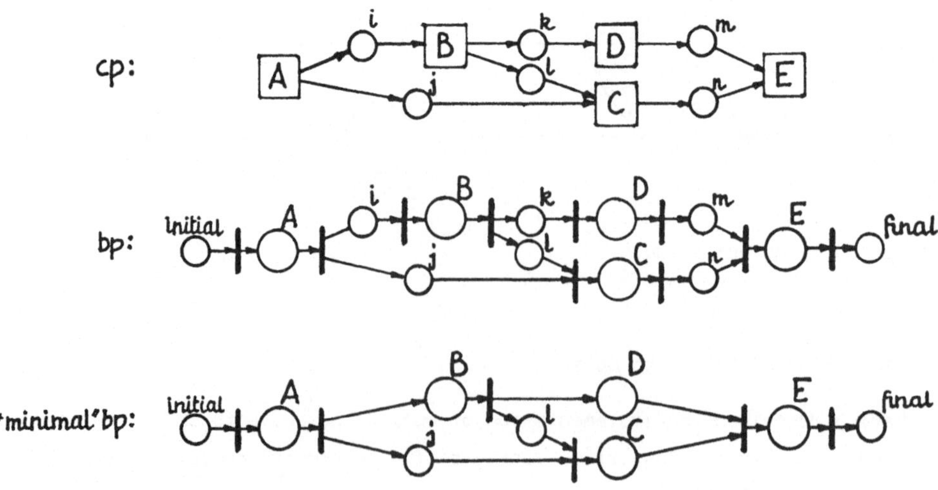

Figure 8: Mapping cp's onto bp's.

eliminate a lot of these item-jobs from the bp without loosing the control structure
of the original cp, but one cannot in general eliminate all of them, due to the above
mentioned difference in control structure between bp's and cp's. An example is shown
in figure 8.

This leaves us with the treatment of decisions, the "synchronization" of decisions, and alternative final actions in cp's. These situations are translated as is
shown in figure 9. Since bp's have no decisions, the resulting bp-nets do not show

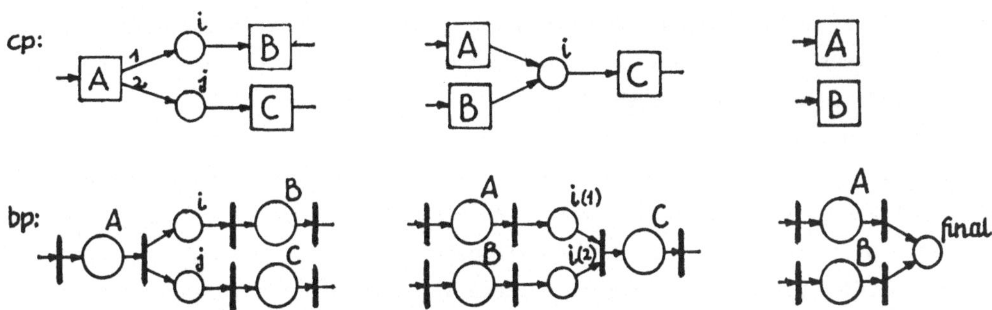

Figure 9: Mapping of decisions, synchronization of decisions and final actions.

any difference between action-jobs leading to concurrent activities and action-jobs
leading to alternative activities, which is also true for the respective synchronizations. So, these differences must show in the USRJOB and SYSJOB scripts. First,
the USRJOB script of a deciding action-job will accept only one of the possible output item-files. Second, the SYSJOB scripts of action-jobs must reflect the fact, that
the execution of the assigned user's action (USRJOB) may depend on preceding decisions. In such a case some or all of the action's input item-files may be missing.
Hence, in a bp with decisions the SYSJOB scripts of all action-jobs are meant to
check whether their input item-files do exist (exit 0) or not (exit 1). For an action
which needs items i and j, the corresponding SYSJOB script would be

```
exec test -f item_i -a -f item_j
```

using the UNIX program "test" which takes exit 1 if one of the listed files does not
exist, and else takes exit 0. Note that an action-job with missing inputs will
produce no outputs (USRJOB is skipped), and hence subsequent action-jobs will also
not be executed (apart from their rather trivial SYSJOB scripts) until alternatives
are properly synchronized by the procedure. Since the SYSJOB scripts run entirely in
the controlling coordinator's environment, users which are assigned with jobs skipped
due to decisions will not be bothered by the procedure system.

4 What is missing in coordination procedures

In the foregoing sections we have developed a model for cooperative processes in the office, a language for specifying the according coordination procedures, and we have shown how we are going to implement these procedures in a network of UNIX systems.

But obviously, something very important in modeling offices is missing in cp's: the structuring of the local or personal information environment of the persons participating in a cp, which we have called the office workstation. The workstation is the place where relevant information from cp's is stored (keeping logs, inventories etc.), and whence data are extracted which may help to produce the required information items. The actions of a procedure may be said to "operate" on the personal information environment [NEWM80].

In addition, modeling the office by a set of related cp's gives a static view of the office from "above". From inside the office, i.e. from the viewpoint of a single office worker, it looks quite different. An office worker may play roles in several cp's, several instances of the same or different procedures may require actions of him. The office worker has to schedule these different activities and has to set up reminders. In carrying out an action, it might become necessary to start another cp, to track ongoing procedures, to remind people to carry out their actions, etc. Tools or subsystems in the workstation may have to be activated in order to handle a task (document generator, file or data base manager, calendar manager). Instances of the same cp competing for a limited resource for which the role-player is responsible (e.g. a budget), have to be coordinated.

From all this it becomes clear, that the workstation may not only support the office worker in carrying out (single) actions in (single) procedures, but that both, the office worker and his workstation, are the link between different procedures, thus allowing for cooperation and communication between different procedures. It follows, that in order to model office processes more completely, cp's have to be complemented by a set of personal procedures residing in the work-stations, which coordinate all of the above activities taking place in the personal information environment of an office worker. A very similar approach has been proposed in [ELLI81].

In our implementation such personal procedures could be contained in the user specific script "usrpro" mentioned at the end of section 3.4. The task of specifying personal procedures would much be alleviated by using an appropriate language to this end, rather than having to rely on a general command language like the UNIX shell. The development of such a language for personal procedures, which ultimately should also be used by the office workers themselves, is a rewarding goal for further research into office procedure systems.

Acknowledgements

The present paper has been stimulated by various papers by C.A. Ellis and by M. Zisman's dissertation. Both authors have used net or net-like formalisms to describe office procedures: Zisman's augmented Petri nets (APN) [ZISM77] and Ellis' information control nets (ICN) [ELLI79].

I am indebted to G. Woetzel for the implementation concept of section 3. I would also like to thank P.S. Thiagarajan and G. Woetzel for many long and helpful discussions on the topic of this paper.

References

BRAU80   Brauer, W. (Ed.) Net theory and applications, Lecture Notes in Computer Science, Vol. 84, Springer, Berlin, 1980.

ELLI79   Ellis, C.A. "Information control nets: A mathematical model of office information flow," Proc. ACM Conf. Simulation, Modeling and Measurement of Computer Systems, Aug. 1979, 225-240.

ELLI81   Ellis, C.A. "An office information system based on migrating processes," Proc. Int. Workshop on Office Inf. Systems, St. Maximin, France, Oct. 1981.

FIKE80   Fikes, R.E. and Henderson, D.A. "On supporting the use of procedures in office work," Internal Report, XEROX Palo Alto Research Center, Palo Alto, Calif., 1980.

GENR81   Genrich, H. and Thiagarajan, P.S. "Well-formed flow charts for concurrent programming," ISF-Report 81.03, Gesellschaft für Mathematik und Datenverarbeitung, St. Augustin, 1981.

HACK72   Hack, M. Analysis of production schemata by Petri nets, MIT Project MAC, TR-94, Cambridge, Mass., 1972.

HOLT79   Holt, A.W. "Net models of organizational systems in theory and practice," in C.A. Petri (Ed.) Ansätze zur Organisationstheorie rechnergestützter Informationssysteme, Oldenbourg, München, 1979.

KREI82   Kreifelts, Th. "Coordination procedures," IIG-Report, Gesellschaft für Mathematik und Datenverarbeitung, St. Augustin, 1982.

LADD80   Ladd, I. and Tsichritzis, D. "An office form flow model," Proc. NCC 1980, 533-539.

NEWM80   Newman, W. "Office models and office system design," in N. Naffah (ed.) Integrated office systems - burotics, North-Holland, Amsterdam, 1980.

SCHN82   Schnupp, P. and Woetzel, G. "Rechnergestützte Realisierung von Bürovorgängen auf UNIX," in Th. Kreifelts and P. Schnupp (Eds.) UNIX - Konzepte und Anwendungen, Berichte des German Chapter of the ACM, Teubner, Tübingen, 1982.

UNIX81   Programmer's manual for UNIX System III, Western Electric Company, Greensboro, N.C., 1981.

ZISM77   Zisman, M.D. "Representation, specification and automation of office procedures," Ph.D. dissertation, Univ. of Pennsylvania, Philadelphia, Pa., 1977.

$$\underline{\text{AN IMPLEMENTATION OF RENDEZ-VOUS}}$$
$$\underline{\text{IN DISTRIBUTED SYSTEMS}}$$

A.Corradi(°), A.Natali(°°)

(°) Telettra S.p.A. Milano, ITALY
(°°) Istituto di Automatica, Università di Bologna
viale Risorgimento 2, 40136 Bologna, ITALY.

Abstract

Rendez-vous is generally accepted as a process synchronization construct in concurrent languages(e.g. Ada[*]). An implementation is presented here for a distributed system. The protocol, based on exchanges of asynchronous messages, takes into account faults of processors or memories and recovers using the tool of 'stable storage' and stamps associated with messages. A 'conditional' rendez-vous (entry call in Ada) protocol is also described; finally an optimized, in the sense of efficiency, solution for the case of a multi-user server process is presented.

1. INTRODUCTION

Communication and synchronization are certainly two fundamental issues related to the concept of process. According to different views of the relationship among processes, several mechanisms have been proposed to express process communication and synchronization. Semaphore /1/ and monitor /2/ for example, assume that processes interact through shared variables. They are expecially intended for synchronization and are best suited for hardware architectures where two or more processors share memory. Messages /3/ or pipes /4/ assume that processes do not share variables and that they interact by sending informations to each other explicitly. They are more oriented towards communication and can be implemented easily also in hardware architectures where processors do not share memory.

Recent proposals tend to blur any distinction between communication and synchronization and between common or distributed environments. The new basic idea, introduced in CSP /5/ proposal, is that communication and synchronization are two closely related issues. In order to communicate two processes must have expressed the desire to do so (with suitable i/o commands) and must be synchronized (rendez-vous). At the time of rendez-vous, data(the object of the i/o command) are transmitted from one process to the other. The Ada language goes one step further in such a direction (inspired by Brinch Hansen 's Distributed Processes /7/ proposal), by introducing the notion of 'extended rendez-vous'. Rather than by primitive i/o commands, Ada processes communicate by means of a special kind of procedure called 'entry'. An entry is declared by

----
[*]Ada is a registered trademeark of the U.S. Department of Defense.

a process and executed by that process when called by another one. During the execu
tion of the entry, the two involved processes remain synchronized: they can be view
as a single thread of execution. During the extended rendez-vous, input and output
rameters can be acted upon allowing information exchanging Entries look like shared
procedures: in systems with common memory they can be implemented (see Habermann /8
as true procedures executed (in mutual exclusion) by the caller itself (like monito
procedures). Entries are however suited to distributed systems too: their implement
tion is in this case in terms of elementary message passing primitives hidden at us
level.

Implementation of rendez-vous in distributed environments must keep into account
fundamental property of rendez-vous, i.e. that is conceptually an <u>atomic action</u>.

An action is atomic "if the processes performing it can detect no state changes
cept those performed by themselves and if they do not reveal their state changes ur
the action is completed" /9/. It means that each process can part on its way after
rendez-vous only after the results of the joint action are available at both partne

Therefore, message passing protocols are to be defined in order to assure rer
vous atomicity. These protocols must moreover keep into account possible failures :
loss of messages or crash of processes to guarantee that either the action is   cor
pletely performed or completely not done at both partners.

Aim of this paper is to present an implementation of rendez-vous mechanism in a
tributed environment. To deal with faults, particularly with process crashes, we w
assume the existence of a virtual level in the system able to restart processes on
new sound processor whenever the current processor of execution fails. That assump
agrees with the state of the art in fault tolerance field (we refer in particular
stable memory introduced in /10/).
Let us stress anyway that we will consider hardware faults only: neither software
rors nor specific exception mechanisms (as 'abort' or 'raise' exception in Ada) ar
taken into account. That leads consequentely to the rule that a process never disa
pear from the system or terminates, at least until it can be involved in a rendez-

We present initially a basic construct for rendez-vous, following the Ada syntax
An implementation of it, in terms of message passing primitives,is described in se
tion 2 (in absence of faults) and in section 3 (in a potentially faulting environm
Section 4 discusses an alternate solution when the called process is structured as
multi-user resource server at program level. The new protocol allows the server tc
untied from an already served but crashed user, leaving the resource available to
requests, without waiting until the former user has been restarted.
Finally, an implementation of constructs for conditional execution of rendez-vous
'conditional entry call' in Ada) is decribed.

2. IMPLEMENTATION OF RENDEZ-VOUS IN A FAULTLESS DISTRIBUTED ENVIRONMENT

Before starting with implementation issues, let us introduce some notations. According to the rendez-vous concept, two processes T (transmitter or caller) and R (receiver or called) wishing to communicate, must have expressed the desire to do so. For example, choosing Ada as a description tool:

$$T: R.procname\ (...\ p,\ ...,\ q);\qquad\qquad (1)$$

$$R: ...$$
$$\underline{accept}\ \ procname\ (...\ p:\ \underline{in}\ TYPE\_OF\_P;\ ...\ q:\ \underline{out}\ TYPE\_OF\_Q);\quad (2)$$
$$\underline{do}\ \langle\,sequence\ of\ statements\,\rangle\ \underline{end};$$
$$...$$

Process T calls the entry 'procname' of process R; the entry procedure gets executed by R when it reaches the accept statement (and the call is already 'visible' at R). According to extended rendez-vous semantics, process T may not proceed until the ⟨sequence of statements⟩ in (2) has been performed. Exchange of data between T and R is achieved by parameters p (input) and q (output).

In a distributed system, processes T and R may be allocated on different processors with no shared memory and connected through communication lines only. In such a case, process communication must be implemented in terms of message passing.
We suppose that a suitable (software) level (L1) in the system makes   available message passing facilities, in particular the following primitives:

$$send\ (destination,\ message)\quad and\quad receive\ (message)$$

where 'destination' is the name of the processor to which the 'message' must be (asynchronously) sent and 'message' the data to be transmitted together with padding information (source and destination processes, checksum, header etc.) introduced by the Interprocessor Communication (IPC) network to guarantee no corruption of the message during delivering.
Rendez-vous between T and R can be implemented above level L1, by introducing two different typed messages:

m1) RQS   request of a service specifing the name of the called entry and the values of input parameters;

m2) ANS   availability of results, i.e. name of the executed entry and values of the output parameters,

according to a message passing protocol like that reported in figure 1: the calling process T sends the RQS message and then waits for the answer by executing a receive primitive immediately after the send. The called process R is supposed to be always able to receive RQS messages. This is obviously an abstraction which can be implemented through a process C running on the same processor PR on which R is allocated.
C may be that part of the language run time system dedicated to interprocessor communication handling. When R reaches the accept statement, the entry body is executed

and, at the end, an answer message is sent to T.

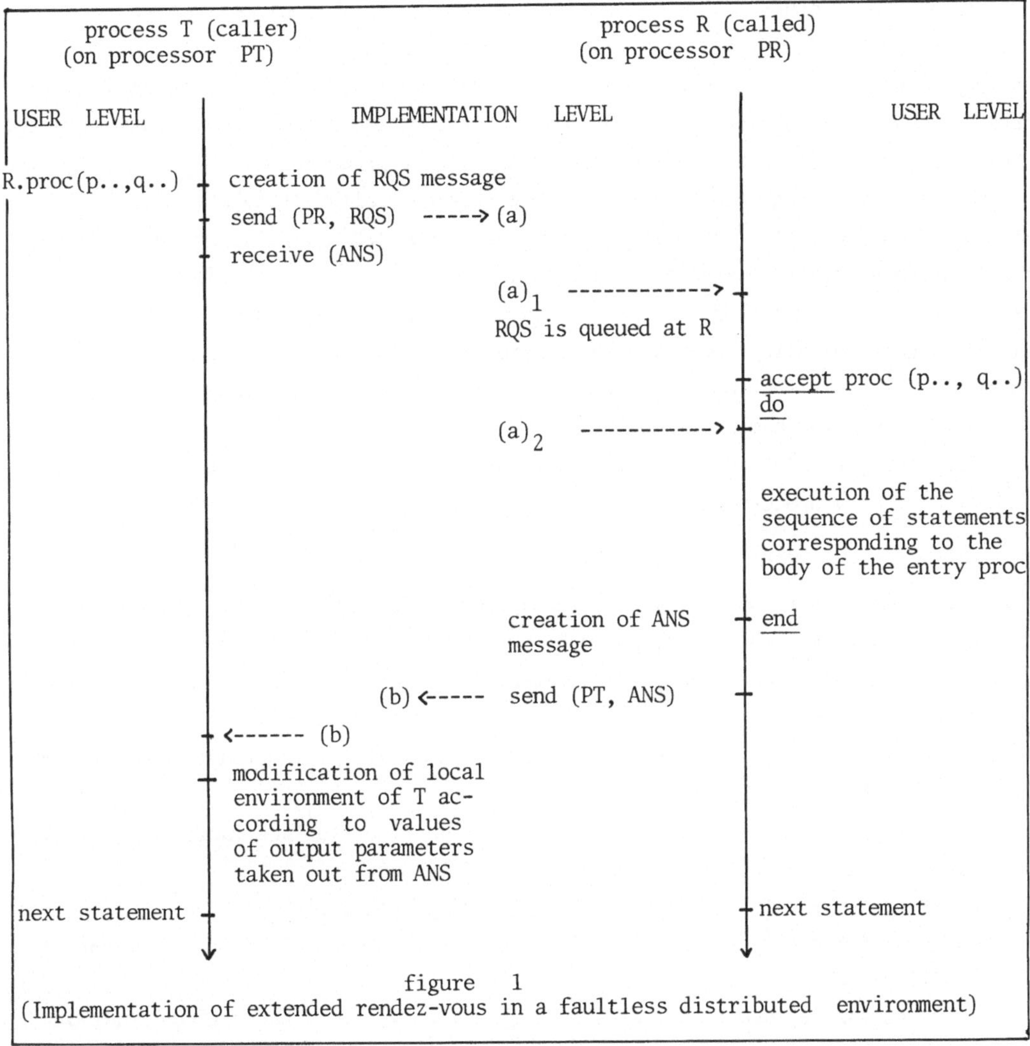

figure   1
(Implementation of extended rendez-vous in a faultless distributed environment)

3. FAULTS AND RECOVERY TOOLS

The protocol reported in the previous section may be invalidated by faults occurring both at IPC network level and at user (process) level.
Significant categories of faults may be:
f1) loss of messages sent from T (request) or R (answer);
f2) crash of processes; R or T may fail at any time because the failure of the corre-
     sponding processor.

In both cases, classical recovery actions can be taken.
For f1), a time-out interval may be associated to each send primitive in order to

wake-up a process if no answer is received within the specified time. The process can
retry, sending the message one time more.

In such a case, another problem arises at the receiver: a resent message must be recognized and discarded if it has already been received (f3).

For f2), checkpointing is an acceptable solution. The state of a process can be saved
time by time on a faultless memory device. After a fault, the process can be restarted
(from its last saved state) on the same or on another processor.

Storage systems that approximate reliable storage (called 'stable storage') have
been proposed /10/,/11/. In particular, proposal reported in /11/ seems well suited
for distributed systems: stable storage is in fact achieved by introducing a copy of
data in the local memory of each processor; consistency among copies is achieved
through algorithms using two-phase commit protocols /12/ and messages.

Proposal /10/ bases the implementation of stable storage on mass memory devices and is
intended mainly for computer networks.

In any case, we suppose that level L1 of section 2 gives a primitive to establish
a checkpoint of a process on stable memory:

$$save \quad (v1, \ldots, vn).$$

Any process may use this primitive to set aside the part of its state (represented by
variables v1,..., vn) that it needs to be restarted. Moreover, we suppose that level
L1 is able, when a process fault is detected, to restart the process on a (new) faultless processor.

With these assumptions, the problem of assuring atomicity of the rendez-vous between
two processes becomes that of:

p1)   modifying tha previous protocol of figure 1 in order to face faults of type f1)
      (loss of messages) and f3)   (duplication of messages);

p2)   defining a careful checkpoint   setting policy in order:
      a) to minimize the number of save's primitives to be executed, for the sake of
         efficiency;
      b) to guarantee idempotency of process's activity, i.e. that actions following
         a checkpoint and already executed may be correctly repeated when the process
         is resumed after a crash.

4. A FAULT TOLERANT IMPLEMENTATION

The first consequence of the possibility of faults is that the receiver process R
can no more assume (like in figure 1) that its ANS message is always correctly received at T. In fact messages may be lost (f1).

An explicit message must be sent from T to R in order to inform R that T has correctly received the answer. Let us indicate as 'ACK' (acknowledgment) such a message
and add it to the protocol (figure 2).

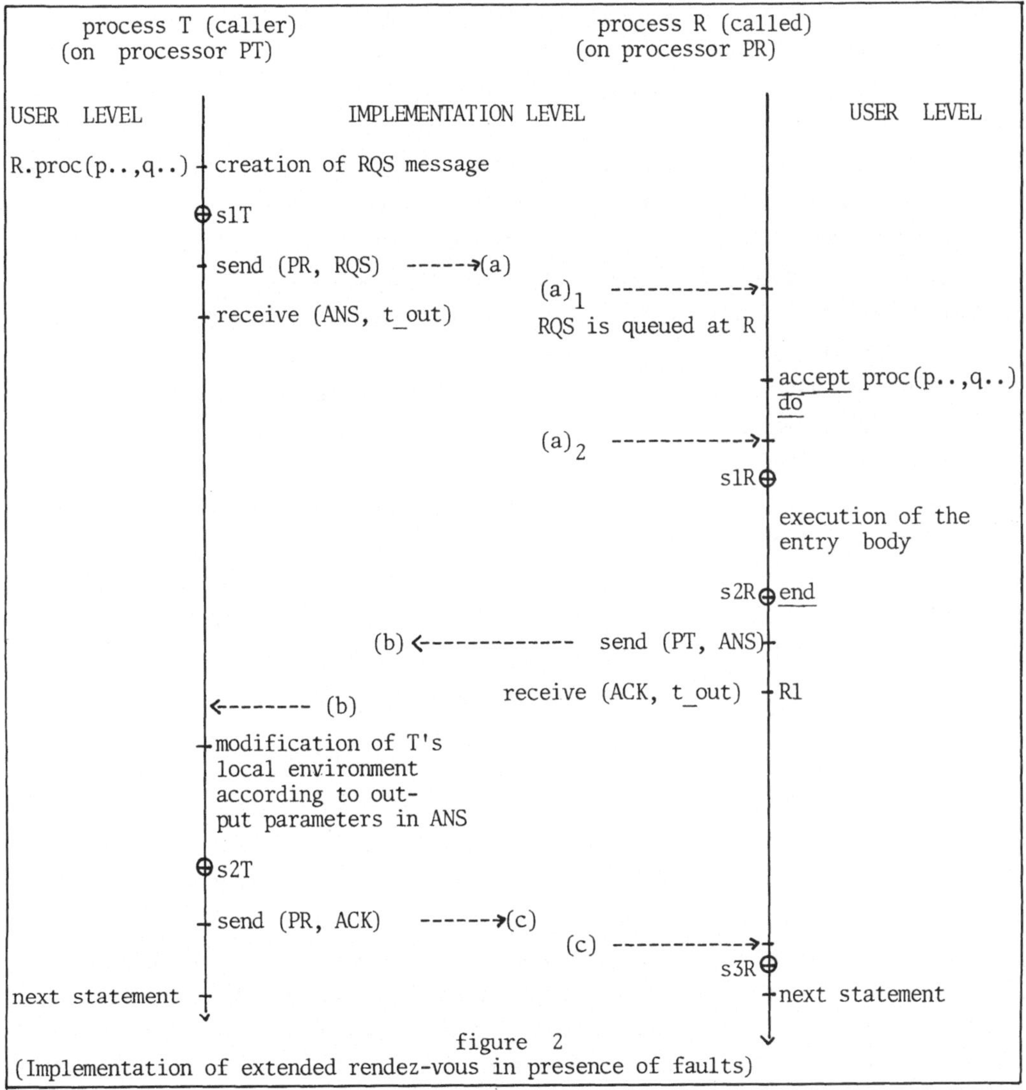

figure 2
(Implementation of extended rendez-vous in presence of faults)

Now it is necessary to face possible losses of ACK message. A solution may be the following: process T, after sending ACK to R, does not wait for an explicit ACK of it, limiting the protocol to a finite number of messages exchanged. If the ACK message has not been received at R, R is waken-up after a fixed interval of time (time_out) and repeats the transmission of the answer ANS to T. Consistency is guaranteed by the rule that T, on receiving a repeated answer from R, answers always with an ACK message also if it has already exited the corresponding rendez-vous with R.

Time-out and retry policy is assumed to be used, more generally, for every message sent from a process when an answer is expected. For this reason, the receive primitive of figure 2 has been modified in:

receive (message, time_out_interval)

If time-out interval expires, the message previously sent is supposed to be lost and the process retries by sending the message another time. In particular, this occurs at process T for request message RQS. When the repeated RQS is received at R, R can be in one of the following states:

s1) waiting for a request or executing another request. This means that the previous request from T has been lost. The current RQS is accepted and processed or queued;

s2) executing the action previously invoked from T. In this case the current RQS message must be recognized as a duplicated one and discarded;

s3) waiting for an ACK message from T. Also in this case the current RQS from T must be discarded.

A solution in cases s2 and s3 may be given by associating 'stamps' with messages in order to recognize messages already sent from the same source.

A stamp is an integer value which is included in every message sent. This value is taken from a counter local to   sending process. The counter is incremented only when a new message has to be sent for the first time. Resending of an already sent message implies that the message carries always the same stamp (it is the same message).

In order to associate stamps with messages, we introduce for each process a local data structure defined as follows (according to Ada syntax):

LAST_STAMP : <u>array</u> (processname) <u>of</u> integer;   where:

<u>type</u> processname <u>is</u> (process1, ... ,T, ... ,R, ..., processN);

At process P, LAST_STAMP (P) represents the current value of the local stamp counter. When a new message is sent from P, it is associated with the stamp LAST_STAMP(P) and LAST_STAMP(P) is incremented by 1. LAST_STAMP(X), with $X \neq P$, represents at P the stamp associated with the last message received at P from X.

The LAST_STAMP structure becomes, from an abstract point of view, an important part of the state of a process: it is in fact the 'memory' of the process about messages already sent and received. For that reason, the LAST_STAMP array local to a process P is included from now on in the set of data structures which represent the state of P. When P is involved in a rendez-vous, its state is saved in stable storage as reported in figure 2: process T (a caller) sets a checkpoint at points s1T, s2T; process R (a called) does the same at points s1R, s2R, s3R.

The new protocol can now be discussed. Let us start from the caller T:

t1) T sends a RQS message to R. If no answer is received within the specified time-out interval, the message is resent. By the associated stamp, any duplicated message can be recognized at R. In fact, every time a process P receives a message M from a process Q, P executes (using the volatile copy of LAST_STAMP array):

```
CODE1: if  LAST_STAMP(Q) ⩾ M.stamp  then   -- message already received
           if < M is a 'special' message e.g. an ANS message > then < process it >;
           else < ignore it >;
           end if ;
      else    --  the message is accepted
          LAST_STAMP(Q) := M.stamp;
          < queue M at P or process M >;
      end if;
```

Let us note that no new RQS can be sent from T to R after an RQS because, according to rendez-vous semantics, T waits for the answer. If T crashes(before, during or after sending RQS), it is restarted from s1T and the RQS message is resent to R.

t2) T receives the answer from R. If T crashes before setting checkpoint s2T, no ACK
     is sent to R. A time-out interrupt wakes-up R which resends the answer (this oc-
     curs also if R crashes in between, because it is restarted from s2R).
     Otherwise, T sets checkpoint s2T and sends an ACK to R. If T crashes after that,
     duplicated ACK messages may be received (and discarded according to CODE1) at R.
     After this, T exits from the atomic action. In spite of that, ANS messages may be
     again received at T if the ACK to R has been lost or R crashed. These messages can
     not confused with answers to successive calls from T to the same entry of R, be-
     cause of the stamp they are carrying on. In fact, when a process sets a check-
     point, its volatile copy of LAST_STAMP is saved in stable storage. After s2T
     therefore, LAST_STAMP(R) (in both permanent and volatile copy at T) represents
     the stamp associated with the ANS message sent from R: executing CODE1, T is able
     to recognize duplicated answer messages. Whenever a duplicated ANS is received at
     T, an ACK is sent to R. The stamp associated with the ACK message carries the sa-
     me value of corresponding ANS in order to relate each ACK with its proper ANS.

From the point of view of the called process R:

r1) R has decided to begin a rendez-vous with T. Before starting the execution of the
     called entry code, R sets a checkpoint (s1R). Actions between s1R and s2R (which
     represents the end of the body) are supposed to involve data local to R only.
     That in order to avoid retropropagation of other processes if R crashes between
     s1R and s2R. This assumption agrees with distributed systems where processes are
     often modelled as parallel activities, each executing in a private environment.
     If it is not the case, we suppose that, at user level, access to global data is
     always performed in mutual exclusion. In the Ada model of concurrency, it can be
     achieved through synchronization processes (whose entries implement P and V ope-
     rations on semaphores for example). In this case, but not only in this case, en-
     try calls to other processes than T (to avoid deadlock) may be performed at R:

other checkpoints may be set between s1R and s2R according to the scheme of a calling process. If R crashes before setting s1R, local queues of RQS messages are lost because they are volatile data structures. In this case, the calling process works as reported in t1) and local RQS queues are regenerated.

r2) when R terminates the execution of the entry body, it sets checkpoint s2R. At this point the rendez-vous is completed at R (and it is no more repeated if R crashes after s2R). The answer is communicated to T. The ANS message is retransmitted every time-out interval if no ACK from T with the same stamp as ANS is received. When the ACK is received, checkpoint s3R is set: the atomic action is over.

5. IMPROVED SOLUTION IN CASE OF MULTI-USER SERVER PROCESS

According to rendez-vous semantics, the previous protocol allows a process to exit from the atomic action only when its partner is ready to do the same.
For the caller T, the atomic action can end as soon as it receives the answer from R.
In fact, T exits from the rendez-vous after sending the ACK message.
For the called R, the atomic action can end only when it receives explicit information about T's exit from the rendez-vous, i.e. the ACK message.
In both cases, a crash of the partner forces the other process to wait until the crash has been recovered and the partner restarted. A crash of a process is an event which we suppose not propagated to the user level even if modern programming languages allow handling of erroneous situations. In Ada for example, it is stated that abnormal behavior of a process involved in a rendez-vous raises an exception which automatically activates the proper handler (if it is defined) in the partner. Such exceptions are normally related to software failures.
The crash of a process as intended here is, on the contrary, related to physical faults (of processor or memory), which we suppose hidden to user level. It becomes then a worthwhile issue to provide implementations able to 'dump-down' the effects of process crash. These effects are considerable in particular when R is a multi-user server process and its current partner T crashes. Any activity of R is in fact blocked and service to other users delayed, until T issues a successfully delivered ACK message.
To allow R to exit the atomic action even if no ACK message is received from T, we introduce system wide global resources called 'Safe' processes.
A Safe process is used by process R whenever the expected ACK is not received from its current partner T (i.e. when time-out at R1 of figure 2 expires). The Safe process S behaves as a store for the answer to be submitted to T, allowing R to go on with its service to other users. If R later receives the request RQS for an already exited rendez-vous from T, it means that T has crashed between s1T and s2T of figure 2; R answers with a 'do-search' message instead of the ANS message. T must then search for the answer by asking Safe processes explicitly for it.

If R receives an ACK from T, it means that the answer has been already correctly received at T. In such a case, T will not perform any call to S in order to acquire the answer. S could therefore remain permanently engaged. A Safe process can however return available for use as soon as the stamp associated with the ANS message stored at it becomes less than the local stamp counter of the process to which the answer is destined. A suitable 'Safe-inspector' process can be easily introduced to test for such a condition and to make available again the Safe processes which satisfy it. The overall structure of a Safe process may then be defined as reported in figure 3 (using Ada notations).

```
loop
    accept  store (ANS: in  message)  do
            < the answer message ANS is stored in a local area (LOCALANS) >;
    end ;
    loop
        select  -- a called entry among the following is selected nondeterministically
            accept  request (caller: in processname; ANS: out message)  do
                    if  caller=LOCALANS.destination then
                        ANS:= LOCALANS;
                        exit;  -- the Safe process becomes available again
                    else
                        ANS:= nullmessage; -- no answer for the requestor
                    end if;
            end ;-- request
        or
            accept  querystate (dest: out processname; stamp: out integer) do
                    dest:= LOCALANS.destination;
                    stamp:= LOCALANS.stamp ;
            end ; -- querystate
        or
            accept  disable  do    exit ; -- the Safe process becomes available again
            end ; -- disable
        end select ;
    end loop ;
end loop ;
```

figure 3

(Code of a Safe process. The Safe-inspector process calls entries 'querystate' and 'disable'. 'Querystate' is called with a conditional entry call)

```
loop
    select  S1.store (ANS); exit;
    else    select  S2.store (ANS); exit;
            -- this part is executed if rendez-vous with S1 is not possible
            else ...
                    select  Sn.store (ANS); exit;
                    else    null;
                    end select;
            end select;
    end select;
end loop;
```

figure 4

(Code of a called process R at point R1 of figure 2 to store the ANS in a Safe process)

The number of Safe processes and their location in the system are supposed to be defined in such a way that there is an high probability at any time of finding some Safe
process available. Communication with a Safe process must be obviously performed as an
atomic action: process R must be sure that the ANS message has been correctly received
and stored at S before continuing. The rendez-vous model of communication can be used.
In particular, with the protócol of figure 2, after the end of the entry 'store' of
figure 3, process R would be sure that the ANS message is stored in stable memory too.
(Direct storing of ANS in stable memory has not been performed at R because, in general, stable storage cannot be supposed shared among all processes. As in proposal /10/,
each node or cluster in the system could have its private stable storage system).
Normal rendez-vous mechanism can not however be used to model communications between
R and S processes: a crash of S may in fact cause indefinite delay at R again.(This is
also the reason why no centralized Safe process manager has been introduced).
Communication with S   can be modeled according to a scheme like that of 'conditional entry call' od Ada: if the rendez-vous with the called process is not possible,
the caller executes alternative actions. At system level, for 'not possible' we intend
that the called process is either executing other activities when the call is made (
i.e. it is not ready to execute the rendez-vous) or crashed. At user level,   'not
possible' means 'not ready' to execute a rendez-vous.
Following the conditional entry call scheme, the behavior of R ar point R1 of figure
2, when time-out expires, may be that reported in figure 4.

   In order to implement a mechanism like conditional entry call, some modifications
have to be introduced in the previous protocol. These extensions are the object of the
following section.

6. CONDITIONAL ENTRY CALL

   According to conditional entry call semantics, a rendez-vous between a caller process CT and a called process CR takes place only if both CT and CR are ready to establish the rendez-vous at time of CT's call.

   Definitions based on time tend to become imprecise in a distributed environment.
Manifestation of an event (CT call) occurs always later than its occurence: thus we
take into account latency intervals by substituting to 'at the time of the call' the
phrase 'within a certain time (waiting time WT)' after CT's call.
The modified protocol is reported in figure 5. Modifications consist mainly in the
handling of new message types:
 m3) RDY : request for the possibility to establish a rendez-vous;
 m4) ARDY : answer to a RDY message;
 m5) CRQS : the same as RQS: the new name allows to distinguish conditional calls
            from unconditional ones.

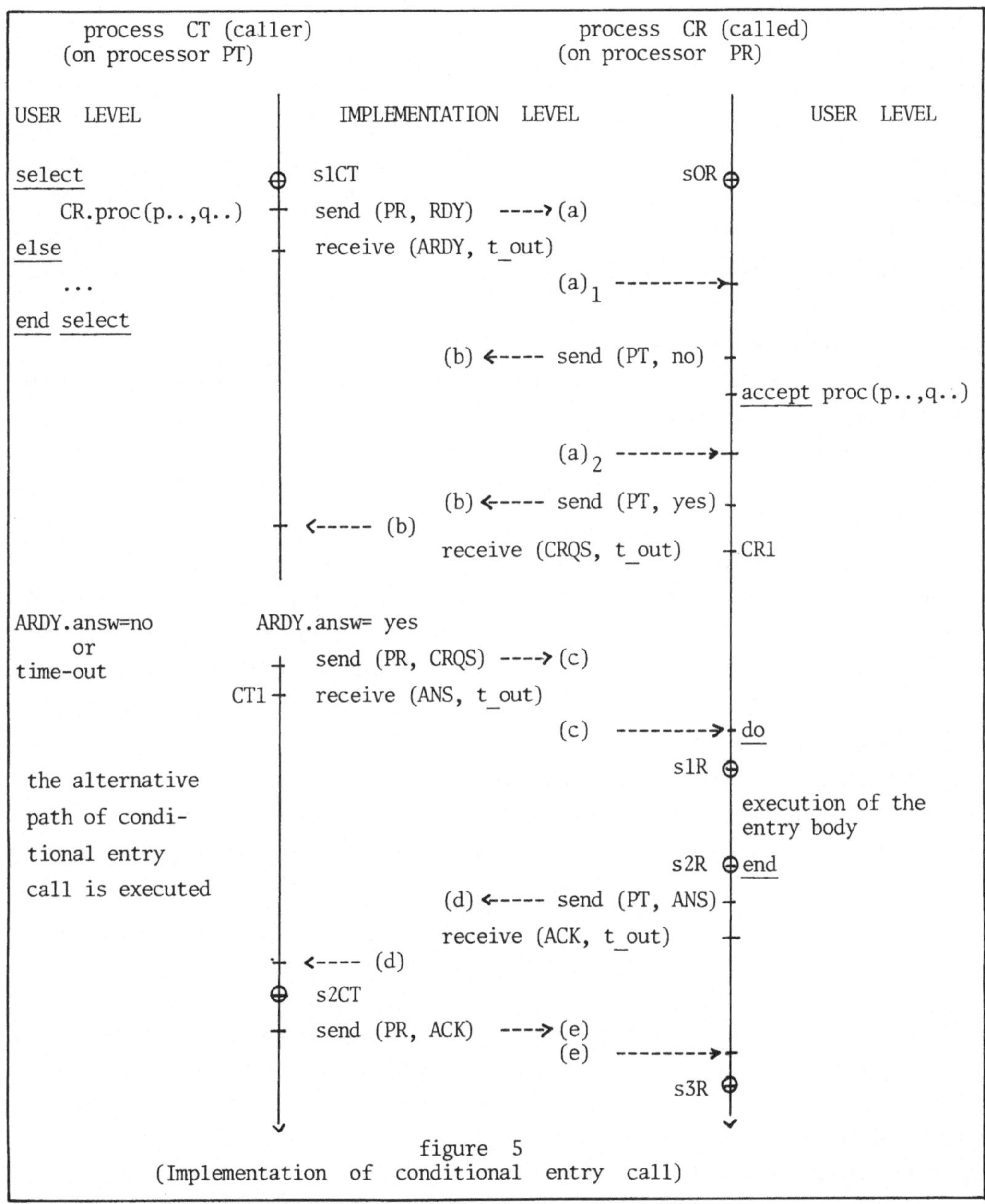

Calling process CT sends a RDY message to CR. Rendez-vous can take place only if
an explicit 'yes' within ARDY answer is received at CT from CR. If 'no' answer is received (CR is not ready to perform the rendez-vous with CT) or if time-out expires,
(CR crashed, or IPC network has been not able to carry RDY and ARDY messages within
WT time, or one of these messages has been lost), CT executes the alternative path of
the conditional entry call. Subsequent ARDY messages from CR are discarded: an 'abort'
message is sent to CR instead of CRQS.

If rendez-vous is accepted, CT sends the CRQS message. If this message has been lost or CR crashes before sending it, a time-out may wake-up CR at point CR1: CR could exit from the rendez-vous. This would be particularly useful if CR is a multi-user server process: in such a case in fact, no reason exists to block CR because the current partner is no more able to confirm the joint action. (If the CRQS message is received later, when CR is no more waiting for it, an 'abort' message could be sent to CT: this would be handled at CT as a 'no' ARDY message).
If a correct CRQS is received at CR within the time limit, the protocol works as the one of section 4.

Let us consider the case of a Safe process S as CR in particular: Safe processes are serially reusable dynamically allocated resources and no information is communicated through them to other processes but the server and its current user. Taking advantage of that characteristic, no time-out is necessary at CR1 (figure 5): S might wait forever its CRQS. The Safe-inspector process could collect uselessly engaged Safe processes time by time. Also, in case of a crash of CR between s1R and s2R (figure 5) the user process (CT) may be delayed for an unpredictable amount of time. If CR is a Safe process S, CT can be allowed to exit the rendez-vous at point CT1 and to take the alternative path of the conditional entry call. Other answers from S can be discarded at CT: the latter is not explicitly waiting for them and no useful information is contained in the answer from a Safe process. Only consequence is that S is engaged: again the Safe-inspector will make S available in a certain time.

In case CR is not a Safe process, simplifications as the ones docribed above are not possible: the conditional transmitter CT must be forced to wait until notice of final state of CR is received. In fact, in general, consistency can be guaranteed only if rendez-vous is completely executed at both partners.

7. CONCLUSIONS

Rendez-vous is becoming a widely used mechanism to express communication and synchronization between processes. It has been, in fact, adopted in several proposals such as CSP, Distributed Processes and, mostly important, Ada. Its implementation in distributed systems proposes some non trivial problems because of absence of shared memory and possibility of faults. In particular, the atomicity of the rendez-vous must be assured in presence of loss or duplication of messages and in presence of fault of processors or memories (i.e. of processes).

In this paper, a possible solution has been presented. It has been based on stamps associated with messages, which allow to recognize duplicated messages, and on a suitable level in the system providing a permanent (faultless) storage system, which allows to save the state of processes. The state of a process has been defined so to include information about the messages sent and received and a checkpointing policy has been introduced to minimize the number of checkpoints and to allow idempotency of process activity.

The problem of 'conditional entry call' implementation has also been addressed. This mechanism, which at user level avoids a process to wait if the called is not ready to communicate, has been used, at implementation level, to avoid an indefinite waiting time of a multi-user server process, if its current caller (user) crashes.

The proposal makes no particular assumption on IPC network apart excluding corruption of messages: enough redundancy might in fact be added so to discard corrupted messages.

Availability of stable memory agrees with the current state of the art in the field of fault tolerance: such an hypothesis seems in any case necessary, in a form or another, to implement fault tolerant systems. The present proposal seems therefore to suit well a wide range of systems.

REFERENCES

1. Dijkstra, E.W.   : "Cooperating Sequential Processes". In Programming Languages
                      F.Genuys Ed., Academic Press, New York, 1968 ;
2. Hoare, C.A.R.   : "Monitors: an Operating System Structuring Concept".
                      CACM v.17, n.10, October 1974 ;
3. Brinch Hansen, P: "The Nucleus of a Multiprogramming System".
                      CACM v.13, n.4, April 1970 ;
4. Kahn, G.   : "The Sementics of a Simple Language for Parallel Programming".
                      Proc. IFIP Congress 1974, North Holland ;
5. Hoare, C.A.R.   : "Communicating Sequential Processes". CACM v.21, n.8, August 78
6. Reference Manual for the Ada Programming Language: Proposed Standars Document.
                      United States Department of Defense, July 1980 ;
7. Brinch Hansen, P: "Distributed Processes: a Concurrent Programming Concept".
                      CACM v.21, n.11, November 1978 ;
8. Habermann, A.N.; Nassi, I.R. : "Efficient Implementation of Ada Tasks".
                      Computer Science Department, Carnegie Mellon, December 1980 ;
9. Lomet, D.B.   : "Process Structuring, Synchronization and Recovery using Atomic
                      Actions". In Proc. ACM Conf. on Language Design for Reliable
                      Software, Sigplan Notices 12, 3, March 1977 ;
10. Lampson, B.W.; Sturgis, H.E. : "Crash Recovery in a Distributed Data Storage
                      System". Xerox Parc. Palo Alto, Calif., April 1975;
11. Schneider, F.B; Schlitching, R.D. : "Towards Fault Tolerant Control Software".
                      In Proc. 11th International Symposium on Fault Tolerant Computing
                      June 1981 (FTCS 81);
12. Gray, J.N.   : "Notes on Database Operating Systems". In Operating Systems:
                      an Advance Course, Lecture Notes in Computer Science, Springer
                      Verlag n. 60, 1978.

<u>KONZEPTIONELLE GRUNDLAGEN STRUKTURIERTER VERTEILTER APPLIKATIONEN</u> *)

S. Schindler
Technische Universität Berlin

H.J. Burkhardt
Gesellschaft für Mathematik und Datenverarbeitung, Darmstadt

<u>Zusammenfassung</u>

Das für die breite Öffentlichkeit Interessante an allen neuen
Kommunikationstechnologien sind die 'verteilten Applikationen' -
so das neue und wichtige Schlagwort im Kommunikationsbereich - die
sie einfach zu realisieren gestatten.

Entwirft man jedoch derzeit verteilte Applikationen, so kommt
zu den bekannten konventionellen System-/Softwareschwierigkeiten
die zusätzliche Schwierigkeit, daß es keineswegs offensichtlich
ist, ob und wie heutige Techniken der System-/Softwarebereiche
anzuwenden sind bzw. welcher Modifikationen ihrer Grundlagen es
bedarf, um den Aspekt der Verteiltheit geeignet zu berücksichtigen.

Dieses Ob und Wie steht im Mittelpunkt dieser Arbeit. Um diese
Frage zu klären, werden in ihr

---

*) Die Arbeit entstand im Rahmen der beiden folgenden, vom BMFT
geförderten Projekte: TK 050207: "Standardisiertes Systemmanagement in Offenen Kommunikationssystemen" und FKZ 0830235: "RSPL-
Projekt".

- die Konzepte, mittels derer heute üblicherweise die Strukturierung von Applikationen betrieben wird, (in knapper Form) in
Erinnerung gebracht, und davon ausgehend,

- die Instrumentalisierung dieser Konzepte zur Handhabung von
strukturierten, nicht verteilten und verteilten Applikationen
erläutert, wobei letztere im Vordergrund dieser Arbeit stehen.

Thematisch ist die Grundsatzdiskussion dieser Arbeit in drei
Bereiche zu gliedern, die man schlagwortartig in folgender Weise
erfassen kann:

- Modellierung nicht verteilter und verteilter Applikationen,

- Strukturierung nicht verteilter und verteilter Applikationen,

- Klassifizierung verteilter Applikationen.

1. EINLEITUNG

Das für die breite Öffentlichkeit Interessante an neuer Kommunikationstechnologie sind die "verteilten Applikationen" - so
das neue und wichtige Schlagwort im Kommunikationsbereich - die
sie einfach zu realisieren gestattet. Ein weitgefächertes Spektrum von Unternehmungen wird man in Zukunft als verteilte Applikationen begreifen, und moderne Kommunikationstechnologie kann und
muß hier ihren ökonomischen Rechtfertigungsnachweis erbringen.

Man darf sich heute auf knappe Sätze beschränken, wenn man
erläutern will, warum verteilte Applikationen unbedingt rigoros
strukturiert werden müssen. Diese Erläuterungen kann man etwa in
den nachfolgenden Worten zusammenfassen: Bereits seit Jahren kennt
man die vielen ernsthaften Probleme von nicht hinreichend klar
strukturierten Applikationen, die auf nichtverteilten Systemen

(d.h. also in konventionellen Rechenzentren) angesiedelt sind. Werden unzulänglich oder ungeeignet strukturierte Applikationen auf verteilten Systemen (d.h. auf einem Netz von Rechnern) betrieben, so stellen sich diese konventionellen System-/Softwareschwierigkeiten - wie man die Problematik ganz diffus bezeichnen kann - auf noch viel unangenehmere Weise dar. Entwirft man nämlich Applikationen für verteilte Systeme, so kommt zu diesen konventionellen System-/Softwareschwierigkeiten die zusätzliche Schwierigkeit, daß es keineswegs offensichtlich ist, ob und wie heutige Konzepte der System-/Softwarebereiche - Konzepte der Modellierung, Strukturierung, Klassifizierung - anzuwenden sind bzw. welcher Modifikationen ihrer Grundlagen es bedarf, um den Aspekt der Verteiltheit geeignet zu berücksichtigen.

Dieses OB und WIE steht im Mittelpunkt dieser Arbeit. Um diese Fragen zu klären, werden in den nächsten drei Kapiteln jeweils

- je eines der drei oben genannten Konzepte (mittels derer heute üblicherweise versucht wird, die Spezifikation von Applikationen einfach zu gestalten) in knapper Form in Erinnerung gebracht, und davon ausgehend,

- die Instrumentalisierung dieses Konzepts zur Spezifikation von strukturierten nichtverteilten und verteilten Applikationen erläutert, wobei letztere im Vordergrund dieser Arbeit stehen.

Die Darlegung der Unterschiedlichkeit dieser beiden Instrumentalisierungen der gleichen grundlegenden Konzepte ist eines der Hauptanliegen dieser Arbeit.

Die Autoren möchten gleich hier klarstellen, daß sie sich mit dieser Arbeit um die Klärung von strukturellen Grundsätzen und um die Abstimmung strukturellen Verständnisses in der hier angesprochenen Fachwelt bemühen. Sie vermeiden deshalb ganz bewußt technische Detailfragen. Diese Abgrenzung des Anspruchs der vorliegenden Arbeit wird in den Schlußbemerkungen deutlicher dargelegt.

Wir wollen die Strukturierung verteilter Applikationen unter der Voraussetzung klären, daß diese verteilten Applikationen auf strukturierten verteilten Systemen angesiedelt sind, d.h. auf einem Netz Offener Systeme /1,2/.

Auf Grund dieser Voraussetzung müssen wir beim Leser einiges Verständnis der Architektur der Offenen Systeme erwarten - zumindest im Umfang des in /2/ Gesagten. Tatsächlich ist die vorliegende Arbeit eine Grundsatzdiskussion der dort (d.h. in /2/) angesprochenen Applikationsstruktur *).

Während zum Zeitpunkt der Abfassung von /2/ die Diskussion von Dienst- und Protokollstandards für einzelne der sieben Schichten der Kommunikationsarchitektur noch teilweise vage verliefen, kann man heute alle schichtenspezifischen Grundsatzdiskussionen als abgeschlossen betrachten. D.h. daß ein vollständiger Satz von ISO-Standards in Kürze vorliegen wird *), und daß die zukünftigen Erweiterungen/Modifikationen dieser schichtenspezifischen Standards an der Gesamtkonzeption der Kommunikationsarchitektur nichts mehr ändern werden. Während also zu jener Zeit eine gewisse Unsicherheit darüber herrschte, ob die (damals noch ausstehenden) Festlegungen der schichtenspezifischen Standards womöglich eine Veränderung der (damals bereits erkennbaren) Struktur von Applikationen bewirken würden, gibt es heute für solche Zweifel keinen

---

*) Man beachte, daß es unter den Standards, die den Bereich Offener Systeme definieren und ausfüllen, auch eine ganze Reihe von Standards gibt, die verteilte Applikationen festlegen (bzw. festlegen werden). Auch diese Applikationen werden auf der Grundlage der nachfolgend beschriebenen Konzepte strukturiert werden - aller Voraussicht nach jedenfalls /4,5/. Dies gilt insbesondere auch für die sogenannten "OSI Management Applikationen" /3,10/.
*) Genaueres dazu findet man in /6,9/.

Grund mehr.

Thematisch ist die Grundsatzdiskussion dieser Arbeit in drei Bereiche zu gliedern, die man schlagwortartig in folgender Weise erfassen kann:

- Modellierung nichtverteilter und verteilter Funktionalität,

- Strukturierung nichtverteilter und verteilter Funktionalität,

- Klassifizierung verteilter Funktionalität.

Diese Themenbereiche werden in den nachfolgenden drei Kapiteln diskutiert, während das abschließende fünfte Kapitel ihre Abgrenzungen (in dem bereits angesprochenen Sinne) darlegt.

Dabei beschäftigt sich das zweite Kapitel mit den beiden Beschreibungsweisen von Funktionalität in nichtverteilten und verteilten System und den Ursachen für diese unterschiedlichen Betrachtungsweisen. Wir drücken aus, mit welcher dieser beiden Betrachtungsweisen wir gerade arbeiten, indem wir von "verteilter Funktionalität" bzw. "nichtverteilter Funktionalität" sprechen.

Das dritte Kapitel klärt eine Grundlage ganz anderer Art: die Notwendigkeit des Aufbaus von Mehrpunktfunktionalität als Hierarchie von Zweipunktfunktionalitäten. In anderen Worten: Hier diskutieren wir die Veränderung des klassischen Begriffes "funktionale Hierarchie" beim Übergang von nichtverteilter Funktionalität zu verteilter Funktionalität.

Schließlich nimmt das vierte Kapitel eine Klassifizierung von Anwendungsdiensten (d.h. verteilter Anwendungsfunktionalität) vor. Eine analoge Klassifikation von nichtverteilter Funktionalität wäre nicht sinnvoll. Diese Klassifizierung dürfte helfen, in Zukunft eine ganze Reihe von begrifflichen Schwierigkeiten zu vermeiden, wie sie gegenwärtig sehr viele Diskussionen über die Struktur von verteilten Applikationen belasten.

Da die vollständige Arbeit als Tagungsbeitrag viel zu umfangreich ist, da ein gleichmäßiges Kürzen eine gleichmäßige Unverständlichkeit des Restmaterials bewirkt hätte, da das Modellieren verteilter Funktionalität (bereits für sich allein genommen) eine ganze Reihe neuer und diskutierenswerter Blickwinkel erfordert, haben wir die Arbeit auf die Darstellung dieses Aspektes der Gesamtproblematik beschränkt. Sie enthält also nur Kapitel 1 und 2 (letzteres erheblich gekürzt), die vollständige Arbeit findet man in /17/.

2. MODELLIERUNG NICHTVERTEILTER UND VERTEILTER FUNKTIONALITÄT

Im Bereich der Softwaretechnik hat man seit gut zehn Jahren ein klares Verständnis davon, was man unter "Funktionalität" grundsätzlich verstehen muß; dies wird im Abschnitt 2.1 beschrieben.

Seit einiger Zeit verstehen wir auch ganz gut, welche verschiedenen Möglichkeiten zur Beschreibung von Funktionalität es gibt /11/. Recht unklar war jedoch bisher, ob dieses Konzept "Funktionalität" im Bereich verteilte und nichtverteilte Systeme in gleicher Weise zu instrumentalisieren und zu nutzen ist. Insbesondere: Ob die Beschreibung von "Funktionalität" in beiden Fällen mittels des gleichen Modells geschehen sollte.

Ziel dieses Kapitels ist es zu erläutern,

- daß es vorteilhaft ist, zwei unterschiedliche Varianten des gleichen Modells, nämlich des Datentypenmodells, für die beiden Fälle vorzusehen,

- wodurch die Unterschiede zwischen diesen beiden Modellenvarian-
  ten zustande kommen, und

- auf welchem grundsätzlich anderen Verständnis der Ausgangssi-
  tuation beide Modellvarianten beruhen.

Um dieses Ziel zu erreichen, führen wir im nächsten Abschnitt
zunächst einmal den fundamentalen Begriff der Typendefinition ein,
so wie er historisch entstanden ist. Der Abschnitt 2.2 weist dann
Unzulänglichkeiten dieses ursprünglichen Begriffes auf, zeigt die
Notwendikeit zu seiner Modifikation auf, macht aber auch die
Gemeinsamkeiten deutlich, die bei dieser Modifikation erhalten
bleiben sollten. Abschnitt 2.3 ist das Kernstück dieses Kapitels:
er führt den Begriff der "verteilten Funktionalität", oder kurz
"Kofunktionalität", ein und zeigt die verschiedenen Vereinfachungen auf, mittels derer dieser Begriff erst einmal klar
faßbar gemacht wird; im nächsten Kapitel werden wir dann sehen,
wie man aus der so beschreibbaren "einfachen" Kofunktionalität
beliebig komplexe Kofunktionalität auf strukurierte Weise aufbauen
kann.

2.1. DER KLASSISCHE TYPENBEGRIFF UND SPEZIFIKATION VON
     FUNKTIONALITÄT

Die abstrakte Einheit, die eine gewisse willkürlich gewählte
Funktionalität ihren Benutzern zur Verfügung stellt, nennt man
"(getyptes) Objekt" oder "(getypten) Modul". Eine textuelle (d.h.
insbesondere: konkrete) Einheit, die zur Beschreibung der
Funktionalität eines solchen Objektes/Modules dient, nennt man
(Objekt- bzw. Modul-) "Typendefinition". Eine Typendefinition
wird in einer Programmier- oder Spezifikationssprache angegeben,
die dann auch Konstrukte vorsehen kann, mittels deren man -
nachdem man eine Typendefinition angegeben hat - Objekte/Moduln
dieses Typs erschaffen, ihre Funktionalität nutzen und diese
Objekte/Moduln auch wieder beseitigen kann. Man beachte, daß
Objekte/Moduln gedankliche Gebilde sind - wir sagen häufig:"von

konzeptioneller Natur" oder auch "abstrakt" sind - und über ihre tatsächliche Implementierung hier (meistens) nicht gesprochen wird.

Üblicherweise beschreibt eine Typendefinition die Funktionalität (d.h. den Typ) ihrer Objekte, indem sie die

- Namen der Operationen (d.h. der Funktionen), die auf "ihren" Objekten ausführbar sind und

- Wirkungen der Ausführungen dieser Operationen (d.h. die Semantik dieser Operationen/Funktionen)

definiert. Damit ist auch geklärt, was wir unter dem Begriff "Funktionalität" in der klassischen Softwaretechnik verstehen - die Verallgemeinerung dieses Begriffes ist eines der Hauptanliegen dieser Arbeit.

Es gibt recht unterschiedliche Verfahren die Definition der Semantik der Operationen (d.h. der Funktionalität) in einer Typendefinition vorzunehmen - "Zustandslogik" und "Zeitlogik" sind zwei Schlagworte, die zwei unterschiedliche Konzepte hierfür kennzeichnen. Auf solche "typendefinitions-internen" Aspekte wollen wir in dieser Arbeit nicht eingehen; ihre recht ausführliche Diskussion findet man in /11,12/. Dagegen wollen wir uns nachfolgend mit den üblicherweise zugrundeliegenden, aber nirgends explizit und klar formulierten "Benutzungsregeln" für Objekte, deren Funktionalität durch solche klassischen Typendefinitionen festgelegt ist, beschäftigen. Diese Arbeit beschäftigt sich also mit "typendefinitions-externen Aspekten".

Wir werden sehen, daß diese Benutzungsregeln - vielleicht sollte man etwas vorsichtiger formulieren und nur von "Benutzungsannahmen" sprechen - für den Bereich verteilter Applikationen zu eng gefaßt sind. Diese Einsicht wird dann die Grundlage einer Modifikation des klassischen Begriffs der Typendefinition werden, die den Bedürfnissen der Systementwerfer im Bereich der strukturierten verteilten Applikationen entspricht.

2.2. ÜBERGANG VON FUNKTIONALITÄT ZU KOFUNKTIONALITÄT

Es bedurfte eines langwierigen Prozesses, um vom Verständnis der Modellierung nichtverteilter Funktionalität (wie es in dem oben dargelegten klassischen Typenbegriff seinen computertechnischen Niederschlag gefunden hat) zum Verständnis der Modellierung verteilter Funktionalität zu kommen (wie es in den neuen Dienstspezifikationen seine Auswirkung findet). Diese schrittweise historische Entwicklung soll in diesem Abschnitt markiert werden. Jeder dieser Entwicklungsschritte wird dabei in einem eigenem Unterabschnitt abgehandelt.

2.2.1. <u>Nebenläufige kooperierende Prozesse</u>

Eine der wichtigsten impliziten Benutzungsregeln/-annahmen für getypte Objekte (wie in 2.1 beschrieben) war ihre ausschließliche Nutzung durch einen einzigen sequentiellen Prozeß - ihren ausschließlichen Besitzer. In /13/ wurde diese Benutzungsregel bereits klar erkannt, als zu eng begriffen und gezeigt, wie man die Benutzung eines getypten Objekts durch mehrere nebenläufige Prozesse mittels "path cxpressions" so bestimmen kann, daß es trotzdem die beabsichtigte Semantik seiner Operationen realisiert. /13/ ersetzt also die implizite Benutzungsregel/-annahme für ein Objekt "ausschließlich ein einziger sequentieller Prozeß" durch die explizite Benutzungsregel für ein Objekt "Mehrere nebenläufige Prozesse, und zwar in der Weise wie in dem zugehörigen path expression beschrieben".

Während /13/ einen Teil der expliziten Artikulierung der Benutzungsregeln eines getypten Objektes leistet, den klassischen Typenbegriff selbst aber unverändert beibehält, wird in /7,15/ der klassische Typenbegriff so erweitert, daß er diesen Teil der Benutzungsregeln (für Objekte eines Types) mit enthält. Alles Wissen über die Funktionalität eines Objektes ist damit in seiner

Typendefinition, d.h. an einer einzigen Stelle, angegeben.
Demgegenüber ist es in /13/ auch noch an einer anderen Stelle
beschrieben, nämlich in dem path expression, der das Zusammenwirken der Benutzer dieser Objektes beschreibt und selbst als
nicht zur Typendefinition gehörig betrachtet wird. Den so
erweiterten Typenbegriff bezeichnen wir naheliegenderweise als
"synchronisierten" Typenbegriff und sprechen von "synchronisierten
Typen" und "synchronisierten Objekten".

Abschließend sei noch auf eine implizite Annahme hingewiesen,
die sowohl /13/ als auch /7/ zugrunde liegt: Es wird davon ausgegangen, daß alle Benutzer eines Objektes und das Objekt selbst
dem gleichen (nichtverteilten) System angehören. Abbildung 1
veranschaulicht diese Annahme. Wir wollen diese Annahme in 2.2.3
ausführlich diskutieren.

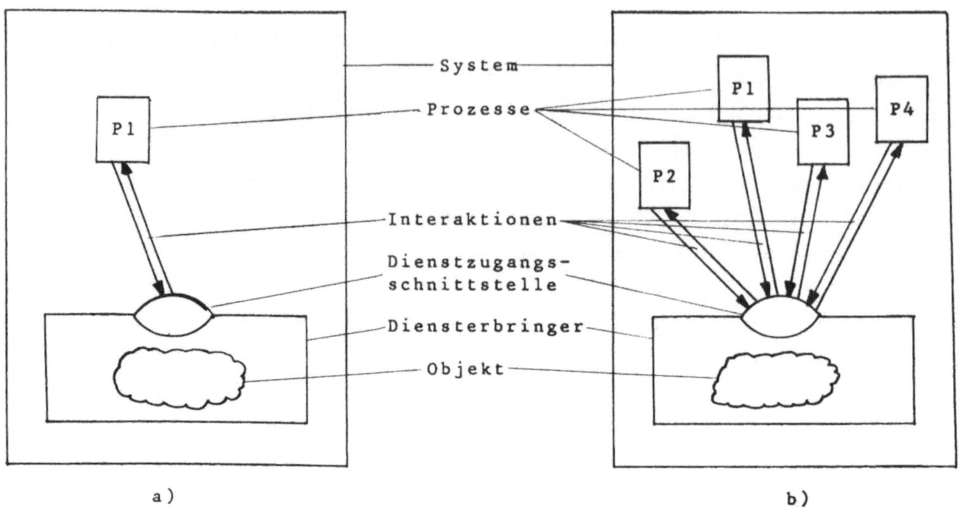

Abbildung 1:

a) zeigt die Situation "Ein Objekt, ein Benutzer, beide im
gleichen System"; b) zeigt "Ein Objekt, mehrere Benutzer, alle im
gleichen System". In beiden Fällen nur eine (Dienstzugangs-)
Schnittstelle dieses Objektes zu seiner Umwelt. Diese
Schnittstelle wird von einem "Diensterbringer" zur Verfügung
gestellt. Diese Modellvorstellung gestattet die Wechselwirkung
zwischen dem Objekt - das der Diensterbringer enthält - und dem
(den) Benutzerprozess(en) - der (die) ausserhalb des Diensterbringers angesiedelt ist (sind) - klar zu formulieren.

2.2.2. <u>Interaktionen zwischen einem Objekt und seinen Benutzern</u>

Wir wollen nun zunächst eine andere Frage ansprechen, die üblicherweise nicht klar geregelt wird, wenn man mit klassischen
Typendefinitionen arbeitet - sie tritt dort als Problem auch gar
nicht klar zu Tage. Dies ist die Frage nach der Festlegung der
Menge der zugehörigen Schnittstellenereignisse und ihrer Bedeutung, d.h. die Frage nach der präzisen Beschreibung der möglichen
Wechselwirkungen (also des möglichen Informationsaustausches)
zwischen einem Objekt und seinen Benutzern.

Im Fall der klassischen Typendefinition - wenn ein Objekt also
ausschließlich von einem einzigen sequentiellen Prozeß benutzt
wird - sehen diese implizit zugrunde gelegten Schnittstellenereignisse genauso aus, wie man es von der sequentiellen Programmierung
her kennt: Der (einzige) Benutzer eines Objektes fordert die
Ausführung einer Operation auf einem Objekt an der Schnittstelle
zu diesem Objekt an und verharrt in diesem Zustand bis das Objekt
die Bestätigung der Ausführung signalisiert. Man braucht in
diesem Fall also nur zwei Schnittstellenereignisse, nämlich ANFOR
DERUNGSMELDUNG (Informationsaustausch vom Benutzer zum Objekt) und
FERTIGMELDUNG (Informationsaustausch vom Objekt zu seinem
Benutzer). Dabei werden in ersterem/letzterem die aktuellen Werte
der Eingabe-/Ausgabeparameter der angeforderten/ausgeführten Funktion und ihr Namen zwischen Benutzer und Objekt übermittelt. Die
Dauer der Schnittstellenereignisse selbst wird als unendlich kurz
(d.h. als vernachlässigbar) angesehen, die Dauer zwischen den
beiden Schnittstellenereignissen kann zwar durchaus nennenswert
sein, wird aber trotzdem ignoriert (wie im nächsten Absatz dargelegt wird). Die Schnittstelle ist vor dem Ereignis ANFOR
DERUNGSMELDUNG im Zustand FREI und anschließend im Zustand BELEGT
bis das Ereignis FERTIGMELDUNG eintritt, das sie wieder in den
Zustand FREI versetzt.

Auf Grund der Sequentialität des (einzigen!) dieses Objekt
benutzenden Prozesses gibt es in diesem Fall überhaupt keine
Veranlassung zu bedenken was geschehen sollte, wenn die

Anforderung der Ausführung einer Operation an der Schnittstelle zu diesem Objekt abgesetzt würde, während diese Schnittstelle bereits im Zustand BELEGT ist. Einen nebenläufigen Prozeß, der ebenfalls auf dieses Objekt zugreifen darf und der diese Anforderung absetzen könnte, gibt es ja gar nicht! Die Beschreibung der Funktionalität eines Objektes braucht deshalb auf die Ausführungsdauer ihrer Operationen nicht einzugehen, kann sie also ignorieren.

Diese einfachen Verhältnisse an der Schnittstelle zu einem Objekt kann man jedoch nicht aufrechterhalten, sobald man Zugriffe nebenläufiger Prozesse auf ein Objekt zulassen will - es sei denn man wäre bereit enorme und leicht vermeidbare Ineffizienzen in Kauf zu nehmen. *) Nachfolgend wollen wir deshalb die möglichen Ereignisse an einer Schnittstelle zwischen einem Objekt und (einem oder mehrerer) seiner Benutzer so allgemein fassen, daß wir mit Schnittstellen dieser Art stets auskommen. Genauer: wir wollen in diesem Abschnitt den Begriff der Schnittstelle so definieren, daß

---

*) Die Ursache dieser Ineffizienzen wollen wir hier nicht weiter darlegen, wir verweisen den Leser stattdessen auf /15/, wo dieses Problem erläutert wird. Man beachte auch, daß das Problem nicht vermieden wird, indem man entsprechend /13/ verfährt: Entweder stellt der path expression dann nämlich sicher, daß an der Schnittstelle stets die gleichen Verhältnisse herrschen wie im klassischen Einprozeßfall (und impliziert damit unannehmbare Ineffizienzen) oder der path expression erlaubt (aus Effizienzgründen) allgemeinere Vorgänge an der Schnittstelle ohne jedoch zu klären wie diese aussehen. Diese letzte Alternative führt dazu, daß die Semantik von Operationen nicht vollständig in der Typendefinition, die sie zur Verfügung stellen, festgelegt wird - ein Teil dieser Semantik wird abhängig von dem aktuellen Verhalten der Benutzer dieser Operationen (das in dem sie überwachenden path expression - aufgrund unklarer Schnittstellenannahmen - nur unvollständig beschrieben ist). Wir wollen diese Alternative aus offensichtlichen Gründen nicht weiter betrachten.

wir damit im Bereich der strukturierten verteilten Applikationen
stets arbeiten können (wenn wir die Interaktionen zwischen getypten Objekten und ihren Benutzern beschreiben wollen).

Wir betrachten dazu eine Schnittstelle als Menge sehr einfacher
getypter Objekte, die wir "Nachrichtenpuffer" nennen. Die
Funktionalität von solchen Nachrichtenpuffern und ihre
Benutzungsregeln beschreiben wir im nächsten Absatz. Damit können
wir dann die Funktionalität beliebiger getypter Objekte unter Einschluß der möglichen Vorgänge an ihren Schnittstellen auf
einheitliche Weise beschreiben.

Der Typ NACHRICHTENPUFFER ist durch die beiden folgenden Operationen auf seinen Objekten definiert: LESEN und ÜBERSCHREIBEN.
Die Ausführungen dieser beiden Operationen können auf einem
Nachrichtenpuffer zeitlich nicht überlappen (sie "schließen sich
gegenseitig aus", d.h. diese beiden Operationen sind als "kritische Abschnitte" implementiert). Beide Operationen haben einen
"Ergebnisparameter", der ihrem jeweiligen Aufrufer sagt, ob es zur
Ausführung dieser Funktion gekommen ist oder nicht. Die Leseoperation ist auf einem Nachrichtenpuffer nur dann ausführbar,
wenn die vorangehende Ausführung darauf zu einer Überschreibeoperation gehörte, d.h. wenn der Nachrichtenpuffer VOLL war - der
aktuelle Wert des "Ausgabeparameters" der Leseoperation ist dann
gleich dem des "Eingabeparameters" dieser vorangehend ausgeführten
Überschreibeoperation. Die Überschreibeoperation ist auf einem
Nachrichtenpuffer nur dann ausführbar, wenn die vorangehende
Ausführung darauf zu einer Leseoperation gehörte oder zu einer
Überschreibeoperation mit niedrigerer Priorität als die der gerade
aufgerufenen Überschreibeoperation; die Priorität des Aufrufs
einer Überschreibeoperation wird in ihrem "Prioritätsparameter"
angegeben. Aufrufer dieser beiden Operationen, die zur Modell-
lierung der Interaktion zwischen einem Objekt und seinen Benutzern
dienen, können sowohl die Benutzer des Objektes sein als auch das
Objekt selbst. *)

Über die Parameter halten wir folgendes fest:

- Die Lese-/Überschreibeoperationen haben einen Ausgabe-/Eingabeparameter mittels deren der Nachrichtentransfer zwischen einem Objekt und einem seiner Benutzer bewerkstelligt wird. Die einzigen Werte dieser beiden Parameter, die wir bisher eingeführt haben, waren ANFORDERUNGSMELDUNG (...) und FERTIGMELDUNG (...), wobei wir auf den Teil "(...)" im Rahmen dieser Arbeit nicht weiter einzugehen brauchen, er jedoch offensichtlich den Namen der Funktion enthält, auf die sich die Meldung bezieht. Der Nachrichtentransfer kommt zustande durch Ausführung von ÜBERSCHREIBEN auf einen Nachrichtenpuffer und anschließender Ausführung von LESEN darauf. Mittels des Prioritätsparameters in der Überschreibeoperation kann ausgedrückt werden, daß gegebenenfalls eine vorangehend abgesetzte und noch nicht gelesene Nachricht durch die aktuelle Nachricht überschrieben werden soll.

- Der Ergebnisparameter (in beiden Operationen) dient dazu dem Aufrufer dieser Operation mitzuteilen, ob der Aufruf zur Ausführung dieser Funktion führte oder ob dieser Aufruf von dem Nachrichtenpuffer zurückgewiesen wurde. Man beachte, daß durchaus mehrere solcher Aufrufe überlappend getätigt werden können, das NACHRICHTENPUFFER-Objekt stellt jedoch sicher, daß es nicht zu überlappenden Ausführungen dieser Funktion kommt. Wir wollen auch noch zusätzlich festlegen, daß im Fall mehrerer Ausfuhrungen auf einem Nachrichtenpufferobjekt von überlappt aufgerufenen Funktionen die Reihenfolge dieser Ausführungen und die Reihenfolge der entsprechenden Mitteilungen an die Aufrufer (mittels der Ergebnisparameter in diesen Aufrufen) identisch sind.

---

*) Während im obigen klassischen Fall eine ANFORDERUNGSMELDUNG stets vom Benutzer, eine FERTIGMELDUNG stets vom Objekt aufgerufen wird, erlaubt das hier erweiterte Schnittstellenmodell, diese Asymmetrie aufzugeben.

Aufgrund dieser letzten Festlegung und da man die Zeitdauer zwischen dem Aufruf einer dieser beiden Funktionen und dem Setzen des zugehörigen Ergebnisparameters als extrem kurz betrachten kann (sowohl im Fall des Zurückweisens des Aufrufs als auch in dem der Operationsausführung) könnte man dieses hier beschriebene Schnittstellen-Modell weiter vereinfachen und diese beiden Zeitpunkte ganz zusammenfallen lassen. Die geringfügigen Einschränkungen, die eine solche weitergehende Vereinfachung mit sich bringt, wollen wir hier nicht weiter darlegen. Für die Diskussion in dieser Arbeit ist es auch gleichgültig, ob wir diese weitergehende Vereinfachung des Schnittstellen-Modells vornehmen oder nicht.

- Zusätzlich zu diesen Parametern haben beide Operationen noch einen Identifikationsparameter: er dient zur Identifikation sowohl des Aufrufers und des durch den Aufruf angesprochenen Partners, als auch der Zusammengehörigkeit der übermittelten Nachrichten.

Einzelheiten dieser Parameter brauchen wir in dieser Arbeit nicht darzulegen.

Wir sehen, daß man mit diesem Schnittstellen-Modell Schnittstellen auf ganz differenzierte Weise festlegen kann: Man kann insbesondere Gruppen von Nachrichtenpuffern schaffen (etwa pro Benutzer eine Gruppe) und in einer Gruppe festlegen, welcher Nachrichtenpuffer welche Art von Nachrichten übermitteln kann (etwa "normale" oder "spezielle" Daten). In jedem Fall ist im Zeitintervall zwischen Aufruf einer Funktion an einer Schnittstelle bis zur Beendigung der gegebenenfalls dazugehörigen Aktivitäten an dieser Schnittstelle (nach der tatsächlichen Ausführung dieser Funktion) ein dazu benötigter Nachrichtenpuffer dieser Schnittstelle nur während der Dauer der Interaktionen belegt, d.h. einige Zeit vor Beginn und/oder nach der Ausführung dieser Funktion (aber nicht während der Ausführung, die erhebliche Zeit in Anspruch nehmen kann).

2.2.3. <u>Nebenläufige kooperierende Prozesse in getrennten Systemen</u>

Bei genauem Hinsehen entdeckt man zwei weitere wichtige Annahmen, die dem klassischen Begriff der Typendefinition zugrunde liegen. Er geht davon aus, daß

- an der Realisierung von Funktionalität (wie in einer Typendefinition beschrieben) insgesamt immer nur ein einziges nichtverteiltes System beteiligt ist, also beim Erschaffen/Beseitigen bzw. Benutzen (entsprechend seiner Funktionalität) eines Objektes als einziges nur dasjenige System beteiligt ist, das auch alle Aufrufer seiner Funktionen enthält,

und

- die Entscheidung, ob ein Prozeß der Benutzung dieses Objektes zu einem Zeitpunkt durch einen anderen Prozeß zustimmen will oder nicht, lediglich abhängt von dem Zustand des Objektes (dieser Entscheidungsmechanismus also problemlos zur Typendefinition hinzugenommen werden kann), nicht aber von seinem eigenen Prozeßzustand.

Abbildung 2 verdeutlicht die Situation, mit der wir es nun zu tun haben, in einfachen und komplizerten Fällen. Der Text des nachfolgenden Absatzes kann als Untertitel zur Abbildung 2 betrachtet werden.

2a) zeigt den einfachsten "verteilten" Fall: Die Benutzerprozesse sitzen im System A, daß von ihnen benutzte Objekt liegt im System B. Man beachte, daß wir weiterhin von abstrakten Objekten ausgehen, also über Einzelheiten ihrer Implementierung absolut nichts wissen - jedoch den Ort ihrer Implementierung kennen. Im System B ist ein Zugriff auf dieses Objekt gar nicht möglich, weil der Diensterbringer dort keine Dienstzugangsschnittstelle (kurz: "Dienstzugangsstelle") zu dem Objekt zur Verfügung stellt. 2b) weicht von 2a) insofern ab, als nun das Objekt selbst verteilt

implementiert ist, nämlich in System A und in System B. Da wir in
Zukunft von der tatsächlichen Verteilung eines Objekts in geeigneter Weise abstrahieren wollen - d.h. lediglich modellieren wollen, welche Systeme an   seiner   Realisierung und/oder der
Bereitstellung seiner Funktionalität beteiligt sind - zeichnen wir
es in allen so betroffenen Systemen je einmal vollständig; eine
Schnittstelle zeigt, ob es in einem System seine Funktionalität
zur Verfügung stellt. Dieser Konvention folgend, müßten wir nun
in 2a) das Objekt auch im System A zeichnen. 2c) zeigt den Normalfall, mit dem wir es im Folgenden ständig zu tun haben werden,
nämlich eine "Sitzung". 2d) zeigt einen Fall, den wir im nächsten
Kapitel als Hierarchie von Sitzungen strukturieren werden.   Man
beachte schliesslich, daß es in den Systemen B in 2a), 2b) und 2d)
keinen Prozess gibt, der das jeweils betrachtete Objekt benutzt.

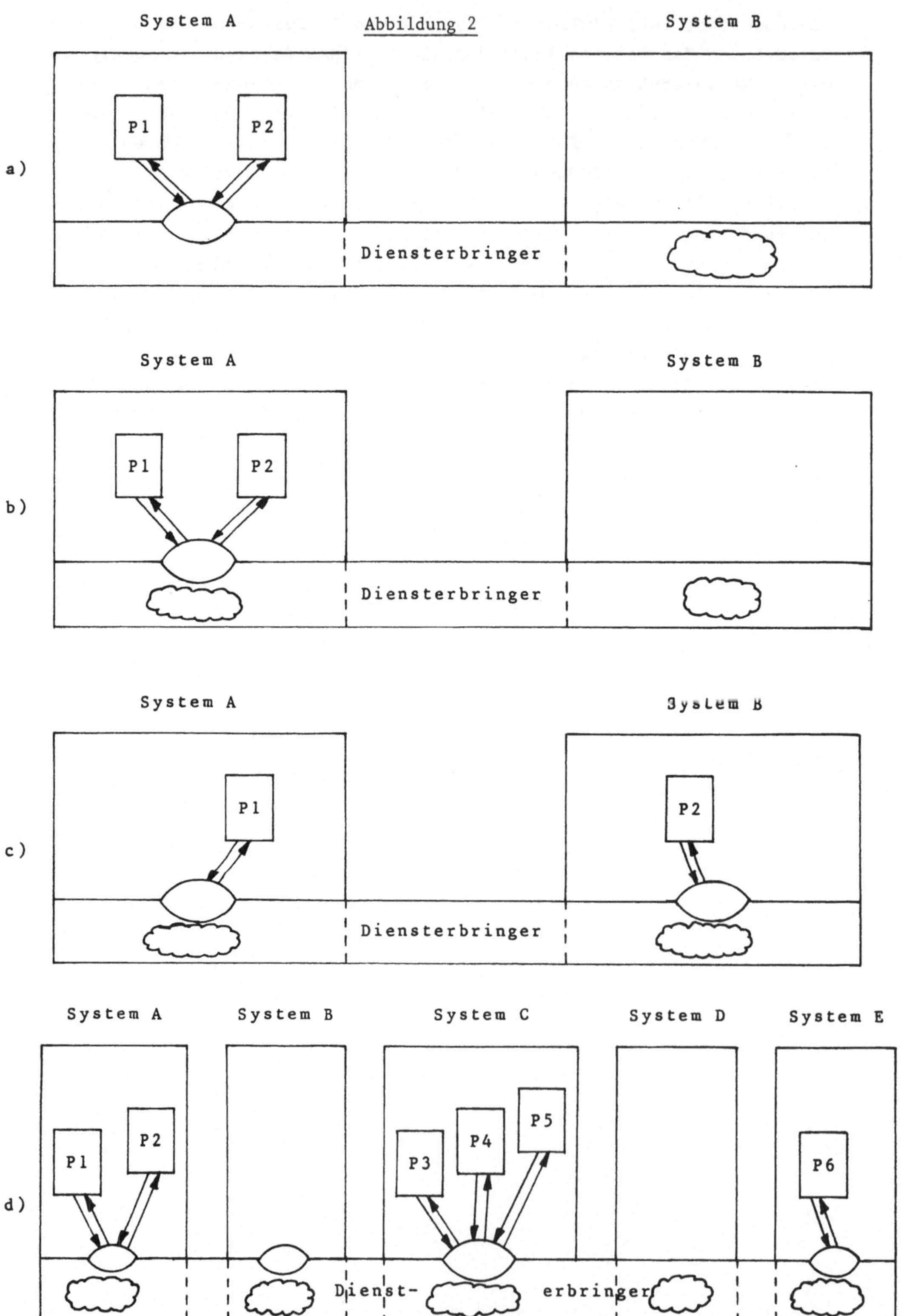
Abbildung 2
System A
System B
a)
P 1
P 2
Diensterbringer
System A
System B
b)
P 1
P 2
Diensterbringer
System A
System B
c)
P 1
P 2
Diensterbringer
System A
System B
System C
System D
System E
d)
P 1
P 2
P 3
P 4
P 5
P 6
Dienst-
erbringer

Die erste dieser beiden Annahmen hat primär wiederum mit Effizienzgesichtspunkten und Schnittstellenmodellierung zu tun, wie wir sie in dem vorangehenden Unterabschnitt 2.2.2 bereits diskutiert haben. Diese Effizienzbetrachtungen sind jedoch nun auf gar keinen Fall mehr zu vernachlässigen: Es entstehen nämlich Gesamtausführungszeiten im Millisekundenbereich mindestens, wenn man vor und nach der eigentlichen Funktionsausführung einen Informationsaustausch zu und von einem anderen System mittels normaler Kommunikationstechnik veranlassen und abwickeln muß. Kümmert man sich nicht in geeigneter Weise um die tatsächliche Verteilung von Objekten und ihren Benutzern auf die verschiedenen Systeme, so können genau dieselben Verhältnisse entstehen (d.h. dieselben Wartezeiten für die kooperierenden Prozesse) wie in einem konventionellen Betriebssystem, in dem man die peripheren Geräte nicht nebenläufig arbeiten läßt. Man kann leicht nachrechnen, daß diese Unbekümmertheit den Ausnutzungsgrad der beteiligten Betriebsmittel bis unter ein Prozent ihrer tatsächlichen Leistungsfähigkeit drücken kann, /14/.

Die zweite dieser beiden Annahmen steht im unmittelbaren Widerspruch zum Konzept der Kooperation nebenläufiger Prozesse in getrennten Systemen - jedenfalls in vielen und ganz allgemeinen Fällen. Dieser Widerspruch ist fundamentaler Art, seine Beseitigung erfordert den Verzicht auf diese Annahme und impliziert weitreichende Konsequenzen (wie sie in Abschnitt 2.3 andiskutiert werden). Das Erkennen dieses Widerspruchs ist notwendige Voraussetzung für das Verständnis des Rests der Arbeit, insbesondere der Notwendigkeit des Übergangs vom Begriff "Funktionalität" zum Begriff "Kofunktionalität", wenn wir strukturierte verteilte Applikationen klar beschreiben wollen. Die Erläuterung dieses Kofunktionalitäts-Begriffs ist die eigentliche Aufgabe dieses Unterabschnitts. Wir wollen diese Erläuterung im Rest dieses Unterabschnitts angeben.

Wenn in einer verteilten Applikation Informationen (in unserem Modell: getypte abstrakte Objekte, die diese Informationen repräsentieren) in mehreren an dieser Applikation beteiligten

Systemen gehalten, modifiziert und ausgewertet werden, so hat dies
spezifische "natürliche" Ursachen, die sich aus der Applikation
ergeben - im allgemeinen jedenfalls. Ob man ein Objekt in dem
einen oder in dem anderen System hält wird abhängen von Gegebenheiten, wie: Die Identität der zu einem Zeitpunkt an der betrachteten Applikation beteiligten Prozesse und deren Verteilung auf
die beteiligten Systeme, die Auslastung der diese Prozesse beher-
bergenden Systeme, die Dringlichkeit/Häufigkeit/Datenvolumen bei
den Zugriffen dieser Prozesse auf diese Objekte, usw. Diese (und
ähnliche) Determinanten haben jedoch nicht nur Auswirkungen
darauf, wo ein Objekt gehalten wird, sondern auch darauf, ob eine
von einem Prozess zur Ausführung darauf aufgerufene Funktion -
obwohl sie auf diesem Objekt zu dieser Zeit grundsätzlich
ausführbar wäre - auch von den anderen beteiligten Prozessen als
sinnvollerweise auszuführen betrachtet wird. *) Diese Determina-
ten können also zeitweise Einschränkungen der möglichen
Ausführungsreihenfolgen von Operationen auf den betrachteten
Objekten bewirken, die mittels des klassischen Typenbegriffs nicht
formuliert werden können.

---

*) Zur Veranschaulichung dessen betrachten wir ein einfaches
Beispiel, wie es in Abb. 2c) veranschaulicht ist. Es sieht zwei
kooperierende Prozesse in zwei verschiedenen Systemen (A und B)
vor. Das von beiden Prozessen benutzte "gemeinsame" Objekt liegt
tatsächlich ebenfalls in einem dieser beiden Systeme, etwa in A
(wenn dies nicht so ist, so bleibt dieses Beispiel trotzdem
aussagekräftig, so dass wir bei der vereinbarten Abstraktion von
der tatsächlichen Lage der Objekte bleiben können). Der Prozeß in
A beabsichtigt, das Objekt in einen Zustand zu versetzen, der eine
gewisse weitere Kooperation zwischen den beiden Prozessen erforderlich machen würde. Der Prozeß in B ist zu dieser weiteren
Kooperation derzeit jedoch nicht bereit oder imstande - er oder
seine Umgebung betrachten es also als nicht sinnvoll, daß der
Prozeß in A derzeit die von ihm beabsichtigte Operation auf dem
gemeinsamen Objekt ausführt. Diese Entscheidung des Prozesses in

Man kann den klassischen Typenbegriff erheblich erweitern. In /15/ wird dies ausführlich diskutiert, auch im Hinblick auf die Einbeziehung der angesprochenen Determinanten in einen erweiterten Typenbegriff. Man muß jedoch sehen, daß es bei solchen Erweiterungen des klassischen Typenbegriffs eine "natürliche" Grenze dafür gibt, welche und wieviele solcher Determinanten von ihr noch erfaßt werden können: Nicht erfaßt werden können darin auf natürliche Weise etwa dynamisch veränderliche Umgebungs- oder Benutzungsmerkmale (wie Systemauslastung, Aufruffrequenz, ...). Formal ginge selbstverständlich auch dieses. Man käme dann jedoch zu einem aufgrund seiner Komplexität schwer durchschaubaren Typenbegriff. Man könnte deshalb versuchen, diese Komplexität zu vermeiden, indem man Objekte zuläßt, deren Zustände sich "spontan" (d.h. ohne daß eine Operation auf ihnen zur Ausführung gekommen wäre) ändern können. Derartig weitgehende Erweiterungen des Typenbegriffs scheinen jedoch stets Unübersichtlichkeiten einzuführen und werden von uns nicht weiter erwogen.

Um diese Determinanten auf systematische und übersichtliche Art und Weise mit dem Datentypenkonzept in Einklang zu bringen, reicht also der Übergang vom "klassischen" Typenbegriff zum "synchronisierten" Typenbegriff noch nicht aus. Um dieses Ziel zu erreichen, müssen wir übergehen zu einem "offenen" Typenbegriff, wie wir ihn in Abschnitt 2.3 ausführlich erläutern wollen.

Die Schlüsselidee hinter diesen "offenen Typen" ist, daß eines ihrer Objekte nur dann einer Veränderung unterzogen wird (und zwar durch die Ausführung einer in der Typendefinition spezifizierten und von einem der benutzenden Prozesse aufgerufenen Funktion) wenn alle dieses Objekt benutzenden Prozesse dieser Ausführung zustimmen; in dieser Entscheidung sind alle diese Prozesse völlig frei. Beim klassischen oder synchronisierten Typenbegriff gibt es ein solches Vetorecht der kooperierenden Prozesse offensichtlich *nicht*.

B hat also gar nichts mit dem Zustand des gemeinsamen Objektes zu tun, sondern mit anderen Umständen, die dieser Prozeß kennt, aber sicherlich nicht der Prozeß in A (weil er nämlich in einem anderen System angesiedelt ist). Stellt man die im letzten Halbsatz gegebene Begründung in Frage, so muß man auch den ganzen Begriff "System" in Frage stellen.

2.2.4. <u>Alternative Modelle</u>

Einige der in diesem Kapitel erläuterten Schwächen des klassischen bzw. synchronisierten Typenbegriffs - vorsichtiger formuliert: einige mit diesem Begriff verknüpfte Annahmen - wurden bereits frühzeitig erkannt und führten immer wieder zu Erörterungen der Tauglichkeit anderer Modelle (denen diese spezifischen Schwächen nicht anhafteten) zur Definition von Funktionalität, insb. zur Definition von verteilter Funktionalität. Als solche besonders intensiv diskutierten alternativen Modelle sollen hier lediglich Petri-Netze und parallele Programmschemata genannt werden. In diesen beiden Modellen wird auch die dem Typenmodell zugrundeliegende Programmiersprachen-/Spezifikationssprachen-Notation nicht mehr benutzt, statt dessen benutzen sie eine graphische bzw. mathematische Notation.

Gegenstand dieser Arbeit soll es jedoch nicht sein, solche Alternativen zum klassischen Typenmodell und seiner Notation einzuführen, und erst recht nicht, ihre Vorteile gegenüber ihren Nachteilen abzuwägen. Hauptanliegen dieser Arbeit ist es vielmehr zu zeigen wie das Typenmodell verallgemeinert werden kann bzw. muß, um es für die Strukturierung verteilter Applikationen einfach nutzbar zu machen. Damit soll im nächsten Abschnitt begonnen werden.

2.3. DER OFFENE TYPENBEGRIFF UND SPEZIFIKATION VON KOFUNKTIONALITÄT

Wir möchten gleich zu Beginn dieses Abschnittes ankündigen, daß sich das "Objekt"-/"Typen"-Modell auch zur Spezifikation verteilter Funktionalität sehr gut eignet, dies jedoch ein grundsätzliches Umdenken bei der Nutzung dieses Modells erfordert. Wir sprechen deshalb von zwei Modellvarianten, dem "Funktionalitäts"-Modell (das wir bereits kennengelernt haben) und dem "Kofunktionalitäts"-Modell. Dieses grundsätzliche Umdenken, daß vom Funktionalitäts-Modell zum Kofunktionalitäts-Modell führt, möchten wir im nächsten Unterabschnitt am allgemeinen Fall verdeutlichen. Der zweite Unterabschnitt soll dann zeigen, daß der spezielle Fall der Zweipunkt-Kofunktionalität der einzige Fall ist, in dem sich dieser Begriff der "verteilten Funktionalität" oder "Kofunktionalität" einfach gestaltet; hier werden dann auch noch einige für die alltägliche Praxis der Beschreibung von Kofunktionalität wichtige Vereinfachungen festgelegt, auf die wir uns in Zukunft beschränken wollen.

2.3.1. Allgemeine Kofunktionalität

Wir beginnen, indem wir zunächst das Modell erläutern, das wir - wenn wir vom allgemeinen Fall sprechen - zugrunde legen. Die graphische Veranschaulichung dieses Modells (siehe Abbildung 3) ist offensichtlich in ihren Grundzügen identisch der des Modells zur Beschreibung von Funktionalität (siehe Abbildungen 1 und 2), d.h. der des Funktionalitäts-Modells.

Im letzteren Fall deuten die Abbildungen 1 und 2 an, daß der Diensterbringer in seinem Innern getypte Objekte verbirgt (wo diese tatsächlich liegen ist außerhalb des Diensterbringers nicht sichtbar) und daß die Benutzerprozesse P1, ..., Pk an den Dienstzugangsstellen mittels der durch die zugehörige(n) Typendefinition(en) festgelegten Operationen auf diese Objekte zugreifen können, sie gegebenenfalls sogar so erzeugen bzw. vernichten können. Durch die Aufrufe/Ausführungen dieser Operationen können P1, ..., Pn offensichtlich Informationsaustausch miteinander betreiben. Diese Tatsache hat häufig zu der Annahme geführt, daß dieses Funktionalitäts-Modell auch bei der Spezifikation von OSI-Schichtendiensten zugrunde läge.

Daß diese Annahme unhaltbar ist sieht man nun zwar schon bei oberflächlicher Betrachtung irgendeiner OSI-Dienstbeschreibung (etwa der Dienste der Transport- oder Sitzungssteuerungs-Schichten) - diese Erkenntnis führte jedoch keineswegs unmittelbar auf das in diesen Dienstbeschreibungen tatsächlich benutzte Modell, das (eine leichte Vereinfachung des hier eingeführten) Kofunktionalitäts-Modell(s ist). Schlimmer noch: Ihre Mentalschemata ihres Kofunktionalitäts-Modells, von denen die Verfasser dieser Dienstbeschreibungen (einschließlich der beiden Verfasser dieser Arbeit) ausgingen - sie sollten, begründet durch Serien von wochenlangen gemeinsamen Sitzungen der Gremien, in denen diese Verfasser zusammenarbeiten, in ihrem konzeptionellen Gehalt weitgehend miteinander übereinstimmen - wurden an keiner Stelle bisher in rationalisierter, d.h. insbesondere in kommunikationsfähiger Weise dargelegt.

Diesen Mangel wollen wir nun abstellen. Der Rest dieses Unterabschnittes dient dazu, eine erste Rationalisierung dieses Kofunktionalitäts-Modells vorzunehmen. Wir nehmen bei dieser ersten Beschreibung des Modells zur Spezifikation von Kofunktionalität die Abbildung 3 zu Hilfe und erläutern daran und in den nachfolgenden Punkten A bis D die konzeptionellen Unterschiedlichkeiten beider Modelle. Wir erlauetern also das Modell zur Spezifikation von Kofunktionalität, indem wir seine Unterschiede gegenüber dem Modell zur Spezifikation von Funktionalität (wie wir es in den Abschnitten 2.1 und 2.2 untersucht haben) darlegen.

A) Der fundamentale Unterschied zwischen beiden Modellen ist darin zu sehen, daß das Funktionalitäts-Modell nur geeignet zu sein braucht, die von einem Objekt zur Verfügung gestellte Funktionalität zu beschreiben (d.h. welche Funktionalität es repräsentiert), während mittels des Kofunktionalitäts-Modells darüber hinaus die - durch diese Funktionalität - gebotenen Möglichkeiten der Kooperation beschrieben werden sollen. Das zweite Modell soll also nicht nur zu zeigen gestatten, was ein Diensterbringer an Funktionalität anbietet, sondern auch welche

Möglichkeiten zur Kooperation - und zwar zwischen diese Funktionalität nutzenden Prozessen - diese Funktionalität bietet.

Dies erfordert als Wichtigstes, daß die an einer Kooperation irgendwie beteiligten "privaten" Komponenten der kooperierenden Prozesse in das Modell einbezogen werden - diese Komponenten werden im Funktionalitäts-Modell offensichtlich und absichtlich völlig außer Acht gelassen. Als Folge dessen müssen wir im Kofunktionalitäts-Modell auch Typen und Objekte vorsehen, die den kooperierenden Prozessen eigen sind, also den Benutzern der verfügbaren Dienste gehören (während diese Typen und Objekte im Funktionalitäts-Modell nicht erscheinen). Dies erfordert als Weiteres, daß die antizipierten Interaktionen zwischen den privaten Komponenten der verschiedenen kooperierenden Prozesse - das sind ja gerade die als möglich zu beschreibenden Kooperations-/Kommunikationsvorgänge zwischen den Prozessen - modelliert werden müssen. Und dies erfordert, drittens, daß das Kofunktionalitäts-Modell zu beschreiben gestattet, wie diese Kooperations-/Kommunikationsvorgänge mittels des Diensterbringers bewerkstelligt werden.

Wir wollen das Kofunktionalitäts-Modell diesen Überlegungen entsprechend (und soweit das heute zu sehen ist) nicht für alle Spezifikationen zugrundelegen, sondern nur dann benutzen, wenn es darum geht, Möglichkeiten der Kooperation mittels der Funktionalität eines Diensterbringers zu spezifizieren. Als Folge ihrer Zweckbestimmung hat die Funktionalität, die man von einem Diensterbringer zur Unterstützung von Kooperations-Aktivitäten erwartet, üblicherweise eine erheblich andere Sinnhaftigkeit als die Funktionalität, der man in nichtverteilten Systemen begegnet (etwa im Compiler-Bereich oder Datenbanken-Bereich). Um diese Eigenart ihrer Semantik - nämlich Kooperations-/Kommunikations-unterstützende Funktionalität zu sein - terminologisch zu fassen bezeichnen wir sie auch als Kofunktionalität. Mittels des Kofunktionalitäts-Modells spezifizieren wir also die von einem

Diensterbringer zur Verfügung gestellte Kofunktionalität und die durch ihre Inanspruchnahme erzielbaren Kooperations-/Kommunikationsvorgänge.

B) Die getypten Objekte, mittels derer im Kofunktionalitäts-Modell die Kooperation der $P1, \ldots, Pk$ beschrieben wird, liegen also gar nicht im Diensterbringer, sondern in den Benutzern selbst. Dabei ist es angebracht, zwei Arten von Objekten zu unterscheiden: Solche die nur (zwei oder mehreren) Benutzerprozessen bekannt sind, nicht aber dem Diensterbringer, und solche, die auch dem Diensterbringer bekannt sind. (Mittels Objekten, die nur einem Benutzerprozeß oder/und dem Diensterbringer bekannt sind, nicht aber mindestens zwei Benutzern, kann man Kommunikationsvorgänge nicht in so vollständiger Weise beschreiben, wie es in den beiden anderen, oben genannten Fällen geschieht. Wir kommen am Ende von Punkt C) nochmals auf diesen Aspekt zurück.) Bezüglich der Lage dieser Objekte treffen wir Abstraktionsfestlegungen die sinngemäß der für das Funktionalitäts-Modell vereinbarten Abstraktion von der tatsächlichen Lage von Objekten entsprechen: Jeder Benutzer, der ein Objekt kennt, hat auch eine (abstrakte) Kopie davon. Bei der zweiten Art von Objekten legen wir fest, daß nicht nur jeder Benutzer, der eines kennt auch eine Kopie davon besitzt, sondern hier soll auch der Diensterbringer noch eine Kopie (für seine Lage gilt das im Funktionalitäts-Modell gesagte) haben.

C) Der Diensterbringer stellt also im Kofunktionalitäts-Modell einen ganz andersartigen Dienst als im Funktionalitäts-Modell zur Verfügung: Er stellt den kooperierenden/kommunizierenden Benutzern einen Kooperations-/Kommunikationsdienst einer gewissen sprachlichen Mächtigkeit zur Verfügung, den man mittels des Funktionalitäts-Modell gar nicht spezifizieren kann *). Der mächtigste in einer bestimmten Kommunikations-

---

*) Während der Ausdruck "Kofunktionalität" bei der ganzheitlichen Diskussion von Grundsatzfragen besser an traditionelles Wissen

/Kooperations-Aktivität bedeutungsvolle Sprachumfang wird festgelegt durch die Menge aller (in den kooperierenden Benutzern und dem Diensterbringer bekannten und) in dieser bestimmten Kooperation/Kommunikation benötigten "Typen-Objekte, Namen-Objekte dieser Typen, Objekte dieser Typen, Namen-Objekte dieser Objekte und Werte dieser Objekte". Der Sprachumfang des vom Diensterbringer zur Verfügung gestellten Dienstes ist - gemessen an der zu unterstützenden bestimmten Kommunikation/Kooperation - ideal, wenn der Diensterbringer alle "Typen-Objekte, ..., Werte dieser Objekte" kennt, die die kommunizierenden/kooperierenden Prozesse in dieser bestimmten Kommunikation/Kooperation benutzen. Der ärmste Sprachumfang ist stets dadurch gekennzeichnet, daß der Diensterbringer keines dieser Objekte kennt. In diesem Fall stellt er nur ein "Lesen/Schreiben" ungetypter Objekte zur Verfügung, unterstützt die Benutzer - außer durch den Transfer von Bitfolgen - also in keiner Weise beim Realisieren der zur Kooperation benötigten Interaktionen ihrer getypten Objekte. In anderen Worten: Beide Benutzer werden durch einen derartig armen Kommunikationsdienst gezwungen, ein bekanntlich äußerst fehleranfälliges De- und Retypen der Objekte ihrer Interaktionen vorzunehmen. Den grundsätzlichen Unterschied zwischen diesen beiden Arten von Kommunikationsdienst können wir hier nicht weiter diskutieren - wir verweisen dazu auf die Erläuterungen der Aufgaben der Informationsdarstellungs-Schicht im Referenzmodell, /8,18/.

Kommen wir - wie bereits in B) angekündigt - auf das Problem zu sprechen, das man in einem Modell hat, in dem nur der Diensterbringer "Typen-Objekte, ..., Werte dieser Objekte" kennt, aber nicht die Benutzer. Diese wichtige Modell beruht auf einer zwar häufig praktizierten, aber in vielen Fällen

---

anknüpft als sein Synonym "(Kommunikations-) Dienst", verhält es sich genau anders bei der Diskussion ihrer/seiner Nutzung, um das Zusammenwirken von Komponenten in getrennten Systemen zu realisieren.

unzulänglichen Verallgemeinerung des Funktionalitäts-Modells auf den Fall verteilter Systeme. Dieses Modell gestattet offenbar die "Signalisierung" zwischen den Benutzern in beliebiger Weise zu entwerfen - dazu stellt der Diensterbringer den Benutzern das Datentypen-Konzept zur Verfügung, und diese können es zur Strukturierung ihrer Kommunikation einsetzen. Es ist jedoch insofern sehr unzulänglich, als es den Benutzern selbst überlassen bleibt, woher/wohin die zu übermittelnden/übermittelten Objekte kommen/gehen. Die Kooperation von Benutzern kann man also in diesem Modell überhaupt nicht beschreiben. Damit sieht man hier ganz klar den Unterschied zwischen den Begriffen "Kommunikation" und "Kooperation" - das hier diskutierte Modell eignet sich lediglich zur Beschreibung von Kommunikation. Dienstspezifikationen, die auf diesem Modell beruhen, bezeichnet man deshalb häufig als "Semantik-frei", /19/. In den ersten Jahren der Diskussion der OSI-Technologie hat man geglaubt, mit diesem Modell arbeiten zu können/müssen. Auf Grund der sehr negativen Erfahrungen mit der Fülle von totalen Miß- und Unverständnissen, die derartige (Kooperations-) Semantik-freie Dienstspezifikationen der höheren Schichten des OSI-Referenzmodells bei OSI-Neulingen wie auch bei OSI-Experten ausgelöst haben, muß man dieses Modell mittlerweile als schlichtweg ungeeignet für derartige Spezifikationen bezeichnen. Man beachte jedoch, daß der Übergang von diesem alten Modell zum Kofunktionalitäts-Modell lediglich einen Übergang zu einem besseren Verständnis der Gesamtproblematik darstellt, also die vorliegenden Dienststandards nicht unbedingt geändert werden müssen: Bei den "alten" Spezifikationen der unteren schichtenspezifischen Dienste stört die Semantikfreiheit der Dienstspezifikationen nicht (weil diese Kooperations-Semantik dieser Dienste ohnehin offensichtlich ist, also ihr Fehlen in der Spezifikation meistens gar nicht bewußt wird); und bei den neuen Spezifikationen der höheren Schichten kann man von vornherein das Typenkonzept im Sinne des Kofunktionalitäts-Modells in geeigneter Weise nutzen, /10/.

D) Auch die Schnittstellenkonventionen müssen gegenüber dem
Funktionalitäts-Modell erweitert werden: Das
Kofunktionalitäts-Modell bleibt zwar bei dem bisherigen Typ der
Nachrichtenpuffer, nimmt aber zu den beiden bisherigen
Parameterwerten (das waren ANFORDERUNGSMELDUNG (...) und FER-
TIGMELDUNG (...)) der beiden Operationen auf Nachrichtenpuf-
fern, LESEN und ÜBERSCHREIBEN, noch die Werte ANZEIGEMELDUNG
(...) und ANTWORTMELDUNG (...) hinzu. Die Bedeutung des
Transfers dieser vier Parameterwerte ist dabei folgendermaßen
festgelegt:

- Durch den erfolgreichen Transfer der ANFORDERUNGSMELDUNG
  (...) teilt ein Benutzer (der "Anforderer") dem Diensterbringer mit, daß er - der Anforderer - die in der Anforderungsmeldung benannte Operation auf dem ebenfalls darin
  benannten Objekt mit den ebenfalls darin
  benannten/angegebenen Parametern ausführen möchte.

- Durch den erfolgreichen Transfer der ANZEIGEMELDUNG (...)
  bei allen Dienstzugangsstellen, an denen es Benutzer des
  benannten Objektes gibt, (mit Ausnahme der des Anforderers)
  zeigt der Diensterbringer diesen kooperierenden Benutzern
  den Zugriffswunsch (mit allen in der ANFORDERUNGSMELDUNG
  (...) angegebenen Einzelheiten) des Anforderers an. Aufgrund dieser Anzeige kann jeder Benutzer die Entscheidung
  für sich treffen, ob er diesem Zugriffswunsch zustimmen will
  und kann; vom Anforderer wird als gesichert betrachtet (aufgrund seiner Anforderung nämlich), daß er ihm zustimmt.

- Durch erfolgreichen Transfer der ANTWORTMELDUNG (...) teilt
  jeder dieser Benutzer (mit Ausnahme des Anforderers) dem
  Diensterbringer seine Entscheidung mit, unter Umständen
  übergibt er ihm dabei irgendwelche Objekte. Aufgrund eines
  hier nicht weiter zu diskutierenden Entscheidungsalgorithmus
  muß der Diensterbringer feststellen, ob die Operation als
  ausgeführt gilt oder nicht; sobald er dies festgestellt hat,
  ändert er (gegebenenfalls) alle seine Kopien des betroffenen

Objekts. In dieser Phase können die verschiedenen Kopien des Diensterbringers, die er von diesem Objekt in den verschiedenen Systemen unterhält, zeitweise unterschiedlich sein.

- Durch erfolgreichen Transfer der FERTIGMELDUNG (...) bei allen diesen Dienstzugangsstellen wird diese Entscheidung allen diesen Benutzern mitgeteilt. Damit werden sie aufgefordert, ihre Kopien dieses Objektes denen des Diensterbringers anzugleichen. Die Operation wird auf dem betreffenden Objekt eines dieser Benutzer als innerhalb der Zeit des Transfers der FERTIGMELDUNG (...) zu diesem Benutzer ausgeführt betrachtet. Da diese Intervalle bei den verschiedenen Benutzern nicht gleichzeitig zu liegen brauchen, können in dieser Zeit die Kopien eines Objektes bei den verschiedenen Benutzern unterschiedlich sein.

Man beachte, daß alle Objekte, die in einem Transfer benutzt werden, in dem Benutzerprozeß, in dem er ausgeführt wird, nicht etwa die Bedeutung von Ein-/Ausgabewerten dieser Meldung von/an eine nicht näher definierte Umgebung haben, wie es im Funktionalitäts-Modell der Fall wäre. Solche Ein-/Ausgabewerte einer Meldung sind im Kofunktionalitäts-Modell vielmehr Objekte, die zur Beschreibung des Informationsaustauschs zwischen einer Benutzer-eigenen und einer Diensterbringer-eigenen Kopie eines Objektes dienen.

Man kann sich davon überzeugen (etwa indem man sich Beispiels-Applikationen ausdenkt und in diesem Kofunktionalitäts-Modell beschreibt), daß das in diesem Abschnitt vorgestellte allgemeine Kofunktionalitäts-Modell die "Elementarkooperationen" in einer verteilten Applikation gut zu beschreiben gestattet, falls man in dieser verteilten Applikation zu einem Zeitpunkt nur die Wirkung einer einzigen solchen Elementarkooperation zu spezifizieren braucht.

Die mit dem letzten Halbsatz formulierte Einschränkung ist aber völlig wirklichkeitsfremd: Die Elementarkooperationen einer verteilten Applikation der realen Welt haben nennenswerte Ausführungszeiten, während der man - aufgrund der Autonomie der kooperierenden Benutzerprozesse - nebenläufige Aufrufe anderer Elementarkooperationen zulassen muß, will man nicht zu unannehmbaren Ineffizienzen kommen. Gibt man aber diese Einschränkung auf, so heißt dies, daß alle Wechselwirkungen zwischen allen möglichen, nebenläufigen Elementarkooperationen ebenfalls spezifiziert werden müssen. Falls mehr als zwei kooperierende Benutzerprozesse betrachtet werden, erweist sich diese implizite Anforderung an die Spezifikation einer verteilten Applikation mittels des allgemeinen Kofunktionalitäts-Modells als unerfüllbar - sie ist viel zu komplex für den menschlichen Verstand.

Eine andere sehr ernsthafte Schwierigkeit bei dem allgemeinen Kofunktionalitäts-Modell haben wir oben bei Punkt D) bereits angesprochen: Wenn die verschiedenen durch eine ANZEIGEMELDUNG (...) angesprochenen Benutzer in ihrer ANTWORTMELDUNG (...) unterschiedliche Entscheidungen bekunden ("Ja" oder "Nein" zur Ausführung der angegebenen Operation, unter Umständen können sie mit ihrer ANTWORTMELDUNG (...) auch zu lange auf sich warten lassen) muß auf irgendeine Weise die Entscheidung herbeigeführt werden, ob für den Diensterbringer ein "Ja" oder "Nein" gelten soll (oder ob, bei unterschiedlichen Parametern in ANTWORTMELDUNGen oder beim Ausbleiben von ANTWORTMELDUNGen eine Fehlermeldung an alle Benutzer abgegeben werden soll). Wir haben in D) diese Entscheidung dem Diensterbringer übertragen - man hätte sie natürlich auch dem Aufrufer oder irgend einem anderen (oder mehreren) Benutzerprozess(en) übertragen können. Ebenso unklar ist, ob es allgemeine Kriterien gibt, auf denen diese Entscheidungen beruhen sollten (etwa um Systemverklemmungen zu vermeiden). Es dürfte offensichtlich sein, daß das allgemeine Kofunktionalitäts-Modell auch an dieser Stelle unpraktikabel ist.

Um diese in den letzten beiden Absätzen aufgezeigten Schwierigkeiten zu vermeiden, werden wir also allgemeine Kooperationen aus

Zweier-Kooperationen, sogenannten "Sitzungen", aufbauen müssen -
bei denen treten diese Schwierigkeiten nicht auf, /16/. Wie
dieser Aufbau (von allgemeinen Kooperationen aus Sitzung^n)
hierarchisch zu strukturieren ist, wird im nächsten Kapitel diskutiert. Damit können wir deshalb nun umreißen, was wir unter
"offenen" Typen verstehen wollen: Offene Typen setzen sich hierarchisch aus offenen Typen und Sitzungen zusammen.

LITERATUR

/1/ ISO DIS 7489: "Information Processing Systems - Open Systems
Interconnection - Basic Reference Model", Dezember 1982

/2/ Burkhardt, H.J., Schindler, S.: "Structuring Principles of
the Communications Archetecture of Open Systems - A Systematic Approach", Computer Networks 5: 157 - 166 (1982)

/3/ Schindler, S.: "Open Systems Management - A Tutorial Elabora-
tion on the ISO Approach", Eingeladener Vortrag zur "Data and
Tele Communications International - Japan '82", Tokio, 20.-
23. Januar 1982.

/4/ ISO/TC97/SC16/N1214: "Accounting, Error Reporting and Capability Mangement", WG4, Tokio, Juni 1982.

/5/ ISO/TC97/SC16/WG 4: Outcome of the Raleigh Meeting, October
1982.

/6/ Schindler, S.: "The New ISO Standards for Communications and
Office Automation", Computer Networks, Oktober 1982.

/7/ Schindler, S.: "Synchronised Data Types and Their Suitability
for Protocol Implementation", 12th Hawaii International
Conference on System Sciences, Honolulu, 4.-5. Januar, 1979.

/8/ Schindler, S.: "Handbook of Structured Distributed Systems
and Office Applications - Concepts, Implements, International
Standards", erscheint bei Springer, Anfang 1983.

/9/ Schindler, S.: "Die Anwendungsbereiche der neuen ISO Standards der Kommunikationstechnik und Büroautomation -
Wechselwirkungen, Zeitpläne, Perspektiven", Tagungsband der
Konferenz "Kommunikation in verteilten Systemen - Anwendungen
im Betrieb", Berlin, 19.-21. Januar, 1983.

/10/ Schindler, S., Luckenbach, T., Messer, B., Schulz, J.: "The OSI Management Services - Concepts and Examples", zur Veröffentlichung eingereicht (durch die Autoren erhältlich).

/11/ Schindler, S.: The OSA-Project: Basic Concepts of Formal Specification Techniques, and of RSPL, Technical Report, erhältich durch die Autoren.

/12/ Schindler, S. et al.: RSPL - an Expert Language for the Communicationa Area, in Vorbereitung.

/13/ Campbell, Habermann: The Specification of Process Synchronization by Path Expressions, Lecture Notes of Computer Science, 1974.

/14/ Schindler, S.: Skripte zu den Vorlesungen Rechnerorganisation III und Algorithmen IV, erhältlich durch die Autoren.

/15/ Schindler, S.: Issüs in Strong Data Typing, Proceedings of the "Louisiana Computer Exhibition", Lafayette, 1979.

/16/ Schindler, S.: Open Systems Interconnections: The Sesson Service Philosophy - A Tutorial Introduction, Technical Report, erhältlich durch die Autoren.

/17/ Schindler, S., Burkhardt, H.J.: Konzeptionelle Grundlagen Strukturierter Verteilter Applikationen, Technische Universität Berlin, Fachbereich 20, Technischer Bericht, erhältlich durch die Autoren.

Danksagung

Die Erstellung dieser Arbeit gestaltete sich äußerst anstrengend für einige meiner Mitarbeiter. Vor allem R. Damaschke und V. Reible bin ich für ihre unersetzliche Hilfe sehr dankbar.

THE CONIC COMMUNICATION SYSTEM FOR DISTRIBUTED PROCESS CONTROL

Dr. M. S. Sloman

Department of Computing
Imperial College,
180 Queensgate
London, SW7 2BZ

ABSTRACT

The physical distribution of equipment and machinery on an industrial site makes it particularly suitable for implementing distributed computer control systems based on the use of microcomputers. A communication system is needed to allow cooperation and coordination between the microcomputer stations forming the control system. This paper identifies the communication requirements for this class of applications and then gives an overview of the CONIC Architecture, developed at Imperial College for Distributed Computer Control Systems (DCCS). The paper concentrates on the CONIC Communication System which was developed to support this distributed computer architecture, and uses the framework of the ISO Open Systems Reference model to describe the communication system.

The CONIC Communication System supports a network topology consisting of inter-connected subnets, where the subnets can be serial highways, loops or even point-to-point transmission lines. It can provide a variety of message transfer services, including both reliable virtual circuits and a datagrams. It allows automatic rerouting round failures and provides a distributed mechanism for updating routing tables.

Keywords
Local Area Networks, Distributed Process Control, Network Architecture, Network Topology, Communication Protocols.

ACKNOWLEDGEMENTS

Acknowledgement is made to the National Coal Board for a grant in aid of these studies, but the views expressed are those of the author and not necessarily those of the board. This work was also partly funded by the U.K. SERC under grant No. GR/A/7235.3. I would like to acknowledge the contribution of my colleagues on the CONIC Project J. Kramer, J. Magee, S. Prince and K. Twidle all of whom have contributed to the ideas expressed in this paper.

THE CONIC COMMUNICATION SYSTEM FOR DISTRIBUTED PROCESS CONTROL

1. INTRODUCTION

Microcomputers are increasingly being used by process control equipment
manufacturers to replace minicomputers and hardwired logic. The microcomputers are
often incorporated into, or placed physically adjacent to, the machinery or
equipment they control. An industrial site may be spread over distances of 100m to
10km and so a communication system is needed to allow the microcomputers to exchange
information and co-ordinate their actions. The interconnected microcomputer
stations form a local network. The functions performed by the microcomputers, used
in a distributed process control system, include:

* Controlling sensors or actuators - at present, economics dictate that a number
  of sensors or actuators are connected to a microcomputer, but eventually single
  chip processors will be incorporated into the electronics of each sensor or
  actuator. For example the microcomputer in an intelligent sensor would do
  analogue to digital conversion, calibration and linearization of the sensor
  signal.

* Implementing control algorithms - microcomputers may be used to close the loop
  between sensors and actuators, replacing hardwired 3 term controllers etc., or
  they may perform more complex control algorithms e.g. involving optimization
  over a number of control loops.

* Operator interaction - microcomputers control visual display units, printers,
  keyboards, or special consoles. These are used to communicate with a human
  operator. The operator inputs setpoints, parameters or requests for data.
  Plant state information and alarms are output to the operator. This type of
  intelligent interface is rapidly replacing the array of dials and buttons found
  on the traditional control room console, as it is much simpler and easier to
  use.

* Communications - microcomputers can be used in traditional centralized computer
  control systems or remote monitoring systems for the transmission of
  information between the plant and computer. This allows the many wires to be
  replaced by a serial transmission system, which can also perform error
  detection, and pre-processing of the data.

The saving in the wiring costs by using serial transmission between intelligent
stations is one of the most important economic justifications for using local
network technology to distribute the process control system.

2. CONTROL LEVELS IN A TYPICAL INDUSTRIAL SITE

The task of controlling complex plant and machinery, in a typical industrial site,
can be refined into a number of hierarchical levels (see fig. 2.1)

(a) **Direct Control** - at the lowest level is the direct control of devices, sensors
    and actuators. The response times required from the control system will depend
    on the reaction times of devices or plant being controlled. These could range
    from milliseconds to seconds. The processors will be handling raw data e.g.
    binary numbers representing signal values. Typical sensor information transfer
    rates could range from 1000 readings (12 bits) per second to only 1 or 2 per
    second. The high information transfer rates are usually handled locally within
    an intelligent sensor or within closely-coupled processors.

(b) **Subsystem Control** - a number of stations control a subsystem eg. a complex
    piece of machinery or a boiler. The type of information exchanged is commands
    (e.g. open valve A), responses (e.g. action completed) or alarms. The response
    times required will still depend on the plant reaction time and will be in the

order of tens of milliseconds to seconds. The units of information transferred are usually quite small (10-100 bytes) and so the average information transfer rate per station is likely to be quite low, (100-1000 bits per second).

(c) **Site Wide Control** - this is strategic or optimization control involving the whole industrial site or factory e.g. optimizing the use of power or scheduling of subsystem activities. Interaction with a central operator station or control room is also included in this level. The type of information transferred would also be commands, responses, alarms etc., but may include status messages giving summaries of important sensor readings etc. Some systems may allow the down-line loading of programs into remote stations e.g. to perform diagnostics, or to implement new control functions. Response times are likely to be in the order of minutes to hours (possibly seconds for some alarms). The total information transfer rate, i.e. sum over all station communicating at this level could be 10K-300K bits per second in a typical site.

(d) **Management Information** - information such as production rates, stock levels and summaries of plant status might be used for management purposes. This may involve communication with a remote management computer over a public network or PTT lines. The response times required could be hours even days. The units of information transferred are likely to be files rather than short messages, and information transfer rates of 2K-10K bits/second would be quite adequate:

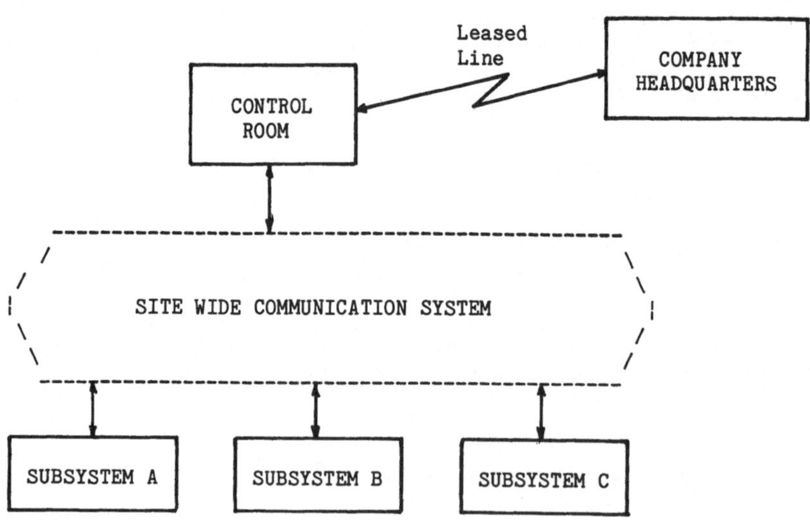

Fig. 2.1 **Hierarchical Structure of A Typical Control System**

From the above it can be seen that a communication system for a process control environment should allow variable length messages. A maximum message length of about 100 bytes would be adequate for most information transfer except files, which account for a small proportion of the traffic in a control network. The communication system must also allow the transmission of arbitrary binary data.

The throughput and delay characteristics will depend on the hierarchical level of the control system at which it is being used. Performance requirements are discussed further in section 3.2.

3. REQUIREMENTS OF CONTROL APPLICATIONS

This section discusses the requirements for the use of local networks for distributed process control. A more detailed analysis is given elsewhere [Prince 80].

3.1 Safety and Reliability

One of the main differences between process control and other applications is the consequences of a fault or error. A valve being opened instead of closed or an incorrect set-point could result in serious accidents or even explosions with loss of life and expensive damage to property or equipment. The requirement is for extremely low undetected error rates i.e. it does not matter if errors occur provided they are detected. Some applications require a mean time between undetected communication errors of 1000 years. This corresponds to a residual bit error rate of 1×10^{-15} for 100 bit messages at a transmission rate of 1 M bits/sec [IEC 79]. It is not possible to achieve such low residual error rates using standard data link protocols such as HDLC [Funk 77]. Signal quality monitoring as well as application dependent techniques such as range or context checking, redundant coding etc. may also be required.

In many applications the control systems must operate continuously e.g. telephone exchange or power distribution. For others, the availability must be very high for defined operating periods e.g. aircraft control. It is usually necessary to incorporate redundancy into the system to achieve an availability better than 99.99%.

No single failure within the control system (or the communications network supporting it) should be capable of halting the entire system.

3.2 Performance

Process control engineers stress the importance of predictability of performance rather than high information transfer rates or very low response times. The stations within a network are not completely independent generators of messages, as they are interconnected by the plant itself. It is likely that an abnormal plant condition may result in alarms being generated from multiple stations. The maximum response time to an alarm must therefore be predictable. As mentioned earlier the communication delays required to meet the alarm response times will depend on the hierarchical level within the control system and could range from tens of milliseconds to seconds. The delay is usually made predictable by the over provision of communication bandwidth. Note that in any system there is always a finite probability of transmission errors, or communication system failures, so there is also a non-zero probability that maximum delay will be exceeded. For safety reasons, critical reactions to alarms are hardwired and sometimes independent of the normal control. High throughput or efficiency in the use of communication resources is not particularly important because the overall information transfer rate is usually fairly low (typically less than 50K bits/second).

3.3 Reconfiguration and Extension

The configuration of industrial plant is usually static over periods of months to years. Even in applications such as coal mining, where equipment must be moved as the coal is extracted, the actual equipment configuration remains fairly static. For many applications it must be possible to reconfigure parts of the control system without shutting down the whole plant. Changes to the control system configuration will occasionally take place for the following reasons.

* To correct a fault in the hardware or software in the system.
* To add in new equipment because of plant expansion.
* To change the function being performed by the existing control system e.g. to introduce a new optimization strategy.

The system must be therefore be extensible in small units and support on-line modification and reconfiguration as mentioned above.

3.4 Communication Patterns

The communication system must allow the following patterns of communication:

* One to one - between two specific components of the system e.g. a command from a controller to an actuator.

* One to many - a particular message is sent to multiple destinations e.g. for initiating the components forming a subsystem or an alarm which must be notified to multiple components.

* Any to one - a server which accepts requests from any component within the system e.g. a globally required sensor or an error logger.

Process control differs from resource sharing applications in that there is no requirement for the 'any to any' communication pattern in which any one of multiple servers can handle a request.

3.5 Environmental Considerations

Many applications (such as petrochemical and coal mining) result in an atmosphere which contains explosive gases. The two most common forms of protection used are:

* Intrinsically Safe - the amount of energy available in the circuit is too low to ignite the most easily ignitable mixture of gas and air. The ignition mechanisms considered are electrical, by spark energy and thermal by hot surface. The design of the circuit and equipment is intended to ensure safety in normal use and in all probable fault conditions.

* Flame-proof - the parts of the equipment which could ignite an explosion are placed in an enclosure which can withstand the pressure developed during an internal explosion. The enclosure will prevent the transmission of the explosion to the surrounding atmosphere.

In many environments the control equipment must be dust and water proofed, and may be subject to vibration and rough handling i.e. must be ruggedised and possibly encapsulated. These conditions make the engineering of the hardware or distribution control systems rather difficult.

Transmission lines may be adjacent to high voltage power cables, with high surge currents as machinery is switched on and off. This means the environment is likely to be very electrically noisy. This makes it all the more difficult to achieve the very low undetected error rates required of the communication subsystem.

3.6 Maintenance Consideration

Good diagnostic and maintenance facilities are particularly important. The stations are likely to be physically dispersed, often in inaccessible places. In addition, if the environmental conditions require intrinsically safe electronic equipment, it will not be possible to take normal electronic or communication test equipment onto the site. The facility to perform remote diagnostics, to determine failed components from the control room is particularly useful. The stations should also include sufficient capability to perform self diagnostics without using the communication system.

4. OVERVIEW OF THE CONIC ARCHITECTURE FOR DCCS

The previous sections described the requirements for a communication system for Distributed Process Control Applications. The rest of the paper describes a communication system developed at Imperial College for this class of application. This is a component of the CONIC Architecture for DCCS and so we first give an overview of CONIC before describing our communication system.

CONIC provides an integrated set of techniques and tools for constructing and managing large Distributed Computer Control Systems (DCCS). It consists of: a **network architecture,** which permits the inter-connection of large numbers of computer stations; a **software methodology,** which supports the design of application systems as a set of interconnected re-usable components; a **distributed operating system** and **communication system,** which provide run-time support for application software; and a **management system,** which enables a system to be tailored from a set of components and subsequently modified and extended to meet changing application needs. CONIC can provide the framework for integrating a number of manufacturers products to form manageable distributed control systems.

4.1 Software Architecture

The CONIC software architecture provides a modular structure which clearly distinguishes between the programming of individual software components (module definitions) from system building and the (re)configuration of a DCCS from instances of these modules [Kramer 82]. A module definition thus is analogous to a mould or template from which multiple instances can be created. The module is the software abstraction of a station and forms the smallest replaceable software component in the system ie. it is the software unit of distribution. It consists of a set of concurrent tasks (processes) performing related functions, where a task is a sequential program. The tasks forming a module always reside in a single physical station, although it is possible to have more than 1 module in a station.

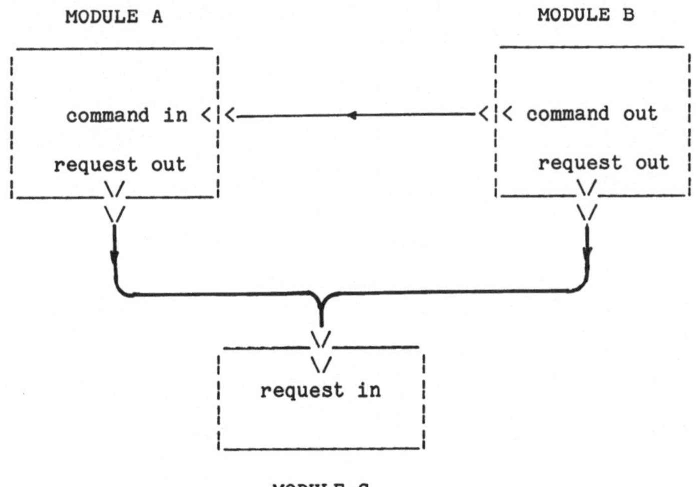

Fig 4.1 Modules with Linked Entry and Exit Ports

Modules communicate by exchanging messages [Kramer 81]. The module interface is defined in terms of strongly typed exit and entry ports which specify the messages which can be sent and received respectively by the modules (see fig. 4.1). Tasks within a module also communicate by message passing via exit and entry ports, although shared memory is allowed within a module, but not between modules.

The configuration of a DCCS involves the creation of instances of modules at stations, and the linking of module exitports to entryports of other modules. Both the modules themselves and the interconnection links can be created and deleted at run time, thereby allowing easy extension and modification of a control system. This is analogous to using standard hardware components and interconnecting them via plugs and sockets, but in the CONIC system an exitport can only be linked to an entryport of the same type.

We believe that the real-time facilities required for programming and building application software does not differ significantly from those for writing the system software (operating system, communications, utilities, etc.). Hence, wherever possible, we have used the CONIC concepts for implementation of the system software.

4.2 <u>Intertask</u> <u>Communication</u>

The CONIC Language provides two kinds of communication primitives and the same primitives can be used for both local and remote inter-task or inter-module communication. Messages are sent and received to and from named entities (exit and entry ports) which are local to the module. At compilation time, it is not necessary to know the other components with which a module will communicate. The linking of exitports to entryports can take place after modules are installed in stations.

a) **Request-Reply Primitives**

This set of primitives support the "command-response" or "query-status" message transactions commonly found in computer control systems. This is a synchronous primitive in that the sender is blocked until the reply is received from the responder. Similarly the responder can block waiting for requests to arrive.

Sender:

```
    SEND command to out
        WAIT response  => ... successful send action
        TIMEOUT period => ... timeout action
        FAIL           => ... failure action
    END
```

where command is a value of type "commandtype" and response a variable of type "responsetype". The exitport "out" would be declared as:

```
        EXITPORT out : commandtype  REPLY responsetype
```

Responder Task:

```
    RECEIVE command from cmd => .... process message
        REPLY response TO cmd
    ELSE TIMEOUT period
```

where the entryport "cmd" would be declared as:

```
        ENTRYPORT cmd : commandtype REPLY responsetype.
```

b) **Asynchronous (Unblocked) Send Primitives**

The second set of communication primitives provide a unidirectional message passing service which meets the requirement for the transfer of alarms and status information. The sending task is not blocked and so this primitive can be used by tasks performing time-critical functions. Because the sending task is not blocked it could alter the message while it is being delivered and so the message must be buffered. However to avoid the complexity of dynamic buffer management and the problems invoked when no buffers are available, we have chosen to statically allocate a fixed dimensionable queue of buffers for each receive entryport eg.:

        ENTRYPORT in: alarm QUEUE 10;

When no more buffers are available, the oldest message in the queue is overwritten rather than causing an exception or trying to block the sender. A single buffer, which is updated by successive send operations and emptied by receive operations, is the equivalent of an event which is provided in many operating systems and we have found it particularly useful for providing the latest status information eg. to an operator. If it is important that information is not lost, the request-reply primitives should be used. An example of the asysnchronous send operation is shown below:

Sender Task:

        SEND   status   TO out   {sender continues before message received at
                                        destination}

        where status is a value of type "statustype" and the exitport "out"
        would be declared as:

            EXITPORT out : statustype

Receiving Task:

        The primitive is the same as that for the responder task in (a) above
        except there is no reply part.

4.3 <u>Distributed</u> <u>Operating</u> <u>System</u>

Each station has a Kernel which implements multi-tasking and inter-task communication, within a station, via message passing. In addition, it provides the mechanisms required by the station operating system to manage station resources and support dynamic module creation and linking of ports.

The station operating system provides a set of services which support the following functions:

- down-line loading of module code into station store,
- creation/deletion of module instances,
- start/stop of module execution,
- linking/unlinking of ports resident in the station,
- detection/reporting of module program errors and station hardware
  failures.

The operating system is implemented as a set of CONIC modules and its services are made available via entryports. Operating system services can thus be invoked by either local or remote users through message passing. The operating system modules in each station cooperate by message passing to form a distributed, network wide operating system.

5. <u>CONIC</u> <u>NETWORK</u> <u>TOPOLOGY</u>

This section describes the physical structure of a CONIC DCCS. Section 2 has
indicated the hierachical nature of a typical process control system (see fig 2.1).
This should be reflected in the interconnection structure of the network of stations
used to implement a distributed control system.

5.1 <u>Interconnected</u> <u>Subnets</u>

Independent subnetworks, which are interconnected by store-and-forward gateways are
the most suitable network topology which meets the requirements discussed
previously. A subnet can correspond to a functional subsystem (eg. the control
system of a complex machine) or a geographical area such as a roadway in a mine.
This structure is extensible both by adding stations within a subnet, or by adding
new subnets.

Store-and-forward gateways, rather than repeaters, are used to interconnect subnets
because this allows the subnets to operate in parallel. A high proportion of the
traffic in a subnet would be local, between stations on the same subnet controlling
a subsystem. The gateways allow independence between the subnets and can filter
incoming traffic such that real-time constraints can still be met for local traffic.
Inter-subnet traffic is more likely to be logging information or commands from a
remote operator and so would be less time-critical than local controller to sensor
or actuator type traffic. The gateways do introduce store-and-forward delays, but
the total number of hops is likely to be low – in the order of 3 or 4 at the most
for a typical network.

We considered interconnecting subnets to form an overall tree topology, but this was
rejected in favour of a mesh topology as shown in fig. 5.2. Although a tree
topology does appear to reflect the hierarchical nature of control systems, and
results in very simple tree traversal routing algorithm in a gateway, it has a
number of disadvantages. A tree does not include redundant communication paths and
the variable length addresses implied by a tree, lead to complications in the
comunication system.

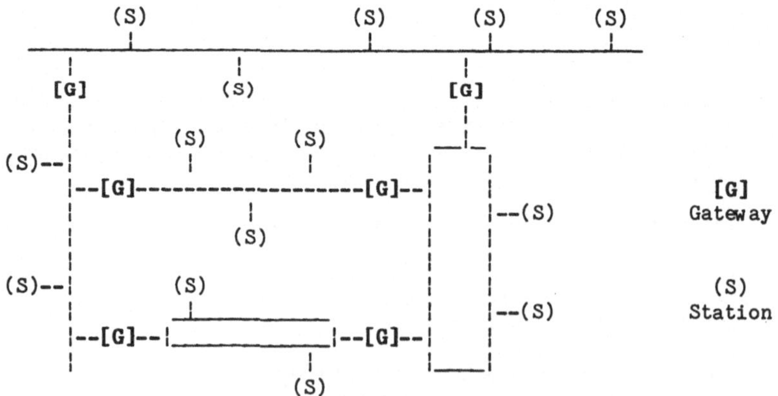

Fig 5.2 Interconnected Subnets

A mesh topology allows multiple gateways between subnets and so provideds redundant
paths. A fixed length address of the form "subnet.station" can be used for routing.
The overheads involved in the gateways maintaining routing tables are outweighed by
the advantages of automatically rerouting round failures.

5.2 <u>Choice</u> <u>of</u> <u>Subnet</u>

The ideal characteristics of subnets to be used for control are:

* Simple connection/disconnection of stations to/from the subnet

* Passive transmission media (no signal regenerators) and passive couplers at each station so that power failure at one station does not affect subnet communication

* Completely distributed control of access to the shared transmission medium i.e. no master station

* Capable of working over 20 km without signal regeneration for coal mines although 1-2 km would be adequate for most other control applications.

* Capable of interconnecting up to 100 stations

* Transmission delay independent of the number of stations

* Suitable for implementation on any transmission media e.g. optical fibres, twisted pairs or coaxial cable

A serial highway or bus [Xerox 80, IEEE 81] (see fig. 5.3) meets most of these requirements but cannot be longer than 1-2Km when interconnecting 100 stations, without regenerators. Including regenerators means the highway is no longer passive. Fibre optic cable are particularly suitable for control applications as they are non-conductive and are not susceptible to electromagnetic radiation, but suitable passive connectors are not yet available. Rings or loops [Wilkes 79] (fig 5.4) can be used in some circumstances although they are susceptible to power failure at a station. Fig. 5.5 gives a comparison between loops and highways for DCCS. Neither is ideal and both require redundant transmission media for reliability.

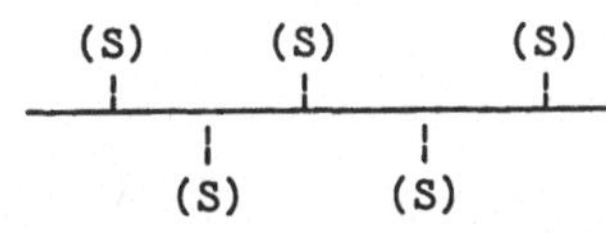

Fig. 5.3 A Serial Highway

<u>HIGHWAY</u>

Broadcast transmission	Not true broadcast if message is removed by destination
Passive couplers onto transmission medium, so power failure at a station does not affect communication on the highway.	Loopinterface regenerates the signal so power failure at a station would stop communication on the loop. It is possible to use bypass relays or double loops to circumvent station failure.
A single coupler onto transmission medium is sufficient.	Two couplers needed, which can be expensive if armoured cable is used.
A break in transmission medium stops all communication.	Full duplex or double loops can recover from break in medium.

Fig. 5.4 A Loop

<u>LOOP</u>

(continued)

<table>
<tr><td><u>HIGHWAY</u></td><td><u>LOOP</u></td></tr>
<tr><td>Redundant highway needed to overcome failures.</td><td>Double loop also needed to overcome failures.</td></tr>
<tr><td>Minimum length of cable needed to interconnect stations.</td><td>Up to double length of cable needed to interconnect stations.</td></tr>
<tr><td>There are limitations on highway length unless signal regenerators are included.</td><td>Signal regenerated at each station, so loop length can be longer.</td></tr>
<tr><td>Transmitters drive multiple receiver loads, so more power is required.</td><td>Transmitters drive single receiver loads.</td></tr>
<tr><td>Propogation delays independent of number of stations on highway.</td><td>Delays proportional to number of stations on loop.</td></tr>
<tr><td>Usually coaxial cable. Difficult to use fibre optics.</td><td>Can use any transmission medium, and can mix media in a single loop.</td></tr>
<tr><td>Access mechanisms are contention based, polling or time division multiplexing [Luczak 78].</td><td>Access mechanisms are token passing, buffer insertion or fixed length slots. [Penney 79].</td></tr>
</table>

Fig. 5.5   A Comparison of Loops and Highways

We came to the conclusion that there was no obvious choice between a loop or a highway. In many applications either technology could be used and the choice will probably depend on the availability of suitable LSI components. Office Automation is a much larger market than Process Control and so the Local Area Networks emerging for the former applicatin are likely to be used for DCCS.

6. THE CONIC COMMUNICATION SYSTEM

The CONIC communication system is responsible for message transfer between stations. It has been implemented as CONIC software modules and so uses the Kernel message passing for intertask communication. This section describes the services provided by the communication system and then relates our system to the ISO Open Systems Reference Model.

6.1 Services Provided

The Communication System provides two main classes of service:

i)   **Virtual Circuit:** A reliable connection oriented service based on a virtual circuit (VC) between an exitport and an entryport in a remote station. This provides error correction and guarantees in-sequence delivery of messages, if a communication path exists between the two stations. It thus relieves the application from being concerned with communication error recovery and retransmission, although this is at the cost of maintaining virtual circuit state information at both ends and communication protocol overheads.

ii) **Datagram:** A simpler service, with less overheads, is provided for system management purposes. This can also be used for applications which wish to implement their own error recovery or where guaranteed delivery is not necessary.

Both the request-reply and asynchronous send transactions could be based on either of these services. In particular, if the transmission line error rate is very low then the reply can act as an acknowledgement and a datagram service may be adequate for some applications. If the application transaction is not idempotent, and failure to receive a reply results in the application retransmitting the request, then it would be necessary to incorporate transaction identifiers to detect retransmissions and the application would end up including as much complexity and overhead as is in the VC Service.

Subnetworks are intrinsically broadcast and so a broadcast datagram type service is easily provided within a subnetwork. This could be extended to a network wide broadcast by including a form of flood routing in gateways [Dalal 78], but we have not as yet determined a need for it. A description is given in the next section of how the various interconnection patterns (one-to-one, one-to-many and any-to-one) are implemented.

The communication system only delivers error-free messages. It includes error detection mechanisms and discards any messages which are corrupted. Some applications could possibly make use of corrupted information eg. for digital voice transmission, but the CONIC Architecture assumes all applications are programmed in a high-level language, with strict type checking. Dealing with corrupted data in such a language could result in type violations and so it was decided that the application would only receive error-free messages. Error recovery is provided for the virtual circuit service by retransmission, but corrupted datagrams are lost.

The CONIC network topology allows redundant paths between stations with automatic rerouting round hardware failures. An occasional datagram may be lost if it is in an intermediate gateway or subnet which fails, but the connection service will deliver the message if a route exists.

The modular nature of the CONIC software is such that a station can be configured to provide either one or both of the VC or datagram services. Obviously stations which communicate with each other must offer the same class of service. Other classes of service could easily be provided and we are currently experimenting with a reliable datagram service which has similar characteristics to a connection service, but requires less state information, although has more protocol overheads.

6.2 Relationship to ISO Reference Model

Networks used for process control applications are really "closed system" rather than "open system". Usually the communication system, operating system and application are rather closely integrated and are under the control of a single management. Programs are generally tested off-line and are relatively "bug-free" by the time they are included in the system and so there is less mutual suspicion. There is no need for the negotiation phases that occur in open systems to determine whether a resource or service is available as this is known in advance.

We will now describe the CONIC communication system in terms of the 7 layers of the ISO model.

Application Layer: All the modules which perform process control, system management and operating system functions would be considered part of the application layer. The request-reply and asynchronous send are the two basic application layer protocols and are the same for both local and remote communication, which is not usually the case in most current operating systems. Many different protocols can be provided (implemented as modules) using these intertask communication mechanisms. CONIC does not provide any process control protocols, as these are application dependent, but does provide various operating system or management protocols eg. for remote file access or error reporting.

Presentation Layer: This layer of the ISO model is concerned with the representation of information. In the CONIC architecture this is partly the responsibility of the application layer which defines message types or formats as part of the various application layer protocols mentioned above. A compiler is responsible for mapping the typed data structures into basic data units such as integers, reals, bytes etc. recognised by the hardware. If homogeneous computers are used then there is no need for a presentation layer. If different computers communicate then the basic data units must be mapped into a standard representation for remote communication. The implementation of this would be part of the Transport Layer in the CONIC system, and would require type information supplied by the compiler. This cannot be done above the Session Layer as this layer applies to both local and remote communication in the CONIC architecture (see below).

We have not yet implemented any form of information transformation in our prototype CONIC system, as all stations are based on homogeneous computers. Currently a message should not contain pointers or references, but it is feasible that a presentation layer dereferences or "flattens" complex data structures for transfer as messages both within a station and between stations. We will not discuss the presentation layer further in this paper.

Session Layer: In CONIC there is an association or link between an exitport and one or more entryports. Also multiple exitports can be linked to 1 entryport. This has some similarity to the concept of a Session in the ISO model but CONIC sessions (links) can be both local and remote and are set up by a third party. We really consider this layer to be part of the CONIC Operating System rather than the Communication System.

Transport Layer: This is the highest layer in CONIC which is concerned purely with remote communication and provides inter-station message transfer over arbitrary interconnected networks. It can provide an extensible range of services, and so is similar to the XEROX Pup Architecture [Boggs 80]. We currently provide 3 classes of service:

> Datagram with no error recovery,
> Reliable datagram or fast connect disconnect,
> Virtual circuit with end to end error and flow control.

There is no segmenting of long messages into packets and so the maximum length of an application message is limited to that which can be handled by the transport layer. This is currently 144 bytes of application data which corresponds to a disc block plus control overheads.

Network Layer: This Conic layer is responsible for routing messages across arbitrary interconnected subnetworks. It uses a routing mechanisim which adapts to hardware failures (transmission lines or stations) and so finds a path between any 2 subnets if one exists. It provides a simple datagram service to the transport layer.

Data Link Layer: This transfers frames across a single subnet which could be a serial highway, loop or point-to-point line. As mentioned previously control applications will make use of LSI technology emerging for office automation applications and so we decided not to put any effort into this area but to use what could be purchased "off the shelf". The services that must be provided by the data link layer include:

* A mechanism for arbitrating or controlling access to the shared transmission medium connecting the stations in a subnet.
* Transfer of frames between 2 stations on a subnet.

* Broadcast of a single frame to all stations in a subnet.
* Ability to recognise a unique station address as well as a broadcast address.
* Detection and discarding of corrupt frames. There is no requirement for error recovery at this level as it is performed at a higher level.

The only reason for having error recovery at the data link level would be if the error rates on the transmission line were particularly high. Most Local area networks appear to have comparatively low error rates ($< 10^{-9}$) and so if the total number of hops in the network is low it is better to rely on end-to-end error recovery in the transport layer where it is needed anyway to recover from errors in intermediate gateways or across the interfaces between processors and datalink layer LSI circuits. As work in this area was not part of the CONIC project we will not discuss it further in this paper.

Physical Layer: This is the modem, line coupler or media access unit and is responsible for transforming information bits into transmission line signals and vice versa. Some process control applications such as coal mining and the petro-chemical industry have special requirements for intrinsically safe hardware and some may have to use armoured cables. This layer is very dependent on the Local Area Network technology used so it will also not be discussed further.

The following sections will discuss how the CONIC Session, Transport and Network Layers provide their services.

7. SESSION LAYER (LINK MANAGEMENT)

The layer in CONIC which roughly corresponds to the ISO Session Layer is concerned with the management of the associations or links between exit and entry ports. It is implemented as part of the CONIC distributed operating system and is responsible for setting up and clearing the links between both local and remote entry and exit ports. The actual message transfer does not involve the CONIC Session Layer as it is the responsibility of the Kernel and Transport Layer, so the Session Layer is ommitted from Fig. 7.1.

7.1 Associations Betweeen Exit and Entry Ports

In the CONIC system a third party, the configuration manager is always involved in setting up (or clearing down) a link between an exit and entry port. An application module could send a message to the configuration manager to link one of its exitports to an entryport of another module, but usually these links are set up when the module is created and lasts for the lifetime of the module. This will happen either during the initial system generation or when the system is modified. The configuration manager converts a name of the form "module.port" into a system address of the form "subnet.station.module number.port number". It then sends a message to the local link manager which is in the same station as the exitport, giving it the address of both the exitport and the entryport.

The link manager sets up the link between an exit and an entry port by placing the address of the entryport in the exitport's data structure. There is no other state information and no information is held at the entryport end except during a request-reply transaction when the return address is held for the reply. This is because many different exitports can be linked to a server's entryport. Although we generally assume multiple transactions on an exitport are to the same destination entryport it is very easy to provide a new address for every transaction if necessary.

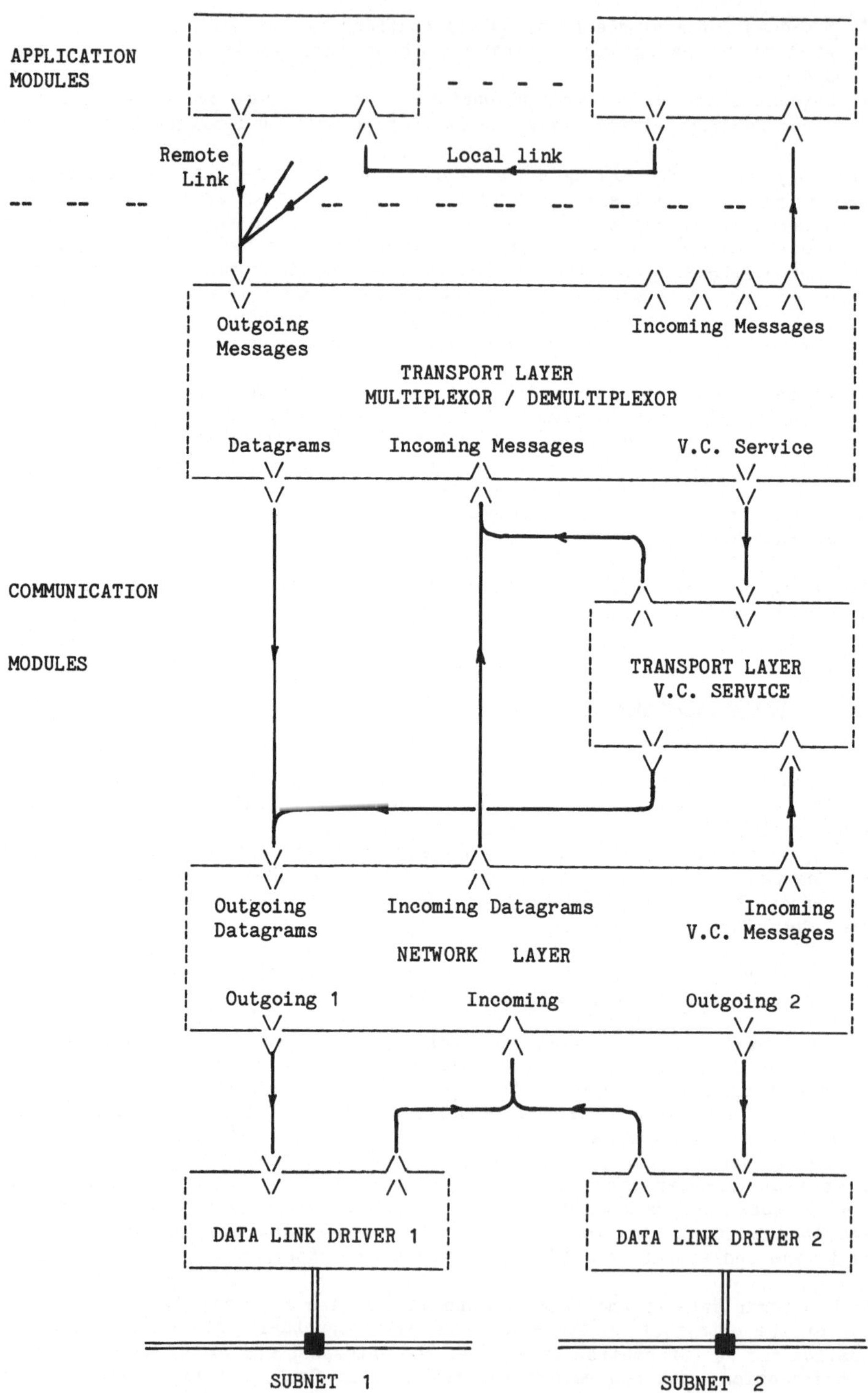

Fig. 7.1 Modules Forming the CONIC Communication System

7.2 Interconnection Patterns Supported

The following relationships between exit and entry ports are supported:

a) **One-to-one:** an association exists between a single exitport and a single entryport. This is the most common type and can be used for both uni-directional (asynchronous send) and bidirectional (request-reply) message transactions.

b) **Any-to-one:** multiple exitports are linked to a single entryport of a server module. This is usually used for request-reply transactions but could be used for the asynchronous send. From the exitport end the association appears to be one-to-one. The server can receive a request from any source module but the messages are received sequentially. A reponse to a request must be sent before the next message is received on the entryport.

c) **Broadcast:** The exitport holds a "well known" entryport address ie. a particular "modulenumber.portnumber" which is the same for every station in a subnet or for a group of stations in the subnet. A message sent to the exitport is broadcast to all stations and will be received by instances of the module which exist in the subnet. This is mostly used for unidirectional transactions but if used with the request-reply, then only 1 reply will be accepted and all other replies will be discarded (by the kernel using a transaction identifier). We have found this very useful for reliability eg. requesting a reading from duplicated sensors. As far as this layer is concerned this is an ordinary 1 to 1 type of link and the difference is only in the interpretation of a broadcast station address by the data-link layer of the communication system so it only works for remote communication. Broadcast can only be used with the unreliable datagram class of service in the Transport Layer

d) **One-to-many:** a single exitport is linked to many entryports and so a single message is copied and sent to each destination. Currently this is implemented by a transparent "duplicator" module which does multiple sends, but it may later be put into the kernel. It would be feasible, but difficult, to optimise this type of connection to use broadcast for remote multi-destination links but we have not considered this a worthwhile exercise. The one-to-many connecton can use the VC service of the transport layer.

7.3 Local and Remote Links

There are 2 types of local links - internal within a module and between modules in the same station. A module can have internal exit and entry ports used for communication between its tasks. These are not visible externally and the links are static as they are defined in the module code.

Local links between exit and entry port of modules in the same station are created statically at station start-up or dynamically by the link manager in each station. They usually correspond to module lifetime. If the module possesses an exitport of type "link request", it can make run-time requests to link its exitports to local or remote entryports. These requests would have to be verified for type consistency and so would involve checking a data base holding configuration information.

Remote links can only be between modules. The exitport is actually linked to a local server port within the transport layer. This involves a type conversion as the same entryport is used for all message types. The transport layer is responsible for transferring the message to the remote station. The exitport holds 2 addresses. If the entryport to which it is linked is local, both addresses are the same but if it is remote one holds the address of the local trasnport layer entryport and the other holds the address of the remote entryport.

8. TRANSPORT LAYER

This layer has two sublayers and is implemented as 2 or more CONIC modules. The first sublayer is responsible for multiplexing and demultiplexing multiple applicaton exit and entry ports onto a single communication entry and exitport and is common to all message transfer services. The second sublayer transforms the basic datagram service of the network layer into the type of service being offered by the transport layer. A module will be provided for the virtual circuit service and one for a reliable datagram type of service. Either or both can be configured into the station. The unreliable datagram service uses only the first sublayer.

8.1 Service Independent Sublayer

This acts as the local representation of the remote port and it is responsible for the following:

*   Framing - at the sender, application messages are copied into communication buffers which contain space for communication headers and trailers. The destination and source address is put into the header. At the receiver these headers are stripped off when the message is copied into the application buffer.

*   Information representation conversion - this has not yet been implemented but it would convert basic information types such as integers, reals into a machine independent form for transfer across the network.

*   Multiplexing of application exitports onto a communication entryport. This is really done automatically by the kernel as it supports the any-to-one type of interconnection.

*   Demultiplexing of network messages from a single communication exitport to the relevant application entryport. The transport layer must not be held up waiting for an application task to receive a message and so it assigns a surrogate worker task from a pool to wait for the application task. The worker task links its exitport to the destination entryport (bypassing type checking) and sends the message.

8.2 Service Dependent Sublayer

Currently this implements a virtual circuit (VC) type of service but we are experimenting with a reliable datagram service as well. The exit and entry port indicates the class of service it provides and both must be of the same class.

The main functions performed by the Virtual Circuit Service are:

*   Connection set up - when the linkage manager links a reliable service class of exitport to a remote entryport it asks the transport layer to set up a VC to the remote station. Note that there is a 1 to 1 correspondence between pairs of exit and entry ports and VCs ie. VCs do not multiplex different associations. The VC module sends a connect request to the remote VC module which accepts or rejects the request. VCs can only be set up and cleared from the exitport end ie. they are asymmetric although they are symmetric for message transfer. When a connect request is received the VC module checks its tables to see whether one already exists between the exitport entryport pair and if so it is reinitialised.

*   Disconnection of VC - can only be instigated by the exitport end. If a module fails the configuration manager will either notify the exitport end or its retry limit will be exceeded.

* Error control - a checksum is appended to the message to give an end to end error check. A received message with a failed checksum is discarded. Each message has a sequence number. A timer is started when the message is transmitted and cancelled when an acknowledgement is received. If the timeout expires the message is retransmitted until a retry limit is exceeded.

* Flow Control - is based on the window flow control mechanism.

* Fragmentation of long messages into packets is **not** provided so application messages are limited in length by the maximum packet size.

<u>Field Name</u>	<u>Length</u> (bytes)
NEXT STATION ADDRESS	1
LENGTH OF FRAME	1
DATA LINK CONTROL	1
HOP COUNT	1
DEST ADDR (net.station.module.port)	4
SOURCE ADDR (net.station.module.port)	4
CLASS OF SERVICE/TRANSPORT LAYER CONTROL	1
TRANSACTION ID	1
DATA	0 - 144
END TO END CHECKSUM	1
DATA LINK CRC	2

Fig. 8.1 Message Format

9. <u>NETWORK LAYER</u>

This layer provides a simple internet datagram service similar to the Ethernet PUP service [Boggs 80] and is responsible for routing between subnets.

The routing technique used is fixed routing where packets follow a path based on the shortest number of hops to a destination. The subnets are broadcast so there is no routing within a subnet, only between subnets. The number of subnets in a typical network are likely to be fairly small (5-10) so the size of the routing tables will be small. The routes change only as a result of topology change eg. failure of a subnet or gateway. The initialisation and update of the routing tables is completely distributed and is a modification of the technique described in [Tajibnapsis 77].

Each gateway maintains a table of distances to all subnets via each neighbouring gateway. When the gateway routes a message it chooses the next gateway which has the minimum distance to the destination subnet. The message is sent out on a subnet addressed to the destination station if it is the final subnet, else it is addressed to the next gateway. Each gateway periodically broadcasts, on adjacent subnets, a routing vector which contains its minimum distance to each subnet. When the routing vector is received by a gateway on the adjacent subnets it updates its distance table. The distance to a subnet via the source of the routing vector will be 1 hop more than the distance in the received routing vector. If there has been a change in the gateways minimum distances as a result of a received route vector it will broadcast its updated routing vector.

When a gateway is initialised it knows the subnets to which it is connected. These subnets have an initial value of 1 in its distance tables whereas all other subnets

will have an initial value of the maximum distance (maxdist <= number of subnets).
It sends out its routing vector and eventually will receive routing vectors from its
neighbours which it will use to update its tables. It can be shown that this
process stabilises with loop-free minimum routes [Sloman 82]. Provided gateways
know about failures of adjacent subnets or gateways this routing algorithm will
automatically provide alternative routes after failures. Loops can occur in the
routing tables during unstable periods but it will always eventually stabilise with
loop-free minimum distances. We include a hopcount field in the header to allow
messages, which loop during an unstable period, to be discarded.

10. CONCLUSIONS

One of our main areas of future work is the Network Management System. This will
provide facilities for:

- Configuration: allowing extension or modification of the communication system
  and maintaining a database of both the logical and physical configuration.
- Fault location: by analysis of error reports and running diagnostic programs.
- Testing: to check that components are working properly after repair or when
  first installed.
- Performance monitoring: for dimesioning tyhe system and to detect faults.

This paper has presented a communication system which has been designed top-down
starting with the application requirements. The design has been optimised for
flexibility and experimentation not efficiency and the use of the CONIC language for
implementation has made it very easy to put in or leave out layers. Currently the
communication system is all implemented as modules and tasks. It will probably
require an optimisation process of converting inter-task communication into
procedure calls [Belanger 80].

The choice of CONIC inter-task communication primitives has given us the flexibility
of using a variety of transport layer services. In contrast the ADA rendezvous [ADA
80] would have to use a reliable virtual circuit service.

We have attempted to relate our communication system to the ISO Reference Model but
we found the Application, Presentation and Session Layers rather difficult to
understand. Another problem is the relationship between an operating system or
kernel and the layers defined in the ISO model. For example it is not clear where
inter-task communication fits into the model, particularly in our case where it is
the same for both remote and local communication and is used within the
communication system itself.

11. REFERENCES

[Ada 80]
      U.S.A. DEPARTMENT OF DEFENCE: 'Reference Manual for the ADA Programming
      Language: Proposed Standard Document'. July 1980.

[Belanger 81]
      BELANGER P., HANKINS C., JAIN N.: 'Performance Measurements of a Local
      Microcomputer Network'. Local Networks for Computer Communications, North-
      Holland 1981, pp. 181-190.

[Boggs 80]
      BOGGS D., SHOCH J., TAFT E., METCALFE R.: 'PUP: An Internetwork Architecture'.
      IEEE Trans. on Comms. Vol. 28, No. 4, April 1980, pp. 612-624.

[Dalal 78]
   DALAL Y., METCALFE R.: 'Reverse Path Forwarding of Broadcast Packets'. CACM
   Vol. 21, No. 12, Dec 1978, pp. 1040 - 1048.

[Funk 77]
   FUNK G.: 'Comparison of Data Reliability and Efficiency in Various Standard
   Protocols for Information Exchange in Computer Telecontrol Networks'. Brown
   Boveri and Co., Baden, Switzerland CH5400.

[IEC 79]
   IEC/65A (Secretariat) 18/WG6: 'Process Data Highway (PROWAY) for Distributed
   Process Control Sytems: Part 2: Functional Requirements'. Report No. 79/23908,
   March 1979.

[IEEE 81]   IEEE: 'IEEE 802 local network standard: draft B'. Oct. 1981.

[ISO 81]
   ISO/TC97/SC16/DP 7498 'Basic Reference Model of Open System Interconnection',
   Computer Networks Vol. 5, No. 2, April 1981, pp. 81-118.

[Kramer 81]
   KRAMER J., MAGEE J., SLOMAN M.: 'Intertask Communication Primitives   for
   Distributed Computer Control Systems'. 2nd Int. Conf. Distributed Computing
   Systems, Paris, April 1981, pp. 404-411.

[Kramer 82]
   KRAMER J., MAGEE J., SLOMAN M., LISTER A.: 'CONIC: An Integrated Approach to
   Distributed Computer Control Systems'. Imperial College Research Report No. DOC
   82/6, April 1982.

[Luczak 78]
   LUCZAC E., 'Global Bus Communication Techniques'. Proc. Computer Networking
   Symposium, IEEE, 1978.

[Penney 79]
   PENNEY B., BAGHDADI A., 'Survey of Computer Communications Loop Networks: Part
   1 & 2'. Computer Communications, Vol. 2, Nos. 4 & 5, Aug. & Oct. 1979.

[Prince 80]
   PRINCE S., SLOMAN M.: 'Communication requirements of a distributed computer
   control system'. IEE Proc., Vol. 128, Part E, No. 1, January 1981, pp. 21-34.

[Saltzer 81]
   SALTZER J., CLARK D,: 'Why a Ring'. Proc. 7th Data Comms Symposium, ACM
   Computer Comms Review Vol. 11, No. 4, Oct 1981, pp. 211-223.

[Sloman 80]
   SLOMAN S., KRAMER J., MAGEE J., SAADAT S.: 'Present and Future Coal Mining
   Application Requirements for Distributed Computer Control Systems'. Imperial
   College, Research Report No. DOC 80/15, Nov. 1980.

[Tajibnapsis 77]
   TAJIBNAPSIS W.: 'A correctness Proof of a Topology Information Maintenance
   Protocol for a Distributed Computer Network'. CACM Vol. 20, No. 7, July 1977,
   pp. 477-485.

[Wilkes 79]
   WILKES M., WHEELER D.: 'The Cambridge Digital Communication Ring'. Proc. of the
   Local Area Communications Network Symposium, Boston, May 1979, pp. 47-61.

[Xerox 80]   XEROX CORPORATION: 'The Ethernet: A Local Area Network - Data Link and
   Physical Layer Specifications'. Version 1.0, Sept. 1980.

Kommunikation in verteilten Prozeßautomatisierungssystemen
- realzeitspezifische Anforderungen und Lösungsmerkmale

Dipl.-Ing. H. Walze
Kernforschungszentrum Karlsruhe GmbH
Projektträgerschaft Fertigungstechnik
Postfach 3640, 7500 Karlsruhe

Zusammenfassung

Ausgehend von einem verteilten Automatisierungssystem, das bezüglich seines Real-
zeitverhaltens als typisch zu bezeichnen ist, werden die Anforderungen für die pro-
zeßspezifische Kommunikationstechnik abgeleitet und mit denen für Lokale Netzwerke
verglichen. Es wird verdeutlicht, daß der wesentliche Unterschied in der Reaktionszeit liegt, die für Prozeßsysteme einen bestimmten maximalen Wert nicht überschreiten darf. Weiterhin wird gezeigt, daß die für Prozeßbusse üblichen deterministischen
Zugriffsverfahren diese Anforderungen erfüllen, während bei dem stochastischen CSMA/
CD-Verfahren von Ethernet die Reaktionszeit von der momentanen Verkehrsdichte abhängt und nicht garantiert werden kann.

Einleitung

Nach DIN 66021 ist ein technischer Prozeß gekennzeichnet durch Umformung und/oder
Transport von Materie, Energie und/oder Information, wobei die Zustandsgrößen mit
technischen Mitteln gemessen, gesteuert und/oder geregelt werden können. Fehler in
Prozeßautomatisierungssystemen können daher zu Material- und Energieverlusten führen
sowie die Gefährdung von Menschenleben zur Folge haben. In Anbetracht dessen unterscheiden sich Automatisierungseinrichtungen für technische Prozesse deutlich von
denen für andere Anwendungsbereiche - wie z.B. dem Bürobereich.

Bei verteilten Systemen gelten diese Unterschiede auch - oder vielmehr insbesondere -
für die Kommunikationsverbindungen. Hier verlangen die spezifischen Anforderungen
hinsichtlich Realzeit- und Zuverlässigkeitsverhalten auch spezifische Lösungen.
Nachdem in jüngster Zeit sog. Lokale Netzwerke (Local Area Networks, LAN), die ursprünglich für die "Büroautomation" entwickelt wurden, immer häufiger als die universelle Lösung aller denkbaren Kommunikationsprobleme proklamiert werden, scheint
ein klärender Beitrag zu diesem Thema angebracht zu sein.

<u>Anforderungen</u>

Als Beispiel für einen technischen Prozeß soll eine Transferstraße dienen, wie sie
sowohl zur Teilefertigung als auch für Montageaufgaben, insbesondere im Automobilbau
anzutreffen ist. Diese Fertigungstechnik hat sich - nicht nur im Automobilbau - weltweit durchgesetzt und kann bezüglich ihrer Anforderungen an die Kommunikationstechnik
als typisch betrachtet werden.

Die Maschinen der Transferstraße sind entsprechend ihrer Aufgaben, die ihnen im Arbeitsablauf zufallen, miteinander verkettet. Das gilt für den Materialtransport zwischen den Maschinen und für den Informationsfluß zwischen den Automatisierungskompo-
nenten. In der Regel wird jede Maschine durch eine ihr zugeordnete PC (Programmable
Controller) gesteuert.
Bei modernen Transferstraßen sind die PCs mit Mikroprozessoren realisiert und sowohl
untereinander als auch mit hierarchisch übergeordneten Automatisierungseinrichtungen
über einen Datenbus verbunden. Übergeordnet sind z.B. die PCs der Stationen zum Be-
und Entladen und eine Bedien- und Überwachungsstation der Transferstraße. Ebenfalls
übergeordnet ist meistens eine sehr leistungsfähige PC, welche die für den gesamten
Arbeitsablauf notwendigen Koordinierungsaufgaben übernimmt. Dazu gehören auch Ver-
riegelungsfunktionen, durch welche die Synchronisation zwischen den einzelnen Mate-
rialtransport- und Arbeitsvorgängen sichergestellt wird. Häufig ist das Automatisierungssystem noch mit einem Fertigungsleitrechner gekoppelt, der Optimierungsaufgaben
bearbeitet und den Zustand der Gesamtanlage überwacht.

Im Rahmen eines Beitrages zu den internationalen Normungsbemühungen für serielle Da-
tenbussysteme wurde der Informationsfluß zwischen den Stationen einer derartigen
typischen Transferstraße analysiert /1/. Die dabei zugrunde gelegte Struktur des
verteilten Automatisierungssystems zeigt Abb. 1.
Der für den fehlerfreien Betrieb ermittelte mittlere Basisdatenfluß je PC ist in
Tabelle 1 dargestellt. Dabei wird unter Nachrichtenzyklus der nicht unterbrechbare
Vorgang zur fehlerfreien Übertragung einer Nachricht beliebiger Länge verstanden.
Er umfaßt hier das Aussenden einer Nachricht und den Empfang der zugehörigen Quit-
tung.
Tabelle 2 zeigt den Datenfluß je PC, wie er beim Laden bzw. Ändern von Programmen
und Parametern sowie bei der Ausgabe eines Schichtprotokolls im Mittel auftritt.

Tabelle 1 zeigt, daß ein Nachrichtenzyklus in ca. 23 msec. abgeschlossen sein muß.
Die daraus ableitbare Buszugriffszeit muß deutlich geringer sein.
Um kostspielige Stillstandszeiten der Transferstraße zu vermeiden, muß das Automa-
tisierungssystem auf spontane Prozeßereignisse (wie z.B. die Fertigmeldung einer

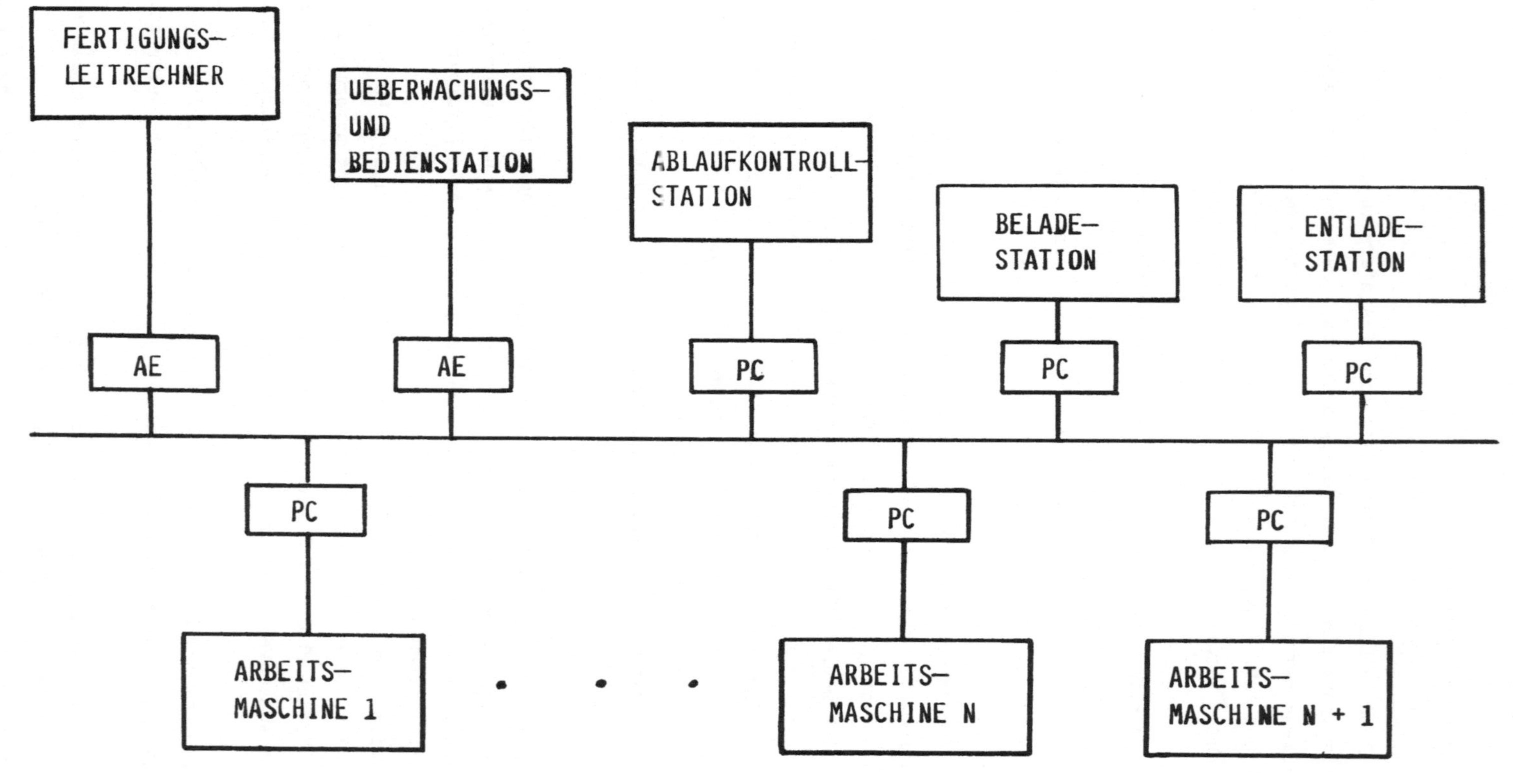

AE: ANKOPPLUNGSEINHEIT

ABB. 1:   AUTOMATISIERUNGSSTRUKTUR TRANSFERSTRASSE

Datenfluß	Bytes/Nach- richtenzyklus	Nachrichten- zyklen/sec.	Bytes/sec.
Zwischen PCs	8	20	160
Kommunikation mit Überwachungsstation	8	20	160
Kommunikation mit Fertigungsleitrechner - Statusdaten - Archivierung	 16 16	 2 0,8	 32 12,8
Insgesamt		42,8	364,8

Tabelle 1: Basisdatenfluß je PC

Datenfluß	Bytes/Nach- richtenzyklus	Nachrichten- zyklen/sec.	Bytes/sec.
Parameter Laden	16	0,5	8,5
Schichtprotokoll	16	0,5	8,5
Programmladen	16	4,3	68,3

Tabelle 2: Blockdatenfluß je PC

Arbeitsstation) innerhalb einer kurzen garantierten Zeitspanne reagieren können.
Diese Reaktionszeit (im Sinne von DIN 66216 Teil 2, S. 3) läßt sich nur garantieren,
wenn der Datenbus eine ereignisorientierte Kommunikation erlaubt. Das bedeutet, daß
ein sendewilliger Busteilnehmer innerhalb einer kurzen garantierten Zeit, im betrachteten Beispiel $\angle$ 23 msec., Zugriff zum Bus erhalten muß, um seine Nachricht auszu-
senden. (Diese Forderung existiert in dieser Schärfe für die Büroautomation nicht).

Ähnliche Anforderungen gelten nach /1/ und aufgrund von Erfahrungen des Autors auch
für verteilte leittechnische Systeme, die zur Regelung und Überwachung verfahrens-
technischer Prozesse eingesetzt werden. Dort sind DDC-Stationen (Direct Digital

Controller) dezentral angeordnet und über einen seriellen Datenbus sowohl untereinander als auch mit zentral angeordneten Bedien- und Überwachungseinrichtungen
und der Leitwarte verbunden.

Als Basis für die bei der IEC laufenden Arbeiten an der Prozeßbusnorm PROWAY (Process
Data Highway) wurden die Anforderungen aus weiteren technischen Prozessen analysiert
und zusammengestellt /2/. Diese Functional Requirements gehen ebenfalls von einer
ereignisorientierten Kommunikation aus und verlangen z.B. folgendes:

- Die Informationsübertragungsrate sollte mindestens 10^5 bits/sec. betragen, wenn
  die durch das Übertragungsmedium bedingte Einzelbitfehlerwahrscheinlichkeit bei
  10^{-6} liegt. (Diese Forderung schließt geringere Übertragungsraten bei Medien min-
  derer Qualität, d.h. mit einer Einzelbitfehlerwahrscheinlichkeit 10^{-6} nicht aus.)

- Für Stationen, die von sich aus spontan den Bus zum Aussenden von Nachrichten anfordern können (engl. demanders) darf die maximale Nachrichtenzykluszeit 20 msec.
  nicht überschreiten. Diese Forderung gilt unter bestimmten in /2/ beschriebenen
  Voraussetzungen. Vorausgesetzt werden z.B.:

  o 100 Stationen am Bus,

  o ein Übertragungsmedium mit einer Einzelbitfehlerwahrscheinlicht von 10^{-6} und

  o eine Informationsübertragungsrate von 10^5 bits/sec.

Ganz anders sehen die Anforderungen für Lokale Netzwerke (LAN) aus. Diese sind für
den Einsatz im kommerziellen Bereich gedacht und müssen die Kommunikation zwischen
Rechnern, Massenspeichern, Druckern, Plottern, E/A-Terminals, Telekopierern usw. besonders unterstützen. Weiterhin sollen sie direkt oder über öffentliche (Post-) Netze
einfach miteinander koppelbar sein. Ein entsprechender Normentwurf wird z. Zt. bei
IEEE in USA erarbeitet /3/. (Zum Stand der Normungsarbeiten an PROWAY und LAN siehe
/4/.)

In Tabelle 3 sind die Anforderungen für Prozeßdatenbusse denen für Lokale Netzwerke
gegenübergestellt. Die Daten stammen im wesentlichen von den genannten Normungsgre-
mien.

Anforderungen	Prozeßbussysteme (Mittelwerte)	Lokale Netzwerke (Mittelwerte)
Buszugriffszeit	20 msec	500 msec
Nachrichtenlänge	50 Bytes	1000 Bytes
Max. Anzahl unerkannter Übertragungsfehler	1 pro 1000 Jahre	1 pro Jahr
Buslänge	3 km	1 km
Teilnehmerzahl	100	150
Übertragungsgeschwindigkeit auf Busleitung	10^6 bits/sec	10×10^6 bits/sec
Leitungssignaldarstellung	Basisband	Basisband oder Breitband
Umgebungsbedingungen	Elektromagnetische Störfelder, Explosionsgefahr	relativ gemäßigt

Tabelle 3: Anforderungen

<u>Lösungsmerkmale</u>

Untersucht man dezentrale Systeme mit Busstruktur im Hinblick auf ihr Realzeitver-
halten, so läßt sich feststellen, daß dieses im wesentlichen durch folgende Merkmale
bestimmt wird:

- Übertragungsprotokoll,
- Übertragungsrate,
- Signallaufzeit auf der Leitung,
- Leitungslänge,
- Signalverarbeitungzeit in den Kopplungseinheiten zwischen Leitung und Stationen,
- Anzahl der Stationen,
- maximal zulässige Nachrichtenlänge und
- Buszugriffsverfahren.

Beim Vergleich zwischen heute üblichen Prozeßdatenbussen und dem bekanntesten Lokalen
Netzwerk, dem ETHERNET von Xerox /5/, fällt auf, daß insbesondere bei den beiden
letzten Merkmalen gravierende Unterschiede bestehen:
Bei Datenbussen für die Prozeßautomatisierung liegt die zulässige Nachrichtenlänge
(für Blocktransfers) bei ca. 260 Bytes, beim Ethernet dagegen bei 1518 Bytes.
Grundsätzliche Unterschiede gibt es bei den Buszugriffsverfahren. Für Prozeßdatenbusse sind ausschließlich deterministische Verfahren auf der Ebene des Data Link
Protocol Layers (s. OSI-Referenzmodell der ISO) implementiert, bei denen die maximale
Zugriffszeit als Parameter garantiert werden kann. Bei Ethernet wird ein stochasti-
sches Verfahren angewandt, das auf der Ebene des Physical Layers implementiert ist
und mit dem sich dieser wichtige Realzeitparameter nicht garantieren läßt.

Die deterministischen Verfahren sind bedarfsgesteuert, d.h. ein Teilnehmer erhält
bzw. behält den Bus nur dann, wenn bei ihm ein Kommunikationswunsch - der z.B. durch
ein spontanes Prozeßereignis ausgelöst wurde - vorliegt.

Man unterscheidet dabei
- zentral gesteuerte Zuweisung und
- dezentral gesteuerte Zuweisung.

Die zentral gesteuerte Zuweisung kann so erfolgen (s. Contronic P /6/), daß eine
zentrale Station ausschließlich als Busleitstation arbeitet und allen anderen Stationen zyklisch den Bus für eine begrenzte Zeit (!) zuteilt. Diese machen davon Gebrauch, wenn ein Kommunikationsbedarf vorliegt. Die Überwachungsfunktionen (z.B.
Zeitüberwachungen) verbleiben bei der Leitstation.

Bei Anwendung der dezentralen Buszuweisung, die auch als Mastertransfer bezeichnet wird, müssen alle Busstationen vom Typ her Leitstationen sein. Die Berechtigung zur aktiven Ausübung der Leitfunktionen (Masterfunktionen) wird nach einer bestimmten Vorschrift (z.B. zyklisch) von einer Station auf eine andere übertragen, was in diesem Fall auch die Überwachungsfunktionen betrifft. Die gerade berechtigte Station kann innerhalb einer bestimmten festgelegten Zeit den Bus benutzen.

Beide Zugriffsverfahren sollen am Beispiel PDV-Bus (s. /10/) näher erläutert werden:

Grundsätzlich werden beim PDV-Bus Nachrichten in Zyklen ausgetauscht. Ein Nachrichtenzyklus besteht aus Aufruf und Antwort. Eine Nachricht besteht aus Adress-, Kontroll-, Daten- (sofern vorhanden) und Sicherungsfeldern. Jede aufgerufene Station muß in einer vorgegebenen Zeit eine Antwort senden. Ist eine im Aufruf angeforderte Information nicht in dieser Zeit verfügbar, muß die aufgerufene Station eine Antwort ohne Daten mit entsprechender Auftragsquittung geben und später die Verfügbarkeit der gewünschten Information innerhalb einer Antwort (z.B. auf eine Statusabfrage) signalisieren.

Für die zentralgesteuerte Buszuweisung ist der sog. "Querverkehr" vorgesehen. Der Querverkehr gestattet es, Nachrichten zwischen zwei Stationen ohne direkte Beteiligung der Leitstation auszutauschen.
Einer Station kann die Erlaubnis zum Querverkehr durch die aktive Leitstation unaufgefordert (z.B. zyklisch) zugeteilt werden. Die Erlaubnis zum Querverkehr (Delegation der Aufruffunktion) wird durch den Aufruf mit dem Kontrollcode "Starte "Querverkehr" zugeteilt. Dieser Aufruf wird nicht sofort durch eine Antwort quittiert, sondern die zum Querverkehr berechtigte Station führt ihrerseits einen Nachrichtenzyklus oder innerhalb der zur Verfügung stehenden Zeit mehrere Nachrichtenzyklen (die max. Anzahl wird als Systemparameter festgelegt) aus und sendet zum Abschluß die noch ausstehende Antwort, die das Ende des Querverkehrs bedeutet. Liegt kein Wunsch nach Querverkehr vor, sendet sie ihre Antwort sofort.

Die aktive Leitstation übernimmt dann wieder die Kontrolle über den Busverkehr, wenn

- die Antwort empfangen wurde oder
- die Zeitschranke für das Absetzen dieser Antwort durch die zum Querverkehr ermächtigte Station überschritten wurde.

(siehe Abb. 2)

Die dezentrale Buszuweisung geschieht mit Hilfe eines speziellen Aufrufes der Bedeutung "Übergabe Leitfunktion".

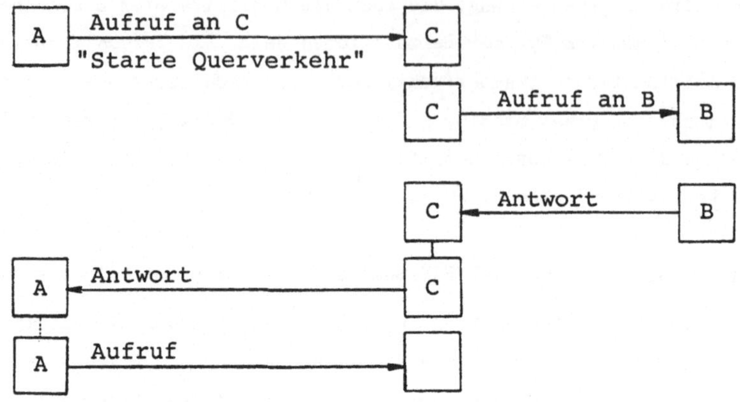

A: aktive Leitstation
B: Unterstation (Antworter)
C: Querverkehrsstation

Bild 2a: Ablaufschema Querverkehr (QV) mit Querverkehrswunsch von Station C

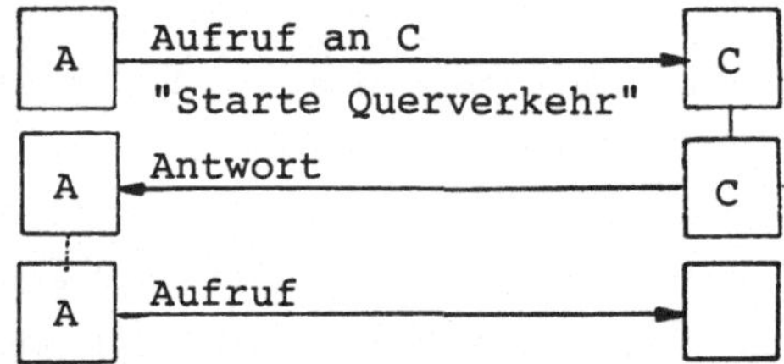

A: aktive Leitstation
C: Querverkehrsstation

Bild 2b: Ablaufschema Querverkehr (QV) ohne Querverkehrswunsch von Station C

Diese Übergabe kann auf drei verschiedene Arten erfolgen:

- Angeforderte Übergabe der Leitfunktion

    Eine passive Leitstation bewirbt sich mit Hilfe einer Anforderung (z.B. innerhalb
    einer Antwort auf eine Statusabfrage) um die Leitfunktion.

    Nach Erkennen dieser Anforderung durch die aktive Leitstation tritt die "angeord-
    nete Übergabe der Leitfunktion" in Kraft.

- Angeordnete Übergabe der Leitfunktion

  Durch den Aufruf "Übergabe Leitfunktion" wird die adressierte passive Leitstation aktiviert. Dieser Aufruf wird nicht quittiert, sondern die neue Leitstation beginnt ihrerseits Aufrufe zu senden (siehe Abb. 3). Im Fehlerfall tritt die "automatische Übergabe der Leitfunktion" in Kraft.

- Automatische Übergabe der Leitfunktion

  Hierbei müssen alle passiven Leitstationen eine Überwachungsfunktion aufweisen, die bei Verkehrsruhe auf der Leitung die Zuteilung der Leitfunktion nach einem gestaffelten Zeitschrankenverfahren veranlaßt. Die Station mit der kürzesten Zeitschranke übernimmt daraufhin die Leitfunktion und wird aktiv.

Bei beiden Verfahren können die verschiedenen Parameter so gewählt werden, daß eine bestimmte maximale Zugriffszeit eingehalten wird. Diese ist hier von dem momentanen Kommunikationsbedarf aller Stationen unabhängig. Sie wird im wesentlichen durch die in einer Nachricht enthaltene Anzahl von Datenbytes sowie durch die Übertragungsgeschwindigkeit und die Anzahl der Stationen bestimmt:

Mit s = Anzahl aller Stationen

$\quad i$ = Anzahl der Stationen, die ihren Sendewunsch über einen Alarm

$\qquad$ der Leitstation anzeigen können,

$\quad n$ = Anzahl der Datenbytes je Nachricht und

$\quad Y$ = Zeit für 1 Byte

erhält man nach /7/ als maximale Zugriffszeit für den PDV-Bus mit zentraler Buszuweisung:

$$T_{max} \approx i\,(6Y + 1{,}5\ nY) + s \cdot 6Y$$

und für dezentrale Zuweisung

$$T_{max} \approx i\,(6Y + 1{,}5\ nY) + s \cdot 3Y$$

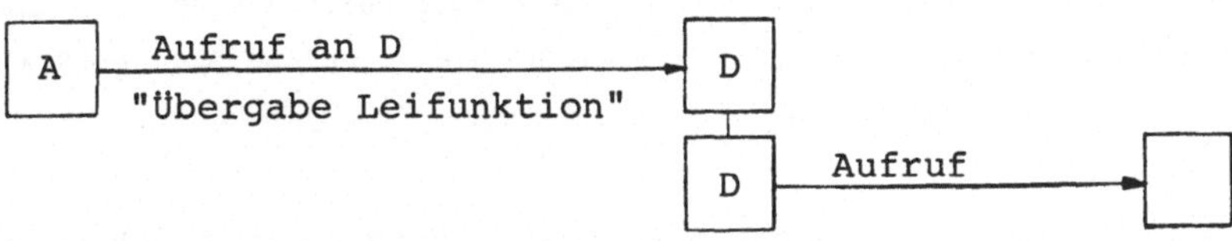

A: am Anfang aktive Leitstation
D: anschließend aktive Leitstation

Bild 3: Ablaufschema angeordnete Übergabe der Leitfunktion

Ethernet macht vom CSMA/CD- (Carrier Sense Multiple Access with Collision Detect)
Verfahren Gebrauch. Es handelt sich um einen Zugriffsalgorithmus mit exponentieller
Verzögerung, der auch als "Slotted non-persistent CSMA" bezeichnet wird:
Zu jeder Zeit konkurrieren alle sendewilligen Stationen um den Bus. Wenn bei einem
Sendeversuch einer Station B eine Signalkollision auf dem Bus auftritt, weil bereits
eine Station A sendet, stellen das alle Stationen fest und legen eine Pause ein (ein-
schließlich Station A), deren Zeitdauer zufallsverteilt ist. Die mittlere Pausenzeit
wird bei aufeinanderfolgenden ergebnislosen Sendeversuchen jedesmal verdoppelt - bis
maximal um den Faktor 1000. Nach 16 ergebnislosen Versuchen erfolgt schließlich eine
Fehlermeldung.

Aus diesem Grund lassen sich die Zugriffszeiten nicht garantieren; dazu die folgende
Betrachtung:

Unter der Annahme, daß sich zu einer bestimmten Zeit q Stationen während einer Pause
(slot) um den Bus bemühen, beträgt die Erfolgswahrscheinlichkeit für eine dieser
Stationen $\frac{1}{q}$.

Daraus erhält man nach /8/ für die Wahrscheinlichkeit, daß in dieser Pause genau
eine der q Stationen einen Sendeversuch unternimmt

$$a = (1 - (1/q))^{(q-1)}$$

Die mittlere Wartezeit bzw. Zugriffszeit einer dieser q Stationen ausgedrückt in Anzahl Pausen ist dann

$$T_W = (1 - a)/a$$

Da q auch ein Maß für die Verkehrsdichte (Summendatenrate/maximale Bit-Rate) ist,
bestimmt diese die mittlere Wartezeit (s. Abb. 4).

Bei der Anwendung von Ethernet in der Prozeßautomatisierung würde also bei einer An-
lagenstörung, die Fehlermeldungen und damit spontane Sendewünsche in vielen Stationen
zur Folge hätte, die mittlere Zugriffszeit ansteigen. Das darf jedoch nicht passieren,
wenn ein sicherer Betrieb gewährleistet sein soll!

Die für Prozeßdatenbusse und Lokale Netzwerke in Entwicklung befindlichen LSI-Commu-
nication-Controller Chips weisen übrigens auch diese hinsichtlich des Buszugriffs-
verfahrens dargestellten Unterschiede auf.

So wird der von Valvo/Philips und Signetics gemeinsam mit Brown-Boveri konzipierte
und bereits vorangekündigte Chip MEE 3000 /9/ die für den PDV-Bus /10/ festgelegten
Übertragungsprotokollfunktionen realisieren und sowohl zentrale Buszuweisung als auch
Mastertransfer ermöglichen, wie es im entsprechenden Normentwurf DIN 19241 ("Bitse-
rielles Prozeßbusschnittstellensystem") festgelegt ist.

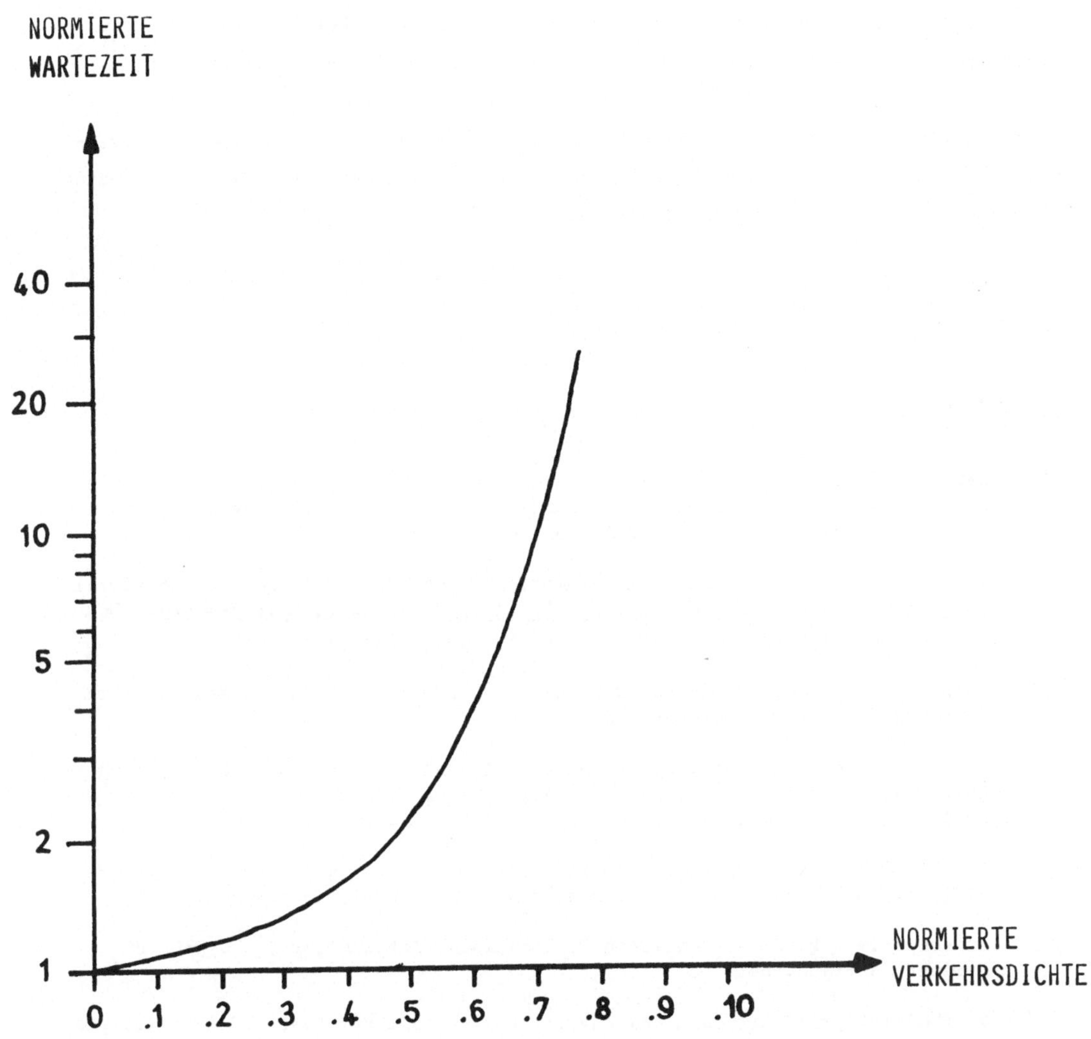

ABB. 4: WARTEZEIT ALS FUNKTION DER VERKEHRSDICHTE BEI ETHERNET

Die von Intel angekündigten Ethernet-Chips /11/, von denen bereits Ende 1982 erste Muster verfügbar sein sollen, werden für das CSMA/CD-Verfahren geeignet sein.

Dieser Beitrag sollte deutlich machen, daß verschiedene Lösungsansätze für Prozeß- und Bürokommunikationssysteme aufgrund der unterschiedlichen Anforderungen in beiden Bereichen notwendig und gerechtfertigt sind.

Literaturhinweise

/1/   James H. Christensen: Requirements Analysis for Industrial Control/Production Management Systems, presented at Ninth International Purdue Workshop on Industrial Computer Systems, USA, 1982

/2/   International Electrotechnical Commission/Technical Committee for Industrial Process Measurement and Control/Working Group 6 "Process Data Highway", Part 1: General Description and Functional Requirements, September 1980

/3/   IEEE Computer Society, Computer Standards Committee 802 "Local Area Network Standards", Draft B, October 1981

/4/   H. Walze: Stand der internationalen Aktivitäten auf dem Gebiet der Normung von Übertragungssystemen, Beitrag zum Aussprachetag Prozeßrechner der VDI/VDE-Gesellschaft Meß- und Regelungstechnik (GMR), Lahnstein, Oktober 1982

/5/   The Ethernet - A Local Area Network - Data Link Layer and Physical Layer Specifications - Technische Spezifikation von DEC, Intel, Xerox, September 1980

/6/   Automatisierungssystem Contronic P, Technische Information 30/70-950 von Hartmann & Braun, Mai 1981

/7/   W. Rühle: Zugriffsmethoden und Zugriffszeiten beim PDV-Bus, DKE-Arbeitspapier, Februar 1980

/8/   Robert M. Metcalfe and David R. Boggs: Ethernet: Distributed Packet Switching for Local Computer Networks, Communications of the ACM, July 1976, Volume 19, Number 7

/9/   MEE 3000-Preview, Druckschrift von Philips/Signetics und Brown Boveri, August 1981

/10/   H. Walze: Bus-System für die Prozeßlenkung (PDV-Bus), ELEKTRONIK, Heft 20 (1979), S. 53-56 und Heft 21 (1979), S. 69-74

/11/   R. Hofer: Ethernet-Controller: 1985 für weniger als 50 $, ELEKTRONIK, Heft 8 (April 1982), S. 18

BACKOFF STRATEGIES FOR CSMA/CD WITH REAL-TIME APPLICATIONS

R. Hainich
West Germany

ABSTRACT

Contention-based access strategies have the principal advantage of being distributed and probabilistic, which is good insurance against system failure; however, the resulting access waiting times normally have an exponential distribution, showing maxima about ten times above the average.
In a recent paper /4/, we proposed an Ethernet-compatible contention protocol with an access queueing mechanism that achieves nearly deterministic behaviour. In the present paper, compatibility is abandoned for shorter contention times, e.g. better throughput.
An algorithm is developed to adapt the contention behaviour of nodes to the present network traffic. It is shown how distributed access queueing control can be added to this without increasing contention times.

INTRODUCTION

The principle of CSMA/CD (Carrier-Sense Multiple Access w. Collision Detection) is that several stations sharing a common communication medium may access this medium instantly if they want and the medium is presently idle.
The Carrier-Sense capability of the stations insures that no running transmissions are disturbed; however, carrier cannot be detected before a certain signal propagation delay. Therefore some stations may 'collide' in the attempt to transmit.
By comparing their outgoing signal to the incoming on the medium, stations are able to detect this; they stop transmitting ('back off') and retry after some time. It is reasonable to choose this time to be a random multiple of the slot-time, which is defined as to exceed the worst-case signal round-trip delay on the medium.

The slot-time serves for a virtual synchronization of all events on the medium, while the random choice helps in avoiding repeated collisions.

A node gets access to the medium, if it is the only one trying within one slot; we call this event 'Success', the node the 'Winner'. If more nodes want to transmit, it may take some collisions and some idle slots (while all are delaying) until then. This is the contention process, the time spent the contention time.
The nodes failing in getting access we call the 'Losers'. All nodes wanting to transmit we call 'Actives' or contending, the others 'Passives'.

It is reasonable to express contention times in slots rather than physical entities, because every design uses different slot lengths and comparison of protocols is faciliated if there is a common scale.

If nodes continue delay counting while the medium is busy, they may come to the point of claiming access and wait with it until the channel is idle again. If more nodes are waiting (likely whith heavy traffic), they will then collide for sure, an event we call 'First-Collision' (of contention). Because this First-Collision is of no use, it is more reasonable to suspend delay counting while the channel is busy.
The major problem with the contention process is in choosing the delay times so as to minimize the (useless) contention time. Another (often neglected) problem is to avoid excessive waiting times until access; because the contention process is probabilistic, every nodes' access chances also are, and the access delays (not to be confused with the delay times in contention) are more or less exponentially distributed.

For the same reasons where we express contention times in slots, we express access delays in message lengths. The number of messages transmitted by other nodes until a certain one gets access is a good measure for protocol performance at access queueing; with ideal round-robin scheduling, it should always equal the number of the other competitors. If we ask for physically spent waiting times, the contention time has to be added to every message.

THE ADVANTAGES OF CSMA/CD

Consider an office where an Ethernet cable (for example) crosses the wall. You do not have to know more than the physical addresses of your own equipment to connect it via the cable and start up working. No problems will arise, for there are no two Ethernet interfaces in the world using the same address. Although the cable may connect an entire building, you don't need to know of other connected facilities but your own, unless you want to use them.
Privacy is of course a problem with such applications; it could be solved by nothing but data encryption, which we therefore would recommend to be standardized.
Another important advantage of CSMA/CD, compared to token-passing schemes, is the possibility for very fast file transfer by single nodes during low traffic periods (normal conditions), because then the overhead is very low.
Unfortunately, some implementors of local networks are very fond of central facilities. If there is no need to use them, no problems will arise; otherwise, the result might be that some so-called 'Ethernet-compatible' network implementations would not even tolerate each other on the same cable. Therefore, as long as the upper system layers are not standardized, compatibility is not in sight.

IMPLICATIONS ON REAL-TIME

In certain applications, like process steering in industrial plants or packeted voice communications, an upper bound on message arrival delays is required. The minimum time that could be guaranteed is the product of the number of connected nodes and the maximum message length allowed plus contention times. This requires, besides optimal access queueing, that
1) the physical parameters (message-length, slot-time) are reasonably chosen,
2) all receivers are able to accept the messages addressed to them, and
3) no internal output queues build up within nodes, or at least certain really important messages are pushed ahead in the queues.
If these conditions are met, message arrival delays are equal to access delays.

With digital voice, neither output queues nor message priorizing are allowed; if the channel is congested, new connections have to be rejected. The maximum access delays allowed are about 0.1 second for any packet.

With process steering, the maximum allowed delays vary with the particular application, and within this from message to message; however, we do not want to use a priorizing scheme in order to improve network performance, for
1) global knowledge would be required to dispose priorities. It introduces further communication overhead to ensure that all priorities in the net keep consistent. Using a central facility for priority disposition would cause the same problems and even be against the CSMA/CD philosophy.
2) The delay distribution within a certain priority class would still be bad. Together with the other problems, this could annihilate the profits of priority assignment.

The conclusion of this is, that the appropriate strategy on the link layer is round-robin access assignment. A link layer achieving this goal we call 'transparent', because its minimum abilities are always well-known.
The improvement in access queueing is also of advantage with less critical applications, like office communications, if the capacity of the channel is fully utilized.

A CLOSER LOOK AT THE CONTENTION PROCESS

There are two ways to describe Backoff Mechanisms: The first is to assume that the nodes calculate individual random delay times, which are a multiple, D, of the slot time. D lies in a range of 0...Dm, i.e. there is a choice of Dm+1 discrete values.

The other way is that the nodes watch the channel slot by slot, claiming access within each slot with a probability Pa:

$$p_a = \frac{1}{Dm + 1}$$

The latter perspective allows for an easy decription of protocols that recalculate Pa with every slot, and also simplifies the analysis of the contention process; however, we will need the description by Dm again when introducing some new protocol mechanisms.

The probability that h nodes will try access within one slot, ph, is given by the Poisson distribution (accurately only for large node numbers; however, the results derived are roughly applicable even for two nodes and exact to more than 4 decimal places from 16 nodes on):

$$p_h = \frac{\lambda^h}{h!} e^{-\lambda}$$

where $\lambda = n*Pa$ with equal Pa in all nodes (n is the number of contending nodes); λ is the number of nodes expected to access within one slot (mean value of h). More general, λ can be defined by

$$\lambda = \sum_{i=1}^{n} p_{ai}$$

i.e. for the contention process as a whole, it does not matter if the nodes all have different access probabilities Pa; only their sum λ is of importance. This holds if none of the Pa is near to 1; for our purposes, we might allow one of the Pa to be about 0.5.

The probability that a slot remains idle (no access attempt, h=0) is

$$p_0 = e^{-\lambda}$$

That one node tries access:

$$p_1 = \lambda e^{-\lambda}$$

That more than one node tries access (e.g. collision) :

$$p_c = 1 - p_0 - p_1 = 1 - (1+\lambda) e^{-\lambda}$$

The contention process can be modeled as a decision tree, where branches are traversed with probabilities po, p1 or pc:

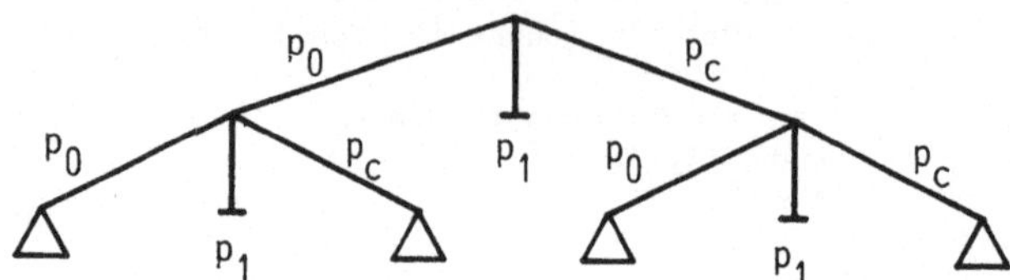

The $\triangle$ symbolize that the tree branches infinitely. If λ remains constant, the po, pc and p1 do not change; otherwise, they are dependent on the branches traversed before.
Each p1-branch is an exit: A message is transmitted successfully, the contention finished.

Within the contention phase, the mean numbers of the different possible events are related according to their probabilities.

For the mean number of collisions per contention, Cc, we can therefore write immediately:

$$C_c = \frac{p_c}{p_1} = \frac{1}{\lambda}(e^{\lambda}-1) - 1$$

(λ assumed constant; p1 stands for successful transmission).

Mean contention time ($\bar{p} = 1-p$):

$$T_c = \frac{\bar{p}_1}{p_1} + Z = \frac{e^{-\lambda}}{\lambda} - 1 + Z \quad \text{(slots)}$$

Z denotes the mean 'changeover time' after transmission, due to the signal propagation delay (see hereafter).

Probability for a transmission without any collisions:

$$p_r = p_1 \sum_{i=0}^{\infty} p_0^i = \frac{p_1}{\bar{p}_0} = \frac{\lambda}{e^{\lambda} - 1}$$

Number of idle slots per contention:

$$I_c = \frac{p_0}{p_1} = \frac{1}{\lambda}$$

Number of collisions per idle slot:

$$C_I = \frac{p_c}{p_0} = e^{\lambda} - 1 - \lambda$$

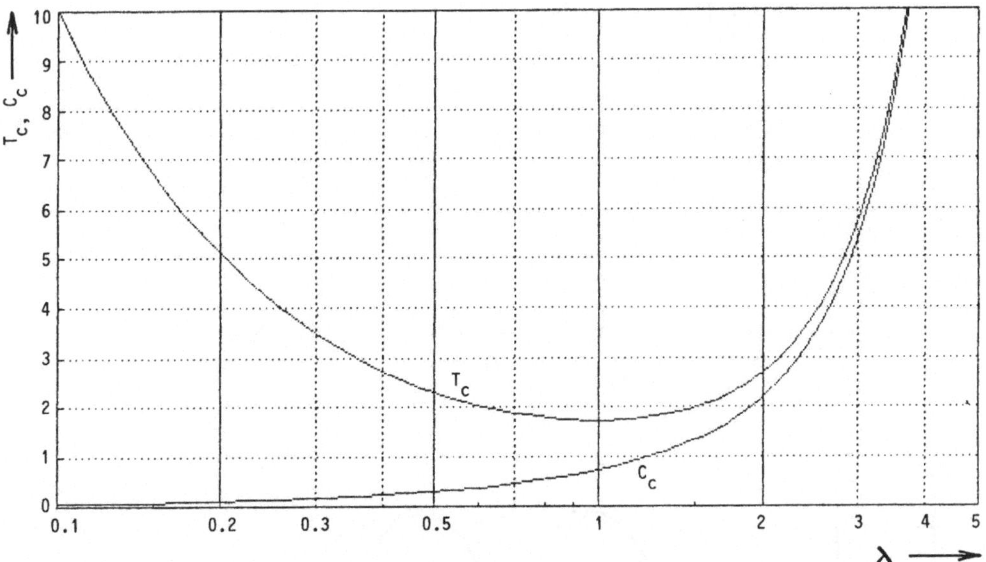

Fig.1 shows the mean contention time, Tc (in slots), and the mean number of colli-sions per contention, Cc, dependent on λ (λ constant during contention). Tc is shown without the 'changeover time'. We see that minimum contention times are achieved with λ=1.

BINARY EXPONENTIAL BACKOFF WITH GLOBAL CONSENSUS

The original BEB scheme /2/ calculates the max. delay by

$$D_m = 2^C - 1$$

where C is the number of collisions a node experienced with its own transmission at-tempts while trying to send a particular message. With Global Consensus /4/, C is the number of collisions in the present contention, here including those where the node itself was not involved in. Nodes delaying end their delay and calculate new access probabilities when sensing a collision of others. Therefore, all nodes procede synchronously.

We will derive the number of collisions with this strategy, using the following decision tree (λ changes after every collision):

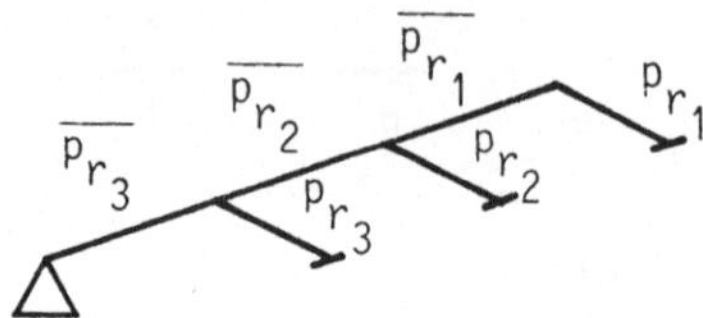

Here, any $\overline{pr}$ – branch means one more collision, while pr ('resolving without collision') denotes successful access.

The probability that exactly k collisions will occur, rk, is given by

$$r_k = \prod_{C=0}^{k-1} \overline{p}_r(C) - \prod_{C=0}^{k} \overline{p}_r(C) = p_r(k) \prod_{C=0}^{k-1} \overline{p}_r(C)$$

We assumed that C starts at 0, i.e. the channel has been idle before and the nodes access instantly if they have a message. The poisson approximation yields good accuracy from about 8 nodes on.

We are now able to compute the rk, using the different $\lambda(C)$ after different numbers of collisions with Binary Exp. Backoff (BEB/GC):

$$r_k = \frac{\lambda(k)}{e^{\lambda(k)} - 1} \prod_{C=0}^{k-1} \left(1 - \frac{\lambda(C)}{e^{\lambda(C)} - 1} \right) \quad \text{with} \quad \lambda(x) = \frac{n}{2^x}$$

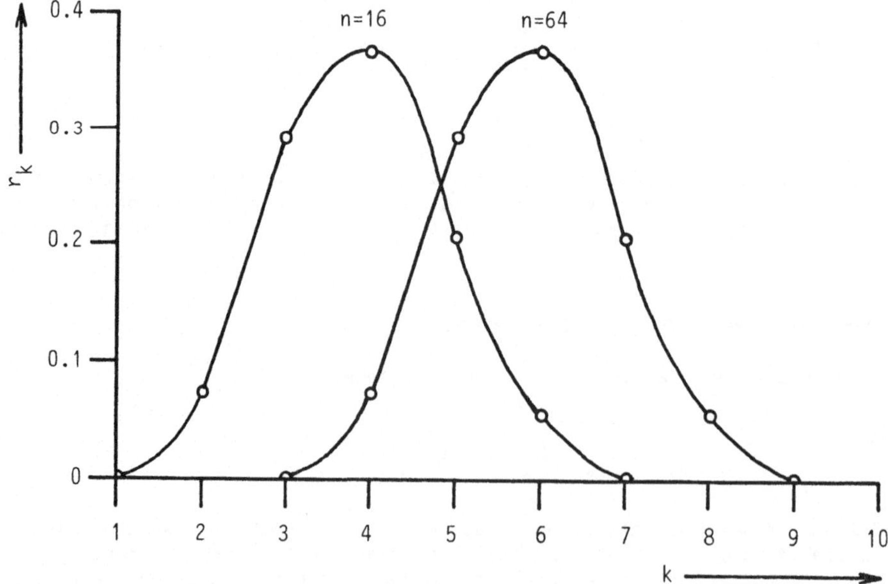

Fig.2 shows the collision number distributions for BEB/GC with 16 and 64 nodes.

The numerical computation of rk revealed that the mean number of collisions per contention with BEB/GC is (asymptotically):

$$\lim_{n \to \infty} C_{cb} = \log_2 (n) - 0.1123...$$

The standard deviation of Ccb can be computed to

$$s (C_{cb}) = 1.085...$$

These values are accurate to the given number of digits if $n > 15$.

We see that after the contention, C will have almost its optimal value according to the number of contending nodes, because the maximum delay is computed by Dm=2↑C-1, which yields Dm≅n if C=Ccb. If C would start at 1, one collision would be saved in an initial contention, but the resulting C would remain the same. If this value of C is re-used with the next contention, the contention time will probably be small, because
1) the number of contending nodes will probably decrease by no more than 1, because only 1 message was transmitted, and
2) even if C happens to differ from the optimum by +-1, i.e. λ is between 1/2 and 2, Tc will still have low values (see fig.1).

If many nodes happen to become active within one contention (which is not likely), the BEB will solve for this.

A calculation of Ccb with other radix bases than 2 (e.g. λ(C)=n/X↑C) revealed that an optimum for X exists:

$$X_{opt} = 2.167...$$

With larger X, X↑Ccb becomes larger than n, i.e. the mean number number of collisions during an initial contention phase will not result in optimal access probabilities at the next contention. This is a good reason, aside from implementational considerations, why binary backoff, in particular, could be of advantage.

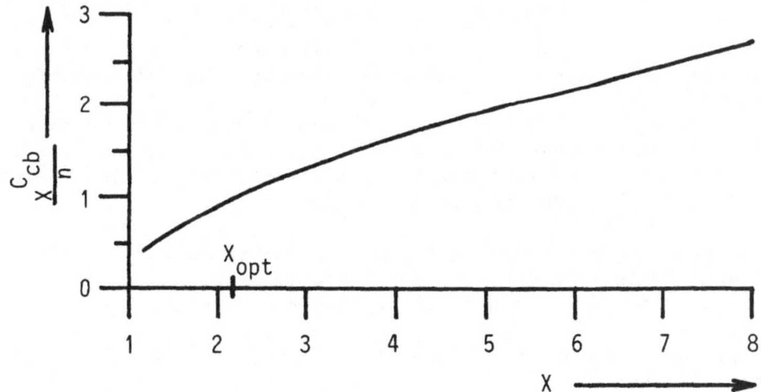

Fig.3 shows the resulting X↑Ccb/n after an initial contention with backoff base X; if C=Ccb is re-used with the next contention, the optimum λ=1 would only result if X=2.167...

CHANGEOVER-TIME

If a node N1 ceases transmission, another node, N2, located in distance s from N1, will not detect this before a signal delay time Ts.

If N1 and N2 transmit alternately (contention time neglected), it takes 2*Ts until N1 detects, after its message has ended, the transmission start by N2. Thus, an idle time of 2*Ts is encountered. After N2's message ends, N1 can transmit 'instantly' (from its point of view, while now N2 sees a gap of 2*Ts).
The time for two transmissions (N1,N2) is therefore prolonged by 2*Ts, regardless of which point on the cable we look at; 'changeover' therefore takes a time equal to Ts (per message).
Regardless of the number of contending nodes, there is always one to transmit and one to transmit next. If those two are always at different ends of a cable of maximum length, we get the maximum value

$$\hat{z} \; \lesssim \; \frac{1}{2} \; \text{slot}$$

According to the mean distance of two randomly positioned nodes (1/3), the mean value of z, Z, becomes

$$Z \; \lesssim \; \frac{1}{6} \; \text{slot}$$

In practice, configurations where z is significantly above its mean are unlikely (except for point-to-point links). The changeover times also provide little contribution to overall delay times; we therefore decided always to assume z=1/6 slot.

ACCOUNTING SLOTS

The performance of a CSMA/CD network is independent of node positioning (except for z), if the contention mechanism is constructed correctly. It is important that slot counting and collision detection follow certain rules :
The contention begins following the end of a message plus a certain interframe spacing; it is divided into fixed slots, which have to be longer than the worst-case round trip delay including propagation delays, circuit delays, synchronization delays and the duration of the Collision Consensus Enforcement signal.

An idle slot is to be assumed if the channel was idle during the entire slot or if a signal that began within the slot lasts beyond the slot end.
A collision is assumed if a signal was detected that was shorter than one slot and ends within the present slot.
If a contiuous signal of more than one slot length was detected, the successful begin of a transmission is assumed. The nodes then wait until the signal ends; after this, the next contention begins and slot counting starts at the end of the interframe spacing that necessaryly follows the end of a message.

The decision if the slot is to be accounted for as 'collision' or 'idle' is done at every slot end. Message begin is detected asynchronously by signal duration only. If access is to be tried, this should be done at the begin of a slot.

The slot time serves for a virtual synchronization of the whole network; all effects of signal delays are eliminated.

STRATEGIES FOR MAXIMUM THROUGHPUT (MINIMUM CONTENTION TIMES)

With the Loglog strategy described in /4/, Ccb was used to estimate the number of contending nodes and calculate the right time for a transmission in order to achieve approximate round-robin queueing with any number of nodes contending. There, our goal was compatibility with Ethernet. The contention times, e.g. the throughput resulting had to be accepted as was. Here, we will first optimize throughput and then add some devices for queueing control.

CSMA-C

We will first show an extremely simple strategy that achieves nearly optimal contention times and readily shows a queueing behaviour significantly better than random.

We saw that the BEB/GC algorithm achieves nearly optimum C-values within a single contention phase. If we do not reset them, we can expect about $e-2 \cong 0.72...$ collisions during the next contention phase (fig.1). If we subtract about 0.72 from all C-values at the end of contention, (e.g. at transmission) the nearly optimal values are approximately restored.

If the number of contending nodes, n, increases, the BEB will swiftly increase the C-values. If n decreases (expectedly by no more than 1 per contention), less collisions occur and the constant subtraction of 0.72 per transmission will result in a decrease of the C's.

The above may be simplified to a C-decrease of 1 without significant disadvantage. The C-values will then be regulated as to enforce averagely 1 collision per contention.

In order to improve access queueing, it is reasonable to proceed differently with the C-value of the Winner node (the one getting access). A good way is to redouble it. The effect of this on the contention times is negligible, but it puts a limit on access delays, of about 3.5*n messages. Compared to the 10*n...20*n with totally random queueing /4/, this is fairly good, especially if we regard that this strategy is still nearly as simple as Ethernet's.

The C-values may be limited to a range of 0...15. A Contention Timeout after 15 idle slots (C should be set to 0 in this case) is recommended. The contention times and the access delay deviation of CSMA-C are shown in fig.7 and fig.4.

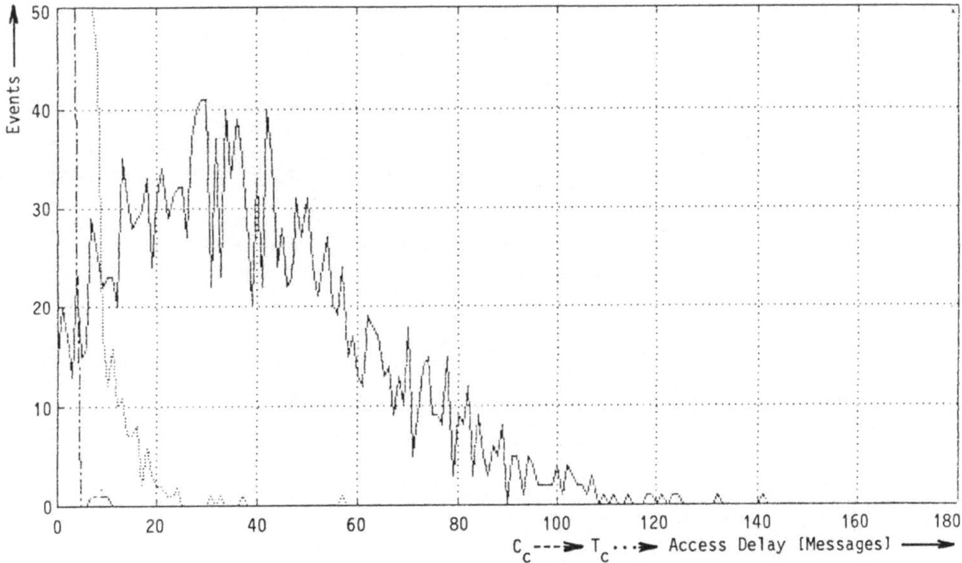

Fig.4: The waiting time distribution (access delay in message lengths, here with 40 nodes after 2000 messages) of CSMA-C at infinite load is readily better than the exponential distribution with totally random access and far better than the results with Ethernet's contention strategy /4/. The dotted line denotes the deviation of contention times (slots), the dashed one the collisions per contention.

ADAPTIVE p-PERSISTENT CSMA

CSMA-C can be seen as a regulator that balances collisions against messages. Another approach is to utilize the relation between collisions and idle slots /14/,/7/. It works like follows:

* If a node senses an idle slot, it increases its own access probability (Pa).

* If a node senses a collision, it decreases its Pa.

* While a message is transmitted, all other nodes wait and maintain their Pa.

* As to /7/, if a node has transmitted and has no further message, it does not join further contentions but stores its Pa for use with the next message it will generate sometime. This is disadvantageous at load changes; we prefer to recommend that passive nodes update their Pa like actives (but do not access), in order to be up to date when they should generate a message.

This scheme has the principal advantage that no Contention Timeout is necessary; all active nodes steadily increase their Pa as long as the channel is idle.

Because the description is still relatively vague, some further definitions and enhancements are necessary.

At first, we should specify that 'increment' and 'decrement' of Pa are to be done by multiplication resp. division, in order to achieve similar relative effects with all Pa-values and thus with all numbers of contending nodes.

The further steps to be proposed will be easier to describe if we use the Dm-notation instead of Pa ($1/Pa = Dm+1$). Like to the strategies introduced before, we will use a Collision-Weight C and calculate Dm like with BEB/GC ($Dm=2\uparrow C-1$, i.e. $Pa=1/2\uparrow C$); a random D between 0 and Dm is selected and access is attempted if D<1.

It is then obvious from our recent considerations, that the lowering of Pa at collisions should be done by incrementing C by a value (called u) of approximately 1.

The increase of Pa may be achieved by decrementing C at idle slots by a value v.

u controls the radix for the BEB (if u=1, the radix is 2); however, the optimum radix with this scheme is different from the optimum (Xopt=2.167...) for normal BEB, due to the decrease of C at idle slots.

Because C will be regulated to a stable value if the number of contending nodes remains constant (equilibrium), the total of increments and decrements should then approach 0. Thus,

$$\frac{v}{u} = \frac{p_C}{p_0} = e^{\lambda} - 1 - \lambda$$

For $\lambda=1$ (minimum contention time) we get

$$\frac{v}{u} = 0.71828...$$

The optimal u (achieving am mean λ of 1 within one contention, the equivalent of Xopt) could be determined to be about 0.87. With this, v is about 0.62. Our simulations showed that this choice is indeed quite reasonable.

EQUAL ACCESS CHANCES

We have said that the numbers of collisions and idle slots depends on λ rather than the individual Pa, provided that all Pa are significantly below 1. Even if some Pa approach 1, it does not matter which one (only the poisson approximation is inaccurate in this case). Therefore, the adaptation will n o t guarantee that the Pa are equal, i.e. that all nodes have equal chances for access.

If we do not enforce equal Pa, all nodes will have different values, depending on the number of competitors when they transmitted their last message (if they do not watch the channel while being 'passive'), or when they were powered up.
Those access probabilities may be totally inadequate to the present network load. Because all contending nodes sense the same events on the cable, their Pa will then all change synchronously, but remain different. This will cause access delay distributions worse than with mere random selection.

If we increase (or multiply) the C-values of the Winner nodes (similar to CSMA-C), i.e. decrease their Pa, the total number of collisions is slightly lower, causing a steady drift of all C to lower values. This serves to bring down unappropriately high C-values within a sufficiently short time.

This scheme is, however, not able to work with the queueing mechanisms we will introduce hereafter.

We had to find another way for the nodes to transfer the information about their own Pa (resp. their estimate about the number of competitors, for Pa should be 1/n).
This could be done by mere collisions, similar to the recently proposed Logskip strategy /4/; however, although this works well when compatibility with Ethernet nodes is required, it is not so good for throughput, because the contention times grow logarithmically with n.

Without compatibility requirements, a more subtle way of information exchange is possible. By choosing the values u and v, we enforce a certain relation between the mean number of collisions, Cc, and the mean number of idle slots. As to fig.1, this should not cause a big increase in contention times (Tc) as long as Cc is between about 0.4 and 2.

If we make the relation of u and v dependent on the C (e.g. Pa) of a node, this node spreads the information about its Pa by trying to achieve a certain collision/idle slot relation; if it fails in doing so, (because other nodes regulate for different collision/idle slot relations), its C-value will drift until its increments and decrements are balanced again. This can only be the case if the node's C is equal to the mean C of all others; therefore, if all C are in balance, they are all equal. The Pa will converge if the number of collisions wanted grows with the number of nodes estimated.
The scheme could also solve for some random inaccuracies in slot accounting.

It is difficult to determine what exactly should be done with u and v in order to achieve optimal results. Simulations showed that a good choice is to

* let u be constant (u= 7/8 = 0.875),

* let v be 3/8 + C/32.

By this, v is made dependent on C, e.g. Pa; the amount of coupling is determined by the fraction of C used (here, C/32). It is a compromise between fast adaptation and minimum increase in contention times. We have chosen values that can easily be handled by binary logic (they are close to the optimum as far as we could determine by simulation). Because $Dm=2\uparrow C-1\cong n$, i.e. $C\cong log2(n)$, v does not differ from its optimum by more than 0.1 for node numbers of about 50...1000; this should result in very low contention times in all relevant cases. Simulations showed the contention times' dependency on node numbers to be small (fig.7).

We call the scheme developed so far CSMA-Q. It has the advantage that the contention process serves for an appropriate amount of information transfer between nodes, with low overhead. However, this scheme was not developed just for optimized access probability regulation: It is a good base for an access queueing mechanism we will now present. One result will be, that the nodes may use their C-values in order to calculate optimal times for their own access and thus achieve system-wide round-robin queueing without additional overhead (contention times).

DEVICES FOR ACCESS QUEUEING

In /4/, we have shown a strategy (Loglog) that achieves nearly optimal round-robin access assignment through the contention process. It would be desirable to combine the good queueing properties of Loglog with the low Contention times of CSMA-Q.

This should be possible, because $\lambda=1$ could be achieved by

$$\lambda = \sum_{i=1}^{n} p_{ai} = \sum_{i=1}^{n} \frac{1}{n} = 1$$

but also (as an example) by

$$\lambda = \sum_{i=1}^{n} \frac{1}{\frac{n}{2}} \cong 1$$

(for large n).

Any distribution of the Pai may be used to improve access queueing, provided that the Pai are ordered according to the waiting times of the nodes. One possible approach to this is the Loglog strategy /4/. Loglog's contention behaviour enforces about $\log2(n)$ collisions per contention. The 'Collision Weight' C is increased by 1 at every collision. After the contention, C is decreased by about $\log2(Q)$, where Q is the number of transmissions by other nodes since the nodes' own message was first launched for transmission.

THE LOG QUEUEING MECHANISM

The action following every contention (message transmission) can be written as

$$C := C + \log2\ (n) - \log2\ (Q)$$

In order to get the C-development for one node, we may integrate this formula with the start condition $C(0) = CO = \log2\ (n)$:

$$C(T) = CO + \int_{1}^{T} \log2\ (n) - \log2\ (Q)\ dQ$$

By solving this equation, we would find that the C-values go up to about 1.5*n and would not reach zero again before e*n messages were transmitted. If we put an upper bound on C (16 with Loglog, 32 with the Log-Q strategy to follow), a more desirable C-development takes place (fig.5). Here, the C-values stick to their limit and start coming down when Q>n.

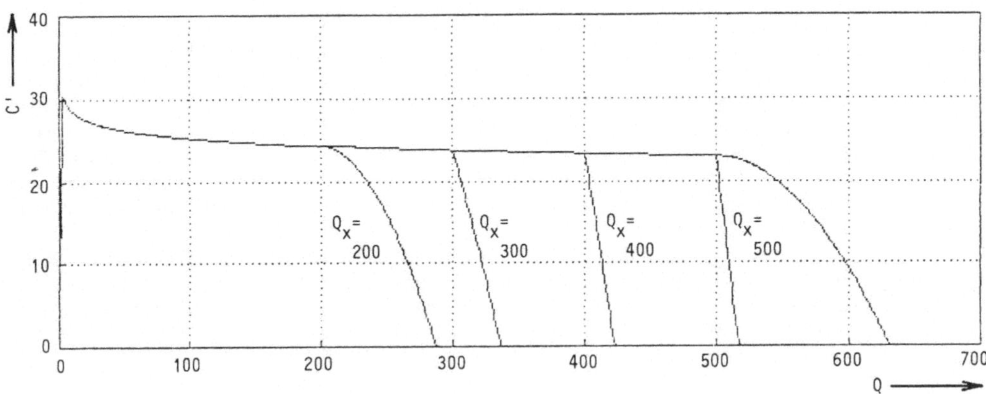

<u>Fig.5</u> shows numerically integrated limited C-curves drawn from the equilibrium theory (500 nodes assumed), where we reduced the number of contending nodes to 200 after different times Qx. The result verifies that the nodes will try to get bus access close to the right time (or a little bit late, but in practice this is accomodated by node interaction).

Because the C-development in fig.5 starts at different times (the moment of transmission) within every node, we could as well divide the the x-axis by node numbers instead of messages and get an approximate scattergram of the C-values within all nodes. It is obvious that the higher C-values yield little contribution to λ.

The slope of the C-curve near to its end is flatter than -1; this indicates that the series forming λ is not the 1/2↑X-series given in the example above; however, large theoretical differences of the Pai are not always identical to good queueing.

If all C-values would come down too late like in fig.5, all C's would be too high and the overall λ too low, causing less collisions and less C-increments. By this, the C-curves will go down earlier in the real system and approach zero close to the right time.

Althogh the interaction of several nodes is not handled by this theory, this approach discloses some of the internal workings of Loglog.
The proposed strategy function is still the best we know of. This due to the fact that the node interaction and the statistical fluctuations of C lead to far more difficult conditions in practice than the assumptions with this simple equilibrium theory. Seemingly better functions may increase the statistical fluctuations and therefore lead to bad results that cannot be forseen by the theory.

With Loglog, the use of a floating-point logarithm yields no significant advantage compared to a simple integer logarithm. When applying the queueing mechanism to CSMA-Q, however, queueing with high node numbers is slightly improved by floating-point computation.

One might wonder how Loglog could achieve proper queueing with many nodes, while the integer logarithm used there does not change its value between Q=2↑x/2 and Q=2↑x-1 (x any integer). The explanation is that the Q-values of the nodes are different and the C-curves will therefore go down at different times. If the Q-values are well-ordered (and they tend to be, because a node that readily transmitted is very unlikely to do so soon again), the end-points of the C-curves also tend to be ordered. Even some perturbation of the collision numbers, (e.g. the estimation of n), does not matter, because all contending nodes react to this.

Accounting access delays by message lengths will tend to allow all nodes an equal number of transmissions. If some nodes are mostly transmitting short messages, they will get a smaller share of the network capacity. This is of no disadvantage if the number of messages is most important; in different situations, there would be two ways to fix the problem:

1) Q could be incremented after fixed physical time intervals of one maximum message length plus the mean contention time. With this, almost nothing changes with long messages; however, the channel capacity is shared equallly, on cost of bad queueing with short messages, while the maximum access delays (physically) remain the same.

2) A node, when getting access, could be allowed to transmit for a certain number of slots (equal to the duration of a long message), regardless if it transmits one long or several short messages (with gaps shorter than the normal interframe spacing, but long enough to allow the receivers to react). Again, the maximum access delay is not increased.

COMBINING LOGLOG AND CSMA-Q

We would like to achieve proper queueing together with low contention times. The key to this is simple: Instead of using enforced collisions to estimate n (Loglog: $Cc \cong log2(n)$), we could as well utilize the C-value of a CSMA-Q node. By adding an access delay counter Q, the node could be enabled of calculating Loglog-like C-curves; however, we cannot change C, because it is not automatically incremented by approx. $log2(n)$ at every contention like with Loglog.

We have to introduce a new variable C' and do

$$C' = C' + C - log2(Q)$$

at every contention. C' will now show a development like Loglog's C.

The next step is simple: We do not calculate the access probability from C but instead use C'.
Because the overall λ should remain nearly the same (as was shown), the CSMA-Q regulation mechanism does not take notice of that.

The last step is: During contention, C and C' are both changed at collisions and idle slots, according to the CSMA-Q scheme. This conserves the fast regulation of λ at every slot.

We found that it is best to change C' by its own $v' = 0.375 + C'/32$, similar to the formula for C, maybe because the C', theoretically, could approach 0 closer to the right time, and with a flatter slope.

Simulations showed that neither contention times, nor collision/idle slot relations changed by adding the Log-mechanism; our claim that CSMA-Q would continue to work in background therefore proved to be right. The complete strategy is shown in fig.6.

SIMULATION RESULTS

We ran numerous simulations in order to test the strategies developed. Three types of message generation were used:

1) Poisson arrivals; the total length of the generated messages relative to the available transmission time defines the 'offered load'. This is the most realistical condition; it leads to an ever changing number of contending nodes and is good for testing dynamic strategy behaviour.
Because the results of this are difficult to compare, we have applied other methods to get the data presented here.

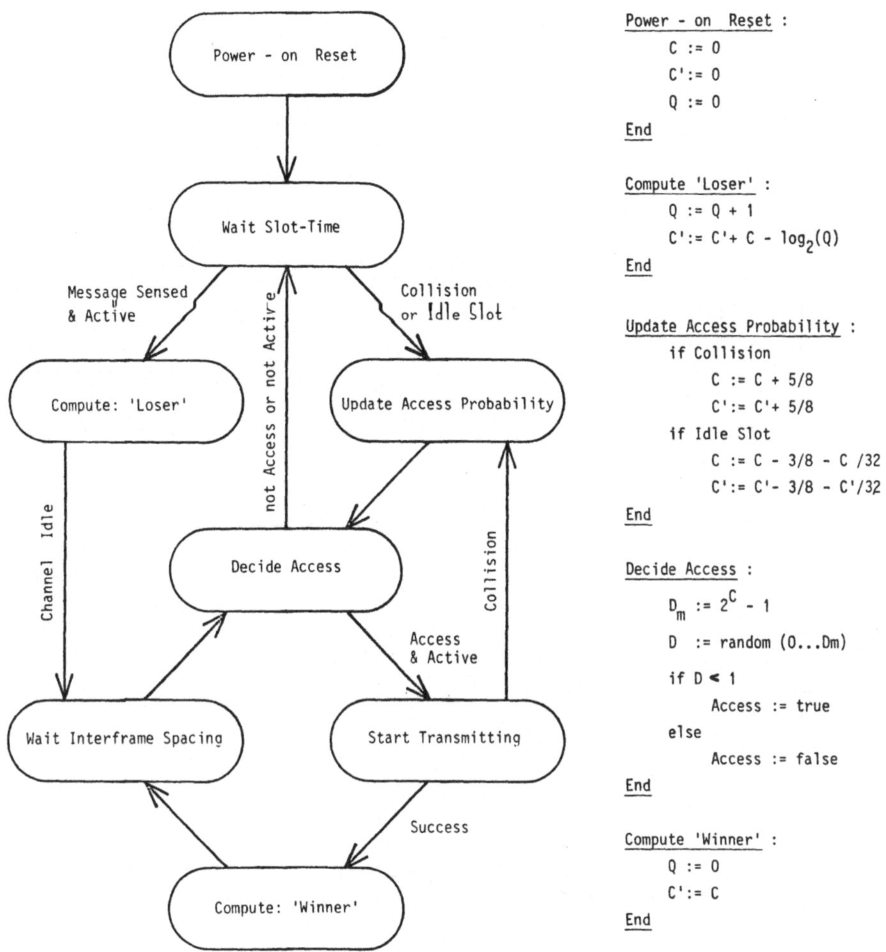

Fig.6: State diagram and strategy formulas of the Log–Q strategy. C has to be
limited between 0 and 31, C' at 0 (and possibly at 10..12); The numerical resolution
of C and C' should be 1/8 or better.

2) Infinite load; all n nodes are able to transmit any number of messages without
   delay. This kind of overload may also be called 'undelayed'; it is somewhat unrealistic because real nodes would hardly be able to generate messages fast
   enough, but it discloses flaws in the access queueing behaviour of some
   strategies.

3) Controlled statistical load (or 'delayed' overload); the message generation probability is regulated as to keep an average number of n nodes out of a larger group
   (mostly 1000) constantly active. The number of active nodes is allowed to fluc-
   tuate between about n/2 and 1.5*n. With some protocols (Ethernet for example),
   this kind of load is a worse test condition than undelayed load.

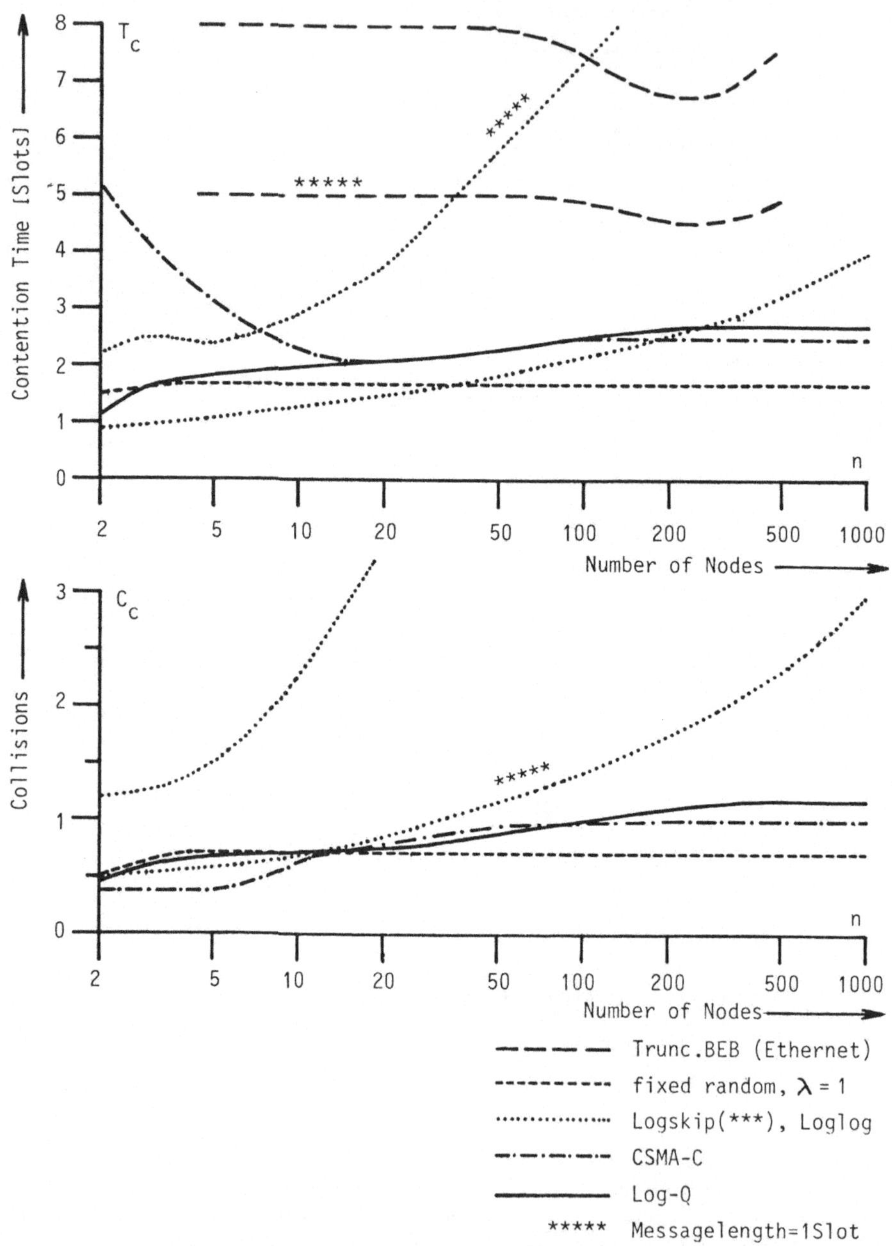

Fig.7 shows the mean contention times, Tc, and the mean collisions per contention, Cc, for various strategies in dependency of the number of nodes. Infinite load (each node able to transmit any number of messages in sequence) is the worst case and was therefore used with all shown strategies but Ethernet, whose contention times are worst if on average n nodes out of a larger number are kept active by poisson-type message generation ('delayed' infinite load).

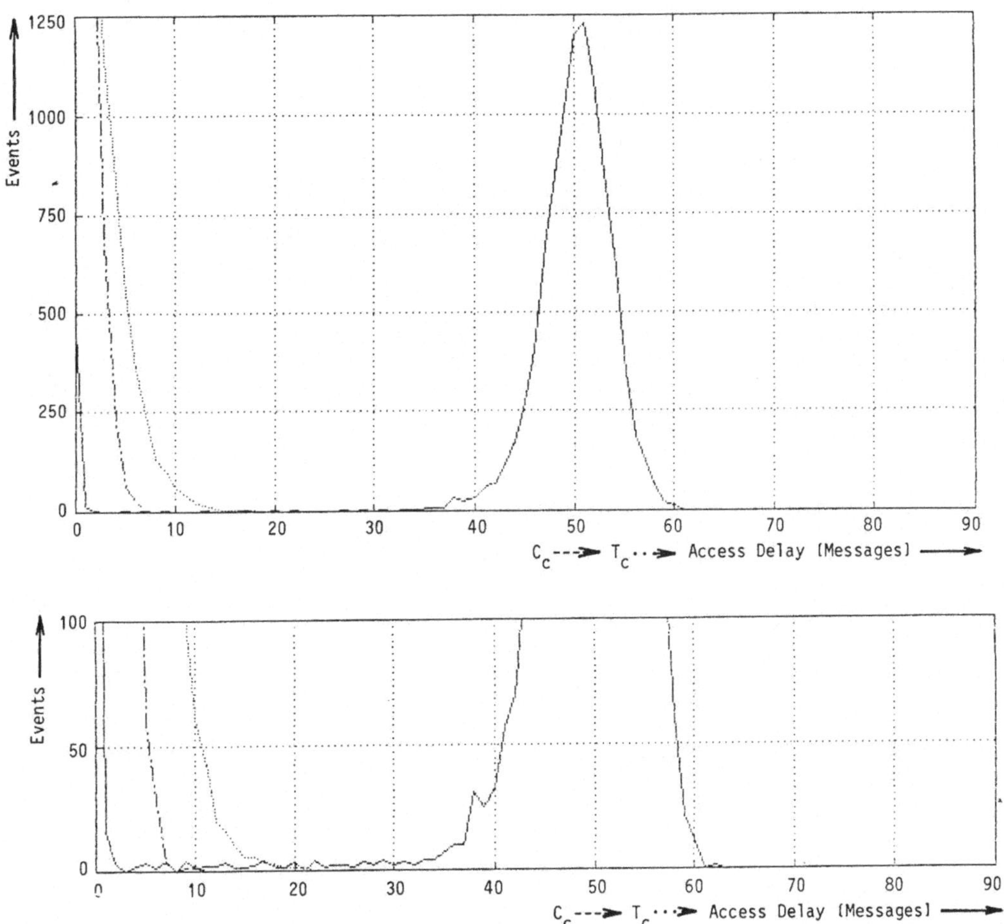

<u>Fig.8:</u> A waiting time distribution with 50 nodes after 10000 messages at infinite load; although the contention time (overhead) is significantly lower than with Loglog /4/, the access delay limitation is nearly as good. Other than with Loglog, the collision numbers (dashed line) and the contention times (in slots, dotted line) are also well-limited.

IMPLEMENTATION CONSIDERATIONS

One might expect problems in implementing Log-Q because fractional numbers and floating-point logarithms are used and have to be calculated in a very short time during contention. In fact, this problem is not so serious: C and C' require 5 bits before and 3 after the point. Log2(Q) may be calculated to 4 bits plus 3 or 4 after the point. This resolution is sufficient.
One way of calculating log2 is to shift a binary number right until a single 1-Bit is left before the point. The number of shifts gives the integral part, the bits now behind the point the fractional part of log2, to an accuracy of 0.086 absolute.
The most simple and really recommendable way is to use ROM-tables for the next values of C in upward and downward direction and for Log2.

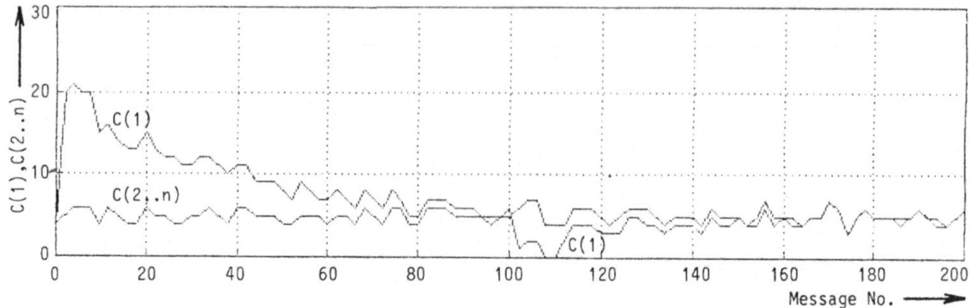

Fig.9: The C-curves of 2 nodes out of 50 at infinite load are shown for 100 messages.
One of the C-values was artificially set to 20 at start and to 0 at message 50, in
order to verify the convergency of the C-curves with Log-Q resp. CSMA-Q. All other
C-curves are identical because they are regulated according to the same events on the
net.

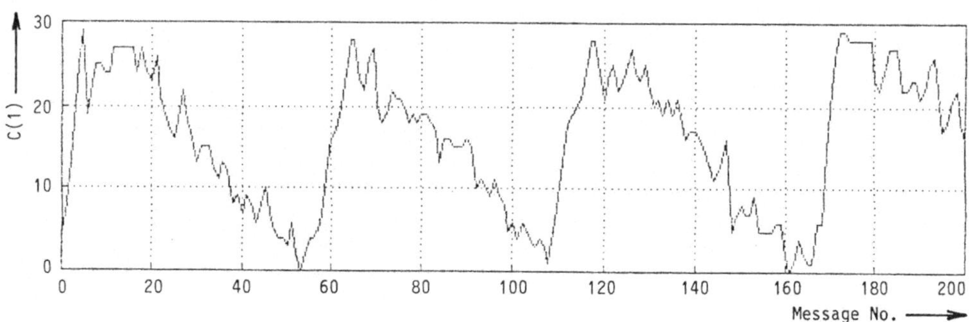

Fig.10 shows a typical development of a C'-value in one of 50 nodes during 200 messages at infinite load.

RESPONSE TIMES

We may get physical values for the expected maximum access delays by taking the maximum access delays from fig.11, and multiplying this with the maximum message length
plus contention times (fig.7).
Given Ethernet parameters, the max. message length is 24 slots, the contention time
is Tc + 1/5 (interframe spacing) + 1/6 (changeover time) slots, and a slot is 50 mic-
roseconds. With this, the access delay with 1000 nodes may be

1.85 sec. with Loglog,

1.7 sec. with Log-Q,

1.2 sec. with perfect scheduling (no contention, accurate queueing),

6   sec. with CSMA-Q,

and about 15...40 sec (depending on the kind of load) with Ethernet, which is of
course unrealistic due to the fact that no overload phase would endure so long.

If shorter times are necessary, some of the physical network parameters (message
length, max. node numbers, cable length) are to be chosen differently.

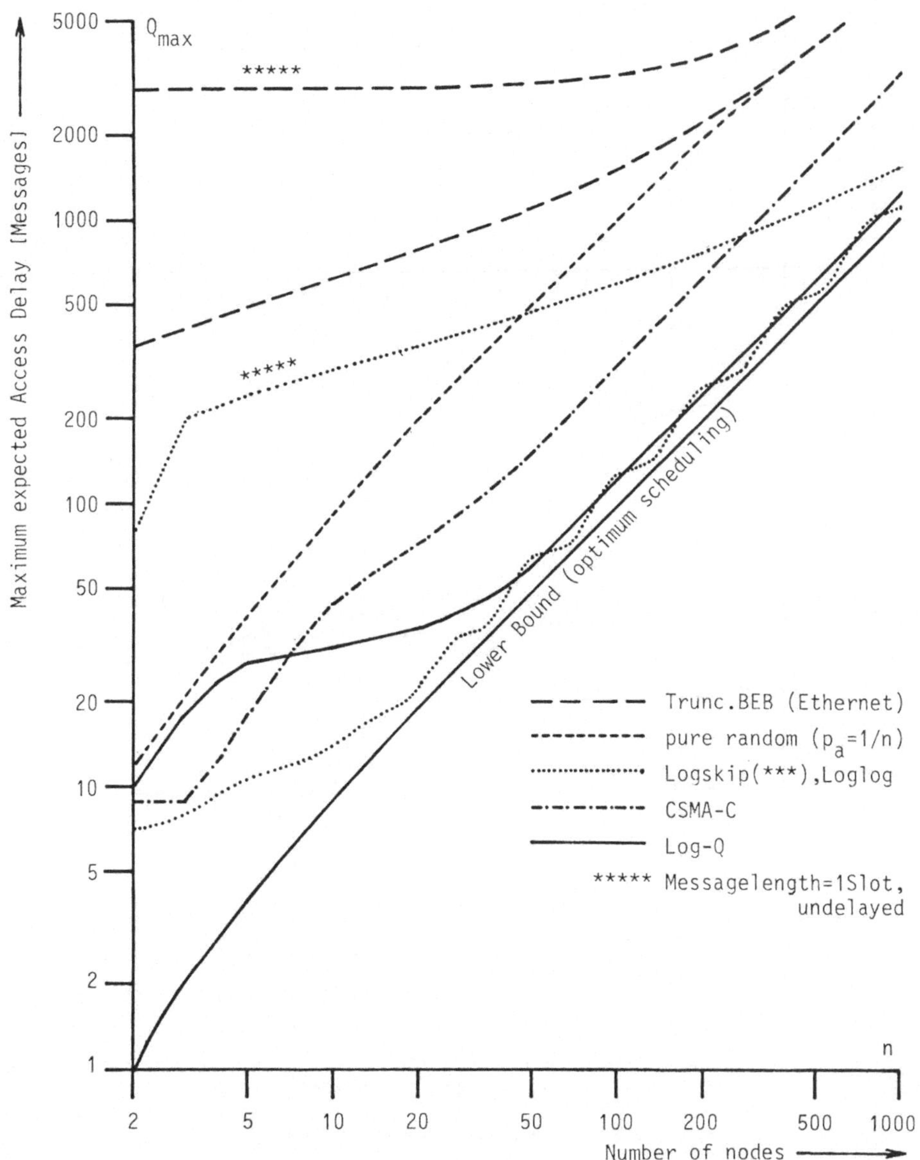

<u>Fig.11</u>: The maximum access delays to be expected in an observation time of 10000 messages, at infinite load, are shown for several strategies.

IMMEDIATE RETRANSMISSION

The maximum access delays given could be exceeded if a message is received invalid (Checksum-error), and acknowledgement as well as retransmission are handled by the upper system layers. Althogh CRC-errors are reportedly rare, this should be avoided. A simple solution could be to extend every message by one slot length of nonsense data following the checksum, and to allow the receiver to disturbe this signal (causing a collision) if the checksum did not match. The Log-Q strategy would then serve for an almost immediate retransmission without further measures.

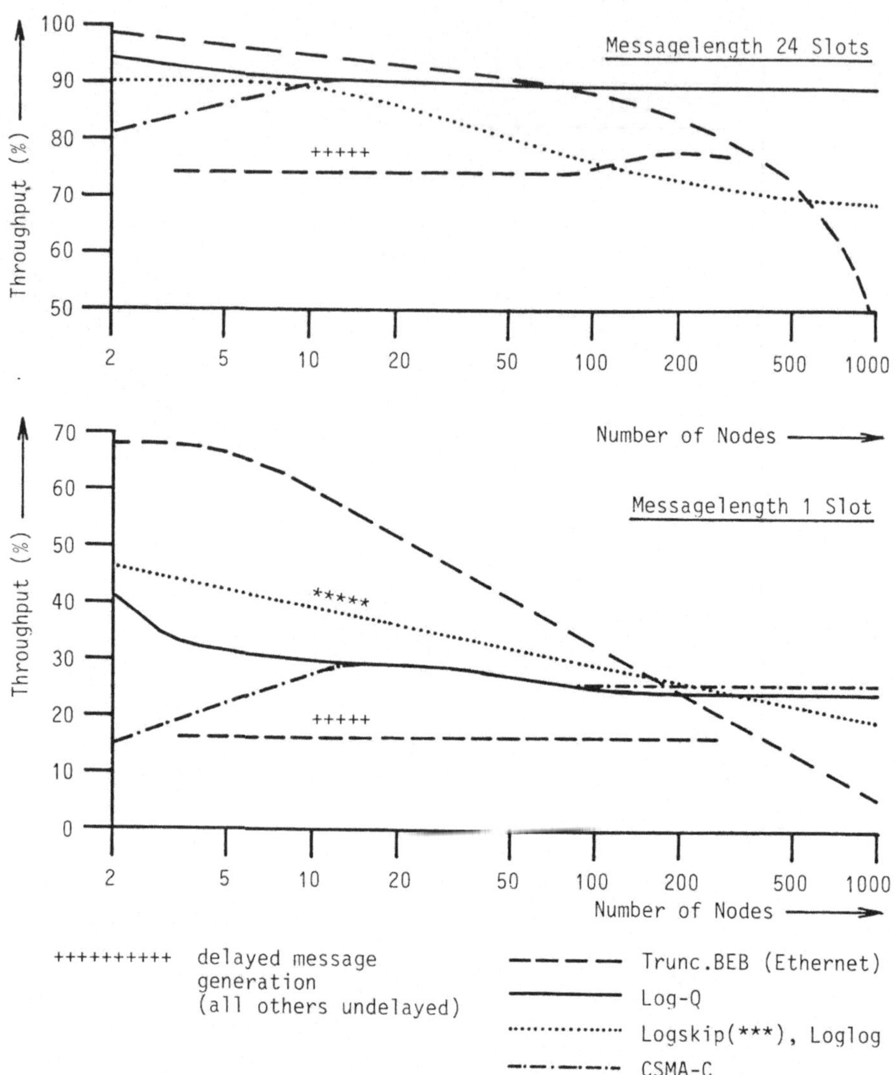

Fig.12: If we add message length and contention times plus changeover-time plus interframe spacing, and divide the message length by this, we get the mean throughput at infinite load (overhead for 'framing', i.e. addressing etc. not accounted for). We took the physical parameters of Ethernet for the comparison: Message lengths of 24 slots (maximum, upper diagram) and 1 slot (minimum, lower diagram), an interframe spacing of 1/5 slot and the mean changeover time, 1/6 slot. While the other strategies are shown with infinite load only (worst-case), Ethernet is shown also with controlled statistical load (averagely n of 1000 nodes active). With infinite load, where any node can generate messages fast enough, one Ethernet node may occupy the net for some time, causing contention times close to 0 /4/ and of course high throughput.

CONCLUSION

We have developed a CSMA/CD strategy achieving contention times as well as access delays close to their optima. Although there are too many parameters to allow for a total optimization by means of simulation, some rules for their dimensioning could be derived.

ACKNOWLEDGEMENT

The author wishes to thank the Process Control Center (Prozessrechnerverbundzentrale-FSP/PV) of the Technical University of Berlin for providing computing time for the simulations.

R E F E R E N C E S

/1/ Abramson, N., 1970. The ALOHA System- Another Alternative for Computer Communications. AFIPS Conf.Proc. vol.37, (1970)

/2/ BLUE BOOK, 1980. XEROX Corporation, OPD Systems Development, 3450 Hillview Avenue, Palo Alto, CA 94304

/3/ Hainich, R., 1980. Problemanalyse und Entwurf eines dezentralen, lokalen Kommunikations- Systems fuer die Realzeit- Datenverarbeitung. Diplomarbeit am Inst. f. Techn. Informatik der TU Berlin

/4/ Hainich, R., 1982. An Improved Ethernet for Real-Time Applications. Real Time Data '82. Proceedings of the 2nd Real Time Data Conf., Versailles, Nov.3-5 1982. North Holland 1982.

/5/ Humblet, P.A., 1980. Data Communication Networks and Information Theory. NTC'80, IEEE 1980 Nat. Telecomm. Conf., 20.3.1-20.3.5, Houston,TX, USA, 30Nov-4Dec

/6/ Iida, Ishizuka, Yasuda, Onoe, 1980. Random Access Packet Switched Local Computer Network w. Priority Function. NTC'80, IEEE 1980 Nat. Telecomm. Conf., Houston,TX, USA, 30Nov-4Dec

/7/ Johnson, D.H., O'Leary, G.C., 1979. A Local Access Network for Packetized Digital Voice Communication. NTC'79, IEEE 1979 Nat. Telecomm. Conf., Washington, DC, USA, 27-29 Nov 1979

/8/ Kleinrock, L., Scholl, M.O., 1980. Packet Switching Radio: New Conflict-Free Multiple Access Schemes. IEEE Trans. Comm. 7/80

/9/ Labetoulle, J., 1980. Etude Analytique du Reseau DANUBE. (Communication no.204). INRIA Rocquencourt B.P.105, 78150 Le Chesnay, France

/10/ Metcalfe et al., 1977. Multipoint Data Communication System w. Collision Dtection. U.S. Patent No. 4.063.220, 13.12.77

/11/ Metcalfe, R.M., Boggs, D.R., 1976. Ethernet: Distributed Packet Switching for Local Computer Networks Comm. ACM, 7/76

/12/ Shoch, J.F., Hupp, J.A., 1979. Performance of an Ethernet Local Network. Proc. Local Area Netw. Symp., Boston, May 79

/13/ Tobagi, F.A., Hunt, V.B. 1979. Performance Analysis of Carrier Sense Multiple Access with Collision Detection. Proc. of the LACN Symposium, May 1979

/14/ Yemini, Y., Kleinrock, L., 1979. On a General Rule for Access Control or Silence is Golden. Flow Control in Comp. Netw., ed. J.L.Granse & M.Gien, North Holland 1979

<u>ENTWICKLUNG EINES VERTEILTEN KOMMUNIKATIONSNETZES FÜR</u>

<u>STEUERKANZLEIEN</u>

Miklós Géza Zilahi-Szabó
Institut für landwirtschaftliche Betriebslehre
- Rechnungswesen und Datenverarbeitung -
Justus-Liebig-Universität Giessen
Senckenbergstraße 3
6300 Gießen

1   Die wesentlichsten Aufgaben in der Verteilung der Daten, Funktionen und Lasten

2   Die zu beachtenden Techniken der Informationsverarbeitung allgemein, in den zu-
    künftigen Steuerkanzleien, bei den Mandanten

3   Die Entwicklung des Systems mit Beispielen für die Ausstattung der Zentrale mit
    Host-Rechner, mit Anschlüssen der Steuerkanzleien über Mikroprozessoren sowie der
    Mandanten

4   Die Folgerungen für das Berufsbild der Steuerberater und der Sachbearbeiter

5   Ein kurzer Ausblick

6   Einige Quellenhinweise

<u>1 Die wesentlichsten Aufgaben</u>

Die Steuerkanzleien gehörten zu den klassischen Anwendern der mittleren Datentechnik (MDT). Die vor 5-10 Jahren angeschafften Geräte waren vordergründig auf eine
Datenverarbeitung zur Wahrnehmung von Buchführungsaufgaben ausgelegt. Im Laufe der
Zeit traten neue Aufgaben, so beispielsweise die Erstellung von Steuererklärungen
hinzu, die eine Ausweitung des Aufgabenfeldes mit sich gebracht haben. Auch die
Fragen nach Statistiken, Kostenrechnungen, Gesetzen, Gerichtsentscheidungen etc.
traten zunehmend auf, so daß eine gewisse Abhängigkeit des gesamten Arbeitsablaufes
in den Steuerkanzleien von der Datenverarbeitung geprägt, ja sogar abhängig wurde.
Hinzu kam aber auch ein aufwendiges Datenhandling, eine permamente Programmpflege,
die Spezialfertigkeit der Mitarbeiter abverlangte; ebenso ein breites Leistungsangebot von Großrechenzentren, die auf Abhilfe und Ergänzung der eigenen Möglichkeiten
gewirkt haben. Die damit konfrontierte Steuerkanzlei begann nunmehr ihre arbeits-

intensivenMassendateien für Finanzbuchführung, Lohnlisten, Bilanzen, Steuererklärungen etc. Off-line oder On-line über Post-Modem zur Datenfernübertragung an ein
leistungsfähiges Großrechenzentrum auszulagern und damit von der Möglichkeit einer
Verteilung der Daten (Datenhaltung), des Datentransfers (Kommunikation) und der
Datentransformation (Datenformung) Gebrauch zu machen. Aus der Sicht einer Steuerkanzlei entstanden somit vier Arten von Verteilungen, und zwar
° die Verteilung von Lasten an verschiedene Standorte,
° die Verteilung von Funktionen,
° die Verteilung von Daten und schließlich
° die Übermittlung von Nachrichten.
Danach kann dieser Trend zu einem verteilten System führen, das einen verteilten Zugang zu verschiedenen Computerleistungen und/oder zur verteilten Intelligenz über
verteilte programmierte Prozesse bedeutet.

2 Die zu beachtenden Techniken

Ein Blick in die gegenwärtige Landschaft der Computeranwendungen vermittelt Grundzüge der Informationsverarbeitung, die in Abbildung 1 mit ihren drei tragenden Säu-
len der Datenverarbeitung, der Textverarbeitung und der Nachrichtenübertragung gezeigt wird:
° Zum einen wachsen Datenverarbeitung, Textverarbeitung und Nachrichtenübertragung
   allmählich zusammen und schaffen somit ein multifunktionales Verbundsystem;
° zum anderen wird eine neue, möglicherweise die fünfte Computergeneration zu einem
   Zeitpunkt anvisiert, wann Techniken der dritten Compútergeneration nicht oder nur
   bedingt voll genutzt werden (können).
Das Vordringen der Gebiete Bild-, Graphik-, Schrift- und Sprachverarbeitung wird
nicht zuletzt durch Fortschreibung der Tendenzen begleitet, in deren Mittelpunkt der
Anwender steht. Seine operativen und dispositiven Tätigkeiten werden jedoch erst
dann voll unterstützt, wenn zuvorgenannter Verbund realisiert wird, also, wenn
° Rechnernetze durch Integrierung der Datenverarbeitung mit der Datenübertragung
   und mit ihren technischen Einrichtungen wirken,
° trotz der Verträglichkeitszwänge Daten- und Textverarbeitung zusammenrücken und
   schließlich
° die Möglichkeiten der Telekommunikation genutzt werden.
Aus der Sicht der Steuerkanzleien geht es (wird es dabei gehen!) um die "Nutzung"
der technisch bedingten neuen Möglichkeiten in und außerhalb der Steuerkanzlei, zum
anderen geht es um die "Bindung" der Mandanten an die Dienstleistungen der Steuerkanzlei schlechthin. Mit der Einführung von multifunktionalen Arbeitsplatzsystemen
(multifunctional workstations) nämlich werden Informationspools (Daten- und Textban-
ken) zwecks Abrufen, Speichern und Wiedergeben von Informationen für die Mitarbei-

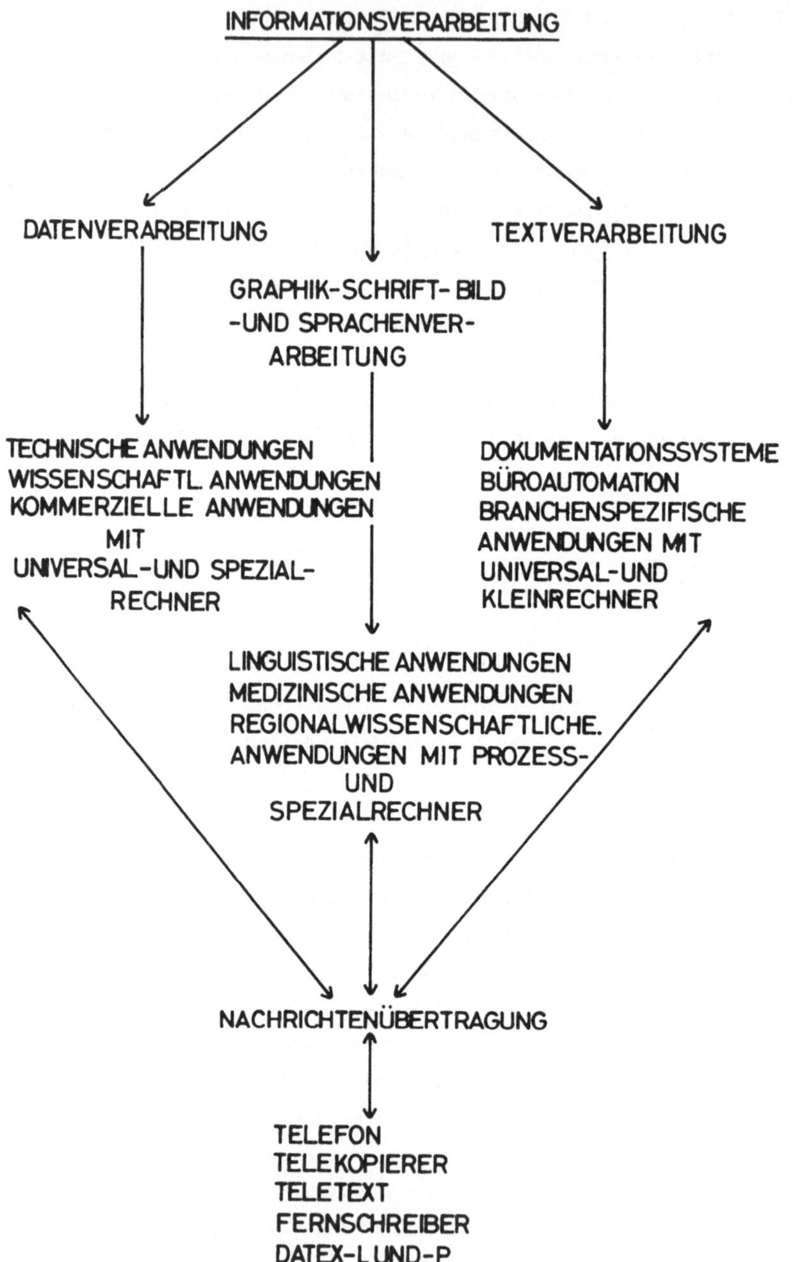

Abbildung 1: Die Zusammenhänge in der Informationsverarbeitung

ter (Steuerberater, Sachbearbeiter) bereitgestellt und somit technologisch verän-
derte Funktionen kommunikativ nutzbar gemacht. Dabei kommt es zu folgenden Beding-
ungsfeldern:

° Gleichmäßige Auslastung der technischen Einrichtungen durch Programmvielfalt und
  Verteilung,

° Ausweitung des Aufgabenkatalogs im Sinne der integrierten Informationsverarbeitung
  und

° Ausdehnung der Nutzungen (Anwendungen) auch auf Techniken des Bildschirmtextes,
  des Breitbandkanals sowohl zu inner- wie zur zwischenbetrieblichen Kommunikation.
Der Trend ist somit eindeutig. Die Schaffung multifunktionaler Systeme und Arbeitsplätze in den Steuerkanzleien mit den Kopplungsmöglichkeiten "nach oben", d.h. zu
den Großrechenzentren und "nach unten", d.h. zu den Mandanten, wird sich nach Erfül-
lung gewisser Bedingungen sukzessive vollziehen, wobei eine sofortige Nutzung aus
technischen, pragmatischen und wirtschaftlichen Gründen unrealistisch wäre. Realistischer erscheint dagegen die Annahme, daß zunächst solche Techniken zum Einsatz gelangen, die die täglich anfallenden und einfachen Aufgaben zum Inhalt haben, also
das Verwalten von Terminen, Updaten von Telefonlisten u.ä. Aufgaben. Daran schlies-
sen Aufgaben der Eingabe, der Speicherung und der Ausgabe von Texten und Daten an.
Hier treten somit Formatierungsarbeiten, Entwicklungen von Ordnungsbegriffen, Festlegung von Suchbegriffen u.a. Funktionen auf. Schließlich wird der Kreis durch Verteilung der Daten- und Textbestände, durch Informationsübermittlungen, durch gemeinsame Nutzungen alternativ durchschaltbarer Funktionen/Lasten geschlossen. Natürlich
verändern die angenommenen Techniken alle Arbeitsabläufe

° in der Steuerkanzlei,

° von der Steuerkanzlei zum Großrechenzentrum und

° von der Steuerkanzlei zu den Mandanten.
Ihre Auswirkungen festzuhalten, aus der Sicht des Betroffenen optimal zu nutzen,
wird Aufgabe der neu zu entwickelnden Systeme sein.

3 Die Entwicklung des Systems

Das System gliedert sich in drei Basisbereiche

° Datenverarbeitung,

° Textverarbeitung und

° Daten-(Informations-) übertragung.
Diese werden unterteilt in ihre Grundelemente (vergl. Abbildung 2)

° mit den technischen Komponenten der Hardware bis zum Verbundsystem,

° mit den organisatorischen Komponenten zur Aufrechterhaltung des Betriebes und zur
  Gewährung einwandfreier Arbeitsabläufe, sowie

° mit den aufgabenspezifischen Komponenten der jeweiligen Anwendungen.

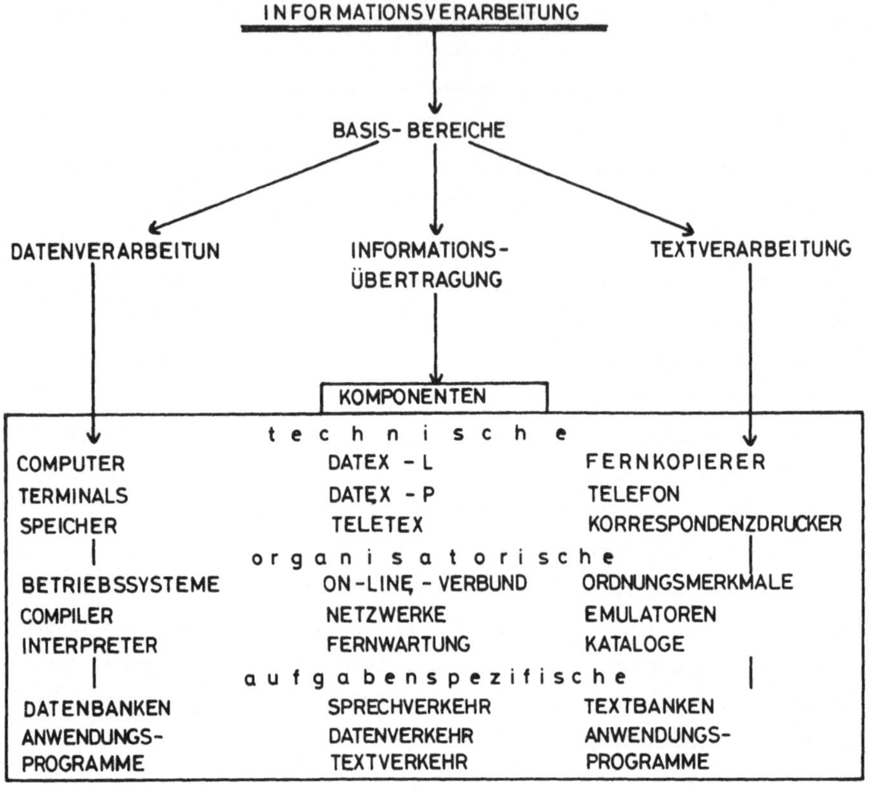

<u>Abbildung 2</u>: Systemaufbau mit Basisbereichen

Die Grundüberlegung für das aufgebaute System (vergl. Abbildungen zuvor) geht von den Prämissen aus, wonach

° für jede Steuerkanzlei als Teilnehmer eines bestimmten Informationssystems ein selbständiges Subsystem aufgebaut wird, das

° kompitabel ist zu den zentralen Einrichtungen und daher deren Dienstleistungen in Anspruch nehmen kann.

Diese Dienstleistungen erstrecken sich auf die Möglichkeit der zentralen Datenhaltung, der zentralen Informationsauswertungen bei Massendaten, sowie auf die zentrale Verantwortlichkeiten für Entwicklungs-, Wartungs- und Betreuungsaufgaben bezüglich der Anwendersoftware. Eine weitestgehende Abstimmung der technischen, organisatorischen und teilweise der anwendungsspezifischen Komponenten der Subsysteme im Gesamtsystem ist somit genutzt worden und dies nicht zuletzt auf Grund der Tatsachen, daß

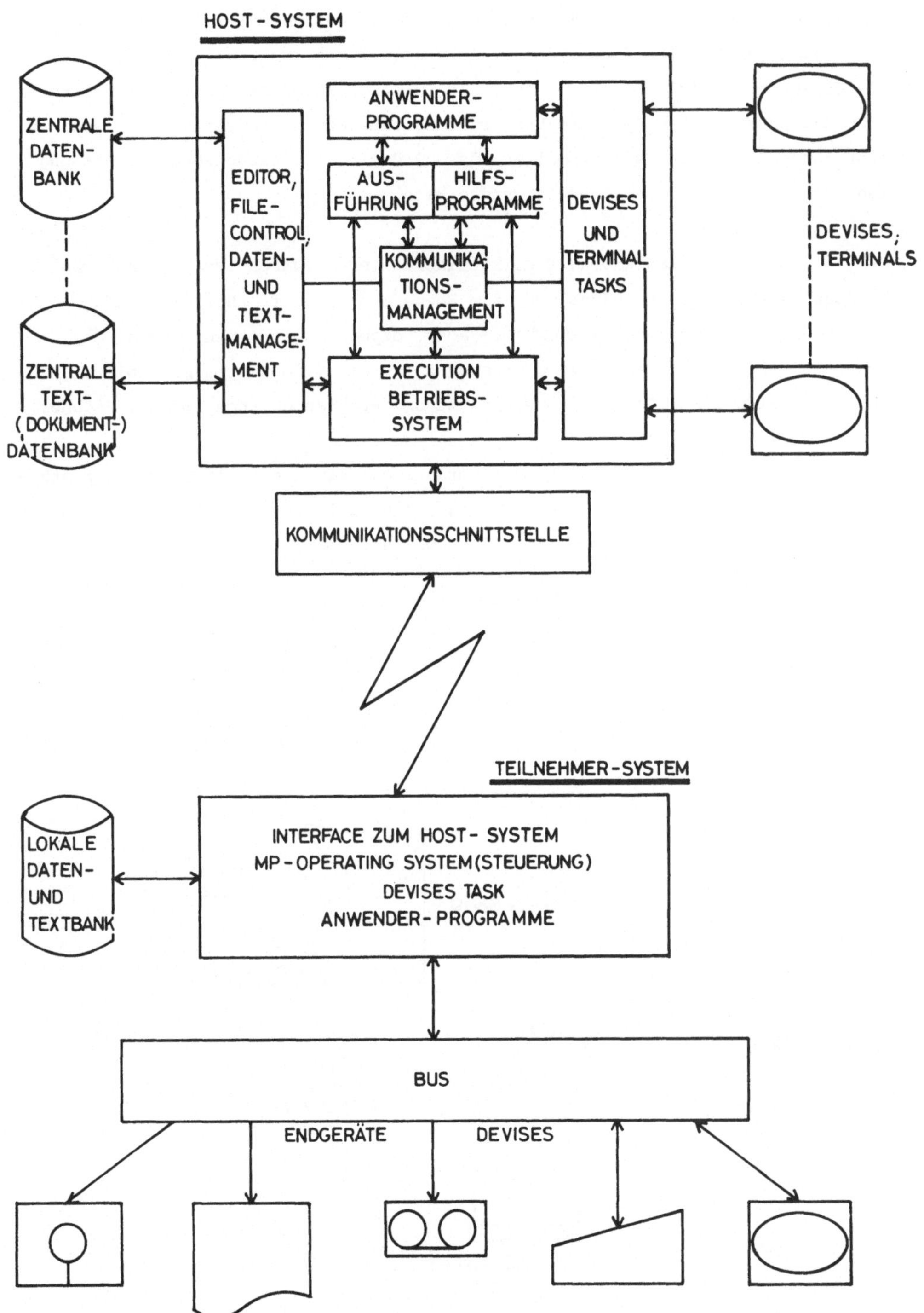

Abbildung 3: Systemaufbau mit Hardware und Software

sich die Steuerkanzleien zwar zunehmend den Möglichkeiten der Informationsverarbeitung bedienen, aber weder über DV-Spezialisten verfügen (wollen!), noch auf ausreichende Erfahrungen zurückblicken können. In Fortführung dieses Gedankens sollen dann
auf der Mandanten - Ebene weitere Untersysteme entstehen, die ebenso eine gewisse
"Uniformierung" (Standards) beinhalten müssen, damit eine sachgerechte Betreuung
seitens der Steuerkanzleien gewährt werden kann.
Wichtig ist dabei, daß
° auf jeder Ebene die laufenden, d.h. routinemäßigen Aufgaben zum Tragen kommen,
° die aber jeweils auf der nächst höheren Ebene ebenso ausführbar sind und
° somit Datenhaltungen - zwar redundant - aber "doppelt" betrieben werden.
Für den einzelnen Arbeitsplatz wird grundsätzlich ein Bildschirmarbeitsplatz angestrebt, mit Bildschirm, Tastatur, Zugriff zu den Programmen auch im Host-Rechner,
Zugriff zu den Dateien etc.
Ein Beispiel - einfachheitshalber eingeschränkt auf einen einzelnen Arbeitsplatz -
wird in Abbildung 4 wiedergegeben. Die derzeit installierten Systeme sind auf dieser
Basis, aber als Mehrplatzsysteme, etabliert worden.

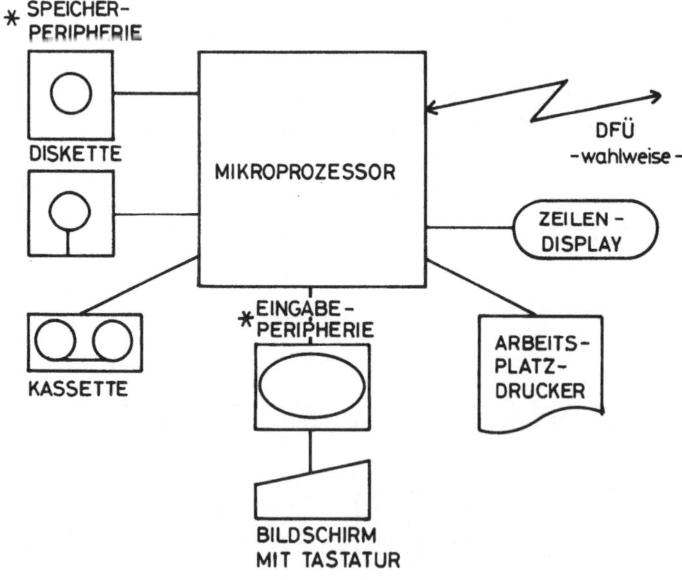

Abbildung 4: Ausstattung der Teilnehmer - Beispiel des Einarbeitsplatzsystems

4 Die Folgerungen

Mit der Einführung multifunktionaler Arbeitsplatzsysteme (multifunctional workstations) wird der Endbenutzer an Informationspools geführt, um Informationen abzurufen, zu speichern, zu nutzen, und zwar solche Informationen, die er für die Erledigung seiner Arbeit benötigt, bzw. die sich aus seiner Arbeit ergeben. So gesehen sind Funktionen wie Ablegen, Weitergeben, Wiederauffinden von Daten, Texten, Dokumenten und sonstigen Informationsträgern Aufgaben, die mit Hilfe der neuen technischen Konzeption "relativ einfach" gelöst werden. Ihr Lösungsprozeß geht von einer sukzessiven Vorgehensweise aus, die sicherlich zur allmählichen Veränderung der Berufsbilder der betroffenen Endbenutzer führen werden:

° In der ersten Integrationsstufe wird vorrangig auf die Datenerfassung Wert gelegt. Hinzu kommen relativ einfache Programme für Mandantenverwaltung, Korrespondenz, Fakturierung etc.

° Die zweite Stufe führt zu erhöhten Leistungen bzw. Funktionen. So werden insbesondere Aufgaben wie Bilanzerstellung und Steuerberechnung, die bereits auf einen breiten Datenpool zurückgreifen, automatisiert.

° In der nächsten Stufe schließlich werden die umfangreichen Auftragsbearbeitungen, Verwaltungsprogramme, Textverarbeitungen u.ä. realisiert, wobei sowohl "Stand-alone", wie auch "Verbundlösungen" zum Tragen kommen.

Die allmähliche Einbeziehung der Textbausteine und der Datenfernübertragung im Sinne der elektronischen Mailbox-Funktionen trägt auch dem Kenntnisstand und der Einstellung der Endbenutzer Rechnung. Einem Steuerberater ist es ebenso fremd eine Steuerberatung unter "Führung" eines Bildschirmterminals vorzunehmen, wie dem Sachbearbeiter auf Textbausteine mittels Funktionstaste eines Gerätes zurückgreifen. Schließlich ist es ungewöhnlich, daß getätigte Aktionen - beginnend mit der Auftragserteilung durch den Mandanten - automatisch aufgezeichnet und in die Budgetierung der Steuerkanzlei "fließen", d.h. der Gesamtablauf voll-automatisiert geführt, überwacht, geplant und abgerechnet wird. Dazu zählt auch die Tätigkeit des Endbenutzers selbst, dessen Aktionen auftragsgerecht erfaßt und zugerechnet werden. Dieser Gesamtzusammenhang ist in Abbildung 5 aufgezeichnet.

Hieraus ergeben sich weitere Folgerungen, die insbesondere zu erheblichen Veränderungen im Berufsbild der Steuerberater und der Sachbearbeiter führen werden. Allein die angenommene Anzahl der zur Bearbeitung anstehenden Fälle (gemessen an Kleinbetrieben) vermittelt einen Eindruck, der in Abbildung 6 vertieft wird. Zu beachten ist: die Tätigkeit der Steuerberater und der Sachbearbeiter "rücken näher".

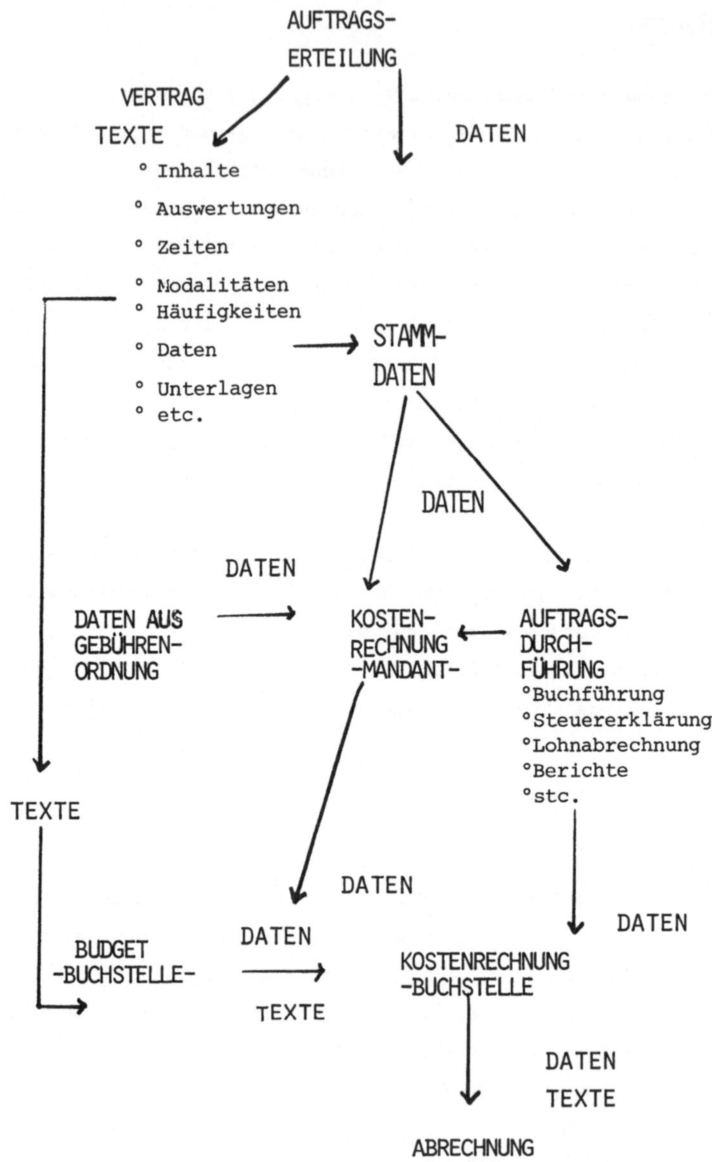

Abbildung 5: Gesamtzusammenfassung im veränderten System

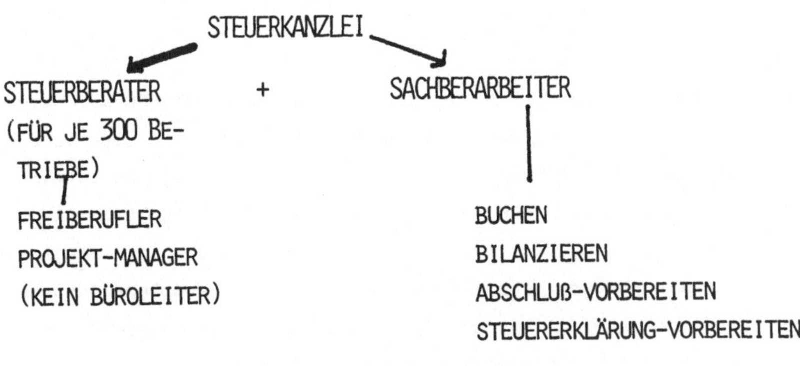

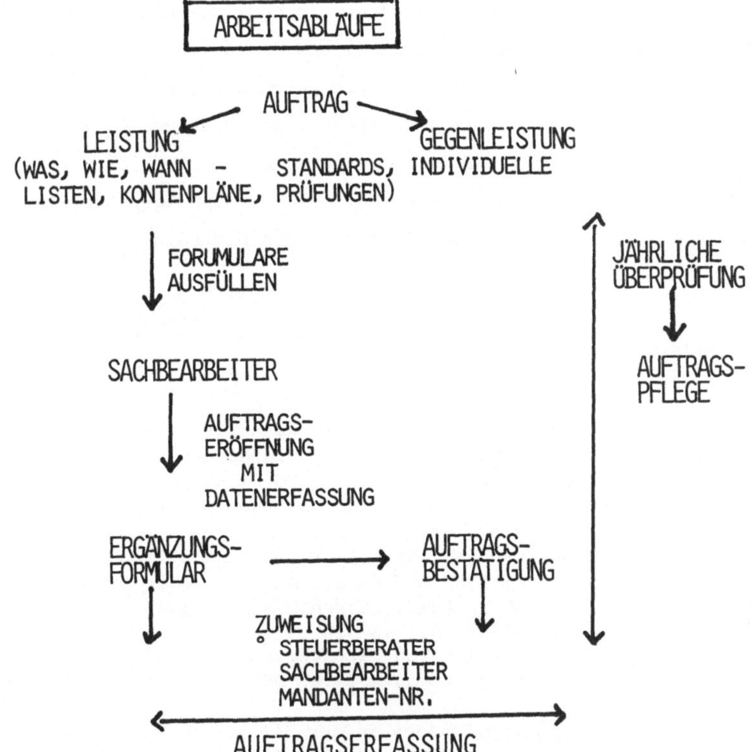

DIE REALISIERUNG OBEN GEZEICHNETEN KONZEPTES SOLL IN EINEM 5-10 JÄHRIGEN
ÜBERGANG - NACH ERPROBUNG IN 1-2 BÜROS - ZUM TRAGEN KOMMEN.
DERZEIT LIEGT DIE ZUSTIMMUNG DER GESCHÄFTSFÜHRUNG VOR. DISKUSSIONEN MIT
DEN BETROFFENEN, EBENSO DIE ERRICHTUNG VON MUSTERARBEITSPLÄTZEN SOLLEN IN KÜRZE
FOLGEN.

Abbildung 6: Aufgabenverteilung in der Steuerkanzlei

5 Ein kurzer Ausblick

Die Integration der voneinander weitgehend unabhängigen Bereiche der Datenverarbeitung, der Textverarbeitung und der Datenübertragung setzt sich erst sehr zögernd ein, obwohl die Techniken, so bspw. die zuvor erwähnten Mehrfunktionsgeräte, ein verbundenes Arbeiten realisierbar erscheinen lassen. Preiswerte, funktionstüchtige und einfach zu bedienende Geräte deuten Entwicklungstendenzen an - die eine gewisse Lernbereitschaft und Umstellungsbereitschaft voraussetzt - die komplexe Informationsverarbeitung im Sinne von Abbildung 2 zum Gegenstand haben. Das zögernde Einsetzen der Integrationsbereitschaft kann durchaus auf die "viel zu raschen" Fortschritte in der Hardware-Technologie zurückgeführt werden. Sie bedingen nämlich ein rasches Fortschreiten, das seitens der Betriebssysteme und der Software nur zeitversetzt nachvollzogen werden kann. Diese Tatsache (erst Technik - dann Betriebssystem - dann Software) bestimmt (und wird) das zukünftige Bild (bestimmen). Es dürfte in der Ausstattung von Großbetrieben mit Großrechnern, der Mittelbetriebe mit selbständigen Kommunikationsnetzen und der Kleinbetriebe mit selbständigen Arbeitsplatzsystemen mit Anschlußmöglichkeiten "nach oben" charakterisiert sein.

6 Einige Quellenhinweise

Davidson, S. (Editor): The Accounting Establishment in Perspective, Chicaco 1979

DeSousa, M.R.: 'Electronic information interchange in an office environment' IBM Systems Journal 20 No. 1 (1981)

Graef, M. und Greiller, R.: Organisation und Betrieb eines Rechenzentrums, in:Schriftenreihe Integrierte Datenverarbeitung in der Praxis, Band 13, Heilmann,W. (Hrsg.) Stuttgart-Wiesbaden 1975

Hamm,M.: SPERRYBLINK Office Systems, in: Büroautomations- und -kommunikationssysteme, Hansen,H.R. (Hrsg.), Berlin-Heidelberg-New York 1982, S. 516-528

Hansen,H.R.: Integration von Datenverarbeitung, Textverarbeitung und Nachrichtenübertragung, in: DSRW, Heft 9/81 September 1981, S. 191-196

Kaltenegger,Fr.A.: Verbundlösungen in der Steuerkanzlei, in: DSRW, Heft 9/81 September 1981, S. 202-204

Shillinglaw, G.: Cost Accounting Principles for External Reporting: A Conceptual Framework, in: Essays in Honor of William A. Paton, Zeff, St.A. (Editor), Ann Arbor, Michigan 1979, S. 157-184

Speek, J.: Integration multifunktionaler Bürosysteme in Rechnernetze, in: Informatik-Fachberichte, Band 57, Nehmer, J. (Hrsg.), Berlin-Heidelberg-New York 1982, S. 704-717

Weigand, L.: Zentralisierte oder dezentralisierte integrierte Datenverarbeitung - ein Vergleich am Beispiel eines Unternehmens der Elektronikindustrie, Diss. Erlangen-Nürnberg 1981

<u>KONZEPTE FÜR DIALOGSYSTEME UNTER BERÜCKSICHTIGUNG DER VERTEILBARKEIT</u>

M. Fritsche, R. Schragl, P. Spindler, D.L. Taeuber
SIEMENS AG, München

<u>Zusammenfassung</u>

Ein Modell für Dialogsysteme wird unter dem Aspekt der Verteilbarkeit
seiner einzelnen Komponenten auf unterschiedliche Rechner eines Rechnernetzes vorgestellt. Aus diesem Modell ergeben sich charakteristische
Verteilungstypen, deren Anwendbarkeit an praxisnahen Beispielen demonstriert wird.

1. Einführung

In zunehmendem Maße setzt sich die Verwendung von Dialogsystemen in weiten Bereichen der Wirtschaft, der Verwaltung und der Forschung und Lehre
durch. Obwohl der Einsatz von Dialogsystemen in der Regel mit höheren
Entwicklungskosten und Mehraufwand für Wartung und Pflege verbunden ist,
überwiegen gegenüber der Stapelverarbeitung Vorteile wie

- Zügige und aktuelle Bearbeitung von Vorgängen
- Reduzierung der Anzahl von Arbeitsschritten pro Vorgang
- Direkte Kontrollmöglichkeiten für den Benutzer über den Fortschritt
  und die Fehlerfreiheit von Vorgängen
- Wirtschaftlicher Einsatz in Bereichen mit zentralen und dezentra-
  len Organisationsformen.

Die möglichen Vorteile der Dialogverarbeitung werden allerdings durch
vorhandene Systeme oft nur unvollständig genutzt. Da grundlegende System-
konzepte fehlen, führen nachträgliche Änderungen und Erweiterungen häufig zu spürbaren Leistungsverlusten. Zur Lösung dieses Problems ist es
erforderlich, die für Dialogsysteme gültigen Gesetzmäßigkeiten zu erkennen und schon beim Entwurf solcher Systeme zu berücksichtigen.

Aus diesem Grunde wurden im Rahmen eines Forschungsprojektes Konzepte
für die Entwicklung von speziell solchen Dialogsystemen erarbeitet, die
es mehreren Benutzern gleichzeitig ermöglichen sollen, ihre Aufgaben im

Dialog zu lösen. Leitgedanke dabei war es, ein Modell zu entwickeln, das
für Dialogsysteme generell Gültigkeit hat und das möglichst unabhängig
von jeder Soft- und Hardware-Umgebung ist, während es sowohl in heutigen
als auch in zukünftigen DV-Umgebungen implementierbar ist. Außerdem sollte
das Modell den folgenden globalen Anforderungen an Dialogsysteme genügen:

- Dialogsysteme sollten leicht modifizierbar und erweiterbar sein,
  damit sie an sich verändernde Organisationsformen und an neue Benut-
  zerbedürfnisse angepaßt werden können
- Dialogsysteme sollten so gestaltet sein, daß aus einem generell
  einsetzbaren Kern durch Hinzufügen anwendungsspezifischer Komponenten spezielle Anwendungen dynamisch erzeugt werden können
- Dialogsysteme sollten die Gestaltung von benutzerfreundlichen Ober-
  flächen unterstützen
- Dialogsysteme sollten in der Lage sein, gleiche Aufgabenstellungen
  sowohl im Dialog als auch im Stapelbetrieb bearbeiten zu können
- Dialogsysteme sollten in sich verteilbar sein, um sich leicht an
  unterschiedliche und sich verändernde Rechnerkonfigurationen anpassen zu können.

Bedingt durch die rasche Entwicklung auf dem Gebiet der Mikroelektronik
ist in vielen Bereichen eine zunehmende Tendenz zur Dezentralisierung erkennbar. Dies bedeutet für den Entwickler, daß auch bei Dialogsystemen
Möglichkeiten der Verteilung bereits in der Entwurfsphase berücksichtigt
werden müssen. Deshalb wird in diesem Beitrag der Aspekt der Verteilbarkeit in den Vordergrund gestellt und die Auswirkungen auf den Entwurf von
Dialogsystemen diskutiert.

2. Das Funktionenmodell

Die Welt der Dialogsysteme besteht aus Hard- und Software-Komponenten
sowie aus Benutzern, die mit diesen Systemen interaktiv verkehren. Demgegenüber steht die Welt des Modells, die die relevanten Eigenschaften der
Systemwelt widerspiegeln soll. Bei der Modellbildung sind die von den
Dialogsystemen zu erbringenden Funktionen sowie die charakteristischen
Merkmale der Systemumgebung zu berücksichtigen. Um die Welt des Modells
strukturieren und damit den Leistungsumfang des Funktionenmodells abstek-
ken zu können, ist es erforderlich, Dialogsysteme von ihrer Umwelt abzu-
grenzen.

Zum einen verkehren die verschiedenen Benutzer bei der Lösung ihrer Aufgaben interaktiv mit dem Dialogsystem. Damit stellt der Benutzer, charakterisiert durch seine Bedürfnisse und Eigenschaften, einen wesentlichen Bestandteil der Systemumgebung dar. Dies wirkt sich darin aus, daß dem Aspekt der Benutzerfreundlichkeit bei der Gestaltung eines Dialogsystems eine besondere Rolle zufällt.

Zum anderen sind Dialogsysteme auf Datenverarbeitungsanlagen bereitzustellen, die neben der Hardware mit Grund-Software, wie z.B. Betriebs-, Kommunikations-, Datenverwaltungs- oder auch Datenbanksystem ausgestattet sind. Bezogen auf die Welt des Modells wurde so verfahren, daß alle die Funktionen, die durch Hardware und Grund-Software erbracht werden sollten, der Umgebung des Funktionenmodells zugeordnet werden. Die Gesamtheit dieser Funktionen läßt sich als eine gedachte aktionsfähige Komponente auffassen, die aus Ablauf-, Kommunikations- und Datenteil besteht und im folgenden als "DV-Kern" bezeichnet wird. Alle von Dialogsystemen zu erbringenden Funktionen, die nicht Bestandteil des DV-Kerns sind, werden durch das Funktionenmodell abgedeckt. Es sind dies zum einen alle die sachbezogenen Funktionen, die aus Sicht des Fachgebiets erforderlich sind, zum anderen alle die DV-technischen Funktionen, die den Einsatz sachbezogener Funktionen ermöglichen. Das Funktionenmodell beschreibt Struktur und Gesetzmäßigkeiten von Dialogsystemen und nutzt den DV-Kern, um den geforderten Leistungsumfang zu erbringen.

In dem hier vorgestellten Modell werden alle Funktionen in einem einheitlichen Abstraktionsniveau, bezogen auf die Umgebung Benutzer und DV-Kern, erfaßt und so zu Funktionskomponenten zusammengefaßt, daß diese unabhängig voneinander betrachtet und analysiert werden können. Dabei wurden sowohl die logische Zusammengehörigkeit von Funktionen als auch deren zeitliche Reihenfolge berücksichtigt.

Die grundsätzlichen Aufgaben, die ein Dialogsystem abzuwickeln hat, sind die Dialoge mit den Benutzern. Jeder dieser Dialoge besteht aus einer geordneten Folge von Dialogschritten, die jeweils mit einer Nachrichteneingabe an das Dialogsystem beginnen und der darauffolgenden Nachrichtenausgabe enden. Dialoge lassen sich in verschiedene Phasen zerlegen. So werden beispielsweise in einer Phase die Aktivitäten durchgeführt, die der Vorbereitung der Aufgabenbearbeitung dienen und in einer anderen die Aufgaben selbst bearbeitet. Der Benutzer wählt die Verarbeitungsvorgänge im Dialog aus und läßt sie vom System ausführen. Eine inhaltlich zusammengehörende Gruppe von Aufgaben, welche die Benutzer im Dialog durchführen können, wird unter dem Begriff "Anwendung" zusammengefaßt. Die Aufgaben einer An-

wendung besitzen gemeinsame spezifische Eigenschaften, die sie von Aufgaben anderer Anwendungen unterscheiden (z.B. die Verwendung eines gemeinsamen Datenbestandes oder die Zuordnung zu einem gemeinsamen Sachgebiet).

Ausgehend von dieser Betrachtung lassen sich die folgenden vier Funktionskomponenten definieren:

Stationsteil:
(STT)

Hier sind alle Funktionen zusammengefaßt, die einer
Datenstation zugeordnet sind und den Zutritt des Be-
nutzers zum Dialogsystem regeln.
Beispiele für Funktionen des Stationsteils sind:
- gerätespezifische Formatierung
- Berechtigungsprüfung
- Auswahl der Anwendung.

Dialogkoordinie-
rungsteil:
(DKT)

Dieser Teil enthält alle Funktionen, die das Betreiben mehrerer Dialoge innerhalb einer Anwendung ermöglichen. Es werden alle Dialoge einer Anwendung verwaltet und koordiniert.
Beispiele für Funktionen des Dialogkoordinierungsteils
sind:
- Zuordnung von Nachrichten
- Prioritätensteuerung
- Überwachung des Wiederanlaufs.

Aufgabensteuerteil:
(AST)

Dieser Teil umfaßt alle Funktionen, die dem Benutzer
die Auswahl und Beschreibung der Aufgaben einer Anwendung im Dialog ermöglichen und die nötig sind, die
von den Aufgaben abhängigen Aktionen anzustoßen.
Beispiele für Funktionen des Aufgabensteuerteils
sind:
- Dialogabwicklung in den anwendungsabhängigen
  Phasen des Dialogs
- Rücksetzen des Dialogablaufs
- aufgabenspezifische Hilfe-Funktion.

Aktionsteil:
(AKT)

Dieser Teil enthält alle Funktionen, welche dazu
dienen, zusammengehörende Aktionen auszuführen. Eine
Aktion stellt dabei einen aus Anwendungssicht elementaren Verarbeitungsvorgang dar, in welchem keine interaktiven Eingriffe (mit Ausnahme des Abbrechens von
Aktionen) mehr vorgenommen werden können.

Beispiele für Funktionen des Aktionsteils sind:
- Ausführung von Aktionen
- Rücksetzen von Aktionen
- Zwischenspeichern von Teilergebnissen.

Bezogen auf den Dialogbetrieb stehen dabei die einzelnen Teile in fest umrissenen Beziehungen zueinander:

Alle Benutzerein- und -ausgaben erfolgen über die Datenstation, deren spezifische Eigenschaften durch den Stationsteil berücksichtigt werden. Die geräte- und ggf. benutzerspezifische Anpassung von Ein-/Ausgaben wird vorgenommen, bevor Benutzereingaben an andere Teile des Funktionenmodells weitergereicht werden bzw. unmittelbar, bevor eine Ausgabe an den Benutzer erfolgt. Der Stationsteil stellt somit das Bindeglied zwischen den übrigen Funktionskomponenten und dem Benutzer dar.

Sämtliche Phasen, in welchen ein Dialog nicht mit einer Anwendung verbunden ist, werden durch den Stationsteil abgewickelt. In allen übrigen Phasen werden vom Stationsteil Nachrichten an den Dialogkoordinierungsteil weitergereicht bzw. von ihm entgegengenommen. Das bedeutet eine Zuordnung zwischen Stations- und Dialogkoordinierungsteil.

Der Dialogkoordinierungsteil hat dafür zu sorgen, daß Nachrichten, die aus verschiedenen Dialogen resultieren, entsprechend den festgelegten Prioritäten innerhalb einer Anwendung behandelt und den richtigen Aufgabensteuerteilen zugeteilt werden. Somit sind Dialogkoordinierungsteil und Aufgabensteuerteil einander zugeordnet.

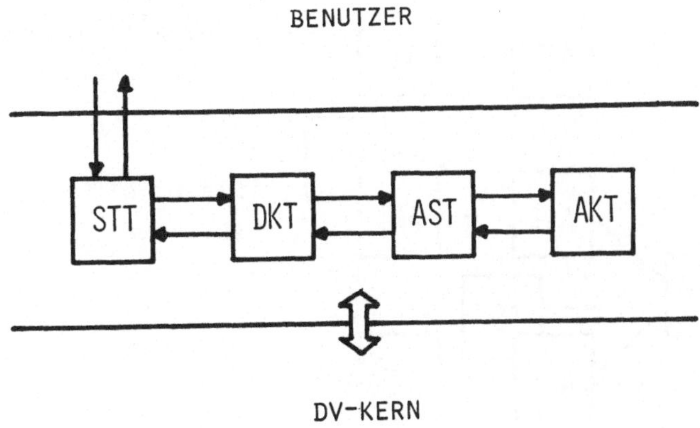

<u>Bild 1</u>: Struktur des Funktionenmodells

Die Initiative zum Anstoß von Aktionen geht im allgemeinen vom Benutzer aus, welcher über aufgabenbezogene Dialogein- und -ausgaben mit dem Aufgabensteuerteil verkehrt. Dieser stellt fest, wann ein Aktionsteil benötigt wird, stößt diesen an und erhält von ihm Aktionsergebnisse zurück.

In Bild 1 sind die einzelnen Funktionskomponenten mit ihrer Aufrufstruktur dargestellt. Die Pfeile geben an, in welcher Reihenfolge die Funktionskomponenten durchlaufen werden können.

Da das Funktionenmodell die Existenz einer beliebigen Anzahl von Dialogen zuläßt, können zu jedem Betrachtungszeitpunkt mehrere Exemplare einer Funktionskomponente auftreten. Die Zuordnung erfolgt derart, daß jeder verfügbaren Datenstation ein Stationsteil, jeder aktivierten Anwendung ein Dialogkoordinierungsteil, jedem innerhalb einer Anwendung geführten Dialog ein Aufgabensteuerteil und diesem zur Durchführung von Aktionen solange ein Aktionsteil zugeordnet wird, bis zusammengehörende Verarbeitungen abgeschlossen sind.

Das Funktionenmodell beschreibt ein zeitabhängiges System, was darin zum Ausdruck kommt, daß die Lebenszeit jedes Teils begrenzt ist, d.h. jede Funktionskomponente einen definierten Anfang und ein definiertes Ende be-

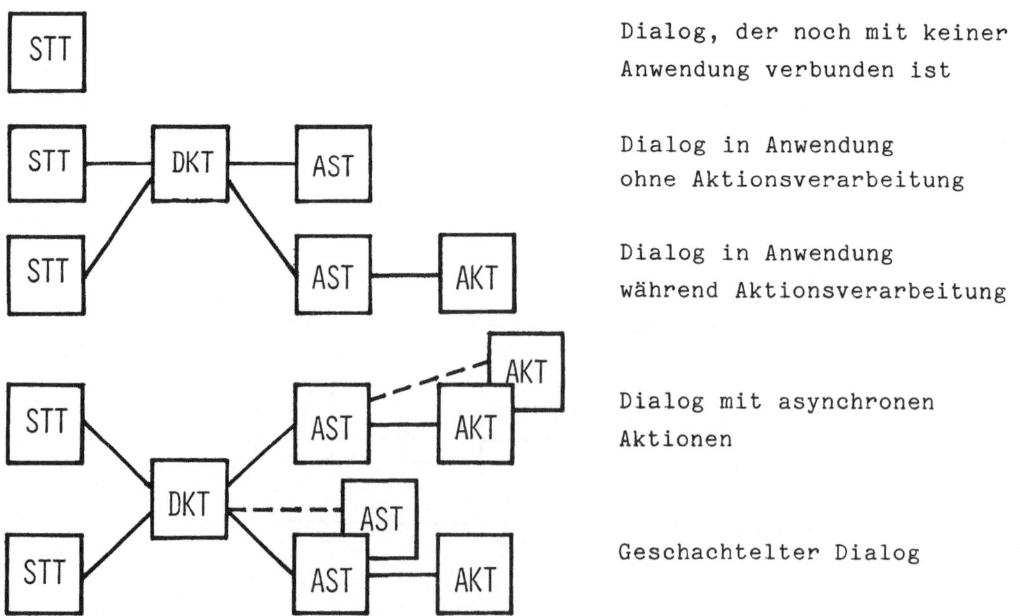

<u>Bild 2</u>: Beispiele von Dialogen in verschiedenen Phasen

sitzt und die Beziehungen zwischen den Funktionskomponenten bei Bedarf
auf- und abgebaut werden. Dadurch wird erreicht, daß flexible Strukturen
entstehen, die es erlauben, den unterschiedlichsten Anforderungen Rechnung zu tragen (z.B. Zugang eines Benutzers zu verschiedenen Anwendungen
über dieselbe Datenstation, Einschieben einer neuen Aufgabe oder Durchführen asynchroner Verarbeitungen innerhalb eines Dialogs).

Ein Beispiel für eine mögliche Ausprägung der Struktur mit zwei voneinander unabhängigen, parallel betriebenen Anwendungen mit Dialogen in verschiedenen Phasen zeigt Bild 2.

3. Auswirkungen der Verteilung auf das Funktionenmodell

Für die Realisierung des Konzeptes der verteilten Verarbeitung gibt es
unterschiedliche DV-technische Möglichkeiten.

So kann beispielsweise ein "Verteiltes Datenbanksystem" verwendet werden,
das allen Rechnern eines Netzwerkes die Nutzung eines Gesamtdatenbestandes ermöglicht - unabhängig davon, wo diese Daten abgespeichert sind.

Hier sollen nur Möglichkeiten der Funktionsverteilung untersucht werden.
Die Verteilung von Daten wird in Zusammenhang mit dem Funktionenmodell
nur dann betrachtet, wenn sie durch eine Verteilung von Funktionen des
Funktionenmodells hervorgerufen wird (z.B. bei der Durchführung gleichar-
tiger fachspezifischer Aufgaben mit gleichstrukturierten, aber inhaltlich
unterschiedlichen Datenbeständen in den Zweigniederlassungen eines Unternehmens). Denn liegt eine Verteilung ausschließlich von Daten und keine
Funktionsverteilung vor (d.h. alle Funktionen des Funktionenmodells werden von einem Rechnersystem erbracht), so ist es Aufgabe des Datenteils
im DV-Kern, eine einheitliche Datenzugriffsschnittstelle bereitzustellen.

Für einen Dialog mit nur einer Anwendung sieht die logische Beziehung
zwischen den vier Funktionskomponenten in der aktionsabhängigen Dialog-
phase (also in der Phase, in der Verarbeitungsschritte durch den Aktionsteil durchgeführt werden) entsprechend Bild 1 aus.

Werden zwei benachbarte Funktionskomponenten verschiedenen Rechnern zugeordnet, so ist es Aufgabe des Kommunikationsteils im DV-Kern, die Verbindung zwischen den Rechnern herzustellen und den Transport der Nachrichten

zu bewerkstelligen. Allein im Funktionenmodell betroffen sind die Funktionen, welche für den Nachrichtenverkehr mit den benachbarten Funktionskomponenten zuständig sind. Nur diese Funktionen müssen demnach auch eine Schnittstelle zum Kommunikationsteil besitzen.

Diese Schnittstelle sollte so gestaltet sein, daß die Verteilung nicht sichtbar ist. Auswirkungen der Verteilung sollten ausschließlich auf die Funktionen beschränkt bleiben, die das logische Eröffnen und Schließen von Kommunikationsbeziehungen veranlassen.

Der DV-Kern hat dafür zu sorgen, daß die Prozesse, die für die Bearbeitung der ausgelagerten Funktionen zuständig sind, bei Bedarf zur Verfügung stehen und angesprochen werden können. Dies bedeutet, daß aus der Identifikation der Funktion die Erreichbarkeit zum entfernten Rechner abgeleitet und erkannt werden muß, ob Initialisierungsmaßnahmen (z.B. Fernladen) durchzuführen sind. Desgleichen sind Fehler bei der Verarbeitung zu erkennen (Ursache kann z.B. der Ausfall eines Rechners sein) und der betroffenen Funktionskomponente mitzuteilen.

Im folgenden werden die sich aus dem Modell ergebenden sinnvollen Verteilungstypen aufgezeigt und deren Auswirkungen auf die Realisierung diskutiert. Beispiele für die Eignung des Funktionenmodells für in der Praxis auftretende Verteilungen finden sich in Abschnitt 4.

3.1 Verteilung von Stations- und Dialogkoordinierungsteil

Alle Funktionen des Stationsteils sind der Datenstation mit deren Eigenschaften zugeordnet und sind mit Ausnahme von einigen Datenobjekten (z.B. den benötigten Formularen) unabhängig von den zu lösenden Aufgaben. Daher ist es möglich, jeden Stationsteil unabhängig von den anderen Stationsteilen und den restlichen Komponenten des Dialogsystems in einen eigenen Rechner einzubetten.

In Bild 3a ist dieser Verteilungstyp dargestellt, wobei der Rechner, der den Stationsteil enthält, als Rechner R_1, der Rechner, der den Dialogkoordinierungsteil enthält, als Rechner R_2 bezeichnet wird.

Auch mehrere Stationsteile können in einem Rechner realisiert werden, während der andere Rechner den Dialogkoordinierungsteil enthält.

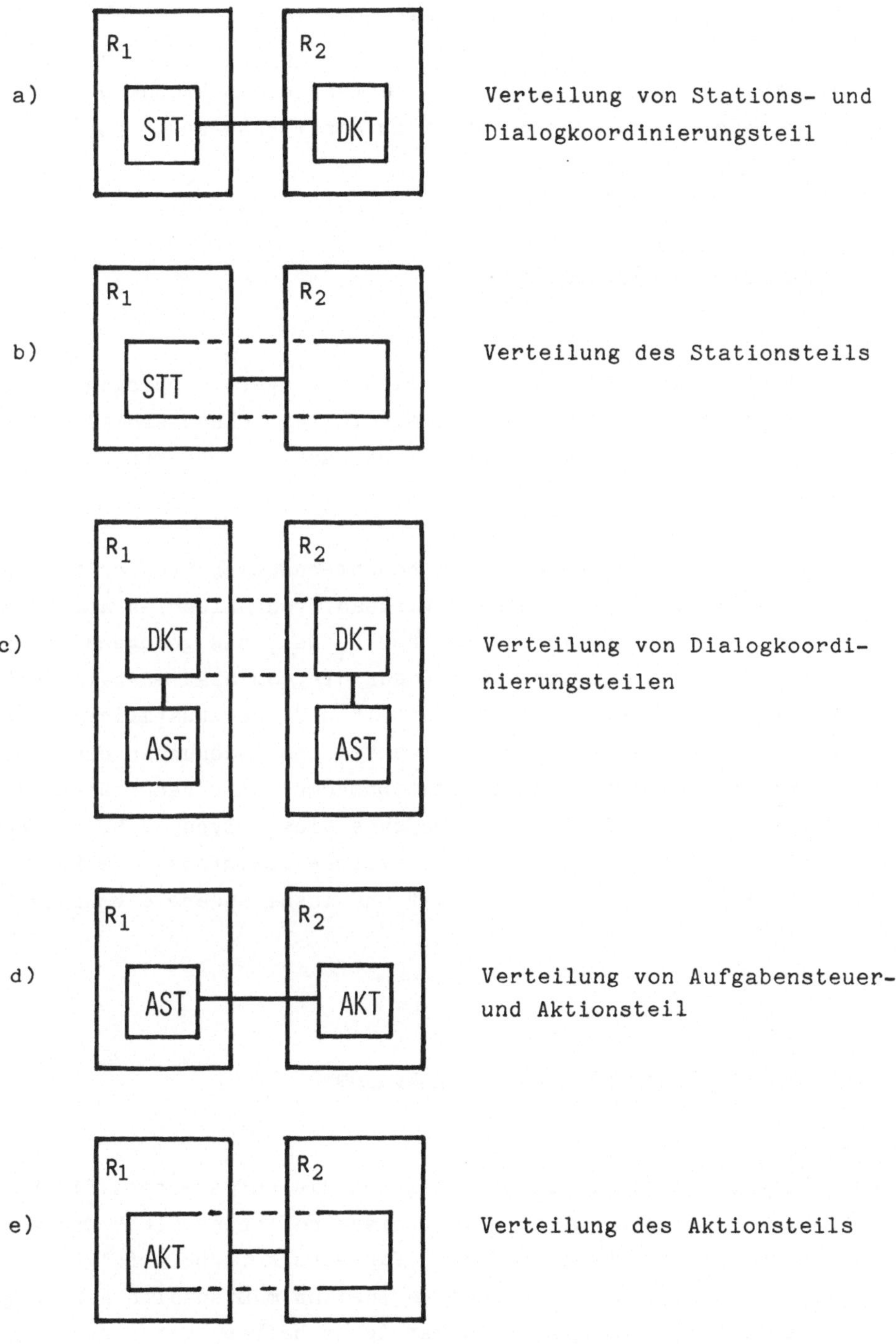

Bild 3: Mögliche Verteilungstypen des Funktionenmodells

Diese Aufteilung findet in folgenden Fällen Verwendung:

- Auslagerung von Funktionen zur Entlastung eines Rechners
- Zusammenfassung mehrerer Benutzer zu einer Benutzergruppe.

3.2 Verteilung des Stationsteils

Nicht nur gesamte Stationsteile lassen sich auslagern. Abhängig von den verfügbaren Betriebsmitteln und den Einsatzfällen können einige der Funktionen des Stationsteils entweder dem einen oder dem anderen Rechner zugeordnet werden (siehe Bild 3b).

Ob eine Funktion im konkreten Fall dem benutzernäheren Rechner R_1 zugeordnet werden sollte, hängt von einer Vielzahl von Kriterien ab. Voraussetzung für die Auslagerung in den Rechner R_1 ist, daß genügend Rechnerleistung vorhanden ist. Ist der Zugriff auf die vom Stationsteil benötigten Datenobjekte zeitkritisch, dann sollten diese zusätzlich mit ausgelagert werden. Hierbei ist aber zu beachten, ob Änderungen eines Datenobjekts nur auf die betreffende Funktionskomponente beschränkt bleiben oder globale Gültigkeit für alle Objekte dieses Typs (z.B. die Formulare aller Stationsteile) haben sollen. Weitere beeinflussende Kriterien sind sicher auch Datenschutz, Sicherheit und insbesondere die Wirtschaftlichkeit.

3.3 Verteilung von Dialogkoordinierungsteilen

Im Aufgabensteuerteil findet im wesentlichen die aufgabenspezifische Dialogabwicklung für einen Benutzer statt. Diese hat "zentralen" Charakter, d.h. die Behandlung der Benutzerführung für eine Aufgabe erfolgt durch eine Instanz. Bei Wechsel zu einer anderen Instanz müßten alle Abhängigkeiten weiter verfügbar sein (z.B. Benutzereigenschaften, Stand des Dialogs), so daß hier eine Verteilung der Funktionen nicht sinnvoll ist.

Jeder Rechner, in dem wenigstens ein Aufgabensteuerteil realisiert ist, muß alle Funktionen besitzen, um diesen einrichten, beenden und mit anderen Aufgabensteuerteilen innerhalb dieses Rechners koordinieren zu können. Deshalb muß in jedem Rechner pro Anwendung auch ein Dialogkoordinierungsteil zur Verfügung stehen. Jeder dieser Dialogkoordinierungsteile führt seine Funktionen unabhängig von anderen durch, so daß keine Kommunikation zwischen diesen stattzufinden hat.

Mehrere Dialogkoordinierungsteile können dabei einer Anwendung zugeordnet sein, die auf verschiedene, nicht miteinander gekoppelte Rechner verteilt ist. Damit ergibt sich für diesen Verteilungstyp die in Bild 3c dargestellte Struktur.

3.4 Verteilung von Aufgabensteuer- und Aktionsteil

Die Aktionsteile führen die Verarbeitungsvorgänge durch, welche zur Lösung von Aufgaben erforderlich sind. Initiiert durch einen Aufgabensteuerteil erfolgt der Aufruf eines Aktionsteils, der alle voneinander abhängigen Aktionen bearbeitet. Aus diesem Grund lassen sich ein oder auch mehrere Aktionsteile eigenen Rechnern zuordnen (Bild 3d).

Anwendungsbeispiele für diesen Verteilungstyp sind Datenbankrechner, welche die für eine Anwendung erforderlichen Verarbeitungen mit durchführen (z.B. bei einem Auskunftssystem). Die Einhaltung der Konsistenz wird hierbei wegen der zentralen Datenhaltung erheblich vereinfacht.

3.5 Verteilung des Aktionsteils

Eine weitere Möglichkeit besteht darin, einzelne Verarbeitungsschritte von Aktionen in einem anderen Rechner durchzuführen (Bild 3e).

Dies kann sinnvoll sein, um rechenintensive Verarbeitungsschritte (z.B. Simulationen) auszulagern oder Verarbeitungsschritte zusammenzulegen, die auf eine gemeinsame Datenbasis zugreifen, aber in unterschiedlichen Aktionen benötigt werden. Diese Möglichkeit setzt voraus, daß Ergebnisse von Verarbeitungsschritten (sowohl die, welche weitergereicht werden, als auch die, welche innerhalb eines Aktionsteils verbleiben) nicht zu umfangreich werden. Anderenfalls ist zu überlegen, ob nicht der gesamte Aktionsteil auszulagern ist.

4. Anwendungsbeispiele für Verteilungen

Um die folgenden Beispiele für die vorgestellten Verteilungstypen systematischer behandeln zu können, wird folgende Klassifizierung für die Verteilung von Prozessorleistung und die Verteilung von Datenbeständen vorgenommen.

Ort und Kopplungsart der beteiligten Prozessoren lassen sich klassifizieren in:

- zentral (nur ein Verarbeitungssystem)
- dezentral (mehrere Verarbeitungssysteme ohne Verbindung untereinander)
- verteilt (mehrere untereinander verbundene Verarbeitungssysteme, von denen ggf. eines die Rolle einer "Zentrale" übernehmen kann).

Ort und Art der Datenhaltung können unterteilt werden in:

- zentral (ein gemeinsamer Datenbestand)
- dezentral (mehrere disjunkte oder duplizierte Datenbestände)
- verteilt (mehrere segmentierte Datenbestände mit gleichzeitiger Haltung des gesamten Datenbestandes oder eines Datenverzeichnisses).

Die Kombinationen dieser, nicht voneinander unabhängig zu betrachtenden, Verteilungsarten führen zu Verteilungsmodellen, von denen zwei im folgenden näher betrachtet und ihre Unterstützung durch das Funktionenmodell untersucht werden sollen.

4.1 Verteilt mit zentralem Datenbestand

Auf einem Zentralrechner R_1 ist der Gesamtdatenbestand D_1 gespeichert. Die Subsysteme R_2 und R_3 führen keine eigenen Datenbestände. Da sie aber "online" mit der Zentrale verbunden sind, ist ständiger Zugriff zu allen Daten möglich. Aktualisierung der Daten erfolgt (meist im Stapelbetrieb) nur auf dem Zentralsystem. Auf den Subsystemen werden die Aufgaben "Auskunft" und "Online-Erfassung" durchgeführt.

Die in Bild 4 dargestellten Aufteilungen zeigen zwei Alternativen für

die Anwendung der Verteilungstypen: die Auslagerung eines Stationsteils
(nach Bild 3a) und die eines Aktionsteils (nach Bild 3d).

Das Verteilungsmodell kann Verwendung finden, wenn

- die Daten des Gesamtdatenbestandes eng miteinander verknüpft sind
- die Daten an mehreren Orten entstehen und stets vollständig an
  mehreren Orten zur Verfügung stehen müssen
- nicht zu hohe Anforderungen an die Aktualität der Daten gestellt
  werden.

Wenn hohe Systemverfügbarkeit gefordert wird, kann die Zentrale doppelt
ausgelegt werden (eventuell auf eines der Subsysteme). Die Probleme des
Datenschutzes und der Datensicherung sowie Konsistenzprobleme sind (da
nur lesender Zugriff durch die Subsysteme erfolgt) mit geringem Aufwand
zu lösen.

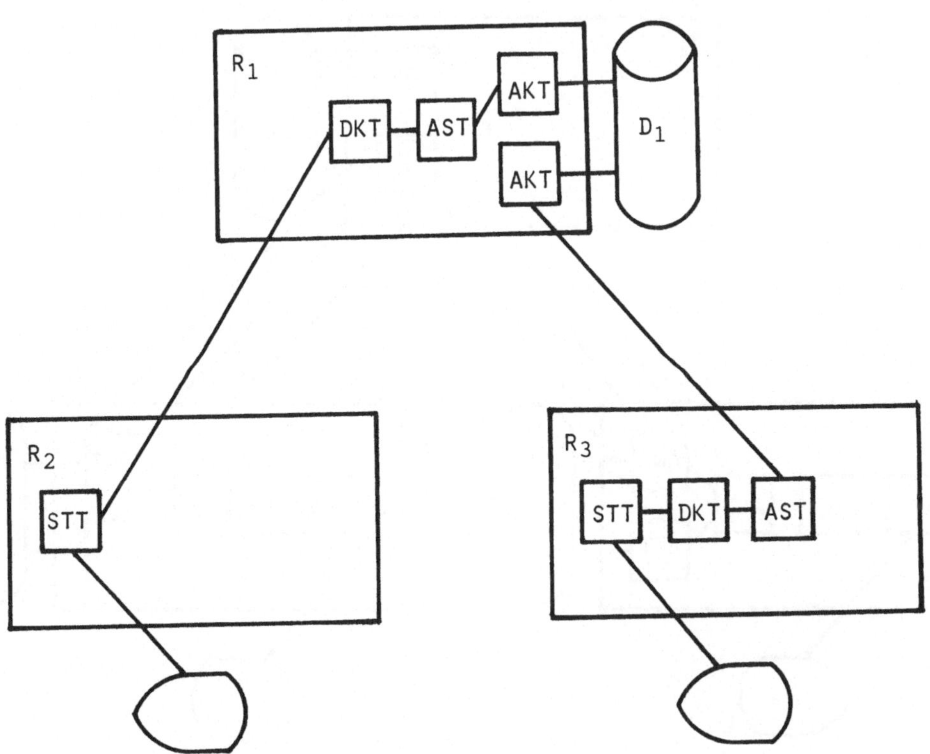

Bild 4: Anwendungsbeispiel "Verteilt
mit zentralem Datenbestand"

Ein Anwendungsbeispiel für dieses Verteilungsmodell bilden die Außenstel-
len eines Unternehmens, die Auskünfte über Aufträge erteilen und die Auf-
tragsdaten erfassen und der Zentrale übermitteln.

4.2 Verteilt mit segmentiertem Datenbestand

Auf einem Zentralrechner R_1 ist der Gesamtdatenbestand D_1 gespeichert.
Die einzelnen Subsysteme R_2 und R_3 haben jeweils einen disjunkten Ausschnitt D_2 bzw. D_3 aus dem Gesamtdatenbestand gespeichert. Auf den Subsystemen ist jede Verarbeitungsart mit den eigenen Daten möglich, zusätzlich besteht lesender Zugriff auf die übrigen Daten des Systems über die
Stammdaten. Die auf den Subsystemen durchgeführten Änderungen werden sofort in den Stammdaten nachvollzogen.

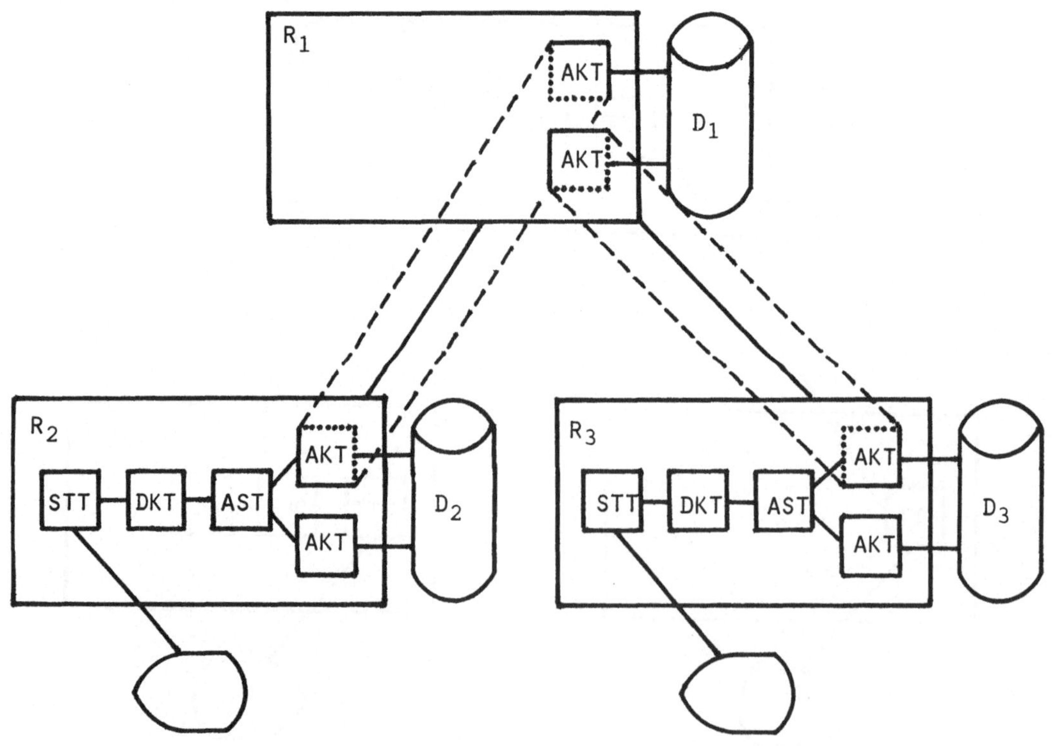

Bild 5: Anwendungsbeispiel "Verteilt
mit segmentiertem Datenbestand"

In Bild 5 ist dieses Verteilungsmodell mit dem in Bild 3e vorgestellten
Verteilungstyp dargestellt. Dabei sind die Verarbeitungsschritte der Aktionsteile auf mehrere Rechner verteilt. Die Verarbeitungschritte, die
sich auf die Daten des eigenen Subsystems beziehen, werden "vor Ort" abgewickelt, während die den Gesamtdatenbestand betreffenden durch die Zentrale behandelt werden.

Das Verteilungsmodell ist geeignet für Einsatzfälle, die folgende Eigenschaften haben:

- die lose Verknüpfung der Daten untereinander ermöglicht eine Seg-
  mentierung des Gesamtdatenbestandes
- die Daten entstehen an unterschiedlichen Orten und werden vorwiegend am Entstehungsort genutzt
- auf die Stammdaten ist nur lesender Zugriff erforderlich
- die Daten müssen stets aktuell sein.

Durch die doppelte Datenspeicherung wird ein erhöhtes Maß an Datensicher-
heit geboten, allerdings muß die Konsistenz (Übereinstimmung des Stamm-
datenbestandes mit den Teildatenbeständen) immer gewährleistet sein.

Anwendung könnte dieses Verteilungsmodell bei Bankfilialen finden, die
mit lokalen Systemen arbeiten und zusätzlich lesenden Zugriff auf die Daten der anderen Filialen haben.

5. Schluß

Im vorliegenden Beitrag ist die Verteilbarkeit der Funktionskomponenten
des vorgestellten Funktionenmodells in den Vordergrund gestellt worden.
Auf der Grundlage von fünf charakteristischen Verteilungstypen wurde exemplarisch anhand von zwei Beispielen der Nachweis erbracht, wie sich nach
dem Funktionenmodell strukturierte Dialogsysteme unterschiedlich verteilten Rechnern und Datenbeständen anzupassen vermögen.

Mögliche Verteilungsformen waren jedoch nur eine der Anforderungen, die
zur Bildung des Funktionenmodells führten. Betrachtungen zu anderen Anforderungen an Dialogsysteme, wie

- Unterstützung von benutzerfreundlichen Dialogoberflächen

- leichte Modifizierbarkeit und Erweiterbarkeit
- Ableitung von speziellen Anwendungen aus einem generell einsetzbaren Kern

waren oder werden Themen für weitere Veröffentlichungen unserer Arbeiten
auf dem Gebiet der Architektur von Dialogsystemen sein.

6. Literatur

(1) Bochmann v. G.
    "Architecture of Distributed Computer Systems",
     Springer Verlag, Berlin, 1979

(2) Lorin H.
    "Distributed Processing: An Assessment"
    IBM Systems Journal, Vol. 18, No. 4, 582-603, 1979

(3) Nagler R.
    "A Process-oriented Concept for the Design of Interactive Systems"
    The International Computing Symposium ICS 81, Systems Architecture,
    (Proc. 6th ACM Eur. reg. conf.), IPC Business Press Limited,
    Guildford, Surrey, England, 1981

(4) Taeuber D.L., Fritsche M., Schragl R., Spindler P., Mandl R.A.
    "A Functional Model for Interactive Systems"
    Proc. of the International Zurich Seminar on
    Digital Communications, IEEE Catalog No. 82CH1735-0, 1982

Die Autoren danken Herrn R.A. Mandl, Fa. Kybernon (München), für die Aus-
arbeitung der Beispiele in Abschnitt 4.

PROJEKT BIRD

<u>Time Sharing Zugriff über Btx-Rechnerverbund</u>

L. Elzner, C. Schippang,

K. Sternberger, W. Trommer,

Fernuniversität -Gesamthochschule-

Hagen

HOCHSCHULRECHENZENTRUM

Feithstr. 140, 5800 Hagen

<u>Inhaltsverzeichnis</u>

<u>ZUSAMMENFASSUNG</u>

Im Rahmen des Projektes BIRD wird der Zugang zu dem Time Sharing Dialogsystem TSO über Btx-Rechnerverbund entwickelt. Die Einbettung in
eine gegebene IBM-Umgebung läßt sowohl einen zeilen- wie einen seiten-
orientierten Lösungsansatz (LU Typ 1 bzw. Typ 2) zu, die beide verfolgt
worden sind. Dabei auftretende Probleme zur Unterbrechungsbehandlung,
Synchronisation, Informationsdarstellung und Pufferverwaltung werden
diskutiert. Abschließend werden einige Aspekte zum produktionsmäßigen
Einsatz angesprochen.

1. ZIELSETZUNG

Die Fernuniversität -Gesamthochschule- Hagen vermittelt ihr Studienangebot für gegenwärtig über 24.000 Studenten ausschließlich im Wege des Fernstudiums. Zu den angebotenen Studienfächer gehört auch die Informatik, die im Wintersemester 82/83 1.703 Studenten betreut. Da die ständige Nutzung von DV-Anlagen für diese Gruppe unabdingbare Voraussetzung ist, das Fernstudium aber überwiegend zu Hause absolviert wird, ergibt sich unmittelbar das Problem, den Rechnerzugang für Fernstudenten möglichst vom häuslichen Studierzimmer aus anzubieten. Dabei kann Bildschirmtext (Btx) hilfreich sein.

Die Bereitstellung von DV-Kapazität ist an Hochschulen generell Aufgabe des Rechenzentrums, solange nicht spezifischer Bedarf, z.B. für experimentelle Anwendungen gegeben ist. Es liegt daher nahe, daß das Hochschulrechenzentrum der Fernuniversität ein Projekt betreibt, das auf der Basis von Bildschirmtext-Rechnerverbund den Dialogzugang zu der zentralen Rechenkapazität der Fernuniversität eröffnen soll. Über dieses Projekt mit der Bezeichnung BIRD (Bildschirmtext-Rechnerverbund für Time Sharing Dialogsysteme) wird nachfolgend berichtet. Nicht näher eingegangen wird auf die für die Fernuniversität ebenfalls sehr wichtige Möglichkeit, Bildschirmtext-Rechnerverbund zur Steuerung von Kommunikationsprozessen zwischen der Hochschulzentrale und dem Fernstudenten zu nutzen, wofür eine Vielzahl von Anwendungsmöglichkeiten gegeben ist.

Die generelle Zielsetzung des Projektes BIRD besteht darin, Bildschirmtext als Kommunikationsträger beim Zugang zu dem Teilnehmer-Dialogsystem des Rechnerbetriebsystems einzusetzen. Daraus leiten sich folgende Unterziele ab, die zugleich für den zeitlichen Projektablauf bestimmend sind:

A Öffnung eines (kostengünstigen) Dialogzugangs zu zentraler DV-Kapazität der Fernuniversität

B Weitestmögliche Anpassung der Rechnernutzung über Btx-Endgeräte an Möglichkeiten eines 3270-Terminals

C Entwicklung von gesicherten Voraussetzungen für einen Produktionseinsatz

Die im Frühjahr 1982 begonnenen Arbeiten an dem Projekt BIRD, das von
der Deutschen Forschungsgemeinschaft unterstützt wird, beziehen sich
auf ein IBM System, wie es im Hochschulrechenzentrum der Fernuniversität verfügbar ist. Die Projektumgebung ist in der Abbildung 1 in den
relevanten Schwerpunkten skizziert (vgl. auch /1/, /5/).

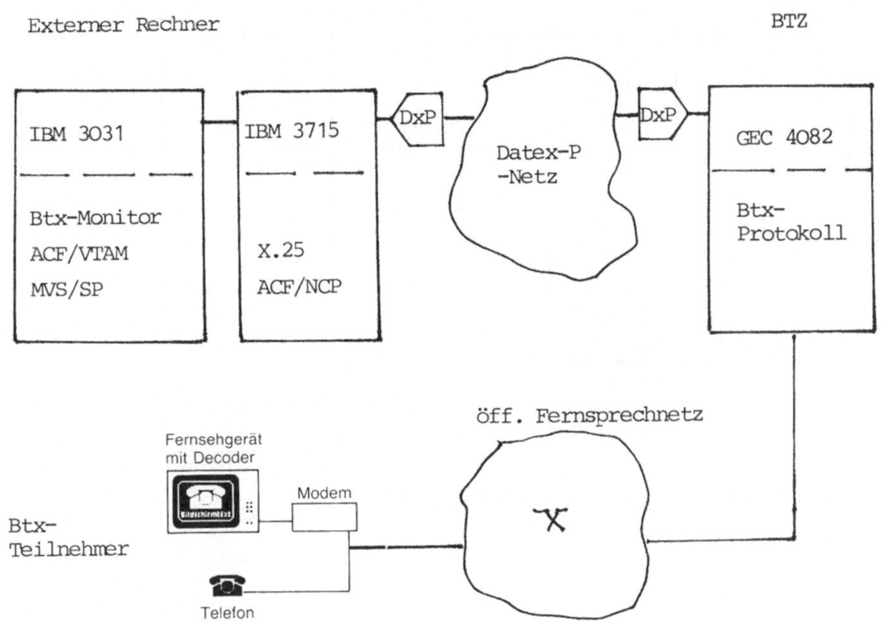

Abb. 1 Systemumgebung

2 LÖSUNGSANSÄTZE FÜR DEN TSO-ZUGANG ÜBER BTX-RECHNERVERBUND

2.1 Projektumgebung

2.1.1 Btx-Protokolle

Die Realisierung der Btx-Protokolle wurde mit Hilfe einer im 2. Quar-
tal 82 installierten IBM-Entwicklung /2/ gelöst, die unter Verwendung
von endlichen Automaten die Verbindungen zu den einzelnen Teilnehmern
im Subtasking-Prinzip steuert. Vorgesehen ist dort neben der Übermittlung von fest vorgegebenen Btx-Seiten aus einer Seitendatei der Anschluß von über einen Monitor gesteuerten Anwendungen. Das Zusammen-

spiel der einzelnen Komponenten ist in Abb. 2 schematisch dargestellt:

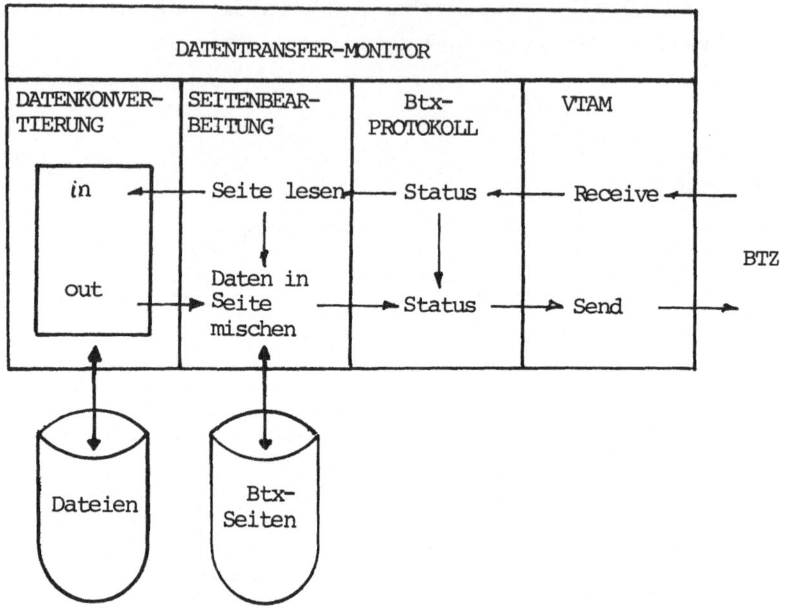

Abb. 2 Konzept des IBM Btx-Rechnerverbund /2/

In der Seitendatei gibt es neben statischen, unveränderbaren Seiten,
die unmittelbar an den Teilnehmer geschickt werden, dynamische Seiten
(Maskenseiten), die vor der Übermittlung von einer aktiven Anwendung
gefüllt werden.

2.1.2 TSO-Spezifika

TSO als IBM Dialogsubsystem unter MVS ist eingebettet in das SNA-Kon-
zept (systems network architecture). Die dort miteinander kommunizierende Partnerinstanzen werden in Klassen eingeteilt ("logical units" oder
"LU"). TSO kennt als Partner logical units vom Typ 1 und Typ 2, wobei
TSO stets der dominierende Partner (primary logical unit) ist, der
insbesondere Protokollvorschläge eines potentiellen Partners akzeptiert
oder ablehnt. / 4/

TSO-Sitzung vom Typ LU 1

Bei einer TSO-Sitzung vom Typ LU1 erwartet TSO ein zeilenorientiertes
Endgerät (z.B. Schreibmaschinenterminal), mit dem über SCS-Protokoll
(SNA Character String) kommuniziert wird. Insbesondere werden im SCS
keine Informationen mitgeführt, wann TSO eine logische Ausgabe beendet
hat und der Kommunikationspartner eingabeberechtigt ist.

TSO-Sitzung vom Typ LU 2

Bei einer TSO-Sitzung vom Typ LU2 wird kommuniziert mittels des 3270
DATA-STREAM Protokolls, das besteht aus

- Kommandos wie WRITE und ERASE,

- Anweisungen (Orders) wie SET BUFFER ADDRESS, START FIELD, INSERT CUR-
  SOR und REPEAT TO ADDRESS,

- Attributen, die einzelnen Feldern auf dem Bildschirm zugeordnet sind,
  wie PROTECTED/UNPROTECTED, ALPHAMERIC/NUMERIC und DISPLAY/NON DISPLAY
  /DISPLAY INTENSIFIED,

- verschlüsselten Adressen der einzelnen Bildschirmpositionen und
  EBCDIC-Text.

Die folgende Tabelle zeigt Charakteristika der TSO-Sitzungen beider
LU-Typen:

Beschreibung	LU Typ 1	LU Typ 2
Protokollelemente	SCS	3270 DATA STREAM
Datenflußkontrolle	Contention	Flip/Flop oder Contention
Steuerung der Ein-/ Ausgabe	Steuerzeichen (new line, inhibit print, ...)	Commands, Orders, Feldadressen, -attribute
Datendarstellung	Endlospapier zeilenweise	Schirmimage
spezielle Tasten	Interrupt	PF-Tasten, Interrupt, clear screen Cursorbewegung, Insert, delete

2.2 Lösungsalternativen

Während herkömmliche Btx-Anwendungen unmittelbar über den Monitor gesteuert werden, ist der Anschluß an das Subsystem TSO nicht direkt möglich, denn TSO erwartet - wie oben gesehen - bestimmte Klassen von Kommunikationspartnern, zu denen ein Btx-Endgerät mit den Btx-Protokoll-
elementen nicht gehört. Ein Hinzufügen dieses Terminals in den TSO-Code
hat offensichtliche Nachteile und ist deswegen bald verworfen worden.
So mußte eine Anwendung konzipiert werden, die einerseits als Btx-
Applikation alle in den Btx-Protokollen festgelegten Bedingungen erfüllt, andererseits der Kommunikationspartner von TSO ist (vom Typ LU1
oder LU2). Damit ist das Grundkonzept der Lösung klar:
die Btx-Anwendung als Bindeglied zwischen 2 Sitzungen (Abb. 3)

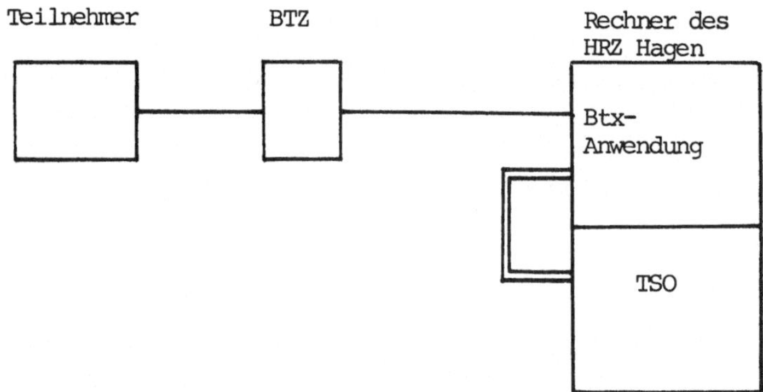

Abb. 3 —— Sitzung: Teilnehmer ←→ Btx-Anwendung
═══ Sitzung: Btx-Anwendung ←→ TSO

Die Alternativen bestehen nun in der Variation des Sitzungstyps (LU1/
LU2) wie in Anschlußmöglichkeiten zum TSO (Cross memory oder über VTAM).

Die VTAM-Schnittstelle erfordert weniger systemspezifische Besonderheiten und ist wegen der damit gegebenen Portabilität ausgewählt worden.
Beide Sitzungstypen - also LU Typ 1 und LU Typ 2 - sind parallel vorangetrieben worden. Gemeinsam ist den beiden Varianten die Datenflußlo-
gik.

Zu der bestehenden Sitzung: Btx-Teilnehmer - Btx-Anwendung wird nach
Eingabe von gültiger TSO-Benutzernummer und Paßwort eine zweite asynchron verlaufende Sitzung Btx-Anwendung - TSO über VTAM aufgebaut.
(Abb. 3). Die Verknüpfung zwischen beiden Sitzungen geschieht über einen gemeinsamen Datenpuffer, in den die Eingaben des Teilnehmers wie
die Ausgaben von TSO hineingestellt werden. Da der Btx-Datenfluß ein
Flip/Flop-Verfahren darstellt (der externe Rechner darf nur auf Anforderung Seiten schicken), muß der Teilnehmer explizit die TSO-Ausgabe
anfordern - durch Wahl einer speziellen Maskenseite. Andererseits muß
möglichst schnell geantwortet werden, um ein TIME OUT (Abbruch der Verbindung durch die BTZ, falls der externe Rechner nicht in einer definierten Zeit geantwortet hat) zu verhindern. Deshalb wird umgehend die
Eingabe dem Teilnehmer gespiegelt.

In dem neu konzipierten Subsystem-Interface sind - im Sinne endlicher
Automaten - 5 Zustände und 8 Ereignisse aufgenommen, die den TSO Datenfluß betreffen (vgl. 3.3).

Das Zusammenspiel aller Komponenten der Zugangssoftware wird in Abb. 4
dargestellt; dabei bedeuten waagerechte Linien Schnitte zur Nachbar-
schicht.

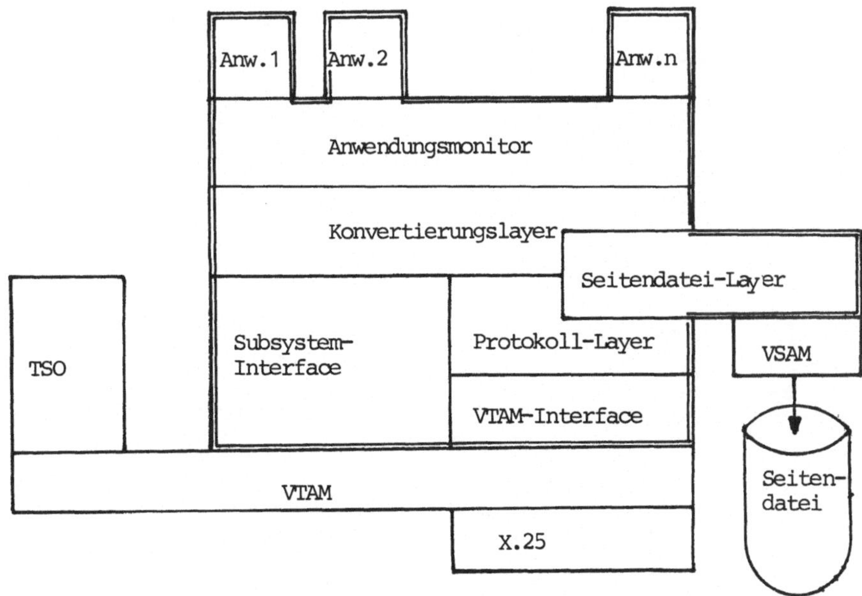

Abb. 4   Schichtenaufbau des erweiterten Btx-Moduls

2.3 Stand der Realisierung

Nach Aufnahme des Testbetriebs im Mai 1982 wurde zunächst die Realisierung des LU-Typs 1 in Angriff genommen. Probleme mit Verbindungsabbrüchen führten zu einer umfassenden Behandlung des Ereignisses FRONT END LOST (s. 3.2). Neben der LU-Typ 1 Version konnte bald der Typ 2 behandelt werden, dessen erste Version seit Oktober 1982 von einem eingeschränkten Fernstudentenkreis erprobt wird.

Die Dialogunterstützung von TSO mit SPF ist abbildbar, wobei allerdings z.Zt. Probleme mit mehreren Dateneingabefeldern (s. 3.4) noch nicht endgültig gelöst sind. Schließlich sind zwei unter TSO arbeitende Systemkomponenten einsetzbar, die ebenfalls Vollschirmunterstützung voraussetzen und lediglich Dateneingabe in einem Feld verlangen:

a) der Q-Prozessor, mit dem Informationen über den laufenden Betrieb abgerufen und Daten aus der Spool gelesen werden können.

b) der SPY-Prozessor, mit dem ein privilegierter Benutzer eine MVS Systemkonsole angezeigt bekommt und MVS Kommandos abgesetzt werden können.

Kommandos, die keine Vollschirmunterstützung voraussetzen, sind uneingeschränkt absetzbar, einschließlich des Kommandos LOGOFF sowie EDIT und seiner Unterkommandos.

3. PROBLEMDISKUSSION

Im folgenden werden einige der wichtigsten Probleme in der Entwicklung und Implementation aufgeführt.

3.1 Verbindungsaufbau

Um ein Anwendungsprogramm als TSO-Partner bekanntzugeben, müssen Protokollelemente ausgetauscht und akzeptiert werden. Im ersten Ansatz, eine Sitzung vom Typ LU1 aufzubauen, wies TSO den zur Datenflußkontrolle sinnvollen Flip/Flop-Mode als unzulässig zurück, die LU1-Sitzung muß also im Contention Modus durchgeführt werden. Das Verfahren beim Adressenaustausch zwischen TSO und dem Anwendungsprogramm erfordert Koordination beim Verbindungsaufbau. Dies führt zu Problemen bei gleichzeitigem LOGON mehrerer Teilnehmer. Der erste Ansatz, während eines laufenden LOGONS weitere Sitzungseröffnungen global, d.h. für alle anderen Btx-Teilnehmer zu verhindern, kann dazu führen, daß nach einem Abbruch in der LOGON-Phase der TSO-Zugang für alle Teilnehmer versperrt bleibt.

Das folgende Ablaufdiagramm (Abb. 5) erläutert den LOGON-Prozeß

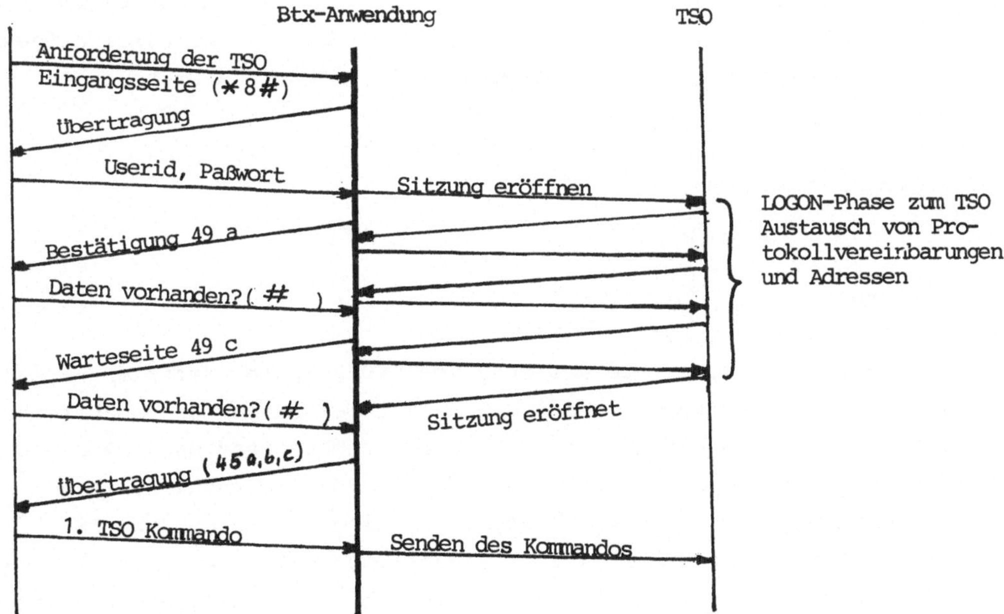

Abb. 5: LOGON-Phase bei LU-Typ 2

3.2 Abbruchbehandlung

Als besonders schwierig hat sich der geordnete Abbau einer TSO-Sitzung erwiesen, wenn die Verbindung zwischen Teilnehmer und Btx-Anwendungsprogramm unterbrochen wurde. Fehlerhafte Übertragung von Daten, Zeitüberschreitung bei der Beantwortung von Protokollelementen, Operatoreingriffe oder Fehler der Zugriffsmethode auf der Verbindung zwischen BTX und X.25 führen zum Abbruch der Verbindung zwischen BTZ und externem Rechner. Die von einem solchen Fehler betroffene Subtask muß aktive Anwendungen beenden und belegte Speicherbereiche freigeben, insbesondere muß die TSO-Anwendung die über den Subsystem-Layer aufgebaute TSO-Sitzung beenden. Grundsätzlich können zwei Arten von Fehlern auftreten:

1. Fehler, bei denen die Verbindung zur BTZ noch besteht und

2. Fehler, bei denen keine Verbindung mehr besteht, z.B. beim TIME OUT, bei dem die BTZ die permanente virtuelle Verbindung durch RESET auf der Ebene 3 von X.25 zurücksetzt.

Da das Btx-Protokoll keine Verfahren zum Wiederaufsetzen nach Fehlern kennt, muß in jedem Fall die Subtask dieser Verbindung beendet werden. Beim Wiederaufbau wird eine neue Subtask geschaffen. Vorher muß der Sitzungsabbruch jedoch dem TSO gemeldet werden. Dies geschieht in dem neu eingeführten Ereignis "front end lost" im Anwendungsprogramm. Die Verarbeitungslogik bei diesem Ereignis muß vor allem berücksichtigen, daß vom Subsystem ggf. noch beliebig viele Ausgaben anstehen können.

3.3 Synchronisation

3.3.1 Typ LU 1

Da keine Protokollelemente das Ende von TSO-Ausgaben definieren, kann kein Kriterium festgelegt werden, wann ein Teilnehmer eingabeberechtigt ist und wann nicht. Durch diese fehlende Synchronisation zwischen Ein- und Ausgabe kann der Teilnehmer unabhängig von dem Zustand, in dem TSO sich befindet, Kommandos eingeben. Diese Eingaben werden von TSO zwischengespeichert und in ihrer Reihenfolge bearbeitet. Der Exit kann nur den Empfang der Eingaben durch Spiegeln bestätigen. Dadurch können

logisch zusammenhängende Ausgaben von TSO unterbrochen werden. Eine
Kontrolle, wann diese Kommandos von TSO bearbeitet werden, hat der
Exit nicht. So kann der Teilnehmer auch nach Eingabe des TSO-Kommandos
LOGOFF weitere Kommandos eingeben, die zwar vom Exit an TSO weiterge-
leitet werden, aber nicht mehr bearbeitet werden. Eine Fehlermeldung
kann in diesem Fall nicht erzeugt werden.

Weitere Probleme ergeben sich in dem Fall, daß eine Eingabe in der
Zeile erfolgen soll, in der auch eine Ausgabe von TSO steht. Der Exit
erkennt eine unvollständige Zeile, die er nicht an den Teilnehmer weiterleitet, und wartet auf den Empfang eines Vorschubzeichens zum Abschluß der Zeile. Das führt insbesondere beim Zeileneditor zu Schwierigkeiten, da hier im Eingabemodus die Zeilennummer in der beschriebenen Weise ausgegeben wird. Sämtliche Zeilennummern werden hintereinan-
der in einer Zeile des Puffers abgelegt und erst nach Beendigung des
Eingabemodus ausgegeben, da die Prompt-Message die Zeile mit Zeilen-
vorschub beendet. Die Abbildung 6 zeigt einen typischen Datenzyklus.

3.3.2 Typ LU 2

Alle Synchronisationsprobleme sind beim LU Typ 2 gelöst, da TSO im
Change Direction Bit (Flip Flop Mode!) mitteilt, wann eine Ausgabe beendet ist und neue Eingaben akzeptiert werden (vgl. Abb. 7).

3.4 Darstellung der Ausgaben im Seitenformat

3.4.1 Typ LU 1

Die Ausgabeseite besitzt neben dem obligatorischen Impressum mit Sei-
tenpreis 19 Ausgabezeilen für Daten von TSO. Außerdem enthält sie in
Zeile 22 ein Datensammelfeld, in dem der Teilnehmer Kommandos eingeben
kann.

Die Ausgabezeilen können 39 Zeichen des Zeilenpuffers aufnehmen, da
ein Feld für ein Farbsteuerzeichen verloren geht. Das Datensammelfeld
hat, bedingt durch die von Steuerzeichen belegten Felder, nur eine Länge von 36 Zeichen. Durch ein TSO-Kommando kann jedoch die von TSO aus-
gegebene Zeilenlänge modifiziert werden.

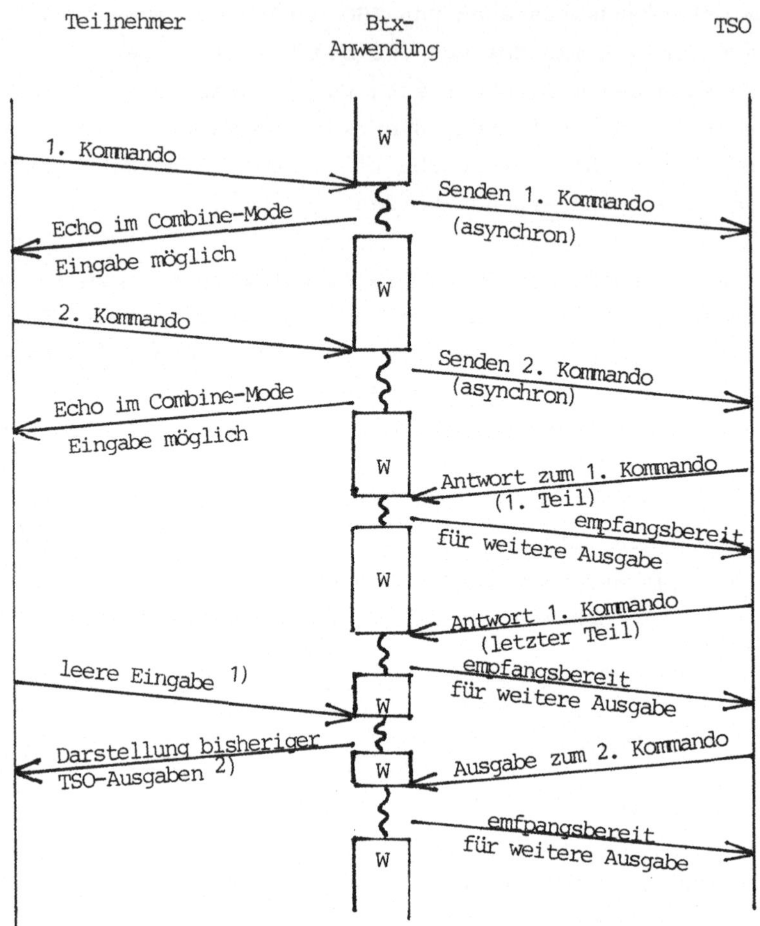

W: Anwendung wartet

§: Anwendung aktiv

1) Die leere Eingabe dient zum Abruf bisheriger TSO-Ausgaben.

2) Ist der Datenpuffer voll, wird eine Informationsseite geschickt, sonst ist eine Eingabe im Datensammelfeld möglich.

Abb. 6 Typischer LU 1 Zyklus

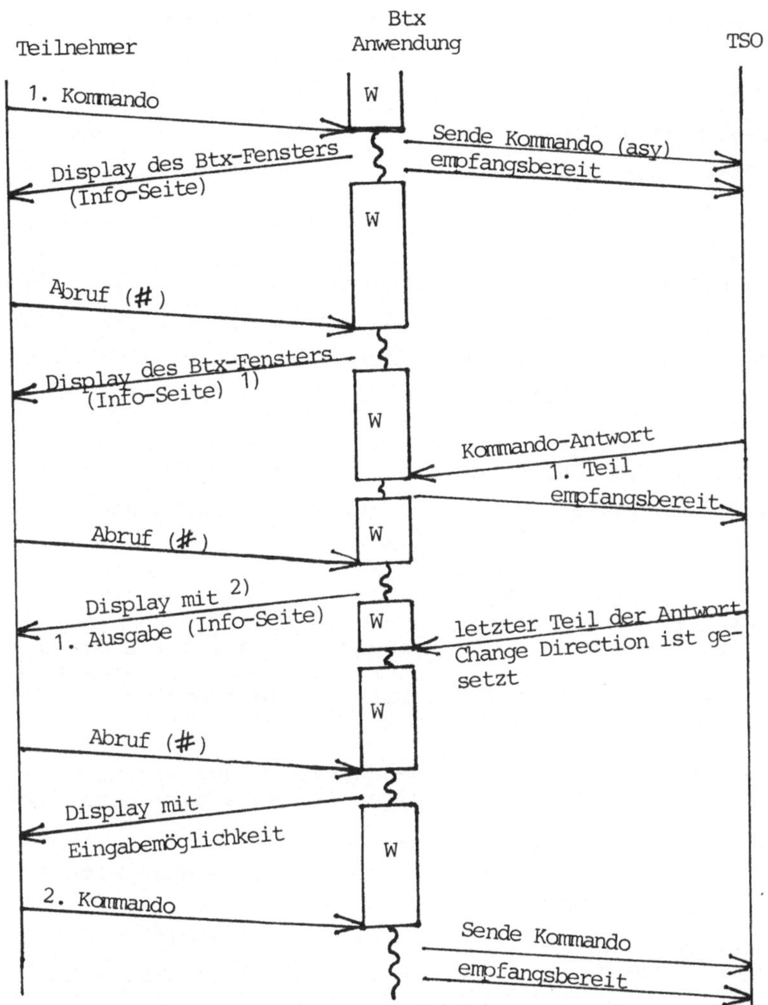

W: Anwendung wartet

ξ: Anwendung aktiv

1) Da noch keine Antwort von TSO eingetroffen ist, wird dem Teilnehmer die letzte Seite noch einmal präsentiert;   keine Eingabe möglich.

2) Der bisher eingetroffene Teil der TSO-Antwort wird dem Teilnehmer gezeigt. Da die Antwort noch nicht vollständig ist, hat
er keine Eingabemöglichkeit.

Abb. 7 Typischer LU 2 Zyklus

Die zuletzt angezeigten Zeilen bleiben so lange stehen, bis die Seite vollständig gefüllt ist. Erst dann wird der Schirm gelöscht und die Ausgabe in Zeile 1 fortgesetzt. Um die Menge der zu übertragenden Daten zu reduzieren, werden Kombinationsseiten verwendet. So müssen nur die Zeilen gesendet werden, die noch nicht angezeigt wurden.

Sonderfunktionen

Die Unterschiede im Vergleich zu dem Terminal, als das wir uns TSO darstellen, bedingen einige Sonderfunktionen, die von der Schnittstelle behandelt werden müssen, aber keine Auswirkungen auf TSO haben dürfen. Diese Funktionen werden auf zwei verschiedene Arten aufgerufen:

A. Durch eine direkte Seitenwahl kann sich der Teilnehmer eine Menüseite anzeigen lassen, in der er unter vier Funktionen wählen kann:

   a. Wiederholen der letzten Seite
      Diese Funktion wird dafür verwendet, den letzten Stand der Anzeige neu aufzubauen, falls durch Datenübertragungsfehler oder durch Fehlbedienung der Schirminhalt zerstört wurde.

   b. Löschen des Schirms
      Diese Funktion muß im Exit behandelt werden, da ein zeilenorientiert arbeitendes Terminal einen Ausgabeschirm nicht kennt.

   c. Senden eines Interrupt an TSO
      Hier wird eine Funktionstaste simuliert, die es ermöglicht, ein laufendes TSO-Kommando abzubrechen.

   d. Beenden der Sitzung
      Neben dem TSO-Kommando LOGOFF ist dies eine zweite Möglichkeit die TSO-Sitzung zu beenden.

B. Spezielle Kommandos, die im Datensammelfeld eingegeben werden können, werden im Exit behandelt, ohne daß sie direkt an TSO geleitet werden. Der Exit erkennt diese Sonderfunktionen am "." im ersten Feld der Datesammlung.

   a. .col (Spaltennummer)
      Damit kann der Teilnehmer festlegen, mit welcher Spalte der Ausgabe begonnen wird. Nach Eingabe dieses Kommandos wird die letzte Seite erneut ausgegeben, jedoch so verschoben, daß die Ausgabe mit der angegebenen Spalte im Puffer beginnt. Alle weiteren Ausgaben erfolgen ab dieser Spalte, bis durch erneute Eingabe dieses Kommandos der Zeilenanfang neu gesetzt wird.

   b. .null
      Dieses Kommando bewirkt das Senden einer Leerzeile an TSO, wie sie zum Beispiel im Line-Editor zum Wechsel zwischen Kommando- und Eingabemodus benötigt wird.

c. .blank
   Dieses Kommando ermöglicht das Senden eines Blanks an TSO; dies
   muß unterschieden werden von der leeren Eingabe im Datensammelfeld, die als Aufforderung zum Senden weiterer Ausgaben ohne
   weitere Eingaben für TSO vorgesehen ist.

3.4.2 Typ LU 2

Konzept des virtuellen Schirms

TSO-Programme (wie z.B. SPF), die mit formatiertem Schirm arbeiten, erwarten eine standardisierte Bildschirmgröße von mindestens 24 x 80
Zeichen. Da der Schirm des Btx-Endgeräts (TV) jedoch nur maximal
23 x 40 Zeichen faßt, muß im Anwendungsexit ein virtueller 24 x 80
"Schirm" im Speicher gehalten werden.

Fensterkonzept

Als Ausgabe am Btx-Endgerät wird nur ein geeigneter Ausschnitt
("Fenster") des virtuellen Schirms gezeigt. Die Btx-Seiten dazu liegen
nur als Rahmen in der Seitendatei und müssen mit aktuellem Inhalt erst
gefüllt werden (sog. Maskenseiten). Wenn in der Nachricht von TSO das
CHANGE DIRECTION Bit gesetzt ist, wird dem Btx-Benutzer die "Fenster"-
Ausgabe in Verbindung mit einer Datensammelseite geschickt. Weitere
Eingaben sind jetzt möglich. Ist das CHANGE DIRECTION Bit nicht gesetzt, wird angenommen, daß noch weitere Nachrichten folgen. Dem Btx-
Benutzer wird die unvollständige Nachricht auf einer reinen Maskenseite präsentiert mit dem Hinweis "Ausgabe noch unvollständig". Es kann
nur mit # fortgefahren werden, eine Dateneingabe ist zu diesem Zeitpunkt nicht möglich (außer ATTENTION).

Spezielle Funktionen und Tastensimulation

Direkte Seitenwahl, d.h. Sprünge aus der Anwendung heraus, müssen un-
terbunden werden. Dagegen kann bei einem direkten Sprungversuch mitge-
gebene Information, die Seitennummer, für besondere Zwecke genutzt werden. So wird bei Eingabe von *1005# in einer laufenden Sitzung nicht
die Seite 1005 gezeigt (die vielleicht gar nicht existiert), sondern
das um 5 Spalten nach rechts verschobene Fenster. Diese Bedeutung wurde der Nummer 1005 bei einer direkten Seitenwahl in der Anwendung un-
terlegt. Weitere "spezielle Funktionen" sind

- ATTENTION, sowohl asynchrone (wenn TSO am Zuge ist) als auch synchro-
  ne Unterbrechung (wenn der Btx-Benutzer eingabeberechtigt ist) bei
  Eingabe von *999#

- PF-Tasten 1 - 12, bei Eingabe von *901# - *912#

- CLEAR SCREEN, bei Eingabe von *900#

- Fensterverschiebungen, sowohl horizontal (*10xx#) als auch vertikal
  (*110x#)

Vorgesehen sind zukünftig noch

- Cursorbewegungen (CURSOR HOME, CURSOR ONE FIELD BACK, etc)

- INSERT Mode und DELETE Mode.

Mehrere Eingabefelder

Auf einem formatierten Schirm gibt es normalerweise mehrere Eingabefel-
der oder, im FULL SCREEN EDIT, es wird direkt im gezeigten Text geändert und übertippt. Entsprechend müßten mehrere, je nach Bedarf anzu-
legende Datensammelfelder in die Btx-Seite gebracht werden. Das bedeutet, daß auch die Datensammelblätter b-e dynamisch, d.h. im Anwendungsexit, angelegt werden. Dieses Konzept ist noch in der Entwicklung, z.Z.
wird mit nur einem Eingabefeld, definiert durch den Stand des Cursors,
gearbeitet. Die meisten SPF-Dienste sind dadurch noch nicht oder nur
sehr umständlich nutzbar.

3.5 Pufferbehandlung

3.5.1 Lu-Typ 1

Da nur auf Anforderung des Teilnehmers gesendet werden darf, benötigt
dieser Exit einen Puffer. Dieser Puffer ist logisch in Zeilen der Länge von 122 Byte unterteilt. Ausgaben von TSO, die diese Zeilenlänge
überschreiten, müssen gekürzt werden. Der Rest der Zeile geht dabei
verloren.

Eingaben des Teilnehmers werden nach Senden an TSO ebenfalls in einer
Zeile dieses Puffers abgelegt und zur Bestätigung mit der nächsten Ausgabeseite gesendet.

Da es keine Steuerzeichen gibt, die das Ende einer Folge von Ausgaben
von TSO anzeigen, kann eine Synchronisation zwischen Ein- und Ausgabe
nicht stattfinden. Der Teilnehmer hat deshalb stets die Möglichkeit,
weitere Eingaben zu machen, selbst dann, wenn TSO die vorhergegangene

Eingabe noch nicht vollständig bearbeitet hat.

3.5.2 LU-Typ 2

Wie schon erwähnt, wird ein 24 x 80 Zeichen großer "virtueller Bildschirm" im Speicher gehalten. Alle Ein- und Ausgaben werden dort eingetragen, je nach Feldadresse und Command/Order-Kombination. Dem Teilnehmer wird ständig ein Fensterausschnitt dieses virtuellen Schirm gezeigt, in dem die entsprechenden Teile des Schirms in eine Maskenseite
gebracht werden. Die verschiedenen Feldattribute (display normal/in-
tensified,..) werden zunächst ignoriert; in einer späteren Version sollen sie ebenfalls berücksichtigt werden. Kleinere Probleme, wie z.B.
Multiple-Element-Chains, die eine Feldbeschreibung zertrennen, sind
inzwischen gelöst, so daß die Version einsetzbar ist.

3.6 Zusammenfassende Gegenüberstellung

Die folgende Tabelle zeigt die gewählten Lösungsansätze bei beiden
LU-Typen:

Beschreibung	LU Typ 1	LU Typ 2
Protokollelemente	SCS	3270 DATA STREAM
Datenflußkontrolle	Contention	Flip/Flop
Synchronisation	lediglich bei vollem Puffer keine Eingabe möglich	durch Change Direction
Vollschirm-adressierung	nein	ja
Sonderfunktionen PF-Tasten	Sonderkommandos ".yy" Menu-Seite	durch direkte Anwahl *nnn#
Pufferverwaltung	Ein-/Ausgabe gemischt zirkularer Puffer	TSO-Schirm-Image
Datenübermittlung	durch Kombinationsseiten; refresh-möglichkeit der vollen Seite	z.Z. noch vollständiger Seitenaufbau

Für den Benutzer, vor allem für den noch ungeübten Teilnehmer, ist der
eindeutig definierte Zustand im Typ LU2 eine wichtige Hilfe. Die
Zykluszeit von Eingabe zu Eingabe ist allerdings unnötig hoch, und
zwar mehr durch den jeweiligen Neuaufbau einer vollen Btx-Seite beim
Teilnehmer als durch Datenübertragung und TSO-Reaktionszeiten. Dies
sowie Kostengesichtspunkte lassen auch hier die Verwendung von Kombinationsseiten vorteilhafter erscheinen.

Wichtig für die Akzeptanz des Dialogzugangs über Btx-Rechnerverbund ist
ein verwendbarer Editor. Der TSO-Editor ermöglicht beim derzeitigen
Konzept im LU Typ 1 die Eingabe von 36 Zeichen pro Zeile (bei verwir-
render Vermischung von Ein- und Ausgabe), beim LU-Typ 2 sogar nur 30
Zeichen (die Numerierung benötigt Platz). Die Handhabung des SPF-Edi-
tors mit bis zu 38 Datensammelfeldern - die vom Teilnehmer noch einzeln quittiert werden müssen, selbst wenn die Voreinstellung nicht geändert werden soll - ist noch nicht erprobt.

4. PERSPEKTIVEN

Mit den dargestellten Lösungsansätzen für einen Dialog-Zugang zu TSO
über Btx-Rechnerverbund ist in der Praxis zunächst demonstriert, daß
ein derartiger Weg für einen Rechnerzugang im Teilnehmerbetrieb genutzt
werden kann. Ein produktionsmäßiger Einsatz setzt jedoch neben einer
Vertiefung schon begonnener Ansätze zu Betriebssicherheit und Bedie-
nungskomfort voraus, daß weitere Randbedingungen erfüllt werden. Dafür
ergeben sich folgende Perspektiven.

4.1 Systembelastung

Arbeitshypothese ist, daß TSO als allgemeines Btx-Time Sharing System
für eine größere Benutzerzahl nicht geeignet ist, da es zuviel DV-
Leistung beansprucht. Quantitative Ergebnisse werden hierzu im Rahmen
des Projektes BIRD zu Auswirkungen der Btx-Anwendung auf den System-
durchsatz, zu Reaktions- und Wartezeiten sowie zur Stabilität der komplexen Verbindung über Btx ermittelt.

Eine höhere Durchsatzleistung ist dagegen unter dem Betriebssystem
VM/CMS zu erwarten. Sobald hierfür eine SNA-Schnittstelle verfügbar
ist, soll deshalb versucht werden, die entsprechenden Btx-Anwendungen

für CMS zu entwickeln.

Für den Übungsbetrieb für Studenten ist ferner daran gedacht, ein spezielles Time Sharing Dialogsystem für Teilnehmer von Programmierkursen, Praktika etc. zu erstellen, das neben Dateimanipulationsmöglichkeiten vor allem Zugriff auf Compiler und Programmergebnisse zuläßt und so gestaltet ist, daß die Besonderheiten des Btx-Dialogs und des Btx-Endgerätes berücksichtigt werden.

Daneben bieten sich dezentrale Ansätze zur Reduzierung der zentralen Systembelastung an. Eine Erweiterung des LU 2 Ansatzes ist es, Intelligenz im Endgerät zur Terminalemulation auszunutzen, wobei Protokollelemente eines virtuellen Terminals Eingang finden können. Mit intelligenten Erweiterungen des Btx-Terminals (vgl. /3/) können vor allem Teilfunktionen, z.B. Editieren, auf das Endgerät verlagert werden. Für die dann benötigten Übertragungsfunktionen wie Bulk-Transfer sollten einheitliche Verfahren im Btx Verwendung finden.

4.2 Betriebsaspekte

Eine weitere interessante Perspektive öffnet der Dialogzugang über Btx-Rechnerverbund hinsichtlich des unbeaufsichtigten Betriebs von DV-Anlagen. Ebensogut wie eine Schnittstelle zum Time Sharing Dialogsystem des Rechnerbetriebssystems MVS sind solche zu anderen System-Komponenten denkbar, etwa zur Bedienersteuerung. Dadurch wird eine Konsolbedienung über ein Btx-Endgerät möglich, was für die Bedienung der DV-Anlage erheblich erweiterte organisatorische Lösungen erlaubt, z.B. Bereitschaftsdienst von zu Hause aus. Bereits unter der beschriebenen Btx-Anwendung für TSO kann über den Sitzungstyp LU 2 eine Nebenkonsole dargestellt werden, von der MVS-Kommandos absetzbar sind.

Analoge Möglichkeiten eröffnen sich für den RZ-Benutzer, der auf ähnlichen Wegen Informationen über den Ablauf von Aufträgen in der Anlage sowie über die erzielten Ergebnisse über das Btx-Endgerät abfragen kann.

LITERATUR

/1/   DÖRING, J., Der Externe Rechner im Bildschirmtext-Rechnerverbund, in: Informa-
      tik-Fachbereiche der GI, Nr. 40, S. 376 ff.; Berlin, Januar 1981.

/2/   IBM, Lizenzprogramm Nr. 5775, Btx, Version 1.2, Anwendungsbeschreibung,
      März 1982.

/3/   MAURER, H., Neue Entwicklungen im Btx und Implikationen auf das Bildungswesen,
      in: H. SCHAUER/M.J. TAUBER (Hrsg.), Kommunikationstechnologien, R. Olden-
      burg-Verlag, Wien/München, S. 138 ff.

/4/   SNA - Introduction to Sessions between Logical Units, IBM GC20-1869-2;
      Dezember 1979.

/5/   STERNBERGER, K., Rechnerverbund über Bildschirmtext und seine Möglichkeiten
      für das Fernstudium, in: H. SCHAUER/M.J. TAUBER (Hrsg.), a.a.O. S. 487 ff.